IFRS
회계원리

박종국 · 문상혁 · 김정옥 · 정기위
이명건 · 홍영은 · 서영미

제7판

신영사

머리말

많은 학생들이 졸업 후에 기업체에 근무하게 되면서 회계공부의 필요성에 대해 후배들에게 이야기하는 것을 종종 듣는다. 정작 본인이 학교 다닐 때에는 회계과목 수강을 회피하면서도 후배들에게는 권하고 있는 것이다. 이처럼 학생들은 회계과목의 공부에 많은 어려움을 느끼면서도 그 필요성에 대하여는 인정하는 이중성을 지니고 있는 경우가 많다.

회계를 가르치는 사람의 입장에서 본다면 회계에 대해 되도록 많은 전공지식을 전달해야 하는 측면과, 배우는 사람들이 쉽게 이해하고 흥미를 느낄 수 있도록 해야 하는 측면의 이중성에 어려움을 겪는다. 특히 회계원리는 회계분야에 대한 입문과정으로서 회계원리를 어떻게 배우느냐에 따라 회계과목에 대한 선호여부를 정하는 역할을 하는 중요한 과목이다. 대형서점에 진열된 수많은 회계원리 교재들이 이를 반증하고 있는 것이 아닌가 생각된다.

우리 저자들 모두 많은 시간 동안 회계의 기초인 회계원리과정을 가르치면서 어떻게 하면 회계를 처음 배우는 학생들이 쉽게 따라올 수 있을까?라는 고민을 나누었고, 그 결과 회계의 기초과정으로서 회계원리에 대한 교재를 만들기로 마음을 먹고 작업을 수행하였다. 그러나 집필과정에서 마냥 '쉽게'에만 초점을 맞출 수 없다는 결론에 이르렀다. 회계원리과정을 마치면 중급회계과정을 이수하게 되는데, 그 간격이 너무 급작스러울 경우 중급회계과정이 너무 부담스러울 수 있기 때문이다. 따라서 집필의 목적을 '쉽게'와 '중급회계를 위한 기초' 두 가지에 맞추는 것으로 바꾸게 되었다. 더욱이 한국채택국제회계기준(K-IFRS)이 2011년부터 도입됨으로써 처음부터 생각한 '쉽게'라는 목표에서 더욱 멀어지는 것이 아닌가 하는 걱정을 많이 하게 되었다.

그럼에도 우리 저자들은 '쉽게' 저술한다는 기본적 생각을 공부하는 방법에 초점을 두었는데, 이는 회계를 익히는 왕도는 많은 문제를 직접 풀어봄으로써 보다 쉽게 회계를 이해할 수 있다는 데 공감을 하기 때문이다. 따라서 교재에서는 되도록 쉽게 그리고 충분한 설명과 함께 예제문제와 풀이는 물론 객관식 및 주관식 문제를 많이 수록하여 회계를 처음 공부하는 사람들이 내용에 대한 이해와 함께 많은 문제를 직접 풀어봄으로써 회계에 대한 이해를 쉽게 하도록 하였다. 그리고 각 장의 말미에는 회계용어에 대한 해설을 문제형식으로 담아서 각 장에서 학습한 내용을 용어중심으로 다시 정리하는 데 도움을 주고자 하였다.

장별 내용은 다음과 같다.

제1장에서는 회계의 기초부분으로 기업에 대한 정의와 기업의 활동, 회계의 목적과 정의에 대해서 알아보았다. 그리고 2011년부터 우리나라에 적용되고 있는 한국채택국제회계기준에 대해 설명하고 마지막으로 공인회계사의 회계감사에 대해 살펴보았다. 제2장에서는 재무회계의 이론인 재무보고 개념체계와 재무제표의 정의, 구성항목과 재무제표 간의 관계에 대해서 설명하였다. 제3장에서는 기록의 대상인 거래를 정의하였고 회계순환과정 중에 회계기간중의 절차에 대해 설명하였으며 제4장에서는 회계기간말의 절차를 제시하였다. 제5장부터 제10장까지는 재무상태표의 계정과목별 회계처리에 관한 내용이다. 제11장은 현금흐름표에 관한 것이며, 제12장은 회계처리시스템에 의해서 생성된 회계정보를 활용하는 여러 방안을 설명하였다.

본서는 회계를 처음 배우는 입문자들을 대상으로 2학기에 걸쳐 가르칠 경우 가장 효과적일 것이다. 그러나 한 학기에 회계원리과정을 이수해야 할 경우 앞부분에 대한 비중을 높이고 뒷부분은 계정과목론을 중심으로 하면서 현금흐름표 이후 부분을 과감하게 생략함과 동시에 각 장에서 중급회계에서 본격적으로 다루는 부분에 대하여도 생략할 경우 한 학기에도 충분히 가능할 것으로 생각된다.

2013년 2월 초판이 발행되고 12년의 시간이 흘렀다. 그간 한국채택국제회계기준 자체에 변화들이 있었고, 저자들이 수업을 하면서 본서의 개선 필요성을 느껴 이를 반영하고자 제7판을 발행하였다. 제7판에서의 주요 개정사항은 다음과 같다. 첫째, 관련 규정들을 최신 규정으로 업데이트하였다. 둘째, 모든 장의 연습문제를 보강하였다. 객관식, 주관식 문제를 통해 본문의 내용을 다시 한번 연습하자는 취지이다.

본서의 출간에 많은 도움을 주신 신영사 권영섭 사장님과 임직원들께 이 자리를 빌려 감사의 말씀을 전하고자 한다.

2025년 1월

저자 일동

차 례

CHAPTER

1 회계의 기초

CHAPTER

2 재무보고 개념체계 및 재무제표

CHAPTER

3 거래의 기록과 회계기간중의 절차

CHAPTER

4 회계기간말의 절차

CHAPTER

5 현금및현금성자산과 수취채권

CHAPTER

6 재고자산

CHAPTER

7 유형자산과 무형자산

CHAPTER

8 금융자산 : 지분증권과 채무증권

CHAPTER 9 부 채

CHAPTER 10 자 본

CHAPTER 11

현금흐름표

CHAPTER

12 회계정보의 활용

Chapter

1 회계의 기초

제 1 절 기 업
제 2 절 회계의 목적과 정의
제 3 절 재무보고

본장에서는

1. 주된 경제주체인 기업이 무엇인가를 알아보고 전반적인 기업활동을 살펴본다.
2. 기업활동의 결과를 나타내는 회계를 정의하고 회계의 목적을 알아본다.
3. 재무보고의 정의와 목적을 알아본다.

1. 기업

- 목적 : 영리추구
- 특징 : 소유경영분리, 영리추구, 독립성, 생산경제단위
- 조직의 형태 : 개인기업, 법인기업

2. 기업의 활동

- 재무활동 : 자금조달활동
- 투자활동 : 유형자산, 무형자산 및 투자자산 등에 투자하는 활동
- 영업활동 : 기업 본연의 사업활동

3. 회계의 정의

- 회계정보이용자의 경제적 의사결정에 유용한 경제실체에 관한 정보를 식별·측정·보고하는 과정

4. 회계의 분류

- 재무회계 : 외부정보이용자에게 유용한 정보 제공
- 관리회계 : 내부정보이용자에게 유용한 정보 제공

5. 일반적으로 인정된 회계기준

- 한국채택국제회계기준
- 일반기업회계기준
- 중소기업회계기준

제1절 기 업

1. 기업의 정의

기업(enterprise)은 국민경제를 구성하는 기본적 단위이다. 기업은 생산수단의 소유와 노동의 분업을 기초로 하여 영리목적을 추구하는 독립적인 생산경제 단위를 이루고 있다. 따라서 기업은 구성원들의 공동의 목적을 달성하기 위한 자신들의 행동들을 효과적으로 조정하기 위한 조직체라고 할 수 있다. 보다 광의적으로, 기업이란 이윤을 추구할 목적하에 재화와 용역을 사회에 제공하려고 운영되고 있는 조직체이다. 즉, 여러 사람들이 협력하여 공동의 목적을 달성하기 위하여 집단적 활동을 하고 있다는 점에서, 기업도 정부, 단체, 학교, 교회 등과 같이 사회적인 조직체라고 볼 수 있다. 그러나 기업은 그 목적 부분에서 기타 조직체와는 구별되는데, 바로 이윤을 추구하는 집단이라는 점이다. 즉, 기업은 최소의 비용으로 최대의 이익을 거두려고 합리적인 경영을 하고 있는 이윤추구의 조직체라고 할 수 있다.

기업을 포함한 가계와 정부는 경제활동에 참여하는 대표적인 경제주체이며, 이러한 경제주체들이 자신의 만족과 이윤을 추구하며 자유롭게 경제활동을 하는 가운데 경제적 효율성이 달성된다. 가계가 소비주체라면 기업은 생산주체로서 오늘날에는 3대 경제주체의 중심이 된다. 예를 들어서, 직접 비교하는 것이 다소 문제가 있을 수 있으나 2022년도 우리나라의 1년 예산이 약 607조원인 데 비해 삼성전자 한 기업의 1년 매출액이 약 279조원, 직접 고용하고 있는 종업원 수가 약 11만 3천명에 이르고 있는 등 경제주체로서의 기업의 역할이 과거 정부주도의 경제개발시대에 비해 매우 크다고 할 수 있다.

이처럼 경제주체로서의 기업의 중요도와 역할에 비추어 볼 때 기업을 제대로 알고 이해한다는 것은 매우 중요하다고 할 수 있다.

2. 기업의 목적

기업을 포함한 모든 조직은 조직의 목표 혹은 목적을 가지고 있다. 모든 조직은 각자의 목표를 달성하기 위해 존재하는 것이며 조직의 성공여부 또한 이들 목표를 얼마나 달성하였는가에 따라 평가한다. 그러나 모든 조직이 같은 목적을 가지고 있지는 않다. 특히 기업과 같은 영리조직과 정부, 교육기관과 같은 비영리조직은 서로 다른 목표를 추구한다.

기업은 하나의 조직으로서 명시적(explicit) 목적과 암묵적(implicit) 목적을 갖는다. 이윤추구, 고객에 대한 양질의 서비스 제공 등은 기업이 공식적으로 천명하는 명시적 목적이 될 수 있다. 이러한 명시적 목표가 중요하기는 하나 조직이 추구하는 유일한 목적이라고는 할 수 없다. 궁극적으로 조직의 명시적 목적을 수행하는 데 도움이 된다는 신념에서 종업원들과 고객에 대해 공정하고 책임 있는 행동을 이행하고자 하는 것도 조직의 목표가 될 수 있는데, 이러한 것들은 조직정책이나 활동에 암시되어 있기 때문에 이를 암묵적 목적이라 한다(Campbell, 1997).

소규모 기업부터 대기업에 이르기까지 기본적으로 명시적인 기업의 목적은 이윤추구이다. 물론 이윤추구가 기업의 유일한 목적이라는 것은 아니다. 많은 기업들은 재단법인을 설립하여 다양한 사회복지활동을 하는 등 여러 가지 사회적 목표를 추구하기도 한다. 이처럼 기업은 여러 가지 목표를 추구하지만 이윤추구가 가장 중요한 목표임은 틀림없다. 이에 반해 비영리조직의 기본목표는 사회적인 것으로 조직이 속한 사회의 요구를 충족하는 데 있다. 예를 들어 박물관·오페라 극단은 문화적 목표를 추구하며, 대학교나 교육방송사는 교육적 목표를 추구한다. 공립병원은 보건복지 목표를 추구하며 정당은 다른 사회적 목표를 추구하는 것이다. 물론 비영리조직이 물건을 만들어 판매할 수 있으나 이 경우 이윤추구는 목표가 아닌 목표달성을 위한 수단이 된다.

3. 기업의 특징

이윤추구를 기본목적으로 하는 기업은 일반적으로 다음과 같은 특성을 가진다.

(1) 소유와 경영의 분리

중세의 수공업자와 같이 자신이 소유하는 생산수단에 자기 노동을 가하여 특정 재화 혹은 서비스를 생산하는 경우에는 소유와 경영이 일치되고 있음을 알 수 있다. 이에 반하여 기업은 생산수단의 소유와 경영의 분리를 기본적인 특징으로 하고 있다는 점에서 이들과 구별된다. 소유와 경영의 분리에 의해서 한편으로는 임금노동이 이용되고, 또 다른 한편으로는 독립된 개별자본의 단위로서 기업이 성립된다. 주식시장에 상장되어 기업을 공개한 경우가 대부분이에 해당된다.

(2) 영리추구

기업은 영리를 추구하는 조직체라는 점에서 교회, 지방자치단체, 시민단체 등과 같은 비영리조직과 구별된다. 비록 영리원칙은 중세기의 수공업자나 상인의 시대에도 존재하였으나, 소유와 노동이 일치되고 가족의 생활유지를 위하여 영리를 추구하는 생활적 영리원칙이 지배적이었다. 이런 점에서 기업은 직원들에게 노동에 대한 대가를 제공하고, 성장을 위한 투자를 행하며, 나아가 지속적인 성장을 도모하기 위해 영리를 추구하는 것을 특징으로 하고 있다.

(3) 독립성

기업은 공동의 목표를 효과적으로 조정하여 그 목표를 달성하고자 하는 이해당사자들의 독립적인 조직체라고 할 수 있다. 이런 점에서 기업이 시장경제 속에서 존립하기 위해서는 스스로의 책임에 의한 독립적인 경영이 중요하다.

(4) 생산경제단위

기업은 그 자체로서 하나의 경제단위라고 할 수 있다. 즉, 기업은 재화 또는 서비스를 생산하여 소비자들에게 공급하고 이윤을 창출하는 경제적 조직이라는 점에서 여타의 비경제적 조직과 구별된다.

4. 기업의 활동

기업의 활동을 설명함에 있어 우리나라의 대표적인 기업 중 하나인 현대자동차그룹을 사례로 소개하고자 한다. 현대자동차는 1967년 12월 미국 포드자동차와 합작회사로 출발하였다. 현대자동차의 뿌리는 자동차정비업이다. 창업자인 고(故) 정주영 회장은 1940년대초 서울에서 아트서비스라는 자동차정비공장을 열었다. 1950년 현대자동차공업사와 현대토건을 합병해 현대건설을 설립하면서 축적한 자본을 바탕으로 1967년 12월 자본금 1억원으로 현대자동차를 설립하고, 1968년 5월 울산에 20만평 부지를 확보한 후 연간 3,500대를 생산할 수 있는 공장을 착공하였다. 같은 해 11월 국산화율 21%의 코티나 1600D를 생산하였는데, 당시는 미국의 포드사와 협력하여 부품을 들여와 국내에서 조립하던 시기였다.

현대자동차는 1976년 국내 최초 자체모델인 '포니'를 생산함으로써 자동차 역사의 첫 장을 열었다. 포니는 최초의 국산 고유모델이자 국내 도로사정에 맞는 경제형 차량으로 당시 큰 인기를 끌어 현대자동차의 성장에 밑거름이 되었다.

수출을 위해 대기중인 현대자동차 차량

오늘의 현대자동차는 세계 100대 브랜드 중 하나이며, 판매량 세계 5위의 자동차 회사이다. 국내에 3개 공장(울산, 아산, 전주)을 비롯하여 미국, 유럽, 인도, 중국 등에 현지 생산법인을 두고 있다. 현대자동차는 2021년에는 약 117조원의 매출을 기록하였으며, 기아자동차와 함께 국내에서 약 83%에 달하는 시장점유율을 보이고 있다.

(1) 기업의 비전목표와 전략

기업의 비전목표란 그 기업이 보유한 자원을 활용하여 달성하고자 하는 목표이며 추구하는 결과이다. 기업의 전략은 바로 이런 목적을 달성하기 위한 수단이다. 기업은 목표와 전략을 경제적 · 도덕적 그리고 문화적 환경차원에서 설정해야 한다. 기업의 목표로 설정할 수 있는 예를 들면 다음과 같다.

- 기업가치의 극대화
- 종업원을 위한 복지개선과 안정된 기반을 제공
- 국가의 정책목표에 기여하는 것

경영자들은 각자 나름대로의 경영전략을 수립한다. 예를 들어 어떤 기업은 한 가지 업종만을 영위할 수 있으며 어떤 업체는 여러 업종을 선택할 수 있다. 여러 업종을 선택한 경우 원료생산을 위해 전방을 통합하거나 고객에 대한 제품의 분배를 위해 후방을 통합할 수도 있다.

경영자들은 각 사업부서나 제품단위 별로 전략을 수립할 수 있다. 예를 들어 어떤 기업은 독특한 제품 틈새시장을 찾으려는 시도를 할 수 있으며 이러한 전략으로 경쟁사들보다 부가가치가 높은 고가격 제품을 판매할 수 있다(제품차별화 전략). 마찬가지로 기업은 원가통제에 치중하여 산업 내에서 가장 원가가 낮은 생산자가 될 수 있다. 이러한 전략으로 공격적으로 낮은 가격을 구사하여 대량판매를 할 수 있다(원가전략).

우리가 사례로 보고 있는 현대자동차그룹이 존재하는 가장 근본적인 이유이자 목적이며, 근간이 되는 정신인 경영철학은 『창의적 사고와 끊임없는 도전을 통해 새로운 미래를 창조함으로써 인류사회의 꿈을 실현한다』에 있다. 또한 현대자동차그룹이 반드시 성취해야 할 향후 10년간의 사업목표로 설정한 비전은 『인간중심적이고 환경친화적인 혁신기술과 포괄적 서비스를 기반으로 최상의 이동성을 구현하여 삶을 더욱 편리하고 즐겁게 영위할 수 있는 새로운 공간을 제공한다』이다.

(2) 조직의 형태

기업은 목표달성을 위해 어떤 형태의 조직을 구성해야 할 것인가? 우선 조직을 어떤 형태로 할 것인지에 따라 소유주의 세금 문제, 소유주 개인의 부채 문제, 소유주의 수, 자금조달의 기회 등 여러 가지 영향을 받을 수 있다.

기업조직의 형태는 크게 개인기업과 법인기업으로 나눌 수 있다. 개인기업은 가장 단순한 기업형태로 한 사람이 기업에 대한 모든 권한과 책임을 가지는 것이다. 우리나라의 경우 일정규모 이상의 사업자 중 개인기업이 84%를 차지하고 있다. 개인기업의 가장 큰 단점은 소유주가 기업의 부채에 대해 무한책임을 진다는 것이다. 채권자는 기업이 상환하지 못한 채권의 경우 소유주의 개인자산에 대하여도 상환을 청구할 수 있다. 반면에 개인기업은 운영에 있어 두 가지 장점이 있다. 첫째, 법인기업에 비해 설립부터 운영에 이르기까지 모든 절차가 단순하다는 것이다. 둘째, 개인기업의 이익은 기업의 소득이 아니라 소유주의 이익이 된다는 것이다.

이에 반해 법인기업은 기업을 법적으로 소유주와 별도로 분리된 실체로 인식한다. 대표적인 법인기업인 주식회사의 경우 소유주가 주식을 소유하게 된다. 따라서 우리가 주식을 산다는 것은 회사의 소유권의 일부를 사는 것이다. 법인기업의 장점일 수도 있고 단점일 수 있는 독특한 점은 법인 자체가 법적으로 분리된 실체이므로 법인의 채무는 법인 스스로의 것이며 주주는 개별적으로 법인의 채무를 부담하지 않는다는 것이다.

따라서 법인기업은 주주들이 유한책임을 지므로 주주는 자기가 투자한 주식만큼 책임지게 된다. 주식은 법인기업과 상관없이 주주들간에 쉽게 이전할 수 있으므로 소유권은 기업에 별다른 영향을 미치지 않고 쉽게 이전이 가능하다. 더욱이 법인기업은 별도의 독립된 법적 실체이므로 다른 기업을 소유할 수 있다. 따라서 법인기업은 다른 기업과 합작투자를 할 수 있으며 다른 법인의 주주가 될 수도 있다.

법인기업은 자금조달 측면에서 다른 장점을 지니고 있다. 개인기업은 개인 소유주로부터 자금을 조달할 수 있는 반면, 법인기업은 회사채발행이나 주식발행을 통해 보다 쉽게 장기자금을 조달할 수 있다. 그러나 이를 위해서는 기업을 공개하는 것이 필요하며 이는 투자자 보호라는 또 다른 규제를 초래한다.

(3) 기업환경

사람은 공기가 없는 곳에서 살 수 없듯이 기업 또한 진공상태에서 존재할 수 없다. 기업은 복잡한 환경에서 살아가고 있으며 이러한 환경은 조직과 경영에 영향을 미친다. 정치적·법적, 경제적·사회적 그리고 기술적 요소들이 기업에 영향을 미치게 되어 회계정보에 대한 요구 또한 영향을 받는 것이다.

1) 정치적·법적 요인

정부의 형태나 기업을 규제하는 법률형태는 기업과 기업의 경영에 영향을 미친다. 기업이 의사결정을 얼마나 자유롭게 할 수 있는지, 세법을 비롯하여 환경에 관한 법률 및 노동관계법의 엄중도와 정치형태의 차이는 경영자들의 의사결정과 의사결정에 필요한 정보에 영향을 미친다. 재벌을 비롯한 대기업 기업집단은 달리 규제를 받고 있으며, 중소기업과 대기업을 구별하여 업종진입 등 차별적 규제를 하기도 한다.

2) 경제적 · 사회적 요인

경제적 요인 및 사회적 요인 또한 기업과 경영에 영향을 미친다. 한국은행의 금리정책, 정부의 물가정책 및 고용정책 등은 기업경영에 직접 영향을 미친다. 그리고 노동자와 기업가의 윤리관을 포함한 사회 전체적 가치관 등 경제적 · 사회적 요인들의 차이로 인하여 경영자들의 의사결정과 그들이 필요로 하는 정보에 영향을 미칠 수 있다. 예를 들어 인플레이션이 심할 경우 정확한 회계정보를 적시에 제공하는 것이 기업 생존에 매우 중요하다. 물가가 인상될 경우 사람들은 값이 오르기 전에 물건을 구입하려 할 것이므로 수요가 증가하고, 외상으로 판매할 경우 대금을 회수하는 시점에서 화폐가치는 떨어지게 된다. 이에 따라 기업은 끊임없이 가격과 신용에 대하여 새로운 의사결정을 해야 하므로 정확하고 적시의 회계정보가 필수적이다.

3) 기술적 요인

기술수준과 기술변화의 속도 또한 기업과 경영에 영향을 미친다. 기술의 발전속도가 빠른 업종에서는 경영자들은 많은 중요한 결정을 해야 한다. 과거 타자기 회사의 경우가 그러하다. 컴퓨터가 처음 소개되었을 때 어떤 의사결정을 내려야 할 것인가? 사업을 계속할 것인가, 아니면 다각화하거나 매각할 것인가? 이 경우 경영자는 장래 타자기 매출에 대한 몇 가지 가능한 시나리오를 짜서 각 시나리오별로 예상 수익과 이익을 고려해야 할 것이다. 컴퓨터와 직접 관련이 없는 기업인 경우에도 새로운 기술로 인해 재고관리, 운영관리에 어떤 영향을 미칠지 생각해야 할 것이다.

(4) 기업의 활동

회계분야에 있어서 기업의 활동은 크게 재무활동, 투자활동, 영업활동 세 가지로 구분하며 기업과 관련하여 회계처리의 대상이 되는 모든 활동은 이 세 가지 활동 중 하나에 반드시 포함된다.

1) 재무활동(자금의 조달)

경영에서 가장 중요한 요소는 사람과 돈이다. 회사는 설립 이전부터 인재를 어떻게 얼마나 확보할 것인가 그리고 자금은 어떻게 조달한 것인가를 정해야 한다. 이후 사업을 시작하게 되면 필요한 자금이 적기에 원활하게 조달되어야 한다. 이 중 자금조달과 관련된 활동을 재무활동이라 하며 재무활동은 크게 보면 주주와 채권자 두 부류로부터 자금을 조달하는 것이다.

① **주주로부터의 자금조달** : 기업은 유상증자를 통해 주주로부터 자금을 조달받고 주주는 반대급부로 주주로서의 소유권을 갖는다. 회사는 미래의 특정일자에 소유자(주주)에게 돈을 갚아야 할 필요가 없으며 그 대신 주주들은 주주총회에서 의결권을 행사할 수 있고, 배당을 받을 수 있으며 장래에 회사의 가치가 증가하면 주식의 가격이 올라 시세차익을 얻게 된다.

② **채권자로부터의 자금조달** : 투자자와 마찬가지로 채권자는 기업에 자금을 제공하고 기업은 서로 약속한 일자에 원금과 이자를 갚아야 한다. 장기채권자는 자금을 제공하고 단기간 내에는 상환하지 않는데, 회사채가 바로 그런 경우이다. 주요 채권자의 예로는 은행을 들 수 있다. 사채(社債)는 자금을 빌린 회사가 장래 특정일자에 지급이자와 표시된 원금을 지불하기로 한 약속이다.

2) 투자활동

일단 기업이 자금을 조달하게 되면 이 자금은 기업활동을 수행하는 데 필요한 곳에 사용하게 된다. 이러한 자금의 사용, 즉 투자활동에는 다음과 같은 자산의 취득활동이 포함된다.

① **토지, 건물, 기계장치** : 기업은 공장에 필요한 토지와 건물을 구입 및 신축 혹은 임대하여 생산공장을 갖춘 후 제품을 생산하여 판매한다.

② **특허권 등 권리** : 이러한 투자활동으로 기업활동을 추구함에 있어 필

요한 특정 재산이나 소유권을 사용할 수 있는 법적인 권리를 제공받게 된다.

③ **다른 기업의 보통주나 사채 :** 다른 기업에 투자하여 스스로 채권자나 주주가 될 수 있다. 기업들은 이러한 투자를 일시적 자금여유로 짧은 기간 동안만 하거나 혹은 주요 원자재 확보나 새로운 기술확보를 위해 장기적으로 할 수 있는데, 이는 순수하게 경영자가 정하게 된다.

3) 영업활동

회사는 조달한 자금을 통하여 투자활동을 수행한 후 기업 고유의 목적을 달성하기 위하여 영업활동을 수행한다. 다음은 기업의 전형적인 영업활동이다.

① **구매활동 :** 도·소매업의 경우 구매활동은 판매에 필요한 상품을 구입하는 것이며 제조기업의 구매활동은 제조과정에서 필요한 원자재를 구입하는 것이다.

② **제조활동 :** 제조활동은 원재료, 노동력과 기계설비 등 다른 투입요소를 배합하여 제품을 만드는 것이다.

③ **판매활동 :** 판매활동은 기업의 제품을 고객들에게 판매하고 관리하는 것이다.

④ **관리활동 :** 관리활동은 구매-생산, 영업 및 다른 부서의 활동을 관리하는 것이다. 이러한 관리활동에는 자료처리, 법률서비스, 연구개발 등 다른 지원업무를 조정하는 업무가 포함된다.

[그림 1-1]은 앞서 언급한 기업의 주요 활동인 재무활동, 투자활동 및 영

[그림 1-1]
기업활동 요약

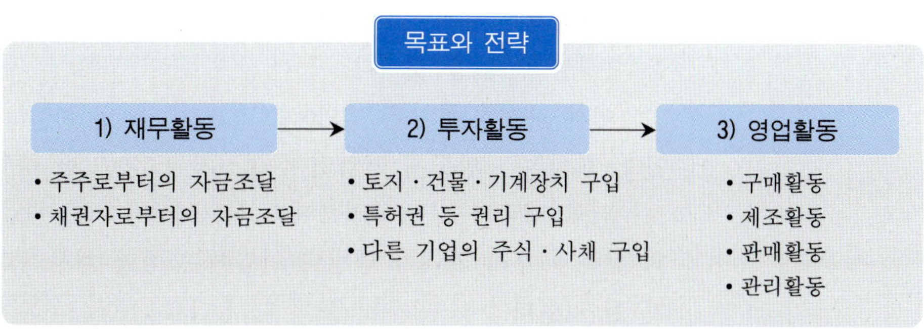

업활동을 요약한 것으로, 재무활동으로 기업은 채권자와 주주로부터 자금을 조달하고 이렇게 조달된 자금으로 기업들은 토지, 건물, 기계장치 등 제품생산에 필요한 투자활동을 수행한다. 이러한 재무활동과 투자활동을 바탕으로 기업들은 본연의 활동인 영업활동을 수행하여 당초의 목적을 달성하게 된다.

제 2 절 회계의 목적과 정의

지금까지는 주요 경제주체로서 기업에 대하여 살펴보았다. 그러면 기업을 이해하는 데 필수적인 도구로 평가되는 회계에 대해 구체적으로 알아보기로 하자. 만일 당신이 아무런 도구나 기구도 지니고 있지 않는 탐험대의 일원이라고 생각해 보자. 당신이 지금 산을 오르고 있는데 산은 높고 험한 편이다. 당신은 산에서 필요한 다양한 도구를 생각할 것이다. 만일 여러 가지 탐사도구들을 정상에 가져갈 수 있다면 현재 서 있는 곳에서 멋진 전경을 볼 수 있을 것이며, 지하 탐사 때 가져간다면 금덩이를 발견할 수도 있을 것이다. 그러나 산에 오르거나 지하를 탐사하는 데 도구의 도움이 없이는 탐험가로서의 업무를 수행할 수 없을 것이다.

탐사에 필요한 도구들-GPS와 나침반

이와 유사하게 모든 기업에도 경제적 거래와 관련하여 산더미 같은 자료가 있다. 세계적인 반도체 기업인 삼성전자의 경우 한 주일에만도 매출, 고객으로부터의 대금회수, 공급업체에의 물품대금 지급, 종업원에게 급여 지급 등과 같은 재무적 거래가 엄청나 연말에는 쌓인 재무자료가 믿기 어려울 정도가 될 것이다.

기업마다 쌓이는 수많은 자료에 관심을 가지는 사람들 역시 매우 많다. 경영자들은 어떤 제품이 가장 많은 이익을 가져다주는지를 아는 것이 필요하며, 주식을 보유하고 있는 주주들은 자신의 회사가 투자 대비 적정이익을 얻고 있는지를 안다면 좋을 것이다. 회사에 돈을 빌려준 채권자는 회사가 빌려준 돈을 제대로 갚을 수 있을 만큼의 현금을 창출하는지를 알 필요가 있으며 정부는 회사가 세금을 제대로 납부하고 있는지를 알아야 한다. 종업원들 또한 어느 사업부가 실적이 나빠져 조만간에 정리되는지를 알고 싶어 할 것이다.

그러나 수많은 자료를 정리하지 않고서는 이용자들은 자신들의 요구를 충족할 수 없을 것이다. 회계는 산더미 같은 자료로부터 필요한 사람들한테 필요한 정보를 제공해 주는 수단이다. 회계는 기업의 재무적 활동을 조직, 유지, 기록 및 분석하는 기술이며 경제적 의사결정에 필요한 정보를 생성하여 전달하는 시스템이다. 이에 따라 회계는 일반적으로 기업의 언어(language of business)라 한다. 이러한 비유적 표현은 우리가 외국의 어느 나라를 알기 위해서는 그 나라의 언어를 이해하는 것이 필수적인 것처럼, 기업을 제대로 알고 평가하자면 회계에 대한 이해가 필수적이라는 것을 함축하고 있다.

회계를 기업의 언어라고 정의한다면 다른 언어들과 마찬가지로 나름대로 사용되는 용어(terms)와 규칙(rules)이 있게 마련이다. 따라서 회계가 제공하는 정보를 해석하고 활용하려면 우선적으로 회계가 사용하는 언어를 이해해야 한다. 기업의 언어인 회계를 이해하는 것이 사업을 수행하는 데 성공할 수 있는 첫걸음이 될 것이다.

1. 회계의 역사

회계는 인간의 문명과 더불어 발전해 왔다. 인류가 회계기록을 행한 사실은 고대 이집트 및 그리스 시대에서부터 찾아볼 수 있다. 특히 고대 바빌로니아인이 상거래를 할 때 회계기록을 실시했다는 사실은 함무라비 법전에서도 찾아볼 수 있다. 이후 중세봉건사회에서는 영주의 보유토지와 농민이 영주에게 바치는 공납품이나 지대의 관리가 회계기록의 대상으로서 중요시되었다.

현대회계의 근간이라고 할 수 있는 복식부기의 기원은 중세에서 근대로 넘어오는 무렵인 14~15세기에 이탈리아 상인들로부터 찾을 수 있다. 이 시기에는 교역에 필요한 화폐가 부족했기 때문에 받을 금액과 지불할 금액을 기록해야 하는 기장거래가 필요했다. 이러한 기장거래는 복식부기를 탄생시키는 촉진제가 되었다.

복식부기의 원리는 베네치아의 수도사이자 수학 교육자인 파치올리(Luca Pacioli)에 의해서 이론으로 정립되었다. 그는 1494년에 『대수, 기하, 비율 및 비례총람』을 출판했는데, 이 책에는 당시의 상인들에 의해 관습화되고 있는 복식부기의 원리에 대해서 상세히 기록하였다. 뿐만 아니라 일기장에 거래내용을 언제, 누구와, 무엇을, 어디에서 거래를 실시하였는지 기록하고 이를 총계정원장에 전기하였다. 불완전했던 파치올리의 부기가 보완되면서 현재의 복식부기로 발전된 것이다.

회계가 본격적으로 발전한 시기는 산업혁명과 주식회사의 발달이 이루어진 시기이다. 산업화에 따른 주식회사의 발전은 대규모 산업자본의 모집을 가능하게 하였고 자본가들은 부를 축적할 수 있었다. 여기서 대량생산이 가능한 공장경영자에게는 제품의 정확한 원가계산이 필요하게 되었으며 계산된 원가는 제품가격의 결정수단으로 사용되었다. 한편 기업이 성장해감에 따라 기업 외부에 있는 이해관계자(채권자, 정부 등)에 대한 이해조정책임과 여러 가지 사회적 책임을 무시할 수 없게 되었다. 특히 1920년대 말에 불어닥친 대공황으로 인하여 미국에서는 증권시장이 붕괴되고 회계정보의 신뢰성이 무너지면서 다수의 투자자를 보호하기 위해 재무제표라는 수단을 이용하여 재무상태와 경영성과를 공시할 필요성을 느끼게 되었고 정부에서도 이를 법제화하기에 이르렀다. 즉, 기업이 회계정보를 작성할 때 지침과 규칙을 의무적으로 따르고 재무제표는 공인회계사의 감사를 받게 함으로써 상세하고 정확한 회계정보를 제공하도록 의무화하였다.

2. 회계의 목적

학문은 인간의 삶에 도움을 주고자 존재한다. 예를 들어, 경제학은 최소한의 비용으로 최대한의 효익을 얻는 방법을 연구하는 학문이며, 법학에서는 인간관계에서 발생하는 분쟁을 효과적으로 조정하는 방법에 대한 이론을 제시한다. 회계학도 학문의 일종으로서 재무정보의 이용자들에게 유용한 정보를 제공하기 위해 존재한다. 구체적으로 회계학은 내부 혹은 외부 재무정보이용자(who)에게 분기/반기/온기(when)마다 기업의 재무정보(what)를 재무상태표, 포괄손익계산서 등의 형태(how)로 제공함으로써 인류의 삶의 발전에 기여한다.

한국회계기준원에서 2019년에 제정한 '재무보고를 위한 개념체계'[1)]에서는 일반목적재무보고[2)]의 목적을 현재 및 잠재적 투자자, 대여자와 그 밖의 채권자가 기업에 자원을 제공하는 것과 관련된 의사결정을 할 때 유용한 보고기업 재무정보를 제공하는 것으로 정하고 있다. 유용한 회계정보는 다음의 두 가지 주요 정보를 제공한다.

(1) 재무상태(경제적자원과 청구권)에 관한 정보

기업의 재무상태는 일정시점의 자산, 부채, 자본의 현황을 말한다. 자산, 부채, 자본의 현황을 통해 기업의 경제적자원과 청구권의 성격 및 금액에 대한 정보를 식별할 수 있다. 이러한 정보는 정보이용자가 보고기업의 유동성과 지급능력, 추가적인 자금조달의 필요성 및 그 자금조달이 얼마나 성공적일지를 평가하는 데 도움을 줄 수 있다.

(2) 재무성과(경제적자원 및 청구권의 변동)에 관한 정보

기업의 재무성과는 일정기간 동안 회계실체의 기업활동의 결과로 얻은 성과로서 수익과 비용을 포함하는 당기순이익으로 파악할 수 있다. 보고기업의 재무성과에 대한 정보를 통해 정보이용자는 해당기업이 창출한 수익을 이해할 수 있어 경영진이 보고기업의 자원을 효율적이고 효과적으로 사용해야 하는 책임을 얼마나 잘 이행하였는지를 보여준다.

---

1) 이는 국제회계기준위원회가 제정한 '재무보고를 위한 개념체계(Conceptual Framework for Financial Reporting 2018)'에 대응하는 것이다. 한국회계기준원이 제정한 '재무보고를 위한 개념체계'가 국제회계기준의 '재무보고를 위한 개념체계'의 내용에 근거하여 작성되었기 때문에 한국채택국제회계기준의 '재무보고를 위한 개념체계'를 준수하면 동시에 국제회계기준의 '재무보고를 위한 개념체계'를 준수하는 것이 된다.

2) 특정하여 달리 언급하지 않는 한, 재무보고서 및 재무보고는 각각 일반목적재무보고서 및 일반목적재무보고를 말한다.

3. 회계의 정의

회계는 특정 경제실체(economic entity)에서 일어난 경제적 사건(economic events)을 체계적으로 인식·측정하여 이를 보고하고 이용하는 과정으로 정의된다. 경제실체는 경제활동의 주체로서 회계가 적용되는 대상으로 회계실체라 할 수 있다.

회계는 [그림 1-2]에서 보는 바와 같이 경제적 실체의 경제적 사건을 분류하고 기록한 후 이를 정보이용자에게 전달하는 세 가지 활동과정으로 구분할 수 있다.

[그림 1-2]
회계과정

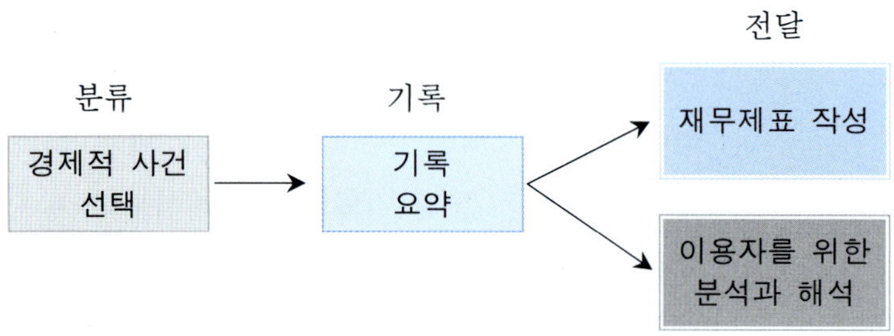

(1) 분류(Identification)

특정조직과 관련된 경제활동으로 여겨질 수 있는 사건을 선정하는 작업이다. 기업의 경제활동은 영업활동, 투자활동, 재무활동으로 구분할 수 있다. 예를 들어 교보문고가 책을 판매하고(영업활동), 현대자동차가 중국에 공장을 건설하며(투자활동), 삼성전자가 새로운 부분에 진출하기 위해 자금을 차입(재무활동)하는 것들이 경제적 사건으로 분류될 수 있다.

(2) 기록(Recording)

일단 분류되어 화폐단위로 측정되면 경제적 사건은 조직의 여러 활동에 관한 일련의 과정을 알려주기 위하여 재무제표에 기록된다. 기록은 측정한 사건을 체계적인 방법으로 기록한다.

(3) 전달(Communication)

이렇게 활동을 분류하고 기록하더라도 이용자에게 전달하지 않으면 아무 소용이 없다. 재무정보가 의미를 지니기 위해서는 회계담당자들은 기록된 자료를 표준화된 방법으로 정리하고 보고하며 작성된 재무제표를 통해 전달되는 것이 일반적이다.

4. 회계의 분류

회계는 회계정보를 의사결정에 이용하는 이용자가 누구냐에 따라 크게 재무회계와 관리회계로 나누어진다.

(1) 재무회계

외부이용자(External users)는 기업의 외부에서 기업에 관한 정보가 필요한 사람이나 조직을 의미한다. 외부이용자는 여러 형태가 있으나 가장 대표적인 두 가지는 투자자(Investors)와 채권자(Creditors)이다. 투자자는 관심이 있는 기업의 이익이 만족할 만한 수준을 보이고 있는지를 살펴보고 주식을 살 것인지, 보유할 것인지 혹은 매도할 것인지를 결정하므로 이에 대한 의사결정에 회계정보가 필요하다. 채권자인 은행은 대출만기일에 대출금을 상환할 수 있을지 궁금해하며, 판매회사는 구매하려는 회사의 신용상태를 평가하여 자사 물품을 공급할 것인지를 정하는 데 회계정보가 필요하다.

재무회계는 이러한 질문에 답해 준다. 재무회계(Financial accounting)는 투자자나 채권자 및 여러 외부이용자들에게 경제적·재무적 정보를 제공한다. 외부이용자는 내부이용자보다는 훨씬 다양한 편으로 국세청은 세법을 준수하

〈표 1-1〉
회계정보의 이용
-은행(채권자)의 경우

- 개인이나 기업에 대출결정 여부
- 예금을 활용한 투자의사결정
- 대출이자율의 결정
- 금융감독원을 비롯한 규제기관의 요구사항 충족

는지 그리고 금융감독원은 제반 법규를 잘 지키는지 알고 싶어 한다. 고객들은 서비스 제공회사나 제품제조회사들이 시장에서 제품가격을 높게 책정하여 폭리를 취하고 있는 것은 아닌지, 그리고 노동조합은 임금을 올릴 수 있는 여지가 있는지에 관심을 갖는다.

(2) 관리회계

회계정보의 내부이용자는 사업을 기획하고 조직화하여 이를 운영하는 기업 내부인을 의미한다. 여기에는 경영자를 포함한 마케팅 관리자, 생산부문 감독자, 재무담당자 등 회사의 관리자를 포함한다. 예를 들어 재무담당자는 주주들에게 배당금을 줄 만큼 충분한 현금을 가지고 있는지 궁금해하며, 마케팅 담당자는 제품가격을 얼마로 하는 것이 가장 이익이 되는지 알고 싶어 한다. 마찬가지로 인사담당자는 올해 근로자들에게 임금을 얼마나 올려 줄 수 있을지를 궁금해한다. 그리고 어느 제품라인이 가장 이익을 많이 가져다주는지, 그리고 어떤 생산라인을 폐쇄해야 하는지를 알고 싶어 한다.

이러한 의문에 답하기 위해서는 내부이용자에게 자세한 정보를 적시에

〈표 1-2〉
회계정보의 이용
-관리회계 영역

마케팅	회사가 주력해야 할 제품의 결정
생 산	우리나라에서 생산할 제품과 중국에서 생산할 제품의 결정
연구개발	신제품 개발비용으로 얼마를 사용할 것인가를 결정
영 업	광고비를 얼마나 책정할 것인가를 결정

〈표 1-3〉
회계의 분류

	재무회계	관리회계
목적	외부정보이용자의 경제적 의사결정에 유용한 정보의 제공	경영자를 포함한 내부정보이용자의 관리적 의사결정에 유용한 정보의 제공
보고대상	외부보고(객관성 및 신뢰성)	내부보고(적시성 및 목적적합성)
정보이용자	외부이해관계자(투자자 및 채권자 등)	경영자
기준 및 원칙	일반적으로 인정된 회계원칙 법률, 관습	일정한 기준이나 원칙이 없음
보고양식	재무제표	정해진 보고양식이 없음
보고시기	1년(분기별 혹은 반기별)	필요에 따라 수시로 이루어짐

제공해야 한다. 관리회계(Managerial accounting)는 내부이용자들의 의사결정에 필요한 보고서를 제공하게 된다. 이러한 보고서에는 선택가능한 영업전략을 비교하는 것, 신제품 출시에 따른 이익여부, 내년도에 필요한 현금예측 등이 포함된다.

(3) 회계와 부기

부기(Bookkeeping)는 장부기입의 약어로서 장부를 기록하는 절차를 의미한다. 즉 기업에서 발생하는 거래를 기록하여 나중에 재무제표를 작성하는 데 사용된다. 대부분의 부기절차는 체계화되어 최근에는 작은 규모의 기업에서도 전산으로 처리가 이루어진다. 부기는 회계과정에서 중요한 절차이기는 하나 이는 시작절차에 불과하다.

회계는 부기과정을 통해 기록된 거래에 기초한 재무제표를 작성하고 분석하는 것을 포함한다. 따라서 회계는 부기의 차원을 넘는 것으로 기업에서 이루어지고 있는 의사결정에 도움이 되는 정보를 요약하고 보고하는 것을 포함한다.

제 3 절 재무보고

1. 일반적으로 인정된 회계기준(GAAP)

정보이용자들에게 다양한 정보를 제공해 주는 재무제표가 각 기업들마다 제각기 작성되거나 각 기업들이 일정한 작성기준 없이 마음대로 작성한다면 재무제표는 유용한 정보를 제공할 수 없을 것이다. 이처럼 각 회사별 재무제표 간에 비교가능성을 유지하고 각 기업마다 특정 거래나 사건을 매년 동일하게 취급해야 할 필요성 때문에 재무제표 작성에 있어 일정한 작성기준이 필요하게 된다. 일반적으로 인정된 회계기준(GAAP, generally accepted accounting

[그림 1-3]
일반적으로 인정된
회계기준

principles)은 회계정보이용자들의 의사결정에 필요한 회계정보를 제공해 주는 재무제표의 작성과 보고에 관한 기준 혹은 규칙이다.

따라서 일반적으로 인정된 회계기준은 다른 물리적인 법칙과는 달리 예외가 전혀 없이 받아들여진 명제가 아니라 실제로는 토론과 비판을 통하여 전문가들에 의해 타당한 것으로 받아들여진 것들이므로 항상 수정이 이루어진다. 이는 광범위하게 많은 사람들에 의해 수용되는 기준이며 권위 있는 전문가의 합의에 의해 정립되므로 이러한 일반적으로 인정된 회계기준은 회계실무의 지침이 된다. 우리나라의 경우 일반적으로 인정된 회계기준으로는 국제회계기준위원회의 국제회계기준을 채택하여 정한 한국채택국제회계기준, 일반기업회계기준, 중소기업회계기준이 있다. 한국채택국제회계기준은 상장기업(코스피, 코스닥) 및 금융업 기업을 대상으로 하며, 일반기업회계기준은 비상장기업 중 외부감사대상 기업을, 중소기업회계기준은 외부감사대상 이외의 비상장기업을 각각 대상으로 한다.

2. 한국채택국제회계기준(K-IFRS)

1990년대 초반에 우리나라가 주식시장을 개방한 이래 외국인투자자의 국내 주식 보유비율은 점차 증가했고, 우리나라 주요 대기업 주식의 상당 부분을 외국인투자자가 보유하고 있다. 이에 따라 우리나라의 경제활동 및 우리나라 기업의 재무상태나 영업실적에 관심을 가지거나 이해관계를 가지고 있는 외국계 투자자나 금융기관이 많아지게 되었다. 이러한 이해관계자들이 자기들이 이해할 수 있는 재무정보를 제공해 달라고 요구하게 되었고, 우리나라는 이러한 요청을 거부할 수 없는 상황에 이르렀다. 동시에 국가간 무역 및 자본투자의 규모가 커지면서 서로 이해를 공유할 수 있는 재무보고시스템에 대한 수요가 우리나라에만 국한된 것이 아니고 전 세계적인 문제가 되었다. 그래서 2004년 전후에 유럽연합에 속한 대부분의 국가는 의무적으로 기존에 있던 자국의 회계기준을 버리고 국제회계기준을 받아들이게 되었다. 우리나라도 국제적인 추세에 부응하여 2011년부터는 국제회계기준을 도입하게 된 것이다.

과거의 기업회계기준은 미국의 영향을 받은 것으로 규정중심의 회계기준이다. 이는 특정 회계사안에 대하여 어떻게 회계처리해야 하는지에 대하여 구체적인 방법으로 제시하고 있다. 마치 회계기준이 법조문과 같이 어떠한 상황에서 어떻게 회계처리하는지를 명확하게 규정하고 있는 것이 특징이다. 따라서 회계담당자는 별다른 해석 없이 정해진 규정에서 정한 대로 회계처리하면 되는 것이다. 이에 반해 국제회계기준은 원칙중심의 회계기준이다. 이는 규정중심과는 달리 구체적이고 상세한 회계처리방법을 제시하기보다는 거래의 경제적 실질을 판단하여 합리적 회계처리를 할 수 있는 기본적인 원칙을 제시하는 역할을 수행한다.

일견 규정중심의 과거 우리나라의 기업회계기준과 같은 형태가 실무적으로 편할 것으로 생각되나 기업환경이 매우 복잡하며, 나라마다 기업마다 서로 다른 환경에서 모든 규정을 다 정하는 것이 오히려 복잡하고 불편할 수 있다. 실제로 모든 것을 판정할 수 있는 규정을 제정하는 것이 불가능할 것이다. 이에 반해 국제회계기준에서는 회계처리의 기본원칙과 방법만을 제시하고 그 테두리 안에서 합리적인 방법으로 회계처리의 다양성을 인정하도록 함으로써 실질적인 내용을 반영한 회계처리가 이루어지도록 하는 것이다. 따라서 선택한 회계처리에 대하여 충분한 설명과 근거가 필요하게 되므로 전문가의 판단이 많이 발생하게 되며 주석사항 또한 과거 기업회계기준을 적용할 때 보다 크게 늘어나게 된다.

〈표 1-4〉
회계 전문 사이트

한국회계학회	www.kaa-edu.or.kr
금융감독원	www.fss.or.kr
금융위원회	www.fsc.go.kr
한국공인회계사회	www.kicpa.or.kr
한국회계기준원	www.kasb.or.kr

원칙중심의 회계기준 이외에도 국제회계기준의 공시체계는 연결재무제표를 주된 재무제표로 채택하고 있다. 이렇게 되면 비록 법적으로는 독립된 회사이지만 지배종속관계가 회사간에 성립되면 경제적으로 단일실체로 간주하여 하나의 재무제표로 보고한다는 것이다.

그리고 과거 회계기준에서는 자산과 부채를 신뢰성의 기준에 따라 역사적 원가주의에 의해 기록했지만 국제회계기준에서는 공정가치 평가를 허용함으로써 투자자들에게 목적적합한 회계정보의 제공을 강조하고 있다.

3. 회계감사

상식적으로 보아 외부의 정보이용자들은 회사의 경영자들의 성실성을 전적으로 신뢰할 수는 없다. 왜냐하면 경영자들은 회사의 성과를 재무제표에 표시할 때 여러 가지 이유로 자신들에게 유리한 방법을 선택할 수 있기 때문이다.[3] 따라서 공시된 재무제표가 공정하게 작성되었는지에 대해 회사 외부의 어떤 사람들에 의해 확인을 받을 필요가 있다. 이러한 필요에 따른 절차가 바로 공인회계사에 의한 회계감사이다. 우리나라는 『주식회사 등의 외부감사에 관한 법률』에서 일정조건을 충족하는 경우 반드시 외부 공인회계사에 의한 회계감사를 받도록 강제하고 있다.[4] 공인회계사는 기업이 일반적으로 인정된 회계처리기준에 따라 재무제표를 작성하였는지를 회계감사하고 그 의견을 표명하는 회계전문가이다. 공인회계사는 회계감사기준에 따라 감사를 수행해야 한다. 그리고 공인회계사가 재무제표를 작성하는 것이 아니며 재무제표의 작성 주체와 책임은 보고기업에 있다. 또한 회계감사는 회사의 재무제표가 정확하다는 것을 확인하기 위하여 회사의 모든 기록을 조사한 것 또한 아니며, 회사의 재무제

3) 경영자들은 자금조달을 용이하게 하거나 성과보상을 꾀하기 위해 자신에게 유리한 방법을 선택할 유인을 항상 가지고 있다.

4) 외감법 제4조 및 동 시행령 제5조에 따르면 다음 중 하나에 해당되는 회사는 외부감사대상이다. 1. 주권상장법인과 해당 사업연도 또는 다음 사업연도 중 상장예정법인, 2. 직전 사업연도말 자산총액 500억원 이상인 회사, 3. 직전 사업연도의 매출액 500억원 이상인 회사, 4. 다음 사항 중 2개 이상에 해당하는 회사(유한회사는 3개 이상) ① 직전 사업연도말 자산총액이 120억원 이상, ② 직전 사업연도말 부채총액이 70억원 이상, ③ 직전 사업연도 매출액이 100억원 이상, ④ 직전 사업연도말 종업원이 100명 이상, ⑤ 직전 사업연도말 사원이 50명 이상(유한회사에 대해서만 적용)

[그림 1-4]
외부감사인의 회계감사

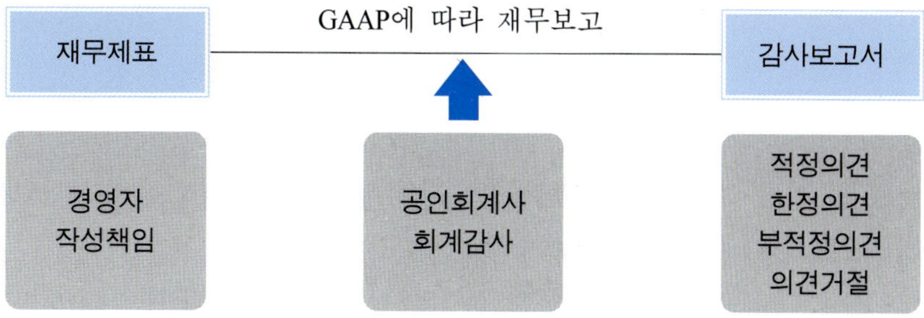

표가 일반적으로 인정된 회계처리기준에 따라 작성되었는지를 판단하기에 충분할 정도의 회사기록을 감사하는 것이다.

감사의견은 감사결과에 따라 적정의견, 한정의견, 부적정의견 및 의견거절로 구분된다. 적정의견은 감사수행시 독립성이 유지되었고, 감사범위의 제한이 없었으며 재무제표가 회계기준(한국채택국제회계기준 혹은 일반기업회계기준)에 따라 적정하게 작성되었음을 의미한다.

〈표 1-5〉
독립된 감사인의
감사보고서 예시

독립된 감사인의 감사보고서

ABC주식회사
주주 및 이사회 귀중

우리는 ABC주식회사(이하 "회사")의 재무제표를 감사하였습니다. 재무제표는 20×1년 12월 31일 현재의 재무상태표, 동일로 종료되는 보고기간의 손익계산서(또는 포괄손익계산서), 자본변동표, 현금흐름표 그리고 유의적인 회계정책의 요약을 포함한 재무제표의 주석으로 구성되어 있습니다.

감사의견

우리의 의견으로는 별첨된 회사의 재무제표는 회사의 20×1년 12월 31일 현재의 재무상태와 동일로 종료되는 보고기간의 재무성과 및 현금흐름을 한국채택국제회계기준에 따라, 중요성의 관점에서 공정하게 표시하고 있습니다.

감사의견근거

우리는 감사기준에 따라 감사를 수행하였습니다. 이 기준에 따른 우리의 책임은 이 감사보고서의 재무제표감사에 대한 감사인의 책임단락에 기술되어 있습니다. 우리는 재무제표감사와 관련된 국제윤리기준과 함께 대한민국의 윤리적 요구사항에 따라 회사로부터 독립적이며 그러한 요구사항과 국제윤리기준에 따른 기타의 윤리적 책임들을 이행하였습니다. 우리가 입수한 감사증거가 감사의견을 위한 근거로서 충분하고 적합하다고 우리는 믿습니다.

핵심감사사항

핵심감사사항은 우리의 전문가적 판단에 따라 당기 재무제표감사에서 가장 유의적인 사항들입니다. 해당사항들은 재무제표 전체에 대한 감사의 관점에서 우리의 의견형성 시 다루어졌으며, 우리는 이런 사항에 대하여 별도의 의견을 제공하지는 않습니다.

재무제표에 대한 경영진과 지배기구의 책임

경영진은 한국채택국제회계기준에 따라 이 재무제표를 작성하고 공정하게 표시할 책임이 있으며, 부정이나 오류로 인한 중요한 왜곡표시가 없는 재무제표를 작성하는 데 필요하다고 결정한 내부통제에 대해서도 책임이 있습니다.

경영진은 재무제표를 작성할 때, 회사의 계속기업으로서의 존속능력을 평가하고 해당되는 경우 계속기업 관련사항을 공시할 책임이 있습니다. 그리고 경영진이 기업을 청산하거나 영업을 중단할 의도가 없는 한 또는 그 외에는 다른 현실적인 대안이 없는 한, 회계의 계속기업 전제의 사용에 대해서도 책임이 있습니다. 지배기구는 회사의 재무보고절차의 감시에 대한 책임이 있습니다.

재무제표감사에 대한 감사인의 책임

우리의 목적은 재무제표에 전체적으로 부정이나 오류로 인한 중요한 왜곡표시가 없는지에 대하여 합리적인 확신을 얻어 우리의 의견이 포함된 감사보고서를 발행하는 데 있습니다. 합리적인 확신은 높은 수준의 확신을 의미하나 감사기준에 따라 수행된 감사가 항상 중요한 왜곡표시를 발견한다는 것을 보장하지는 않습니다. 왜곡표시는 부정이나 오류로부터 발생할 수 있으며 왜곡표시가 재무제표를 근거로 하는 이용자의 경제적 의사결정에 개별적으로 또는 집합적으로 영향을 미칠 것이 합리적으로 예상되면 그 왜곡표시는 중요하다고 간주됩니다.

서울특별시 △△△구 △△△로 100
○○회계법인
대표이사 □□□
20×2년 2월 25일

이 감사보고서는 감사보고서일(20×2년 2월 25일) 현재로 유효한 것입니다. 따라서 감사보고서일 후 이 보고서를 열람하는 시점 사이에 첨부된 회사의 재무제표에 중요한 영향을 미칠 수 있는 사건이나 상황이 발생할 수도 있으며, 이로 인하여 이 감사보고서가 수정될 수도 있습니다.

용어정리 문제

1. (　　　)는 특정 경제실체(economic entity)에서 일어난 경제적 사건(economic events)을 체계적으로 인식·측정하여 이를 보고하고 이용하는 과정으로 정의된다.

2. 경제적 사건은 기업의 (　　　)와 (　　　)에 영향을 미치는 일체의 사건을 말한다.

3. (　　　)는 투자자나 채권자 및 여러 외부이용자들에게 경제적·재무적 정보를 제공한다.

4. (　　　)는 내부이용자들의 의사결정에 필요한 보고서를 제공하게 된다.

5. (　　　)는 장부기입의 약어로서 장부를 기록하는 절차를 의미한다.

6. (　　　)는 외부이용자를 위한 재무제표의 작성과 표시에 있어 기초가 되는 개념을 정립한다. 회계기준위원회는 몇 가지의 경우로 한정되기는 하지만 이것과 한국채택국제회계기준이 상충될 수 있다는 것을 알고 있다. 그러한 경우에는 한국채택국제회계기준이 이것보다 우선한다. 그러나 회계기준위원회가 향후 한국채택국제회계기준을 제정하고 기존의 한국채택국제회계기준을 검토할 때 이것이 지침이 될 것이므로 양자간에 상충되는 사항들은 점차 감소할 것이다.

7. (　　　)은 회계정보이용자들의 의사결정에 필요한 회계정보를 제공해 주는 재무제표의 작성과 보고에 관한 기준 혹은 규칙이다.

해답

1. 회계　　2. 재무상태, 경영성과　　3. 재무회계
4. 관리회계　　5. 부기　　6. 개념체계
7. 일반적으로 인정된 회계기준

객관식 문제

1. 다음 중 회계에 관한 설명으로 옳지 않은 것은? (주택관리사보 수정, 2012)

① 회계는 경영자의 수탁책임을 보고하는 기능을 수행한다.
② 관리회계는 기업 내부정보이용자가 의사결정을 하는 데 유용한 정보를 제공한다.
③ 최고경영자의 사임은 중요한 경제적 사건이지만 회계거래는 아니다.
④ 회계정보는 거래의 인식 및 측정, 처리, 보고의 단계를 거쳐 산출된다.
⑤ 정답 없음

2. 기업과 관련된 회계를 정보이용자를 기준으로 분류할 경우 가장 적절한 분류는? (주택관리사보, 1990)

① 재무회계와 기업회계
② 관리회계와 정부회계
③ 공공회계와 사기업회계
④ 재무회계와 관리회계

3. 다음 중 관리회계의 특성이 될 수 없는 것은?

① 미래적 정보를 강조한다.
② 정보는 적정성과 정밀성을 요구한다.
③ 회계원칙을 엄격히 따르지 않는다.
④ 비화폐적 정보도 회계의 대상이 된다.

4. 다음 재무제표이용자 중 필요로 하는 정보욕구가 가장 차이가 나는 집단은?

① 잠재적 투자자
② 정부
③ 경영자
④ 거래처

5. 한국채택국제회계기준에 대한 설명으로 옳지 않은 것은? (9급공무원, 2011)

① 2011년부터 상장법인은 한국채택국제회계기준을 의무적으로 적용해야 한다.
② 과거의 기업회계기준이 규칙중심의 회계기준이었던 데 비하여 한국채택국제회계기준은 원칙중심의 회계기준이다.
③ 한국채택국제회계기준은 연결재무제표를 주 재무제표로 한다.
④ 한국채택국제회계기준은 과거의 기업회계기준에 비해 자산과 부채를 측정함에 있어 공정가치보다는 역사적 원가를 반영하도록 하고 있다.

6. 회계정보의 기능 및 역할, 적용환경에 관한 설명으로 옳지 않은 것은? (주택관리사보, 2014)

① 외부 회계감사를 통해 회계정보의 신뢰성이 제고된다.
② 회계정보의 수요자는 기업의 외부이용자뿐만 아니라 기업의 내부이용자도 포함된다.
③ 회계정보는 한정된 경제적자원이 효율적으로 배분되도록 도와주는 기능을 담당한다.
④ 회계감사는 재무제표가 일반적으로 인정된 회계기준에 따라 적정하게 작성되었는지에 대한 의견표명을 목적으로 한다.
⑤ 모든 기업은 한국채택국제회계기준을 적용해야 한다.

7. 일반목적재무보고에 관한 설명으로 옳지 않은 것은? (주택관리사보, 2022)

① 보고기업의 가치를 측정하여 제시하는 것을 주된 목적으로 한다.
② 현재 및 잠재적 투자자, 대여자 및 그 밖의 채권자가 주요 이용자이다.
③ 보고기업의 경제적자원 및 보고기업에 대한 청구권에 관한 정보를 제공한다.
④ 한 기간의 보고기업의 현금흐름에 대한 정보는 이용자들이 기업의 미래순현금유입 창출능력을 평가하는 데 도움이 된다.
⑤ 보고기업의 경제적자원에 대한 경영진의 수탁책임을 평가하는 데에도 유용하다.

8. 외부회계감사에 관한 설명으로 옳지 않은 것은? (주택관리사보, 2022)

① 감사의 목적은 의도된 재무제표이용자의 신뢰수준을 향상시키는 데 있다.
② 감사인이 충분하고 적합한 감사증거를 입수한 결과, 왜곡표시가 재무제표에 중요하나 전반적이지는 않으면 한정의견이 표명된다.
③ 회계감사를 수행하는 감사인은 감사대상 재무제표를 작성하는 기업이나 경영자와 독립적이어야 한다.
④ 재무제표가 중요성 관점에서 일반적으로 인정된 회계기준에 따라 작성되었다고 판단되면 적정의견이 표명된다.
⑤ 감사대상 재무제표는 기업의 경영진이 감사인의 도움 없이 작성하는 것이 원칙이나, 주석 작성은 감사인의 도움을 받을 수 있다.

해답 및 해설

1. ⑤

모두 옳은 문장이다.

2. ④

재무회계 : 외부정보이용자
관리회계 : 내부정보이용자

3. ②

재무회계는 외부정보이용자의 의사결정에 유용한 정보를 제공하는 것을 목적으로 하는 반면, 관리회계는 기업의 내부정보이용자가 의사결정을 하는 데 필요한 정보를 제공하는 회계이다. 또한 재무회계는 회계기준을 준수해야 하는 반면, 관리회계는 그러한 외부적 규정이 없다. 또한 재무회계는 회계기준에 의해 작성된 재무제표에 의해 보고하지만, 관리회계는 일정한 형식이 없이 보고한다. 관리회계에서 다루는 의사결정문제들은 매우 다양하다. 예를 들어, 기업활동의 단기목표를 설정하기 위한 예산편성, 제품의 판매가격 결정, 제품의 수익성 분석 등에는 각 상황에 적합한 회계정보가 필요하다.

4. ③

잠재적 투자자, 정부, 거래처 모두 기업의 외부이해관계자들로 각각 회계이익을 근거로 투자수익, 세금, 신용대금에 대한 회수에 관심을 가지고 있다. 그러나 기업의 내부정보이용자인 경영자는 재무제표의 보고주체로 경영실적과 보상에 관심을 가지고 있다.

5. ④

과거의 회계기준은 역사적 원가가 주요 원칙이었다면, 한국채택국제회계기준은 역사적 원가와 함께 공정가치를 주요 원칙으로 부각시키고 있다. 이에 따라 금융상품의 경우 공정가치 회계가 원칙이고, 유형자산에 대해서는 원가와 공정가치 중에서 선택할 수 있도록 하고 있으며, 모든 자산에 대하여 자산손상 회계를 강조하고 있다.

6. ⑤

모든 기업이 아니라 상장기업(코스피, 코스닥) 및 금융업 기업을 대상으로 한국채택국제회계기준을 적용한다. 기업들이 모두 상장된 것은 아니며 비상장된 기업들은 한국채택국제회계기준 적용이 의무사항이 아니고 선택사항이다.

7. ①

일반목적재무보고의 목적은 보고기업의 재무정보를 제공하는 것이지 보고기업의 가치가 얼마인지 측정하는 것은 아니다. 즉, 보고기업의 가치가 얼마인지 판단하는 것은 정보이용자의 몫이고, 일반목적재무보고의 목적은 단지 보고기업에 대한 회계정보를 제공하는 데에 있다.

8. ⑤

감사대상 재무제표(주석 포함)의 작성책임은 경영진에 있다. 재무제표가 다소 복잡하거나 그 내용이 난해하여도 궁극적인 작성책임은 경영진에 있으며 감사인은 단지 경영진이 작성한 재무제표(주석 포함)에 대한 의견을 표명할 뿐이다.

주관식 문제

1. 기업은 개인기업과 법인기업으로 나눌 수 있는데, 각각의 특징에 대해 설명하시오.

해답

- 개인기업은 설립부터 운영에 이르기까지 모든 절차가 단순하며, 개인기업의 이익은 기업의 이익이 아니라 소유주의 이익이 된다.
- 법인기업은 법인이라는 독립된 실체가 기업행위를 하는 것이므로 설립절차가 상대적으로 복잡하며, 법인기업의 이익은 소유주의 이익이 아니라 법인기업 자체의 이익이 된다.

2. 기업의 활동을 영업활동, 투자활동, 재무활동으로 나누어 설명하시오.

해답

- 영업활동 : 기업 고유의 사업활동을 말하며, 여기에는 구매활동, 제조활동, 판매활동, 관리활동이 포함된다.
- 투자활동 : 기업 고유의 사업에 필요한 투자를 하는 활동으로, 여기에는 유형자산 취득/처분, 무형자산 취득/처분, 투자자산 취득/처분 등의 활동이 포함된다.
- 재무활동 : 사업에 필요한 자금을 조달하는 활동으로, 여기에는 주주로부터의 자금조달과 채권자로부터의 자금조달활동이 포함된다.

3. 회계의 정의에 대해 설명하시오.

해답

- 특정 경제실체에서 일어난 경제적 사건을 체계적으로 인식·측정하여 이를 보고하고 이용하는 과정이다.

4. 회계의 목적에 대해 설명하시오.

해답

- 회계의 목적은 현재 및 잠재적 투자자, 대여자 및 기타 채권자가 기업에 자원을 제공하는 것에 대한 의사결정을 할 때 유용한 보고기업의 재무정보를 제공하는 것이다.

5. 회계를 크게 재무회계와 관리회계로 나눌 수 있는데, 각각의 특징에 대해 설명하시오.

해답

	재무회계	관리회계
목적	외부정보이용자의 경제적 의사결정에 유용한 정보의 제공	경영자를 포함한 내부정보이용자의 관리적 의사결정에 유용한 정보의 제공
보고대상	외부보고	내부보고
정보이용자	외부이해관계자	경영자
기준	일반적으로 인정된 회계원칙	일정한 기준 없음
보고양식	재무제표	정해진 보고양식 없음
보고시기	1년(분기별 혹은 반기별)	필요에 따라 수시로

6. 우리나라의 국제회계기준 도입 시기와 적용대상에 대해 설명하시오.

해답

- 2011년 1월 1일부터 도입하게 되었으며, 코스피, 코스닥 상장기업 및 금융업 기업은 의무적으로 적용해야 한다.

7. 국제회계기준 도입의 유용성에 대해 설명하시오.

해답

- 외국증권시장에의 접근 및 자본자유화가 쉬워진다.
- 기업의 자본비용이 저렴해진다.
- 회계투명성이 개선된다.
- 국가간 재무제표의 비교가능성이 현저히 개선된다.

8. 한국채택국제회계기준을 적용하지 않는 우리나라 기업은 어떠한 회계기준을 적용하는지 설명하시오.

해답

- 한국채택국제회계기준의 적용대상이 아닌 기업들은 일반기업회계기준이나 중소기업회계기준을 적용한다.

9. 한국채택국제회계기준의 특징을 과거 기업회계기준과 비교하여 설명하시오.

해답

	한국채택국제회계기준	과거 기업회계기준
규제방향	원칙중심	규정중심
주 재무제표	연결재무제표	개별재무제표
평가	공정가치평가 폭넓게 허용	역사적 원가 중심. 공정가치평가 제한적 인정

10. 외부감사인의 회계감사란 무엇인가?

해답

- 회사 외부의 독립성과 전문성을 갖춘 공인회계사가 공시된 재무제표가 기업회계기준에 맞게 공정하게 작성되었는지 검증하는 절차를 의미한다.

11. 우리나라의 회계감사 적용대상에 대해 언급하시오.

해답

1. 주권상장법인과 해당 사업연도 또는 다음 사업연도 중 상장예정법인
2. 직전 사업연도말 자산총액 500억원 이상인 회사
3. 직전 사업연도의 매출액 500억원 이상인 회사
4. 다음 사항 중 2개 이상에 해당하는 회사(유한회사는 3개 이상)
   ① 직전 사업연도말 자산총액이 120억원 이상
   ② 직전 사업연도말 부채총액이 70억원 이상
   ③ 직전 사업연도 매출액이 100억원 이상
   ④ 직전 사업연도말 종업원이 100명 이상
   ⑤ 직전 사업연도말 사원이 50명 이상(유한회사에 대해서만 적용)

12. 회계기준은 일반적으로 인정된 회계원칙(GAAP : generally accepted accounting principles)으로 불리며 회계정보 산출을 위한 기본규약이라고 할 수 있다. 회계기준에 대한 다음 물음에 답하시오.

(5급공무원, 2010)

〈요구사항〉

(1) 재무제표 작성과정에서 개별 기업의 자율에 맡기기보다 회계기준을 준수하도록 하고 있는 이유는 무엇인가? 회계기준의 필요성을 설명하시오.

(2) 불변의 자연법칙과는 달리 회계기준은 수시로 변경될 수 있는 이유는 무엇인가? 회계기준의 가변성을 설명하시오.

(3) 최근 들어 세계 각국이 국제회계기준을 도입하여 국가간 회계차이를 해소하고자 하는 이유는 무엇인가? 국제회계기준 도입의 유용성을 설명하시오.

해답

(1) 회계기준의 필요성
재무제표 작성시 개별 기업의 자율에 맡길 경우 편의, 부정확, 불명확 등의 오류를 범할 수 있다. 따라서 이와 같은 오류를 최소화하고 기업간 또는 기간별 비교가능성을 제고하기 위하여 회계학은 일반적으로 보편타당하고 합리적이라고 인정되는 일련의 기준을 마련하기 위해 부단한 노력을 해왔으며, 그 결과 오늘날 '일반적으로 인정된 회계원칙'이라는 회계기준을 가지게 되었다.

(2) 회계기준의 가변성
'일반적으로 인정된 회계원칙'이란 '다수의 권위 있는 지지'를 갖는 회계원칙이라고 정의된다. 즉, 불변의 자연법칙과는 달리 회계기준은 오랜 기간에 걸쳐 특정한 회계처리 관습이 실무계의 광범위한 지지를 받아 사용되어 온 결과 하나의 원칙으로 형성되기 때문에 수시로 변경될 수 있다.

(3) 국제회계기준 도입의 유용성
① 외국증권시장에의 접근 및 자본자유화가 쉬워진다.
② 기업의 자본비용이 저렴해진다.
③ 회계투명성이 개선된다.
④ 국가간 재무제표의 비교가능성이 현저히 개선된다.
⑤ 국내외 증권시장에 중복 상장된 회사들이 이중의 재무보고를 하지 않아도 되기 때문에 회계처리비용이 절감된다.
⑥ 각국마다 회계기준을 제정할 필요성이 약화되어 회계기준제정비용이 절감된다.
⑦ 회계교육 및 회계전문가의 자격 상호인증이 쉬워진다.
⑧ 회계규제가 용이해진다.
⑨ 회계문제에 대한 정부 및 압력집단의 간섭이 감소한다.

Chapter

2 재무보고 개념체계 및 재무제표

제 1 절　재무보고 개념체계

제 2 절　재무제표

본장에서는

1. 재무보고가 유용하기 위해서 갖추어야 하는 이론과 개념적 틀에 대해서 살펴본다.
2. 재무제표의 종류는 무엇이며 각 재무제표가 나타내는 의미와 그 형태를 살펴본다.

재무보고 개념체계

1. 기본가정

- 계속기업

2. 유용한 재무정보의 질적특성

- 근본적 질적특성 : 목적적합성, 표현충실성
- 보강적 질적특성 : 비교가능성, 검증가능성, 적시성, 이해가능성

3. 제약요인

- 정보보고 효익 > 정보보고 원가

4. 재무제표 요소

- 자산, 부채, 자본, 수익, 비용

5. 측정기준

- 역사적 원가, 현행원가, 공정가치, 사용가치 및 이행가치

6. 발생주의 vs 현금주의

재무제표

1. 재무상태표

2. 포괄손익계산서

3. 현금흐름표

4. 자본변동표

5. 주석

제 1 절 재무보고 개념체계

회계학은 학문이므로 일관된 논리와 이론체계가 갖추어져 있다. 이러한 회계이론의 개념적 틀을 제공해 주는 것이 본장에서 설명하는 개념체계(conceptual framework)이다. 즉, 개념체계는 실무 또는 연구에서 추출된 여러 가지 개념들을 체계화한 것으로 재무보고 개념체계는 재무회계의 논리와 이론체계를 집대성한 것이다.

미국의 재무회계기준위원회(Financial Accounting Standard Board, FASB)는 1970년대 초반부터 미국공인회계사회(American Institute of Certified Public Accountant)를 중심으로 재무보고 개념체계의 개발에 많은 시간을 투자하였다. 1978년 재무회계개념보고서(Statement of Financial Accounting Concepts) 제1호를 필두로 현재까지 제7호까지 공포되었다. 우리나라의 회계기준위원회(Korean Accounting Standard Board, KASB)는 미국의 재무회계개념보고서의 내용을 대부분 수용하여 2003년에 재무회계 개념체계를 제정 · 공포한 바 있다. 2011년 한국채택국제회계기준(IFRS)을 도입함으로써 국제회계기준위원회(International Accounting Standard Board, IASB)의 개념체계를 받아들이게 되었다. 국제회계기준위원회(IASB)는 2018년 기존 개념체계를 전면개정하여 새로운 개념체계를 발표하였으며, 본장은 그 내용을 반영하고 있다. 재무보고 개념체계는 기업회계기준과 같이 강제성을 띤 것이 아니라 이론적 혹은 개념적 지침이라고 할 수 있다.

개념체계의 구조에 대해 간단히 설명하면 다음과 같다. 우선 개념체계에서는 일반목적재무보고의 목적을 규정하고 있다. 그리고 유용한 재무정보를 제공하기 위해 갖추어야 하는 질적특성을 근본적 질적특성과 보강적 질적특성으로 구분하였다. 다음으로 재무제표와 보고기업 등을 설명하며 계속기업의 가정을 언급하고 있다. 재무제표의 요소로 자산, 부채, 자본, 수익 및 비용을 정의하고 있으며, 재무제표 요소의 인식과 제거, 측정, 표시와 공시를 다루고 있다. 마지막으로 자본 및 자본유지의 개념에 대해서 정리하고 있다. 위의 내용을 다음에서 상세히 살펴보도록 한다.

[그림 2-1]
개념체계

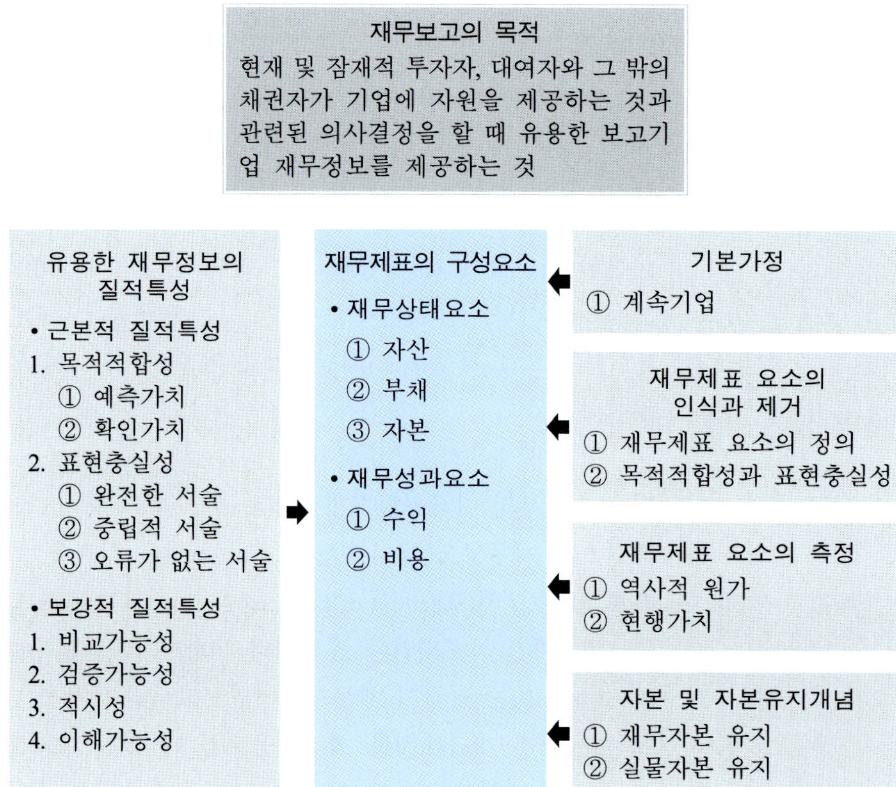

(1) 기본가정(계속기업)

재무제표는 일반적으로 보고기업이 계속기업이며 예측가능한 미래에 영업을 계속할 것이라는 가정하에 작성된다. 따라서 기업이 청산을 하거나 거래를 중단하려는 의도가 없으며, 그럴 필요도 없다고 가정한다. 만약 그러한 의도나 필요가 있다면, 재무제표는 계속기업과는 다른 기준에 따라 작성되어야 하며 사용된 기준을 재무제표에 기술한다.

이러한 가정을 통하여 재고자산이나 건물의 취득에 소요된 원가(취득원가)를 일단 자산으로 계상했다가 실제로 팔려나갔거나 영업활동에 사용된 부분을 비용으로 인식할 수 있게 된다. 만약, 계속기업의 가정을 하지 않는다면 기업은 곧 청산될 것이므로 자산과 부채를 취득원가가 아닌 청산가치로 기록해야 할 것이다. 그러나 청산가치를 객관적으로 측정하기 어렵고 측정하는 데 비용이 많이 든다. 따라서 계속기업의 가정은 자산과 부채의 평가에 기초가 되는 가정이라고 할 수 있다.

(2) 재무정보의 질적특성

1) 근본적 질적특성(Fundamental qualitative characteristics)

① 목적적합성(Relevance)

목적적합성이란 정보이용자의 의사결정에 차이가 나도록 하는 재무정보의 질적특성을 말한다. 즉, 목적적합한 재무정보를 통해 투자자는 주식을 처분하는 것보다 계속 보유하는 것이 더 유리하다는 확신을 가질 수 있다. 재무정보에 예측가치, 확인가치 또는 이 둘 모두가 있다면 그 재무정보는 의사결정에 차이가 나도록 할 수 있다.

- 예측가치(Predictive value) : 정보이용자들이 미래 결과를 예측하기 위해 사용하는 절차의 투입요소로 재무정보가 사용될 수 있다면, 그 재무정보는 예측가치를 갖는다. 즉, 의사결정자의 미래 예측 능력을 향상시켜줄 수 있는 정보의 속성을 뜻한다. 예를 들어, 투자자는 현재 기업의 성과를 통하여 미래 기업의 성과를 예측할 수 있다. 재무정보가 예측가치를 갖기 위해서는 그 자체가 예측치 또는 예상치일 필요는 없다.
- 확인가치(Confirmatory value) : 재무정보가 과거 평가에 대해 피드백을 제공한다면(과거 평가를 확인하거나 변경시킨다면) 확인가치를 갖는다. 예를 들어, 투자자는 현재의 회계정보를 통하여 과거의 의사결정의 옳고 그름을 판단할 수 있다.

재무정보의 예측가치와 확인가치는 상호 연관되어 있다. 예측가치를 갖는 정보는 확인가치도 갖는 경우가 많다. 예를 들어, 미래연도 수익의 예측 근거로 사용할 수 있는 당해연도 수익정보를 과거연도에 행한 당해연도 수익 예측치와 비교할 수 있다. 그 비교 결과는 정보이용자가 그 과거 예측에 사용한 절차를 수정하고 개선하는 데 도움을 줄 수 있다.

일반목적재무보고서에 정보를 누락하거나 잘못 기재하거나 불분명하게 하여, 이를 기초로 내리는 주요 이용자들의 의사결정에 영향을 줄 것으로 합리적

[그림 2-2]
재무정보의 질적특성

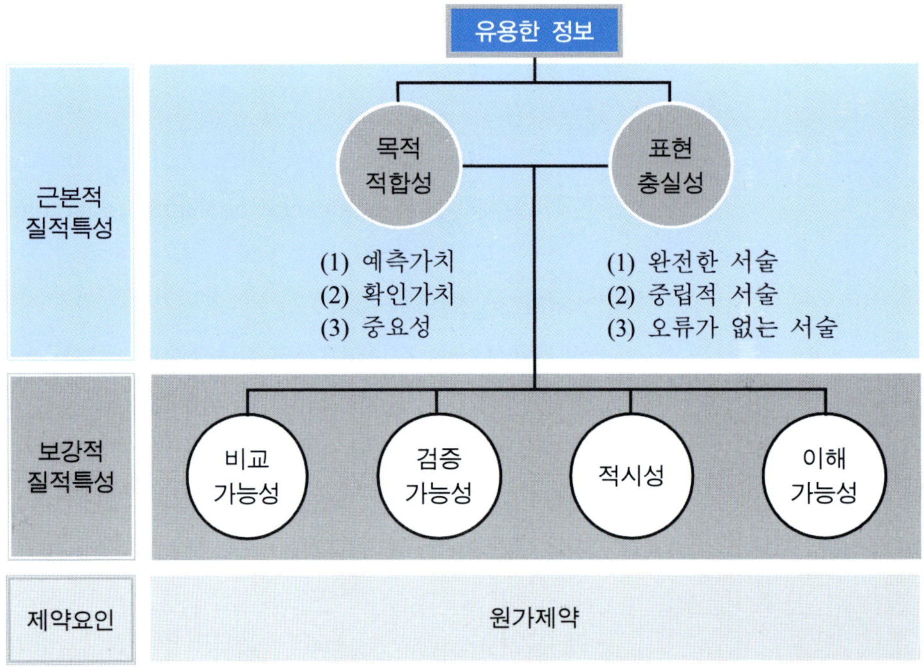

으로 예상할 수 있다면 그 정보는 중요한 것이다. 즉, 중요성(Materiality)은 개별 기업 재무보고서 관점에서 해당정보와 관련된 항목의 성격이나 규모 또는 이 둘 다에 근거하여 해당기업에 특유한 측면의 목적적합성을 의미한다. 따라서 중요성에 대한 획일적인 계량임계치, 예를 들어 자산총액의 5% 이상 등으로 정하거나 특정한 상황에서 무엇이 중요한 것인지를 미리 결정할 수는 없다.

② 표현충실성(Faithful representation)

재무보고서는 경제적 현상을 글과 숫자로 나타낸 것이다. 재무정보가 유용하기 위해서는 목적적합한 현상을 표현하는 것뿐만 아니라 나타내고자 하는 현상의 실질을 충실하게 표현해야 한다. 완벽하게 충실한 표현을 하기 위해서는 서술에 세 가지의 하위 특성이 있어야 하는데, 서술은 완전하고, 중립적이며, 오류가 없어야 한다는 것이다. 물론 완벽함은 달성하기 어려우므로 가능한 정도까지 그 특성을 극대화하는 것이다.

- 완전한 서술(Complete depiction) : 완전한 서술은 필요한 기술과 설명을 포함하여 정보이용자가 서술되는 현상을 이해하는 데 필요한 모든 정보

를 포함하는 것이다. 예를 들어, 재고자산에 포함되는 개별항목(원재료, 재공품, 상품, 제품 등)과 각 금액, 기록방법, 원가흐름의 가정, 저가법 등에 대한 내용을 빠짐없이 기술해야 한다.

- 중립적 서술(Neutral depiction): 중립적 서술은 재무정보의 선택이나 표시에 편의가 없는 것이다. 중립적 서술은 정보이용자가 재무정보를 유리하게 또는 불리하게 받아들일 가능성을 높이기 위해 편파적이 되거나, 편중되거나, 강조되거나, 경시되거나 그 밖의 방식으로 조작되지 않는 것을 의미한다. 중립성은 신중(prudence)을 기함으로써 뒷받침되며, 신중성은 불확실한 상황에서 판단할 때 주의를 기울이는 것이다.
- 오류가 없는 서술(Free from error): 표현충실성은 모든 면에서 정확한 것을 의미하지는 않는다. 오류가 없다는 것은 현상의 기술에 오류나 누락이 없고, 보고 정보를 생산하는 데 사용되는 절차의 선택과 적용시 절차상 오류가 없음을 의미한다. 예를 들어, 관측가능하지 않은 가격이나 가치의 추정치는 정확한지 또는 부정확한지 결정할 수 없다. 그러나 추정치로서 금액을 명확하고 정확하게 기술하고, 추정절차의 성격과 한계를 설명하며, 그 추정치를 도출하기 위한 적절한 절차를 선택하고 적용하는 데 오류가 없다면 그 추정치의 표현은 충실하다고 할 수 있다.

정보가 유용하기 위해서는 목적적합하고 나타내고자 하는 바를 충실하게 표현해야 한다. 목적적합하지 않은 현상에 대한 표현충실성과 목적적합한 현상에 대한 충실하지 못한 표현 모두 이용자들이 좋은 결정을 내리는 데 도움이 되지 않는다. 근본적 질적특성을 적용하기 위한 가장 효율적이고 효과적인 절차는 일반적으로 다음과 같다. 첫째, 보고기업의 재무정보이용자들에게 유용할 수 있는 정보의 대상이 되는 경제적 현상을 식별한다. 둘째, 그 현상에 대한 가장 목적적합한 정보의 유형을 식별한다. 셋째, 그 정보가 이용가능한지, 그리고 경제적 현상을 충실하게 표현할 수 있는지 결정한다.

2) 보강적 질적특성(Enhancing qualitative characteristics)

보강적 질적특성은 목적적합성과 나타내고자 하는 바를 충실하게 표현하는 것 모두를 충족하는 정보의 유용성을 보강시키는 질적특성으로, 비교가능성, 검증가능성, 적시성 및 이해가능성을 포함하고 있다. 보강적 질적특성은 만일 어떤 두 가지 방법이 모두 현상에 대하여 동일하게 목적적합한 정보를 제공하고, 동일하게 충실한 표현을 제공한다면 이 두 가지 방법 가운데 어느 방법을 현상의 서술에 사용해야 할지를 결정하는 데에도 도움을 줄 수 있다.

- 비교가능성(Comparability) : 이용자들의 의사결정은, 예를 들어 투자자산을 매도할지 또는 보유할지, 어느 보고기업에 투자할지를 선택하는 것과 같이 대안들 중에서 선택을 하는 것이다. 따라서 보고기업에 대한 정보는 다른 기업에 대한 유사한 정보 및 해당기업에 대한 다른 기간이나 다른 일자의 유사한 정보와 비교될 수 있다면 더욱 유용하다. 비교가능성에는 기간별 비교가능성과 기업간 비교가능성이 있다. 한편, 비교가능성을 위해서는 회계처리에서 일관성(Consistency)이 요구된다.
- 검증가능성(Verifiability) : 검증가능성은 정보가 나타내고자 하는 경제적 현상을 충실히 표현하는지를 정보이용자가 확인하는 데 도움을 준다. 검증가능성은 합리적인 판단력이 있고 독립적인 서로 다른 관찰자가 어떤 서술이 표현충실성에 있어, 비록 반드시 완전히 의견이 일치하지는 않더라도, 합의에 이를 수 있다는 것을 의미한다. 검증은 직접 또는 간접으로 이루어질 수 있다. 직접 검증은 예를 들어, 현금을 세는 것과 같이 직접적인 관찰을 통하여 금액이나 그 밖의 표현을 검증하는 것을 의미한다. 간접 검증은 모형, 공식 또는 그 밖의 기법에의 투입요소를 확인하고 같은 방법을 사용하여 그 결과를 재계산하는 것을 의미한다. 예를 들어, 투입요소(수량과 원가)를 확인하고 같은 원가흐름가정을 사용(예 : 선입선출법 사용)하여 기말재고자산을 재계산하여 재고자산의 장부금액을 검증하는 것이다.
- 적시성(Timeliness) : 적시성은 의사결정에 영향을 미칠 수 있도록 의사결정자가 정보를 제때에 이용가능하게 하는 것을 의미한다. 일반적으로 정보는 오래될수록 유용성이 낮아진다. 그러나 일부 정보는 보고기간말 후에도 오랫동안 적시성이 있을 수 있다. 예를 들어, 일부 이용자들은 추세를 식별하고 평가할 필요가 있을 수 있기 때문이다.
- 이해가능성(Understandability) : 정보를 명확하고 간결하게 분류하고, 특징지으며, 표시하면 이해가능하게 한다. 재무보고서는 사업활동과 경제활동에 대해 합리적인 지식이 있고, 부지런히 정보를 검토하고 분석하는

정보이용자를 위해 작성된다. 때로는 박식하고 부지런한 정보이용자도 복잡한 경제적 현상에 대한 정보를 이해하기 위해 자문가의 도움을 받는 것이 필요할 수 있다.

보강적 질적특성은 가능한 한 극대화되어야 한다. 그러나 보강적 질적특성은, 정보가 목적적합하지 않거나 나타내고자 하는 바를 충실하게 표현하지 않으면, 개별적으로든 집단적으로든 그 정보를 유용하게 할 수 없다. 보강적 질적특성을 적용하는 것은 어떤 규정된 순서를 따르지 않는 반복적인 과정이다. 때로는 하나의 보강적 질적특성이 다른 질적특성의 극대화를 위해 감소되어야 할 수도 있다. 예를 들어, 새로운 회계기준의 전진 적용으로 인한 비교가능성의 일시적 감소는 장기적으로 목적적합성이나 표현충실성을 향상시키기 위해 감수될 수도 있다. 적절한 공시는 비교가능성의 미비를 부분적으로 보완할 수 있다.

(3) 제약요인

원가는 재무보고로 제공될 수 있는 정보에 대한 포괄적인 제약요인이다. 재무정보의 보고에는 원가가 소요되고, 해당 정보보고의 효익이 그 원가를 정당화한다는 것이 중요하다. 재무정보의 이용자들에게도 제공된 정보를 분석하고 해석하는 데 원가가 발생한다. 필요한 정보가 제공되지 않으면, 그 정보를 다른 곳에서 얻거나 그것을 추정하기 위한 추가적인 원가가 이용자들에게 발생한다. 즉, 원가는 회계정보가 유용하기 위한 포괄적인 제약요인으로 회계처리방법과 보고방법을 선택함에 있어서는 그 효익과 비용을 가능한 한 비교・평가하여 효익이 비용보다 큰 방법을 선택해야 한다. 그러나 그 효익의 평가가 본질적으로 주관적이기 때문에 기업 규모의 차이, 자본조달방법(공모 또는 사모)의 차이, 정보이용자 요구의 차이, 그 밖의 다른 요인 때문에 달라질 수 있다.

(4) 재무제표의 요소

재무제표의 목적은 보고기업에 유입될 미래순현금흐름에 대한 전망과 보고기업의 경제적자원에 대한 경영진의 수탁책임을 평가하는 데 유용한 보고기업의 자산, 부채, 자본, 수익 및 비용에 대한 재무정보를 재무제표이용자들에게 제공하는 것이다. 이러한 정보는 자산, 부채 및 자본이 인식된 재무상태표, 수익과 비용이 인식된 포괄손익계산서, 그 밖의 정보가 표시되고 공시된 다른 재무제표와 주석을 통해 제공된다. 개념체계에서 정의된 재무제표 요소는 ① 보고기업의 재무상태와 관련된 자산, 부채 및 자본(재무상태표), ② 보고기업의 재무성과와 관련된 수익 및 비용(포괄손익계산서)이다.

- 자산 : 과거사건의 결과로 기업이 통제하는 현재의 경제적자원이며, 경제적자원은 경제적효익을 창출할 잠재력을 지닌 권리이다.
- 부채 : 과거사건의 결과로 기업이 경제적자원을 이전해야 하는 의무이다.
- 자본 : 기업의 자산에서 모든 부채를 차감한 후의 잔여지분이다.
- 수익 : 자산의 증가 또는 부채의 감소로서 자본의 증가를 가져오며, 자본청구권 보유자의 출자와 관련된 것을 제외한다.
- 비용 : 자산의 감소 또는 부채의 증가로서 자본의 감소를 가져오며, 자본청구권 보유자에 대한 분배와 관련된 것을 제외한다.

(5) 재무제표 요소의 인식과 제거 및 측정

1) 인식과 제거(Recognition and derecognition)

인식은 자산, 부채, 자본, 수익 또는 비용과 같은 재무제표 요소 중 하나의 정의를 충족하는 항목을 재무상태표나 재무성과표에 포함하기 위하여 포착하는 과정이다. 인식은 그러한 재무제표 중 하나에 어떤 항목(단독으로 또는 다른 항목과 통합하여)을 명칭과 화폐금액으로 나타내고, 그 항목을 해당 재무제표의 하나 이상의 합계에 포함시키는 것과 관련된다. 자산, 부채 또는 자본이 재무상태표에 인식되는 금액을 '장부금액(Carrying amount)'이라고 한다.

자산, 부채 또는 자본의 정의를 충족하는 항목만이 재무상태표에 인식된다. 마찬가지로 수익이나 비용의 정의를 충족하는 항목만이 재무성과표에 인식된다. 그러나 그러한 요소 중 하나의 정의를 충족하는 항목이라고 할지라도 항상 인식되는 것은 아니다. 자산이나 부채를 인식하고 이에 따른 결과로 수익, 비용 또는 자본변동을 인식하는 것이 재무제표이용자들에게 유용한 정보를 모두 제공하는 경우에만, 즉 목적적합한 정보를 충실하게 표현하여 제공하는 경우에만 자산이나 부채를 인식한다.

제거는 기업의 재무상태표에서 인식된 자산이나 부채의 전부 또는 일부를 삭제하는 것이다. 제거는 일반적으로 해당항목이 더 이상 자산 또는 부채의 정의를 충족하지 못할 때 발생한다.

2) 측정(Measurement)

측정은 재무제표 요소의 화폐금액을 결정하는 과정이다. 재무제표에 인식된 요소들은 화폐단위로 수량화되어 있다. 이를 위해 측정기준을 선택해야 한다. 측정기준은 측정대상 항목에 대해 식별된 속성(예 : 역사적 원가, 공정가치 또는 이행가치)이다. 자산이나 부채에 측정기준을 적용하면 해당 자산이나 부채, 관련 수익과 비용의 측정치가 산출된다. 개념체계에서는 측정기준을 역사적 원가와 현행가치로 구분한다. 역사적 원가와 현행가치 중 현행원가는 유입가치(재무제표에 신규로 인식할 때 측정되는 가치, entry value), 현행가치 중 공정가치와 사용가치 및 이행가치는 유출가치(제무제표에서 제거될 때 측정되는 가치, exit value)에 해당된다.

① 역사적 원가(Historical cost)

역사적 원가 측정치는 적어도 부분적으로 자산, 부채 및 관련 수익과 비용을 발생시키는 거래나 그 밖의 사건의 가격에서 도출된 정보를 사용하여 자산, 부채 및 관련 수익과 비용에 관한 화폐적 정보를 제공한다. 현행가치와 달리 역사적 원가는 자산의 손상이나 손실부담에 따른 부채와 관련되는 변동을 제외하고는 가치의 변동을 반영하지 않는다. 자산을 취득하거나 창출할 때의 역사적 원가는 자산의 취득 또는 창출에 발생한 원가의 가치로서, 자산을 취득 또는 창출하기 위하여 지급한 대가와 거래원가를 포함한다. 부채가 발생하거나 인수할 때의 역사적 원가는 발생시키거나 인수하면서 수취한 대가에서 거래원가를 차감한 가치이다.

② 현행가치(Current value)

현행가치 측정치는 측정일의 조건을 반영하기 위해 갱신된 정보를 사용하여 자산, 부채 및 관련 수익과 비용의 화폐적 정보를 제공한다. 현행가치 측정기준은 현행원가, 공정가치, 자산의 사용가치 및 부채의 이행가치를 포함한다.

- 현행원가(Current cost) : 자산의 현행원가는 측정일 현재 동등한 자산의 원가로서 측정일에 지급할 대가와 그날에 발생할 거래원가를 포함한다. 부채의 현행원가는 측정일 현재 동등한 부채에 대해 수취할 수 있는 대가에서 그날에 발생할 거래원가를 차감한다.
- 공정가치(Fair value) : 공정가치는 측정일에 시장참여자 사이의 정상거래에서 자산을 매도할 때 받거나 부채를 이전할 때 지급하게 될 가격이다. 공정가치는 활성시장(Active market)에서 관측되는 가격으로 직접 결정되거나, 현금흐름기준 측정기법 등을 사용하여 간접적으로 결정된다.
- 사용가치 및 이행가치(Value in use and fulfillment value) : 사용가치는 기업이 자산의 사용과 궁극적인 처분으로 얻을 것으로 기대하는 현금흐름 또는 그 밖의 경제적효익의 현재가치이다. 이행가치는 기업이 부채를 이행할 때 이전해야 하는 현금이나 그 밖의 경제적자원의 현재가치이다. 사용가치와 이행가치는 직접 관측될 수 없으며 현금흐름기준 측정기법으로 결정된다.

자산이나 부채, 이와 관련된 수익과 비용의 측정기준을 선택할 때에는 재무정보의 질적특성 등을 고려할 필요가 있다. 측정기준에 의해 제공되는 정보는 목적적합해야 하고 나타내고자 하는 바를 충실하게 표현해야 한다.

또한, 제공되는 정보는 가능한 한 비교가능하고 검증가능하며 적시성이 있고 이해가능해야 한다.

〈표 2-1〉
측정기준 구분

구 분	측정기준	내 용	거래원가
유입가치	역사적 원가	자산을 취득하기 위해 지급한 대가, 부채를 발생시키면서 취득한 대가	가산, 차감
	현행원가	측정일 현재 동등한 자산 구매시 지급할 대가, 측정일 현재 동등한 부채 조달시 수취할 대가	가산, 차감
유출가치	공정가치	측정일에 정상거래에서 자산 매도시 받을 가격, 측정일에 정상거래에서 부채 이전시 지급할 가격	미반영
	사용가치 및 이행가치	자산의 사용과 처분으로 얻게 될 경제적효익의 현재가치, 부채를 이행할 때 이전해야 할 경제적자원의 현재가치	반영

(6) 발생주의와 현금주의

발생주의 회계(accrual accounting system)는 현금으로 수취한 수익과 현금으로 지출한 비용만 그 기간의 수익과 비용으로 인식하여 기간손익을 계산하는 현금주의와는 달리 재무상태에 변화를 가져오는 거래를 중심으로 수익과 비용을 인식하는 방법이다. 즉, 발생주의하에서는 현금의 수취나 지급이 다른 기간에 이루어지더라도, 수익창출을 위한 결정적인 사건이 발생하였을 때 수익을 인식하고, 관련된 수익을 인식할 때 비용을 인식한다. 예를 들어, 기업이 제품을 외상으로 판매했을 경우에 현금기준에 의한다면 나중에 거래처로부터 현금을 수취했을 때 수익을 기록하지만 발생기준에서는 외상거래가 발생했을 때 '매출'이라는 수익을 인식하게 된다.

현금주의에서는 현금의 유입과 유출이 있을 때 수입과 지출을 기록하기 때문에 기업의 성과를 측정하는 데 한계점이 있다. 뿐만 아니라 현금의 유출입 시기를 조정하여 경영성과를 인위적으로 조작할 수 있다. 반면에 발생기준에서는 기간손익을 수익·비용대응의 원칙에 따라 인식하기 때문에 기업의 경영성과를 보다 잘 평가할 수 있다. 그러나 발생주의하에서는 수익창출활동이 이루어지고 있는 회계기간중 어느 시점에 수익과 비용을 인식할지가 불명확하고 이러한 수익금액과 비용금액을 명확히 측정하기가 어렵기 때문에 한계점이 존재한다. 그럼에도 불구하고 20세기 후반에 회계학자들은 발생주의 회계가 현금주의 회계보다 기업의 성과를 측정하는 데 더 도움이 된다고 판단하였다. 그래서 우리는 용어가 생소하기는 하지만 재무회계에서 발생주의를 적용하고 있으며 우리나라뿐만 아니라 전 세계 대부분의 나라에서 회계기준으로 발생기준을 채택하고 있다.

제 2 절 재무제표

재무제표(Financial statements)는 기업이 작성하여 주주, 채권자 등 이용자들의 경제적 의사결정에 유용한 정보를 제공하는 것을 목적으로 하는 보고서로서 기업의 경영성과와 재무상태에 관한 일종의 성적표이다. 따라서 재무제표에는 기업의 재무상태와 재무적 성과 및 재무상태의 변동에 관한 정보가 포함된다.

재무제표는 위탁받은 자원에 대한 경영진의 수탁책임이나 회계책임의 결과를 보여준다. 경영진의 수탁책임이나 회계책임을 평가하려는 정보이용자의 목적은 경제적 의사결정을 하기 위해서이다. 예를 들어, 이러한 경제적 의사결정에는 기업의 투자지분을 계속 보유하거나 매도할지 또는 경영진을 재선임하거나 교체할지와 같은 결정이 포함될 수 있다.

재무제표는 기업의 재무상태, 재무성과 및 현금흐름을 공정하게 표시해야 한다. 재무제표 작성시 한국채택국제회계기준을 준수하면 공정하게 표시하고 있는 것이다. 이러한 재무제표의 종류는 다음과 같으며 재무상태표, 포괄손익계산서, 자본변동표 및 현금흐름표를 기본재무제표라 한다.

① 재무상태표(Statement of Financial Position)
② 포괄손익계산서(Statement of Comprehensive Income)
③ 현금흐름표(Statement of Cash Flows)
④ 자본변동표(Statement of Changes in Equity)
⑤ 주석(Notes to Financial Statements)
⑥ 부속명세서 등

1. 재무상태표

재무상태표(Statement of Financial Position)는 일정시점에서 기업의 투자활동과 재무활동의 순간적인 모습을 보여준다. 재무상태표는 작성하는 시점(보고기간말)을 기준으로 회사가 어느 정도 자산을 가지고 있으며, 이러한 자산을 보유하기 위해 조달한 부채와 자본이 어느 정도 있는지를 나타내는 정태적 회계보고서이다. 즉, 재무상태표를 통해 자산=부채+자본이라는 등식을 확인할 수 있다. 이러한 재무상태표는 이를 활용하는 정보이용자에게 회사의 자금여유정도를 나타내는 유동성, 자금이 어려울 경우 대처할 수 있는 재무적 탄력성 및 재무적 위험정도를 평가하는 데 유용한 정보를 제공해 준다.

〈표 2-2〉
H사(주)의 재무상태표 (요약)

재무상태표

H사(주) 20×5년 12월 31일 현재 (단위 : 백만원)

자 산		금 액	부채 · 자본		금 액
자 산			부 채		
유동자산		22,098,375	유동부채		12,173,086
현금및현금성자산	583,280		매입채무	3,617,281	
단기금융상품	5,975,546		미지급금	2,832,128	
기타금융자산	8,465,284		단기차입금	1,649,453	
매출채권	3,668,054		유동성장기부채	300,532	
기타채권	821,479		당기법인세부채	849,666	
재고자산	2,253,083		충당부채	975,862	
기타자산	284,006		기타금융부채	42,090	
매각예정비유동자산	47,643		기타부채	1,906,074	
비유동자산		44,879,849	비유동부채		5,108,374
장기금융상품	32		사채	–	
기타금융자산	2,330,829		장기차입금	469,099	
장기성매출채권	16,624		순확정급여부채	400,719	
기타채권	931,842		충당부채	4,088,491	
유형자산	20,922,177		기타금융부채	952	
투자부동산	259,571		기타부채	91,882	
무형자산	3,286,482		이연법인세부채	57,231	
종속기업, 공동기업 및 관계기업투자	17,132,292		부채총계		17,281,460
			자 본		
			자본금	1,488,993	
			자본잉여금	3,964,962	
			기타자본항목	(1,588,697)	
			기타포괄손익누계액	425,708	
			이익잉여금	45,405,798	
			자본총계		49,696,764
자산총계		66,978,224	부채와 자본 총계		66,978,224

재무상태표는 과거 기업회계기준에서 정한 대차대조표와 동일한 재무제표이다. 과거 기업회계기준에서는 대차대조표 작성과 관련하여 그 형식과 구분 및 표시되는 계정과목을 구체적으로 예시하고 표시에 대해 표준양식을 제공하고 있으나 국제회계기준에서는 구체적으로 규정하고 있지는 않다. 과거 기업회계기준에서는 유형자산항목의 경우 토지, 건물, 구축물, 기계장치 등 세부 계정과목별로 취득원가와 감가상각누계액을 표시하고 있으나 한국채택국제회계기준에서는 유형자산 과목을 한 줄로 표시하고 구체적인 구성이나 내용은 주석으로 기재할 수 있다. 결과적으로 재무상태표의 분량은 크게 줄어들 수 있으나 반면에 주석사항은 크게 늘어날 수 있는 것이다. 〈표 2-2〉는 20×5년 12월 31일 현재 H사(주)의 재무상태표이다.

20×5년 12월 31일 현재 H사(주)의 자산총계는 약 67조원으로 구성별로 살펴보면 현금자산 약 5천 8백억원과 즉시 현금화가 가능한 단기금융상품 5조 9천억원을 보유하고 있다. 이 외에 토지와 건물 등 유형자산 20조 9천억원을 보유하여 사용하고 있다. 한편 운용중인 자산의 자금조달원은 부채가 17조 2천억원인 반면, 자본으로 49조 6천억원을 조달하고 있음을 보여주고 있다.

(1) 자 산

자산(Assets)은 과거사건의 결과로 기업이 통제하는 현재의 경제적자원이며, 경제적자원[1)]은 경제적효익을 창출할 잠재력을 지닌 권리로 정의된다. 자산의 정의에 대한 세 가지 측면으로 권리, 경제적효익을 창출할 잠재력, 통제가 있다.

자산은 여러 가지 형태를 띠고 있다. 유형자산을 포함한 많은 종류의 자산은 물리적 형태를 가지고 있다. 그러나 특허권, 저작권과 같은 자산은 물리적 형태가 없으나 미래경제적효익을 가져다주고 그 효익이 기업에 귀속되고 통제할 수 있다면 자산(무형자산)에 포함되는 것이다. 수취채권 및 부동산과 같은 종류의 자산은 소유권 등 법률적 권리에 따라 자산으로 분류된다.[2)]

1) 경제적자원은 경제적효익을 창출할 잠재력을 지닌 권리이다. 잠재력이 있기 위해 권리가 경제적효익을 창출할 것이라고 확신하거나 그 가능성이 높아야 하는 것은 아니다. 권리가 이미 존재하고, 적어도 하나의 상황에서 그 기업을 위해 다른 모든 당사자들에게 이용가능한 경제적효익을 초과하는 경제적효익을 창출할 수 있으면 된다.
2) 리스계약으로 보유하고 있는 부동산은 소유권이 없어도 경제적효익을 기업이 통제가능하다면 자산에 포함된다. 이 외에도 기업이 연구개발활동에서 습득한 핵심지식은 법률적 통제나 권리가 없어도 기업이 독점적으로 보유함으로써 얻는 효익을 통제할 수 있다면 자산에 포함되는 것이다.

[그림 2-3]
자산의 정의

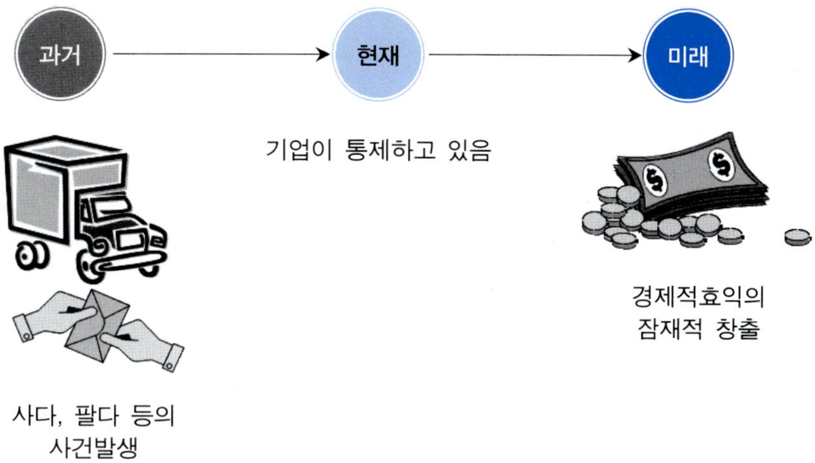

〈표 2-3〉
자산의 일반적 분류

대분류	중분류	소분류
유동자산	당좌자산	현금및현금성자산, 단기금융상품, 매출채권 등
	재고자산	상품, 제품, 원재료, 소모품 등
비유동자산	투자자산	장기금융상품, 대여금, 유가증권 등
	유형자산	토지, 건물, 비품 등
	무형자산	산업재산권, 개발비 등
	기타비유동자산	임차보증금, 장기매출채권 등

한편, 한국채택국제회계기준에서는 자산과 부채를 표시함에 있어 계정과목을 유동과 비유동으로 구분하여 표시하는 방법(유동·비유동 구분법)과 유동·비유동 구분법보다 신뢰성 있고 더욱 목적적합한 정보를 제공하는 경우에는 유동성 순서에 따라 표시할 수 있는 방법(유동성배열법)을 선택할 수 있다. 그리고 두 가지 방법을 혼합하여 표시하는 방법도 허용된다.

자산은 일반적으로 〈표 2-3〉과 같이 분류되며 제5장~제8장에서 상세히 학습하도록 한다.

(2) 부 채

기업에서 자산을 취득하는 가장 쉬운 방법은 출자한 자금으로 구입하는 것이다. 이러한 방법 외에 다른 방법은 차입을 통하여 구입하는 것이다. 현금이나

〈표 2-4〉
부채의 분류

대분류	소분류
유동부채	매입채무, 단기차입금, 미지급금, 선수수익, 미지급비용 등
비유동부채	사채, 장기차입금, 장기성충당부채 등

자산을 빌린 경우 부채 혹은 채무가 발생하였다고 하며 나중에 이를 현금으로 갚아야 한다. 기업이 차입을 통하여 자산이 증가하였다면 자산증가와 동시에 기업의 의무인 부채가 발생한 것이다.

부채는 과거사건의 결과로 기업이 경제적자원을 이전해야 하는 현재의무로 정의된다. 여기서 의무란 기업이 회피할 수 있는 실제 능력이 없는 책무나 책임을 말한다. 이러한 의무는 계약이나 법률에 따른 법률적 강제력이 수반될 수 있고, 제품판매 후 제품하자에 대한 보증수리의무를 부채로 보는 바와 같이 정상적인 실무 관행, 공개한 경영방침, 특정 성명서 등에서 의무가 발생할 수 있으며, 이를 '의제의무(Constructive obligation)'라고 한다.

기업은 거래상대방의 요구에 따라 의무를 이행하기 위해서는 현금을 지급하거나 다른 자산을 이전, 용역의 제공, 다른 의무로 대체 혹은 자본으로 전환하는 방법이 요구되므로 미래경제적효익을 갖는 자원을 희생하게 된다. 거래상대방의 입장에서 본다면 부채는 기업의 자산에 대한 채권자의 청구할 수 있는 권리이다. 부채는 〈표 2-4〉와 같이 분류되며 제9장에서 상세히 학습하도록 한다.

(3) 자 본

자본은 기업의 자산에 대한 투자자(주주)의 청구권이다. 투자자는 채권자와 달리 채권자가 남긴 잔여지분을 가지므로 자본은 기업의 자산에서 모든 부채를 차감한 후의 잔여청구권이다. 즉, 투자자(주주)는 채권자들의 청구권을 충족시킨 후 남는 자산에 대한 청구권을 가진다. 자본은 크게 두 가지 부류로 구성된다. 하나는 주주가 출자한 납입자본(contributed capital)이며 다른 하나는 당기순이익의 누적으로 나타나는 이익잉여금(retained earnings)이다.

재무제표이용자 입장에서는 배당을 얼마나 받을 수 있느냐 하는 것이 중요하므로 자본의 배당이나 활용에 제한이 있는지에 관심을 갖는다. 과거 기업

〈표 2-5〉
자본의 분류

대분류	소분류
자본금	보통주자본금, 우선주자본금
자본잉여금	주식발행초과금, 감자차익, 자기주식처분이익 등
자본조정	주식할인발행차금, 감자차손, 자기주식처분손실 등
기타포괄손익누계액	재평가잉여금, 금융자산평가손익(기타포괄손익-공정가치측정금융자산)
이익잉여금	법정적립금, 임의적립금, 미처분이익잉여금 등

회계기준에서는 자본금, 자본잉여금, 자본조정, 기타포괄손익누계액 및 이익잉여금으로 구분하였으나 국제회계기준에서는 구체적인 분류나 표시에 대한 규정이 없이 소분류하여 표시할 수 있도록 하고 있다. 예시적으로 납입자본, 이익잉여금, 이익잉여금 처분에 의한 적립금, 자본유지조정을 나타내는 적립금 등으로 구분 표시하는 데 그치고 있다. 자본은 〈표 2-5〉와 같이 분류되며 제10장에서 상세히 설명하기로 한다.

2. 포괄손익계산서

포괄손익계산서는 재무상태표와 달리 일정기간 동안 회계실체의 경영성과를 나타내는 동태적 보고서이다. 경제적 의사결정에 목적적합한 정보를 제공하기 위하여 포괄손익계산서에 수익과 비용을 다양한 방법으로 표시할 수 있다. 이러한 구분은 수익과 비용 항목의 원천이 기업의 미래 현금의 창출능력을 평가하는 데 목적적합한 정보라는 점에 근거한 것이다.

(1) 수 익

수익(revenue)은 자산의 증가 또는 부채의 감소로서 자본의 증가를 가져오며, 자본청구권 보유자의 출자와 관련된 것을 제외한다. 수익의 발생으로 인해 다양한 자산이 수취되거나 증가될 수 있는데, 재화나 용역의 대가로 현금을 받는 경우를 예로 들 수 있다. 또한 수익은 부채의 상환에 따라 발생할 수 있다. 예를 들어, 기업이 차입금의 상환의무를 이행하기 위해 대여자에게 재화나 용역을 제공하는 경우가 이에 해당한다.

넓은 의미에서 수익의 정의에는 수익과 차익이 모두 포함된다. 수익은 기업의 정상영업활동의 일환으로 발생하며 매출액, 수수료수익, 이자수익, 배당수익, 로열티수익 및 임대료수익 등 다양한 명칭으로 구분한다. 차익은 넓은 의미의 수익의 정의를 충족하는 그 밖의 항목으로 기업의 정상영업활동의 일환이나 그 이외의 활동에서 발생할 수 있다. 차익 또한 경제적효익의 증가를 나타내므로 본질적으로 수익과 차이가 없다. 차익은 비유동자산의 처분에서 발생하며 시장성 있는 유가증권의 평가나 장기성자산의 장부금액 증가로 인한 미실현이익을 포함한다. 이러한 차익을 포괄손익계산서에서는 구분하여 표시한다(기타포괄손익).

(2) 비 용

비용(expense)은 자산의 감소 또는 부채의 증가로서 자본의 감소를 가져오며, 자본청구권 보유자에 대한 분배와 관련된 것을 제외한다. 비용은 일반적으로 현금및현금성자산, 재고자산, 유형자산과 같은 자산의 유출이나 소모의 형태로 나타난다.

넓은 의미에서 비용의 정의에는 기업의 정상영업활동의 일환으로 발생하는 비용뿐만 아니라 차손도 포함한다. 기업의 정상영업활동의 일환으로 발생하는 비용의 예로는 매출원가, 급여 및 감가상각비 등을 들 수 있다. 차손은 비용의 정의를 충족하는 그 밖의 항목으로 기업의 정상영업활동의 일환이나 그 이외의 활동에서 발생할 수 있다. 차손 또한 경제적효익의 감소를 나타내므로 본질적으로 다른 비용과 차이가 없다.

예를 들어, 차손은 화재나 홍수와 같은 자연재해 또는 비유동자산의 처분에서 발생하며, 또한 비용의 정의는 수익과 마찬가지로 미실현손실도 포함하는데, 기업의 외화차입금에 관련된 환율상승의 영향으로 발생하는 미실현손실을 예로 들 수 있다. 포괄손익계산서에서는 이를 구분하여 표시한다(기타포괄손익).

(3) 포괄손익계산서의 구분 및 표시

수익과 비용 항목을 구분하거나 다양하게 결합하면 기업의 성과를 여러 가지 측정치로 표시할 수 있다. 한국채택국제회계기준에서는 포괄손익계산서의 형식에 대해 상세히 규정하고 있지 않으나 일반적으로 〈표 2-7〉과 같이 매출총손익, 영업손익,[3] 계속사업손익, 당기순손익, 총기타포괄손익, 당기포괄손익이 나타나는 형태를 사용한다.

한편, 한국채택국제회계기준에서는 기업의 비용에 대하여 성격별 혹은 기능별 분류법 중 한 가지 방법을 선택하여 포괄손익계산서에 표시할 수 있다. 성격별 분류란 당기손익에 포함된 비용을 그 성격(예 : 감가상각비, 원재료구입, 종업원급여 등)별로 분류하는 것이며, 기능별 분류(또는 매출원가법)는 비용을 매출원가, 물류원가, 관리비 등과 같이 기능별로 분류하는 방법이다. 비용을 기능별로 분류한 경우 성격별 분류보다 재무제표이용자에게 더욱 목적적합한 정보를 제공할 수 있지만 비용을 기능별로 배분하는 데 자의적인 배분과 상당한 정도의 판단이 개입될 수 있다.

한국채택국제회계기준에서 포괄손익계산서는 소유주(주주)와의 거래로 인한 자본변동을 제외한 모든 자본의 변동을 나타내므로 당기순손익의 구성

〈표 2-6〉 기업비용의 표시방법(예시)

성격별 분류

구 분	금 액	
수 익		2,537,000
기타수익		264,320
총 비 용		2,341,750
제품과 재공품의 변동	523,100	
원재료와 소모품의 사용액	326,750	
종업원급여비용	527,320	
감가상각비와 기타상각비	463,200	
광 고 비	149,280	
기타비용	352,100	
법인세비용차감전순이익		459,570

기능별 분류

구 분	금 액	
수 익		2,537,000
매출원가		1,493,770
매출총이익		1,043,230
기타수익		264,320
물류원가		235,980
관 리 비		136,500
판 매 비		123,400
기타비용		352,100
법인세비용차감전순이익		459,570

3) 영업손익은 기업의 성과를 판단하는 중요한 지표이며 과거 기업회계기준에서는 영업손익 공시를 의무화했으나 국제회계기준 영문 원문에는 이에 대한 규정이 없었다. 이에 한국회계기준원에서는 영업이익을 공시하도록 하는 규정을 2012년 9월 28일 한국채택국제회계기준(기준서 제1001호, 한138.2)에 추가하였다.

요소를 나타내는 손익계산서와 기타포괄손익을 포함한 총포괄손익을 표시한다. 이는 과거 기업회계기준에서는 당기순손익만을 손익계산서에 표시하는 것에 비해 확대된 것이다.

기타포괄손익은 수익과 비용 항목 중에서 당기순손익으로 인식하지 않고 별도로 표시하도록 한국채택국제회계기준에서 지정한 항목이다. 예를 들어 유형자산 등을 재평가모형에 따라 평가함으로써 발생하는 재평가이익, 기타포괄손익-공정가치측정금융자산의 공정가치 변동에 따른 평가손익 등이 있다.4)

포괄손익계산서는 당기순손익과 기타포괄손익을 한 개의 보고서(단일 포

〈표 2-7〉 H사(주)의 포괄손익계산서

손익계산서

20×5년 1월 1일부터 20×5년 12월 31일까지

H사(주) (단위 : 백만원)

과 목	금 액	
매 출 액		44,439,694
매 출 원 가		33,393,861
매출총이익		11,045,833
판매비와관리비		6,778,577
영 업 이 익		4,267,256
종속기업및관계기업투자처분이익	278,674	
금 융 수 익	1,906,016	
금 융 비 용	183,661	
기 타 수 익	804,364	
기 타 비 용	392,586	
법인세비용차감전순이익		6,680,063
법인세비용	1,244,578	
당기순이익		5,435,485
주 당 이 익		
기본주당이익		
보통주 기본주당이익		20,207
우선주 기본주당이익		20,256
희석주당이익		
보통주 희석주당이익		20,207
우선주 희석주당이익		20,256

포괄손익계산서

20×5년 1월 1일부터 20×5년 12월 31일까지

H사(주) (단위 : 백만원)

과 목	금 액	
당기순이익		5,435,485
기타포괄손익		216
후속적으로 당기손익으로 재분류되지 않는 항목	76,887	
확정급여제도의 재측정요소	76,887	
후속적으로 당기손익으로 재분류될 수 있는 항목	(76,671)	
기타포괄손익-공정가치측정금융자산평가손익	(66,007)	
현금흐름위험회피파생상품평가손익	(10,664)	
총포괄이익		5,435,701

4) 이 외에 확정급여제도의 보험수리적손익, 해외사업환산차이, 현금흐름위험회피파생상품평가손익 등이 있으며 이는 회계원리 수준을 넘어서는 것으로 중급회계와 고급회계를 참고하기 바란다.

괄손익계산서)에 보여주는 방법과, 당기순손익의 구성요소를 표시하는 보고서(별개의 손익계산서)와 당기순손익에서 시작하여 기타포괄손익의 구성요소를 표시하는 보고서(포괄손익계산서) 등 두 개의 보고서로 각각 나누어서 보여주는 방법이 있다. 〈표 2-7〉은 H사(주)의 20×5년 사업연도의 포괄손익계산서로, 두 개의 보고서를 보여주고 있다.

(4) 기업활동과 재무상태표 및 포괄손익계산서의 관계

재무상태표는 일정시점에서의 재무상태를 나타내고 손익계산서는 일정기간 동안의 경영성과를 나타낸다. [그림 2-4]는 앞서 살펴본 기업활동과 재무상태표 및 포괄손익계산서의 관계를 나타낸 것이다.

재무상태표에서 비유동부채와 자본은 기업의 자금조달을 나타내는 재무활동을 보여주며 사채나 장기차입금 및 자본 전체가 이에 해당된다. 자산 중 비유

[그림 2-4] 기업활동과 재무상태표 및 포괄손익계산서의 관계

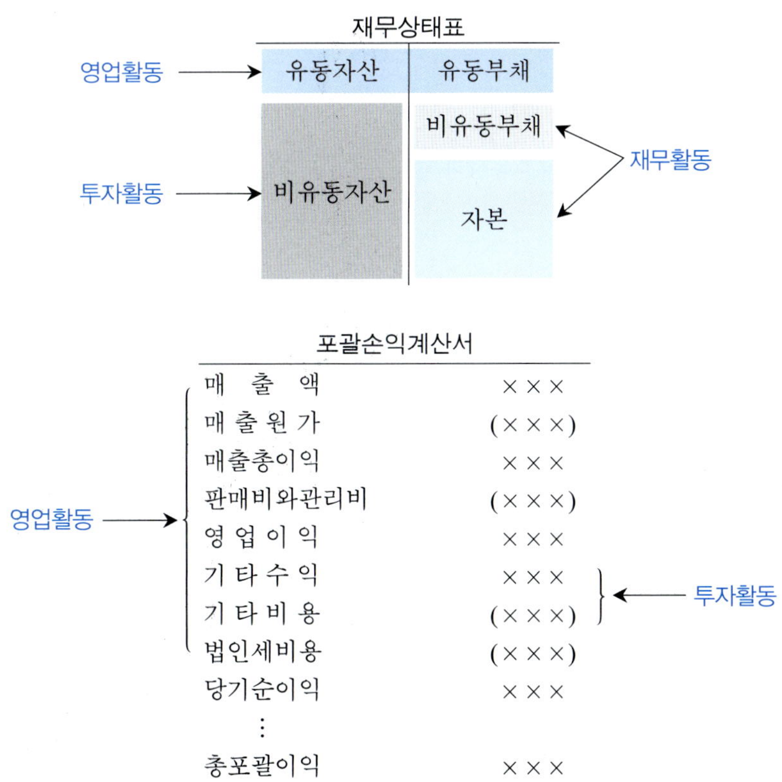

동자산은 조달된 자금의 운용상태를 나타내는 투자활동을 보여주고 있으며 유형자산, 무형자산, 투자자산 등이 이에 해당된다. 또한 재무상태표의 유동자산과 유동부채는 영업활동과 관련된 재무상태를 나타내며 당좌자산, 재고자산, 매입채무, 미지급비용 등이 이에 해당된다.

포괄손익계산서는 주로 영업활동의 결과를 보여주며 투자활동의 결과도 포함하고 있다. 기업의 주된 활동인 영업활동은 매출액, 매출원가, 판관비, 기타수익, 기타비용, 법인세비용에서 항목별로 나타나고 있으며, 기타 수익과 비용 항목에 투자활동과 관련된 자산들의 처분손익 등이 일부 나타난다.[5]

3. 현금흐름표

현금흐름표는 회계기간 동안 발생한 현금흐름을 영업활동, 투자활동 및 재무활동으로 분류하여 보고하는 기본재무제표 중 하나이다. 활동에 따른 분류는 이러한 활동이 기업의 재무상태와 현금및현금성자산의 금액에 미치는 영향을 재무제표이용자가 평가할 수 있도록 정보를 제공한다.

현금흐름표는 다른 재무제표와 같이 사용되는 경우 순자산의 변화, 재무구조(유동성과 지급능력 포함), 그리고 변화하는 상황과 기회에 적응하기 위하

[그림 2–5]
현금흐름의 원천과 사용

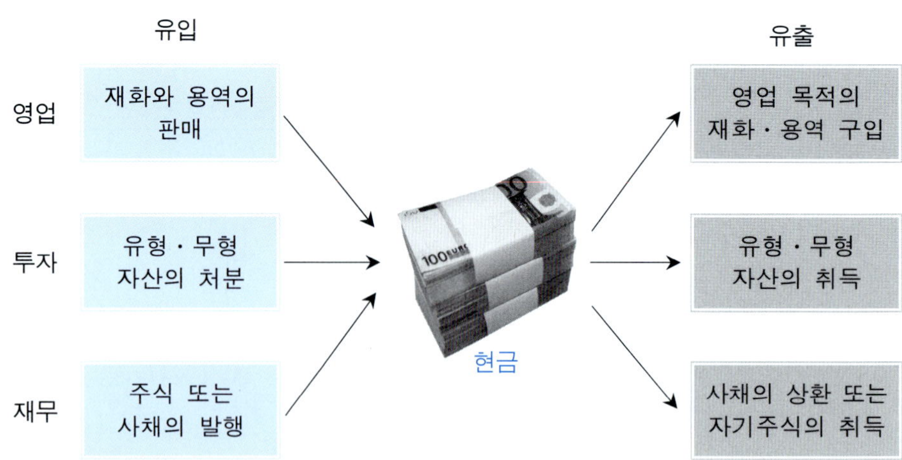

5) 기업의 활동과 재무상태표 및 포괄손익계산서 항목의 연결은 개략적인 연결이며 개별 세세활동에 따라 일부 다르게 연결되는 것도 있다.

〈표 2-8〉
H사(주)의 현금흐름표

현금흐름표

H사(주) 20×5년 1월 1일부터 20×5년 12월 31일까지 (단위 : 백만원)

과 목	금 액	
Ⅰ. 영업활동으로 인한 현금흐름		7,608,673
1. 영업으로부터 창출된 현금흐름	6,747,814	
(1) 당기순이익	5,435,485	
(2) 조정	2,167,590	
(3) 영업활동으로 인한 자산·부채의 변동	(855,261)	
2. 이자의 수취	484,422	
3. 이자의 지급	(47,651)	
4. 배당금의 수취	1,479,875	
5. 법인세의 지급	(1,055,787)	
Ⅱ. 투자활동으로 인한 현금흐름		(6,718,816)
단기금융상품의 순증감	(2,700,848)	
기타금융자산(유동)의 순증감	4,307,591	
기타채권의 감소	47,920	
기타금융자산(비유동)의 감소	5,864	
유형자산의 처분	40,740	
무형자산의 처분	3,720	
종속기업, 공동기업 및 관계기업투자의 처분	129,869	
기타금융자산(비유동)의 증가	(4,989)	
기타채권의 증가	(66,848)	
유형자산의 취득	(7,045,949)	
무형자산의 취득	(1,087,288)	
종속기업, 공동기업 및 관계기업투자의 취득	(348,598)	
Ⅲ. 재무활동으로 인한 현금흐름		(1,014,956)
단기차입금의 순증감	226,299	
장기차입금의 차입	469,053	
장기차입금 및 사채의 상환	(309,380)	
자기주식의 취득	(314,945)	
배당금의 지급	(1,085,983)	
Ⅳ. 현금및현금성자산의 증가(Ⅰ+Ⅱ+Ⅲ)		(125,099)
Ⅴ. 기초의 현금및현금성자산		708,379
Ⅵ. 기말의 현금및현금성자산		583,280

여 현금흐름의 금액과 시기를 조절하는 능력을 평가하는 데 유용한 정보를 제공한다.

현금흐름표가 구분하는 세 가지 활동 중 영업활동은 기업의 주요 수익창출 활동, 그리고 투자활동이나 재무활동이 아닌 기타의 활동을 의미하며, 투자활동은 장기성자산 및 현금성자산에 속하지 않는 기타 투자자산의 취득과 처분 활동을 의미한다. 마지막으로 재무활동은 기업의 납입자본과 차입금의 크기 및 구성내용에 변동을 가져오는 활동을 말한다. 〈표 2-8〉은 H사(주)의 20×5년도 현금흐름표를 나타낸 것이다.

4. 자본변동표

자본변동표는 자본의 크기와 그 변동에 관한 정보, 즉 납입자본과 이익잉여금 등 자본의 구성요소의 변동에 대한 정보를 나타내는 재무보고서이다. 자본의 각 구성요소는 각 분류별 납입자본, 각 분류별 기타포괄손익의 누계액과 이익잉여금의 누계액 등이 포함된다. 이처럼 자본변동표에는 자본의 각 구성요소별로 변동액을 구분하여 표시한, 기초시점과 기말시점의 장부금액 조정내역을 표시한다.

〈표 2-9〉
H사(주)의 자본변동표

자본변동표

H사(주) 20×5년 1월 1일부터 20×5년 12월 31일까지 (단위 : 백만원)

과 목	자본금	자본 잉여금	기타자본 항목	기타포괄 손익누계액	이익 잉여금	총 계
20×5.1.1	1,488,993	3,964,962	(1,273,752)	502,379	40,979,409	45,661,991
배당					(1,085,983)	(1,085,983)
자기주식 취득			(314,945)			(314,945)
기타포괄손익-공정가치 측정금융자산평가손실				(66,007)		(66,007)
현금흐름위험회피 파생상품평가손실				(10,664)		(10,664)
확정급여제도의 재측정요소					76,887	76,887
당기순이익					5,435,485	5,435,485
20×5.12.31	1,488,993	3,964,962	(1,588,697)	425,708	45,405,798	49,696,764

5. 주 석

재무보고서는 기본적으로 숫자로 요약되어 표현된다. 따라서 어떤 경우에는 숫자로 충분히 표현하지 못하는 부분이 발생한다. 이러한 경우 쉽게 풀이하여 글로써 나타낸 것이 주석(Footnotes)이다. 주석은 재무상태표, 포괄손익계산서, 자본변동표 및 현금흐름표에 표시하는 정보에 추가하여 제공하는 정보이다. 주석은 상기 재무제표에 표시된 항목을 구체적으로 설명하거나 세분화하고, 상기 재무제표 인식요건을 충족하지 못하는 항목에 대한 정보를 제공한다. 여기에는 재무제표 작성 근거와 구체적인 회계정책에 대한 정보로 중요한 회계처리

〈표 2-10〉
H사(주)의 주석내용 (예시)

(8) 재고자산
재고자산은 취득원가와 순실현가능가치 중 낮은 금액으로 측정합니다. 원가는 고정 및 변동 제조간접비를 포함하고, 재고자산 분류별로 가장 적합한 방법으로 재고자산으로 배분되고 있으며, 이동평균법(단, 미착품은 개별법)으로 결정하고 있습니다.

(9) 종속기업, 조인트벤처 및 관계기업투자
회사의 재무제표는 기업회계기준서 제1027호에 따른 별도재무제표로서 지배기업, 관계기업의 투자자가 투자자산을 피투자자의 보고된 성과와 순자산에 근거하지 않고 직접적인 지분투자에 근거한 회계처리로 표시한 재무제표입니다. 회사는 종속기업, 조인트벤처 및 관계기업에 대한 투자자산에 대하여 원가법을 선택하여 회계처리하고 있습니다. 한편, 종속기업, 조인트벤처 및 관계기업으로부터 수취하는 배당금은 배당을 받을 권리가 확정되는 시점에 당기손익으로 인식하고 있습니다.

(10) 유형자산
유형자산은 자산으로부터 발생하는 미래경제적효익이 기업에 유입될 가능성이 높고, 자산의 원가를 신뢰성 있게 측정할 수 있을 때 인식하며, 최초 인식 후 원가에서 감가상각누계액과 손상차손누계액을 차감한 금액을 장부금액으로 표시하고 있습니다. 원가에는 경영진이 의도하는 방식으로 자산을 가동하는 데 필요한 장소와 상태에 이르게 하는 데 직접 관련되는 원가와 자산을 해체, 제거하거나 부지를 복구하는 데 소요될 것으로 최초에 추정되는 원가 등을 포함하고 있습니다.

한편, 후속원가는 유형자산의 인식기준을 충족하는 경우에 한하여 자산의 장부금액에 포함하거나 적절한 경우 별도의 자산으로 인식하고 있으며, 대체된 부분의 장부금액은 제거하고 있습니다.

방침, 주요 계정과목 변동내용 및 명세서, 배당금 산정내역, 특수관계자와의 거래, 우발사항 및 약정사항, 환경기준과 정책 등 투자자의 의사결정에 도움이 되는 사항을 표시하고 있다.

한국채택국제회계기준은 과거 규정중심에서 원칙중심으로 전환되면서 재무제표 작성시 여러 가지 원칙을 주석에서 설명하도록 하고 있어 과거보다는 다양한 주석사항이 표시될 것으로 보인다.

6. 재무제표간의 관계

포괄손익계산서의 당기순이익은 자본변동표의 이익잉여금의 증가를 가져다 주어 결과적으로 재무상태표의 이익잉여금을 구성하게 된다. 또한 포괄손익계산서의 기타포괄손익은 자본변동표의 기타포괄손익누계액의 항목별로 집계되어 최종적으로 재무상태표 자본의 기타포괄손익누계액을 구성하게 된다. 따라서 포괄손익계산서는 당기순이익의 구성내용을 표시하는 것이며, 자본변동표는 포괄손익계산서와 재무상태표의 기초금액과 기말금액의 변동금액을 나타내므로 포괄손익계산서와 재무상태표의 중간과정을 연결하는 역할을 하게 된다.

7. 재무보고 목적과 이용자

재무제표는 광범위한 이용자가 경제적 의사결정을 하는 데 유용한 기업의 재무상태, 경영성과 및 현금흐름에 관한 정보를 제공하는 데 그 목적이 있다. 이러한 목적을 위하여 작성되는 재무제표는 대다수 정보이용자의 공통된 요구를 만족시킨다. 이는 거의 모든 정보이용자가 다음의 예와 같은 경제적 의사결정을 하기 때문이다. 제1장에서 언급한 외부정보이용자(주주, 채권자)와 내부정보이용자(경영자) 이외에 다음의 정보이용자들을 추가로 설명한다.

- 종업원 : 종업원과 종업원을 대표하는 기구는 고용주인 기업의 안정성과 수익성에 대한 정보에 관심을 갖는다. 그들은 또한 기업의 보수, 퇴

〈표 2–11〉
재무제표간의 관계

포괄손익계산서

20×5년 1월 1일부터
20×5년 12월 31일까지

H사(주) (단위 : 백만원)

과 목	당 기	
당기순이익		5,435,485
기타포괄손익		216
기타포괄손익-공정가치측정자산평가손익	(66,007)	
현금흐름위험회피파생상품평가손익	(10,664)	
확정급여제도의 재측정요소	76,887	
총포괄손익		5,435,701

자본변동표

H사(주) 20×5년 1월 1일부터 20×5년 12월 31일까지 (단위 : 백만원)

과 목	자본금	자본잉여금	자본조정	기타포괄손익누계액	이익잉여금
20×5.1.1(보고금액)	1,488,993	3,964,962	(1,273,752)	502,379	40,979,409
배당					(1,085,983)
자기주식 취득			(314,945)		
기타포괄손익-공정가치금융자산평가손익				(66,007)	
현금흐름위험회피파생상품평가손익				(10,664)	
확정급여제도의 재측정요소					76,887
당기순이익					5,435,485
20×5.12.31(당기말)	1,488,993	3,964,962	(1,588,697)	425,708	45,405,798

재무상태표

H사(주) 20×5년 12월 31일 현재 (단위 : 백만원)

자본금		1,488,993
자본잉여금		3,964,962
기타자본항목		(1,588,697)
기타포괄손익누계액		425,708
이익잉여금		45,405,798
법정적립금	610,380	
임의적립금	39,550,647	
미처분이익잉여금	5,244,771	
자본총계		49,696,764
부채와 자본 총계		66,978,224

직급여 및 고용기회 제공능력을 평가할 수 있는 정보를 필요로 한다.

- **대여자** : 대여자는 대여금과 대여금에 대한 이자가 지급기일에 적절히 지급되는지를 결정하는 데 도움을 줄 수 있는 정보를 필요로 한다.
- **공급자** : 공급자는 기업의 지급기일 내 지급능력을 결정하기 위한 정보를 필요로 한다.
- **고객** : 고객은 특히 특정기업과 장기간 거래관계를 유지하고 있거나 의존도가 높은 경우에 그 기업의 존속가능성에 대한 정보에 관심을 갖는다.
- **정부와 유관기관** : 정부와 유관기관은 자원의 배분과 기업의 활동에 관심을 가진다. 이들은 기업활동을 규제하고 조세정책을 결정하며 국민소득이나 이와 유사한 통계자료의 근거로 사용하기 위해 정보를 필요로 한다.
- **일반대중** : 기업은 다양한 방법으로 일반대중에게 영향을 미친다. 예를 들어, 기업은 종업원의 고용과 지역 내 공급자의 양성과 같은 다양한 방법으로 지역경제에 상당한 기여를 할 수 있다. 일반대중은 재무

[그림 2-6]
재무제표의 목적

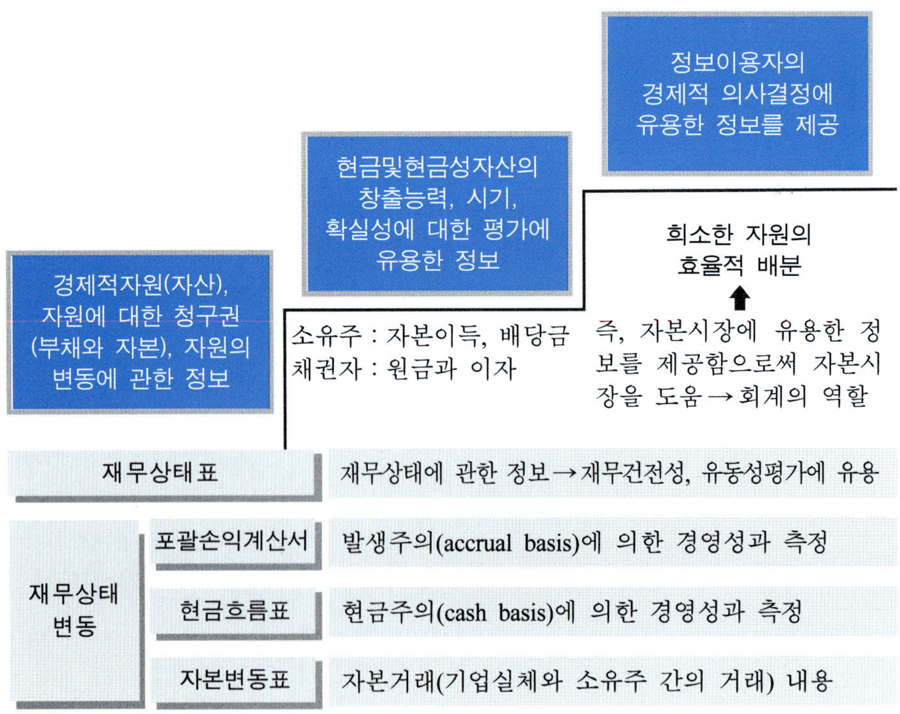

제표에서 기업의 성장과 활동범위에 관한 추세와 현황에 대한 정보를 얻을 수 있다.

재무제표의 이용자가 경제적 의사결정을 하기 위해서는 기업의 현금및현금성자산의 창출능력과 그 시기 및 확실성에 대한 평가가 필요하다. 예를 들어 기업의 종업원과 공급자에 대한 지급능력, 차입금에 대한 이자 및 원금 지급능력과 소유주에 대한 배당금 지급능력을 궁극적으로 결정한다. 정보이용자에게 기업의 재무상태, 성과 및 재무상태 변동에 초점을 둔 정보가 제공된다면 이들은 기업의 현금및현금성자산의 창출능력을 보다 잘 평가할 수 있을 것이다.

이처럼 재무제표를 이용한 재무보고는 정보이용자의 경제적 의사결정에 유용한 정보를 제공함으로써 희소한 자원의 효율적 배분(efficient allocation of scare economic resources)을 통해 자본시장에 도움을 줄 수 있는 것이다.

보론 과거 기업회계기준에서의 재무제표의 기본가정

(1) 기업실체의 가정

기업은 그 자체로 존재하고 회사를 소유하고 있는 주주나 운영하고 있는 경영자 혹은 종업원과 구분되며 다른 기업과도 별개로 구분된다는 것이다. 따라서 재무제표는 기업실체의 관점에서 작성되고 보고되어야 한다. 예를 들어 H사(주)의 손익계산서에서 표시되는 수익과 비용은 H사(주)의 주주나 임직원들이 아닌 H사(주)라는 경제적 실체의 수익과 비용이고 재무상태표에 표시되는 자산과 부채의 경우에도 마찬가지로 자산은 H사(주)라는 경제적 실체의 자산이며 부채는 H사(주)가 갚아야 할 의무인 것이다. 이러한 기업실체는 개인기업이 될 수도 있고 조합, 법인은 물론 회사 내의 하나의 부서나 사업부가 될 수도 있다.

(2) 계속기업의 가정

이는 다른 반대증거가 없는 한 사업은 영속적으로 수행된다고 가정하는 것이다. 물론 기업 또한 유기체로서 영원할 수는 없으므로 합리적인 수준하에서 계속된다는 가정이다. 이로 인해 보고할 금액을 얼마로 할 것인지가 정해진다. 재무제표는 기업이 당장 청산하지 않을 것이라는 전제로 작성되므로 자산을 청산가치가 아닌 다른 방법으로 평가하는 것이다. 만일 곧 청산될 것이라면 청산가치로 평가하는 것이 타당할 것이다.

(3) 화폐단위의 가정

재무제표는 측정단위로 화폐를 사용한다. 화폐가 아닌 물량단위로 측정할 수도 있으나 화폐단위로 측정된 양적 자료야말로 경제적인 정보를 추정, 전달하는 가장 유용한 방법인 것이다. 우리나라의 경우에는 원화(₩)를 사용하지만 미국은 미국달러화(U$)를 사용하며 일본은 엔화(￥)를 사용한다. 따라서 각

나라마다 어떤 화폐를 사용하든 재무회계정보는 측정의 기준으로서 화폐단위를 사용한다. 그러나 고액의 연봉을 받고 있는 최고경영자가 갑자기 바뀌었다면 이는 기업활동의 중요한 변화로 회사에 중대한 영향을 미칠 것이나 이러한 영향은 중요한 사건임에도 불구하고 화폐단위로 측정하기 곤란하므로 제외시키는 한계점이 있다.

또 화폐는 신뢰할 수 있을 정도로 안정적인 것으로 가정한다. 이는 재무제표가 인플레이션과 디플레이션의 영향을 무시하고 만들어진다는 것이다. 예를 들어 바로 인접한 동일한 내용의 토지를 1985년에는 평당 1만원에 100평을 취득한 반면 2020년에는 평당 20만원에 100평을 구입하였다면 재무제표를 작성할 때 토지는 단순히 합산하여 2,100만원으로 기록한다. 그러나 이는 사과 2개와 오렌지 5개를 합산하여 표시하는 것과 같은 논리상의 문제를 지니고 있다.

(4) 회계기간의 가정

기업의 활동은 끊임없이 이어지지만 재무제표의 작성과 보고를 위해 인위적인 기간을 정하는 것이다. 기업활동의 결과는 모든 활동을 마친 후 모든 경제적 영향을 계산해야만 정확하게 측정될 수 있으나 정보이용자는 그 이전에 정보가 필요하므로 회사는 임의의 특정기간에 회사가 얼마나 이익을 내고 있는지를, 그리고 특정기간말 현재의 재무상태에 관한 보고를 한다. 일반적으로 1년을 사업연도로 정하는데, 사람들이 역력에 친숙하다는 단순한 이유로 1월 1일부터 12월 31일까지를 회계기간으로 정한다. 우리나라 기업의 재무제표는 기본적으로 연간단위로 보고되나 상장기업의 경우에는 반기(매 6월)별로 작성되어 보고된다.

용어정리 문제

1. (　　　　)는 기업이 작성하여 주주, 채권자 등 이용자들의 경제적 의사결정에 유용한 정보를 제공하는 것을 목적으로 하는 보고서로서 기업의 경영성과와 재무상태에 관한 일종의 성적표이다.

2. (　　　　)는 기업의 특정시점 현재(회계기말) 자산, 부채 및 자본에 관한 정보를 제공하는 재무제표이다.

3. (　　　　)는 주주와의 거래를 제외한 기업의 모든 순자산 증가 혹은 감소를 초래하는 거래를 수익, 비용 및 당기순손익으로 구분하여 요약한 정보를 제공하는 재무제표이다.

4. (　　　　)는 일정시점에서 기업의 투자활동과 재무활동의 순간적인 모습을 보여준다.

5. (　　　　)은 과거사건의 결과로 기업이 통제하는 현재의 경제적자원으로 정의된다.

6. (　　　　)는 과거사건의 결과로 기업이 경제적자원을 이전해야 하는 현재의무로 정의된다.

7. (　　　　)은 기업의 자산에 대한 투자자(주주)의 청구권이다.

8. (　　　　)는 일정기간 동안 소유주(주주)와의 거래로 인한 자본변동을 제외한 모든 자본의 변동을 나타낸다.

9. (　　　　)은 자산의 증가 또는 부채의 감소로서 자본의 증가를 가져오며, 자본청구권 보유자의 출자와 관련된 것을 제외한다.

10. (　　　　)은 자산의 감소 또는 부채의 증가로서 자본의 감소를 가져오며, 자본청구권 보유자에 대한 분배와 관련된 것을 제외한다.

11. 재무상태표에서 부채와 자본은 기업의 자금조달을 나타내는 (　　　　)을 보여주며 재무상태표의 자산은 조달된 자금의 운용상태를 나타내는 (　　　　)을 보여준다. 포괄손익계산서는 매출수익과 매출원가는 물론 판매비, 이자비용, 법인세비용 등 각종 (　　　　)과 관련된 수익과 비용을 항

목별로 나타내고 있다.

12. (　　　　)는 회계기간 동안 발생한 현금흐름을 영업활동, 투자활동 및 재무활동으로 분류하여 보고하는 기본재무제표 중 하나이다.

13. 현금흐름표에서 (　　　　)은 기업의 주요 수익창출활동, 그리고 투자활동이나 재무활동이 아닌 기타의 활동을 의미하며, (　　　　)은 장기성자산 및 현금성자산에 속하지 않는 기타 투자자산의 취득과 처분 활동을 의미한다. 마지막으로 (　　　　)은 기업의 납입자본과 차입금의 크기 및 구성내용에 변동을 가져오는 활동을 말한다.

14. (　　　　)는 자본의 크기와 그 변동에 관한 정보, 즉 납입자본과 이익잉여금 등 자본의 구성요소의 변동에 대한 정보를 나타내는 재무보고서이다.

15. (　　　　)은 재무제표에 표시된 항목을 구체적으로 설명하거나 세분화하고, 상기 재무제표 인식요건을 충족하지 못하는 항목에 대한 정보를 제공한다.

16. (　　　　)은 재무보고서에 포함된 정보(재무정보)에 근거하여 보고기업에 대한 의사결정을 할 때 현재 및 잠재적 투자자, 대여자 및 기타 채권자에게 가장 유용한 정보가 갖추어야 할 특성을 의미한다.

17. 재무정보의 근본적 질적특성 중의 하나로서 (　　　　)은 정보이용자의 의사결정에 차이가 나도록 할 수 있다. 재무정보에 예측가치, 확인가치 또는 이 둘 모두가 있다면 그 재무정보는 의사결정에 차이가 나도록 할 수 있다.

18. 정보이용자들이 미래 결과를 예측하기 위해 사용하는 절차의 투입요소로 재무정보가 사용될 수 있다면, 그 재무정보는 (　　　　)를 갖는다.

19. 재무정보가 과거 평가에 대해 피드백을 제공한다면, 즉 과거 평가를 확인하거나 변경시킨다면 (　　　　)를 갖는다.

20. (　　　　)은 개별 기업 재무보고서 관점에서 해당정보와 관련된 항목의 성격(정성적 측면)이나 규모(정량적 측면) 또는 이 둘 모두에 근거하여 해당기업에 특유한 측면의 목적적합성을 의미한다.

21. 재무정보의 근본적 질적특성 중의 하나로서 (　　　　)은 서술이 완전하고, 중립적이며 오류가 없어야 하는 질적특성을 나타낸다.

22. (　　　　)은 필요한 기술과 설명을 포함하여 정보이용자가 서술되는 현상을 이해하는 데 필요한 모든 정보를 포함하는 것이다.

23. (　　　　)은 재무정보의 선택이나 표시에 편의가 없는 것이다.

24. (　　　　)은 만일 어떤 두 가지 방법이 현상을 동일하게 목적적합하고 충실하게 표현하는 것이라면 이 두 가지 방법 가운데 어느 방법을 현상의 서술에 사용해야 할지를 결정하는 데에도 도움을 줄 수 있다.

25. (　　　　)은 보고기업에 대한 정보는 다른 기업에 대한 유사한 정보 및 해당기업에 대한 다른 기간이나 다른 일자의 유사한 정보와 비교할 수 있다는 질적특성이다.

26. (　　　　)은 합리적인 판단력이 있고 독립적인 서로 다른 관찰자가 어떤 서술이 표현충실성에 있어, 비록 반드시 완전히 의견이 일치하지는 않더라도, 합의에 이를 수 있다는 것을 의미한다.

27. (　　　　)은 의사결정에 영향을 미칠 수 있도록 의사결정자가 정보를 제때에 이용가능하게 하는 것을 의미한다.

28. (　　　　)은 재무제표 정보가 갖추어야 할 필수적인 특성의 하나로 회계정보이용자가 그 정보를 쉽게 이해할 수 있어야 한다는 것이다.

해답

1. 재무제표	2. 재무상태표	3. 포괄손익계산서
4. 재무상태표	5. 자산	6. 부채
7. 자본	8. 포괄손익계산서	9. 수익
10. 비용	11. 재무활동, 투자활동, 영업활동	12. 현금흐름표
13. 영업활동, 투자활동, 재무활동	14. 자본변동표	15. 주석
16. 재무정보의 질적특성	17. 목적적합성	18. 예측가치
19. 확인가치	20. 중요성	21. 표현충실성
22. 완전한 서술	23. 중립적 서술	24. 보강적 질적특성
25. 비교가능성	26. 검증가능성	27. 적시성
28. 이해가능성		

객관식 문제

1. 다음 중 발생주의 회계처리로 볼 수 없는 것은? (9급공무원, 2010)

① 상품을 판매하기로 하고 수취한 계약금을 매출수익으로 계상하다.
② 기말에 미지급된 급여를 당해연도 비용으로 계상하다.
③ 매출채권에 대한 손실충당금을 설정하다.
④ 기말에 보험료 미경과액을 계상하다.

2. 최근 정부는 그동안 정부부문에 적용했던 단식부기회계에서 벗어나 복식부기회계를 도입하기 시작하였다. 복식부기회계를 도입함으로써 나타나게 될 큰 변화 중의 하나는 결산시에 건물, 차량 등과 같은 고정자산에 대한 감가상각 회계처리이다. 다음 중 감가상각 회계처리에 해당되는 가장 적합한 회계개념은 어느 것인가? (9급공무원, 2007)

① 실현주의 ② 발생주의
③ 보수주의 ④ 현금주의

3. 한국채택국제회계기준에서 제시하고 있는 재무제표의 질적특성에 대한 설명으로 옳지 않은 것은? (9급공무원 수정, 2011)

① 신중한 회계처리는 목적적합성과 관련된 개념으로, 기업의 재무구조를 건실하게 만든다는 장점이 있다.
② 감가상각방법을 정률법에서 정액법으로 변경하는 것은 비교가능성을 훼손시킬 수 있다.
③ 재무제표의 질적특성에는 이해가능성, 목적적합성, 표현충실성 및 비교가능성이 있다.
④ 재무제표 정보를 충실하게 표현하기 위해서는 편의가 없이 중립적이어야 한다.

4. 재무정보의 질적특성에 관한 설명으로 옳지 않은 것은? (주택관리사보, 2022)

① 근본적 질적특성은 목적적합성과 표현충실성이다.
② 목적적합한 재무정보는 이용자들의 의사결정에 차이가 나도록 할 수 있다.
③ 재무제표에 정보를 누락할 경우 주요 이용자들의 의사결정에 영향을 주면 그 정보는 중요한 것이다.
④ 재무정보가 과거 평가에 대해 피드백을 제공한다면 확인가치를 갖는다.
⑤ 완벽한 표현충실성을 위해서는 서술에 완전성과 중립성 및 적시성이 요구된다.

5. 한국채택국제회계기준의 『재무보고를 위한 개념체계』에서 규정한 유용한 재무정보의 질적특성의 내용으로 옳지 않은 것은? (9급공무원, 2016)

① 목적적합한 재무정보는 정보이용자의 의사결정에 차이가 나도록 할 수 있다.
② 정보이용자들이 미래 결과를 예측하기 위해 사용하는 절차의 투입요소로 재무정보가 사용될 수 있다면, 그 재무정보는 예측가치를 갖는다.
③ 중립적 서술은 재무정보의 선택이나 표시에 편의가 없는 것을 의미하는 것으로, 중립적 정보는 목적이 없고 행동에 대한 영향력이 없는 정보를 의미한다.
④ 완전한 서술은 필요한 기술과 설명을 포함하여 정보이용자가 서술되는 현상을 이해하는 데 필요한 모든 정보를 포함하는 것이다.

6. 유용한 재무정보의 질적특성에 관한 설명으로 옳지 않은 것은? (주택관리사보, 2016)

① 명확하고 간결하게 분류되고 특정지어져 표시된 정보는 이해가능성이 높다.
② 어떤 재무정보가 예측가치나 확인가치 또는 이 둘 모두를 갖는다면 그 재무정보는 이용자의 의사결정에 차이가 나게 할 수 있다.
③ 검증가능성은 정보가 나타내고자 하는 경제적 현상을 충실히 표현하는지를 정보이용자가 확인하는 데 도움을 주는 근본적 질적특성이다.
④ 적시성은 정보이용자가 의사결정을 내릴 때 사용되어 그 결정에 영향을 줄 수 있도록 제때에 이용가능함을 의미한다.
⑤ 어떤 정보의 누락이나 오기로 인해 정보이용자의 의사결정이 바뀔 수 있다면 그 정보는 중요한 정보이다.

7. 회계정보가 갖추어야 할 근본적 질적특성 중 표현충실성과 가장 관련이 높은 것은?

① 검증가능성 ② 이해가능성 ③ 확인가치
④ 중립적 서술 ⑤ 중요성

8. 회계정보가 갖추어야 할 근본적 질적특성 중 목적적합성과 가장 관련이 높은 것은?

① 완전한 서술 ② 표현충실성 ③ 비교가능성
④ 이해가능성 ⑤ 예측가치

9. 유용한 재무정보의 질적특성에 대한 설명으로 옳지 않은 것은? (9급공무원 수정, 2023)

① 표현충실성은 모든 면에서 정확한 것을 의미하지는 않는다. 오류가 없다는 것은 현상의 기술에 오류나 누락이 없고, 보고 정보를 생산하는 데 사용되는 절차의 선택과 적용시 절차상 오류가 없음을 의미한다.

② 비교가능성은 통일성이 아니다. 정보가 비교가능하기 위해서는 비슷한 것은 비슷하게 보여야 하고 다른 것은 다르게 보여야 한다.
③ 보강적 질적특성은 가능한 한 극대화되어야 한다. 그러나 보강적 질적특성은 정보가 목적적합하지 않거나 나타내고자 하는 바를 충실하게 표현하지 않으면 개별적으로든 집단적으로든 그 정보를 유용하게 할 수 없다.
④ 하나의 경제적 현상은 여러 가지 방법으로 충실하게 표현될 수 있어 동일한 경제적 현상에 대해 대체적인 회계처리방법을 허용하면 비교가능성이 증가한다.
⑤ 정보를 명확하고 간결하게 분류하고, 특징지으며, 표시하는 것은 정보를 이해가능하게 한다.

10. 재무보고를 위한 개념체계의 관련 문단에서 발췌되거나 파생된 용어의 정의로 옳지 않은 것은?
(주택관리사보, 2023)

① 근본적 질적특성 : 일반목적재무보고서의 주요 이용자들에게 유용하기 위하여 재무정보가 지녀야 하는 질적특성
② 미이행계약 : 계약당사자 모두가 자신의 의무를 전혀 수행하지 않았거나 계약당사자 모두가 동일한 정도로 자신의 의무를 부분적으로 수행한 계약이나 계약의 일부
③ 부채 : 현재사건의 결과로 실체의 경제적자원을 이전해야 하는 미래의무
④ 인식 : 자산, 부채, 자본, 수익 또는 비용과 같은 재무제표의 구성요소 중 하나의 정의를 충족하는 항목을 재무상태표나 재무성과표에 포함하기 위하여 포착하는 과정
⑤ 중요한 정보 : 정보가 누락되거나 잘못 기재된 경우 특정 보고실체의 재무정보를 제공하는 일반목적재무보고서에 근거하여 이루어지는 주요 이용자들의 의사결정에 영향을 줄 수 있는 정보

11. 다음 중 stock(저량)을 나타내는 재무제표는?

① 현금흐름표　② 자본변동표　③ 이익잉여금처분계산서
④ 재무상태표　⑤ 손익계산서

12. 기업의 활동과 재무제표 간의 관계가 적절한 것은?

① 영업활동-손익계산서　② 투자활동-현금흐름표
③ 자금활동-재무상태표　④ 재무활동-이익잉여금처분계산서

13. 한국채택국제회계기준에서 제시하고 있는 전체 재무제표에 해당하지 않는 것을 모두 고른 것은?
(주택관리사보, 2024)

ㄱ. 기말 재무상태표	ㄴ. 경영진 재무검토보고서
ㄷ. 환경보고서	ㄹ. 기간 현금흐름표
ㅁ. 기간 손익과 기타포괄손익계산서	ㅂ. 주석

① ㄱ, ㄴ ② ㄴ, ㄷ ③ ㄷ, ㄹ
④ ㄹ, ㅁ ⑤ ㅁ, ㅂ

14. 주석에 대한 설명으로 가장 적당한 것은? (주택관리사보, 1992)

① 주석은 재무제표의 일부이다.
② 주석은 재무제표와는 별개의 것이다.
③ 주석은 감사보고서에만 포함되는 것이다.
④ 주석의 표시는 선택적이다.
⑤ 주석은 재무제표 본문 안에 괄호로 간단하게 어떤 내용을 표시하는 방법이다.

15. 다음 중 현금흐름표를 작성하는 목적을 바르게 설명한 것은? (주택관리사보, 1992)

① 일정기점에 있어서 자산, 부채, 자본의 재무상태를 보고하기 위하여
② 일정기간의 수익과 비용의 경영성과를 보고하기 위하여
③ 일정기간의 현금의 유입과 유출을 보고하기 위하여
④ 일정기간의 영업활동, 재무활동 및 투자활동으로부터 유입 및 유출된 순운전자본의 변화를 보고하기 위하여
⑤ 일정기간의 기업의 지분변동을 보고하기 위하여

16. 재무제표 요소의 정의에 관한 설명으로 옳은 것은? (주택관리사보, 2021)

① 자산은 현재사건의 결과로 기업이 통제하는 미래의 경제적자원이다.
② 부채는 과거사건의 결과로 기업이 경제적자원을 이전해야 하는 과거의무이다.
③ 자본은 기업의 자산에서 모든 부채를 차감한 후의 잔여지분이다.
④ 수익은 자산의 감소 또는 부채의 증가로서 자본의 증가를 가져온다.
⑤ 비용은 자산의 증가 또는 부채의 감소로서 자본의 감소를 가져온다.

17. 재무제표 작성원칙에 관한 설명으로 옳지 않은 것은? (주택관리사보, 2014)

① 전체 재무제표(비교정보를 포함)는 적어도 1년마다 작성한다.
② 재무제표의 표시통화는 천단위 이상으로 표시할 수 없다. 예를 들어, 백만단위로 표시할 경우 정보가 지나치게 누락되어 이해가능성이 훼손될 수 있다.
③ 자산과 부채, 수익과 비용은 상계하지 않고 구분하여 표시하는 것을 원칙으로 한다.
④ 한국채택국제회계기준이 달리 허용하거나 요구하는 경우를 제외하고는 당기 재무제표에 보고되는 모든 금액에 대해 전기 비교정보를 표시한다.
⑤ 상이한 성격이나 기능을 가진 항목은 구분하여 표시한다. 다만 중요하지 않은 항목은 성격이나 기능이 유사한 항목과 통합하여 표시할 수 있다.

18. 재무제표 작성과 관련된 설명으로 옳은 것은? (9급공무원, 2016)

① 기업의 재무제표는 발생기준 회계만을 사용하여 작성하며, 현금기준 회계는 사용하지 않는다.
② 포괄손익계산서상의 비용은 성격별 분류법과 기능별 분류법 중에서 매출원가를 다른 비용과 분리하여 공시하는 기능별 분류법만으로 표시해야 한다.
③ 재무제표 표시에 있어 반드시 유사한 항목은 통합하고, 상이한 성격이나 기능을 가진 항목은 구분하여 표시해야 한다.
④ 한국채택국제회계기준에서 요구하거나 허용하지 않는 한 자산과 부채 그리고 수익과 비용은 상계처리하지 아니한다.

19. 재무제표에 관한 설명으로 옳은 것은? (주택관리사보, 2015)

① 재무상태표는 일정기간의 재무성과에 관한 정보를 제공해 준다.
② 포괄손익계산서는 일정시점에 기업의 재무상태에 관한 정보를 제공해 준다.
③ 자본변동표는 일정기간 동안의 자본구성요소의 변동에 관한 정보를 제공해 준다.
④ 현금흐름표는 특정시점에서의 현금의 변화를 보여주는 보고서이다.
⑤ 재무제표는 재무상태표, 손익계산서, 시산표, 자본변동표로 구성된다.

20. 재무보고를 위한 개념체계에서 측정에 대한 설명으로 옳지 않은 것은? (9급공무원 수정, 2022)

① 자산을 취득하거나 창출할 때의 역사적 원가는 자산의 취득 또는 창출에 발생한 원가의 가치로서, 자산을 취득 또는 창출하기 위하여 지급한 대가와 거래원가를 포함한다.
② 사용가치와 이행가치는 시장참여자의 가정보다는 기업 특유의 가정을 반영한다.
③ 공정가치는 부채를 발생시키거나 인수할 때 발생한 거래원가로 인해 감소하며, 부채의 이전 또는 결제에서 발생할 거래원가를 반영한다.
④ 자산의 현행원가는 측정일 현재 동등한 자산의 원가로서 측정일에 지급할 대가와 그날에 발생할 거래원가를 포함한다.
⑤ 부채가 발생하거나 인수할 때의 역사적 원가는 발생시키거나 인수하면서 수취한 대가에서 거래원가를 차감한 가치이다.

해답 및 해설

1. ①

현금의 유(출)입에 따라 수익(비용)으로 인식하는 현금주의와 달리 발생주의에서는 거래나 사건이 발생하였을 때 수익 또는 비용으로 인식한다. ①의 경우 현금유입이 있었으나 매출과 관련된 사건이 발생하지 않았으므로 선수금(부채)으로 인식한다. 참고로 상품을 판매한 시점에 인식하였던 선수금을 수익으로 대체한다.

2. ②

감가상각은 수익 · 비용대응의 원칙에 의한 원가배분과정이며, 이는 발생주의에 입각한 방법이다.

3. ①

신중성은 표현충실성과 관련된 개념이며, 중립성은 신중(prudence)을 기함으로써 뒷받침된다.

4. ⑤

적시성 대신에 오류가 없는 서술이 포함되어야 한다.

5. ③

중립적 정보는 편파적이 되거나, 편중되거나, 강조되거나, 경시되거나 그 밖의 방식으로 조작되지 않는 것을 의미한다.

6. ③

검증가능성은 합리적인 판단력이 있고 독립적인 서로 다른 관찰자가 어떤 서술이 표현충실성에 있어, 비록 반드시 완전히 의견이 일치하지는 않더라도, 합의에 이를 수 있다는 것을 의미한다.

7. ④

충실한 표현을 위해서는 완전한 서술, 중립적 서술 그리고 오류가 없는 서술 등 세 가지의 하위 특성이 있어야 한다.

8. ⑤

목적적합성이란 정보이용자의 의사결정에 차이가 나도록 하는 재무정보의 질적특성을 말하는데, 재무정보에 예측가치, 확인가치 혹은 이 둘 모두가 있다면 그 재무정보는 의사결정에 차이가 나도록 할 수 있다.

9. ④

동일한 경제적 현상에 대해 대체적인 회계처리방법을 허용하면 비교가능성은 오히려 감소한다.

10. ③

부채는 현재사건의 결과로 실체의 경제적자원을 이전해야 하는 미래의 의무가 아니라 현재의 의무이다.

11. ④

재무상태표는 결산시점의 재정상황을 나타내는 저량의 개념이다.

12. ①

재무상태표는 자금의 조달을 나타내는 자금활동과 조달한 자금을 운용하는 투자활동을 나타낸다.

13. ②

경영진 재무검토보고서와 환경보고서는 한국채택국제회계기준에서 정하는 재무제표에 해당하지 않는다. 참고로 한국채택국제회계기준에 따른 보고대상 재무제표는 재무상태표, 포괄손익계산서, 현금흐름표, 자본변동표, 주석이다.

14. ①

주석은 재무상태표, 포괄손익계산서, 자본변동표, 그리고 현금흐름표의 항목에 대하여 이용자의 정보수요에 목적적합한 추가정보를 포함한다. 한 기간의 모든 거래들의 결과를 숫자로 요약한 재무제표는 기업의 성과와 재무상태를 완전하게 보고하는 데에 한계가 있다. 이러한 재무제표의 보고상의 한계를 보완하기 위하여 주석은 재무제표이용자가 재무제표를 이해하고 다른 기업의 재무제표와 비교하는 데 유용한 정보를 제공한다.

15. ③

현금흐름표는 일정기간 동안 기업의 현금유입과 현금유출에 대한 정보를 제공하는 것이 목적이다.

16. ③

① 자산은 과거사건의 결과로 기업이 통제하는 미래의 경제적자원이다.
② 부채는 과거사건의 결과로 기업이 경제적자원을 이전해야 하는 현재의무이다.
④ 수익은 자산의 증가 또는 부채의 감소로서 자본의 증가를 가져온다.

⑤ 비용은 자산의 감소 또는 부채의 증가로서 자본의 감소를 가져온다.

17. ②

기업에 따라 중요성 관점에서 천단위 이상으로 표시하는 것이 가능하다. 실제로 삼성전자 등 대기업들의 재무제표를 보면 백만단위로 표시되어 있다.

18. ④

19. ③

① 재무상태표는 일정시점의 재무상태에 관한 정보를 제공해 준다.
② 포괄손익계산서는 일정기간의 재무성과에 관한 정보를 제공해 준다.
④ 현금흐름표는 일정기간 동안의 현금의 변화를 보여주는 보고서이다.
⑤ 시산표는 재무제표가 아니다.

20. ③

공정가치는 거래원가를 반영하지 않는다.

주관식 문제

1. 재무보고 개념체계의 의미와 기업회계기준과의 관계를 설명하시오.

해답

- 재무보고 개념체계란 실무 또는 연구에서 추출된 여러 가지 개념들을 체계화한 것으로 재무회계의 논리와 이론체계를 집대성한 것이다.
- 개념체계는 이론적 혹은 개념적 지침을 제공할 뿐 회계처리에 관한 세세한 규정을 제시하지 않는다. 반면 기업회계기준은 세세한 규정을 제시하고 있으며 이러한 규정을 따라야 할 의무가 있다. 또한 개념체계는 기업회계기준이 아니며, 특정한 회계처리에 관해서 기업회계기준에 우선하지 않는다.

2. 개념체계 중 기본가정에 대해 설명하시오.

해답

- 계속기업의 가정 : 재무제표는 일반적으로 기업이 계속기업이며 예상가능한 기간 동안 영업을 계속할 것이라는 가정하에 작성된다.

3. 유용한 재무정보의 질적특성 중 근본적 질적특성에 대해 설명하시오.

해답

- 목적적합성 : 목적적합성이란 정보이용자의 의사결정에 차이가 나도록 하는 재무정보의 질적특성을 말한다. 회계정보가 목적적합성 있는 정보가 되기 위해서는 예측가치, 확인가치, 중요성이라는 하위속성을 보유해야 한다.
- 표현충실성 : 재무정보가 유용하기 위해서는 나타내고자 하는 현상을 충실하게 표현해야 한다. 회계정보가 충실한 정보가 되기 위해서는 세 가지 하위속성이 있는데 이는 서술이 완전하고, 중립적이며, 오류가 없어야 함을 의미한다.

4. 유용한 재무정보의 질적특성 중 보강적 질적특성에 대해 설명하시오.

해답

보강적 질적특성은 목적적합하고 충실하게 표현된 정보의 유용성을 보강시키는 질적특성으로 비교가능성, 검증가능성, 적시성, 이해가능성을 포함하고 있다.

- 비교가능성 : 해당 보고기업에 대한 정보가 다른 기업에 대한 유사한 정보 및 해당기업에 대한 다른 기간의 유사한 정보와 비교할 수 있음을 의미한다.
- 검증가능성 : 합리적인 판단력이 있고 독립적인 서로 다른 관찰자가 어떤 서술이 충실한 표현이라는 데 의견이 일치할 수 있음을 의미한다.
- 적시성 : 정보이용자가 정보를 제때에 이용할 수 있음을 의미한다.
- 이해가능성 : 정보를 명확하고 간결하게 분류하고, 쉽게 표시해 정보이용자가 이해하기 용이함을 의미한다.

5. 재무보고의 포괄적 제약요인에 대해 설명하시오.

해답

- 재무정보의 산출에는 비용이 소요되며 이러한 재무정보로 인한 효익이 비용보다 커야 한다.

6. 재무제표의 구성요소에 대해 설명하시오.

해답

재무제표의 구성요소는 다섯 가지로, 자산, 부채, 자본, 수익, 비용이 그것이며 구체적인 정의는 다음과 같다.

- 자산 : 과거사건의 결과로 기업이 통제하는 현재의 경제적자원이며, 경제적자원은 경제적효익을 창출할 잠재력을 지닌 권리이다.
- 부채 : 과거사건의 결과로 기업이 경제적자원을 이전해야 하는 의무이다.
- 자본 : 기업의 자산에서 모든 부채를 차감한 후의 잔여지분이다.
- 수익 : 자산의 증가 또는 부채의 감소로서 자본의 증가를 가져오며, 자본청구권 보유자의 출자와 관련된 것을 제외한다.
- 비용 : 자산의 감소 또는 부채의 증가로서 자본의 감소를 가져오며, 자본청구권 보유자에 대한 분배와 관련된 것을 제외한다.

7. 발생주의란 무엇인지 설명하시오.

해답

- 수익창출을 위한 결정적인 사건이 발생하였을 때 수익을 인식하고, 관련된 수익을 인식할 때 비용을 인식하는 방법이다.

8. 재무제표의 종류에 대해 설명하시오.

해답

- 현재 국제회계기준상의 재무제표는 재무상태표, 포괄손익계산서, 현금흐름표, 자본변동표, 주석으로 구성되어 있다.

9. 재무상태표에서 자산의 대분류와 부채의 대분류, 자본의 대분류에 대해 설명하시오.

해답

- 자산은 크게 유동성에 따라 유동자산과 비유동자산으로 분류한다.
- 부채는 크게 유동성에 따라 유동부채와 비유동부채로 분류한다.
- 자본은 국제회계기준에서는 납입자본, 이익잉여금, 기타자본요소로 구분하고 있으며, 좀더 세세하게 자본금, 자본잉여금, 자본조정, 기타포괄손익누계액, 이익잉여금으로 분류할 수 있다.

10. 포괄손익계산서의 표시방법에 대해 설명하시오.

해답

- 포괄손익계산서는 기업의 비용에 대하여 성격별 혹은 기능별로 분류하여 표시할 수 있다. 성격별 분류란 당기손익에 포함된 비용을 그 성격(예 : 감가상각비, 원재료구입, 종업원급여 등)별로 분류하는 것이며, 기능별 분류란 비용을 매출원가, 물류원가, 관리비 등과 같이 기능별로 분류하는 방법이다.

11. 현금흐름표의 세 가지 활동에 대해 언급하시오.

해답

- 영업활동 : 기업의 주요 수익창출활동, 그리고 투자활동이나 재무활동이 아닌 기타의 활동을 의미한다.
- 투자활동 : 장기성자산 및 투자자산의 취득과 처분 활동을 의미한다.
- 재무활동 : 기업의 납입자본과 차입금의 크기 및 구성내용에 변동을 가져오는 활동을 말한다.

12. 주석과 주기에 대해 설명하고 그 차이에 대해 언급하시오.

해답

- 주석은 재무상태표, 포괄손익계산서, 현금흐름표, 자본변동표에 표시하는 정보 및 그 외 본문에 인식되지 못한 정보를 상세히 설명하고자 추가로 제공하는 별도의 정보이다.
- 주기는 4개 재무제표 내에 특정 계정과목 다음에 추가 설명을 간단하게 괄호를 이용하여 표시하는 것을 말한다.
- 즉 주석은 4개 재무제표와 별도로 제공되는 정보로 상세한 설명을 포함하고 있고, 주기는 4개 재무제표 내 특정부분을 설명하고 있으며 비교적 간단한 설명에 그친다.

Chapter

3 거래의 기록과 회계기간중의 절차

본장에서는

1. 회계의 기록대상인 회계거래에 대해 설명한다.
2. 회계의 순환과정에 대해 설명한다.
3. 회계기간중의 절차인 분개와 전기에 대해 설명한다.

1. 회계거래

• 장부에 기록할 대상이 되는 거래로서 특정사건의 발생으로 인하여 재무상태와 경영성과에 변동을 일으킴

2. 거래의 이중성

• 회계상 기록대상이 되는 거래나 사건은 자산, 부채, 자본, 수익, 비용 중 두 개 이상의 항목에 동시에 영향을 미치는데 이를 거래의 이중성이라 함

3. 회계등식

• 자산+비용=부채+자본+수익

4. 회계의 순환과정

① 거래의 인식
② 분개장에 분개
③ 총계정원장에 전기
④ 수정전시산표 작성
⑤ 기말수정분개
⑥ 수정후시산표 작성
⑦ 재무제표 작성
⑧ 장부의 마감

5. 회계기간중의 절차

• 회계의 순환과정 중 ①~④의 거래

6. 분개

• 거래를 인식하여 분개장에 기록하는 절차
  - 차변 : 분개의 좌변
  - 대변 : 분개의 우변
  - 차변항목 : 자산, 비용
  - 대변항목 : 부채, 자본, 수익

7. 전기

• 분개장의 내용을 총계정원장에 기록하는 절차

8. 수정전시산표 작성

• 계정별 잔액을 시산표에 기록하여 차변과 대변이 일치하는지 검증

거래의 기록에서부터 재무제표의 작성에 이르는 일련의 과정은 한 회계기간을 단위로 하여 이루어진다. 이를 회계의 순환과정이라고 한다. 본장의 제3절에서는 회계의 순환과정을 소개하기 위한 도구로 서비스 제공기업(용역회사)을 다룬다. 제6장에서는 상품매매기업의 회계순환과정을 다루며 재화를 직접 생산하는 기업과 관련된 내용은 원가회계에서 공부하게 된다.

제 1 절 기록대상 회계거래와 회계등식

1. 거래란 무엇인가

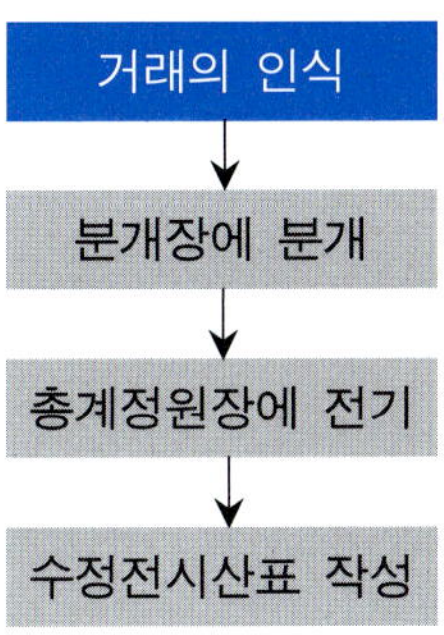

회계는 기업의 활동을 계정과목과 금액으로 요약하는 절차이다. 회계측정의 대상이 되는 기업의 활동을 회계상 거래 혹은 경제적 사건이라고 한다. 즉, 회계상 거래란 장부에 기록할 대상이 되는 거래로서 회계상 거래가 되기 위해서는 특정사건의 발생으로 인하여 재무상태(자산, 부채, 자본) 및 경영성과(수익, 비용)에 변동을 일으켜야 한다. 그리고 이를 장부에 화폐금액으로 기록해야 하기 때문에 금액을 신뢰성 있게 추정할 수 있어야 한다.

예를 들어, 상품매입과 관련하여 계약을 체결했다거나 혹은 유형자산을 취득하기 위한 주문을 한 것만으로는 재무상태 및 경영성과에 변화를 일으키지 않았기 때문에 회계상의 거래라고 볼 수 없다. 뿐만 아니라 경영자의 사망과 같이 재무상태 및 경영성과에 영향을 미칠 수 있는 중요한 사건이라도 이는 회계상의 거래로 보지 않는다. 왜냐하면 이러한 사건은 재무상태 및 경영성과에 영향을 미치지만 객관적으로 측정이 불가능하기 때문이다. 이와 관련된 대표적인 예로 2011년 1월 어느 날, 미국 애플사의 스티브 잡스가 아파서 병원에 입원하고 회사의 경영을 다른 사람에게 맡기게 되었다는 뉴스보도가 나오고 얼마 되지 않아 애플의 주식가격이 폭락한 적이 있다. 그렇지만 애플사는 최고경영자의 건강 문제가 기업의 재무상태 및 경영성과에 미치는 영향을 반영하지 못했다. 왜냐하면 최고경영자의 건강상태 정도가 기업의 재무상태 및 경

[그림 3-1]
회계거래
(경제적 사건)

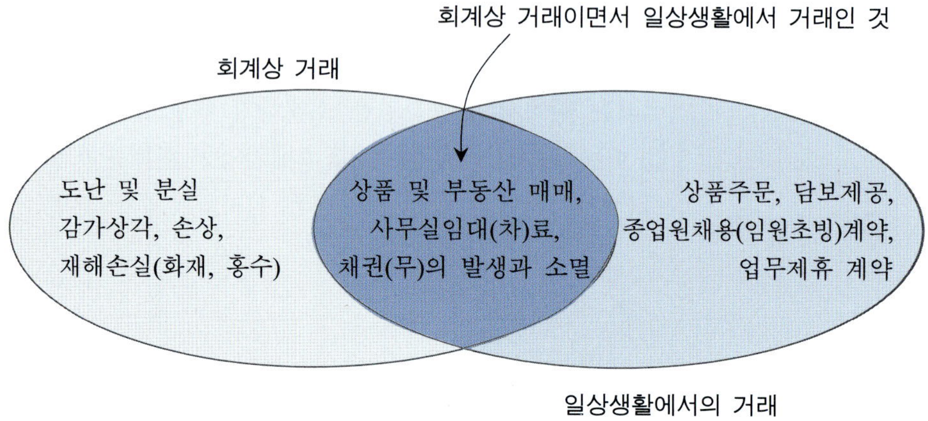

영성과에 미치는 부정적인 영향을 신뢰성 있게 측정할 수 없기 때문이다. 이런 점을 고려할 때 우리는 기업과 관련된 거래나 사건에 대해 회계상 기록대상인지 아닌지 판단을 해야 한다.

그러나 일상적 의미에서는 거래가 아니지만 회계상 거래가 될 수 있는 예로는 건물의 화재 및 재고자산의 도난으로 인한 손실, 대여금에 대한 이자수익 발생 등이 있다. 이는 기업 외부의 제3자와 직접 관련이 없이 기업 내부에서 발생하였지만 재무상태 및 경영성과에 영향을 미치므로 회계상 거래로 판단한다. 따라서 기업에서 일어나는 다양하고 수많은 종류의 거래 중에서 회계상의 거래로 인식하기 위한 요건에 부합하는지부터 먼저 파악하는 것이 회계의 순환과정의 첫 출발점이 되는 것이다.

2. 거래의 이중성과 회계등식

회계상 기록대상이 되는 거래나 사건은 자산, 부채, 자본, 수익, 비용 중 둘 이상의 항목에 동시에 영향을 미치는데, 이를 거래의 이중성이라고 한다. 예를 들면 기업이 금융기관에서 현금 1억원을 차입하면 이 거래로 인해 기업에는 1억원의 현금이 유입되지만(자산 증가), 동시에 기업은 금융기관에 대해 만기까지의 기간 동안 이자를 지급하고 만기에 원금을 지급해야 하는 부채를 부담하게 된다(부채 증가). 그리고 기업이 종업원에게 급여를 지급했을 경우에는 현금이 감소하지만(자산 감소), 급여가 발생(비용 발생)하게 된다. 이와 같이 회계상의 거래는 둘 이상의 항목에 동시에 영향을 미치게 되고, 우리는 회계등식을 통해서 이것을 확인할 수 있다.

기업이 가지고 있는 자원인 자산에서 부담하고 있는 빚인 부채를 차감하면 기업의 순자산이 되고 회계에서는 이를 자본이라고 칭하는데, 이를 식으로 표현하면 다음과 같다.

자산－부채＝자본 식(1)

자산＝부채＋자본 식(2)

위의 식(2)를 회계등식이라고 하며, 어떤 사건이 회계거래로서 인정된다면 회계등식의 구성요소에 영향을 미친다. 즉, 회계등식의 좌변과 우변은 항상 같은 금액이 증가하거나 감소하며, 또한 좌변(우변)에서만 같은 금액이 증가하고 동시에 감소함으로써 이 식은 항상 성립한다.

그러나 식(2)는 재무상태(자산, 부채, 자본)에 대한 회계정보는 제공하지만 경영성과(수익, 비용)에 대한 정보를 제공하지 않는다. 그러나 제2장에서 전술한 바와 같이 포괄손익계산서상의 당기순이익은 재무상태표의 자본(미처분이익잉여금)에 포함되기 때문에 자본을 주주로부터 출자받은 납입자본과 당기순이익으로 분해할 수 있다. 당기순이익은 수익에서 비용을 차감하여 계산되므로 식(2)를 수익과 비용을 포함하여 식(3)과 같이 표현할 수 있다.

자산＝부채＋자본＋수익－비용 식(3)

비용을 좌변으로 이항하여 모든 부호를 (＋)로 일치하면 다음의 식(4)를 도출할 수 있다.

자산＋비용＝부채＋자본＋수익 식(4)

식(2)와 마찬가지로 식(4)도 항상 성립한다. 즉, 식의 좌변과 우변은 항상 동금액이 증가하거나 감소하는데, 이를 복식부기의 원리(double-entry bookkeeping system)라고 한다. 식(4)는 장부기록의 기초가 되며 또한 분개, 전기 및 시산표의 작성과 재무제표의 완성 등 모든 과정에서 기본이 되는 식이기 때문에 잘 기억해두기 바란다.

3. 단식부기와 복식부기

회계상 거래를 기록하는 방법은 단식부기 방식과 복식부기 방식이 있다. 단식부기 방식이란 현금의 유입과 유출을 중심으로 기록하는 방법으로 개인들이 생활비를 기록하는 가계부나 은행통장의 거래내역이 일종의 단식부기에 해당된다. 단식부기로 회계처리를 하면 현금유출입에 대한 사유를 적요란에 기입해야 하며 현금 측면의 증감만 파악한다면 유용하기는 하나 거래가 많아질 경우 현금 외 측면에서의 집계는 불편하다는 단점이 있다. 예를 들어 아래의 단식부기 표에서 거래가 빈번하게 이루어질 경우 현금의 유출입과 잔액을 파악하는 것은 쉬우나 은행차입금, 건물임차료의 집계를 위해서는 적요를 보고 일일이 다시 찾아봐야 하는 번거로움이 발생한다. 반면 복식부기 방식에서는 현금유출입의 사유에 해당하는 계정과목을 일정한 규칙에 의하여 기록함으로써 거래가 많다고 하더라도 각 계정과목별 집계가 용이하다는 장점이 있다. 이러한 특성으로 인하여 현대의 회계에서는 모두 복식부기로 기록한다.

〈표 3-1〉 단식부기와 복식부기 사례

(1) 단식부기

일 자	유입(유출)	적 요
2. 1	1,000,000	은행으로부터 차입
2. 5	(500,000)	건물임차료 지급

(2) 복식부기

일 자	분 개			
2. 1	(차) 현 금	1,000,000	(대) 차 입 금	1,000,000
2. 5	(차) 임차료비용	500,000	(대) 현 금	500,000

4. 회계의 순환과정

회계의 순환과정은 다음과 같은 순서로 진행된다. ⑤ 수정분개부터는 장을 달리하여 제4장에서 설명하고자 한다.

〈기중〉

① **거래의 인식 :** 회계상 거래가 발생하면 이를 인식한다.

② **분개장에 분개 :** 거래를 분석하고 이를 분개장에 기록한다.

③ **총계정원장에 전기 :** 계정과목별로 잔액을 파악하기 위해 분개장 내역을 총계정원장에 전기한다.

〈기말〉

④ **수정전시산표 작성 :** 계정별 잔액을 시산표에 기록하여 차변과 대변이 일치하는지를 검증한다.

⑤ **수정분개 및 전기 :** 결산시점에 현금주의로 기록한 금액을 발생주의로 전환하는 분개를 하고, 그 내역을 총계정원장에 전기한다.

⑥ **수정후시산표 작성 :** 수정분개사항을 반영한 총계정원장상 잔액을 다시 수정후시산표에 기록하여 차변과 대변이 일치하는지 확인한다.

⑦ **재무제표 작성 및 장부의 마감 :** 수정후시산표를 바탕으로 포괄손익계산서를 작성한 후 포괄손익계산서항목은 집합손익계정으로 대체하여 잔액을 0으로 만든다. 그리고 집합손익으로 대체된 당기순손익은 재무제표상 미처분이익잉여금으로 대체한다. 그 다음 재무상태표를 작성하고, 자본변동표 및 현금흐름표를 작성한다. 모든 재무제표를 작성하고 나면(다만, 이번 회계의 순환과정에서 자본변동표와 현금흐름표는 다루지 않는다), 마감후시산표의 내용을 다음 회계연도의 기초잔액으로 이월한다. [그림 3-2]에서는 회계의 순환과정의 단계별 주요 활동을 종합적으로 보여주고 있다.

[그림 3-2]
회계의 순환과정

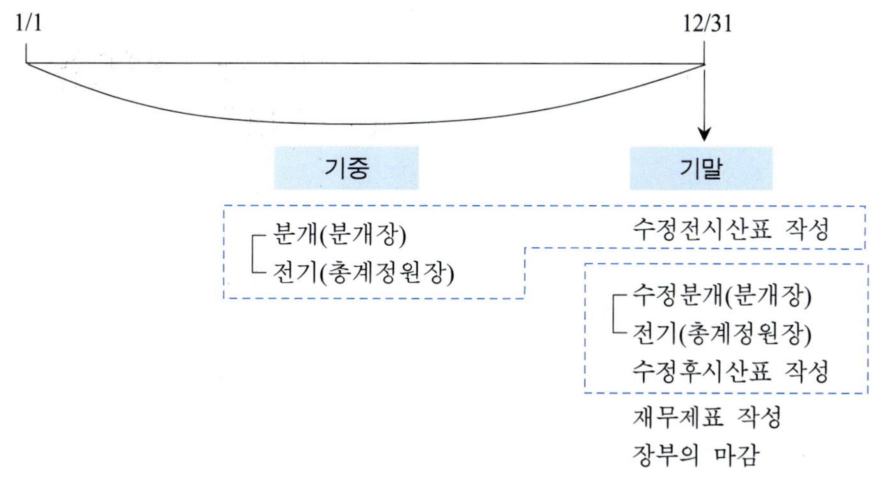

제 2 절 계정(계정과목)

회계기간중의 절차를 설명하기에 앞서 계정(계정과목)에 대해 설명하기로 한다.

재무상태표는 크게 자산, 부채 및 자본으로 구성되며, 포괄손익계산서는 수익, 비용 및 순이익(당기순이익, 기타포괄손익 및 총포괄이익)으로 구성된다. 그리고 이들 자산, 부채, 자본, 수익 및 비용의 세부적인 구성요소를 계정(혹은 계정과목)이라 한다. 예를 들면 어느 기업이 보유한 자산으로는 현금, 당좌예금, 매출채권, 금융상품, 재고자산, 토지, 건물, 기계장치, 차량운반구, 집기비품, 당기손익-공정가치측정금융자산(타기업의 주식 혹은 채권), 상각후원가측정금융자산(타기업 발행 회사채), 기타포괄손익-공정가치측정금융자산(타기업의 주식 혹은 채권), 투자부동산, 매각예정비유동자산 등이 있다. 또한 어느 기업의 부채의 종류에는 매입채무, 차입금, 사채, 선수금, 퇴직급여충당부채, 제품보증충당부채 등이 있다. 이와 같은 재무제표 구성요소(자산, 부채, 자본, 수익 및 비용) 세부 항목의 이름을 회계에서는 계정과목이라 부른다. 대부분의 기업은 국제회계기준에 나오는 계정과목을 사용한다.

제 3 절 회계기간중의 절차

1. 기중 발생 거래의 분개

분개는 회계상 기록대상인 거래나 사건을 회계시스템에 처음으로 기록하는 절차이다. 즉, 재무상태(자산, 부채, 자본) 항목과 경영성과(수익, 비용) 항목 가운데 어떤 항목에 변화를 가져오는지 계정과목별 증감을 구분하여 장부에 기록하는 과정이다. 앞에서 설명한 바와 같이 회계는 복식부기를 따르고 있으며, 이를

〈표 3-2〉
분개의 요령

왼쪽(차변)	오른쪽(대변)
자산 증가 a	자산 감소 A
부채 감소 b	부채 증가 B
자본 감소 c	자본 증가 C
수익 취소 d	수익 발생 D
비용 발생 e	비용 취소 E

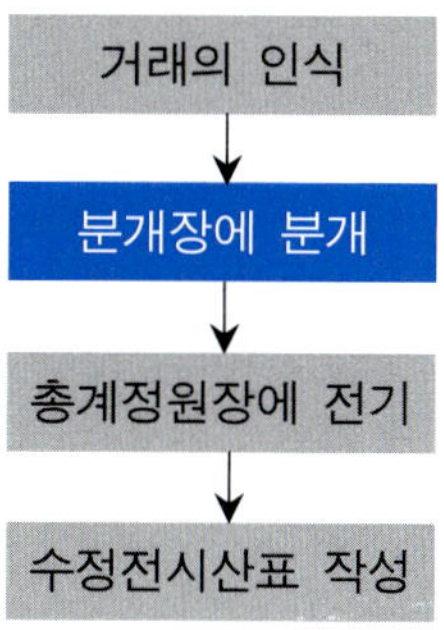

적용하기 위하여 장부를 종축으로 나눈다.

회계에서 장부의 왼쪽을 차변이라 하고 장부의 오른쪽을 대변이라 하며, 자산, 비용을 차변항목, 부채, 자본, 수익을 대변항목이라고 칭한다. 분개의 기본원리는 다음과 같다. 차변항목의 증가는 차변에 기록하고 감소는 대변에 기록한다. 마찬가지로 대변항목의 증가는 대변에 기록하고 감소는 차변에 기록한다. 따라서 자산이 증가하거나 비용이 발생하면 차변에 기록한다. 그리고 부채 및 자본이 증가하거나 수익이 발생하면 이는 대변에 기록한다. 반대로 자산이 감소하거나 비용이 취소되면 대변에 기록하며, 부채, 자본이 감소하거나 수익이 취소되면 차변에 기록한다. 이를 표로 정리하면 〈표 3-2〉와 같다.

위 분개의 요령에서 왼쪽(차변)과 오른쪽(대변)이라는 용어가 나왔다. 이러한 개념 혹은 용어는 복식부기를 이해하는 데 매우 중요한 도구이다. 다시 한 번 중간 정리를 하면 '분개'는 기록대상인 거래나 사건을 회계시스템에 처음으로 공식적으로 기록하고 '입력'하는 단계이다. 거래의 양면성에 대해 이야기할 때 기록대상인 모든 거래나 사건은 최소한 두 개 혹은 그 이상의 계정과목에 영향을 미친다고 소개한 바 있다. 거래의 양면성과 분개의 요령을 결합하면 하나의 기록대상인 거래는 위 분개의 요령에 나오는 두 개 혹은 그 이상의 계정과목의 결합으로 기록된다. 다음의 〈공통예제〉를 보자.

〈공통예제〉

(1) 영남(주)는 20×1년 1월 1일에 설립된 경영자문(컨설팅)회사이다. 창업 멤버 3인이 각각 ₩20,000,000씩 현금을 출자하여 자본금 ₩60,000,000의 주식회사를 설립하였다.

(2) 영남(주)는 3월 11일 은행에서 ₩2,000,000을 차입하였다.

(3) 영남(주)는 4월 19일 소모품을 현금 ₩700,000에 취득하였다.
(4) 영남(주)는 6월 3일 ₩10,000,000의 경영자문용역을 제공하고 이 중 ₩2,000,000은 현금으로 수령하고 ₩8,000,000은 나중에 받기로 하였다.
(5) 영남(주)는 7월 1일 직원들의 급여로 ₩5,000,000을 현금으로 지급하였다.
(6) 영남(주)는 7월 25일 판매비와관리비로 ₩100,000을 지출하였으나 대금은 나중에 지급하기로 하였다.
(7) 영남(주)는 8월 5일 차입금 ₩1,000,000과 이자 ₩100,000을 현금으로 지급하였다.
(8) 영남(주)는 9월 14일 미회수된 경영자문 용역대금 ₩8,000,000 중 ₩1,000,000을 회수하였다.
(9) 영남(주)는 대구(주)에 20×1년 10월 1일 연 6%의 이자율로 ₩100,000을 1년간 대여하고 원금과 이자는 20×2년 9월 30일 받기로 했다.
(10) 영남(주)는 경산(주)로부터 20×1년 11월 1일 연 9%의 이자율로 ₩100,000을 차입하였다. 만기는 3년이고 원금과 이자를 20×4년 10월 31일 한꺼번에 갚는 조건이다.
(11) 영남(주)는 시지(주)에 12월 1일 사무실을 임대하면서 1년치 임대료 ₩120,000을 선금으로 수취하였다.
(12) 영남(주)는 불꺼(주)라는 화재보험회사와 12월 1일 보험계약을 체결하고 1년치 보험료 ₩120,000을 미리 지급하였다.

• 거래 (1)

[분　석] 현　　금(자산)이 증가 → 차변에 기록
　　　　자 본 금(자본)이 증가 → 대변에 기록

〈20×1년 1월 1일〉

[분　개]	(차) 현　　금	60,000,000	(대) 자 본 금	60,000,000
	(자산 증가 a)		(자본 증가 C)	

• 거래 (2)

[분　석] 현　　금(자산)이 증가 → 차변에 기록
　　　　차 입 금(부채)이 증가 → 대변에 기록

〈20×1년 3월 11일〉

[분 개] (차) 현 금 2,000,000 (대) 차 입 금 2,000,000
(자산 증가 a) (부채 증가 B)

• 거래 (3)

[분 석] 소 모 품(자산)이 증가 → 차변에 기록
현 금(자산)이 감소 → 대변에 기록

〈20×1년 4월 19일〉

[분 개] (차) 소 모 품 700,000 (대) 현 금 700,000
(자산 증가 a) (자산 감소 A)

• 거래 (4)

[분 석] 매출채권(자산)이 증가 → 차변에 기록
현 금(자산)이 증가 → 차변에 기록
매 출(수익)이 증가 → 대변에 기록

〈20×1년 6월 3일〉

[분 개] (차) 매 출 채 권 8,000,000 (대) 매 출 10,000,000
현 금 2,000,000 (수익 발생 D)
(자산 증가 a)

• 거래 (5)

[분 석] 급 여(비용)가 증가 → 차변에 기록
현 금(자산)이 감소 → 대변에 기록

〈20×1년 7월 1일〉

[분 개] (차) 급 여 5,000,000 (대) 현 금 5,000,000
(비용 발생 e) (자산 감소 A)

• 거래 (6)

[분 석] 판매비와관리비(비용)가 증가 → 차변에 기록
미지급비용(부채)이 증가 → 대변에 기록

〈20×1년 7월 25일〉

[분 개]	(차) 판매비와관리비 (비용 발생 e)	100,000	(대) 미지급비용 (부채 증가 B)	100,000

• 거래 (7)

[분 석] 이자비용(비용)이 증가 → 차변에 기록
차 입 금(부채)이 감소 → 차변에 기록
현 금(자산)이 감소 → 대변에 기록

〈20×1년 8월 5일〉

[분 개]	(차) 이 자 비 용 (비용 발생 e)	100,000	(대) 현 금 (자산 감소 A)	1,100,000
	차 입 금 (부채 감소 b)	1,000,000		

• 거래 (8)

[분 석] 현 금(자산)이 증가 → 차변에 기록
매출채권(자산)이 감소 → 대변에 기록

〈20×1년 9월 14일〉

[분 개]	(차) 현 금 (자산 증가 a)	1,000,000	(대) 매 출 채 권 (자산 감소 A)	1,000,000

• 거래 (9)

[분 석] 대 여 금(자산)이 증가 → 차변에 기록
현 금(자산)이 감소 → 대변에 기록

〈20×1년 10월 1일〉
[분 개] (차) 대 여 금 100,000 (대) 현 금 100,000
(자산 증가 a) (자산 감소 A)

• 거래 (10)

[분 석] 현 금(자산)이 증가 → 차변에 기록
차 입 금(부채)이 증가 → 대변에 기록

〈20×1년 11월 1일〉
[분 개] (차) 현 금 100,000 (대) 차 입 금 100,000
(자산 증가 a) (부채 증가 B)

• 거래 (11)

[분 석] 현 금(자산)이 증가 → 차변에 기록
선수임대료(부채)가 증가 → 대변에 기록

〈20×1년 12월 1일〉
[분 개] (차) 현 금 120,000 (대) 선수임대료 120,000
(자산 증가 a) (부채 증가 B)

• 거래 (12)

[분 석] 선급보험료(자산)가 증가 → 차변에 기록
현 금(자산)이 감소 → 대변에 기록

〈20×1년 12월 1일〉
[분 개] (차) 선급보험료 120,000 (대) 현 금 120,000
(자산 증가 a) (자산 감소 A)

분개뿐만 아니라 이후에 설명하는 전기, 시산표 및 재무제표의 작성은 식(4)를 기억하고 있으면 쉽게 이해할 수 있다. 식(4)의 차변에는 자산과 비용이 있기 때문에 분개를 할 때 자산, 비용과 관련된 내용은 차변에 기록하면 되고 부채, 자본, 수익과 관련된 내용은 대변에 기록하면 된다. 다만, 감소하는 경우

음(−)의 부호를 없애기 위해 반대편으로 이동하면 되는 것이다. 예를 들어 거래 (7)의 경우, 이자비용(비용)과 현금(자산)은 차변항목이므로 일단 차변에 기록하지만 현금은 감소하였으므로 음(−)의 부호를 없애기 위해 대변으로 이동시키는 것이다. 차입금은 부채이므로 대변에 기록하지만 감소하였으므로 역시 음(−)의 부호를 없애기 위해 차변으로 이동시키며 (7)과 같은 분개를 하게 된다. 거래 (8)의 경우도 현금과 매출채권은 모두 자산이므로 차변에 기록하지만 매출채권은 감소하였으므로 음(−)의 부호를 양(+)의 부호로 바꾸기 위해 대변으로 이동하면 (8)과 같은 분개가 된다.

다음으로 (1)~(12)의 거래가 회계등식이 성립하는지 확인해 보자. 회계등식이란 자산은 부채와 자본의 합과 항상 일치한다는 것이며, 한 가지 더 추가하자면 자본은 자본금과 이익잉여금으로 구성되는데, 이익잉여금은 수익−비용의 누적이므로 수익은 자본(이익잉여금)에 가산하고 비용은 차감하는 것으로 처리하면 된다.

〈분개〉

(1)	(차) 현 금	60,000,000	(대) 자 본 금	60,000,000
(2)	(차) 현 금	2,000,000	(대) 차 입 금	2,000,000
(3)	(차) 소 모 품	700,000	(대) 현 금	700,000
(4)	(차) 매 출 채 권	8,000,000	(대) 매 출	10,000,000
	현 금	2,000,000		
(5)	(차) 급 여	5,000,000	(대) 현 금	5,000,000
(6)	(차) 판매비와관리비	100,000	(대) 미지급비용	100,000
(7)	(차) 이 자 비 용	100,000	(대) 현 금	1,100,000
	차 입 금	1,000,000		
(8)	(차) 현 금	1,000,000	(대) 매 출 채 권	1,000,000
(9)	(차) 대 여 금	100,000	(대) 현 금	100,000
(10)	(차) 현 금	100,000	(대) 차 입 금	100,000
(11)	(차) 현 금	120,000	(대) 선수임대료	120,000
(12)	(차) 선급보험료	120,000	(대) 현 금	120,000

〈회계등식〉

구 분	자 산	=	부 채	+	자 본	
					자본금	이익잉여금 (수익－비용－배당금)
(1)	＋60,000,000	=		+	＋60,000,000	
(2)	＋2,000,000	=	＋2,000,000	+		
(3)	＋700,000 －700,000	=		+		
(4)	＋8,000,000 ＋2,000,000	=		+		＋10,000,000
(5)	－5,000,000	=		+		－5,000,000
(6)		=	＋100,000	+		－100,000
(7)	－1,100,000	=	－1,000,000	+		－100,000
(8)	＋1,000,000 －1,000,000	=		+		
(9)	＋100,000 －100,000	=		+		
(10)	＋100,000	=	＋100,000	+		
(11)	＋120,000	=	＋120,000	+		
(12)	＋120,000 －120,000	=		+		

2. 기중 발생 거래의 전기

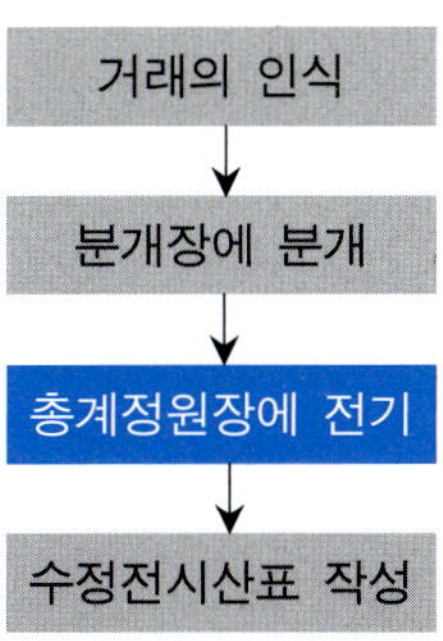

전기란 분개한 거래를 거래일자, 계정과목, 금액 등을 명시하여 총계정원장의 해당계정에 옮겨 적는 행위를 말한다. 총계정원장은 자산, 부채, 자본, 수익, 비용에 관한 모든 계정을 기록해 놓은 장부로서 차변에 분개된 사항은 차변에 전기하고 대변에 분개한 사항은 대변에 전기한다.

원장의 각 계정의 핵심구조는 영문 T자와 흡사하여 T계정이라고 부른다. 분개와 동일하게 T계정의 왼쪽은 차변, 오른쪽은 대변을 나타낸다. 식(4)에서 차변에 있는 항목이 증가하거나 발생하면 T계정에서 차변에 기록되며, 감소하면 T계정의 대변에 기록된다. 반대로 부채, 자본, 수익 항목은 증가하거나 발생하면 T계정상의 대변에 기록되며 감소하면 차변에 기록된다.

앞의 '거래 (1)'을 현금과 자본금 원장에 전기하면 다음과 같다.

〈20×1년 1월 1일〉

(차변) 현 금	60,000,000	(대변) 자 본 금	60,000,000

현 금

1. 1 자 본 금	60,000,000		

자본금

		1. 1 현 금	60,000,000

위와 유사한 방식으로 나머지 거래를 총계정원장에 전기하면 다음과 같다.

[자산계정]

현 금

1. 1 자 본 금	60,000,000	4.19 소 모 품	700,000
3.11 차 입 금	2,000,000	7. 1 급 여	5,000,000
6. 3 매 출	2,000,000	8. 5 이자비용, 차입금	1,100,000
9.14 매 출 채 권	1,000,000	10. 1 대 여 금	100,000
11. 1 차 입 금	100,000	12. 1 선급보험료	120,000
12. 1 선수임대료	120,000		

매출채권

6. 3 매 출	8,000,000	9.14 현 금	1,000,000

선급보험료

12. 1 현 금	120,000		

소모품

4.19 현 금	700,000		

대여금

10. 1 현 금	100,000		

[부채계정]

차입금

8. 5	현 금	1,000,000	3.11	현 금	2,000,000
			11. 1	현 금	100,000

미지급비용

			7.25	판매비와관리비	100,000

선수임대료

			12. 1	현 금	120,000

[자본계정]

자본금

			1. 1	현 금	60,000,000

[수익계정]

매 출

			6. 3	매출채권, 현금	10,000,000

[비용계정]

급 여

7. 1	현 금	5,000,000			

판매비와관리비

7.25	미지급비용	100,000			

이자비용

8. 5	현 금	100,000			

3. 수정전시산표 작성

잠시 우리가 지금까지 공부한 내용을 한 번 정리해 보면, 거래가 발생한 순서대로 그 내용을 분개장에 기록했다. 그리고 그 내용을 원장에 전기했다. 이제는 원장에 기록된 모든 계정과목과 그 금액이 오류가 없는지 확인해야 한다. 기중에 입력된 원장의 모든 계정과목을 하나의 표로 만들어 차변계정 잔

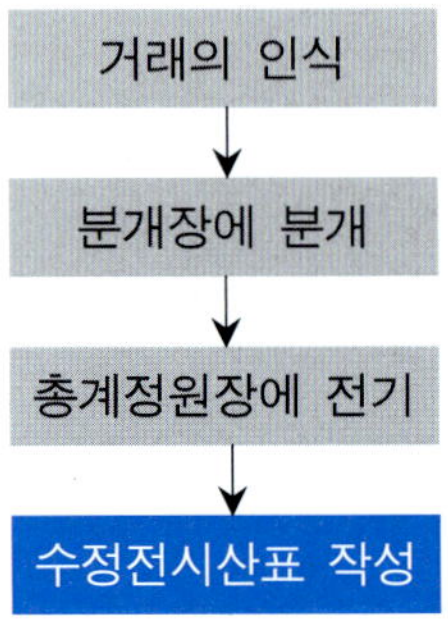

액의 합계와 대변계정 잔액의 합계가 일치하는지를 시험적(trial)으로 검증하기 위한 표를 시산표(trial balance)라고 한다.

수정전시산표는 회계기말의 수정분개사항이 반영되기 전에 총계정원장의 각 계정과목들의 차변과 대변을 구분하여 나열해 놓은 표이다. 수정전시산표의 작성을 통해 차변의 합계액과 대변의 합계액이 불일치하는지를 검증함으로써 오류의 원인을 확인할 수 있고 이는 수정분개의 기초를 제공해 준다. 수정전시산표의 작성도 마찬가지로 식(4)를 응용하여 자산과 비용의 잔액은 차변에 기록하고 부채, 자본, 수익의 잔액은 대변에 기록하면 된다.

시산표의 작성은 기업회계기준에서 강제적으로 요구하지 않는다. 그러나 복식부기가 도입된 이후 오랫 동안 실무에서 사용하는 편리한 도구이다. 시산표는 합계시산표와 잔액시산표가 있는데, 아래에서 잔액시산표를 살펴보기로 한다.

수정전시산표

영남(주) 20×1년 12월 31일 현재

계정과목	차 변	대 변
현 금	58,200,000	
매출채권	7,000,000	
선급보험료	120,000	
소 모 품	700,000	
대 여 금	100,000	
차 입 금		1,100,000
미지급비용		100,000
선수임대료		120,000
자 본 금		60,000,000
매 출		10,000,000
급 여	5,000,000	
판매비와관리비	100,000	
이자비용	100,000	
합 계	71,320,000	71,320,000

예제 3-1 기중 회계처리 종합

다음은 상품매매업을 주업으로 하는 (주)삼마트의 20×1년도 거래내역이다.

1월 1일	현금 ₩10,000,000을 출자하여 (주)삼마트를 설립하였다.
3월 23일	건물을 현금 ₩3,000,000에 구입하였다.
4월 1일	은행에서 ₩700,000을 현금으로 차입하였다.
7월 11일	상품 ₩500,000을 매입하고 ₩300,000은 현금으로 지급하고, 나머지는 외상으로 하였다.
8월 16일	광고선전목적으로 ₩10,000을 지급하였다.
9월 1일	(주)사마트에 ₩3,000,000을 연 12%의 이자율로 1년간 대여하고 원금과 이자는 20×2년 8월 31일에 수령하기로 하였다.
9월 30일	4월 1일에 차입한 금액에 대한 6개월분 이자 ₩17,500을 현금으로 지급하였다.
10월 1일	1년치 화재보험료 ₩120,000을 현금으로 지급하고 이를 전액 비용처리하였다.
12월 9일	비품을 ₩200,000에 취득한 후 전액을 외상으로 하였다.

〈요구사항〉

1. 위의 거래내역을 분개하고 총계정원장에 전기하시오.
2. 수정전시산표를 작성하고 차변과 대변이 일치하는지 확인하시오.

해답

1.

일자	차변	금액	대변	금액
20×1. 1. 1	(차) 현금	10,000,000	(대) 자본금	10,000,000
20×1. 3.23	(차) 건물	3,000,000	(대) 현금	3,000,000
20×1. 4. 1	(차) 현금	700,000	(대) 차입금	700,000
20×1. 7.11	(차) 상품	500,000	(대) 현금	300,000
			매입채무	200,000
20×1. 8.16	(차) 광고선전비	10,000	(대) 현금	10,000
20×1. 9. 1	(차) 대여금	3,000,000	(대) 현금	3,000,000
20×1. 9.30	(차) 이자비용	17,500	(대) 현금	17,500
20×1.10. 1	(차) 보험료	120,000	(대) 현금	120,000
20×1.12. 9	(차) 비품	200,000	(대) 미지급금	200,000

현 금

1. 1	10,000,000	3.23	3,000,000
4. 1	700,000	7.11	300,000
		8.16	10,000
		9. 1	3,000,000
		9.30	17,500
		10. 1	120,000

건 물

3.23	3,000,000		

상 품

7.11	500,000		

대여금

9. 1	3,000,000		

비 품

12. 9	200,000		

차입금

		4. 1	700,000

매입채무

		7.11	200,000

미지급금

		12. 9	200,000

자본금

		1. 1	10,000,000

광고선전비

8.16	10,000		

이자비용

9.30	17,500		

보험료

10. 1	120,000		

2.

시 산 표

현 금	4,252,500	차 입 금	700,000
건 물	3,000,000	매 입 채 무	200,000
상 품	500,000	미 지 급 금	200,000
대 여 금	3,000,000	자 본 금	10,000,000
비 품	200,000		
광고선전비	10,000		
이 자 비 용	17,500		
보 험 료	120,000		
	11,100,000		11,100,000

용어정리 문제

1. 매 회계기간마다 거래를 기록하여 재무제표를 작성하는 순환적 과정을 (　　　)이라 한다.

2. 영문자의 T자 형태를 하고 있으며, 원장의 계정별 페이지를 간단하게 약식으로 표시하기 위해서 사용되는 것을 (　　　)이라고 한다.

3. 어떤 거래로 인해 영향을 받는 계정과목과 금액을 결정하여 회계시스템에 기록하는 것을 (　　　)이라고 한다.

4. (　　　)이란 회계상 기록대상이 되는 거래나 사건은 최소한 두 개 혹은 그 이상의 계정과목에 영향을 미치는 것을 말한다.

5. (　　　)는 기업의 경제적 거래 또는 사건에 대해 수익과 비용을 현금유출입이 있는 기간이 아니라 당해 거래 또는 사건이 발생한 기간에 인식하는 것을 말한다. 즉, 이를 적용하면 현금의 유입이 없더라도 수익을 기록할 수 있고, 현금의 유출이 없더라도 비용으로 기록할 수 있다.

6. 기업의 거래를 기록하는 최소한의 단위라고 볼 수 있으며, 기업의 자산, 부채, 자본, 수익, 비용의 세부적인 구성요소를 (　　　)이라 한다.

7. 회계상 기록대상인 거래나 사건을 회계시스템에 발생순으로 기록하는 절차를 (　　　)라고 한다.

8. 분개장의 거래기록을 원장에 있는 해당계정에 옮겨 적는 절차를 (　　　)라고 한다.

9. 원장에 있는 모든 계정들과 각 계정의 잔액을 집계하여 작성하는 표를 (　　　)라 한다.

해답

1. 회계의 순환과정　2. T계정　3. 인식
4. 거래의 양면성(이중성)　5. 발생주의 회계　6. 계정(계정과목)
7. 분개　8. 전기　9. 시산표

객관식 문제

1. 다음 중 회계상의 거래인 것은? (세무직 공무원, 2007)

① 기계장치를 ₩1,000,000에 구입하기로 약속했다.
② B회사에 상품 ₩2,000,000(@₩10,000, 200개)을 주문했다.
③ 종업원 김씨를 월 기본급 ₩1,000,000, 상여금 600% 조건으로 채용했다.
④ ₩20,000,000의 토지를 구입하기로 하고 계약금으로 ₩2,000,000을 지급했다.

2. 회계거래에 해당하지 않는 것은? (주택관리사보, 2013)

① 공동주택의 관리용역에 대한 계약을 체결하고 계약금 ₩100을 수령하였다.
② 본사창고에 보관중인 ₩100 상당의 제품을 도난당했다.
③ 지하주차장 도장공사를 하고 대금 ₩100은 1개월 후에 지급하기로 하였다.
④ ₩100 상당의 상품을 구입하기 위해 주문서를 발송하였다.
⑤ 사무실 임차계약을 체결하고 1년분 임차료 ₩100을 지급하였다.

3. 회계거래에 해당되지 않는 것은? (주택관리사보, 2015)

① 기숙사에 설치된 시설물 ₩1,000,000을 도난당하다.
② 원가 ₩1,300,000의 상품을 현금 ₩1,000,000에 판매하다.
③ 이자 ₩500,000을 현금으로 지급하다.
④ 영업소와 임차계약을 체결하고, 1년분 임차료 ₩1,200,000을 현금으로 지급하다.
⑤ 직원과 월급 ₩2,000,000에 고용계약을 체결하다.

4. 자산을 증가시키면서 동시에 수익을 발생시키는 회계거래는? (주택관리사보, 2018)

① 상품판매계약을 체결하고 계약금을 수령하였다.
② 은행으로부터 설비투자자금을 차입하였다.
③ 건물에 대한 화재보험계약을 체결하고 1년분 보험료를 선급하였다.
④ 전기에 외상으로 매입한 상품 대금을 현금으로 지급하였다.
⑤ 경영컨설팅 용역을 제공하고 그 대금은 외상으로 하였다.

5. (주)영남의 회계상 거래 중 비용이 발생하고 부채가 증가하는 거래는? (주택관리사보 수정, 2023)

① 전기에 토지를 처분하고 받지 못한 대금을 현금수취하였다.
② 화재로 인하여 자사 컴퓨터가 소실되었다.
③ 당해연도 발생한 임차료를 지급하지 않았다.
④ 대여금에서 발생한 이자수익을 기말에 인식하였다.
⑤ 전기에 지급하지 못한 종업원급여에 대하여 당좌수표를 발행하여 지급하였다.

6. 교육컨설팅업을 영위하는 (주)한국의 다음 거래가 회계등식의 구성요소에 미치는 영향으로 옳지 않은 것은? (9급국가직, 2022)

① 주식발행의 대가로 현금 ₩10,000을 출자받았다. 이 거래로 인해 자산이 ₩10,000 증가하고, 자본이 ₩10,000 증가한다.
② 사무실에 사용할 비품 ₩10,000을 취득하면서 현금 ₩5,000을 지급하고 잔액은 나중에 지급하기로 하였다. 이 거래로 인해 자산이 ₩5,000 증가하고, 부채가 ₩5,000 증가한다.
③ 교육컨설팅용역을 ₩10,000에 제공하였는데 이 중 ₩3,000은 현금으로 받고 잔액은 나중에 받기로 하였다. 이 거래로 인해 자산이 ₩10,000 증가하고, 자본이 ₩10,000 증가한다.
④ 사무실 임차료 ₩5,000을 현금으로 지급하였다. 이 거래로 인해 부채가 ₩5,000 증가하고, 자본이 ₩5,000 감소한다.

7. 시산표에 관한 설명으로 옳지 않은 것은? (주택관리사보, 2017)

① 통상 재무제표를 작성하기 이전에 거래가 오류 없이 작성되었는지 자기검증하기 위하여 작성한다.
② 총계정원장의 총액 혹은 잔액을 한곳에 모아놓은 표이다.
③ 결산 이전의 오류를 검증하는 절차로 원장 및 분개장과 더불어 필수적으로 작성해야 한다.
④ 복식부기의 원리를 전제로 한다.
⑤ 차변합계와 대변합계가 일치하더라도 계정분류, 거래인식의 누락 등에서 오류가 발생했을 수 있다.

8. 시산표의 차변금액이 대변금액보다 크게 나타나는 오류에 해당하는 것은? (주택관리사보, 2019)

① 건물 취득에 대한 회계처리가 누락되었다.
② 차입금 상환에 대해 분개를 한 후, 차입금계정에는 전기를 하였으나 현금계정에는 전기를 누락하였다.
③ 현금을 대여하고 차변에는 현금으로, 대변에는 대여금으로 동일한 금액을 기록하였다.
④ 미수금 회수에 대해 분개를 한 후, 미수금계정에는 전기를 하였으나 현금계정에는 전기를 누락하였다.
⑤ 토지 처분에 대한 회계처리를 중복해서 기록하였다.

9. 다음 분개장 기록내역 중 시산표 작성을 통해 항상 자동으로 발견되는 오류만을 모두 고르면? (9급국가직, 2021)

ㄱ. 기계장치를 ₩800,000에 처분하고, '(차) 현 금 800,000 (대) 기계장치 80,000'으로 분개하였다. ㄴ. 건물을 ₩600,000에 처분하고, '(차) 현 금 600,000 (대) 토 지 600,000'으로 분개하였다. ㄷ. 토지를 ₩300,000에 처분하고, '(차) 토 지 300,000 (대) 현 금 300,000'으로 분개하였다. ㄹ. 신입사원과 월 ₩500,000에 고용계약을 체결하고, '(차) 급 여 500,000 (대) 미지급비용 500,000'으로 분개하였다.

① ㄱ ② ㄱ, ㄹ
③ ㄱ, ㄴ, ㄷ ④ ㄱ, ㄴ, ㄷ, ㄹ

10. 시산표의 자기검증기능에 의해 발견될 수 있는 오류는? (9급지방직, 2024)

① 감가상각비 ₩1,000을 인식하면서 '(차) 감가상각비 1,000 (대) 감가상각누계액 1,000'을 두 번 기록하였다.
② 매입채무 ₩3,000을 현금으로 지급하였으나 이와 관련한 기록을 하지 않았다.
③ 종업원에게 급여 ₩5,000을 현금으로 지급하면서 '(차) 전기료 5,000 (대) 현 금 5,000'으로 기록하였다.
④ 은행으로부터 현금 ₩8,000을 차입하면서 차변에만 현금 증가를 기록하였다.

11. 회계거래의 기록과 관련된 설명으로 옳지 않은 것은? (주택관리사보, 2016)

① 분개란 복식부기의 원리를 이용하여 발생한 거래를 분개장에 기록하는 절차이다.
② 분개장의 거래기록을 총계정원장의 각 계정에 옮겨 적는 것을 전기라고 한다.
③ 보조 회계장부로는 분개장과 현금출납장이 있다.
④ 시산표의 차변 합계액과 대변 합계액이 일치하는 경우에도 계정기록의 오류가 존재할 수 있다.
⑤ 시산표는 총계정원장의 차변과 대변의 합계액 또는 잔액을 집계한 것이다.

해답 및 해설

1. ④

회계상 거래란 자산, 부채, 자본의 증감 변화를 발생시키는 것을 말하는데, ①, ②, ③은 자산, 부채, 자본의 증감 변화가 없으므로 회계상 거래가 아니고, ④는 계약금의 지급으로 자산의 증감변화가 발생되므로 회계상 거래이다.

2. ④

주문서를 발송하는 것은 기업의 재무상태나 경영성과에 영향을 미치지 않으므로 거래가 아니다.

3. ⑤

고용계약 체결은 회계거래가 아니다.

4. ⑤

① 자산/부채
② 자산/부채
③ 자산 혹은 비용/자산
④ 부채/자산

5. ③

① 현금(자산)이 증가하고, 미수금(자산)이 감소하였다.
② 화재로 인하여 손실(비용)이 발생하고, 자산(컴퓨터)이 감소하였다.
③ 임차료(비용)가 증가하고, 미지급임차료(부채)가 증가하였다.
④ 이자수익(수익)이 증가하고, 미수수익(자산)이 증가하였다.
⑤ 미지급급여(부채)가 감소하고, 당좌수표(자산)가 감소하였다.

6. ④

사무실 임차료는 비용이며, 현금은 자산이다. 따라서 이 거래로 인해 비용이 ₩5,000 증가하고, 자산이 ₩5,000 감소한다.

7. ③

시산표는 필수적인 장부가 아니다.

8. ②

대변이 과대계상되어 있으므로 시산표상에서 발견이 가능하다.

9. ①

시산표 작성을 통해 차변계정 잔액의 합계와 대변계정 잔액의 합계가 일치하는지를 검증할 수 있다.

ㄱ. 차변계정이 ₩800,000, 대변계정이 ₩80,000이므로 시산표 작성을 통해 오류를 발견할 수 있다.

ㄴ, ㄷ. 계정과목 오류는 시산표 작성을 통해 발견할 수 없다.

ㄹ. 고용계약 체결은 회계거래가 아니므로 회계상 기록대상이 아니며, 시산표 작성을 통해 해당오류를 발견할 수 없다.

10. ④

시산표의 자기검증기능은 차변금액과 대변금액의 불일치를 검증하는 것이므로 중복기록이나 계정과목의 오류는 발견되지 않는다.

11. ③

분개장은 보조 회계장부가 아니라 주요 회계장부이다.

주관식 문제

1. 다음의 거래를 회계등식을 통해 나타내시오.

(1) 11월 1일 자본금 ₩2,000,000을 출자받아 자동차매매회사 (주)을을 설립하였다.
(2) 11월 2일 자동차를 전시하기 위해 토지를 ₩1,000,000에 구입하였다.
(3) 11월 9일 판매하기 위한 목적으로 자동차 10대를 대당 ₩5,000에 구입하였다.
(4) 11월 16일 회사 홍보를 목적으로 지역신문에 광고를 의뢰하고 ₩10,000을 지급하였다.
(5) 11월 23일 자동차 4대를 대당 ₩6,000에 판매하고 대금은 3개월 후에 수령하기로 하였다.
(6) 12월 1일 은행으로부터 ₩100,000을 차입하였다.
(7) 12월 8일 자동차 1대를 도난당하였다.
(8) 12월 31일 은행에 1개월 이자 ₩1,000을 지급해야 하나 지급하지 않았다.

해답

구 분	자 산	=	부 채	+	자 본	
					자본금	이익잉여금 (수익－비용－배당금)
(1)	＋2,000,000	=		+	＋2,000,000	
(2)	＋1,000,000 －1,000,000	=		+		
(3)	＋50,000 －50,000	=		+		
(4)	－10,000	=		+		－10,000
(5)	＋24,000 －20,000	=		+		＋24,000 －20,000
(6)	＋100,000	=	＋100,000	+		
(7)	－5,000	=		+		－5,000
(8)		=	＋1,000	+		－1,000

위 거래를 분개하면 다음과 같다.

(1) 11월 1일	(차) 현 금	2,000,000	(대) 자 본 금	2,000,000
(2) 11월 2일	(차) 토 지	1,000,000	(대) 현 금	1,000,000
(3) 11월 9일	(차) 재고자산(자동차)	50,000	(대) 현 금	50,000

(4) 11월 16일	(차) 광고선전비	10,000	(대) 현 금	10,000
(5) 11월 23일	(차) 매 출 채 권	24,000	(대) 매 출	24,000
	매 출 원 가	20,000	재고자산(자동차)	20,000
(6) 12월 1일	(차) 현 금	100,000	(대) 차 입 금	100,000
(7) 12월 8일	(차) 잡 손 실	5,000	(대) 재고자산(자동차)	5,000
(8) 12월 31일	(차) 이 자 비 용	1,000	(대) 미지급이자	1,000

2. 다음의 분개를 현금주의와 발생주의로 각각 분개하시오.

> (1) 12월 1일 거래처 A에 컨설팅 용역을 ₩10,000에 제공하고 대금은 내년에 수령하기로 하였다.
> (2) 12월 2일 거래처 B로부터 내년의 컨설팅 용역 ₩20,000의 대가를 미리 수령하였다.
> (3) 12월 7일 광고회사에 광고서비스를 의뢰하고 광고서비스를 받은 후 그 대금 ₩1,000은 아직 지급하지 아니하였다.
> (4) 12월 15일 업무용으로 사용할 차량을 ₩1,000에 구입하고 그 대금 중 10%는 즉시 지급하고 90%는 내년에 지급하기로 하였다.
> (5) 12월 31일 사무실 화재보험을 가입하고 1년치 보험료 ₩500을 즉시 지급하였다.

해답

〈현금주의 분개〉

(1) 12월 1일	분개 없음			
(2) 12월 2일	(차) 현 금	20,000	(대) 매 출	20,000
(3) 12월 7일	분개 없음			
(4) 12월 15일	(차) 차 량	100	(대) 현 금	100
(5) 12월 31일	(차) 보 험 료	500	(대) 현 금	500

〈발생주의 분개〉

(1) 12월 1일	(차) 매 출 채 권	10,000	(대) 매 출	10,000
(2) 12월 2일	(차) 현 금	20,000	(대) 선 수 금	20,000
(3) 12월 7일	(차) 광고선전비	1,000	(대) 미지급비용	1,000
(4) 12월 15일	(차) 차 량	1,000	(대) 현 금	100
			미 지 급 금	900
(5) 12월 31일	(차) 선급보험료	500	(대) 현 금	500

3. 컨설팅 용역이 주 업무인 (주)갑의 다음 거래에 대해 분개하시오.

(1) 자본금 ₩100,000을 출자하여 (주)갑을 설립하였다.
(2) 영업활동에 사용하기 위한 목적으로 건물을 ₩50,000에 구입하였다.
(3) 컨설팅 용역을 ₩70,000에 제공하고 대금은 3개월 후에 수령하기로 하였다.
(4) B기업에 ₩30,000의 컨설팅 용역을 제공하기로 계약을 하였다.
(5) 은행에서 ₩30,000을 차입하였다.
(6) 차입금에 대한 이자비용 ₩1,000을 지급하였다.
(7) 직원의 인건비로 ₩10,000을 지급하였다.
(8) 신입직원 1명을 채용하고 연봉 ₩1,000의 근로계약을 체결하였다.
(9) 컨설팅 용역 외상대금 중 절반을 현금으로 수령하였다.
(10) 사무실에서 사용할 사무용 가구를 ₩5,000에 구입하였다.

해답

	차변	금액	대변	금액
(1)	(차) 현금	100,000	(대) 자본금	100,000
(2)	(차) 건물	50,000	(대) 현금	50,000
(3)	(차) 매출채권	70,000	(대) 매출	70,000
(4)	분개 없음(계약체결 자체는 회계거래가 아님)			
(5)	(차) 현금	30,000	(대) 차입금	30,000
(6)	(차) 이자비용	1,000	(대) 현금	1,000
(7)	(차) 급여	10,000	(대) 현금	10,000
(8)	분개 없음(근로계약체결 자체는 회계거래가 아님)			
(9)	(차) 현금	35,000	(대) 매출채권	35,000
(10)	(차) 비품	5,000	(대) 현금	5,000

4. 자동차판매업이 주된 업무인 (주)을의 거래에 대해 분개를 하고 이를 총계정원장에 전기하시오.

11월 1일 자본금 ₩2,000,000을 출자받아 (주)을을 설립하였다.
11월 2일 자동차를 전시하기 위해 토지를 ₩1,000,000에 구입하였다.
11월 9일 판매하기 위한 목적으로 자동차 10대를 대당 ₩5,000에 구입하였다.
11월 16일 회사 홍보를 목적으로 지역신문에 광고를 의뢰하고 ₩10,000을 지급하였다.
11월 23일 자동차 4대를 대당 ₩6,000에 판매하고 대금은 3개월 후에 수령하기로 하였다.
12월 1일 (주)정에게 ₩100,000을 대여하였다.
12월 8일 자동차 1대를 도난당하였다.
12월 16일 사무실에서 사용할 복사용지와 믹스커피를 ₩100에 구입하였다.
12월 31일 도난방지를 위해 보안서비스에 가입하고 1년치 비용 ₩1,200을 지급하였다.
12월 31일 (주)정에게서 1개월 이자 ₩1,000을 수령하였다.

해답

일자	차변	금액	대변	금액
11월 1일	(차) 현 금	2,000,000	(대) 자 본 금	2,000,000
11월 2일	(차) 토 지	1,000,000	(대) 현 금	1,000,000
11월 9일	(차) 재고자산(자동차)	50,000	(대) 현 금	50,000
11월 16일	(차) 광고선전비	10,000	(대) 현 금	10,000
11월 23일	(차) 매 출 채 권	24,000	(대) 매 출	24,000
	매 출 원 가	20,000	재고자산(자동차)	20,000
12월 1일	(차) 대 여 금	100,000	(대) 현 금	100,000
12월 8일	(차) 잡 손 실	5,000	(대) 재고자산(자동차)	5,000
12월 16일	(차) 소 모 품	100	(대) 현 금	100
12월 31일	(차) 선 급 비 용	1,200	(대) 현 금	1,200
12월 31일	(차) 현 금	1,000	(대) 이 자 수 익	1,000

〈총계정원장(T계정)〉

[자산]

현 금

차변	금액	대변	금액
기 초	0	11. 2 토 지	1,000,000
11. 1 자본금	2,000,000	11. 9 재고자산(자동차)	50,000
12.31 이자수익	1,000	11.16 광고선전비	10,000
		12. 1 대여금	100,000
		12.16 소모품	100
		12.31 선급비용	1,200

토 지

차변	금액	대변	금액
기 초	0		
11. 2 현 금	1,000,000		

재고자산(자동차)

차변	금액	대변	금액
기 초	0	11.23 매출원가	20,000
11. 9 현 금	50,000	12. 8 잡손실	5,000

매출채권

차변	금액	대변	금액
기 초	0		
11.23 매 출	24,000		

대여금

차변	금액	대변	금액
기 초	0		
12. 1 현 금	100,000		

소모품

차변	금액	대변	금액
기 초	0		
12.16 현 금	100		

선급비용

차변	금액	대변	금액
기 초	0		
12.31 현 금	1,200		

[자본]

자본금

차변	금액	대변	금액
		기 초	0
		11. 1 현 금	2,000,000

[수익]

매 출			
		11.23 매출채권	24,000

이자수익			
		12.31 현 금	1,000

[비용]

광고선전비			
11.16 현 금	10,000		

매출원가			
11.23 재고자산 (자동차)	20,000		

잡손실			
12. 8 재고자산 (자동차)	5,000		

5. 부동산임대업이 주된 업무인 (주)병의 거래에 대해 분개를 하고 이를 총계정원장에 전기하고 수정전시산표를 작성하시오.

1월 1일	자본금 ₩2,000,000을 출자받아 (주)병을 설립하였다.
2월 1일	임대목적으로 나대지(토지)와 주차장용지(토지)를 각각 ₩300,000에 구입하였으며, 나대지(토지) 구입대금 중 50%는 내년에 지급하기로 하였다.
3월 1일	주차장용지(토지)를 ₩120,000에 1년간 임대하기로 하고 임대료를 일시에 수령하였다.
4월 1일	임대목적으로 상가건물을 ₩1,000,000에 추가로 구입하였다.
5월 1일	상가의 외장 페인트 도장 비용으로 ₩10,000을 지출하였다.
6월 1일	상가를 2년간 임대하기로 하고 보증금 ₩300,000과 2년간 임대료 ₩120,000을 일시에 수령하였다.
6월 2일	상가건물의 화재보험을 위해 1년치 보험료 ₩12,000을 일시에 지급하였다.
10월 1일	상가건물에 대한 ₩500의 교통유발부담금을 청구받았다.
10월 31일	상기 교통유발부담금을 지급하였다.
12월 31일	나대지(토지)를 ₩600,000에 처분하였다.

해답

1월 1일	(차) 현 금	2,000,000	(대) 자 본 금	2,000,000
2월 1일	(차) 토지(나대지)	300,000	(대) 현 금	150,000
			미 지 급 금	150,000
	(차) 토지(주차장용지)	300,000	(대) 현 금	300,000
3월 1일	(차) 현 금	120,000	(대) 선수임대료	120,000
4월 1일	(차) 건물(상가)	1,000,000	(대) 현 금	1,000,000

날짜	차변	금액	대변	금액
5월 1일	(차) 수 선 비	10,000	(대) 현 금	10,000
6월 1일	(차) 현 금	420,000	(대) 보 증 금	300,000
			선수임대료	120,000
6월 2일	(차) 선급보험료	12,000	(대) 현 금	12,000
10월 1일	(차) 제세공과비	500	(대) 미지급비용	500
10월 31일	(차) 미지급비용	500	(대) 현 금	500
12월 31일	(차) 현 금	600,000	(대) 토지(나대지)	300,000
			유형자산처분이익	300,000

[자산]

현 금

	기 초	0	2. 1	토지(나대지)	150,000
1. 1	자본금	2,000,000	2. 1	토지(주차장용지)	300,000
3. 1	선수임대료	120,000	4. 1	건물(상가)	1,000,000
6. 1	보증금	300,000	5. 1	수선비	10,000
	선수임대료	120,000	6. 2	선급보험료	12,000
12.31	토지(나대지)	300,000	10.31	미지급비용	500
	유형자산처분이익	300,000			

토 지

	기 초	0	12.31	현 금	300,000
2. 1	현 금	150,000			
	미지급금	150,000			
2. 1	현 금	300,000			

선급보험료

	기 초	0			
6. 2	현 금	12,000			

건 물

	기 초	0			
4. 1	현 금	1,000,000			

[부채]

미지급금

				기 초	0
			2. 1	토지(나대지)	150,000

선수임대료

				기 초	0
			3. 1	현 금	120,000
			6. 1	현 금	120,000

보증금

				기 초	0
			6. 1	현 금	300,000

미지급비용

10.31	현 금	500		기 초	0
			10. 1	제세공과비	500

[자본]

자본금

				기 초	0
			1. 1	현 금	2,000,000

[수익]

유형자산처분이익	
	12.31 현 금 300,000

[비용]

수선비	
5. 1 현 금 10,000	

제세공과비	
10. 1 미지급비용 500	

시 산 표

현 금	1,667,500	미 지 급 금	150,000
토 지	300,000	선수임대료	240,000
건 물	1,000,000	보 증 금	300,000
선급보험료	12,000	미지급비용	0
수 선 비	10,000	자 본 금	2,000,000
제세공과비	500	유형자산처분이익	300,000
계	2,990,000	계	2,990,000

6. 다음의 분개를 통해 어떤 거래가 있었는지 추정하시오.

(1)	(차) 매 출 채 권	10,000	(대) 매 출	30,000
	현 금	20,000		
(2)	(차) 건 물	50,000	(대) 현 금	5,000
			미 지 급 금	45,000
(3)	(차) 선급보험료	120	(대) 현 금	120
(4)	(차) 현 금	10,000	(대) 차 입 금	10,000
(5)	(차) 현 금	7,000	(대) 매 출 채 권	7,000
(6)	(차) 이 자 비 용	100	(대) 미지급이자	100

해답

(1) 매출이 ₩30,000 발생하였으나 그 즉시 현금으로 수령한 금액은 ₩20,000이고 나머지는 신용판매이다.

(2) 건물 ₩50,000짜리를 취득하고 현금 ₩5,000을 지급하였으며 나머지 금액은 아직 지급하지 않았다.

(3) 선급보험료로 회계처리한 것으로 보아 보험료비용 ₩120을 미리 지급하였다.

(4) 은행 등 대출자로부터 차입하고 그 대금 ₩10,000을 현금으로 수령하였다.

(5) 신용판매했던 금액 중 ₩7,000을 현금으로 수령하였다.

(6) 차입금에 대한 이자비용 ₩100이 발생하였으나 아직 지급하지 아니하였다.

7. 다음의 총계정원장을 통해 어떤 거래가 있었는지 추정하고 분개로 나타내시오.

[자산]

현 금			
기 초	0	2. 1 토 지	30,000
1. 1 자본금	2,000,000	3. 1 미지급금	270,000
4. 1 보증금	30,000	5. 1 선급보험료	1,200
선수임대료	18,000	7. 1 제세공과비	150,000
6. 1 토 지	300,000		
유형자산처분이익	300,000		

토 지			
기 초	0	6. 1 현 금	300,000
2. 1 현 금	30,000		
미지급금	270,000		

선급보험료			
기 초	0		
5. 1 현 금	1,200		

[부채, 자본]

미지급금			
3. 1 현 금	270,000	기 초	0
		2. 1 토 지	270,000

보증금			
		기 초	0
		4. 1 현 금	30,000

선수임대료			
		기 초	0
		4. 1 현 금	18,000

자본금			
		기 초	0
		1. 1 현 금	2,000,000

[수익, 비용]

유형자산처분이익			
		6. 1 현 금	300,000

제세공과비			
7. 1 현 금	150,000		

해답

1월 1일	(차) 현 금	2,000,000	(대) 자 본 금	2,000,000
2월 1일	(차) 토 지	300,000	(대) 현 금	30,000
			미 지 급 금	270,000
3월 1일	(차) 미 지 급 금	270,000	(대) 현 금	270,000
4월 1일	(차) 현 금	48,000	(대) 보 증 금	30,000
			선수임대료	18,000
5월 1일	(차) 선급보험료	1,200	(대) 현 금	1,200
6월 1일	(차) 현 금	600,000	(대) 토지(주차장용지)	300,000
			유형자산처분이익	300,000
7월 1일	(차) 제세공과비	150,000	(대) 현 금	150,000

Chapter

4 회계기간말의 절차

제 1 절　기말수정분개 및 수정후시산표 작성

제 2 절　재무제표 작성과 장부의 마감

본장에서는

1. 회계기간말의 절차인 기말수정분개에 대해 설명한다.
2. 회계기간말의 절차인 장부의 마감분개에 대해 설명한다.

1. 회계기간말 절차

- 회계의 순환과정 중 ⑤ 기말수정분개, ⑥ 수정후시산표 작성, ⑦ 재무제표 작성, ⑧ 장부의 마감절차를 의미

2. 기말수정분개

- 발생주의에 따라 정확한 자산, 부채, 자본, 수익, 비용을 계산하기 위한 추가분개

3. 수정후시산표 작성

- 수정전시산표에 기말수정분개를 반영하여 수정한 시산표를 작성하는 절차

4. 재무제표 작성과 장부의 마감

- 수정후시산표를 바탕으로 재무제표를 작성하는 절차
- 재무제표의 종류
  - 재무상태표
  - 포괄손익계산서
  - 현금흐름표
  - 자본변동표
- 모든 손익항목을 집합손익계정에 집계하고 이익잉여금으로 대체하는 절차

제3장에서 공부한 내용을 정리하면, 회계기간중에 거래가 발생하면 이를 장부에 처음으로 기록하는 분개를 실시하였다. 그리고 분개한 거래를 원장에 전기하여 총계정원장을 작성하였다. 마지막으로 원장에 기록된 차변과 대변의 금액에 오류가 없는지 확인하기 위하여 시산표를 작성하였다.

제4장에서는 회계기말의 회계처리에 대해서 알아보기로 한다. 회계기말의 회계처리는 결산일이 되었을 때 기말수정분개를 통해서 발생주의를 반영한 금액으로 기중에 했던 분개를 수정하는 것에서부터 시작한다. 그리고 기말수정분개사항을 반영하여 차변과 대변의 금액에 오류가 없는지 확인하기 위하여 수정후시산표를 작성한다. 수정후시산표를 작성한 후에는 최종적으로 재무제표를 작성한 후 마감절차를 통해 장부를 마감한다.

제 1 절 기말수정분개 및 수정후시산표 작성

1. 기말수정분개

기말수정분개
↓
수정후시산표 작성
↓
재무제표 작성과 장부의 마감

기말수정분개는 현행 회계제도가 현금주의를 사용하지 않고 발생주의를 사용하기 때문에 기말에 실시하는 절차이다. 즉, 발생주의에 따라 기업의 재무상태(자산, 부채, 자본)와 경영성과(수익, 비용)를 올바르게 나타내기 위해 일부 계정과목들을 결산시점에 수정하는 분개를 말한다. 제3장에서 예로 든 (주)영남의 수정전시산표는 아직 발생주의에 따른 결산수정분개가 반영되지 않은 상태이다. 왜냐하면 현금의 유출입이 없었으나 수익이나 비용이 발생했을 수도 있고 현금의 유출입이 있었지만 수익이나 비용이 아닐 수도 있기 때문이다. 즉, 기말수정분개는 기업의 기중분개가 발생주의를 모두 반영하지 않은 경우 기말수정분개를 통해 발생주의를 반영하기 위한 절차인 것이다. 기말수정분개는 발생항목에 대한 분개와 이연항목에 대한 분개로 분류될 수 있다. 아래에서는 발생 및 이연 항목과 소모품 관련 기말수정분개를 예로 들어 설명한다.

(1) 현금유입(지출) 전에 수익(비용) 기록(발생분개)

1) 미수수익

회계기간중에 수익은 발생하였으나 회계기말 현재 그 수익과 관련된 현금의 유입이 되지 않은 경우 회계기말에 수익을 기록해야 한다. 다음의 〈기말수정분개 예제 1(제3장의 공통예제 (9))〉로 설명하고자 한다.

〈기말수정분개 예제 1〉

12월 결산법인인 영남(주)는 대구(주)에 20×1년 10월 1일 연 6%의 이자율로 ₩100,000을 1년간 대여하고 원금과 이자는 20×2년 9월 30일 받기로 했다.

이자는 기간의 경과에 따라 발생하는 점을 고려할 때, 영남(주)는 20×1년 12월 31일 현재 3개월치 이자를 벌어놓은 상태이지만 20×2년 9월말이 되어야 현금으로 받을 수 있으므로 이 시점이 되어야 기업에 현금이 유입된다. 이 경우 발생주의 회계원칙에 따라 현금의 유입이 없더라도 아래와 같은 분개를 해야 한다.

〈20×1년 12월 31일(기말수정분개)〉

(차) 미 수 이 자 (혹은 미수수익) (자산 증가 a)	1,500	(대) 이 자 수 익 (수익 발생 D)	1,500

* ₩100,000 × 6% × (3/12) = ₩1,500

위 분개에서 사용한 '미수이자'라는 계정과목 대신 '미수수익'이라는 포괄적 명칭의 계정과목을 사용할 수도 있다. 즉, 미수수익은 현금의 유입이 없는 상태에서 수익을 기록할 때 상대계정으로 기록하는 자산계정이다. 미수수익에 속하는 대표적인 예로는 '미수이자'와 '미수임대료'를 들 수 있다.

2) 미지급비용

회계기간중에 비용은 발생하였으나 현금의 지출이 수반되지 않은 경우 회계기말에 비용을 기록해야 한다. 다음의 〈기말수정분개 예제 2(제3장의 공통예제 (10))〉로 설명하고자 한다.

〈기말수정분개 예제 2〉

> 12월 결산법인인 영남(주)는 경산(주)로부터 20×1년 11월 1일 연 9%의 이자율로 ₩100,000을 차입하였다. 만기는 3년이고 원금과 이자를 20×4년 10월 31일 한꺼번에 갚는 조건이다.

영남(주) 입장에서 20×1년에 차입한 ₩100,000을 2개월 사용했지만 이자 관련 현금의 유출이 없어서 기중에는 이자에 대한 기록을 하지 않았다. 이제 기말에 2개월치 이자비용을 기록하면 다음과 같다. 현금유출이 일어나기 전에 비용을 먼저 기록하는 경우 오른쪽에 기록하는 계정과목으로 통칭 '미지급비용'이라는 포괄적 명칭을 사용할 수도 있다.

〈20×1년 12월 31일(기말수정분개)〉

(차) 이 자 비 용	1,500	(대) 미지급이자 (혹은 미지급비용)	1,500
(비용 발생 e)		(부채 증가 B)	

* ₩100,000 × 9% × (2/12) = ₩1,500

(2) 현금유입(지출) 후에 수익(비용) 기록(이연분개)

1) 선수수익

회계기간중의 특정시점에 다른 기업으로부터 미래에 수익으로 인식할 금액을 현금으로 먼저 받는 경우가 발생할 수 있다. 예를 들면 1년치 임대료를 먼저 현금으로 받는 경우도 있고, 1년치 보험료를 미리 현금으로 받는 경우도 있으며, 잡지사의 경우 1년치 정기간행물(월간지) 구독료를 미리 현금으로 받는 경우도 있을 수 있다. 기업의 입장에서는 미리 수취한 현금을 발생주의 원칙에 따라 기간 경과한 부분만 수익으로 계상해야 한다. 즉, 상기의 사례의 경우 임대료는 기간 경과분만큼 수익으로 기록하고, 보험회사가 수취하는 보험료나 잡지사가 수취하는 연간구독료 역시 기간 경과분만큼만 수익으로 기록해야 한다. 만약 기업이 이와 같이 회계처리하지 않았다면 기말수정분개를 통해 수정해야 하는 것이며, 이는 다음의 〈기말수정분개 예제 3(제3장의 공통예제 (11))〉으로 설명하고자 한다.

〈기말수정분개 예제 3〉

12월 결산법인인 영남(주)는 시지(주)에 20×1년 12월 1일 사무실을 임대하면서 1년치 임대료 ₩120,000을 선금으로 수취하였다.

수익을 기록하기 전에 현금을 수취하는 경우에는 두 가지 대체적인 기록방법이 있다.

(i) 현금수취액을 부채(선수임대료)로 기록하는 방법

첫 번째 방법은 다음의 분개와 같이 현금을 수취하는 시점에 대변에 부채를 기록하는 방법이다.

〈20×1년 12월 1일〉

(차) 현 금	120,000	(대)	선수임대료 (혹은 선수수익)	120,000
(자산 증가 a)			(부채 증가 B)	

이 경우 기말에 필요한 기말수정분개는 다음과 같다. 아래의 기말수정분개가 반영된 후 부채계정인 선수임대료는 잔액이 ₩110,000 남고 포괄손익계산서에는 ₩10,000만큼 임대료수익이 기록된다.

〈20×1년 12월 31일(기말수정분개)〉

(차) 선수임대료 (혹은 선수수익)	10,000	(대)	임 대 료	10,000
(부채 감소 b)			(수익 발생 D)	

* ₩120,000×(1/12)=₩10,000

(ii) 현금수취액을 수익(임대료)으로 기록하는 방법

다른 대체적인 기록방법은 아래의 분개와 같이 현금을 수취하는 시점에 대변에 수익을 기록하는 방법이다.

〈20×1년 12월 1일〉

(차) 현　　금 (자산 증가 a)	120,000	(대) 임 대 료 (수익 발생 D)	120,000

이 경우 기말에 필요한 기말수정분개는 다음과 같다. 아래의 기말수정분개가 반영된 후 부채계정인 선수임대료는 잔액이 ₩110,000 남고 포괄손익계산서에는 ₩10,000만큼 임대료수익이 기록된다. 두 가지 대체적인 방법은 기말수정분개만 적절하게 반영되면 어느 방법을 사용해도 결과는 같게 나온다.

〈20×1년 12월 31일(기말수정분개)〉

(차) 임 대 료 (수익 취소 d)	110,000	(대) 선수임대료 (부채 증가 B)	110,000

* ₩120,000×(11/12)=₩110,000

2) 선급비용

회계기간중 특정시점에 다른 기업에 미래 일정기간에 걸쳐 비용으로 기록될 금액을 미리 지급하는 경우가 발생할 수 있다. 다음의 〈기말수정분개 예제 4(제3장의 공통예제 (12))〉로 설명하고자 한다.

〈기말수정분개 예제 4〉

> 12월 결산법인인 영남(주)는 불꺼(주)라는 화재보험회사와 20×1년 12월 1일 보험계약을 체결하고 1년치 보험료 ₩120,000을 미리 지급하였다.

보험료 지급시에 두 가지 대체적인 기록방법이 있다.

(ⅰ) 현금지급액을 자산(선급보험료)으로 기록하는 경우

우선 첫 번째 방법은 아래와 같이 차변에 자산계정을 기록하는 것이다.

〈20×1년 12월 1일〉

(차) 선급보험료 120,000 (대) 현 금 120,000
(혹은 선급비용)
(자산 증가 a) (자산 감소 A)

이 경우 기말에 필요한 기말수정분개는 다음과 같다. 아래의 기말수정분개가 반영된 후 자산계정인 선급보험료의 기말잔액은 ₩110,000이고, 포괄손익계산서에는 비용계정인 보험료 ₩10,000이 반영된다.

〈20×1년 12월 31일(기말수정분개)〉

(차) 보 험 료 10,000 (대) 선급보험료 10,000
(혹은 선급비용)
(비용 발생 e) (자산 감소 A)

* ₩120,000×(1/12)=₩10,000

(ii) 현금지급액을 비용(보험료)으로 기록하는 경우

다른 대체적인 기록방법은 다음과 같이 현금의 유출이 있을 때 전액을 일단 비용으로 처리하는 것이다.

〈20×1년 12월 1일〉

(차) 보 험 료 120,000 (대) 현 금 120,000
(비용 발생 e) (자산 감소 A)

이 경우 기말에 필요한 기말수정분개는 다음과 같다. 다음의 기말수정분개가 반영된 후 자산계정인 선급보험료의 기말잔액은 ₩110,000이고, 포괄손익계산서에는 비용계정인 보험료 ₩10,000이 반영된다. 두 가지 대체적인 기록방법 중 어느 방법을 선택하더라도 회계기말에 수정분개만 적절하게 반영되면 같은 결과를 얻게 된다.

〈20×1년 12월 31일(기말수정분개)〉

(차) 선급보험료 110,000 (대) 보 험 료 110,000
(자산 증가 a) (비용 취소 E)

* ₩120,000×(11/12)=₩110,000

(3) 소모품 관련 기말수정분개

기업에서는 문구류 등과 같은 소모품을 빈번하게 구입한다. 소모품은 앞서 언급한 선급비용과 유사한 기말수정분개를 수행한다. 첫째, 기중에 소모품을 구입했을 때 소모품이라는 자산으로 인식하고 기말수정분개시 사용분에 해당하는 금액을 소모품비라는 비용으로 인식한다. 둘째, 기중에 소모품을 구입했을 때 소모품을 구입한 즉시 소모품비라는 비용으로 인식하고 기말수정분개시 사용하지 않은 소모품에 대하여 소모품비를 취소시키면서 자산으로 인식하는 회계처리를 수행한다. 다음의 〈기말수정분개 예제 5(제3장의 공통예제 (3))〉로 설명하고자 한다.

〈기말수정분개 예제 5〉

> 영남(주)는 20×1년 4월 19일 소모품을 현금 ₩700,000에 취득하였다. 20×1년 12월 31일까지 ₩100,000의 소모품을 사용하였다.

(ⅰ) 현금지급액을 자산(소모품)으로 기록하는 경우

〈20×1년 4월 19일〉

(차) 소 모 품	700,000	(대) 현 금	700,000
(자산 증가 a)		(자산 감소 A)	

〈20×1년 12월 31일〉

(차) 소 모 품 비	100,000	(대) 소 모 품	100,000
(비용 발생 e)		(자산 감소 A)	

(ⅱ) 현금지급액을 비용(소모품비)으로 기록하는 경우

〈20×1년 4월 19일〉

(차) 소 모 품 비	700,000	(대) 현 금	700,000
(비용 발생 e)		(자산 감소 A)	

〈20×1년 12월 31일〉

(차) 소 모 품	600,000	(대) 소 모 품 비	600,000
(자산 증가 a)		(비용 취소 E)	

(4) 기타 기말수정분개사항

위에 소개한 기말수정분개사항은 전통적으로 회계교재에서 소개하는 내용들이다. 그리고 위에 소개한 기말수정분개사항은 대부분의 기업에서 빈도의 차이는 있으나 대부분 발생하는 유형의 기말수정분개이다. 그런데 금액의 중요성을 따질 때 위에 소개한 기말수정분개의 유형보다 더 중요한 것들이 몇 가지 있다. 아래 항목에 대한 자세한 내용은 해당 장에서 설명하기로 한다.

1) 감가상각

감가상각은 금액의 중요성을 따질 때 특히 제조업의 경우 손익에 미치는 영향이 크다. 감가상각은 상각대상 유형자산의 취득이 선행하고 취득 이후 내용연수에 걸쳐 비용화된다는 점에서 현금유출 이후 비용화되는 형태의 일종으로 볼 수 있다. 다만, 제조업의 경우 일차로 감가상각을 하고, 상각금액이 재고자산의 제조원가를 구성했다가 재고자산이 판매되었을 때 매출원가라는 비용으로 변환된다.

2) 매출채권의 손상

수취채권 중 회수불능 부분에 대해 회계기말에 수취채권을 감소시키고 왼쪽에 비용(손상차손)을 기록하는 것도 중요한 기말수정분개의 한 유형이다. 본장의 회계순환과정에서는 생략했지만 앞으로 수취채권을 공부할 때 보다 자세하게 다룰 것이다.

3) 충당부채 관련 비용

충당부채는 미래에 지출이 일어날 것이 거의 확실하지만 지출의 시기나 금액에 불확실성이 있는 경우를 말한다. 국제회계기준에서는 충당부채를 추정하여 계상하도록 하고 있다. 내구성 제품(예 : 자동차, 냉장고 등)을 판매하는 기업은 판매 후 품질보증 및 보증수리와 관련된 예상 지출액을 추정하여 제품의 판매가 발생한 기간에 보증수리비라는 비용과 제품보증충당부채라는 부채를 계상해야 한다. 현대자동차의 재무상태표를 보면 수조원에 달하는 제품보증충당부채가 계상되어 있음을 발견할 수 있다.

2. 수정후시산표

기말수정분개
↓
수정후시산표 작성
↓
재무제표 작성과 장부의 마감

수정전시산표에서 기말수정분개를 반영한 후 원장의 내용을 다시 시산표로 집계하면 아래와 같다.

〈20×1년 12월 31일 기말수정분개〉

(차) 미 수 이 자	1,500	(대) 이 자 수 익	1,500
(차) 이 자 비 용	1,500	(대) 미지급비용	1,500
(차) 선수임대료	10,000	(대) 임 대 료	10,000
(차) 보 험 료	10,000	(대) 선급보험료	10,000
(차) 소 모 품 비	100,000	(대) 소 모 품	100,000

수정후시산표

영남(주) 20×1년 12월 31일 현재

계정과목	차 변	대 변
현 금	58,200,000	
매 출 채 권	7,000,000	
소 모 품	600,000	
대 여 금	100,000	
선급보험료	110,000	
미 수 이 자	1,500	
차 입 금		1,100,000
선수임대료		110,000
미지급비용		101,500
자 본 금		60,000,000
매 출		10,000,000
이 자 수 익		1,500
임 대 료		10,000
급 여	5,000,000	
판매비와관리비	100,000	
이 자 비 용	101,500	
보 험 료	10,000	
소 모 품 비	100,000	
합 계	71,323,000	71,323,000

파란색으로 표시된 부분은 기말수정분개를 통해 새롭게 추가되거나 수정된 항목들이다. 기말수정분개사항을 반영한 후에도 차변과 대변은 일치한다는 것을 알 수 있다.

제 2 절 재무제표 작성과 장부의 마감

1. 포괄손익계산서

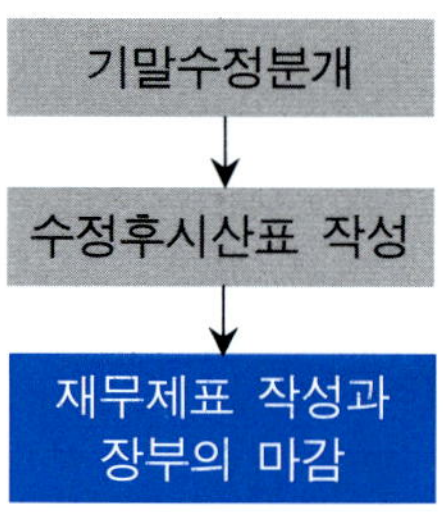

수정후시산표에 나오는 자산, 부채, 자본, 수익 및 비용에 속하는 세부 계정과목의 금액이 이제 확정되었다. 수정후시산표를 작성한 후 다음 단계의 결산절차는 포괄손익계산서를 작성하는 것이다. 수정후시산표에 집계된 수익계정과 비용계정을 모두 포괄손익계산서에 옮겨 적으면 아래와 같다. 영남(주)가 20×1년 1월 1일에 창업했기 때문에 포괄손익계산서의 보고기간은 1월 1일부터 시작된다.

포괄손익계산서

영남(주) 20×1년 1월 1일~20×1년 12월 31일

수익	매 출	10,000,000
	임 대 료	10,000
	이 자 수 익	1,500
	소 계	10,011,500
비용	급 여	5,000,000
	이 자 비 용	101,500
	보 험 료	10,000
	판매비와관리비	100,000
	소 모 품 비	100,000
	소 계	5,311,500
당기순이익		4,700,000

2. 손익의 마감

손익의 마감이란 마감분개를 통하여 포괄손익계산서에 포함되는 수익과 비용 항목의 잔액을 0으로 만들고 포괄손익계산서의 당기순이익을 재무상태표의 미처분이익잉여금으로 대체하는 절차를 말한다.[1] 포괄손익계산서항목은 임시항목이다. 즉, 수익과 비용은 한 회계연도의 영업성과를 나타내는 임시계정이므로 다음해로 이월되지 않는다. 따라서 다음 회계연도의 수익과 비용에 영향을 미치지 않게 하기 위해 한 회계연도가 끝나면 잔액을 0으로 만들어 다음 회계기간에는 수익과 비용을 새롭게 집계한다. 손익계정의 마감에는 집합손익이라는 계정과목을 사용한다. 수익(비용)항목의 잔액을 집합손익계정으로 이동하여 수익(비용)계정의 잔액을 0으로 만든다. 여기서 집합손익의 차변과 대변의 차이가 당기순손익이 된다. 마지막으로 당기순손익을 미처분이익잉여금으로 대체함으로써 손익항목에 대한 마감분개를 종료하게 된다. 수익이나 비용과는 달리 재무상태표 계정인 자산, 부채, 자본은 영구계정으로 한 회계연도가 종료하더라도 다음해에 이월된다. (주)영남의 거래에 대해 마감분개를 실시하면 다음과 같다.

〈20×1년 12월 31일(마감분개 #1)〉

(차)	매　　출	10,000,000	(대)	집 합 손 익	10,011,500
	임 대 료	10,000		(마감에 쓰이는 임시계정)	
	이 자 수 익	1,500			
	(수익 취소)				

* 수익계정의 마감

〈20×1년 12월 31일(마감분개 #2)〉

(차)	집 합 손 익	5,311,500	(대)	급　　여	5,000,000
	(마감에 쓰이는 임시계정)			이 자 비 용	101,500
				보 험 료	10,000
				판매비와관리비	100,000
				소 모 품 비	100,000
				(비용 취소)	

* 비용계정의 마감

---

1) 물론 포괄손익계산서에는 당기순이익뿐만 아니라 기타포괄손익도 포함되어 있고 이들 또한 마감을 통해 재무상

〈20×1년 12월 31일(마감분개 #3)〉

(차) 집 합 손 익 4,700,000 (대) 미처분이익잉여금 4,700,000
(자본계정)

* 집합손익계정의 잔액을 0(zero)으로 만들면서 수익이 비용을 초과하는 금액을 '미처분이익잉여금'계정으로 기록한다.

마감분개의 내용을 원장의 해당계정에 하나도 빠짐없이 전기하면 다음과 같다. 설명의 편의상 수익계정, 비용계정 그리고 새로 생기는 두 개의 계정(집합손익과 미처분이익잉여금)에 대한 전기내용만 아래에 제시한다. 아래 원장 각 계정의 T계정 내용을 보면 확인할 수 있듯이 마감분개의 전기 후 모든 수익계정과 비용계정은 잔액이 0이 됨을 알 수 있다.

[수익계정]

매 출

12.31	집 합 손 익	10,000,000	6. 3	매출채권, 현금	10,000,000

임대료

12.31	집 합 손 익	10,000	12.31	선수임대료	10,000

이자수익

12.31	집 합 손 익	1,500	12.31	미 수 이 자	1,500

[비용계정]

급 여

7. 1	현 금	5,000,000	12.31	집 합 손 익	5,000,000

이자비용

8. 5	현 금	100,000	12.31	집 합 손 익	101,500
12.31	미지급이자	1,500			

보험료

12. 1	선급보험료	10,000	12.31	집 합 손 익	10,000

태표의 기타포괄손익누계액으로 집계된다. 그러나 이와 같은 내용은 현재의 위치에서 이해하기에 한계가 있으므로 생략하고 향후 계정과목별 회계처리에서 설명하기로 한다.

판매비와관리비

7.25	미지급비용	100,000	12.31	집 합 손 익	100,000

소모품비

12.31	소 모 품	100,000	12.31	집 합 손 익	100,000

집합손익

12.31	제 좌	5,311,500	12.31	제 좌	10,011,500
12.31	미처분이익잉여금	4,700,000			

* 제좌 : 여러 계정을 의미함

미처분이익잉여금

			12.31		4,700,000

3. 재무상태표

위에 제시된 마감분개 내용이 반영(전기)된 원장의 내용을 적절하게 배열하면 아래에 제시된 것처럼 재무상태표를 작성할 수 있다.

재무상태표

영남(주) 20×1년 12월 31일 현재

자 산 :		부 채 :	
현금및현금성자산	58,200,000	차 입 금	1,100,000
매 출 채 권	7,000,000	선수임대료	110,000
선급보험료	110,000	미지급비용	101,500
미 수 이 자	1,500		
소 모 품	600,000	부채 총계	1,311,500
대 여 금	100,000		
		자 본 :	
		자 본 금	60,000,000
		미처분이익잉여금	4,700,000
		자본 총계	64,700,000
자산 총계	66,011,500	부채와 자본 총계	66,011,500

4. 결산의 마지막 절차

결산과정에서 모든 재무제표를 작성하고 나면(이번 회계의 순환과정에서 자본변동표와 현금흐름표는 다루지 않았다) 마감후시산표의 내용을 다음 회계연도의 기초잔액으로 이월할 필요가 있다. 즉, 자산, 부채 및 자본에 속하는 모든 원장 계정과목의 금액을 다음 회계연도, 즉 20×2년 1월 1일의 잔액으로 새로운 원장에 기록할 필요가 있다. 대부분 실무에서는 전산상으로 잔액이월이 이루어진다. 그리고 수취채권(매출채권 포함), 재고자산, 유형자산, 지급채무(매입채무 포함) 등에 속하는 개별항목들은 소위 '잔고명세'라는 장부에 자세하게 기록이 남는다. 예를 들면 매출채권 잔고명세에 기록된 모든 거래처의 매출채권 금액을 합산하면 20×1년 기말재무상태표에 기록된 매출채권 금액과 일치하게 된다.

예제 4-1 기말 회계처리 종합

다음은 상품매매업을 주업으로 하는 (주)삼마트의 20×1년도 거래내역이다(제3장의 [예제 3-1]과 동일).

1월 1일	현금 ₩10,000,000을 출자하여 (주)삼마트를 설립하였다.
3월 23일	건물을 현금 ₩3,000,000에 구입하였다.
4월 1일	은행에서 ₩700,000을 현금으로 차입하였다.
7월 11일	상품 ₩500,000을 매입하고 ₩300,000은 현금으로 지급하고, 나머지는 외상으로 하였다.
8월 16일	광고선전목적으로 ₩10,000을 지급하였다.
9월 1일	(주)사마트에 ₩3,000,000을 연 12%의 이자율로 1년간 대여하고 원금과 이자는 20×2년 8월 31일에 수령하기로 하였다.
9월 30일	4월 1일에 차입한 금액에 대한 6개월분 이자 ₩17,500을 현금으로 지급하였다.
10월 1일	1년치 화재보험료 ₩120,000을 현금으로 지급하고 이를 전액 비용처리하였다.
12월 9일	비품을 ₩200,000에 취득한 후 전액을 외상으로 하였다.

〈요구사항〉

1. 20×1년 12월 31일 현재 기말수정분개사항이 있을 경우 이를 회계처리하시오.
2. 기말수정분개사항을 반영한 수정후시산표를 작성하고 차변과 대변이 일치하는지 확인하시오.
3. 포괄손익계산서와 재무상태표를 작성하시오.

해답

1.

20×1.12.31	(차) 미 수 이 자	120,000	(대) 이 자 수 익	120,000
20×1.12.31	(차) 선급보험료	90,000	(대) 보 험 료	90,000
20×1.12.31	(차) 이 자 비 용	8,750	(대) 미지급이자	8,750

2.

수정후시산표

현 금	4,252,500	차 입 금	700,000
건 물	3,000,000	매 입 채 무	200,000
상 품	500,000	미 지 급 금	200,000
대 여 금	3,000,000	미지급이자	8,750
비 품	200,000	자 본 금	10,000,000
광고선전비	10,000	이 자 수 익	120,000
이 자 비 용	26,250		
보 험 료	30,000		
미 수 이 자	120,000		
선급보험료	90,000		
	11,228,750		11,228,750

3.

포괄손익계산서

수 익	이 자 수 익	120,000
비 용	광고선전비	10,000
	이 자 비 용	26,250
	보 험 료	30,000
당기순이익		53,750

재무상태표

현 금	4,252,500	차 입 금	700,000
건 물	3,000,000	매 입 채 무	200,000
상 품	500,000	미 지 급 금	200,000
대 여 금	3,000,000	미지급이자	8,750
비 품	200,000	자 본 금	10,000,000
미 수 이 자	120,000	이익잉여금	53,750
선급보험료	90,000		
계	11,162,500	계	11,162,500

용어정리 문제

1. ( )란 기말 재무상태표계정 및 포괄손익계산서계정의 금액을 확정하기 위해서 계정의 기말 잔액을 결산시점에서 수정하는 분개를 말한다.

2. 모든 수익계정과 비용계정의 잔액을 0으로 만드는 절차를 ( )이라 한다.

3. ( )계정은 마감단계에서 일시적으로 나타나는 임시계정으로 수익과 비용 등의 손익계정은 미처분이익잉여금으로 직접 대체하기 전에 영업성과를 일목요연하게 파악하기 위하여 이용한다.

해답

1. 기말수정분개 2. 손익의 마감 3. 집합손익

객관식 문제

1. 회계기말에 행할 결산수정사항이 아닌 것은? (9급공무원, 2016)

① 기중에 사용된 소모품 금액을 소모품계정으로부터 소모품비계정으로 대체한다.
② 거래중인 회사의 부도로 회수불능이 확정된 매출채권에 대해 손실충당금과 상계처리한다.
③ 건물에 대한 감가상각비를 인식한다.
④ 실지재고조사법에 따라 상품에 대한 매출원가를 인식한다.

2. 기말결산시 수정분개를 할 때 고려해야 하는 것으로, 차기에 현금 유입 또는 유출을 수반하는 계정 중에 '미수수익'과 '미지급비용'이 있다. 두 계정에 관한 설명으로 가장 옳은 것은? (9급공무원, 2010)

① 당기미지급비용이 증가하든 미수수익이 증가하든 차기 현금이 감소한다.
② 당기미지급비용이 증가하면 일반적으로 차기 현금이 감소하지만 당기미수수익이 증가하면 일반적으로 차기 현금은 증가한다.
③ 당기미지급비용이 증가하면 일반적으로 차기 현금이 증가하지만 당기미수수익이 증가하면 차기 현금의 증감에는 영향이 없다.
④ 당기미지급비용이 증가하든 미수수익이 증가하든 차기 현금이 증가한다.

3. (주)한국은 보험료 지급시 전액을 자산으로 회계처리하며 20×1년 재무상태표상 기초와 기말 선급보험료는 각각 ₩200,000과 ₩310,000이다. 20×1년중 보험료를 지급하면서 자산으로 회계처리한 금액이 ₩1,030,000이라면, 20×1년 포괄손익계산서상 보험료 비용은? (9급국가직, 2022)

① ₩520,000 ② ₩920,000
③ ₩1,030,000 ④ ₩1,140,000

4. (주)한국의 20×7년 거래가 다음과 같다.

- (주)한국은 20×7년중 용역을 제공하기로 하고 현금 ₩120,000을 받았다. 20×7년 선수용역수익계정의 기초잔액은 ₩30,000이고, 기말잔액은 ₩40,000이다.
- (주)한국은 20×7년중 건물임차료로 현금 ₩70,000을 미리 지급하였다. 20×7년 선급임차료계정의 기초잔액은 ₩10,000이고, 기말잔액은 ₩30,000이다.

(주)한국이 20×7년도에 인식한 용역수익과 임차료는? (9급국가직, 2018)

	용역수익	임차료		용역수익	임차료
①	₩110,000	₩50,000	②	₩110,000	₩70,000
③	120,000	50,000	④	120,000	70,000

5. 포괄손익계산서의 보험료가 ₩500이고, 기말의 수정분개가 다음과 같을 경우 수정전시산표와 기말재무상태표의 선급보험료 금액으로 가능한 것은? (주택관리사보, 2017)

〈기말수정분개〉

(차) 보 험 료	300	(대) 선급보험료	300

	수정전시산표의 선급보험료	기말재무상태표의 선급보험료
①	₩1,300	₩1,500
②	2,000	1,700
③	2,500	2,800
④	2,500	3,000
⑤	3,000	2,500

6. (주)한국의 20×2년 12월 31일 수정전시산표와 추가정보는 다음과 같다. 기말수정분개로 옳은 것은? (9급공무원, 2014)

수정전시산표

매 출 채 권	₩200,000
선 수 수 익	60,000
선급임차료	120,000
선급보험료	24,000

〈추가정보〉

ㄱ. 20×2년 12월 31일을 기준으로 선수수익의 3분의 1에 해당하는 용역을 제공하였다.
ㄴ. 20×2년 9월 1일 1년분의 보험료를 지급하고, 선급보험료로 회계처리하였다.
ㄷ. 대금이 회수되지 않은 용역제공분 ₩6,000에 대하여 회계처리하지 않았다.
ㄹ. 6개월분의 선급임차료에 대한 거래는 20×2년 10월 1일에 발생하였다.

① ㄱ :	(차) 선 수 수 익	20,000	(대) 매 출 원 가	20,000
② ㄴ :	(차) 선급보험료	8,000	(대) 보 험 료	8,000
③ ㄷ :	(차) 현 금	6,000	(대) 용 역 매 출	6,000
④ ㄹ :	(차) 임 차 료	60,000	(대) 선급임차료	60,000

7. 다음은 (주)한국의 20×2년 12월 31일 종료되는 회계연도의 수정전시산표의 계정 일부이다.

• 선급보험료	₩60,000	• 이 자 수 익	₩40,000
• 임 차 료	30,000	• 소 모 품 비	5,000

다음 자료를 고려하여 기말수정분개를 완료했을 때, 당기순이익에 미치는 영향은? (7급공무원 수정, 2013)

• 선급보험료는 20×2년 12월 1일에 6개월분 화재보험료를 현금지급한 것이다.
• 이자수익은 20×2년 10월 1일에 6개월분 선이자를 현금으로 받은 것이다.
• 임차료는 20×2년 11월 1일에 3개월분 임차료를 현금지급한 것이다.
• 결산일 현재 미사용한 소모품은 ₩2,000이다.

① ₩12,000 감소
② ₩18,000 감소
③ ₩82,000 감소
④ ₩96,000 감소

8. (주)한국은 20×5년 3월 1일에 건물 임대시 1년분 임대료 ₩360,000을 현금으로 수취하고 임대수익으로 처리하였으나 기말에 수정분개를 누락하였다. 그 결과 20×5년도 재무제표에 미치는 영향으로 옳은 것은? (주택관리사보, 2017)

① 자산총계 ₩60,000 과대계상
② 자본총계 ₩60,000 과소계상
③ 부채총계 ₩60,000 과소계상
④ 비용총계 ₩60,000 과대계상

9. (주)한국의 20×1년초 미지급임차료 계정잔액은 ₩1,500이었다. 20×1년말 수정후시산표상 임차료 관련 계정잔액이 다음과 같을 때, (주)한국이 임차와 관련하여 20×1년도에 지급한 현금총액은? (주택관리사보, 2018)

• 임 차 료	₩12,000	• 선급임차료	₩300

① ₩12,300
② ₩12,800
③ ₩13,500
④ ₩13,800
⑤ ₩14,300

10. (주)영남의 20×1년말 소모품 관련 총계정원장은 다음과 같다.

현 금			
		5. 1	100,000

소모품			
12.31	20,000		

소모품비			
5. 1	100,000	12.31	20,000

(주)영남의 20×1년 회계처리에 관한 설명으로 옳지 않은 것은? (9급국가직, 2023)

① 소모품과 관련하여 비용으로 인식한 금액은 ₩20,000이다.
② 소모품 관련 기말수정분개는 '(차) 소모품 20,000 (대) 소모품비 20,000'이다.
③ 기말 소모품 잔액은 ₩20,000이다.
④ 5월 1일 소모품 구입시 지출한 현금 ₩100,000을 전액 비용으로 처리하였다.

11. 기말수정사항이 다음과 같을 때, 기말수정분개가 미치는 영향에 대한 설명으로 옳지 않은 것은? (9급국가직, 2018)

- 기중에 구입한 소모품 ₩1,000,000을 소모품비로 처리하였으나, 기말 현재 남아 있는 소모품은 ₩200,000이다. (단, 기초 소모품 재고액은 없다)
- 당기에 발생한 미수이자수익 ₩1,000,000에 대한 회계처리가 이루어지지 않았다.

① 당기순이익이 ₩800,000 증가한다.
② 자산총액이 ₩1,200,000 증가한다.
③ 부채총액은 변동이 없다.
④ 수정후잔액시산표의 차변합계가 ₩1,000,000 증가한다.

12. (주)한국은 20×1년말 결산중 다음 항목에 대한 기말수정분개가 누락된 것을 발견하였다. 누락된 기말수정분개가 20×1년 당기순이익에 미치는 영향은? (단, 기간은 월할 계산한다) (9급국가직, 2022)

- 20×1년 7월 1일 1년치 보험료 ₩120,000을 현금지급하고 전액 선급보험료로 처리하였다.
- 20×1년 1월 1일 1년치 자산으로 계상된 소모품 ₩200,000 중 12월말 현재 보유하고 있는 소모품은 ₩100,000이다.
- 20×1년 3월 1일 사무실 일부를 임대하고 1년치 임대료 ₩240,000을 현금으로 수령하면서 전액 수익으로 처리하였다.

① ₩60,000 증가　② ₩100,000 증가
③ ₩60,000 감소　④ ₩200,000 감소

13. (주)영남은 20×1년 7월초 현금 ₩10,000을 정기예금(연 이자율 10%, 1년 만기, 이자는 만기일시지급 조건)에 가입하고, 20×1년말 결산시 정기예금에 대한 이자수익을 장부에 기록하지 않았다. 이러한 기말 수정분개 누락이 20×1년말 자산과 20×1년 당기순이익에 미치는 영향을 바르게 연결한 것은? (단, 기간은 월할 계산한다) (9급지방직, 2023)

	자 산	당기순이익
①	₩500 과소계상	₩500 과소계상
②	₩500 과대계상	₩500 과대계상
③	₩1,000 과소계상	₩1,000 과소계상
④	₩1,000 과소계상	₩1,000 과대계상

14. (주)영남은 20×1년 7월 1일 창고를 임대하고 1년분 임대료 ₩300,000을 현금 수령하여 임대료수익으로 회계처리하였다. (주)영남이 임대료와 관련하여 기말수정분개를 하지 않은 경우, (주)영남의 재무제표에 미치는 영향에 대한 설명으로 옳은 것은? (단, 기간은 월할 계산한다) (9급국가직, 2023)

① 부채와 당기순이익이 모두 과대계상된다.
② 부채는 과소계상되고 당기순이익은 과대계상된다.
③ 자산과 당기순이익이 모두 과소계상된다.
④ 자산은 과소계상되고 당기순이익은 과대계상된다.

15. (주)한국의 20×1년말 결산수정사항 반영 전 당기순이익은 ₩1,070,000이었다. 다음 결산수정사항을 반영한 후의 당기순이익은? (단, 이자와 보험료는 월할 계산한다) (주택관리사보, 2016)

- 20×1년 7월 1일 거래처에 현금 ₩200,000을 대여하면서 1년 후에 원금과 이자(연 9%)를 회수하기로 약정하였다.
- 20×1년 12월 1일에 향후 1년치 보험료 ₩24,000을 현금으로 지급하면서 선급보험료로 회계처리하였다.

① ₩1,055,000　② ₩1,061,500　③ ₩1,077,000
④ ₩1,078,500　⑤ ₩1,081,000

16. (주)영남의 수정전시산표상 수익총액은 ₩800,000이며 비용총액은 ₩500,000이다. 다음의 결산수정사항을 반영할 경우, (주)영남의 당기순이익은? (9급국가직, 2023)

> • 당해연도에 이자수익 ₩60,000이 발생하였으나 장부에 반영하지 않았다.
> • 당해연도에 발생한 급여 ₩80,000을 장부에 반영하지 않았다.
> • 보험료 ₩120,000을 지급하면서 전액 자산으로 인식하였으나 이 중 다음연도에 해당하는 금액은 ₩90,000이다.
> • 임대료 ₩240,000을 수취하면서 전액 수익으로 인식하였으나 당해연도에 해당하는 금액은 ₩80,000이다.

① ₩30,000 ② ₩90,000
③ ₩110,000 ④ ₩170,000

17. (주)영남의 기말수정분개와 관련된 자료가 다음과 같을 때, 기말수정분개를 반영한 후 당기순이익은? (단, 기간은 월할 계산한다) (9급국가직, 2024)

> • 4월 1일 : 화재보험에 가입하고 1년분 보험료 ₩3,600을 선급하고 자산으로 인식하였다.
> • 8월 1일 : 건물을 임차하고 1년분 임차료 ₩2,400을 선급하고 전액 비용으로 인식하였다.
> • 10월 1일 : 창고를 1년간 임대하기로 하고 받은 현금 ₩4,800을 선수수익으로 인식하였다.
> • 기말수정분개 반영 전 당기순이익은 ₩5,000이다.

① ₩2,100 ② ₩2,500
③ ₩4,900 ④ ₩5,100

18. 집합손익계정의 차변합계가 ₩250,000이고, 대변합계가 ₩300,000일 경우, 손익의 마감분개로 옳은 것은? (단, 전기이월미처리결손금은 없다) (주택관리사보, 2014)

①	(차) 집 합 손 익	50,000	(대) 자본잉여금	50,000
②	(차) 집 합 손 익	50,000	(대) 이익잉여금	50,000
③	(차) 자본잉여금	50,000	(대) 집 합 손 익	50,000
④	(차) 이익잉여금	50,000	(대) 집 합 손 익	50,000
⑤	마감분개 필요 없음			

19. (주)영남의 재무상태표에 계상된 기초 선수임대료는 ₩16,000이고 기말 선수임대료는 ₩24,000이다. 당기에 현금으로 수취한 임대료가 ₩50,000인 경우, 당기 임대료수익은? (9급국가직, 2024)

① ₩42,000 ② ₩50,000
③ ₩58,000 ④ ₩66,000

20. (주)한국의 미수이자와 선수임대료의 기초잔액과 기말잔액은 다음과 같다. 당기중 현금으로 수령한 이자는 ₩7,000이고 임대료로 인식한 수익은 ₩10,000이다. (주)한국의 이자수익과 임대수익에 대한 설명으로 옳지 않은 것은? (7급국가직, 2017)

	기초잔액	기말잔액
미 수 이 자	₩2,000	₩3,200
선수임대료	4,000	3,500

① 수익으로 인식된 이자수익은 ₩8,200이다.
② 현금으로 수령한 임대료는 ₩9,500이다.
③ 이자와 임대료로 인한 수익 증가액은 ₩17,700이다.
④ 이자와 임대료로 인한 현금 증가액은 ₩16,500이다.

21. 다음 회계연도로 잔액이 이월되지 않는 계정과목은?

① 이익잉여금 ② 유형자산처분이익 ③ 미지급비용
④ 감가상각누계액 ⑤ 자본금

해답 및 해설

1. ②

회수불능확정에 대한 회계처리는 기중에도 가능하다. 단, 추정은 기말에 실시한다.

2. ②

당기에 발생하였으나 미지급된 비용은 차기에 지출되므로 차기 현금이 감소하고, 당기에 발생(실현)하였으나 미수된 수익은 차기에 수취하므로 차기 현금이 증가한다.

3. ②

₩200,000(20×1년초 선급보험료)＋₩1,030,000(20×1년중 선급보험료 인식)－₩310,000(20×1년말 선급보험료)＝₩920,000(20×1년 보험료 비용)

4. ①

용역수익 : ₩30,000(기초잔액)＋₩120,000(현금수령)－₩40,000(기말잔액)＝₩110,000
임차료 : ₩10,000(기초잔액)＋₩70,000(현금지급)－₩30,000(기말잔액)＝₩50,000

5. ②

포괄손익계산서의 보험료가 ₩500이므로 기말수정분개상의 보험료 ₩300과 합하여 기중에 ₩200의 보험료가 인식되었을 것이다. 즉, 기중에 보험료 ₩200 / 계정과목 x ₩200이라는 거래가 이루어졌을 것인데 여기서 계정과목 x에는 선급보험료가 올 수 없다(현금 혹은 미지급비용이 올 수 있다). 왜냐하면 기말수정분개로 선급보험료 ₩300을 감소시켰기 때문이다. 따라서 수정전시산표와 기말재무상태표(수정후시산표)의 선급보험료 잔액의 차이는 ₩300(기초잔액이 기말잔액보다 ₩300이 커야 함)이 되어야 한다.

6. ④

	차변	금액	대변	금액
ㄱ :	(차) 선 수 수 익	20,000	(대) 수 익	20,000
ㄴ :	(차) 보 험 료	8,000	(대) 선급보험료	8,000
ㄷ :	(차) 매 출 채 권	6,000	(대) 용 역 매 출	6,000

7. ②

(차) 보 험 료	10,000	(대) 선급보험료	10,000
(차) 이 자 수 익	20,000	(대) 선 수 수 익	20,000
(차) 선급임차료	10,000	(대) 임 차 료	10,000
(차) 소 모 품	2,000	(대) 소 모 품 비	2,000

∴ ₩18,000 감소

8. ③

〈3월 1일〉	(차) 현 금	360,000	(대) 임 대 수 익	360,000
〈기말수정분개〉	(차) 임 대 수 익	60,000	(대) 선수임대료	60,000

기말수정분개를 누락했으므로 수익 ₩60,000 과대계상, 부채 ₩60,000 과소계상

9. ④

미지급임차료 : ₩1,500(기초) + ₩12,000(임차료) − ₩0(기말) = ₩13,500(현금지급)
선급임차료 : ₩300(현금지급)
∴ ₩13,500 + ₩300 = ₩13,800

10. ①

5월 1일 소모품비로 ₩100,000을 계상한 후 12월 31일에 소모품비 ₩20,000을 대변으로 기록하여 최종적으로 소모품비로 인식한 금액은 ₩80,000이다.

11. ①

〈기말수정분개〉

(차) 소 모 품	200,000	(대) 소 모 품 비	200,000
(차) 미 수 이 자	1,000,000	(대) 이 자 수 익	1,000,000

당기순이익이 ₩1,200,000 증가한다(소모품비 감소 + 이자수익 증가).

12. ④

− ₩60,000(6개월분 보험료) − ₩100,000(소모품비) − ₩40,000(2개월분 임대료수익) = − ₩200,000

13. ①

20×1년도에 인식해야 할 이자수익(= ₩10,000 × 10% × 6/12 = ₩500)을 인식하지 않았으므로 '(차) 미수수익 500 (대) 이자수익 500'을 기말수정분개해야 한다. 따라서 자산 ₩500이 과소계상되었고, 당기순이익 ₩500이 과소계상되었다.

14. ②

임대기간이 20×1년 7월 1일부터 20×2년 6월 30일까지이므로 20×1년분 임대료수익은 ₩300,000×6/12=₩150,000이다. 따라서 20×1년 임대료수익은 ₩150,000 과대계상되었고, 선수임대료 ₩150,000이 과소계상되었다.

15. ③

₩1,070,000+₩9,000(6개월분 이자수익)−₩2,000(1개월분 보험료)=₩1,077,000

16. ①

수익총액=₩800,000(수정전)+₩60,000(이자수익)−₩160,000(선수임대료)=₩700,000
비용총액=₩500,000(수정전)+₩80,000(급여)+₩90,000(당해 발생 보험료)=₩670,000
당기순이익=₩700,000−₩670,000=₩30,000

17. ③

₩5,000(수정전 당기순이익)−₩2,700(선급보험료 중 당기 발생 보험료)
+₩1,400(임차료 중 선급한 임차료)+₩1,200(선수임대료 중 당기 발생 임대료)=₩4,900

18. ②

집합손익	
합계 : 250,000	합계 : 300,000

집합손익 잔액은 대변에 ₩50,000이다. 이는 수익이 비용보다 큰 경우이다. 따라서 집합손익 ₩50,000을 차변에 없애면서 이익잉여금 ₩50,000을 기록한다.

19. ①

기초 선수임대료+당기 현금수취임대료−기말 선수임대료=₩16,000+₩50,000−₩24,000=₩42,000

20. ③

미수이자 : ₩2,000(기초)+X(이자수익)=₩7,000(현금수령)+₩3,200(기말) ∴ ₩8,200(이자수익)
선수임대료 : ₩4,000(기초)+X(현금수령)=₩10,000(임대료수익)+₩3,500(기말) ∴ ₩9,500(현금수령)
이자와 임대료로 인한 수익증가액은 ₩8,200(이자)+₩10,000(임대료)=₩18,200이다.

21. ②

포괄손익계산서 계정과목은 잔액이 0으로 마감된다.

주관식 문제

1. 다음은 (주)갑의 소모품 구입에 대한 자료이다. 이에 대한 기중분개와 기말수정분개를 하시오.

> (1) 12월 1일 소모품 ₩200,000을 구입하고 대금을 현금으로 지급하였다.
> (2) 12월 31일 소모품 잔액은 ₩50,000이다.

해답

〈소모품 구입시 자산으로 회계처리한 경우〉

(1) 12월 1일	(차) 소 모 품	200,000	(대) 현 금	200,000
(2) 12월 31일	(차) 소모품비	150,000	(대) 소 모 품	150,000

* ₩200,000 − ₩50,000 = ₩150,000

〈소모품 구입시 비용으로 회계처리한 경우〉

(1) 12월 1일	(차) 소모품비	200,000	(대) 현 금	200,000
(2) 12월 31일	(차) 소 모 품	50,000	(대) 소모품비	50,000

2. 다음은 (주)갑의 비용에 대한 자료이다. 이에 대한 기중분개와 기말수정분개를 하시오.

> (1) 9월 1일 향후 1년분에 대한 화재보험료 ₩12,000을 일시에 지급하였다.
> (2) 11월 1일 향후 2년에 대한 창고건물임차계약을 하고 임차료는 6개월마다 ₩6,000씩 지급하기로 하였다.
> (3) 12월 1일 은행으로부터 ₩100,000을 차입하였다. 차입조건은 만기 3년이며 매년 12월 1일 6%의 이자를 후급으로 지급하기로 하였다.
> (4) 12월 1일 (주)을로부터 ₩100,000을 차입하였다. 차입조건은 만기 1년이며 매년 12월 1일 12%의 이자는 차입일에 선지급하는 조건이어서 이를 따랐다.

해답

〈기중분개〉

(1) (차)	선급보험료	12,000	(대) 현 금	12,000
(2) 분개 없음				
(3) (차)	현 금	100,000	(대) 차 입 금	100,000
(4) (차)	현 금	100,000	(대) 차 입 금	100,000
	선 급 이 자	12,000	현 금	12,000

〈기말수정분개〉

(1) (차)	보 험 료	4,000	(대) 선급보험료	4,000
(2) (차)	건물임차료	2,000	(대) 미지급임차료	2,000
(3) (차)	이 자 비 용	500	(대) 미지급이자	500
(4) (차)	이 자 비 용	1,000	(대) 선 급 이 자	1,000

[참고] 기중분개를 선급비용(선급이자)으로 처리하지 않고 비용으로 처리한 경우의 회계처리는 다음과 같다.

(1) (차)	보 험 료	12,000	(대) 현 금	12,000
(2) 분개 없음				
(3) (차)	현 금	100,000	(대) 차 입 금	100,000
(4) (차)	현 금	100,000	(대) 차 입 금	100,000
	이 자 비 용	12,000	현 금	12,000

〈기말수정분개〉

(1) (차)	선급보험료	8,000	(대) 보 험 료	8,000
(2) (차)	건물임차료	2,000	(대) 미지급임차료	2,000
(3) (차)	이 자 비 용	500	(대) 미지급이자	500
(4) (차)	선 급 이 자	11,000	(대) 이 자 비 용	11,000

3. 다음은 (주)갑의 수익에 대한 자료이다. 이에 대한 기중분개와 기말수정분개를 하시오.

(1) 9월 1일	(주)을과 토지 임대차계약을 하고 2년치 임대료 ₩24,000 전액을 동 일자에 수령하였다.
(2) 11월 1일	(주)병에게 기계장치를 1년간 임대해 주고 그 대금 ₩12,000은 차기에 모두 수령하기로 하였다.
(3) 12월 1일	(주)정에게 ₩100,000을 대여해 주었다. 대여조건은 만기 3년이며 매년 12월 1일 6%의 이자를 후급으로 지급하기로 하였다.
(4) 12월 1일	(주)무에게 ₩100,000을 단기로 대여해 주었다. 대여조건은 만기 1년, 이자율은 12%이며 이자는 대여일에 수령(선이자)하는 조건이었다.

해답

〈기중분개〉

(1)	(차) 현 금	24,000	(대) 선수임대료	24,000
(2)	분개 없음			
(3)	(차) 대 여 금	100,000	(대) 현 금	100,000
(4)	(차) 대 여 금	100,000	(대) 현 금	100,000
	현 금	12,000	선 수 이 자	12,000

〈기말수정분개〉

(1)	(차) 선수임대료	4,000	(대) 임대료수익	4,000
(2)	(차) 미수임대료	2,000	(대) 임대료수익	2,000
(3)	(차) 미 수 이 자	500	(대) 이 자 수 익	500
(4)	(차) 선 수 이 자	1,000	(대) 이 자 수 익	1,000

[참고] 기중분개를 선수임대료(선수이자)로 처리하지 않고 수익으로 처리한 경우의 회계처리는 다음과 같다.

(1)	(차) 현 금	24,000	(대) 임대료수익	24,000
(2)	분개 없음			
(3)	(차) 대 여 금	100,000	(대) 현 금	100,000
(4)	(차) 대 여 금	100,000	(대) 현 금	100,000
	현 금	12,000	이 자 수 익	12,000

〈기말수정분개〉

(1)	(차) 임대료수익	20,000	(대) 선수임대료	20,000
(2)	(차) 미수임대료	2,000	(대) 임대료수익	2,000
(3)	(차) 미 수 이 자	500	(대) 이 자 수 익	500
(4)	(차) 이 자 수 익	11,000	(대) 선 수 이 자	11,000

4. 다음은 (주)갑의 수익, 비용 관련 자료이다. 이에 대한 기중분개, 기말수정분개, 마감분개를 하시오.

(1)	6월 1일	고객에게 경영컨설팅 서비스를 제공하고 그 대금 ₩100,000을 현금으로 수령하였다.
(2)	7월 1일	광고선전비 ₩10,000이 발생하였으나 이를 미지급하였다.
(3)	8월 1일	직원들에게 보너스 ₩20,000을 지급하였다.
(4)	9월 1일	사무실 임차료 ₩36,000을 지급하였으며 이는 1년치 임차료에 해당한다.
(5)	10월 1일	전기 10월 1일에 대여해 준 대여금 ₩50,000에 대한 이자 ₩6,000을 현금으로 수령하였다. 동 대여금의 조건은 매년 10월 1일에 12% 이자를 후급으로 수령하는 조건이며 만기는 5년이다.

해답

〈기중거래〉

(1) (차) 현 금	100,000	(대) 매 출	100,000
(2) (차) 광고선전비	10,000	(대) 미지급비용	10,000
(3) (차) 급 여	20,000	(대) 현 금	20,000
(4) (차) 선급임차료	36,000	(대) 현 금	36,000
(5) (차) 현 금	6,000	(대) 미 수 이 자	1,500
		이 자 수 익	4,500

* 전기말에 미수이자 ₩1,500 발생. 1~9월의 이자수익은 ₩4,500임.

〈기말수정분개〉

(1) (차) 임 차 료	12,000	(대) 선급임차료	12,000
(2) (차) 미 수 이 자	1,500	(대) 이 자 수 익	1,500

〈마감분개〉

(1) (차) 매 출	100,000	(대) 집 합 손 익	106,000
이 자 수 익	6,000		
(2) (차) 집 합 손 익	42,000	(대) 광고선전비	10,000
		급 여	20,000
		임 차 료	12,000
(3) (차) 집 합 손 익	106,000	(대) 집 합 손 익	42,000
		이익잉여금	64,000

5. 갑회사의 아래 거래에 대한 분개(기중분개, 기말수정분개, 마감분개)를 하고, 이를 총계정원장에 전기하고, 손익계산서와 재무상태표를 작성하시오.

(1) 갑회사는 20×1년 1월 1일 설립된 경영자문회사이다. 창립멤버 3인이 각각 ₩20,000 현금을 출자하여 자본금 ₩60,000의 주식회사를 설립하였다.
(2) 3월 1일 A은행에서 ₩3,000을 차입하였다. 차입조건은 만기 3년, 이자율은 4%, 이자는 매년 3월 1일 후급조건이다.
(3) 3월 19일 건물을 현금 ₩700에 취득하였다.
(4) 5월 1일 을회사에 ₩2,000을 대출해 주었다. 대출조건은 만기 3년, 이자율은 6%, 이자는 매년 5월 1일 후급조건이다.
(5) 6월 3일 ₩10,000의 경영자문용역을 제공하고 이 중 ₩2,000은 현금으로 수령하고 ₩8,000은 나중에 받기로 하였다.
(6) 7월 1일 직원들의 급여로 ₩5,000을 현금으로 지급하였다.
(7) 7월 25일 판매비와관리비로 ₩100을 지출하였으나 대금은 나중에 지급하기로 하였다.
(8) 9월 14일 미회수된 경영자문용역대금 ₩8,000 중 ₩1,000을 회수하였다.
(9) 10월 1일 을회사에 사무실을 1년간 임대하는 조건으로 임대료 ₩120을 선수금으로 수령하였다. 이를 전액 부채로 처리하였다.
(10) 10월 1일 B보험회사에 1년치 보험료 ₩120을 미리 납부하였다. 이를 전액 자산으로 처리하였다.

해답

〈기중거래〉

	차변	금액	대변	금액
(1)	(차) 현금	60,000	(대) 자본금	60,000
(2)	(차) 현금	3,000	(대) 차입금	3,000
(3)	(차) 건물	700	(대) 현금	700
(4)	(차) 대여금	2,000	(대) 현금	2,000
(5)	(차) 매출채권	8,000	(대) 매출	10,000
	현금	2,000		
(6)	(차) 급여	5,000	(대) 현금	5,000
(7)	(차) 판관비	100	(대) 미지급비용	100
(8)	(차) 현금	1,000	(대) 매출채권	1,000
(9)	(차) 현금	120	(대) 선수임대료	120
(10)	(차) 선급보험료	120	(대) 현금	120

〈기말수정분개〉

	차변	금액	대변	금액
(1)	(차) 이자비용*	100	(대) 미지급이자	100
(2)	(차) 미수이자	80	(대) 이자수익**	80

(3) (차) 선수임대료	30		(대) 임대료수익	30
(4) (차) 보 험 료	30		(대) 선급보험료	30

* 이자비용 : ₩3,000×4%×10/12=₩100
** 이자수익 : ₩2,000×6%×8/12=₩80

〈마감분개〉

(1) (차) 매 출	10,000	(대) 집 합 손 익	10,110
임대료수익	30		
이 자 수 익	80		
(2) (차) 집 합 손 익	5,230	(대) 급 여	5,000
		이 자 비 용	100
		보험료비용	30
		판 관 비	100
(3) (차) 집 합 손 익	4,880	(대) 이익잉여금	4,880

[자산]

현 금

기 초	0	3.19 건 물	700
1. 1 자본금	60,000	5. 1 대여금	2,000
3. 1 차입금	3,000	7. 1 급 여	5,000
6. 3 매 출	2,000	10. 1 선급보험료	120
9.14 매출채권	1,000		
10. 1 선수임대료	120	기 말	58,300

건 물

기 초	0		
3.19 현 금	700	기 말	700

대여금

기 초	0		
5. 1 현 금	2,000	기 말	2,000

매출채권

기 초	0	9.14 현 금	1,000
6. 3 매 출	8,000	기 말	7,000

선급보험료

기 초	0	12.31 보험료	30
10. 1 현 금	120	기 말	90

미수이자

기 초	0		
12.31 이자수익	80	기 말	80

[부채]

차입금

		기 초	0
기 말	3,000	3. 1 현 금	3,000

미지급비용

		기 초	0
기 말	100	7.25 판관비	100

선수임대료

차변		대변	
12.31 임대료수익	30	기 초	0
기 말	90	10. 1 현 금	120

미지급이자

차변		대변	
		기 초	0
기 말	100	12.31 이자비용	100

[자본]

자본금

차변		대변	
		기 초	0
기 말	60,000	1. 1 현 금	60,000

이익잉여금

차변		대변	
		기 초	0
기 말	4,880	12.31 집합손익	4,880

[수익]

매 출

차변		대변	
12.31 집합손익	10,000	6. 3 매출채권	8,000
		6. 3 현 금	2,000

이자수익

차변		대변	
12.31 집합손익	80	12.31 미수이자	80

임대료수익

차변		대변	
12.31 집합손익	30	12.31 선수임대료	30

[비용]

급 여

차변		대변	
7. 1 현 금	5,000	12.31 집합손익	5,000

판관비

차변		대변	
7.25 미지급비용	100	12.31 집합손익	100

이자비용

차변		대변	
12.31 미지급이자	100	12.31 집합손익	100

보험료

차변		대변	
12.31 선급보험료	30	12.31 집합손익	30

[집합손익]

집합손익

차변		대변	
12.31 제 좌	5,230	12.31 제 좌	10,110
12.31 이익잉여금	4,880		

재무상태표

자산		부채 및 자본	
현 금	58,300	차 입 금	3,000
매 출 채 권	7,000	미지급비용	100
선급보험료	90	선수임대료	90
미 수 이 자	80	미지급이자	100
건 물	700	자 본 금	60,000
대 여 금	2,000	이익잉여금	4,880
계	68,170	계	68,170

포괄손익계산서

(수익)	매　　출	10,000
	임대료수익	30
	이 자 수 익	80
(비용)	급　　여	5,000
	이 자 비 용	100
	보험료비용	30
	판 관 비	100
당기순이익		4,880

Chapter

5 현금및현금성자산과 수취채권

본장에서는

1. 현금및현금성자산의 정의와 분류에 대하여 살펴본다.
2. 현금의 특성과 내부통제제도로 소액현금제도와 은행계정조정표를 살펴본다.
3. 수취채권과 지급채무의 정의와 분류에 대하여 살펴본다.
4. 대표적인 수취채권인 매출채권의 회계처리에 대하여 살펴본다.

현금및현금성자산

1. 구분

- 현금 : 현금, 요구불예금
- 현금성자산 : 취득당시 만기일이 3개월 이내인 투자자산

2. 소액현금제도

- 정액자금전도제, 부정액자금전도제

3. 은행계정조정표

- 은행측 잔액 vs 회사측 잔액

수취채권

1. 수취채권과 지급채무의 분류

- 수취채권
  - 매출관련 : 매출채권
  - 기타 : 미수금, 미수수익, 선급금 등
- 지급채무
  - 매입관련 : 매입채무
  - 기타 : 미지급금, 미지급비용, 선수금 등

2. 매출채권

- 최초인식 : 매출운임, 거래할인, 수량할인, 매출할인, 매출에누리와환입
- 매출채권의 평가
  - 직접상각법
  - 충당금설정법
- 매출채권의 양도
  - 외상매출금 양도
  - 받을어음 할인

제 1 절 현금및현금성자산의 의의[1]

흔히 일상에서는 한국은행에서 발행하는 지폐나 주화, 즉 통화를 현금(cash)이라 한다. 현금은 물건을 구입하거나 용역을 제공받은 대가로 지급하는 데 사용되거나, 채무를 상환하는 데 이용되며, 이러한 용도로 이용될 때 아무런 제약을 받지 않는다. 이러한 측면에서 지폐 등의 통화를 대신하여 흔히 사용하는 수표나, 필요할 때 언제든지 찾을 수 있는 예금인 요구불예금도 통화와 전혀 차이가 없다. 따라서 형식보다 실질을 우선하는 회계에서는 이러한 통화대용증권 및 요구불예금도 현금에 포함한다.

한편, 현금처럼 즉시에 사용할 수는 없지만 취득일로부터 만기가 3개월 이내에 도래할 만큼 유동성이 매우 높은 단기투자자산으로서 확정된 금액의 현금으로 전환이 용이하고 가치변동의 위험이 경미한 자산처럼 현금과 매우 유사한 특징을 가진 자산도 있다.[2] 회계에서는 이를 현금성자산(cash equivalent)이라 하고 현금및현금성자산계정으로 통합하여 보고한다. 〈표 5-1〉은 현금및현금성자산의 분류 및 예시에 대하여 나타내고 있다.

〈표 5-1〉
현금및현금성자산의 분류 및 예시

구분			예시
현금및현금성자산	현 금	현 금	• 통화 : 동전 및 지폐 • 통화대용증권 : 당좌수표, 자기앞수표 등 타인발행수표, 우편환, 배당금지급통지표, 만기가 도래한 채권이자표, 공장 및 지점 전도금
		예 금	• 보통예금 및 당좌예금 등의 요구불예금
	현금성자산		• 취득당시 만기일이 3개월 이내인 채권 • 3개월 이내 상환조건의 환매채[3] 등

1) 금융자산 중 본장에서는 현금및현금성자산, 수취채권을 설명하고 지분증권과 채무증권은 제8장에서 설명하기로 한다.

2) 한국채택국제회계기준 제1007호.

3) 환매채(RP : Repurchase Agreement)란 환매조건부채권을 말하며, 보통 1년 이내의 단기간에 일정가액으로 다시 살(팔) 수 있는 조건으로 채권을 매매하는 것을 말한다. 채권을 매도하는 측에서는 보유채권의 일시적 매매를 통해 자금을 조달할 수 있고, 매수하는 측에서는 단기여유자금으로 채권을 보유함으로써 단기자금의 운용효율성을 증가시키는 측면이 있다. 형식적으로는 채권매매라는 형태를 띠고 있지만 단기금융거래의 성격이 강하다. 따라서 매수인은 취득시 상환이 3개월 이내에 도래하면 현금및현금성자산으로, 재무상태표일 현재 상환이 1년 이내에 도래하면 단기금융상품으로 분류한다.

1. 현금및현금성자산인 항목들

(1) 통 화

통화는 한국은행에서 발행한 지폐와 동전, 그리고 뒤에서 설명할 소액현금이 포함된다.

(2) 통화대용증권

통화대용증권은 현금은 아니지만 현금과 마찬가지로 사용될 수 있다. 통화대용증권으로는 당좌수표, 자기앞수표, 가계수표 등 타인발행수표, 우편환, 배당금지급통지표, 만기가 도래한 채권이자표, 공장 및 지점 전도금 등이 있다.

(3) 예 금

일반적으로 예금은 〈표 5-1〉에서 표시한 보통예금, 당좌예금 등의 요구불예금과 정기예금, 정기적금 등의 저축성예금으로 구성된다. 대표적으로 당좌예금을 들 수 있는데, 당좌예금(checking account)은 은행과 당좌계약을 맺고 은행에 현금을 예입한 다음 필요에 따라 언제든지 당좌수표 혹은 약속어음을 발행하여 현금을 인출할 수 있는 예금을 말한다. 기업이 보유하는 현금은 사고의 위험 가능성이 높기 때문에 기업은 직접 현금거래를 하기보다는 은행을 통한 거래를 함으로써 현금수급의 착오와 사고를 방지할 수 있다. 당좌계좌가 개설되면 은행은 고객인 기업에 당좌수표와 약속어음양식(용지)을 제공한다. 기업은

〈표 5-2〉
당좌예금과 관련된 회계처리 요약

1. 당좌거래약정을 체결하고 현금을 예입하였을 경우

(차) 당 좌 예 금	×××	(대) 현　　　금	×××

2. 상품을 매입하고 대금을 수표를 발행하여 지급하였을 경우

(차) 상　　　품	×××	(대) 당 좌 예 금	×××

3. 상품을 매출하고 대금을 거래처 발행 당좌수표로 받아 은행에 예입하였을 경우

(차) 당 좌 예 금	×××	(대) 매　　　출	×××

당좌계좌에 자금을 입금하고, 그 금액의 범위 내에서 당좌수표(소지인이 즉시 인출가능함)를 발행하거나, 약속어음(지급일에 인출가능함)을 발행할 수 있다. 당좌예금과 관련된 회계처리는 〈표 5-2〉로 요약할 수 있다.

요구불예금은 예금주가 요구를 하게 되면 언제든지 거래비용 없이 인출이 가능하나, 저축성예금의 경우에는 만기가 되기 전 중도해약을 하는 경우에는 이자의 일부를 포기하는 등의 거래비용이 발생한다. 따라서 요구불예금은 현금및현금성자산으로 분류하나, 저축성예금은 현금및현금성자산으로 분류하지 않고 단기금융상품 등 별도의 계정으로 분류한다. 다만, 저축성예금 등이 취득일로부

[그림 5–1]
채권이자표와
배당금지급통지표

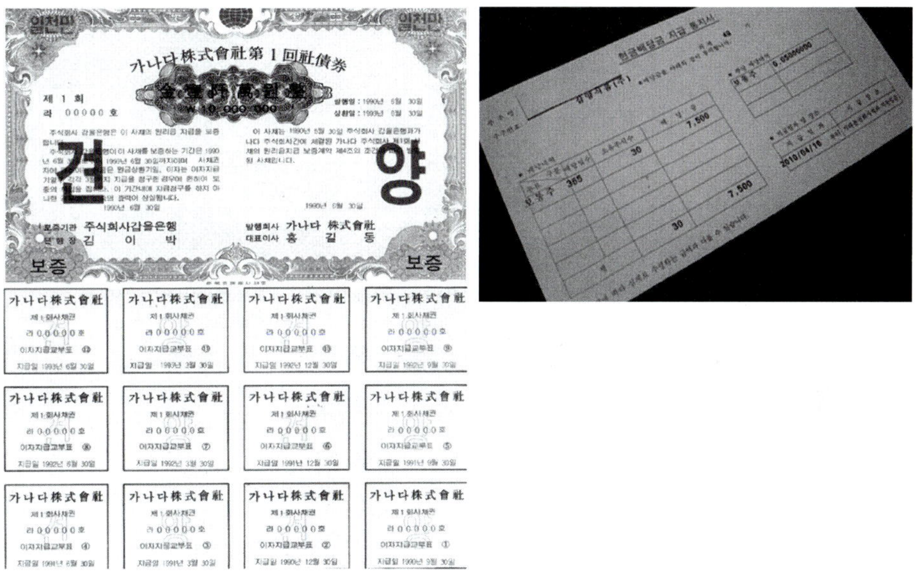

[그림 5–2]
통상환증서

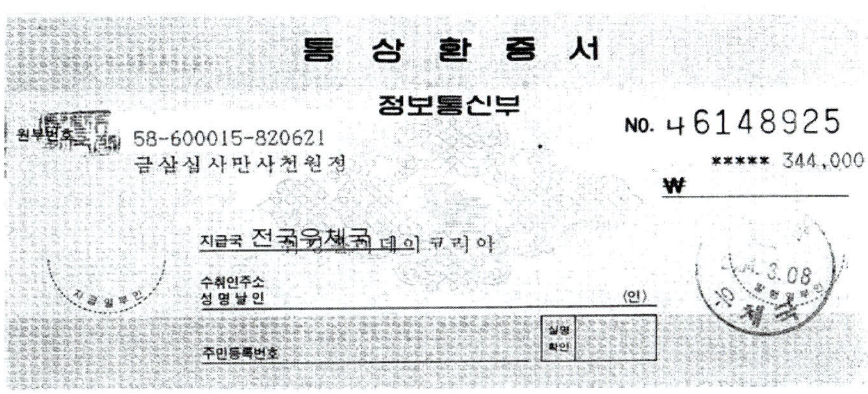

[그림 5-3]
당좌수표

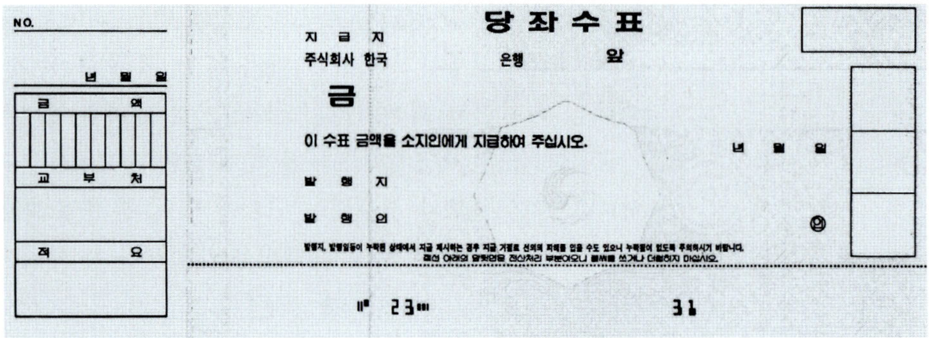

[그림 5-4]
약속어음[4)]

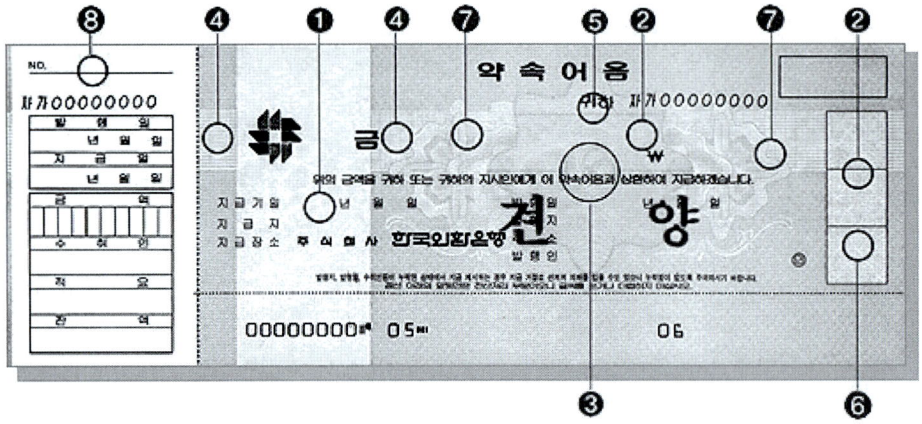

터 만기가 3개월 이내에 도래한다면 현금성자산으로 보아 현금및현금성자산으로 분류한다.

---

4) 약속어음은 발행방법에 따라 종이어음과 전자어음으로 구분될 수 있다. 이 가운데 전자어음은 전자문서의 형태로 작성되는 약속어음으로서 어음의 발행, 배서 및 지급 제시 등의 행위를 어음 실물 없이 거래은행 인터넷뱅킹을 이용하여 전자적으로 처리할 수 있는 서비스를 말한다. 현재 종이어음과 전자어음이 병행 유통되고 있으나 2009년 11월 외부감사대상 회사를 시작으로 2022년 5월 자산규모 5억원 이상으로 의무 사용자의 범위가 확대되었다. 이로 인해, 종이어음의 사용은 계속 줄어들고 있는 추세이다.

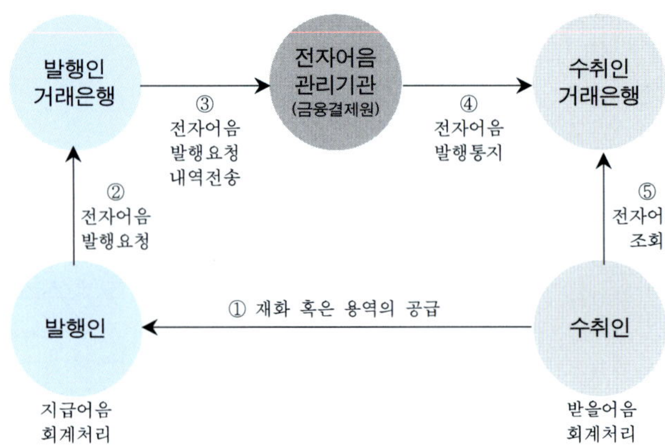

2. 현금및현금성자산이 아닌 항목들

(1) 당좌차월

당좌차월은 일정한 한도 내에서 예금잔액을 초과하여 수표를 발행하여도 은행이 지급할 수 있도록 은행과 맺는 계약을 말한다. 예를 들어 은행과 500억원의 당좌차월계약을 체결하였다면 회사는 당좌예금 잔액이 0원일 때 500억원의 수표를 발행하여도 은행이 대신 지급하기 때문에 부도가 발생하지 않는다. 우리가 알고 있는 마이너스(−)통장을 생각하면 쉽게 이해할 수 있을 것이다. 당좌차월은 부채로 인식되는데, 유동자산인 당좌예금의 대칭적인 계정이므로 유동부채인 단기차입금으로 분류된다.

(2) 선일자수표

선일자수표는 수표상의 발행일자를 실제 발행일 이후로 설정함으로써 수표의 발행일에 지급할 것을 약속하는 증서이다. 선일자수표는 주로 제시기간을 간접으로 연장하거나 발행 당시에는 아직 자금이 없으므로 자금이 마련된 후 제시하기 위한 목적으로 발행된다. 따라서 수표상 발행일자는 실제의 발행일보다 후의 날로 기록이 되기 때문에 선일자수표라고 한다. 실질을 우선시하는 회계에서는 선일자수표를 어음과 동일하게 취급하여 수취채권으로 분류한다. 그러나 선일자수표를 받고 표시된 발행일 전에 지급제시를 하여도 법적으로는 적법하기 때문에 만약 지급제시일에 결제를 하지 못하면 부도처리된다.

(3) 어 음

〈표 5-1〉에서 나타난 바와 같이 수표는 현금및현금성자산으로 분류되지만, 어음은 수취채권으로 분류된다. 왜냐하면 수표는 만기가 존재하지 않아 발행 즉시 현금처럼 사용할 수 있고 현금으로 전환될 수 있는 반면, 어음은 만기가 존재하여 만기가 되어서야 현금으로 전환이 가능하기 때문이다. 즉, 수표는 교환·지급수단이나 어음은 만기까지 지급을 연기하기 위한 신용수단이다.

(4) 양건성 예금(꺾기)

양건성 예금이란 사용이 제한된 예금으로 금융기관에서 대출시 강제적인 예금을 요구하거나 다른 금융상품 가입을 요구하는 것을 말한다. 쉽게 말하면 “끼워팔기”이다. 이는 불법행위로 금융당국의 제재를 받는다.

이 외에도 이미 금액을 지불하고 보관하고 있는 우표나 수입인지는 선급비용이나 소모품으로 분류하고 차용증서(IOU)는 단기대여금이므로 역시 현금및현금성자산이라고 볼 수 없다.

예제 5-1 현금및현금성자산의 분류

다음은 (주)서현의 20×1년말 자료이다.

항목	금액	항목	금액
• 당좌예금	₩50,000	• 120일 환매조건의 환매채	₩100,000
• 선일자수표	10,000	• 배당금지급통지표	40,000
• 당좌차월	30,000	• 국세환급통지서	50,000
• 수입인지	25,000	• 우편환증서	15,000
• 대구지점 전도금	26,000	• 120일 만기의 양도성예금증서	100,000
• 채권(취득일 : 20×1년 12월 1일, 만기 : 20×2년 2월 27일)			150,000
• 2년 후 만기도래 정기적금	290,000		

〈요구사항〉

(주)서현이 기말재무상태표에 보고할 현금및현금성자산은 얼마인가?

해답

기말현금및현금성자산 = ₩50,000(당좌예금) + ₩26,000(전도금) + ₩40,000(배당금지급통지표)
+ ₩50,000(국세환급통지서) + ₩15,000(우편환증서) + ₩150,000(채권)
= ₩331,000

※ 전도금이란 여러 개의 지점을 가진 회사가 지점의 운영을 위해 본사에서 일정한 금액을 미리 보내는 것을 말한다. 따라서 지점 전도금은 현금및현금성자산이다.

※ 수입인지와 우표 등은 선급비용이나 소모품으로 분류한다.

※ 흔히 CD라고 불리는 양도성예금증서(Certificate of Deposit)는 은행의 정기예금에 양도성을 부여한 것으로, 은행이 발행하고 증권회사와 종합금융회사의 중개를 통해 매매되는 금융상품이다. 일반적인 예금통장과는 달리 통장에 이름을 쓰지 않은 무기명이며, 양도가 자유로워 현금화가 용이한 유동성이 높은 상품이다. 양도성예금증서의 경우 취득시 만기가 3개월 이내인 경우에만 현금및현금성자산으로 분류된다.

제 2 절 현금의 특성 및 내부통제

1. 현금의 특성

혈액이 부족하다면 사람의 생명이 위협을 받게 되듯 기업에 현금이 부족하다면 지급불능 등으로 인하여 파산의 위협을 받게 된다. 즉 충분한 현금의 보유는 기업의 생존에 필수불가결한 부분이다. 그러나 현금은 다른 자산과 비교할 때 수익성은 매우 낮다. 따라서 과도한 현금의 보유 또한 이윤창출을 목적으로 하는 기업에 적절하지 않다. 결론적으로 기업의 적절한 현금보유는 무엇보다 중요하다.

한편 현금은 다른 자산에 비하여 도난당할 확률이 높거나, 횡령 등의 부정에 사용될 가능성이 매우 높다. 따라서 현금에 대한 적절한 내부통제는 무엇보다도 중요하다고 할 수 있다. 이에 많은 기업들은 현금에 대한 내부통제를 위하여 다음과 같은 통제수단을 운영하고 있다.

1) 업무의 분장

현금의 수취, 현금의 지급 및 이에 대한 기장업무를 동일한 사람이 하게 되면 부정이 발생할 확률이 높다. 왜냐하면, 수취(지급)한 현금보다 적은(많은) 금액으로 기록하면서 차액을 횡령할 수 있기 때문이다. 이러한 이유에서 영화관이나 미술관 등에서도 입장료를 받는 사람과 관람권을 받는 사람을 달리하여 업무를 분장하고 있다.

2) 현금예입 및 수표(약속어음)발행

현금은 도난의 우려가 높은 자산이다. 또한 도난이 발생하더라도 증빙이 없기 때문에 다시 찾기가 상당히 어렵다. 따라서 많은 기업들은 증빙 등을 위하여 현금을 즉시 당좌예금에 입금하고 당좌수표(혹은 약속어음)의 발행을 통하여 지출한다.

3) 은행계정조정표의 정기적인 작성

기업이 현금의 도난방지와 증빙을 위하여 당좌예금을 사용하는 경우에도 횡령 등의 부정이 발생할 수 있다. 즉 담당자가 장부상에는 입금처리를 하면서, 실제로는 입금하지 않고 횡령을 하는 경우가 발생할 수 있다. 이를 방지하기 위하여 회사는 주기적으로 회사의 장부상 당좌예금 잔액과 은행의 당좌예금 잔액을 비교하는 은행계정조정표를 작성해야 한다.

2. 소액현금제도

현금은 횡령 등의 부정에 사용될 확률이 상당히 높다. 따라서 기업들은 거래대금의 수취 및 지급 등을 수표(혹은 약속어음) 또는 계좌이체 등 은행을 통해서 처리한다. 그러나 일상적인 소액거래까지 이렇게 할 경우 너무 번거롭기 때문에 대다수 기업들은 일정기간 동안 지출될 소액의 자금을 예측하고 이를 위해 일정자금을 준비해둔다. 그리고 지출이 필요할 때 준비된 금액을 이용하여 지출하고, 일정기간 경과 후 다시 재충당한다. 이를 소액현금제도(petty cash system)라고 한다.

소액현금제도는 재충당하는 방식에 따라 정액자금전도제와 부정액자금전

하루에 928만원씩 3년반 동안 79억 횡령한 △△중앙회 직원

△△중앙회 ××지점 직원이 3년 6개월여에 걸쳐 79억원을 횡령한 사고가 발생, △△중앙회 내부관리체계에 심각한 문제가 있다는 지적이 제기됐다.

10일 금감원과 금융계에 따르면 △△중앙회 ××지점의 한 창구직원은 2007년부터 최근까지 79억원을 횡령, 개인 용도로 사용하다 적발됐다. 영업일 기준으로 하루 평균 928만원을 착복해온 것이다.

△△중앙회측에 따르면 이 직원은 고객에게 받은 타점권(다른 은행이 발행한 수표)을 입금할 때 금액을 부풀리는 방법을 주로 사용했다. 즉, 다른 은행 수표 10만원을 받으면 100만원을 받은 것으로 서류에 기재한 뒤 90만원을 자신이 횡령하는 방법을 사용해 돈을 횡령해 온 것으로 파악됐다.

직원의 이러한 횡령행위는 지점 내 현금잔액과 서류만 대조해 봐도 바로 확인이 되는 사안이어서 문제의 심각성을 더하고 있다.

–후략–

(경향신문, 2010.10.10)

도제가 있다. 정액자금전도제는 실제 사용한 금액만큼 보충함으로써 최초설정액의 변경이 없는 한 보충 후에는 항상 최초설정액과 동일한 금액이 되는 반면, 부정액자금전도제는 설정금액이 수시로 변하고 보충할 때마다 변동한다.

회계처리에 있어 정액자금전도제는 지출액과 보충액이 항상 동일하기 때문에 소액현금을 설정할 때와 보충할 때에만 분개를 하지만, 부정액자금전도제에서는 소액현금을 설정, 지출, 보충할 때 각각 회계처리한다. 〈표 5-3〉은

〈표 5-3〉
소액현금제도에 따른 회계처리 요약

1. 정액자금전도제의 회계처리

(1) 전도시	(차) 소 액 현 금	×××	(대) 당 좌 예 금	×××
(2) 지출시	분개 없음(지출영수증만 보관)			
(3) 재충당시	(차) 여비교통비	×××	(대) 당 좌 예 금	×××
	통 신 비 등	×××		

2. 부정액자금전도제의 회계처리

(1) 전도시	(차) 소 액 현 금	×××	(대) 당 좌 예 금	×××
(2) 지출시	(차) 여비교통비	×××	(대) 소 액 현 금	×××
	통 신 비 등	×××		
(3) 재충당시	(차) 소 액 현 금	×××	(대) 당 좌 예 금	×××

코오롱, 삼일회계 상대 '200억대 부실감사 손배소' 패소

-전략-

대법원 3부(주심 차한성 대법관)는 코오롱과 하나캐피탈(옛 코오롱캐피탈)의 이웅열 코오롱 회장 등이 "부주의한 감사로 하나캐피탈 횡령사고를 키웠다"며 삼일회계법인을 상대로 낸 손해배상청구소송에서 원고패소로 판결한 원심을 확정했다고 24일 밝혔다.

재판부는 "삼일회계법인이 하나캐피탈의 내부 통제제도와 통제위험을 평가하거나 예금통장을 실사하는 데 있어 외부감사절차를 위반했다거나 주의의무를 게을리했다고 볼 수 없다"고 밝혔다.

또 "삼일회계법인이 회계감사과정에서 일부 금융기관 조회서의 주소를 제대로 확인하지 않은 잘못이 있지만, 하나캐피탈 자금팀장의 횡령범행이 적발되지 않은 것은 하나캐피탈의 허술한 인감관리와 내부감사 등 부실한 내부통제 때문이라고 볼 수 있는 점 등을 고려하면 회계법인의 잘못과 손해 사이에 인과관계가 있다고 볼 수 없다"고 덧붙였다.

코오롱그룹은 2004년 코오롱캐피탈의 전신인 하나캐피탈의 상무이사 정모씨가 1,600억원을 횡령해 손실을 입자 이듬해 삼일회계법인이 부실감사로 정씨의 횡령을 막지 못했다며 216억원의 손해배상을 요구하는 소송을 제기했다.

-후략-

(헤럴드경제, 2011.1.24)

정액자금전도제와 부정액자금전도제에 따른 회계처리 요약을 나타내고 있다.

〈표 5-3〉의 부정액자금전도제에서는 지출시 분개의 대변에 기록한 소액현금과 재충당시 차변에 기록한 소액현금의 금액이 일치하지 않기 때문에 지출시와 재충당시 모두 회계처리를 해야 한다. 반면, 정액자금전도제에서는 지출금액과 충당금액이 일치하므로 지출과 충당에 대한 분개를 따로 하지 않고 통합하여 재충당시 한 번에 회계처리를 한다.

예제 5-2 소액현금제도

20×1년 1월 1일 처음으로 소액현금제도를 도입한 (주)청남은 소액지출에 사용할 목적으로 당좌예금계좌에서 ₩250,000을 출금하였다. (주)청남은 매월말 사용액을 재충당하는 정액자금전도제를 채택하고 있다. 다음은 (주)청남의 20×1년 1월중 소액지출과 관련된 자료이다.

1월 15일 소모품을 구입하기 위하여 ₩35,000을 지출하였다.
1월 20일 직원 김조영에게 여비교통비로 ₩50,000을 지급하였다.
1월 25일 접대비로 ₩80,000을 사용하였다.
1월 30일 1월 통신비로 ₩50,000을 지급하였다.

〈요구사항〉

1. (주)청남이 소액현금과 관련하여 일자별로 행해야 할 회계처리를 하시오.
2. 만약 (주)청남이 부정액자금전도제를 선택하고 있고 1월 31일 소액현금으로 ₩260,000을 재충당하였다면, (주)청남이 소액현금과 관련하여 일자별로 행해야 할 회계처리를 하시오.

해답

1. 정액자금전도제

1월 1일	(차) 소 액 현 금	250,000	(대) 당 좌 예 금		250,000
1월 31일	(차) 소 모 품 비	35,000	(대) 당 좌 예 금		215,000
	여비교통비	50,000			
	접 대 비	80,000			
	통 신 비	50,000			

2. 부정액자금전도제

1월 1일	(차) 소 액 현 금	250,000	(대) 당 좌 예 금	250,000
1월 15일	(차) 소 모 품 비	35,000	(대) 소 액 현 금	35,000
1월 20일	(차) 여비교통비	50,000	(대) 소 액 현 금	50,000
1월 25일	(차) 접 대 비	80,000	(대) 소 액 현 금	80,000

1월 30일	(차) 통 신 비	50,000	(대) 소 액 현 금	50,000
1월 31일	(차) 소 액 현 금	260,000	(대) 당 좌 예 금	260,000

[예제 5-2]에서는 소액현금 설정액 ₩250,000에서 총지출액 ₩215,000을 차감한 ₩35,000이 금고에 존재한다는 가정하에서 총지출액인 ₩215,000만큼만 충당하면 최초설정액인 ₩250,000이 된다. 그러나 금고에 ₩35,000보다 적게 혹은 많이 남아 있는 경우도 발생할 수 있는데, 이를 현금과부족이라 한다. 현금과부족이 발생하게 되면 일단 현금과부족이라는 계정으로 회계처리를 하고, 지속적으로 그 차이의 원인을 밝혀야 한다. 만약 장부를 마감하기 전까지 원인이 무엇인지 밝혀진다면 원인계정으로 수정분개를 하고, 원인이 밝혀지지 않는다면 잡수익 또는 잡손실의 계정으로 수정분개를 한다. 즉, 현금과부족은 재무제표상에 나타나지 않는 임시계정이다.

예제 5-3 현금과부족의 회계처리

(주)삼송은 소액지출을 위하여 소액현금이 매월말 ₩250,000이 되도록 하는 정액자금전도제를 채택하고 있다. (주)삼송이 영수증으로 보관하고 있는 20×1년 12월중 총소액지출은 접대비 ₩150,000이 전부다. 그러나 20×1년 12월말 현재 (주)삼송의 금고에는 ₩80,000이 있었으며, 장부마감 전까지 차이금액 ₩20,000의 원인이 밝혀지지 않았다.

〈요구사항〉

1. (주)삼송이 소액현금과 관련하여 20×1년 12월중 행해야 할 회계처리를 하시오.
2. 20×1년 12월중 차이금액 ₩20,000이 접대비관련 영수증이 누락되어서 발생하였다는 사실이 밝혀졌다면, (주)삼송은 어떠한 회계처리를 해야 하는가?
3. 만약 현금시재액이 ₩80,000이 아니라 ₩120,000이었다고 가정한다면 〈요구사항 1〉과 〈요구사항 2〉는 어떻게 달라지겠는가?

해답

1. 현금시재액이 ₩80,000이며, 원인이 밝혀지지 않은 경우

〈재충당시〉	(차) 접 대 비	150,000	(대) 당 좌 예 금	170,000
	현금과부족	20,000		
〈수정분개〉	(차) 잡 손 실	20,000	(대) 현금과부족	20,000

2. 현금시재액이 ₩80,000이며, 원인이 밝혀진 경우(접대비 누락)

〈재충당시〉	(차) 접 대 비	150,000	(대) 당 좌 예 금	170,000
	현금과부족	20,000		
〈수정분개〉	(차) 접 대 비	20,000	(대) 현금과부족	20,000

3. (1) 현금시재액이 ₩120,000이고, 원인이 밝혀지지 않은 경우

〈재충당시〉	(차) 접 대 비	150,000	(대) 당 좌 예 금	130,000
			현금과부족	20,000
〈수정분개〉	(차) 현금과부족	20,000	(대) 잡이익(잡수익)	20,000

(2) 현금시재액이 ₩120,000이고, 원인이 밝혀진 경우(접대비 과대계상)

〈재충당시〉	(차) 접 대 비	150,000	(대) 당 좌 예 금	130,000
			현금과부족	20,000
〈수정분개〉	(차) 현금과부족	20,000	(대) 접 대 비	20,000

3. 은행계정조정표

은행의 당좌예금원장 잔액과 회사측의 당좌예금 잔액의 차이가 발생할 수 있는데, 이러한 차이를 조정하기 위하여 작성하는 것이 은행계정조정표(bank reconciliation statement)이다.

회사측과 은행측의 잔액 차이는 양자간의 기록시점의 차이, 수수료, 오류 등으로 인해 발생할 수 있으며, 또한 부정으로도 발생할 수 있다. 따라서 은행계정조정표는 당좌예금의 내부통제의 목적으로도 이용될 수 있다. 다음은 은행의 당좌예금잔액과 기업의 장부상 잔액의 일반적인 차이원인을 나타내고 있다.

(1) 은행측 수정사항

① **미기록예금** : 회사는 당좌예금계좌에 입금하고 당좌예금의 증가로 처리하였으나 은행업무의 마감 등으로 인하여 은행이 아직 입금처리하지 않은 경우를 의미한다. 이 경우 은행측의 당좌예금 잔액이 과소계상되어 있으므로 은행측 잔고의 수정을 통해 예금잔액을 증가시켜야 한다.

② 미결제수표 : 회사는 당좌수표를 발행하여 지급에 사용하고 당좌예금을 감소시켰으나 수표의 수취인이 아직 은행에 지급청구를 하지 않아 은행에서는 아직 결제하지 않은 상태에 있는 경우를 의미한다. 이 경우 은행측의 당좌예금 잔액이 과대계상되어 있으므로 은행측 잔고의 수정을 통해 예금잔액을 감소시켜야 한다.

③ 은행측 오류 : 회사는 당좌예금의 증감을 적절하게 처리하였으나, 은행측이 잘못 기록한 경우를 의미한다. 따라서 정확한 잔액을 산출하기 위해서는 은행측이 예금잔액의 증감을 통해 조정해야 한다.

(2) 회사측 수정사항

① 미통지예금 : 거래처가 거래대금 등을 회사의 당좌예금계좌에 입금하고 은행이 예금잔액을 증가시켰으나, 거래처가 입금사실을 회사에 통보하지 않아 회사는 아직 입금으로 처리하지 않은 상태에 있는 경우를 의미한다. 따라서 정확한 잔액을 산출하기 위해서는 회사측이 수정을 통해 예금잔액을 증가시켜야 한다.

② 은행수수료 : 은행은 회사와의 당좌거래 등으로 발생한 수수료를 회사의 당좌예금에서 출금하였으나 회사가 아직 출금으로 처리하지 않은 상태에 있는 경우를 의미한다. 따라서 정확한 잔액을 산출하기 위해서는 회사측이 수정을 통해 예금잔액을 감소시켜야 한다.

③ 이자비용 및 이자수익 : 은행에서는 회사의 이자비용 또는 이자수익을 당좌예금계좌에서 처리하였으나, 회사는 이 사실을 몰라 아직 처리하지 않은 상태에 있는 경우를 의미한다. 따라서 정확한 잔액을 산출하기 위해서는 이자비용이 발생한 경우에는 회사측이 예금잔액을 감소시키고, 이자수익이 발생한 경우에는 회사측이 예금잔액을 증가시켜야 한다.

④ 부도수표 : 회사가 거래처로부터 받은 수표를 회사의 당좌예금계좌에 입금하고 당좌예금계정 잔액을 증가시켰으나, 거래은행이 수표의 지급은행에 지급청구를 했을 때 발행인의 잔고부족으로 지급은행이 지급을 거절하여 은행이 당좌예금에 입금처리를 하지 않은 상태에 있는 경우를 의미한다. 따라서 정확한 잔액을 산출하기 위해서는 회사측이 수정을 통해 예금잔액을 감소시켜야 한다.[5)]

⑤ **회사측 오류** : 은행은 당좌예금의 증감을 적절하게 처리하였으나, 회사측이 잘못 기록한 경우를 의미한다. 따라서 정확한 잔액을 산출하기 위해서는 회사측이 예금잔액의 증감을 통해 조정해야 한다.

위에서 언급한 수정사항 중 은행이 수정해야 할 사항은 은행계정조정표를 작성하는 과정에서만 반영하면 되지만, 회사측 수정사항은 은행계정조정표 작성에 포함해야 할 뿐만 아니라 재무제표에 정확한 계정잔액을 반영하기 위하여 반드시 수정분개를 실시해야 한다. 회사측 수정사항 중 회사측 잔액을 증가시키는 조정을 한 경우에는 수정분개를 할 때 항상 차변에 당좌예금계정이 기록되고, 잔액을 감소시키는 조정을 한 경우에는 대변에 당좌예금계정이 기록된다.

예제 5-4 은행계정조정표 작성

20×1년말 현재 (주)전남의 장부상 예금계정 잔액은 ₩100,000, 은행의 잔액명세서 잔액은 ₩124,500이다. 다음은 두 장부상 잔액의 차이에 관한 추가적인 정보이다.

- (주)전남이 20×1년 12월 31일 은행업무 마감 후 입금한 ₩20,000이 은행에서는 20×2년 1월 4일에 입금처리되었다.
- (주)전남이 20×1년 12월에 발행한 수표 중에서 아직 인출되지 않은 금액은 ₩50,500이다.
- 20×1년 12월 24일 매출처인 (주)경산이 거래대금 ₩32,000을 당좌이체하였으나 (주)전남은 아직 그 사실을 모르고 있다.
- 20×1년 12월 26일 매출처인 (주)대동으로부터 받은 당좌수표 ₩15,000을 예입하였으나 부도가 발생하였다. 그러나 (주)전남은 아직 그 사실을 모르고 있다.
- 은행에서는 20×1년도 거래수수료로 ₩5,000을 계좌에서 출금하였으나, (주)전남은 아직 그 사실을 모르고 있다.
- (주)전남은 20×1년 12월 31일 매입처인 (주)삼풍에 외상매입금 ₩42,000을 계좌이체하면서 ₩24,000으로 기록하였다.

---

5) 회사가 거래처로부터 매출에 대한 대금으로 수표를 수령한 후 거래은행이 동 수표를 지급은행에 지급청구하였으나 잔고부족으로 거절당한 경우의 회계처리는 다음과 같다.

• 수표 수령시 :	(차) 당 좌 예 금	×××	(대) 매 출	×××
• 부도 발생시 :	(차) 매 출 채 권	×××	(대) 당 좌 예 금	×××

〈요구사항〉
1. 은행계정조정표를 작성하시오.
2. (주)전남이 해야 할 수정분개를 하시오.

해답

1. 은행계정조정표

(주)전남 20×1년 12월 31일

	회사측 잔액	은행측 잔액
12월 31일 수정전 잔액	₩100,000	₩124,500
조정항목 : 가산(차감)		
(1) 미기록예금		20,000
(2) 미결제수표		(50,500)
(3) 미통지예금	32,000	
(4) 부도수표	(15,000)	
(5) 은행수수료	(5,000)	
(6) 회사측 오류	(18,000)	
12월 31일 수정후 잔액	₩94,000	₩94,000

2. 회사측 수정분개

	차변	금액	대변	금액
(1)	(차) 당 좌 예 금	32,000	(대) 매 출 채 권	32,000
(2)	(차) 매 출 채 권	15,000	(대) 당 좌 예 금	15,000
(3)	(차) 수수료비용	5,000	(대) 당 좌 예 금	5,000
(4)	(차) 매 입 채 무	18,000	(대) 당 좌 예 금	18,000

제 3 절 수취채권과 지급채무의 분류

수취채권(receivables)은 재화나 용역의 신용판매 또는 자금 등의 대여로 인하여 미래에 현금 등을 수취할 수 있는 권리를 말한다. 수취채권과 대칭의 개념으로 지급채무(payables)는 재화나 용역의 신용구매 또는 자금 등을 차입함으로써 미래에 현금 등을 지급해야 할 의무를 말한다.[6] 따라서 수취채권은 자산으

〈표 5-4〉
수취채권과 지급채무의 분류

구 분		수취채권, 지급채무 (금융자산 · 부채, 현금후급)		기타의 채권, 채무 (비금융자산 · 부채, 현금선급)	
		자 산	부 채	자 산	부 채
매출, 매입		매출채권	매입채무	선급금	선수금
그 외 거래	자금대여, 차입	대여금	차입금	–	–
	일반자산	미수금	미지급금	선급금	선수금
	수익, 비용	미수수익	미지급비용	선급비용	선수수익

로, 지급채무는 부채로 인식된다. 수취채권과 지급채무 중 매출 및 매입으로 인한 것은 매출채권과 매입채무, 자금대여 및 차입으로 인한 것은 대여금과 차입금, 일반자산의 매도 및 매입으로 인한 것은 미수금과 미지급금, 그 외 수익과 비용으로 인한 것은 미수수익과 미지급비용의 계정과목을 각각 사용한다. 그 외 선급금, 선수금, 선급비용, 선수수익은 수취채권과 지급채무에 속하지 않으나 수취채권 및 지급채무와 밀접한 관계가 있으며 이상의 계정과목들을 정리하면 〈표 5-4〉와 같이 분류된다.[7)]

(1) 매출채권과 매입채무

매출채권(trade receivables)은 기업의 주된 수익창출활동인 매출이 외상으로 이루어진 경우에 발생하는 수취채권이다.[8)] 〈표 5-4〉에서 표시된 바와 같이 매출채권은 다시 외상매출금과 받을어음으로 구분된다. 외상매출금(accounts receivable)은 구두로 외상매출한 경우에 발생하며, 받을어음(notes receivable)은 어음을 수취하면서 매출이 이루어진 경우에 발생하는 수취채권이다. 외상매출금과 받을어음

6) 즉 거래의 한쪽이 수취채권으로 기록을 하게 되면, 상대방은 지급채무로 인식하게 된다. 따라서 수취채권과 지급채무는 따로 공부하는 것보다는 한 번에 같이 공부하는 것이 타당하다. 지급채무에 대한 내용은 제9장 부채에서도 다루고 있으니 참조하기 바란다.

7) 수취채권(지급채무)은 현금의 수취(지급)시기에 따라서도 분류할 수 있다. 현금의 수취(지급)가 빠른 시일 내, 즉 재무상태표일로부터 1년 이내에 도래하면 유동자산(부채)으로, 재무상태표일로부터 1년 후에 도래하면 장기성 채권(채무) 등의 비유동자산(부채)으로 분류한다. 장기성 채권 및 채무의 경우 회계처리가 복잡하기 때문에 본장에서는 유동자산(부채)으로 분류되는 채권과 채무에 대해서만 언급하기로 한다.

8) 주된 수익창출활동인 매출이란 상품을 판매하는 회사의 경우에는 상품인 재고자산을 판매하는 것을 말하고, 회계법인과 같이 용역을 제공하는 회사의 경우에는 주된 용역제공이 이에 해당한다. 예를 들어 삼계탕을 파는 식당에서 재고자산인 삼계탕을 파는 것과 회계감사업무를 목적으로 하는 회계법인에서 감사업무를 제공하는 것은 매출에 해당하지만 식당이 확장이전하기 위하여 유형자산인 구 식당을 처분하는 것은 매출이 아니다.

모두 현금을 받지 않고 거래한 외상거래, 즉 신용거래를 통하여 발생한 채권이므로 재무제표를 이용하는 정보이용자 입장에서는 매출을 통하여 회사가 받아야 할 돈이라는 점에서 차이가 없다. 따라서 외상매출금과 받을어음은 따로 보고하지 않고 매출채권이라는 계정으로 통합하여 보고하도록 하고 있다.[9]

매입채무는 기업의 주된 사업활동과 관련된 재고자산을 매입하고 그 대금을 지급하지 않은 경우에 발생하는 채무를 의미하며 매출채권과 마찬가지로 그 대금을 구두로 주기로 한 것과 어음으로 주기로 한 것을 구분하지 않고 매입채무라는 계정과목으로 통합하여 보고한다.

(차) 매출채권(자산)	×××	(대) 매출(수익)	×××
(차) 현 금	×××	(대) 매 출 채 권	×××

(차) 재고자산(자산)	×××	(대) 매입채무(부채)	×××
(차) 매 입 채 무	×××	(대) 현 금	×××

(2) 대여금과 차입금

대여금은 기업이 비영업활동으로 자금을 대여한 경우 발생하는 수취채권이며, 차입금은 자금을 차입한 경우에 발생하는 지급채무이다.

(차) 대여금(자산)	×××	(대) 현 금	×××
(차) 현 금	×××	(대) 대 여 금	×××

(차) 현 금	×××	(대) 차입금(부채)	×××
(차) 차입금(부채)	×××	(대) 현 금	×××

---

9) 그러나 회사 입장에서는 관리적 차원에서 어음을 받고 판매한 경우와 순수하게 외상으로 판매한 경우를 구분하여 기록한다. 즉 회사는 외상매출금과 받을어음을 따로 회계처리하지만 재무제표에는 두 계정을 합하여 매출채권계정으로 보고한다.

(3) 미수금과 미지급금

미수금은 재고자산 이외의 자산을 외상으로 처분하는 거래에서 발생하는 채권을 의미하고, 미지급금은 재고자산 이외의 자산을 외상으로 구입하는 거래에서 발생하는 채무를 말한다. 예를 들어 식료품을 판매하는 회사가 식료품이 아닌 유형자산인 건물을 외상으로 처분할 경우 발생하는 채권이 미수금이 되고, 유형자산인 건물을 외상으로 구매한 경우 발생하는 채무가 미지급금이 된다.

(차) 미수금(자산)	×××	(대) 건　　물	×××
(차) 현　　금	×××	(대) 미 수 금	×××

(차) 건　　물	×××	(대) 미지급금(부채)	×××
(차) 미 지 급 금	×××	(대) 현　　금	×××

(4) 미수수익과 미지급비용

매출 이외의 수익이 발생하였으나 현금으로 회수되지 않은 경우에 미수수익으로 처리한다. 대표적인 미수수익으로는 미수이자, 미수임대료 등이 있다. 마찬가지로 비용이 발생하였으나 지급하지 않은 경우 이를 미지급비용으로 처리하며 미지급비용의 예는 미지급이자, 미지급임대료 등이 있다.

(차) 미수임대료(자산)	×××	(대) 임대료수익	×××
(차) 현　　금	×××	(대) 미수임대료	×××

(차) 이 자 비 용	×××	(대) 미지급이자(부채)	×××
(차) 미지급이자	×××	(대) 현　　금	×××

(5) 선급금과 선수금

선급금은 매입자가 자산 등을 제공받기 전에 거래의 이행을 확실히 하기 위하여 거래대금의 일부 또는 전부를 미리 지급하고 발생하는 채권을 의미한다.

반면 거래대금을 미리 받은 매도자는 이를 선수금이라는 부채로 회계처리한다. 선급금을 지급한 자는 자산을 받을 권리가 생기며, 선수금을 받은 자는 자산을 이전해야 할 의무가 발생한다.

(차) 선급금(자산)	×××	(대) 현 금	×××
(차) 상 품	×××	(대) 선 급 금	×××

(차) 현 금	×××	(대) 선수금(부채)	×××
(차) 선 수 금	×××	(대) 매 출	×××
매출원가	×××	상 품	×××

(6) 선급비용 및 선수수익

선급비용은 미래에 지출할 비용을 사전적으로 지출한 현금지출로 자산계정으로 인식한다. 제3장에서 언급했던 선급보험료를 예로 들 수 있다. 선수수익은 수익(매출 이외)으로 받을 금액을 미리 받은 것으로 선수이자, 선수임대료 등이 이에 해당한다.

(차) 선급보험료(자산)	×××	(대) 현 금	×××
(차) 보험료(비용)	×××	(대) 선급보험료	×××

(차) 현 금	×××	(대) 선수임대료(부채)	×××
(차) 선수임대료	×××	(대) 임대료(수익)	×××

선급금, 선수금, 선급비용 및 선수수익 등은 현금 수취/지급이 아닌 방법으로 종결되는 경우가 대부분이며 수취채권/지급채무로 분류하지 않는다. 선급금과 선급비용의 차이는 선급금은 향후 자산으로 대체되고 선급비용은 비용으로 대체된다는 점이며, 선수금과 선수수익의 차이는 선수금은 향후 매출 또는 자산으로 대체되고 선수수익은 수익(매출 이외)으로 대체된다는 점이다.

제 4 절 매출채권의 회계처리

위에서 수취채권과 지급채무의 종류에 대하여 살펴보았다. 이하에서는 회계처리에 대하여 살펴보고자 한다. 위에서 언급한 수취채권의 회계처리들이 대동소이하기 때문에 본절에서는 대표적인 수취채권인 매출채권을 중심으로 살펴본다. 또한 지급채무의 경우에도 수취채권과 대칭적인 구조를 가지고 있기 때문에 생략하고 필요시 회계처리를 첨가하도록 한다.

매출채권과 관련된 회계처리는 크게 최초인식, 보유시 평가, 그리고 소멸의 세 가지로 구성된다.[10] 매출채권의 최초인식은 외상매출시 발생하며 최초인식에서 중요한 점은 매출채권의 금액으로 얼마를 인식할 것인가? 언제 매출채권으로 인식할 것인가?이다. 매출채권은 앞에서 언급한 바와 같이 받은 돈이 아니라 받을 돈이다. 즉 매출채권은 100% 현금으로 회수되지 않을 불확실성이 존재한다. 불확실성이 존재함에도 불구하고 매출채권의 100%를 자산으로 기록하게 되면 자산의 과대평가 문제가 발생할 수 있다. 따라서 매출채권에 대해서 이에 대한 적절한 평가가 필요하다.

1. 매출채권의 최초인식

외상매출이 이루어졌을 때 매출채권은 최초로 인식된다. 매출채권의 최초인식시점의 분개는 다음과 같다.

(차) 매 출 채 권 ××× (대) 매 출 ×××

매출채권의 최초인식에서 핵심적인 사항은 매출채권의 인식시점과 금액

10) 이는 수취채권뿐만 아니라 모든 자산에 해당한다고 볼 수 있다. 즉 자산을 취득할 때 회사가 처음으로 회계처리를 시작하는데 이때 회계처리가 바로 자산의 최초인식에 해당한다. 그리고 자산을 보유하고 있을 때 자산의 변동이 발생하면 이에 대한 회계처리를 할 것이다. 이것이 바로 보유시 평가에 해당한다. 마지막으로 회계처리는 자산이 회사실체 밖으로 나가는 시점, 즉 소멸시에 이루어지게 된다.

이다. 매출채권을 최초인식할 때 상대계정이 매출이므로 결국 매출수익 인식의 문제와 동일하게 된다. 인식시점의 문제는 매출의 형태에 따라 매우 다양하므로 이는 수익인식에서 자세히 살펴보기로 하고, 아래에서는 매출채권의 인식금액에 영향을 미치는 사항들에 대하여 살펴본다.

(1) 매출운임

누구나 한 번쯤은 인터넷을 통해 물건을 구매해 본 경험이 있을 것이다. 인터넷구매는 직접구매와 달리 판매자가 물건을 배송해 준다. 일반적으로는 무료배송을 해주지만 구매금액이 적은 경우에는 배송료를 따로 지불해야 한다. 그러면 배송료는 매출채권에 어떤 영향을 미칠까?

일반적으로 배송은 매출 후에 발생하는 것이므로 매출에 포함하지 않는다. 따라서 매출로 인하여 발생하는 채권인 매출채권에도 영향을 미치지 않는다. 즉 배송료는 판매비로 처리하는 것이 타당하다. 예를 들어 회사가 단위당 표시가격이 ₩100인 제품 100개를 외상판매한 경우, 택배사에 ₩2,000을 지급하고 고객에게 제품을 무료배송하였다면 다음과 같은 회계처리를 행해야 한다.

(차)	매 출 채 권	10,000	(대) 매 출	10,000
	운 반 비	2,000	현 금	2,000

만약, 회사가 지급한 배송비를 소비자가 부담하기로 하여 ₩10,000과 배송료 ₩2,000을 합한 ₩12,000을 지급하기로 하였다면 회계처리는 다음과 같다.

(차)	매 출 채 권	10,000	(대) 매 출	10,000
	미 수 금	2,000	현 금	2,000

이상의 회계처리와 같이 운반비는 매출채권에 전혀 영향을 미치지 않게 된다.[11)]

11) 반면에 구매금액(재고자산)은 구매를 위하여 지급한 총액이 되어야 하므로 구매자 입장에서는 부담한 배송료를 매입대금에 포함해야 한다. 따라서 배송료는 매입채무에 영향을 미치게 된다. 위 예를 구매자 입장에서 회

(2) 거래할인과 수량할인

매출액은 '단위당 판매대금×판매량'이다. 따라서 한 개당 이윤을 조금 줄이더라도 많이 판매를 하게 되면 매출액이 증가하여 회사의 이익은 증가하게 된다. 따라서 회사는 많이 구매하는 단골고객이나 대량으로 구매하는 경우에는 표시된 가격보다 할인해서 판매하는 경우가 일반적이다. 이처럼 특정고객에게 할인해 주는 것을 거래할인이라 하고, 일정수량 이상 구매하는 경우 할인해 주는 것을 수량할인이라 한다.

그러면 회사는 거래할인과 수량할인에 대하여 어떻게 인식해야 하는가? 이에 대해서는 두 가지 대안이 있을 수 있다. 첫째, 표시가격에 판매된 것으로 회계처리하고, 거래할인과 수량할인을 따로 인식하는 방법이다. 둘째, 거래할인과 수량할인을 차감한 실제 판매가격으로 회계처리하는 방법이다. 예를 들어 50개 이상 구매할 때 51개째부터 표시가격의 10%를 할인해 주는 회사가 단위당 표시가격이 ₩100인 제품 100개를 외상판매하였다고 가정하고 각 방법에 대하여 회계처리하면 다음과 같다.

[대안 1]

(차)	매출채권	10,000	(대) 매 출	10,000
	수량할인	500	매출채권	500

[대안 2]

(차)	매출채권	9,500	(대) 매 출	9,500

[대안 1]의 경우 포괄손익계산서상 매출액이 ₩10,000, 수량할인으로 인한 비용이 ₩500으로 이익은 ₩9,500이고, 재무상태표상 매출채권은 ₩10,000－₩500으로 ₩9,500이 된다. [대안 2]의 경우에는 포괄손익계산서상 매출액이

계처리하면 다음과 같다.

(1) 배송료를 판매자가 부담한 경우

(차) 매입(재고자산)	10,000	(대) 매입채무	10,000

(2) 배송료를 구매자가 부담한 경우

(차) 매입(재고자산)	12,000	(대) 매입채무	12,000

이에 대한 자세한 내용은 제6장 재고자산에서 자세히 살펴보기로 한다.

₩9,500이고 비용이 ₩0이 되어 이익은 ₩9,500, 재무상태표상 매출채권은 ₩9,500이 된다. 어느 방법을 사용하더라도 포괄손익계산서상 이익과 재무상태표상 매출채권의 금액은 동일하지만 포괄손익계산서상의 구성내역은 달라진다.

그러면 어떠한 회계처리가 더 적절할까? 매출액은 실제 판매금액으로 회계처리해야 한다는 관점에서 [대안 2]가 더 적절한 회계처리인 것으로 받아들여지고 있다. 즉 거래할인과 수량할인을 차감한 후의 금액을 기준으로 회계처리한다.

(3) 매출할인

기업이 계속해서 사업을 하기 위해서는 적절한 현금의 보유 및 순환이 무엇보다 중요하다. 또한 매출채권은 아직 현금으로 회수되지 않은 부분이므로 현금회수에 있어 불확실성이 존재한다. 따라서 기업은 외상대금을 조기에 지급하면 할인해 주는 등 조기회수를 위한 유인책을 사용할 수 있다. 이렇게 조기지급시 할인해 주는 것을 매출할인(sales discount)이라 한다.[12] 일반적인 매출할인의 표시는 '2/10, n/30'으로, 이는 30일 이내에는 외상대금을 지급해야 하지만, 만약 10일 이내에 외상대금을 지급하면 2%를 할인해 주겠다는 것이다. 매출할인의 회계처리는 다음의 순액법과 총액법 두 가지가 존재한다.

순액법은 일반적으로 매출할인시 제공되는 할인율이 높기 때문에 매입자 입장에서도 조기에 지급하는 것이 이익이고, 따라서 판매자가 제공하는 조건을 받아들이는 경우가 대부분이므로 매출할인이 이루어진다는 가정하에서 매출할인액을 차감한 순액으로 매출과 매출채권을 인식하는 방법이다. 만약 할인기간 내에 지급이 이루어지지 않은 경우에는 대금회수시 매출할인액을 이자수익(또는 할인기간경과이익)으로 인식한다.

총액법은 매출시 총액을 매출과 매출채권으로 기록하고, 만약 할인기간 내에 회수가 이루어진다면 할인액을 매출할인으로 인식하는 방법이다. 매출할인은 매출액에서 차감하므로 포괄손익계산서에 나타나지 않는다.

매출할인액이 차감된 후 금액으로 기록하는 순액법에서는 매출할인액이 얼마인지 파악하기가 힘든 반면 총액법에서는 매출할인액을 별도로 기록하기

12) 매입자 입장에서는 매입할인이 된다.

때문에 실무적으로 타당한 방법으로 인정받고 있다. 한국채택국제회계기준에서는 순액법과 총액법에 관한 명확한 규정이 없다.

예제 5-5 매출할인

이동식메모리를 생산하는 (주)충주는 20×1년 1월 1일 (주)마산에 이동식메모리 1,000개(판매가격 @₩200)를 외상판매하였다. 신용판매조건은 '2/10, n/30'이었다.

〈요구사항〉

1. (주)마산이 1월 7일에 외상대금 전부를 지급하였을 때 (주)충주가 행해야 할 분개를 순액법과 총액법으로 구분하여 나타내시오.
2. (주)마산이 1월 7일에 외상대금의 50%를, 1월 28일에 나머지를 지급하였을 때 (주)충주가 행해야 할 분개를 순액법과 총액법으로 구분하여 나타내시오.

해답

1. 할인기간 내 전부지급시 분개

	순액법		총액법	
20×1년 1월 1일	(차) 매 출 채 권	196,000	(차) 매 출 채 권	200,000
	(대) 매 출	196,000	(대) 매 출	200,000
20×1년 1월 7일	(차) 현 금	196,000	(차) 현 금	196,000
	(대) 매 출 채 권	196,000	매 출 할 인	4,000
			(대) 매 출 채 권	200,000

2. 할인기간 내 일부지급시 분개

	순액법		총액법	
20×1년 1월 1일	(차) 매 출 채 권	196,000	(차) 매 출 채 권	200,000
	(대) 매 출	196,000	(대) 매 출	200,000
20×1년 1월 7일	(차) 현 금	98,000	(차) 현 금	98,000
	(대) 매 출 채 권	98,000	매 출 할 인	2,000
			(대) 매 출 채 권	100,000
20×1년 1월 28일	(차) 현 금	100,000	(차) 현 금	100,000
	(대) 매 출 채 권	98,000	(대) 매 출 채 권	100,000
	이 자 수 익	2,000		

[예제 5-5]에 나타난 바와 같이 만약 구매자가 할인기간 내에 외상대금을 모두 지급하는 경우에는 매출시 총액법으로 회계처리를 하게 되면 매출채권

이 과대계상되는 문제가 발생할 수 있다. [예제 5-5]의 〈요구사항 1〉의 총액법으로 회계처리할 경우 회사는 매출채권으로 ₩200,000을 기록하였지만 실제 회수된 금액이 ₩196,000이므로 매출채권이 ₩4,000만큼 과대계상이 된다. 앞에서 언급한 바와 같이 구매자가 할인기간 내에 지급하는 것이 일반적이므로 총액법보다는 순액법이 우수하다고 주장하는 견해도 있다.

참고로 구매자인 (주)마산의 회계처리는 다음과 같다.

1. 할인기간 내 전부지급시 분개

	순액법	총액법
20×1년 1월 1일	(차) 매 입 196,000 (대) 매 입 채 무 196,000	(차) 매 입 200,000 (대) 매 입 채 무 200,000
20×1년 1월 7일	(차) 매 입 채 무 196,000 (대) 현 금 196,000	(차) 매 입 채 무 200,000 (대) 현 금 196,000 매 입 할 인 4,000

2. 할인기간 내 일부지급시 분개

	순액법	총액법
20×1년 1월 1일	(차) 매 입 196,000 (대) 매 입 채 무 196,000	(차) 매 입 200,000 (대) 매 입 채 무 200,000
20×1년 1월 7일	(차) 매 입 채 무 98,000 (대) 현 금 98,000	(차) 매 입 채 무 100,000 (대) 현 금 98,000 매 입 할 인 2,000
20×1년 1월 28일	(차) 매 입 채 무 98,000 이 자 비 용 2,000 (대) 현 금 100,000	(차) 매 입 채 무 100,000 (대) 현 금 100,000

(4) 매출에누리와환입

엄밀하게 말할 때 매출시 최초인식에는 해당하지 않지만 매출 및 매출채권에 영향을 미치는 것으로 매출에누리와환입이 있다.[13] 매출한 제품 등에 하자가 있어 추후 금액을 깎아주는 것이 매출에누리(sales allowance)이고, 하자 등이 심각하여 반품을 받는 것이 매출환입(sales return)이다. 매출에누리와 매출환입은 매출에누

13) 매입자 입장에서는 매입에누리와환출이 된다.

리와환입으로 통합하는 것이 일반적이다. 매출에누리와환입도 총액법에서 인식한 매출할인과 동일하게 매출액에서 차감하므로 포괄손익계산서상에 나타나지 않는다.[14)]

이상의 내용을 정리하면 다음과 같다.

(포괄손익계산서상) 매출액 = 총매출액 − 매출에누리와환입 − 매출할인

예제 5-6 매출에누리와환입

이동식메모리를 생산하는 (주)충주는 20×1년 1월 1일 (주)마산에 이동식메모리 1,000개(판매가격 @₩200)를 외상판매하였다. 20×1년 1월 5일 운송되어 온 제품을 검수하는 과정에서 (주)마산은 20개의 제품에 하자가 있는 것을 발견하였다. 이 중 5개의 하자는 별 문제가 되지 않아 반품하지는 않고 개당 ₩10을 깎아달라고 요구하였으며, 나머지 15개는 반품을 요구하였다. (주)충주는 (주)마산의 요구사항을 모두 들어주었다.

〈요구사항〉

1. (주)충주와 (주)마산이 행해야 할 회계처리를 나타내시오.
2. (주)충주가 위 거래와 관련하여 포괄손익계산서에 인식할 매출액은 얼마인가?

해답

1.

	(주)충주	(주)마산
20×1년 1월 1일	(차) 매 출 채 권 200,000 (대) 매 출 200,000	(차) 매 입 200,000 (대) 매 입 채 무 200,000
20×1년 1월 5일	(차) 매출에누리와환입 3,050* (대) 매 출 채 권 3,050 * 매출에누리(₩50) + 매출환입(₩3,000)	(차) 매 입 채 무 3,050 (대) 매입에누리와환출 3,050

2. 순매출액 = 총매출액 − 매출에누리와환입 − 매출할인

X = ₩200,000 − ₩3,050 − ₩0

= ₩196,950

14) 포괄손익계산서상 매출액은 총매출액에서 매출할인과 매출에누리와환입을 차감한 금액이 계상되고, 포괄손익계산서상 매입액은 총매입액에서 매입할인과 매입에누리와환출을 차감한 금액이 계상된다. 따라서 포괄손익계산서상 매출액과 매입액을 각각 순매출액과 순매입액이라고도 한다.

2. 매출채권의 평가 : 손상

매출채권은 거래처의 파산 등의 이유로 일부가 회수되지 못하는 경우가 일반적인데 이처럼 금융자산 발행자(거래처)의 신용위험(credit risk)이 높아져 회수되지 못하는 채권을 비용으로 인식하는 것을 손상차손(impairment loss)이라고 부른다. 매출채권에 대한 손상차손을 인식하는 것이 중요한 이유는 손상회계처리가 적절히 이루어지지 않았을 경우 자산이 과대평가되고, 비용의 과소평가로 인하여 이익이 과대평가됨으로써 정보이용자들의 잘못된 의사결정을 유도할 수 있기 때문이다. 아래에서는 손상의 검토 및 회계처리에 대하여 살펴보기로 한다.

(1) 손상의 검토

한국채택국제회계기준(제1109호)에 의하면 기업은 최초인식 후에 금융상품의 신용위험이 유의적으로 증가하였는지를 매 보고기간말에 평가한다. 금융상품의 신용위험이 유의적으로 증가한 경우에는 매 보고기간말에 전체기간 기대신용손실에 해당하는 금액으로 손실충당금을 측정한다. 여기서 기대신용손실이란 금융상품의 기대존속기간에 걸친 신용손실(모든 현금 부족액의 현재가치)의 확률가중추정치이다. 현금 부족액은 계약상 수취하기로 한 현금흐름과 수취할 것으로 기대하는 현금흐름의 차이이다. 기대신용손실은 지급액과 지급시기를 고려하기 때문에, 전부 지급받을 것으로 예상하더라도 그 예상시기가 계약상 지급시점보다 늦다면 신용손실이 발생한다. 구체적인 기대신용손실의 계산과정은 중급회계에서 학습하기로 한다.

(2) 손상회계처리

매출채권의 손상과 관련한 회계처리는 직접상각법과 충당금설정법이 있다. 직접상각법(direct write-off method)은 매출채권이 회수불능이 되었을 때 차변에 손상차손을 인식하고 대변에 매출채권을 기록함으로써 장부상에서 매출채권을 직접 없애는 방법이다. 반면 충당금설정법(allowance method)은 매출채권의 신용위험이 유의적으로 증가하였다고 판단되면 대변에 매출채권 대신 손실충당금을 기록함으로써 매출채권을 간접적으로 감소시키는 방법이다. 직접상각법은 자산의 과대평가와 수익 · 비용의 부적절한 대응의 문제를 내포하고 있다.

현재 기업회계기준에서는 충당금설정법만 인정하고 있으며 충당금설정법의 이해를 돕기 위해 직접상각법도 제시하고자 한다.

1) 직접상각법

직접상각법은 실제로 회수불능이 확정되었을 경우에 다음과 같이 손상차손을 인식하고, 매출채권을 제각(除却, write-off)하는 회계처리방법이다.

(차)	손상차손	×××	(대) 매출채권	×××

예제 5-7 직접상각법의 회계처리

20×1년 10월 1일 설립한 (주)광주는 백팩(backpack)을 생산하고 있다. (주)광주는 20×1년 12월 1일 ₩300,000의 매출을 했으며 이 중 외상매출은 ₩200,000이었다. 20×1년에는 거래처들이 건실하여 각각의 매출채권을 모두 회수할 수 있을 것으로 판단하였으나, 20×2년 3월 6일 ₩50,000의 매출채권이 있는 거래처가 파산하였다. (주)광주는 나머지 외상대금 ₩150,000을 20×2년 5월 5일에 모두 회수하였다. (주)광주의 매출채권은 직접상각법을 적용하여 회계처리하고 있다.

〈요구사항〉

(주)광주의 20×1년과 20×2년의 회계처리를 하시오.

해답

일자	차변	금액	대변	금액
20×1년 12월 1일	(차) 현금	100,000	(대) 매출	300,000
	매출채권	200,000		
20×1년 12월 31일	분개 없음			
20×2년 3월 6일	(차) 손상차손	50,000	(대) 매출채권	50,000
20×2년 5월 5일	(차) 현금	150,000	(대) 매출채권	150,000

(주)광주는 직접상각법을 이용하기 때문에 신용위험이 유의적으로 증가하지 않은 20×1년에는 손상과 관련한 아무런 회계처리를 하지 않았다. 따라서 (주)광주의 20×1년말 재무상태표상 매출채권은 ₩200,000으로 기록된다. 그러나 실제로 회수된 금액은 ₩200,000이 아니라 ₩150,000이므로 장부상 매

출채권금액은 과대계상되는 문제가 발생한다. 또한 수익·비용대응의 관점에서 20×1년 매출로 인해 발생한 비용인 ₩50,000이 20×1년도가 아니라 20×2년도에 포괄손익계산서상 손상차손 ₩50,000으로 인식됨으로써 수익·비용대응이 적절히 이루어지지 않는다.

[예제 5-7]에서 살펴본 바와 같이 직접상각법은 실제발생액을 손상차손으로 계상하므로 객관적이라는 장점을 가지기는 하지만 채권의 과대평가 문제와 수익·비용의 부적절한 대응의 문제점을 내포하고 있다.

2) 충당금설정법

회수불능확정시 손상차손을 인식하는 직접상각법과 달리 충당금설정법은 연도말 기대신용손실을 측정한다. 즉, 손상차손과 자산의 차감항목인 손실충당금(allowance for doubtful accounts)을 인식하고, 실제로 회수불능이 확정되었을 때 이미 설정한 충당금을 감소시키는 회계처리방법이다. 충당금설정법은 추정치가 장부에 반영되는 한계점을 가지지만, 채권이 순실현가능가치로 평가되고 수익·비용이 적절히 대응된다는 장점을 가지고 있다. 이 점 때문에 한국채택국제회계기준(K-IFRS)에서는 충당금설정법을 사용하도록 규정하고 있다.

충당금설정법에서의 회계처리는 크게 보고기간말 회수불능에 대한 추정 및 설정, 회수불능확정, 회수불능처리된 채권의 회수 등으로 구분된다. 각각의 회계처리를 살펴보면 다음과 같다.

① 회수불능 추정 및 설정

충당금설정법에서는 매 보고기간말 금융자산의 신용위험이 증가하였다면(증가하지 않았다면) 전체기간(12개월)의 기대신용손실에 해당하는 금액을 측정하고, 기대신용손실추정액과 손실충당금 잔액을 비교하여 차액을 손상차손 또는 손상차손환입의 당기손익으로 인식하고 손실충당금을 가감한다.

---

(1) 기대신용손실추정액 > 손실충당금 잔액

(차) 손 상 차 손	×××	(대) 손실충당금	×××

(2) 기대신용손실추정액 = 손실충당금 잔액

분개 없음

(3) 기대신용손실추정액 < 손실충당금 잔액

(차) 손실충당금	×××	(대) 손실충당금환입	×××

② 회수불능확정

충당금설정법에서는 회수불능확정시 다음과 같이 손실충당금 잔액이 회수불능확정액보다 클 경우에는 손실충당금과 매출채권을 감소시키고, 만약 회수불능확정액이 손실충당금 잔액보다 클 경우에는 차액만큼을 손상차손으로 인식한다.

(1) 회수불능확정액 > 손실충당금 잔액

(차) 손실충당금	×××	(대) 매 출 채 권	×××
손 상 차 손	×××		

(2) 회수불능확정액 ≤ 손실충당금 잔액

(차) 손실충당금	×××	(대) 매 출 채 권	×××

③ 회수불능된 채권의 회수

회수불능처리된 채권을 다시 회수하게 될 경우에는 회수불능시 감소시켰던 충당금을 회복시키고 회수된 금액만큼 현금의 증가로 기록한다.[15] 만약 회수불능확정시 손실충당금 잔액이 부족하여 손상차손으로 회계처리한 경우에도 회수된 금액만큼 손실충당금을 회복시킨다.

(1) 회수불능확정 취소분개

(차) 매 출 채 권	×××	(대) 손실충당금	×××

(2) 매출채권 회수분개

(차) 현　　금	×××	(대) 매 출 채 권	×××

15) 회수불능확정 취소분개와 매출채권 회수분개를 결합하면 다음과 같다.

(차) 현　　금	×××	(대) 손실충당금	×××

그럼에도 회수불능확정 취소분개와 매출채권 회수분개를 구분하여 하는 것은 거래처별 매출채권 관리가 용이하기 때문이다.

예제 5-8 충당금설정법의 회계처리

20×1년말 현재 (주)광주의 재무제표상 매출채권 잔액은 ₩1,000,000이고 손실충당금 잔액은 ₩50,000이다. (주)광주가 거래처의 기대신용손실을 추정한 결과 매출채권 잔액의 7%가 회수불가능할 것으로 판단되었다. 한편, 20×2년 3월 (주)광주의 거래처 중 하나인 (주)부실이 파산하여 ₩60,000이 회수불능으로 판명되었다. 20×2년 7월중 3월에 회수불능처리한 ₩60,000 중 ₩20,000이 회수되었다.

(주)광주는 20×2년말 현재 재무제표상 매출채권 잔액 ₩2,000,000의 기대신용손실을 결정하기 위해 기대존속기간에 관측된 채무불이행률에 기초한 다음의 충당금설정률표를 이용하기로 하였다.

연체기간	금 액	채무불이행률
1～30일	₩800,000	0.02
31～60일	500,000	0.04
61～90일	400,000	0.07
91～120일	200,000	0.10
121일 이상	100,000	0.14

〈요구사항〉

1. (주)광주의 20×1년과 20×2년의 회계처리를 하시오.
2. (주)광주의 20×2년말 재무상태표상 매출채권의 장부금액과 (주)광주의 20×2년도 포괄손익계산서상 손상차손은 얼마인가?

해답

1.

20×1년 12월 31일	(차) 손 상 차 손	20,000*	(대) 손실충당금	20,000
20×2년 3월	(차) 손실충당금	60,000	(대) 매 출 채 권	60,000
20×2년 7월	(차) 매 출 채 권	20,000	(대) 손실충당금	20,000
	(차) 현 금	20,000	(대) 매 출 채 권	20,000
20×2년 12월 31일	(차) 손 상 차 손	68,000**	(대) 손실충당금	68,000

* 기대신용손실추정액－손실충당금 잔액＝(₩1,000,000×0.07)－₩50,000
＝₩20,000

** 기대신용손실추정액 : ₩800,000×0.02＋₩500,000×0.04＋₩400,000×0.07
＋₩200,000×0.1＋₩100,000×0.14＝₩98,000

손실충당금 잔액 : ₩70,000－₩60,000＋₩20,000＝₩30,000

손실충당금 설정액 : 기대신용손실추정액－손실충당금 잔액
＝₩98,000－₩30,000＝₩68,000

2. 20×2년말 매출채권의 장부금액 : ₩2,000,000－₩98,000＝₩1,902,000

20×2년도 손상차손 : ₩68,000

(3) 매출채권의 양도

일반적으로 매출채권은 회수를 통하여 소멸되거나 앞에서 살펴본 거래처의 파산 등으로 소멸될 뿐만 아니라 회수하기 전에 금융기관에 양도를 통해서도 소멸된다. 매출채권의 회수와 거래처의 파산의 경우에는 이미 앞에서 살펴보았기 때문에 양도에 대해서만 살펴보기로 한다. 매출채권의 양도는 외상매출금의 양도와 받을어음의 양도인 받을어음 할인이 있다.

1) 외상매출금의 양도

현금부족 등의 자금사정으로 인하여, 외상매출금의 회수기간이 길어서 회수에 따른 비용의 증가 등으로 인하여 기업은 외상매출금을 금융기관에 양도하는 경우가 있다. 이러한 외상매출금의 양도를 팩토링(factoring)이라 하고, 외상매출금을 양수하는 팩토링회사를 팩터(factor)라고 한다. [그림 5-5]는 외상매출금의 양도를 나타내고 있다.

기업은 외상매출금을 팩토링회사에 양도하면서 일정수수료를 지급한다. 또한 매출에누리와환입이 발생할 경우에 대비하여 일정금액만큼 회수를 유보한다. 이 경우 일정수수료는 포괄손익계산서상 비용으로 처리하고, 유보금액은 (팩토링)미수금으로 인식한다.

[그림 5-5]
외상매출금의 양도

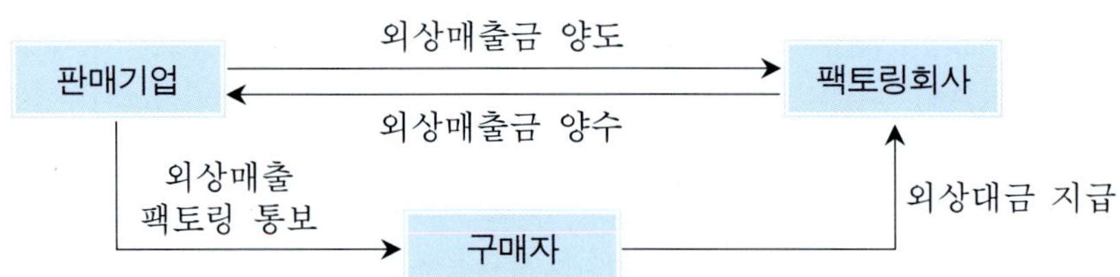

예제 5-9 외상매출금의 양도

(주)천마는 20×1년 1월 1일 (주)경산캐피탈에 (주)대동의 외상매출금 ₩300,000을 양도하였다. (주)경산캐피탈은 외상매출금의 5%에 해당하는 수수료를 차감하고, 매출에누리와환입을 대비하여 1%만큼을 유보한 후 나머지 금액을 (주)천마에 지급하였다. (주)경산캐피탈은 20×1년 4월 1일 매출에누리 ₩1,000을 제외한 나머지 금액을 (주)대동으로부터 회수하고, (주)천마에 지급유보하였

던 금액을 지급하였다.

〈요구사항〉
위 거래와 관련하여 (주)천마가 행해야 할 회계처리를 하시오.

●··해답

20×1년 1월 1일	(차)	현 금	282,000	(대)	외상매출금	300,000
		외상매출금처분손실	15,000			
		미 수 금	3,000			
20×1년 4월 1일	(차)	현 금	2,000	(대)	미 수 금	3,000
		매출에누리와환입	1,000			

2) 받을어음의 할인

어음도 일반 외상매출금과 마찬가지로 양도할 수 있다. 어음의 양도는 배서양도와 받을어음의 할인으로 구분할 수 있다. 배서양도란 타인으로부터 받은 어음을 만기일 전에 상품대금이나 외상매입금을 지급하기 위하여 어음의 뒷면에 배서하여 양도하는 것을 말한다. 예를 들어 외상매출을 하고 받은 액면금액 ₩5,000,000인 무이자부어음을 외상매입대금을 지급하기 위하여 배서양도하였다면 다음과 같은 회계처리를 하게 된다.

(차)	매 입 채 무	5,000,000	(대)	매출채권(받을어음)	5,000,000

받을어음의 할인은 외상매출금의 양도와 마찬가지로 수취채권을 통한 자금조달을 목적으로 어음의 만기가 도래하기 전에 금융기관에 할인된 금액으로 어음을 양도하는 것을 말한다.

어음할인과 관련하여 어음의 만기금액과 어음할인을 통해 수취할 금액의 차이를 매출채권처분손실로 인식한다. 수령할 금액은 만기금액에서 금융기관에서 부과하는 할인료를 차감하여 계산한다. 구체적인 계산과정은 다음과 같다.

매출채권처분손실 = 어음의 장부금액 − 어음할인을 통한 수령액
= 어음의 장부금액 − (만기금액 − 할인료)
= 어음의 장부금액 − (만기금액 − 만기금액 × 할인율 × 할인기간)

무이자부어음의 경우에는 만기금액, 장부금액 및 액면금액이 모두 동일하므로 계산이 단순하지만, 이자부어음의 경우 만기금액, 장부금액 및 액면금액이 모두 다르기 때문에 계산이 조금 복잡하다. 참고로 이자부어음의 만기금액은 액면금액과 지급받게 될 이자의 합이며, 장부금액은 액면금액과 기간경과 이자의 합이다. 그러나 실무적으로 발행되는 어음은 무이자부어음이므로 이자부어음의 할인에 대한 회계처리는 무시하거나 중급회계에서 공부하여도 무방할 것으로 생각된다.

예제 5-10 어음의 할인

(주)나주는 20×1년 1월 1일 (주)순천에 제품을 판매하고, 액면금액이 ₩5,000,000이고 만기가 20×1년 6월 30일인 무이자부어음을 수령하였다. (주)나주는 동 무이자부어음을 2개월 보유 후 20×1년 3월 1일에 호남은행으로부터 연이자율 12%조건으로 할인하고 할인료를 제외한 잔액을 현금으로 수취하였다. 단, 1년은 360일이다.

〈요구사항〉
받을어음과 관련하여 (주)나주가 행해야 할 분개를 일자별로 나타내시오.

해답

20×1년 1월 1일 (차) 매출채권(받을어음)	5,000,000	(대) 매　　출	5,000,000
20×1년 3월 1일 (차) 현　　금	4,800,000	(대) 매출채권(받을어음)	5,000,000
매출채권처분손실	200,000*		

* ₩5,000,000 × 0.12 × 4/12

한편, 외상매출금의 양도나 받을어음의 할인의 경우 형식적으로는 양도의 형태를 보이나 실질적으로 외상매출금이나 받을어음을 담보로 은행으로부터 차입한 경우도 발생한다. 실질적으로 담보거래임에도 불구하고 위와 같이 양도거래로 회계처리를 할 경우 회사의 부채비율이 개선되는 등 재무구조가 건전하게 보이기 때문에 많은 기업들이 담보거래를 양도거래로 회계처리하였다. 이에 한국채택국제회계기준에서는 양도거래에 해당될 수 있는 기준을 엄격하고 명확하게 함으로써 향후에는 이러한 회계처리의 가능성은 줄어들 것으로 판단된다. 양도거래와 차입거래의 구분 및 회계처리는 회계원리에서 고민하기보다는 중급회계에서 살펴보는 것이 타당할 것이다.

용어정리 문제

1. 현금과 요구불예금, 소액현금 그리고 현금성자산은 재무상태표에서 (   )으로 통합하여 보고한다.

2. (   )은 유동성이 매우 높은 단기 투자자산으로서 확정된 금액의 현금으로 전환이 용이하고 가치변동의 위험이 경미한 자산을 말한다.

3. (   )란 일정액의 현금을 금융기관으로부터 인출하여 소액현금관리자가 책임지고 지출을 담당하므로 현금지출에 대한 통제를 하면서 업무효율을 증진시킬 수 있는 현금관리제도이다. 그리고 현금을 보충할 때 소액현금의 최초 설정액을 한도로 보충하는 제도를 (   )라고 하고, 최초 설정액과 관계없이 보충시점에서 적절하다고 판단한 금액을 보충하는 제도를 (   )라고 부른다.

4. (   )란 일정시점에서 회사장부상 당좌예금 잔액과 은행장부상 당좌예금 잔액 간에 차이가 있는 경우 그 차이를 조정함으로써 정확한 당좌예금 잔액을 파악하기 위하여 회사가 작성하는 표를 말한다.

5. (   )은 재화나 용역의 신용판매 또는 자금 등의 대여로 인하여 미래에 현금 등을 수취할 수 있는 권리를 말한다.

6. (   )은 기업의 주된 수익창출활동인 매출이 외상으로 이루어진 경우에 발생하는 수취채권이다.

7. 매출할인의 회계처리는 매출할인이 이루어지지 않을 것이라고 가정하고 매출액과 매출채권을 총액으로 기록했다가 할인이 이루어진 시점에 매출액에서 매출할인을 차감하는 방법인 (   )과 매출할인 조건이 부여되는 경우 현실적으로 대부분 매출할인이 이루어지므로 매출할인 혜택을 부여한 시점에서 매출할인액을 차감한 순액으로 매출과 매출채권을 인식하는 (   )이 있다.

8. 거래처가 채무상환에 불성실하거나 파산 등의 이유로 신용위험이 높아져 회수되지 못하는 채권을 비용으로 인식하는 것을 (   )이라 한다.

9. (　　　)이란 매 보고기간말 금융자산의 신용위험이 증가하였다면 전체기간의 기대신용손실에 해당하는 금액을 측정하고, 매출채권을 직접 차감시키지 않는 대신 충당금을 설정하여 매출채권의 장부금액을 간접적으로 감소시키는 방법이다.

10. (　　　)은 매출채권에 대한 차감적 평가계정으로 매출채권가액에서 차감하는 형식으로 표시한다.

해답

1. 현금및현금성자산	2. 현금성자산	
3. 소액현금제도, 정액소액현금제도, 부정액소액현금제도		4. 은행계정조정표
5. 수취채권	6. 매출채권	7. 총액법, 순액법
8. 손상	9. 충당금설정법	10. 손실충당금

객관식 문제

1. 기말재무상태표에 현금및현금성자산으로 보고될 금액은? (9급국가직 수정, 2022)

• 우표	₩4,000	• 당좌차월	₩50,000
• 당좌예금	10,000	• 타인발행수표	20,000
• 지폐와 주화	12,000	• 우편환증서	5,000
• 수입인지	8,000	• 환매채(취득당시 60일 이내 환매조건)	40,000
• 보통예금	16,000		

① ₩98,000 ② ₩103,000 ③ ₩116,000
④ ₩125,000 ⑤ ₩165,000

2. (주)한국이 20×1년말 보유하고 있는 자산이 다음과 같을 때, 20×1년말 재무상태표에 표시될 현금및현금성자산은? (주택관리사보, 2021)

• 통화	₩1,000	• 보통예금	₩1,500
• 자기앞수표	2,000	• 받을어음	500
• 우편환증서	600	• 당좌개설보증금	800
• 정기예금(가입 : 20×0년 3월 1일, 만기 : 20×2년 2월 28일)			900
• 양도성예금증서(취득 : 20×1년 12월 1일, 만기 : 20×2년 1월 31일)			1,000

① ₩4,500 ② ₩5,100 ③ ₩5,900
④ ₩6,100 ⑤ ₩7,000

3. (주)관세는 20×1년말 현재 다음의 항목을 보유하고 있다. 20×1년말 현금및현금성자산으로 보고할 금액은? (관세사, 2023)

• 보관중인 현금	₩200	• 선일자수표	₩700
• 타인발행수표	600	• 당좌개설보증금	400
• 배당금지급통지서	500	• 우편환증서	200

① ₩800 ② ₩1,000 ③ ₩1,300
④ ₩1,500 ⑤ ₩2,200

4. 현금과 관련된 내부통제절차의 예로 적절하지 않은 것은? (주택관리사보, 2011)

① 현금수취액은 지체 없이 은행에 예입한다.
② 현금거래보다는 온라인송금 및 인터넷뱅킹을 이용한다.
③ 경비지출은 신용카드나 체크카드를 사용한다.
④ 현금출납장 기록업무는 현금출납담당자가 수행한다.
⑤ 주기적으로 현금시재액을 실사하고 장부와 대조한다.

5. (주)한국이 은행으로부터 통지받은 은행예금잔액증명서상 잔액은 ₩10,000이고, 장부상 당좌예금 잔액과 차이가 있다. 당좌예금계정 잔액의 불일치 원인이 다음과 같을 때, (주)한국의 조정 전 당좌예금계정 잔액은? (주택관리사보, 2024)

• (주)한국이 거래처에 발행하였으나 은행에서 미인출된 수표	₩2,000
• (주)한국은 입금처리하였으나 은행에서 미기록한 예금	1,000
• (주)한국에서 회계처리하지 않은 은행수수료	300
• 타회사가 부담할 수수료를 (주)한국의 계정에서 차감한 은행의 오류	400
• (주)한국에서 회계처리하지 않은 이자비용	500

① ₩8,600 ② ₩9,400 ③ ₩9,800
④ ₩10,000 ⑤ ₩10,200

6. (주)한국의 20×1년말 현재 장부상 당좌예금계정 잔액은 ₩22,500으로 은행측 예금잔액증명서상 금액과 일치하지 않는 것으로 나타났다. 이들 잔액이 일치하지 않는 원인이 다음과 같을 때, 차이조정전 은행측 예금잔액증명서상 금액은? (주택관리사보, 2020)

• 은행 미기입예금	₩2,000
• 기발행 미인출 수표	5,000
• 회사에 미통지된 입금액	3,000
• 은행으로부터 통보받지 못한 이자수익	300
• 은행으로부터 통보받지 못한 은행수수료	200

① ₩22,500 ② ₩23,600 ③ ₩25,600
④ ₩28,600 ⑤ ₩30,600

7. (주)한국의 20×1년 6월말 주거래 A은행측 당좌예금 잔액 ₩13,000이 당사의 당좌예금 장부 잔액과 일치하지 않는 것을 확인하였다. 다음과 같은 차이를 조정한 후 (주)한국과 A은행의 당좌예금 잔액은 ₩12,000으로 일치하였다. (주)한국의 수정전 당좌예금 잔액은? (9급지방직, 2021)

> • A은행이 (주)한국의 당좌예금에서 ₩3,000을 잘못 출금하였다.
> • A은행이 (주)한국의 받을어음을 추심하고 ₩3,000을 당좌예금에 입금하였으나, (주)한국은 이를 모르고 있었다.
> • (주)한국이 기발행한 ₩4,000의 수표가 A은행에 아직 제시되지 않았다.
> • (주)한국이 ₩3,000의 수표를 발행하면서 장부에는 ₩8,000으로 잘못 기장하였다.
> • (주)한국이 20×1년 6월 12일에 입금한 ₩1,000의 수표가 부도로 판명되었으나, (주)한국은 이를 모르고 있었다.

① ₩5,000 ② ₩8,000 ③ ₩9,000
④ ₩10,000 ⑤ ₩11,000

8. 20×1년 12월 31일 (주)대한의 자금담당직원이 잠적하였다. 20×1년 12월 31일 현재 (주)대한의 총계정원장상 당좌예금 잔액은 ₩1,480,000이고, 거래은행에서 수령한 예금잔액증명서상 당좌예금 잔액은 ₩1,500,000이다. 발견된 차이원인은 다음과 같다. 자금담당직원이 횡령한 것으로 추정되는 금액은? (주택관리사보 수정, 2015)

> • (주)대한이 입금한 ₩30,000이 예금잔액증명서에 반영되지 않았다.
> • (주)대한이 발행한 수표 ₩100,000이 인출되지 않았다.
> • 거래처가 은행에 직접 입금한 ₩50,000이 회사에 통지되지 않았다.

① ₩100,000 ② ₩120,000 ③ ₩150,000
④ ₩200,000 ⑤ ₩220,000

9. 당기 포괄손익계산서상 손상차손이 ₩70일 때, 기중 실제 대손으로 확정된 금액은? (단, 대손확정은 손상발생의 객관적인 증거가 파악되었으며, 기중 현금으로 회수된 회수불능 매출채권은 없다) (주택관리사보, 2017)

구 분	기 초	기 말
매출채권	₩15,000	₩10,000
손실충당금	150	100

① ₩120 ② ₩150 ③ ₩220
④ ₩250 ⑤ ₩270

10. 12월 결산법인인 (주)경기는 20×1년말 매출채권 ₩370,000에 대하여 경과기간별로 분류한 후 다음과 같이 충당금설정률표를 작성하였다.

매출채권 연령	금 액	채무불이행률
30일 이하	₩70,000	1%
31일 부터 60일 이하	100,000	2%
61일 부터 90일 이하	200,000	5%
계	₩370,000	–

기말 현재 수정전 손실충당금 잔액은 ₩2,700이다. 기말수정분개로 옳은 것은? (주택관리사보 수정, 2008)

① (차) 손 상 차 손 700 (대) 손실충당금 700
② (차) 손 상 차 손 2,000 (대) 손실충당금 2,000
③ (차) 손 상 차 손 10,000 (대) 손실충당금 10,000
④ (차) 손 상 차 손 12,700 (대) 손실충당금 12,700
⑤ (차) 손 상 차 손 25,400 (대) 손실충당금 25,400

11. (주)한국의 20×1년초 매출채권은 ₩800,000이며, 매출채권에 대한 손실충당금은 ₩15,000이다. 20×1년도 매출채권 관련 자료가 다음과 같을 때, (주)한국이 매출채권과 관련하여 20×1년도 포괄손익계산서에 인식할 손상차손은? (단, 매출채권에는 유의적 금융요소를 포함하고 있지 않다고 가정한다)

(주택관리사보, 2023)

- 20×1년도 매출액은 ₩1,000,000이며, 이 중 외상매출액은 ₩700,000이다.
- 20×1년도에 감소된 매출채권은 총 ₩1,020,000으로, 이는 현금으로 회수된 ₩1,000,000과 회수불능이 확정되어 제거된 ₩20,000이다.
- 20×1년말 매출채권에 대한 기대신용손실은 매출채권 잔액의 2%이다.

① ₩9,600 ② ₩10,600 ③ ₩14,600
④ ₩15,600 ⑤ ₩20,600

12. (주)한국은 20×6년 10월 1일 거래처의 파산으로 매출채권 ₩2,000을 회수할 수 없게 되었으며, 손상에 대한 회계처리는 충당금설정법을 적용하고 있다. 20×5년과 20×6년의 매출채권 관련 자료가 다음과 같을 때, 20×6년 12월 31일 손실충당금 설정에 대한 분개로 옳은 것은? (단, 20×5년초 손실충당금 잔액은 없다) (7급공무원 수정, 2016)

구 분	20×5년말	20×6년말
매출채권	₩100,000	₩120,000
기대신용손실	4,000	1,100

① (차) 손 상 차 손 900 (대) 손실충당금 900
② (차) 손 상 차 손 1,100 (대) 손실충당금 1,100
③ (차) 손실충당금 900 (대) 손실충당금환입 900
④ (차) 손실충당금 1,100 (대) 손실충당금환입 1,100
⑤ (차) 손실충당금 1,200 (대) 손실충당금환입 1,200

13. (주)한국은 고객에게 60일을 신용기간으로 외상매출을 하고 있으며, 연령분석법을 사용하여 기대신용손실을 산정하고 있다. 20×7년말 현재 (주)한국은 매출채권의 기대신용손실을 산정하기 위해 다음과 같은 충당금설정률표를 작성하였다. 20×7년말 손상평가 전 매출채권에 대한 손실충당금(대손충당금) 대변잔액 ₩20,000이 있을 때, 결산시 인식할 손상차손(대손상각비)은? (9급국가직, 2018)

구 분	매출채권금액	기대신용손실률
신용기간 이내	₩1,000,000	1.0%
1~30일 연체	400,000	4.0%
31~60일 연체	200,000	20.0%
60일 초과 연체	100,000	30.0%

① ₩66,000 ② ₩76,000 ③ ₩86,000
④ ₩96,000 ⑤ ₩98,000

해답 및 해설

1. ②

〈현금및현금성자산의 분류 및 예시〉

현금및현금성자산	현 금	현 금	• 통화 : 동전 및 지폐 • 통화대용증권 : 당좌수표, 자기앞수표 등 타인발행수표, 우편환, 배당금 지급통지표, 만기가 도래한 채권이자표, 공장 및 지점 전도금
		예 금	• 보통예금 및 당좌예금 등의 요구불예금
	현금성자산		• 취득당시 만기일이 3개월 이내인 채권 • 3개월 이내 상환조건의 환매채 등

당좌예금	예금	₩10,000
지폐와 주화	현금(통화)	12,000
보통예금	예금	16,000
타인발행수표	현금(통화대용증권)	20,000
우편환증서	현금(통화대용증권)	5,000
환매채(취득당시 60일 이내 환매조건)	현금성자산	40,000
계		₩103,000

2. ④

통화	현금(통화)	₩1,000
자기앞수표	현금(통화대용증권)	2,000
우편환증서	현금(통화대용증권)	600
양도성예금증서	현금성자산	1,000
보통예금	예금	1,500
계		₩6,100

3. ④

보관중인 현금 ₩200 + 타인발행수표 ₩600 + 배당금지급통지서 ₩500 + 우편환증서 ₩200 = ₩1,500

4. ④

기록업무와 지급업무를 동일한 사람이 하게 되면 부정이 발생할 확률이 높기 때문에 현금에 대한 내부통제를 위하여 현금출납장 기록업무와 출납업무에 대하여 업무분장을 실시해야 한다.

5. ⑤

	(주)한국	은 행
조정전 금액	X	₩10,000
기발행 미인출 수표		(2,000)
은행미기록 예금		1,000
은행수수료	(₩300)	
은행측 오류		400
(주)한국 오류	(500)	
조정후 금액	₩9,400	₩9,400

∴ (주)한국의 조정전 금액은 ₩10,200

6. ④

	(주)한국	은 행
조정전 금액	₩22,500	X
미기입예금		2,000
기발행 미인출 수표		(5,000)
미통지예금	3,000	
미통지이자수익	300	
미통지은행수수료	(200)	
조정후 금액	₩25,600	₩25,600
	∴ 차이조정전 은행측 예금잔액증명서상 금액 : ₩28,600	

7. ①

은행계정조정표

(주)한국 20×1년 6월 30일

	회사측 잔액	은행측 잔액
6월 30일 수정전 잔액	₩5,000	₩13,000
조정항목		
(1) 은행측 오류		3,000
(2) 미통지예금	3,000	
(3) 미결제수표		(4,000)
(4) 회사측 오류	5,000	
(5) 부도수표	(1,000)	
6월 30일 수정후 잔액	₩12,000	₩12,000

8. ①

	(주)대한	은 행
조정전 금액	₩1,480,000	₩1,500,000
미기록예금		30,000
기발행 미인출 수표		(100,000)
미통지예금	50,000	
조정후 금액	₩1,530,000	₩1,430,000
	∴ 차이금액인 ₩100,000이 횡령이 의심되는 금액임	

9. ①

대손(손실)충당금 기초잔액	₩150
당기대손으로 인한 대손(손실)충당금 감소액	(X)
대손(손실)충당금 당기 설정액	70
대손(손실)충당금 기말잔액	₩100

X = ₩120

10. ③

기대신용손실추정액 = ₩70,000 × 0.01 + ₩100,000 × 0.02 + ₩200,000 × 0.05 = ₩12,700
손실충당금 잔액 = ₩2,700
손상차손 = ₩12,700 − ₩2,700 = ₩10,000

11. ③

기초 손실충당금 ₩15,000 + 손상차손
= 회수불능확정 손실충당금 ₩20,000 + 기말 손실충당금{(₩800,000 + ₩700,000 − ₩1,020,000)} × 2%
따라서 손상차손은 ₩14,600

12. ③

손실충당금의 변화

20×5년말	20×6년중	20×6년말
₩4,000	₩2,000	₩1,100

	20×5년말	20×6년중(회수불능확정)	수정분개전	20×6년말
매출채권	₩100,000			₩120,000
손실충당금	(4,000)	₩2,000 취소	(₩2,000)	(1,100)
			∴ 손실충당금 ₩900 취소(환입)	

13. ②

₩1,000,000 × 0.01 + ₩400,000 × 0.04 + ₩200,000 × 0.2 + ₩100,000 × 0.3 = ₩96,000

₩96,000 − ₩20,000 = ₩76,000

주관식 문제

1. 다음은 20×1년 12월 31일 현재 (주)한국이 보유하고 있는 항목들이다. (주)한국이 20×1년 12월 31일의 재무상태표에 현금및현금성자산으로 표시할 금액은? (9급공무원 수정, 2014)

항목	금액
• 지급기일이 도래한 공채이자표	₩5,000
• 당좌거래개설보증금	3,000
• 당좌차월	1,000
• 수입인지	4,000
• 선일자수표(20×2년 3월 1일 이후 통용)	2,000
• 지폐와 동전 합계	50,000
• 20×1년 12월 20일에 취득한 만기 20×2년 2월 20일인 양도성예금증서	2,000
• 20×1년 10월 1일에 취득한 만기 20×2년 3월 31일인 환매채	1,000

해답

〈현금및현금성자산의 분류 및 예시〉

<table>
<tr><td rowspan="4">현금및현금성자산</td><td rowspan="3">현 금</td><td rowspan="2">현 금</td><td>• 통화 : 동전 및 지폐</td></tr>
<tr><td>• 통화대용증권 : 당좌수표, 자기앞수표 등 타인발행수표, 우편환, 배당금 지급통지표, 만기가 도래한 채권이자표, 공장 및 지점 전도금</td></tr>
<tr><td>예 금</td><td>• 보통예금 및 당좌예금 등의 요구불예금</td></tr>
<tr><td colspan="2">현금성자산</td><td>• 취득당시 만기일이 3개월 이내인 채권
• 3개월 이내 상환조건의 환매채 등</td></tr>
</table>

현금및현금성자산 :	지급기일이 도래한 공채이자표	₩5,000
	지폐와 동전 합계	50,000
	양도성예금증서	2,000
	계	₩57,000

2. (주)한국의 20×1년 12월 31일 현재 당좌예금계정 잔액은 ₩200,000이고, 은행의 잔액증명서상 잔액은 ₩150,000으로 그 차이의 원인은 다음과 같다.

(1) 12월 31일 회사는 현금 ₩150,000을 당좌예입하였으나, 은행에서는 입금처리되지 않았다.
(2) 12월 10일 발행된 수표 중 지급제시되지 않은 수표 ₩50,000이 있다.
(3) 12월 30일 거래처인 (주)충청이 ₩200,000을 (주)한국의 당좌예금계좌에 입금하였으나, 회사에는 통보되지 않았다.
(4) 12월 31일 은행은 차입금에 대한 이자 ₩50,000을 회사의 당좌예금계좌에서 차감하였지만 회사는 이에 대한 회계처리를 하지 않았다.
(5) 12월 25일 외상매출금을 회수하여 당좌예입한 수표 ₩100,000을 ₩150,000으로 기록하였다.
(6) 12월 27일 비품을 처분한 대가로 받은 수표 ₩50,000을 당좌예입하였으나 부도처리되었다.

20×1년 12월 31일 은행계정조정표를 작성하시오. (9급공무원 수정, 2011)

해답

은행계정조정표

(주)한국 20×1년 12월 31일

	회사측 잔액	은행측 잔액
12월 31일 수정전 잔액	₩200,000	₩150,000
조정항목 : 가산(차감)		
(1) 미기록예금		150,000
(2) 기발행 미인출 수표		(50,000)
(3) 미통지예금	200,000	
(4) 이자비용	(50,000)	
(5) 회사측 오류	(50,000)	
(6) 부도수표	(50,000)	
12월 31일 수정후 잔액	₩250,000	₩250,000

3. (주)한국은 회수불능채권에 대하여 대손충당금을 설정하고 있으며 기말매출채권 잔액의 1%가 회수불가능할 것으로 추정하고 있다. 다음 자료를 이용하여 (주)한국이 20×2년 포괄손익계산서에 인식할 대손상각비는? (9급공무원, 2021)

• 매출채권, 대손충당금 장부상 자료

구 분	20×1년말	20×2년말
매출채권	₩900,000	₩1,000,000
손실충당금(대손충당금)	9,000	?

• 20×2년중 매출채권 대손 및 회수 거래
- 1월 10일 : (주)대한의 매출채권 ₩5,000이 회수불가능한 것으로 판명
- 3월 10일 : (주)민국의 매출채권 ₩2,000이 회수불가능한 것으로 판명
- 6월 10일 : 1월 10일에 대손처리되었던 (주)대한의 매출채권 ₩1,500 회수

해답

손실(대손)충당금 기초잔액	₩9,000	
당기대손으로 인한 손실(대손)충당금 감소액	(5,500)	= ₩5,000 + ₩2,000 − ₩1,500
손실(대손)충당금 당기 설정액	X	
손실(대손)충당금 기말잔액	₩10,000	= ₩1,000,000 × 1%

X = ₩6,500

4. 20×1년 1월 1일에 영업을 개시한 (주)신뢰는 손실충당금을 설정하여 손상차손을 계상하고 있다. 20×1년 12월 31일 현재 (주)신뢰의 매출채권 잔액은 ₩1,500,000이다. 20×1년말 매출채권 손상에 대한 평가를 실시한 결과 기대신용손실은 ₩30,000으로 추정되었다. 한편, 20×2년 3월 1일에 매출처인 (주)배신의 도산으로 인하여 ₩45,000의 매출채권을 회수할 수 없을 것으로 확정하였다. 20×2년말 (주)신뢰의 수정전 매출채권 잔액은 ₩2,400,000이며, 20×2년말 매출채권 손상에 대한 평가를 실시한 결과 ₩48,000이 기대신용손실로 추정되었다.

〈요구사항〉

(1) 손상과 관련하여 (주)신뢰가 20×1년과 20×2년에 행해야 할 회계처리를 하시오.

(2) 회수불능확정으로 20×2년 3월 1일에 장부에서 제거한 (주)배신의 매출채권 중 ₩40,000을 20×2년 5월 6일에 현금으로 회수하였다고 가정하고 요구사항 (1)에 대해 답하시오.

(3) 요구사항 (2)를 가정할 때, (주)신뢰가 20×2년도 포괄손익계산서에 손상과 관련하여 인식한 비용은 얼마인가?

해답

(1)

일자	차변	금액	대변	금액
20×1.12.31	(차) 손상차손	30,000*	(대) 손실충당금	30,000
20×2. 3. 1	(차) 손실충당금	30,000	(대) 매출채권	45,000
	손상차손	15,000		
20×2.12.31	(차) 손상차손	48,000	(대) 손실충당금	48,000

* ₩1,500,000 − ₩1,470,000 = ₩30,000

(2)

일자	차변	금액	대변	금액
20×1.12.31	(차) 손상차손	30,000	(대) 손실충당금	30,000
20×2. 3. 1	(차) 손실충당금	30,000	(대) 매출채권	45,000
	손상차손	15,000		
20×2. 5. 6	(차) 현금	40,000	(대) 손실충당금	40,000
20×2.12.31	(차) 손상차손	8,000*	(대) 손실충당금	8,000

* ₩48,000 − ₩40,000 = ₩8,000

(3) 포괄손익계산서에 인식할 당기비용은 손상차손으로 다음과 같이 계산된다.

20×2년도 손상차손 : ₩15,000 + ₩8,000 = ₩23,000

Chapter

6 재고자산

본장에서는

1. 재고자산의 정의와 분류에 대하여 살펴본다.
2. 재고자산과 매출원가의 관계를 살펴본다.
3. 재고자산의 수량파악방법(계속기록법, 실지재고조사법)을 이해하고 비교한다.
4. 재고자산의 원가배분방법(개별법, 평균법, 선입선출법, 후입선출법)을 이해하고 비교한다.
5. 재고자산의 저가평가와 감모손실에 대하여 살펴본다.

1. 재고자산의 개념

- 정상적인 영업활동과정에서 판매를 목적으로 보유하는 자산

2. 재고자산의 종류

- 제조업 : 원재료, 재공품, 제품
- 상품매매업 : 상품

3. 매출원가

- 재고자산 판매시 재고자산이 매출원가로 비용화

4. 재고자산 취득원가

- 취득가액 : 매입가격, 취득부대비용, 매입에누리와환출, 매입할인
- 재고자산 기간귀속 : 미착상품, 적송품, 시송품

5. 재고자산 금액결정(=수량×단가)

- 수량 : 계속기록법, 실지재고조사법
- 단가 : 개별법, 평균법, 선입선출법, 후입선출법

6. 재고자산의 평가손실 및 감모손실

- 평가손실 : 저가법
- 감모손실 : 당기비용처리

제 1 절 재고자산의 개념과 분류

1. 재고자산의 개념과 분류

재고자산(Inventories)은 정상적인 영업활동과정에서 판매를 목적으로 보유중이거나 생산중인 자산, 생산이나 용역제공에 사용될 자산으로 정의된다. 정상적인 영업활동과정에서 판매를 목적으로 보유중인 자산으로는 상품과 제품이 있고, 생산중인 자산으로는 반제품과 재공품이 있으며, 생산이나 용역제공에 사용될 자산으로는 원재료와 소모품 등이 있다. 상품은 상품매매업이나 유통업을 영위하는 기업이 판매를 목적으로 보유하는 자산이며, 완성품인 제품, 생산중인 재공품, 생산을 위한 원재료 등은 제조업을 영위하는 기업이 판매를 목적으로 보유하는 자산이다. 본장에서는 상품매매회사의 재고자산과 관련비용의 회계처리에 대해서 살펴본다.

〈표 6-1〉
재고자산의 종류

재고자산의 종류			기업형태
보유중인 자산	상 품	상품매매업이나 유통업을 영위하는 기업이 판매를 목적으로 보유하고 있는 자산	상품매매업 &유통업
보유중인 자산	제 품	제조업을 영위하는 기업이 판매를 목적으로 생산한 완제품	제조업
생산중인 자산	반제품	제조업을 영위하는 기업이 판매를 목적으로 생산중에 있는 미완성제품으로서 그 자체로 판매가 가능한 자산	제조업
생산중인 자산	재공품	제조업을 영위하는 기업이 판매를 목적으로 생산중에 있는 미완성제품으로서 그 자체로 판매가 가능하지 않은 자산	제조업
생산에 사용될 자산	원재료	제품의 생산에 소비될 원료와 재료	제조업
생산에 사용될 자산	기 타	소모품, 저장품 등	제조업

한편 재고자산의 개념정의에 의하여 동일한 종류의 자산이라 하더라도 보유목적에 따라 분류가 달라진다. 예를 들어 토지의 경우 판매를 목적으로 부동산매매업을 영위하는 기업이 보유하는 토지는 재고자산으로 분류되지만, 정상적

〈표 6-2〉
자산의 보유목적에 따른 분류

보유자산	보유목적(계정과목)		
	판매목적	생산에 사용할 목적	투자목적
토지	재고자산(상품)	유형자산(토지)	투자자산(투자부동산)

인 영업활동이 제조업인 기업이 보유하는 토지는 영업활동에 사용될 자산이므로 다음 장에서 배우게 되는 유형자산으로 분류된다.

2. 재고자산과 매출원가

재고자산 회계처리의 가장 중요한 주제는 기초재고자산과 당기에 매입한 재고자산을 손익계산서상의 매출원가와 재무상태표상의 기말재고자산으로 정확하게 배분하는 것이다. [그림 6-1]에서 보듯이 기초재고자산과 당기매입액을 합한 금액을 판매가능재고자산(Merchandise available for sale)이라고 하며 이는 특정 기간에 상품매매회사에서 판매가 가능한 상품의 총액을 말한다. 이러한 판매가능재고자산이 판매되면 판매가격 기준으로 "매출액"이라는 영업수익을 발생시키며, 동시에 상품의 취득원가는 "매출원가"라는 비용으로 전환된다. 그리고 판매가능재고자산 중 판매되지 않고 회사 내에 유보된 재고자산은 재무상태표상의 기말재고자산에 반영된다. 결국, 매출원가와 기말재고자산의 합은 판매가능재고자산과 같기 때문에 판매가능재고자산이 일정할 때 매출원가와 기말재

[그림 6-1]
재고자산과 매출원가

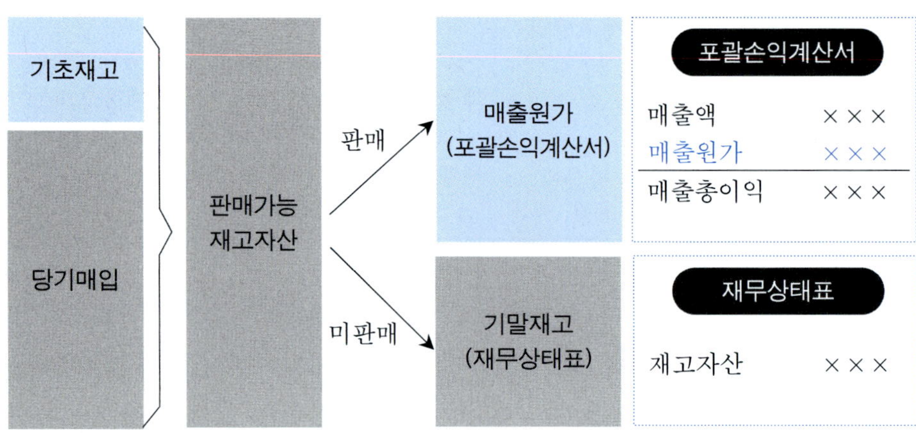

고자산 중 어느 하나가 먼저 값을 가지게 되면 다른 하나의 값은 연계되어 결정되므로 재고자산과 매출원가는 상호 밀접한 관련성을 갖는다.

예제 6-1 상품매매기업의 재고자산과 매출원가

(주)대구는 20×1년초에 개당 원가 ₩100인 상품 10개가 있었고, 20×1년중에 개당 ₩100에 90개를 추가구입하였다. 이 중 70개를 20×1년중에 개당 ₩150에 판매하였다. 매출액과 매출원가, 기말재고금액을 계산하면 다음과 같다.

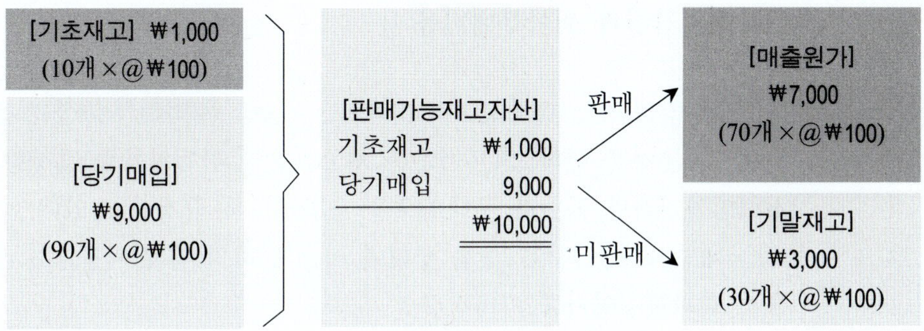

부분포괄손익계산서	(20×1년)
매 출	₩10,500
매 출 원 가	(7,000)
매출총이익	₩3,500

부분재무상태표	(20×1년 12월 31일)
유 동 자 산	
재 고 자 산	₩3,000

제 2 절 재고자산의 취득가액 결정과 포함될 항목의 결정

1. 취득가액 결정

재고자산은 기업의 주요 비용인 매출원가를 결정하는 중요한 요소로 기업의 이익산정에 결정적인 역할을 담당한다. 기초재고자산과 당기매입액, 기말재고자산을 어떻게 결정하느냐에 따라 매출원가가 다르게 나타나므로 재고자산의 취득원가결정은 매우 중요한 문제이다.

재고자산은 역사적원가주의에 의거하여 취득원가로 평가하는 것을 원칙으로 하며 취득원가는 다음과 같이 판매가능한 상태로 만들어지는 데 소요되는 모든 원가를 포함한다.

재고자산의 취득원가＝매입가격＋취득부대비용－매입에누리와환출, 매입할인

(1) 매입가격과 취득부대비용

재고자산의 취득은 직접매입가격 이외에도 운송비, 하역료, 제세공과 등 각종 부대비용을 수반하게 된다. 회계기준은 재고자산의 취득원가를 결정함에 있어 직접매입가격뿐만 아니라 부대비용을 포함하도록 규정하고 있다. 이때 부대비용은 재고자산을 판매가능한 상태에 이르게 하기 위해 지출되는 모든 비용으로서 회피불능원가를 의미한다.

(2) 매입에누리와환출, 매입할인

재고자산을 취득한 이후 구입한 제품에 하자가 발생하는 경우 일반적으로 이를 반품하거나 결제예정금액에서 일정금액을 차감하여 지불하게 된다. 반품하는 경우 이를 매입환출이라고 하고, 결제금액의 차감액을 매입에누리라고 한다. 따라서 당연히 매입에누리와환출은 재고자산의 취득가액에서 차감해야 한다.

한편 판매회사 입장에서 판매대금을 조기에 회수하기 위해서 매입회사가 매입대금을 일정기한 내에 결제할 경우 결제대금의 일정금액을 할인해 주는 계약을 맺을 수 있는데, 이를 판매회사 입장에서는 매출할인이라고 하고, 매입회사 입장에서는 매입할인이라고 한다. 매입할인 역시 재고자산의 취득가액에서 차감해야 한다.

예제 6-2 재고자산의 취득가액 결정

20×1년 10월 1일에 원재료 ₩10,000,000을 해외에서 외상으로 매입하였다. 매입과 관련하여 운송비 ₩300,000, 관세 ₩200,000을 부담하였으며, 구입한 원재료에 대한 매입환출 ₩100,000, 매입에누리 ₩200,000, 매입할인 ₩100,000이 발생하였을 경우 재고자산의 취득원가를 산정하시오.

① 취득과 관련된 분개

(차) 원 재 료	10,500,000	(대) 현 금	500,000
		매 입 채 무	10,000,000

② 매입환출 등과 관련된 분개

(차) 매 입 채 무	400,000	(대) 원 재 료	400,000

③ 취득원가

직접구입가격	+	매입부대비용	−	매입환출 등	=	취득원가
₩10,000,000		₩500,000		₩400,000		₩10,100,000

2. 재고자산에 포함될 항목의 결정

재고자산의 매입과 매출 거래는 연중 연속적으로 이루어지기 때문에 결산일을 전후한 거래에 있어서 어느 회계기간의 거래인지를 결정하는 문제는 당기의 매출액과 매출원가 및 기말재고금액에 중요한 영향을 미치게 된다. 특히 기업이 재고자산에 대한 소유권을 가지고 있는 경우에는 결산일 현재 재고자산의 보관위치와 관계없이 이를 파악하여 당해기업의 재고자산에 포함시켜야 한다.

(1) 미착상품

미착상품(goods in transit)이란 주문하였으나 아직 도착하지 않은 상품을 의미한다. 이때 재고자산의 포함여부는 소유권의 귀속여부에 따라 결정되는데, 소유권의 귀속여부는 매매계약조건에 따라 달라진다.

선적지인도조건(free on board shipping point)으로 매매계약을 체결하였을 경우에는 선적시점에 매입자에게 소유권이 이전되므로 운송중인 상품은 매입자의 재고자산에 포함시킨다. 반면 도착지인도조건(free on board destination)으로 매매계약을 체결하였을 경우에는 목적지 도착시점에 소유권이 매입자에게로 이전되므로 운송중인 상품은 여전히 판매자의 재고자산에 포함시킨다.

동일한 논리에 의해 운송에 따른 운임은 소유권이 매입자에게 있는 선적지인도조건일 경우 매입자가 부담함으로써 매입운임은 매입자의 재고자산취득원가를 구성하게 되고, 운송중인 자산의 소유권이 판매자에게 있는 도착지인도조건일 경우 판매자가 운임을 부담함으로써 판매자의 판매비로 기록된다.[1)]

(2) 적송품

기업들은 상품의 직접판매에 따른 시간과 비용을 절감하기 위해 자기(위탁자)의 상품을 타인(수탁자)에게 판매대행시키는 경우가 있는데, 이러한 판매행태를 위탁판매라 하며 이때의 상품을 위탁품 또는 적송품(consigned goods)이라고 한다. 위탁품의 경우 상품은 비록 수탁자가 점유하고 있지만 수탁자가 판매하기 전까지 소유권은 여전히 위탁자에게 있다. 회계기준에서도 위탁판매의 경우 수탁자가 위탁품을 판매한 날에 수익을 인식하도록 하고 있으므로 위탁자 입장에서는 결산일 현재 재고자산이 자신의 창고에 없다 할지라도 수탁자가 판매하기 전까지는 위탁자의 재고자산에 포함시킨다.

(3) 시송품

주문을 받지 않은 상품을 시험적으로 사용하게 하기 위하여 고객에게 인도하고 고객은 상품을 사용해본 후 구매의사를 결정하는 형태의 판매를 시용판매라고 하는데, 이때 시용판매를 위해 발송되어 결산일 현재 시용매입자가 보관하고 있는 상품을 시송품(goods on approval)이라고 한다. 시송품의 경우 비록 시용매입자가 점유하고 있으나 시용매입자가 구매의사표시를 하기 전까지는 소유권이 시용매출자에게 있기 때문에 결산일 현재 구매의사표시를 하지 않은 시송품은 시용매출자의 재고자산에 포함시켜야 한다.

---

1) 실무에서는, 편의상 미착상품과 관련한 취득부대비용(신용장개설수수료, 오퍼수수료 등)을 매매계약조건과 무관하게 해당 미착상품이 판매가능한 상태에 이를 때까지 "미착상품"계정에 누적시켰다가 판매가능한 상태에 이르게 되면 누적된 금액을 "상품(혹은 매입)"으로 대체시키는 회계처리를 하기도 한다.

예제 6-3 재고자산에 포함될 항목의 결정

사무용품을 제조, 판매하는 영남(주)는 올해의 영업실적이 좋지 않았다. 이에 영남(주)의 최고경영자인 김사무 씨는 연말에 가능한 한 순이익을 많이 낼 수 있는 회계처리방법을 모색하던 차에 재무담당이사인 박분식 군이 기말재고자산을 이용하여 순이익을 조절할 수 있는 몇 가지 안을 내놓았다. 김사무 사장은 박분식 이사의 안을 받아들여 결국 기말재고자산 장부금액을 ₩1,000,000으로 표시하였다. 당신이 영남(주)의 외부감사인이라고 가정하고 다음의 각 경우를 재검토하여 정확한 기말재고자산 장부금액을 계산하시오.

(1) 판매목적이 아니고, 회사의 영업활동에 현재 사용중인 사무용 복사기 ₩200,000이 재고자산에 포함되어 있다.
(2) 영남(주)가 위탁판매를 하기 위하여 거래처에 보낸 제품 ₩200,000이 기말재고자산에 포함되어 있다. 이 제품은 다음 해에 판매될 것으로 추정되고 있다.
(3) 도착지인도조건으로 구입한 상품 ₩100,000이 기말재고자산에 포함되어 있다. 이 상품은 12월 23일에 선적되어 지금 운송중에 있으며 다음 회계연도초인 1월 3일에 회사에 도착할 예정이다.
(4) 홈쇼핑을 통하여 시용판매한 사무용 제본기 ₩350,000이 모두 기말재고자산에 포함되어 있다. 확인결과 고객이 매입의사를 밝힌 것은 그중 ₩100,000에 불과했다.

수정전 기말재고자산 장부금액 : ₩1,000,000

(1) − ₩200,000 : 판매목적이 아닌 영업활동에 사용중인 사무용 복사기는 재고자산에서 제외한다.
(2) ₩0 : 위탁판매인 경우 수탁자가 판매한 시점에 재고자산을 제거한다.
(3) − ₩100,000 : 도착지인도조건으로 구입했기 때문에 12월 31일의 기말재고자산에 포함시키지 않는 것이 맞다.
(4) − ₩100,000 : 시용매입자가 구매의사표시를 하기 전까지는 소유권이 시용매출자에게 있기 때문에 12월 31일 현재 구매의사표시를 하지 않은 ₩250,000만 기말재고에 포함시켜야 한다.

수정후 기말재고자산 장부금액 : ₩600,000

제 3 절 재고자산의 금액 결정

기말재무상태표상에 기록될 재고자산금액은 기말재고수량에 매입단가를 곱하여 계산된다. 따라서 기말재무상태표에 재고자산을 기록하기 위해서는 재고자산의 수량과 매입단가를 정확하게 파악해야 한다. 먼저 재고자산의 수량을 파악하는 방법으로는 기말에 재고실사를 통해 재고수량을 파악하는 실지재고조사법과 상품의 입출고시마다 수량을 계속적으로 기록하여 장부상 재고잔량을 기말재고수량으로 결정하는 계속기록법이 있다.

또한 상품의 매입단가는 개별상품별로 매입단가를 파악하여 매출원가와 기말재고의 단가를 파악할 수 있다(개별법). 그러나 상품의 종류가 다양하고 구입판매가 빈번히 이루어지는 현실을 감안할 때 이러한 개별법을 사용하는 것은 현실적으로 불가능하다. 이로 인해 실무적으로는 실제물량흐름과는 상관없이 일정한 가정을 통해 매입단가를 결정하는 평균법, 선입선출법, 후입선출법 등을 사용하여 매입단가를 결정하게 된다. 이상을 요약하면 다음과 같으며 본절에서는 재고자산금액결정을 위한 수량파악방법과 매입단가결정방법을 자세히 설명한다.

재고금액 =	수 량	×	단 가
	(1) 실지재고조사법		(1) 개별법
	(2) 계속기록법		(2) 평균법
			(3) 선입선출법
			(4) 후입선출법

1. 재고자산의 수량파악방법

(1) 실지재고조사법

실지재고조사법(periodic inventory system)은 기말실사를 통해 기말재고수량을 파악하고 판매가능수량에서 실사를 통해 파악된 기말재고수량을 차감하여 판매수량을 결정하는 방법이다. 이러한 실지재고조사법에서는 기중에 매입한 상품에 대한 매입분개만 이루어질 뿐 상품판매에 따른 재고자산의 감소나 매출원가에 대한 기록은 이루어지지 않는다. 결국 실지재고조사법하에서는 기말 현재 창고에 보관중인 상품의 실사를 통해 기말재고수량을 결정하고 기초재고수량과 당기매입수량의 합인 당기판매가능수량에서 이를 차감함으로써 매출수량이 수동적으로 결정된다.

기초재고수량＋당기매입수량－실사를 통한 기말재고수량＝당기매출수량

이로 인해 기말에 매출원가산정을 위한 결산수정분개가 필히 요구된다. 다음 예제를 통해 실지재고조사법하에서의 결산수정분개를 살펴보기로 한다.

예제 6-4 실지재고조사법

(주)경북은 20×1년초에 단위당 ₩50인 상품 20개를 보유하고 있었으며, 20×1년 5월 1일에 상품 50개를 단위당 ₩50에 매입하였다. 이 중 30개를 10월 1일에 단위당 ₩100에 판매하였다. 20×1년 12월 31일 창고실사 결과 40개의 재고자산이 남아 있었다. 이를 정리하면 다음과 같다.

		수 량	단 가	금 액
1월 1일	기초재고	20	₩50	₩1,000
5월 1일	당기매입	50	₩50	₩2,500
10월 1일	판 매	(30)		
12월 31일	기말재고	40	₩50	₩2,000

실지재고조사법에서는 상품의 매입시 차변에 재고자산이나 상품 계정 대신 매입계정에 기록한다. 이때 매입계정은 자산계정이나 손익계정이 아니며, 기말의 매출원가 계산을 위해 설정된 임시계정으로서 이는 기말수정분개를 통해 제거된다. 또한, 실지재고조사법에서는 수익계정인 매출

만 기록하고 상품판매에 따른 재고자산의 감소나 매출원가는 기록하지 않는다.

① 상품매입시

(차) 매 입	2,500	(대) 현 금	2,500

② 상품판매시

(차) 현 금	3,000	(대) 매 출	3,000

실사를 통해 파악한 기말재고를 바탕으로 아래와 같이 매출원가를 계산할 수 있다.

기초재고액	+	당기매입액	−	기말재고액	=	매출원가
₩1,000		₩2,500		₩2,000		₩1,500

기말의 결산수정분개는 기초재고액(상품계정)과 당기매입액(매입계정)을 실사를 통해 파악한 기말재고액과 위에서 계산된 매출원가로 재배분하는 과정이다. 결국 실사를 통해 파악한 기말재고액이 재무상태표상에 재고자산으로 계상되고 매출원가는 손익계산서상의 당기비용으로 처리된다. 20×1년 기말결산시 결산수정분개는 다음과 같다.

③ 기초재고를 매출원가로 대체

(차) 매 출 원 가	1,000	(대) 상 품(기초)	1,000

④ 당기매입액을 매출원가로 대체

(차) 매 출 원 가	2,500	(대) 매 입	2,500

기초재고액과 당기매입액을 기말재고액과 매출원가로 재배분하기 위해서는 우선 기초재고액과 당기매입액을 전액 매출원가로 대체시키는 분개 ③과 ④를 실시한다. 분개 ③과 ④에 의해 매출원가는 기초재고(₩1,000)와 당기매입액(₩2,500)의 합인 ₩3,500으로 기록되며, 이는 판매가능재고액의 금액과 일치한다. 만약 기말 현재 모든 상품이 판매되었다면 매출원가는 판매가능재고액의 금액과 일치하는 것이 맞으나 본 문제에서는 실사를 통해 ₩2,000의 재고가 창고에 있음을 확인하였다. 따라서 매출원가 ₩3,500 중 ₩2,000은 기말재고자산으로 대체시켜야 한다. 이와 관련한 분개는 다음의 ⑤와 같다. 분개 ⑤를 통해 최종적으로 매출원가 ₩1,500(포괄손익계산서상 비용)과 기말재고액 ₩2,000(재무상태표상 재고자산)이 결정된다.

⑤ 기말재고실사를 통해 파악된 기말재고만큼 매출원가를 감소시키고 상품을 증가시킴

(차) 상 품(기말)	2,000	(대) 매 출 원 가	2,000

한편 실지재고조사법을 사용하게 될 경우 도난이나 파손 등에 의한 감모수량을 파악할 수 없는 문제점이 발생하게 된다. 예를 들어 [예제 6-4]에서 7월 1일에 10개의 상품을 도난당하였다고 가정해 보자. 앞서 설명한 바와 같이 실지재

고조사법하에서 기말에 창고에 남아 있는 재고실사를 통해 매출원가를 파악하기 때문에 기말재고수량이 30개가 된다. 판매수량은 판매가능수량 70개에서 기말재고수량 30개를 차감하여 40개가 판매된 것으로 계산된다. 결국 실지재고조사법하에서는 도난당한 상품 10개가 매출수량에 포함되어 매출원가가 과대계상되는 문제점이 발생한다.

실무에서는 재고자산의 수량파악에 있어 다음에서 설명하는 계속기록법과 실지재고조사법을 병행하여 이러한 문제점을 해결하고 있다. 단, 회계처리와 관련하여 재고자산 기록방법은 계속기록법과 실지재고조사법 중 하나를 선택하여 한 가지만 사용해야 한다.

(2) 계속기록법

계속기록법(perpetual inventory system)은 실지재고조사법과는 달리 상품의 입출고시마다 재고자산의 증가와 감소를 기록하고 매출수량과 매출원가를 장부상 독립적으로 결정하여 기말재고수량을 결정하는 방법이다.

기초재고수량＋당기매입수량－장부상 당기매출수량＝기말재고수량

계속기록법하에서는 상품을 매입하면 상품계정의 차변에 기록하고, 상품이 판매되면 매출계정의 대변에 기록함과 동시에 상품의 원가를 매출원가계정의 차변에 기록한다. 따라서 계속기록법하에서는 매입매출시점마다 재고자산의 증감과 매출원가가 기록되므로 기말에 결산수정분개가 필요 없게 된다.

예제 6-5 계속기록법

계속기록법을 적용하여 앞의 [예제 6-4]의 상품거래를 회계처리하면 다음과 같다.

① 상품매입시

(차)	상 품	2,500	(대) 현 금	2,500

② 상품매출시

(차)	현 금	3,000	(대) 매 출	3,000
	매 출 원 가	1,500	상 품	1,500

그러나 계속기록법 역시 판매가능수량에서 장부상 매출수량을 차감하여 기말재고수량을 계산하기 때문에 실지재고조사법과는 반대로 도난 등에 의한 감모수량이 기말재고에 포함된다는 문제점을 가지고 있다.

실지재고조사법에서의 예와 동일하게 [예제 6-5]에서 7월 1일에 10개의 상품을 도난당하였다고 가정하자. 계속기록법하에서는 판매가능수량에서 상품의 출고시마다 계산되는 매출원가를 차감하여 기말재고수량을 산정하므로 실제재고는 30개임에도 불구하고 기말장부상 재고는 40개로 기록되어 기말재고가 과대계상된다.

(3) 감모수량의 파악

앞서 설명한 실지재고조사법과 계속기록법은 각각 감모손실이 발생할 경우 매출원가와 기말재고의 과대계상이라는 문제점이 야기된다. 이러한 문제점을 극복하기 위하여 실제기업들은 실지재고조사법과 계속기록법을 같이 사용하여 정확한 감모수량을 파악하고 있다.[2] 즉, 계속기록법에 의해 장부상 기말재고수량을 결정하고 실지재고조사법에 의해 실제 기말재고를 파악하여 이들간의 차이를 통해 감모수량을 파악하게 된다.

한국채택국제회계기준에서는 감모수량에 의한 감모손실에 대한 명확한 회계처리방법을 규정하고 있지는 않다. 그러나 감모손실의 발생원인을 고려하여 논리적으로 판단해볼 때 업종의 특성에 따른 어쩔 수 없는 이유로 인해 필연적으로 발생하는 감모손실(정상감모)은 매출원가에 포함시키고, 태만이나 부주의 등에 의해 발생하는 감모손실(비정상감모)은 기타비용으로 처리함이 타당하다.

---

2) 실제로 아래에 제시된 H사(주)의 20×0년 감사보고서상의 재고자산과 관련한 공시내용을 살펴보면 실지재고조사법과 계속기록법을 혼용하여 사용하고 있음을 알 수 있다.

> **[중요한 회계처리방침 : 재고자산의 평가]**
> 재고자산은 이동평균법(단, 미착품은 개별법)에 의한 취득원가로 평가하고 있으며, *그 수량은 계속기록법과 실지재고조사를 병용하여 확정하고 있습니다.* 한편, 재고자산의 순실현가능가액(원재료는 현행대체원가)이 취득원가보다 하락한 경우에는 시가를 재무상태표가액으로 하고 있으며, 재고자산의 시가가 장부가액 이하로 하락하여 발생한 평가손실은 매출원가에 가산하고 있습니다.

2. 재고자산의 매입단가결정방법

재무상태표에 기록되는 기말재고자산은 수량에 매입단가를 곱하여 결정되므로 이를 위해 앞에서 재고자산의 수량을 결정하는 방법에 관해 살펴보았다. 여기에 재고자산의 단위당 매입단가를 적용하면 기말재고자산을 계산할 수 있다. 그러나 기업에서는 일반적으로 재고자산을 여러 번에 걸쳐 매입하고 매입시점마다 다른 단가가 적용되기 때문에 판매된 재고자산의 단가를 어느 가격으로 할 것인가, 그리고 보고기말에 판매되지 않고 기업 내부에 남아 있는 재고자산의 단가에 어떤 가격을 적용해야 할 것인가를 결정해야 하는 것이 문제로 남게 된다. 즉, 판매된 재고자산의 단가를 결정해야만 손익계산서상의 매출원가를 계산할 수 있고, 마찬가지로 기업 내부에 남아 있는 재고자산의 단가를 결정해야만 재무상태표상에 기록해야 할 재고자산을 파악할 수 있게 된다. 이러한 맥락에서 판매된 재고자산과 판매되지 않고 기업 내부에 남아 있는 재고자산의 단가를 결정함으로써 매출원가와 기말재고액으로 배분하는 방법을 원가배분방법(cost allocation)이라고 한다.

재고자산의 원가배분방법은 크게 실제원가흐름에 따라 단가를 결정하는 방법과 실제원가흐름과 상관없이 일정한 가정을 통하여 매출원가 및 기말재고액의 단가를 결정하는 방법으로 구분할 수 있다.[3] 본절에서는 매입단가를 결정하는 두 가지 방법을 다음의 20×1년 재고자산거래와 관련된 [자료]를 이용하여 살펴보기로 한다.

3) 실제원가흐름 및 원가흐름가정에 의해 단가를 결정하는 방법은 모두 실제 취득원가를 이용한 것이다. 그러나 실제 취득원가가 아닌 추정원가를 이용하여 단가를 결정해야 하는 경우가 있다. 이때 주로 사용되는 방법이 소매재고법과 매출총이익률법이다. 소매재고법은 소매가(판매가)에 당기원가율을 곱하여 기말재고액을 구하는 방법이고, 매출총이익률법은 과거의 매출총이익률을 이용하여 판매가능재고자산을 매출원가와 기말재고액으로 배분하는 방법이다. 한국채택국제회계기준에서는 총이익률이 유사하고 품종의 변화가 심한 다품종 상품을 취급하는 유통업체에서 다른 원가추정방법을 사용할 수 없는 경우에는 소매재고법의 사용을 허용하고 있다. 반면에 매출총이익률법은 재무보고목적으로 허용하고 있지 않다. 이와 관련하여 상세한 내용은 중급재무회계를 참조하기 바란다.

[자료]

	단 위 (개)	단위당 원가 (₩)	단위당 판매가격 (₩)	총원가 (₩)	매출액 (₩)
기초재고 (1. 1)	200	10		2,000	
매 출 (4. 1)	100		30		3,000
매 입 (5. 1)	400	15		6,000	
매 출 (7. 1)	300		40		12,000
매 입 (10. 1)	300	20		6,000	
매 출 (11. 1)	200		50		10,000
기말재고 (12.31)	300				
판매수량	600				
계	900			14,000	

(1) 실제원가흐름 : 개별법

판매된 상품의 매입단가를 개별적으로 추적하여 매출원가와 기말재고를 결정하는 방법을 개별법(specific identification method)이라고 한다. 개별법은 원가흐름과 실물의 흐름이 일치하기 때문에 가장 이상적인 방법이다.

위의 [자료]를 이용하여 개별상품별로 가격표를 확인한 결과가 다음과 같을 때 개별법에 의한 매출원가와 기말재고금액을 구해보기로 한다.

매출내역	실제매입단가
4월 1일 100개	기초재고 100개 ₩10
7월 1일 300개	5월 1일 매입분 300개 ₩15
11월 1일 200개	기초재고 100개 ₩10, 10월 1일 매입분 100개 ₩20

이때 기말재고로 남아 있는 상품은 5월 1일에 매입한 100개(매입단가 ₩15)와 10월 1일에 매입한 200개(매입단가 ₩20)가 된다. 따라서 기말재고금액과 매출원가는 〈표 6-3〉과 같이 결정된다.

그러나 일반적으로 재고자산의 종류와 수량이 많고 거래가 빈번하게 이루어지기 때문에 개별재고자산별로 매입단가를 파악하여 개별법을 적용하기는 현실적으로 불가능하다. 또한 개별법은 특정재고를 판매할지 혹은 판매하지 않고 재

〈표 6-3〉
개별법에 의한 기말재고금액과 매출원가

- 기말재고금액 : (100개 × ₩15) + (200개 × ₩20) = ₩5,500
- 매출원가 : (100개 × ₩10) + (300개 × ₩15) + (100개 × ₩10) + (100개 × ₩20)
  = ₩8,500
- 당기판매가능액(₩14,000) − 기말재고금액(₩5,500) = ₩8,500

고로 남겨둘지에 대해 결정할 수 있는 선택권을 경영자에게 부여하기 때문에 경영자로 하여금 당기순이익을 조정할 수 있는 여지를 제공하게 된다. 한국채택국제회계기준에서는 통상적으로 상호 교환될 수 없는 재고자산항목의 원가와 특정 프로젝트별로 생산되고 분리되는 재화 또는 용역의 원가에서만 개별법을 사용하도록 하고 있다.

(2) 원가흐름의 가정

개별법의 단점을 극복하기 위해 실무에서는 측정의 신뢰성을 유지하면서 비교적 쉽게 적용할 수 있도록 물량흐름에 대한 일정한 가정을 통해 재고자산

[그림 6-2]
원가흐름의 가정

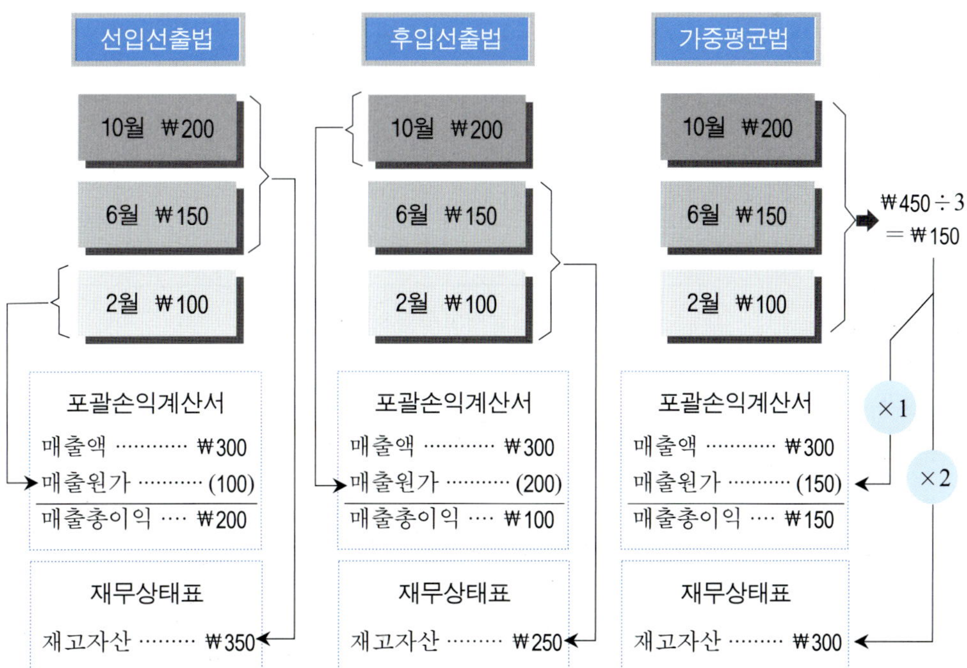

의 매입단가를 결정하고 있다. 이러한 원가흐름의 가정에는 가중평균법, 선입선출법, 후입선출법 등이 있다. [그림 6-2]는 단순한 사례를 통해 원가흐름의 가정을 잘 나타내고 있다.

1) 가중평균법(weighted average cost method)

가중평균법은 재고자산의 금액을 결정하기 위해 매입단가를 개별적으로 추적하는 실무상 어려움을 극복하기 위해 일정기간 동안 다양한 가격으로 구입한 상품의 매입단가를 평균하여 적용하는 방법이다. 평균법의 경우 재고자산의 수량을 파악하는 방법으로 실지재고조사법을 사용하는지 또는 계속기록법을 사용하는지에 따라 그 금액이 달라진다.

① 실지재고조사법하에서의 평균법 : 총평균법(total weighted average cost method)

실지재고조사법하에서는 기말재고수량을 기말실사를 통해 결정하기 때문에 평균법을 적용할 경우 역시 기말에 총판매가능상품의 원가를 판매가능수량으로 나누어 기말재고의 단위당 매입원가를 결정한다.

$$\text{총평균법에 의한 단위당 원가} = \frac{\text{기초재고금액} + \text{당기매입금액}}{\text{기초재고수량} + \text{당기매입수량}}$$

[자료]를 이용하여 총평균법에 의한 기말재고금액과 매출원가를 계산하면 〈표 6-4〉와 같다.

〈표 6-4〉
총평균법에 의한 기말재고금액과 매출원가

- 1단계 : 기말재고수량의 결정 300개
- 2단계 : 매입단가의 결정

  $$\frac{₩2{,}000 + ₩12{,}000}{200\text{개} + 700\text{개}} = ₩15.6$$

- 3단계 : 기말재고금액의 결정

  300개 × ₩15.6 = ₩4,680

- 4단계 : 매출원가의 결정

  ₩2,000 + ₩12,000 − ₩4,680 = ₩9,320

② 계속기록법하에서의 평균법 : 이동평균법(moving average cost method)

계속기록법은 상품의 입출고시마다 재고의 증감과 매출원가를 기록하는 방법이다. 따라서 계속기록법하에서 평균법을 사용하면 상품의 입출고시마다 평균매입단가를 계산하여 적용해야 하며 이를 이동평균법이라고 한다.

$$\text{이동평균법에 의한 단위당 원가} = \frac{\text{매입이전재고금액} + \text{매입금액}}{\text{매입이전재고수량} + \text{매입수량}}$$

[자료]를 통해 계속기록법하에서 기말재고금액과 매출원가를 계산하면 〈표 6-5〉와 같다.

〈표 6-5〉 계속기록법하에서 평균법에 의한 기말재고금액과 매출원가

일 자	적 요	매 입			매 출			잔 액		
		수 량	단 가	금 액	수 량	단 가	금 액	수 량	단 가	금 액
1. 1	기초	200	10	2,000				200	10	2,000
4. 1	매출				100	10	1,000	100	10	1,000
5. 1	매입	400	15	6,000				500	14*	7,000
7. 1	매출				300	14	4,200	200	14	2,800
10. 1	매입	300	20	6,000				500	17.6**	8,800
11. 1	매출				200	17.6	3,520	300	17.6	5,280
12.31	기말재고									5,280
	매출원가						8,720			

* (₩6,000 + ₩1,000)/(400 + 100) = ₩14

** (₩6,000 + ₩2,800)/(300 + 200) = ₩17.6

2) 선입선출법(first in first out method : FIFO)

선입선출법은 실제물량의 흐름과는 상관없이 먼저 매입한 상품이 먼저 판매되는 것으로 가정하여 기말재고금액과 매출원가를 결정하는 방법이다. 결국 선입선출법의 가정에 따르면 매출원가는 기초에 구입한 상품의 원가로 구성되고 기말재고는 기초부터 순서대로 판매된 후 기말에 남아 있는 상품의 원가로 구성이 된다.

일반적으로 인플레이션을 가정한다면 매입단가는 꾸준히 상승하게 되고 이때 선입선출법을 적용하면 나중에 상대적으로 높은 가격으로 구입한 상품이 기말재고를 구성하게 되므로 기말재고금액이 과대계상되어 자산이 상대

적으로 높게 기록된다. 반면에 매출원가의 경우 기초에 낮은 가격으로 구입한 상품이 판매된 것으로 가정되기 때문에 상대적으로 낮게 계상되어 이익이 높아지는 결과를 초래하게 된다.

앞의 [자료]에서 선입선출법을 적용하여 기말재고금액과 매출원가를 계산하면 〈표 6-6〉과 같다.

〈표 6-6〉
선입선출법에 의한 기말재고금액과 매출원가

• 1단계 : 기말재고수량의 결정 : 실지재고조사법

기초재고수량	+	당기매입수량	−	판매수량	=	기말재고수량
200개		700개		600개		300개

• 2단계 : 기말재고 매입단가의 결정 : 선입선출법

기말재고수량	:	10월 1일 매입분	매입단가
300개		300개	₩20

• 3단계 : 기말재고금액의 결정

기말재고수량	×	매입단가	=	기말재고금액
300개		₩20		₩6,000

• 4단계 : 매출원가의 결정

기초재고금액	+	당기매입금액	−	기말재고금액	=	매출원가
₩2,000		₩12,000		₩6,000		₩8,000

선입선출법을 적용할 경우에는 수량결정방법을 계속기록법이나 실지재고조사법 중 어느 방법을 사용하더라도 기말재고금액과 매출원가는 동일하다. 왜냐하면 앞서 예에서 보는 바와 같이 실지재고조사법을 사용할 경우 기말재고금액은 가장 최근 구입한 상품인 10월 1일에 구입한 300개로 구성이 되고 계속기록법을 사용하더라도 기말재고금액은 10월 1일에 구입한 300개로 구성되기 때문이다.

3) 후입선출법(last in first out method : LIFO)

후입선출법은 실제물량의 흐름과 상관없이 최근에 매입한 상품부터 판매되는 것으로 가정하여 기말재고금액과 매출원가를 결정하는 방법이다. 후입선출법의 가정에 따르면 매출원가는 가장 최근에 구입한 상품의 원가로 구성이 되고 기말재고금액은 최근에 구입한 상품부터 판매된 후 가장 처음 구입한 상품부터 차례로 원가를 구성하게 된다.

인플레이션을 가정할 경우 매입단가는 꾸준히 상승하게 되고 후입선출법에 의한 기말재고금액은 가장 낮은 가격으로 구입한 상품이 원가로 기록되기 때문에 기말재고금액이 과소계상되어 상대적으로 여타의 가정에 비해 자산이 낮게 계상된다. 반면에 매출원가의 경우 최근에 높은 가격으로 구입한 상품이 판매되는 것으로 가정되기 때문에 상대적으로 높게 계상된다.

[자료]에서 후입선출법을 적용하여 기말재고금액과 매출원가를 계산하면 〈표 6-7〉과 같다.

〈표 6-7〉
후입선출법에 의한 기말재고금액과 매출원가

• 1단계 : 기말재고수량의 결정 : 실지재고조사법

기초재고수량	+	당기매입수량	−	판매수량	=	기말재고수량
200개		700개		600개		300개

• 2단계 : 기말재고 매입단가의 결정 : 후입선출법

기말재고수량	:	1.1 기초분	단가	,	5.1 매입분	단가
300개		200개	₩10	,	100개	₩15

• 3단계 : 기말재고금액의 결정

1.1 기초분	×	단가	+	5.1 매입분	×	단가	=	기말재고금액
200개		₩10		100개		₩15		₩3,500

• 4단계 : 매출원가의 결정

기초재고금액	+	당기매입금액	−	기말재고금액	=	매출원가
₩2,000		₩12,000		₩3,500		₩10,500

후입선출법의 경우 기말재고수량 결정방법으로 계속기록법을 사용할 경우 실지재고조사법과는 달리 매출 직전의 매입단가에 근거하여 각 매출거래의 매출원가를 산정하므로 실지재고조사법과는 차이가 발생할 수 있다. 계속기록법하에서 후입선출법을 적용하여 기말재고금액과 매출원가를 계산하면 〈표 6-8〉과 같다.

지금까지 살펴본 후입선출법은 원가흐름의 가정이 현실적이지 못하고, 기말재무상태표에 표시되는 재고자산금액이 현행원가를 반영하지 못하여 영업성과를 왜곡할 가능성이 높다. 이러한 문제점들로 인해 한국채택국제회계기준에서는 후입선출법의 적용을 배제하고 있다.

〈표 6-8〉 계속기록법하에서 후입선출법에 의한 기말재고금액과 매출원가

일 자	적 요	매 입			매 출			잔 액		
		수 량	단 가	금 액	수 량	단 가	금 액	수 량	단 가	금 액
1. 1	기초	200	10	2,000				200	10	2,000
4. 1	매출				100	10	1,000	100	10	1,000
5. 1	매입	400	15	6,000				100	10	1,000
								400	15	6,000
7. 1	매출				300	15	4,500	100	10	1,000
								100	15	1,500
10.1	매입	300	20	6,000				100	10	1,000
								100	15	1,500
								300	20	6,000
11.1	매출				200	20	4,000	100	10	1,000
								100	15	1,500
								100	20	2,000
12.31	기말재고									4,500
	매출원가						9,500			

정유사, 재고자산평가 변경시 재무개선

국내 정유사들이 한국채택국제회계기준(K-IFRS) 도입에 따라 재고자산에 대한 평가방법을 변경하는 것만으로도 수익성과 재무구조의 개선효과를 볼 수 있을 것으로 예상됐다.

한신정평가는 6일 보고서를 통해 그동안 국내 정유사들은 IFRS에서는 인정하지 않고 있는 후입선출법(LIFO)을 재고자산평가방법으로 사용해 왔으나 IFRS를 도입할 경우 이를 변경하는 것이 최대의 화두가 되고 있다며 이같이 전망했다.

현재 국내 4대 정유사 가운데 IFRS를 도입한 곳은 GS칼텍스(2010년)이며 GS칼텍스는 이미 작년에 재고자산평가방법을 IFRS에서 인정하는 방법으로 변경했다. 내년 IFRS 도입을 앞둔 S-Oil도 올해부터 재고자산평가방법을 변경했다. SK에너지는 내년 IFRS 도입이 예정된 상태이나 재고자산평가방법을 어떤 식으로 변경할 것인지를 결정하지는 않았으며 현대오일뱅크는 IFRS 도입여부 자체에 대한 결정이 아직 없는 상태다. 그동안 국내 정유사들이 재고자산평가방법으로 사용해 왔던 LIFO는 최근에 구매한 재고자산이 가장 먼저 팔렸다고 가정하기 때문에 매출원가가 과대계상되고 재고자산 및 당기순이익은 과소계상된다. 다만 이익이 과소계상됨으로써 일시적인 법인세 절세효과가 발생해 현금흐름에는 유리한 측면도 있었다. 하지만 기말재고자산이 기초재고자산보다 감소할 경우, 저가의 재고자산이 원가로 계상되

4) 원가흐름가정이 재무제표에 미치는 영향

〈표 6-9〉는 지금까지의 결과를 토대로 실지재고조사법하에서의 선입선출법과 평균법이 재무제표에 미치는 영향을 요약하고 있다. 〈표 6-9〉가 시사하는 바는 다음과 같다.

물가가 상승한다고 가정했을 때 기말재고액은 선입선출법이 후입선출법과 평균법보다 더 크다. 그 이유는 선입선출법의 경우 가장 최근에 구입한 재고자산이 기말재고자산을 구성하기 때문에 과거에 구입한 재고자산이 기말재고자산을 구성하고 있는 후입선출법이나 과거에 구입한 재고자산과 최근에 구입한 재고자산의 평균금액으로 구성되어 있는 평균법에 비해 기말재고액이 더 크기 때문이다. 반대로 매출원가는 후입선출법 > 평균법 > 선입선출법이 된다. 따라서 당기순이익은 선입선출법이 평균법이나 후입선출법에 비해 당기순이익이 크게 보고된다. 물가가 하락하면 위의 부등호 방향은 반대가 된다.

결국 어떠한 방법을 선택하는 것이 기업의 경제적 실질을 충실하게 표현하고 정보이용자의 의사결정에 도움을 줄 수 있는지는 경영자의 몫으로 남게 된다.

면서 일시적으로 이익이 증가하는 재고자산 청산효과가 발생하는데, 회사 입장에서는 기말시점 재고물량 조정을 통해 자의적으로 이익을 변동할 가능성도 있다. 이에 따라 IFRS에서는 LIFO에 의한 재고자산평가를 인정하지 않고 있다.

지난해 재고자산평가방법을 LIFO에서 IFRS에서 인정하는 총평균법으로 변경한 GS칼텍스의 경우 재고자산이 6천237억원이 늘고 자본 및 당기순이익이 각각 4천865억원과 2천428억원이 증가하는 효과를 봤다. S-Oil도 GS칼텍스에 비해 증가효과는 크지 않았지만 작년 재고자산 및 자본, 당기순이익이 각각 405억원, 342억원 및 437억원이 늘면서 회계변경이 수익성 및 재무안정성에 긍정적인 영향을 줬다.

한신정평가는 "국내 정유사들이 재고자산평가방법을 변경할 경우 LIFO에서 발생하던 착시효과들은 올해 이후부터 상당부분 제거될 것"이라고 예상했다. 그러나 "재고자산평가방법의 변경만으로 지표상의 수익성 및 재고자산 개선효과가 나타나더라도 이는 기업의 실질변화와는 무관한 것이기 때문에 개별 기업의 신용등급에 영향을 미치지는 않는다"고 강조했다.

한편, IFRS에서는 LIFO를 인정하지는 않지만 세무상으로는 여전히 인정하고 있어 세무조정을 통해 법인세 절세효과를 지속적으로 누릴 수는 있을 전망이다. 하지만 매년 새로운 기준과 LIFO의 조정내역을 관리해야 하는 번거로움이 있고 만일 세무상 재고자산평가방법마저 변경될 경우 법인세 증가효과가 발생해 현금흐름에 다소 부정적인 영향을 줄 수도 있다고 한신정평가는 지적했다. (한신정평가)

〈표 6-9〉
원가흐름의 가정이 이익에 미치는 영향

	원가흐름의 가정					
	선입선출법		평균법		후입선출법	
매　　출		₩25,000		₩25,000		₩25,000
매출원가 :						
기초재고액	₩2,000		₩2,000		₩2,000	
당기매입액	12,000		12,000		12,000	
판매가능액	₩14,000		₩14,000		₩14,000	
(−)기말재고액	6,000	8,000	4,680	9,320	3,500	10,500
매출총이익		₩17,000		₩15,680		₩14,500
기타제비용		3,000		3,000		3,000
세전순이익		₩14,000		₩12,680		₩11,500
법인세 등		4,200		3,804		3,450
당기순이익		₩9,800		₩8,876		₩8,050

〈표 6-10〉
원가흐름의 가정이 재무제표에 미치는 영향

〈물가상승 가정〉
- 기말재고자산 : 선입선출법 > 평균법 > 후입선출법
- 매출원가 : 선입선출법 < 평균법 < 후입선출법
- 당기순이익 : 선입선출법 > 평균법 > 후입선출법

제 4 절 재고자산의 평가손실 및 감모손실

1. 재고자산의 평가손실

정보이용자에게 유용한 정보를 제공한다는 회계의 목적에 비추어 볼 때 자산을 공정가치로 평가하는 것이 보다 목적적합하다고 할 수 있다. 그러나 공정가치평가는 실현되지 않은 이익을 인식하게 되어 표현충실성이라는 회계정보가 갖추어야 할 질적특성을 위배하게 된다. 이로 인해 대부분의 자산은 취득원가

로 자산의 가치를 인식하게 된다. 재고자산의 경우도 마찬가지이다.

하지만 재고자산은 기업의 수익창출활동의 대부분을 차지하고 있어 그 평가는 재무상태표 및 손익계산서에 직접적으로 영향을 미치게 된다. 그렇다면 만약 시가가 취득가액보다 높을 경우 취득원가주의에 입각하여 미실현이익을 인식하지 않으면 되지만, 시가가 취득원가보다 하락할 경우에는 어떻게 해야 할 것인가?

재고자산이 물리적인 손상, 진부화, 판매가격 하락, 원가의 상승 등으로 그 가치가 취득원가보다 하락할 경우에도 취득원가주의를 고수한다면, 즉 취득원가보다 효용이 감소된 자산을 그대로 보고하게 된다면 재고자산이 기업의 수익창출활동의 대부분을 차지하는 자산임을 감안할 때 기업의 재무상태나 경영성과 또는 미래현금흐름을 왜곡하여 보고하게 될 위험성이 상대적으로 높아지게 된다.

이러한 문제점을 해결하기 위해 한국채택국제회계기준에서는 재고자산의 시가가 취득가액보다 하락할 경우 시가로 평가하는 저가법(lower of cost or market : LCM)을 강제하고 있다. 이때 시가는 정상적인 영업과정에서 재고자산의 판매를 통해 실현될 것으로 기대되는 순매각금액인 순실현가치(net realizable value : NRV)를 의미하며 예외적으로 재고자산 중 원재료의 경우에는 현행대체원가[4]가 순실현가치를 대신할 수 있도록 규정하고 있다.

저가법에 의한 기말재고 = min(순실현가치,[5] 취득원가)
재고자산평가손실 = 취득원가 − 순실현가치

한편, 저가법에 의한 기말재고금액은 재고자산의 종목별(individual item), 조별(major category) 또는 총액(total inventory)을 기준으로 계산할 수 있다. 종목별기준은 재고자산의 개별항목에 대해서 저가법을 적용하는 기준이고, 조별기준과 총액기준은 각각 유사한 재고자산의 집단이나 전체 재고자산에 대해서 저가법을 적용하는 기준이다. 종목별기준에 의한 재고자산평가액은 조별기준 혹은 총액기준에 의한 재고자산평가액보다 낮으며, 조별기준에 의한 재고자산평가액은 총액기준에 의한 재고자산평가액보다 낮다. 따라서 저가주의의 적용취지에 비추어 볼 때 이 중에서 가장 낮게 평가되는 개별항목별로 적용하는 것이 타

4) 현행대체원가는 동일하거나 또는 동등한 자산을 현재시점에서 취득할 경우에 그 대가로 지불해야 할 금액을 말한다.
5) 순실현가치는 추정판매가격에서 추정판매부대원가를 차감한 금액이다.

당하며 한국채택국제회계기준에서도 개별항목별 적용을 강제화하고 있다. 다만, 경우에 따라서 서로 유사하거나 관련되어 있는 경우에는 조별기준을 선택할 수 있도록 허용하고 있으나 총액기준은 어떠한 경우에도 허용하고 있지 않다.

또한 재고자산의 저가평가로 인해 발생하는 재고자산평가손실의 회계처리와 관련해서는 한국채택국제회계기준에서 명확하게 규정하고 있지는 않다. 그러나 재고자산평가손실이 향후 발생하게 되는 매출수익의 감소를 초래하게 된다는 점을 감안할 때 매출원가로 보는 것이 타당하며, 이럴 경우 평가손실은 재고자산평가충당금으로 회계처리하고 재무상태표에는 재고자산에서 차감하는 형식으로 기록하게 된다.[6)]

〈표 6-11〉 재고자산평가손실 회계처리

(차) 재고자산평가손실 (매출원가)	×××	(대) 재고자산평가충당금	×××

예제 6-6 재고자산의 저가평가

다음은 (주)천마의 재고자산을 기말평가한 결과이다. 이와 관련한 분개를 행하고 부분재무상태표를 작성하시오.

종 목	장부재고			기말평가				
	수 량	단 가	금 액	수 량	단 가	순실현가치	금 액	평가손실
A	100	20	2,000	100	20	30	2,000	0
B	120	30	3,600	120	30	30	3,600	0
C	150	50	7,500	150	50	40	6,000	1,500
D	130	40	5,200	130	40	50	5,200	0
E	110	60	6,600	110	60	50	5,500	1,100
			24,900				22,300	2,600

6) 실제로 아래에 제시된 H사(주)의 20×0년 감사보고서상의 재고자산과 관련한 공시내용을 살펴보면 H사(주)는 저가법에 의해 기말재고자산을 평가하고 이때 발생한 평가손실은 매출원가에 가산하고 있다.

[중요한 회계처리방침 : 재고자산의 평가]
재고자산은 이동평균법(단, 미착품은 개별법)에 의한 취득원가로 평가하고 있으며, 그 수량은 계속기록법과 실지재고조사를 병용하여 확정하고 있습니다. *한편, 재고자산의 순실현가능가액(원재료는 현행대체원가)이 취득원가보다 하락한 경우에는 시가를 재무상태표가액으로 하고 있으며, 재고자산의 시가가 장부가액 이하로 하락하여 발생한 평가손실은 매출원가에 가산하고 있습니다.*

(차) 재고자산평가손실 (매출원가)	2,600	(대) 재고자산평가충당금 (자산의 차감계정)	2,600

부분재무상태표

20×1년 12월 31일

유 동 자 산	
재 고 자 산	₩24,900
재고자산평가충당금	(2,600)
	₩22,300

2. 재고자산의 감모손실

재고자산감모손실은 재고자산의 분실, 도난, 파손 혹은 자연증발 등으로 인하여 실제 재고자산의 수량이 장부상의 수량보다 적은 경우 발생한다. 앞서 설명한 실지재고조사법과 계속기록법은 각각 감모손실이 발생할 경우 매출원가와 기말재고의 과대계상이라는 문제점이 야기된다. 이러한 문제점을 극복하기 위하여 실제기업들은 실지재고조사법과 계속기록법을 같이 사용하여 정확한 감모수량을 파악하고 있다. 즉, 계속기록법에 의해 장부상 기말재고수량을 결정하고 실지재고조사법에 의해 실제 기말재고를 파악하여 이들간의 차이를 통해 감모수량을 파악하게 된다.

한국채택국제회계기준에서는 감모수량에 의한 감모손실에 대한 명확한 회계처리방법을 규정하고 있지는 않다. 그러나 감모손실의 발생원인을 고려하여 논리적으로 판단해 볼 때 업종의 특성에 따른 어쩔 수 없는 이유로 인해 필연적으로 발생하는 감모손실(정상감모)은 매출원가에 포함시키고, 태만이나 부주의 등에 의해 발생하는 감모손실(비정상감모)은 기타비용으로 처리함이 타당하다.

〈표 6-12〉 재고자산감모손실 회계처리

〈정상적인 감모손실의 경우〉

(차) 재고자산감모손실 (매출원가)	×××	(대) 재 고 자 산	×××

〈비정상적인 감모손실의 경우〉

(차) 재고자산감모손실 (기타비용)	×××	(대) 재 고 자 산	×××

예제 6-7 재고자산감모손실

다음은 (주)천마의 재고자산을 기말평가한 결과이다. 감모손실을 정상적인 감모손실과 비정상적인 감모손실로 구분하여 회계처리하시오.

종 목	장부재고			기말평가		
	수 량	단 가	금 액	수 량	단 가	금 액
A	100	20	2,000	90	20	1,800
B	120	30	3,600	120	30	3,600
C	150	50	7,500	140	50	7,000
D	130	40	5,200	130	40	5,200
E	110	60	6,600	105	60	6,300
			24,900			23,900

〈정상적인 감모손실의 경우〉

(차) 재고자산감모손실 (매출원가) 1,000 (대) 재 고 자 산 1,000

〈비정상적인 감모손실의 경우〉

(차) 재고자산감모손실 (기타비용) 1,000 (대) 재 고 자 산 1,000

재고자산 부풀리기(분식결산 해부)
기업 입장에서 가장 손쉬운 분식수단, 과대계상 여부 타사와 비교로 판단

재고자산은 공인회계사들이 발로 뛰어서 감사하는 대표적인 자산이다. 외상매출금이나 대여금 등은 거래상대방에게 조회를 할 수 있지만 재고자산만큼은 직접 눈으로 확인해야 하는 특성을 갖고 있다. 하지만 수많은 제품, 반제품, 원재료를 일일이 헤아릴 수 없는 데다 유행이 지난 제품을 적절히 평가하기도 쉽지 않아 감사인이 어려움을 겪는 게 현실이다. 그래서 기업들은 재고자산을 분식수단으로 가장 손쉽게 이용하고 있다. 최근 부도를 낸 기업치고 재고자산을 과대계상하지 않은 기업을 찾기 힘들 정도이다.

재고자산을 과대계상하는 방법은 없는 재고자산을 있는 것처럼 꾸미는 경우와 존재하기는 하나 평가를 과대하게 하는 경우로 대별된다. 몇 년 전 부도를 내고 사라진 S사와 분식결산으로 투자자들로부터 고소를 당했던 H사는 없는 재고자산을 있는 것처럼 표시했다. S사는 보세구역에서 소유주를 확인하기 힘든 점을 이용, 수입물품이 통관을 기다리고 있는 것처럼 서류를 꾸며 가공의 재고자산으로 기록했다. H사는 전자부품을 일일이 확인하기 힘든 점을 이용해 이

제5절 상품매매기업의 회계순환과정

제3장과 제4장에서는 서비스 제공기업의 회계순환과정에 대해서 살펴보았다. 현실에서는 서비스 제공기업 이외에도 재화를 판매하고 수익을 창출하는 기업도 많다. 이러한 기업에는 삼성전자나 현대자동차와 같이 재화를 직접 생산해서 판매하는 제조기업이 있고, 백화점이나 슈퍼마켓과 같이 재화를 구입해서 판매하는 상품매매기업도 있다. 서비스를 제공하는 기업과 상품매매를 주업으로 하는 기업을 절을 달리하여 설명하는 이유는 상품매매기업의 회계처리순환과정은 서비스 제공기업의 회계처리순환과정에 비해 다소 특이하고 복잡하기 때문이다. 재무회계에서는 상품매매기업을 기본모형으로 다루고 있으며 본절에서는 상품매매기업의 회계처리에 대해서 설명하기로 한다.

1. 상품매매기업의 영업활동

상품매매기업은 상품을 구입한 다음 적절한 이윤을 가산하여 되파는 영업활

미 사용하고 없는 부품의 매입서류를 조작, 미착품으로 올려놓았다가 적발됐었다.

재고자산의 평가를 과대하게 하는 방법으로는 감모 또는 평가 손실을 계상하지 않는 게 대표적이다. 특히 제품의 라이프사이클이 짧은 전자업체나 유행을 잘 타는 의류업체들은 재고자산평가손실을 반영하지 않음으로써 과대평가하는 경향이 있다. 이 밖에 당기비용으로 처리해야 할 장갑 등 소모품을 공구 등의 항목인 저장품으로 표시하거나 원가계산을 편법 적용함으로써 매출원가를 줄이고 재고자산을 과대계상하는 방법이 자주 지적되고 있다.

투자자들이 재고자산의 과대계상 여부를 판단하기 위해서는 매출액에서 재고자산이 차지하는 비중을 동종 타업체와 비교하면 된다. 같은 업종의 다른 회사에 비해 비중이 높을 때에는 일단 재고자산이 과대계상됐을 가능성이 높다. 현명한 경영자라면 재고자산을 적정수준 이상 보유함으로써 많은 금융비용을 부담하지 않기 때문이다. 한국은행이 매년 7월쯤 상장등록업체의 전년도 사업보고서를 토대로 발간하는 기업경영분석에서 업종별로 매출액에서 차지하는 재고자산 비중을 참고할 수 있다. (한국경제)

동을 실시하기 때문에 서비스 제공기업의 영업활동과는 차이가 있다. 상품매매기업의 주요 영업활동과정에서 판매를 위하여 보유하는 자산을 재고자산이라고 한다. 재고자산은 상품매매기업이 외부공급업체로부터 상품을 매입하게 되면 매입 혹은 상품이라는 자산으로 기록한다. 상품이 판매되면 포괄손익계산서상에 매출(수익)로 보고하며 수익·비용대응의 원칙에 따라 매출원가(비용)를 인식하게 된다. 현금매출이 아닌 외상매출인 경우 매출채권이라는 자산으로 계상하다가 추후에 현금으로 회수된다. 이와 같이 상품을 매입하고 판매하는 과정을 영업활동주기라고 부른다.

[그림 6-3]
상품매매기업의 영업활동주기

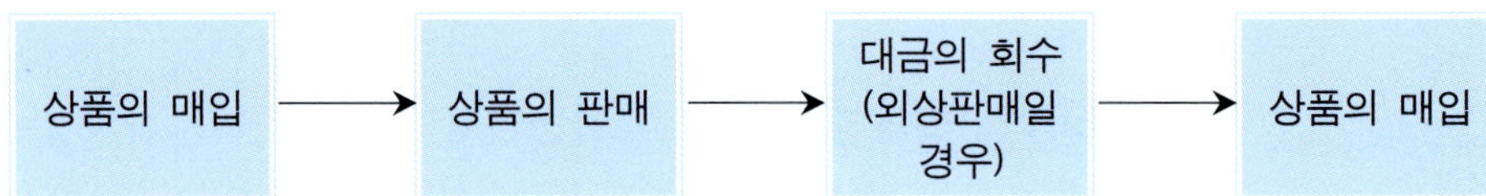

2. 상품매매기업의 재무제표 기록방법

상품매매기업에서의 회계처리의 핵심은 매출원가와 재고자산의 보고이다. 전기에 판매되지 않고 이월된 재고자산에 당기에 매입한 재고자산을 합한 금액을 판매가능재고자산이라고 한다. 판매가능재고자산 가운데 일부는 외부로 판매되고 나머지는 기말재고자산으로 남는다. 여기서 외부로 판매되는 재고자산의 취득원가가 포괄손익계산서상에 매출원가라는 비용으로 계상된다. 그러나 통상적으로 얼마간의 상품은 기말에도 판매되지 않고 남게 된다. 판매되지 않아 기말 현재 보유하는 재고자산이 재무상태표상에 기말재고자산으로 계상된다. 이를 식으로 표현하면 다음과 같다.

기초재고자산 + 당기매입 = 매출원가 + 기말재고자산

매출원가와 기말재고자산의 수량을 파악하는 방법에는 계속기록법과 실지재고조사법이 있으며 단가를 결정하는 방법에는 평균법, 선입선출법, 후입선출법이 있다. 본절에서는 계속기록법을 사용하는 기업의 회계순환과정을 예시로 들기로 한다.

3. 상품매매기업의 회계처리

계속기록법은 상품이 입고 또는 출고될 때마다 수량을 계속적으로 파악하는 방법이다. 상품은 구입과 판매를 통해서 증감되는데, 계속기록법하에서는 상품의 증감이 있을 때마다 상품계정에 즉시 반영한다.

상품을 매입하게 되었을 경우 다음과 같이 회계처리한다. 외상으로 매입한 경우에는 매입채무라는 계정과목을 사용한다.

〈현금매입시〉

(차) 상 품	×××	(대) 현 금	×××

〈외상매입시〉

(차) 상 품	×××	(대) 매 입 채 무	×××

매입한 상품을 판매하는 경우, 다음과 같이 회계처리한다. 이때 주의할 점은 매출과 관련된 매출원가를 판매시에 인식한다는 것이다. 이는 수익·비용대응의 원칙을 적용한 결과로서 수익(매출)과 관련된 비용(매출원가)은 동일한 기간에 인식한다는 논리이다.

〈현금매출시〉

(차) 현 금	×××	(대) 매 출	×××
매 출 원 가	×××	상 품	×××

〈외상매출시〉

(차) 매 출 채 권	×××	(대) 매 출	×××
매 출 원 가	×××	상 품	×××

다음의 예를 통하여 상품매매기업의 회계순환과정에 대해서 정리해 보자.

3월 1일에 현금 ₩10,000을 출자하여 가구를 판매하는 사업을 영위하는 (주)경산이 설립되었다.

(차) 현 금	10,000	(대) 자 본 금	10,000

(주)경산은 3월 3일에 가구제조업체인 (주)광주로부터 책상 100개를 1개당 ₩100에 매입하였는데, 이 중 ₩3,000은 현금으로 지급하였다.

(차)	상 품	10,000	(대) 매입채무	7,000
			현 금	3,000

(주)경산은 3월 10일에 가구운반목적으로 차량운반구를 ₩3,000에 구입하였으며 이 가운데 ₩1,000은 현금으로 지급하였다.

(차)	차량운반구	3,000	(대) 현 금	1,000
			미지급금	2,000

상품매매업이 주요 사업인 (주)경산은 상품을 외상으로 구입한 경우 매입채무라는 부채계정을 사용하지만 상품이 아닌 다른 재화나 용역을 구입하였다면 미지급금으로 표시한다.

(주)경산은 3월 3일에 매입한 상품 가운데 30개를 3월 15일에 개당 ₩120에 외상판매하였다. 판매와 관련하여 (주)경산은 운반비 ₩100을 현금으로 지불하였다.

(차)	매출채권	3,600	(대) 매 출	3,600
	매출원가	3,000	상 품	3,000
(차)	운 송 비 (판매비와관리비)	100	(대) 현 금	100

손익계산서에서 운반비는 상품판매와 직접적으로 관련하여 발생하는 다른 비용과 함께 판매비와관리비로 분류되고 있다.

(주)경산은 3월 10일에 구입한 차량운반구 가운데 일부를 3월 17일에 ₩1,000에 매각하였고 매각대금은 한 달 후에 수령하기로 하였다(처분손익은 발생하지 않았다고 가정한다).

(차)	미 수 금	1,000	(대) 차량운반구	1,000

매입채무, 미지급금과 유사하게 상품매매기업인 (주)경산이 상품을 외상으로 판매하면 매출채권이라는 자산계정을 사용하지만 상품이 아닌 다른 재화를 매각하였다면 미수금이라는 계정과목을 사용하여 회계처리한다.

(주)경산은 3월 15일에 발생한 매출채권 가운데 ₩3,000을 현금으로 수령하였다.

(차)	현 금	3,000	(대) 매출채권	3,000

(주)경산은 3월 3일에 발생한 매입채무 중 ₩5,000을 현금으로 지급하였다.

(차)	매입채무	5,000	(대) 현 금	5,000

위의 거래를 재무제표에 나타내면 다음과 같다.

부분포괄손익계산서

매 출	3,600
매출원가	(3,000)
매출총이익	600
판매비와관리비	(100)
당기순이익	500

부분재무상태표

현 금	3,900	매입채무	2,000
매출채권	600	미지급금	2,000
미 수 금	1,000	자 본 금	10,000
상 품	7,000	이익잉여금	500
차량운반구	2,000		

용어정리 문제

1. 정상적인 영업활동과정에서 판매를 목적으로 보유중이거나 생산중인 자산, 생산이나 용역제공에 사용될 자산을 ( )이라 한다.

2. 기초재고자산과 당기매입액을 합한 금액을 ( )이라고 하며 이는 특정기간에 상품매매회사에서 판매가 가능한 상품의 총액을 말한다.

3. 재고자산을 취득한 이후 구입한 제품에 하자가 발생하는 경우 일반적으로 이를 반품하거나 결제예정금액에서 일정금액을 차감하여 지불하게 된다. 반품하는 경우 이를 ( )이라고 하고 결제금액의 차감액을 ( )라고 한다.

4. ( )은 기말실사를 통해 기말재고수량을 파악하고 판매가능수량에서 실사를 통해 파악된 기말재고수량을 차감하여 판매수량을 결정하는 방법이다.

5. ( )은 상품의 입출고시마다 재고자산의 증가와 감소를 기록하고 매출수량과 매출원가를 장부상 독립적으로 결정하여 기말재고수량을 결정하는 방법이다.

6. 판매된 상품의 매입단가를 개별적으로 추적하여 매출원가와 기말재고를 결정하는 방법을 ( ) 이라고 한다.

7. ( )은 재고자산의 금액을 결정하기 위해 매입단가를 개별적으로 추적하는 실무상 어려움을 극복하기 위해 일정기간 동안 다양한 가격으로 구입한 상품의 매입단가를 평균하여 적용하는 방법이다.

8. ( )은 실제물량의 흐름과는 상관없이 먼저 매입한 상품이 먼저 판매되는 것으로 가정하여 기말재고금액과 매출원가를 결정하는 방법이다.

9. ( )은 실제물량의 흐름과 상관없이 최근에 매입한 상품부터 판매되는 것으로 가정하여 기말재고금액과 매출원가를 결정하는 방법이다.

10. 재고자산을 취득원가 이하의 순실현가능가치로 감액하는 것을 (　　　　)이라고 한다.

11. (　　　　)은 재고자산의 분실, 도난, 파손 혹은 자연증발 등으로 인하여 실제 재고자산수량이 장부상의 수량보다 적은 경우 발생한다.

해답

1. 재고자산	2. 판매가능재고자산	3. 매입환출, 매입에누리
4. 실지재고조사법	5. 계속기록법	6. 개별법
7. 평균법	8. 선입선출법	9. 후입선출법
10. 저가법	11. 재고자산감모손실	

객관식 문제

1. 기말재고자산에 포함되지 않는 것은?

① 판매를 목적으로 보유하고 있는 재공품과 반제품
② 위탁판매를 하기 위하여 발송한 후, 수탁자가 창고에 보관중인 적송품
③ 자동차회사가 보유하고 있는 건물
④ 선적지인도조건으로 선적되어 운송중인 미착상품
⑤ 부동산판매회사가 보유하고 있는 토지

2. 재고자산에 대한 설명으로 옳은 것은? (9급국가직 수정, 2017)

① 기초재고자산금액과 당기매입액이 일정할 때, 기말재고자산금액이 과대계상될 경우 당기순이익은 과소계상된다.
② 선입선출법은 기말에 재고로 남아 있는 항목은 가장 최근에 매입 또는 생산된 항목이라고 가정하는 방법이다.
③ 실지재고조사법을 적용하면 기록유지가 복잡하고 번거롭지만 특정시점의 재고자산 잔액과 그 시점까지 발생한 매출원가를 적시에 파악할 수 있는 장점이 있다.
④ 도착지인도기준에 의해서 매입이 이루어질 경우, 발생하는 운임은 매입자의 취득원가에 산입해야 한다.
⑤ 판매되지 않은 위탁상품은 수탁자의 재고자산에 포함시킨다.

3. (주)관세의 20×1년말 재고자산 관련 자료가 다음과 같을 때 기초상품재고액은? (단, 재고자산감모손실과 평가손실은 없다) (관세사, 2024)

항목	금액	항목	금액
• 총매입액	₩3,750	• 매입리베이트	₩250
• 기말상품재고액	375	• 총매출액	6,000
• 매출에누리	500	• 매출총이익	1,125

① ₩1,000 ② ₩1,250 ③ ₩1,500
④ ₩1,750 ⑤ ₩2,000

4. 다음은 (주)한국의 20×1년 12월 31일 수정전시산표의 일부이다. 20×1년 12월 31일 (주)한국의 창고에 화재가 발생하여 보관중인 재고자산이 전부 소실되었다. (주)한국의 매출총이익률이 40%인 경우 화재로 인해 소실된 기말재고자산은? (단, (주)한국은 재고자산을 실지재고조사법으로 기록하고 있다) (7급공무원, 2023)

수정전시산표

재고자산	₩100,000	매출	₩510,000
매입	390,000	매입에누리와환출	6,000
매입운임	30,000	매입할인	14,000
매출할인	10,000		

① ₩100,000
② ₩120,000
③ ₩180,000
④ ₩200,000

5. 다음 자료를 이용한 당기 매입채무 현금지급액은? (9급공무원, 2024)

• 당기 매출액	₩200
• 기초상품재고액	30
• 기말상품재고액	20
• 기초매입채무	50
• 기말매입채무	60
• 매출총이익률	20%
• 당기 매입액 중 외상매입비율	60%

① ₩80
② ₩90
③ ₩140
④ ₩150

6. 재고자산의 회계처리에 대한 설명으로 옳지 않은 것은? (주택관리사보, 2020)

① 재고자산의 취득원가는 매입원가, 전환원가 및 재고자산을 현재의 장소에 현재의 상태로 이르게 하는 데 발생한 기타 원가 모두를 포함한다.
② 재고자산을 순실현가능가치로 감액하는 저가법은 항목별로 적용한다.
③ 재고자산을 순실현가능가치로 감액한 평가손실과 모든 감모손실은 감액이나 감모가 발생한 기간에 비용으로 인식한다.
④ 도착지인도기준의 미착상품은 판매자의 재고자산으로 분류한다.
⑤ 기초재고수량과 기말재고수량이 같다면, 선입선출법과 가중평균법을 적용한 매출원가는 항상 같게 된다.

7. 다음은 화장품 제조판매업을 영위하고 있는 (주)한국의 20×1년말 자료이다. (주)한국의 20×1년 기말재고자산은? (단, 제시된 금액은 모두 원가 금액이다) (주택관리사보, 2023)

• 판매를 위하여 창고에 보관중인 (주)한국의 화장품	₩700,000
• 전시관 내 홍보목적으로 제공하고 있는 (주)한국의 화장품	10,000
• 화장품 생산에 사용하는 (주)한국의 원재료	120,000
• 선적지인도조건으로 판매한 (주)한국의 화장품 중 현재 선적 후 운송중인 화장품	90,000
• 위탁판매계약을 하고 수탁자에게 보낸 (주)한국의 화장품 중 기말 현재 판매되지 않은 화장품	50,000
• 시용판매를 위해 고객에게 보낸 (주)한국의 화장품 중 매입의사표시를 받지 못한 시송품	30,000

① ₩900,000 ② ₩910,000 ③ ₩990,000
④ ₩1,010,000 ⑤ ₩1,070,000

8. (주)한국은 재고자산의 수량결정방법으로 실지재고조사법을 사용하고 있다. 2011년말 실지조사 결과 파악된 재고자산금액은 ₩120,000이었다. 다음의 추가자료를 결산에 반영할 경우 2011년 매출원가는? (7급공무원 수정, 2012)

• 당기 판매가능재고자산금액 ₩700,000
• 적송품 ₩40,000(이 중 ₩22,000에 대한 매출계산서가 2011년 12월 26일에 도착하였음)
• 미착상품 ₩15,000(FOB선적지인도조건으로 2011년 12월 30일에 매입처리되었음)
• 시송품 ₩25,000(이 중 ₩12,000에 대해 고객이 매입의사를 표시하였음)
• 특별주문품 ₩40,000(생산이 완료되어 보관중임)

① ₩494,000 ② ₩534,000 ③ ₩574,000
④ ₩592,000 ⑤ ₩596,000

9. 다음 자료를 이용하여 계산한 총매출액은? (주택관리사보, 2023)

• 기초상품재고	₩6,000	• 매출에누리	₩1,500
• 총매입액	14,000	• 매출할인	2,500
• 매입환출	1,000	• 매출운임	3,000
• 매입할인	2,000	• 매출총이익률	20%
• 기말상품재고	9,000		

① ₩12,500 ② ₩12,750 ③ ₩14,000
④ ₩15,250 ⑤ ₩17,000

10. (주)한국의 20×1년 상품 관련 자료가 다음과 같을 때, 20×1년 매출총이익과 기말상품재고액을 바르게 연결한 것은? (7급공무원 수정, 2022)

- 기초상품재고액 ₩100,000
- 4월 8일 상품 ₩900,000을 현금매입
- 7월 7일 원가 ₩700,000(판매가 ₩910,000)인 상품을 시용판매
- 12월 8일 고객으로부터 7월 7일 시용판매했던 상품 가운데 일부분(판매가 ₩650,000)에 대해 구매의사표시 받음

	매출총이익	기말상품재고액
①	₩150,000	₩350,000
②	₩210,000	₩350,000
③	₩150,000	₩500,000
④	₩210,000	₩500,000
⑤	₩150,000	₩1,000,000

11. (주)한국은 재고자산에 대해 실지재고조사법을 적용하고 있다. 20×1년 7월중 상품거래자료가 다음과 같을 때 7월의 선입선출법과 평균법에 의한 매출원가 차액은 얼마인가? (단, 장부상의 재고와 실지재고는 일치하며, 재고자산평가손실은 없다) (감정평가사, 2009)

일 자	적 요	수 량	매입단가	금 액
7월 1일	월초재고	200개	₩100	₩20,000
7월 10일	매입	300	110	33,000
7월 15일	매출	400	–	–
7월 20일	매입	200	120	24,000
7월 25일	매출	200	–	–

① ₩0 ② ₩500 ③ ₩1,000
④ ₩1,500 ⑤ ₩2,000

12. 다음은 (주)한국의 20×1년도 재고자산의 매입과 매출 관련 거래내역이다. 실지재고조사법에 의한 가중평균법을 적용할 경우 매출원가는? (단, 재고자산감모손실과 평가손실은 없다) (주택관리사보, 2023)

일 자	적 요	수 량(단위)	단위당 원가
1월 1일	기초재고	60	₩10
3월 1일	매입	40	15
6월 1일	매출	80	–
9월 1일	매입	60	20
12월 1일	매출	50	–

① ₩1,800 ② ₩1,860 ③ ₩1,900
④ ₩1,950 ⑤ ₩2,100

13. 재고자산의 구입가격이 계속 상승할 때, 재고자산 원가결정방법 중 당기순이익이 많게 계상되는 것부터 바르게 나열한 것은? (7급공무원 수정, 2007)

① 선입선출법 > 평균법 > 후입선출법
② 후입선출법 > 평균법 > 선입선출법
③ 평균법 > 선입선출법 > 후입선출법
④ 선입선출법 > 후입선출법 > 평균법
⑤ 평균법 = 선입선출법 = 후입선출법

14. (주)한국의 20×1년말 재고자산(상품) 관련 자료는 다음과 같다. (9급공무원, 2024)

• 장부상 재고수량	1,100개
• 실지재고 조사수량	1,000개
• 재고자산감모손실	₩50,000
• 재고자산평가손실	40,000

(주)한국의 20×1년말 재고자산(상품)의 단위당 순실현가능가치는?

① ₩40 ② ₩460
③ ₩500 ④ ₩540

15. (주)한국은 재고자산감모손실 중 40%는 비정상감모손실(기타비용)로 처리하며, 정상감모손실과 평가손실은 매출원가에 포함한다. (주)한국의 20×1년 재고자산 관련 자료가 다음과 같을 때, 매출원가는 얼마인가? (주택관리사보, 2022)

• 기초재고자산 ₩10,000(재고자산평가충당금 ₩0)
• 당기매입액 ₩80,000
• 기말장부수량 20개(단위당 원가 ₩1,000)
• 기말실제수량 10개(단위당 순실현가능가치 ₩1,100)

① ₩74,000 ② ₩74,400 ③ ₩76,000
④ ₩76,600 ⑤ ₩88,000

해답 및 해설

1. ③

자동차회사가 보유하고 있는 건물은 생산에 사용할 목적이므로 유형자산으로 분류된다.

2. ②

① 기초재고자산금액과 당기매입액이 일정할 때, 기말재고자산금액이 과대계상될 경우 당기순이익은 과대계상된다.

③ 계속기록법을 적용하면 기록유지가 복잡하고 번거롭지만 특정시점의 재고자산 잔액과 그 시점까지 발생한 매출원가를 적시에 파악할 수 있는 장점이 있다.

④ 도착지인도기준에 의해서 매입이 이루어질 경우, 발생하는 운임은 판매자가 부담한다.

⑤ 판매되지 않은 위탁상품은 위탁자의 재고자산에 포함시킨다.

3. ②

기초상품재고액＋매입＝매출원가＋기말상품재고액을 이용하면,

기초상품재고액＋(₩3,750－₩250)＝(₩6,000－₩500－₩1,125)＋₩375

∴ 기초상품재고액은 ₩1,250

4. ④

기초상품재고액＋매입＝매출원가＋기말상품재고액을 이용하면,

₩100,000＋(₩390,000＋₩30,000－₩6,000－₩14,000)

＝(₩510,000－₩10,000)×(1－40%)＋기말상품재고액

∴ 기말상품재고액은 ₩200,000

5. ①

기초상품재고액＋매입＝매출원가＋기말상품재고액을 이용하면,

₩30＋매입＝₩200×(1－20%)＋₩20

∴ 매입은 ₩150

기초매입채무＋외상매입＝현금지급＋기말매입채무를 이용하면,

₩50＋₩150×60%＝현금지급＋₩60

∴ 현금지급은 ₩80

6. ⑤

물가가 상승한다고 가정했을 때 선입선출법을 적용한 매출원가가 가중평균법을 적용한 매출원가보다 더 작다.

7. ①

₩700,000 + ₩120,000 + ₩50,000 + ₩30,000 = ₩900,000

8. ③

매출원가 = 판매가능재고자산(기초재고액 + 당기매입액) − 기말재고액
₩574,000 = ₩700,000 − (기말 실지조사 결과 파악된 재고자산 ₩120,000 + 적송품 ₩18,000 + 미착상품 ₩15,000 + 시송품 ₩13,000 − 보관중인 재고 ₩40,000)

9. ③

기초상품재고액 + 매입 = 매출원가 + 기말상품재고액을 이용하면,
₩6,000 + (₩14,000 − ₩1,000 − ₩2,000) = 매출원가 + ₩9,000
∴ 매출원가는 ₩8,000이다. 매출총이익률이 20%이므로 (순)매출액은 ₩10,000임을 알 수 있다.
∴ 총매출액은 ₩10,000 + ₩1,500 + ₩2,500 = ₩14,000

10. ③

기말상품재고액 = 기초재고 + 당기매입 − 당기매출 = ₩500,000
기초재고 : ₩100,000
당기매입 : ₩900,000
당기매출 : ₩500,000(= ₩700,000 × ₩650,000/₩910,000)
매출총이익 = 매출액 − 매출원가 = ₩150,000
매출액 : ₩650,000
매출원가 : ₩500,000

11. ③

〈선입선출법〉
매출원가 = (200개 × ₩100) + (300개 × ₩110) + (100개 × ₩120) = ₩65,000
〈총평균법〉
평균단가 = 판매가능재고액 ÷ 판매가능수량 = (₩20,000 + ₩33,000 + ₩24,000) ÷ 700개 = ₩110
매출원가 = 600개 × ₩110 = ₩66,000
∴ 총평균법 매출원가 − 선입선출법 매출원가 = ₩66,000 − ₩65,000 = ₩1,000

12. ④

기말재고는 $30개 \times \frac{60개 \times ₩10 + 40개 \times ₩15 + 60개 \times ₩20}{160개} = ₩450$

따라서 기초상품재고액 60개×₩10＋당기매입(40개×₩15＋60개×₩20)＝매출원가＋₩450

∴ 매출원가는 ₩1,950

13. ①

물가가 상승하면 가장 최근에 구입한 재고자산의 단위당 원가가 높아지는데, 선입선출법은 오래전에 구입한(단가가 낮은) 재고가 먼저 판매된다고 가정하므로 매출원가는 상대적으로 낮은 가격이 배분되고 기말재고액은 상대적으로 높은 단위원가로 기록된다. 따라서 선입선출법은 평균원가법이나 후입선출법보다 기말재고액은 상대적으로 높게 표시되고, 매출원가는 낮게 표시되므로 포괄손익계산서상 당기순이익이 가장 크다. 반면, 후입선출법은 가장 최근에 구입한(단가가 높은) 재고가 먼저 판매된다고 가정하므로 매출원가는 상대적으로 높은 원가로 기록되고, 기말재고액은 상대적으로 낮은 단위원가로 표시된다. 따라서 후입선출법은 평균원가법이나 선입선출법보다 기말재고는 상대적으로 낮게 기록되고, 매출원가는 높게 계산되므로 포괄손익계산서상 당기순이익은 가장 낮다.

14. ②

재고자산감모손실은 (장부상 수량－실제수량)×취득원가이므로,

₩50,000＝(1,100개－1,000개)×단위당 취득원가

∴ 단위당 취득원가는 ₩500

재고자산평가손실은 (단위당 취득원가－단위당 순실현가치)×실제수량이므로

₩40,000＝(₩500－단위당 순실현가치)×1,000개를 풀면 단위당 순실현가치는 ₩460

15. ③

매출원가＝(기초재고액＋당기매입액－기말재고액)－재고자산감모손실(비정상)

기초재고액 : ₩10,000

당기매입액 : ₩80,000

기말재고액 : ₩10,000[＝기말실제수량 10개×₩1,000(∵ 취득원가＜순실현가치)]

재고자산감모손실(비정상) : ₩4,000[＝(10개×40%)×₩1,000]

∴ 매출원가＝₩10,000＋₩80,000－₩10,000－₩4,000＝₩76,000

주관식 문제

1. 다음의 재고자산 매매거래에 관한 기록을 기초로 회사에서는 재고자산을 실지재고조사법으로 기록한다. 원가흐름에 대하여 ① 총평균법, ② 선입선출법, ③ 후입선출법을 가정할 경우 기말재고액을 계산하시오. (행정고시 수정, 2010)

	단위당 원가	수 량	금 액
기초재고(1월 1일)	₩50	300개	₩15,000
매입(4월 20일)	60	600	36,000
매입(9월 12일)	65	600	39,000
판매가능재고		1,500	90,000
매출(6월 5일)		600	
매출(10월 5일)		400	
기말재고(12월 31일)		500	

해답

① 총평균법 : 500개×(₩90,000/1,500개)=₩30,000

② 선입선출법 : 500개×₩65=₩32,500

③ 후입선출법 : 300개×₩50+200개×₩60=₩27,000

2. (주)한국의 20×1년 기초상품은 ₩2,000이고 당기상품매입액은 ₩15,000이다. 상품에 대해 실지재고조사법을 적용하고 있으며 다음의 자료를 고려하지 않은 기말상품은 ₩2,000이다. (주)한국의 20×1년 매출원가는? (단, 상품과 관련된 평가손실과 감모손실은 없다고 가정한다) (9급지방직 수정, 2017)

- 20×1년 12월 24일에 FOB선적지인도조건으로 매입한 상품 ₩1,000이 20×2년 1월 2일에 입고되었다.
- 사용판매한 상품 중 20×1년말 현재 고객이 구입의사를 표시하지 않은 금액은 ₩1,000(판매자)이며 시용매출의 경우 매출총이익률은 10%이다.
- 위탁판매를 하기 위해 발송한 상품 중 기말 현재 수탁자가 보관중인 적송품은 ₩3,000이다.

해답

기초재고(₩2,000)＋당기매입액(₩15,000)－기말재고(?)＝매출원가

기말재고＝₩2,000＋₩1,000＋₩900(₩1,000×0.9)＋₩3,000＝₩6,900

매출원가＝₩2,000＋₩15,000－₩6,900＝₩10,100

3. (주)쾌속은 재고의 파악에 재고실사법(실지재고조사법)을 사용한다. 20×1년중 자전거 재고와 관련된 자료는 다음과 같다. (주)쾌속은 금년 중 총 235대의 자전거를 대당 ₩1,500에 판매하였다. (주)쾌속이 후입선출법을 사용한다면 기말재고와 매출원가는 각각 얼마인가? (감정평가사 수정, 2007)

일 자	내 용	수 량	단위당 가격
1월 1일	기초재고	50개	₩800
4월 12일	매입	80	820
7월 8일	매입	75	840
9월 22일	매입	90	850

해답

기말재고＝50개×₩800(1/1)＋10개×₩820(4/12)＝₩48,200

매출원가＝70개×₩820(4/12)＋75개×₩840(7/8)＋90개×₩850(9/22)＝₩196,900

4. (주)여수는 실지재고조사법에 의해 기말재고수량을 파악하고 원가흐름에 대한 가정으로 선입선출법을 적용한다. 20×1년 재고자산과 관련된 자료는 다음과 같다. (주)여수의 20×1년 회계기간의 판매량은 700개, 기말재고는 300개이며, 단위당 판매가격은 ₩20으로 일정하였다. (주)여수의 20×1년 매출총이익은? (9급공무원 수정, 2010)

거래내용	수 량	단 가	원 가
기초재고	100개	₩10	₩1,000
1차 매입	500	12	6,000
2차 매입	400	15	6,000
합 계	1,000		₩13,000

해답

매출총이익＝매출액－매출원가＝₩14,000－₩8,500＝₩5,500

매출액＝700개×₩20＝₩14,000

매출원가＝(100개×₩10)＋(500개×₩12)＋(100개×₩15)＝₩8,500

5. 다음은 (주)대한의 2010년 3월의 재고자산 입고 및 출고에 관한 자료이다. 선입선출법을 적용하는 경우와 총평균법을 적용하는 경우, (주)대한의 2010년 3월 31일 현재 재고자산금액은? (세무직 공무원, 2011)

일 자	내 용	수 량	단 가
3월 1일	월초재고	20개	₩100
3월 7일	매입	20	100
3월 11일	매출	20	150
3월 14일	매입	20	130
3월 27일	매출	20	200
3월 31일	월말재고	20	

해답

선입선출법 : 3월 31일 재고자산＝20개×₩130＝₩2,600

총평균법 : 3월 31일 재고자산＝20개×[(40개×₩100)＋(20개×₩130)]/60개＝₩2,200

Chapter

7 유형자산과 무형자산

본장에서는

1. 유형자산과 무형자산의 정의와 분류에 대하여 살펴본다.
2. 유형자산의 취득형태별 취득원가결정에 대하여 살펴본다.
3. 상각, 손상 및 재평가에 대한 유형자산과 무형자산의 회계처리에 대하여 이해하고 비교한다.
4. 영업권에 대하여 살펴본다.

유형자산

1. 취득원가

- 장기할부취득 : 현재가치
- 현물출자 : 유형자산 자체의 공정가치
- 교환취득
  - 교환의 상업적 실질이 있고 공정가치 측정이 가능 : 제공한 자산의 공정가치
  - 교환의 상업적 실질이 없거나 공정가치 측정이 불가능 : 제공한 자산의 장부금액
- 자가건설 : 건설하는 데 소요되는 원가
- 일괄취득 : 상대적 공정가치로 안분
- 기타 : 기중취득, 수익적 지출, 자본적 지출 등

2. 감가상각

- 정액법 =(취득금액－잔존가치)×1/내용연수
- 생산량비례법 =(취득금액－잔존가치)×당기생산량/총생산량
- 연수합계법 =(취득금액－잔존가치)×기초 잔여내용연수/내용연수 합계
- 정률법 =(취득금액－기초감가상각누계액)×상각률
- 이중체감법 =(취득금액－기초감가상각누계액)×2/내용연수

3. 자산손상

- 장부금액이 회수가능액 이하로 감소할 때 감액
- 회수가능액 : Max[사용가치, 순공정가치]

4. 재평가

- 장부금액을 공정가치로 평가
- 평가익 : 재평가잉여금(기타포괄손익), 평가손 : 재평가손실(당기손익)

5. 제거

- 감가상각 후 제거

무형자산

1. 특징

- 물리적 실체
- 통제가능
- 식별가능(분리가능 또는 권리존재)
- 경제적효익 창출

2. 연구비와 개발비

- 연구단계 지출 : 당기비용처리(연구비)
- 개발단계 지출
  - 요건충족 달성 : 자산처리(개발비)
  - 요건충족 미달성 : 당기비용처리

3. 무형자산 상각, 손상, 재평가, 제거

- 유형자산과 유사

4. 영업권

- 내부창출영업권 : 인정하지 않음
- 외부구입영업권 : 인정

제 1 절 유형자산

1. 유형자산의 정의와 분류

유형자산(property, plant and equipment)이란 재화나 용역의 생산이나 제공, 타인에 대한 임대 또는 관리 활동에 사용할 목적으로 보유하는 물리적 형태가 있는 자산으로서 한 회계기간을 초과하여 사용할 것이 예상되는 자산을 말한다. 유형자산의 정의를 세부적으로 살펴보면 다음과 같다.

첫째, 유형자산은 정상적인 영업활동과정에서 사용을 목적으로 보유하는 자산이다. 따라서 정상적인 영업활동과정에서 판매를 목적으로 보유하는 재고자산과는 차이가 있으며, 투자목적으로 보유하고 있는 투자자산과도 구분된다. 예를 들어 부동산매매회사가 본사사옥으로 사용할 목적으로 취득한 건물의 경우 사용할 목적으로 보유하는 자산이므로 유형자산으로 분류되나, 판매를 목적으로 보유하는 경우 재고자산으로 분류된다. 한편, 기업이 여유자금을 이용하여 시세차익 또는 임대수익[1]을 얻기 위하여 취득한 건물은 투자자산으로 분류된다.

둘째, 유형자산은 물리적인 형태가 있는 자산이므로 물리적 형태가 없는 무형자산과 차이가 존재한다. 여기서 주의해야 할 사항은 유형자산이 물리적 형태가 있다는 것이지 물리적 형태가 있는 자산이 모두 유형자산은 아니라는 것이다. 예를 들어 부동산매매회사가 판매를 목적으로 보유하는 건물의 경우 물리적 형태는 있지만 재고자산으로 분류된다.

마지막으로 유형자산은 한 회계기간을 초과하여 사용함으로써 장기간 미래경제적효익을 창출하는 자산이므로 비유동자산으로 분류되며, 취득원가를 사용기간에 걸쳐 합리적으로 배분해야 하는 감가상각대상자산이다.[2]

1) 부동산 중 일부분은 임대수익이나 시세차익을 얻기 위하여 보유하고, 일부분은 재화의 생산이나 용역의 제공 또는 관리 목적에 사용하기 위하여 보유할 수 있다. 부분별로 분리하여 매각(또는 금융리스로 제공)할 수 있으면 각 부분을 분리하여 회계처리한다. 부분별로 분리하여 매각할 수 없다면 재화나 용역의 생산이나 제공 또는 관리 목적에 사용하기 위하여 보유하는 부분이 경미한 경우에만 당해 부동산을 투자부동산으로 분류한다(한국채택국제회계기준 제1040호 문단 10).

이러한 특성을 가진 유형자산이 재무상태표상 인식되기 위해서는 자산으로부터 발생하는 미래경제적효익이 기업에 유입될 가능성이 높고, 자산의 원가를 신뢰성 있게 측정할 수 있어야 한다는 인식기준을 모두 충족해야 한다.

한편 유형자산은 영업상 유사한 성격과 용도로 분류하여 재무상태표에 표시한다. 〈표 7-1〉은 한국채택국제회계기준(제1016호)에서 제시한 유형자산 개별 유형의 예를 나타내고 있다.

〈표 7-1〉
유형자산의 개별 유형

(1) 토지	(2) 토지와 건물	(3) 기계장치
(4) 선박	(5) 항공기	(6) 차량운반구
(7) 집기	(8) 사무용비품	(9) 생산용식물

2. 유형자산의 취득

유형자산과 관련된 모든 원가는 그 발생시점에 인식원칙을 적용하여 평가한다. 이러한 원가에는 유형자산을 매입하거나 건설할 때 최초로 발생하는 원가뿐만 아니라 후속적으로 증설, 대체 또는 수선・유지와 관련하여 발생하는 원가를 포함한다(1016.10). 즉 유형자산과 관련된 모든 원가는 최초 취득 관련 원가든 후속적 원가든 그 발생시점에 자산의 인식원칙 두 가지를 충족할 경우에 한하여 자산으로 인식한다. 그렇지 못할 경우에는 모두 비용으로 처리하도록 한다.

최초로 인식하는 유형자산은 원가로 측정한다. 유형자산의 취득원가는 관세 및 환급이 불가능한 취득관련 세금을 가산하고 매입할인과 리베이트 등을 차감한 구입가격, 의도하는 방식으로 자산을 가동하는 데 필요한 장소와 상태에 이르게 하는 데 직접 관련된 원가 및 자산을 해체, 제거하거나 부지를 복구하는 데 소요될 것으로 최초에 추정되는 원가로 구성된다.[3] 즉, 유형자산의 취득원가는 다음과

2) 토지의 경우 내용연수가 유한하지 않기 때문에 유형자산으로 분류되더라도 감가상각을 하지 않는다. 그리고 건설중인자산은 아직 경제적인 효익을 창출하지 않고 있기 때문에 역시 감가상각대상자산이 아니다. 감가상각에 대한 자세한 내용은 제1절 3. 유형자산의 보유에서 살펴보기로 한다.

3) 원자력시설 등과 같이 내용연수 종료 후 환경 등을 위해 반드시 원상태로 회복하는 데 지출이 수반되는 경우가 있다. 이러한 지출은 해당자산을 취득함으로써 불가피하게 발생하는 것이므로 취득부대비용의 성격으로 본다.

같이 결정된다.

유형자산의 취득원가＝구입가격＋직접관련원가＋복구(추정)원가

한국채택국제회계기준(1016.17)에서는 경영진이 의도하는 방식으로 자산을 가동하는 데 필요한 장소와 상태에 이르게 하는 데 직접 관련된 원가의 예를 다음과 같이 제시하고 있다.

① 유형자산의 매입 또는 건설과 직접적으로 관련되어 발생한 종업원 급여
② 설치장소 준비원가
③ 최초의 운송 및 취급관련 원가
④ 설치원가 및 조립원가
⑤ 정상적으로 작동되는지 여부를 시험하는 과정에서 발생한 원가[4]
⑥ 전문가에게 지급하는 수수료

예제 7-1 유형자산의 취득원가

(주)현욱은 20×1년 1월 1일 기계장치를 ₩1,000,000에 취득하였다. (주)현욱은 동 기계장치를 회사의 사용목적에 맞게 설치하고 조립하는 데 ₩200,000을 지출하였으며, 정상적으로 가동되는지를 확인하기 위하여 시운전하는 데 ₩100,000을 지출하였다. 한편, 시운전과정에서 생산된 재화의 순매각금액은 ₩20,000이었다.

〈요구사항〉
(주)현욱이 기계장치의 취득원가로 기록할 금액은 얼마인가?

따라서 향후 복구를 위해 지출할 금액을 현재가치로 할인하여 취득원가에 포함한다. 이를 복구(추정)원가(restoration costs)라 한다. 다만 이에 대한 자세한 내용은 회계원리 단계에서 이해하기 쉽지 않으므로 중급회계를 참조하기 바란다.

4) 단, 시험과정에서 생산된 재화(예 : 장비의 시험과정에서 생산된 시제품)의 순매각금액은 유형자산의 취득원가에 반영하지 않고 당기손익으로 인식한다.

해답

기계장치의 취득원가 : ₩1,000,000 + ₩200,000 + ₩100,000 = ₩1,300,000

※ 유형자산의 취득원가는 구입가격에 경영진이 의도하는 방식으로 자산을 가동하는 데 필요한 장소와 상태에 이르게 하는 데 직접 관련된 원가를 가산한다. 따라서 구입가격 ₩1,000,000에 직접 관련원가 ₩300,000(= ₩200,000 + ₩100,000)을 가산하여 결정한다. 시험과정 중 생산된 재화의 순매각금액 ₩20,000은 당기손익에 반영한다.

한편, 유형자산의 구입은 다양한 형태로 이루어질 수 있다. 가장 먼저 현금구입을 떠올릴 수 있지만 실제로 유형자산의 경우 취득금액이 매우 크기 때문에 현금구입보다 장기할부로 구입하는 경우가 더 빈번할 것이다. 또한 현금을 지급하는 것이 아니라 주식을 발행하여 취득하기도 하고(현물출자), 자산간 교환을 통하여 취득하기도 한다. 그리고 외부에서 구입하는 것이 아니라 자가건설을 통해서 취득하기도 한다.

(1) 장기할부조건

유형자산 취득대금을 장기간에 걸쳐 지급하는 경우 지급해야 할 금액에는 이자가 포함되어 있어 일시에 현금을 지급하고 구입하는 경우에 비하여 많은 금액을 지급할 것이다. 이 경우 지급할 총액을 취득원가로 기록한다면 동일한 자산의 취득원가가 구입형태에 따라 달라지는 문제가 발생한다. 따라서 장기할부로 구입하는 경우의 취득원가는 현금으로 구매할 경우 지급할 금액으로 인식한다.[5] 즉, 미래에 지급할 금액을 적정한 할인율로 할인한 가치인 현재가치(present value)가 취득원가가 된다.[6] 그리고 지급할 총금액과 현재가치의 차이금액은 대금지급을 이연하는 대가로 지급하는 이자비용이므로 지급하는 기간에 걸쳐 이자비용으로 인식한다.

5) 1년 이내의 단기간에 걸쳐 대금을 지급하는 경우에도 이자비용이 발생할 수 있다. 그러나 단기할부조건인 경우 이자비용이 크지 않기 때문에 지급할 총액을 취득원가로 인식한다.

6) 현재가치(present value)는 제8장과 제9장에서 자세히 다루고 있으니 이를 참조하기 바란다.

예제 7-2 장기할부조건의 구매

(주)팔공은 20×1년 1월 1일 기계장치를 취득하고, 3년 동안 매년말 ₩10,000,000씩 총 ₩30,000,000을 지급하기로 하였다. 취득일 현재 시장이자율이 10%이므로 (주)팔공이 동 기계장치를 현금으로 구매하였다면 ₩24,868,000을 지급하였을 것이다.

〈요구사항〉

1. (주)팔공이 기록해야 할 기계장치의 취득원가는 얼마인가?
2. (주)팔공이 기계장치 취득과 관련하여 20×1년 1월 1일에 해야 할 분개를 하시오.
3. (주)팔공의 20×1년 1월 1일 현재 기계장치와 관련한 부분재무상태표를 작성하시오.

해답

1. 대금을 3년에 걸쳐 지급하므로 장기할부조건의 구매에 해당한다. 이 경우 현금으로 구입할 때 지급할 금액을 취득원가로 인식하므로 ₩24,868,000이 취득원가가 된다.

※ 별해
시장이자율을 이용하여 현재가치를 구하면 ₩24,868,000{= ₩10,000,000 × 2.4868(3기간, 정상연금 ₩1의 현재가치)}으로 위 결과와 동일하게 나타난다. 다만 이 방법은 제8장과 제9장을 공부한 후 다시 보기 바란다.

2.

(차) 기 계 장 치	24,868,000	(대) 장기미지급금	30,000,000
현재가치할인차금	5,132,000		

※ '현재가치할인차금' ₩5,132,000이 3년에 걸쳐 이자비용으로 인식된다.

3.

부분재무상태표

(주)팔공 — 20×1년 1월 1일 현재 — (단위 : 원)

자 산		부 채		
기 계 장 치	24,868,000	장기미지급금	30,000,000	
		현재가치할인차금	(5,132,000)	24,868,000

(2) 현물출자

기업은 현금지급이 아니라 주식의 발행을 통해서 유형자산을 취득하기도 하는데, 이를 현물출자라 한다. 즉 기업입장에서는 유형자산을 취득하고 그 대가로 자신의 주식을 발행하며, 투자자의 입장에서는 현금 등 금융자산이 아니라 유형자산 등을 제공하고 주주가 되는 것을 말한다. 이러한 현물출자에 대해 제공한 주식의 공정가치를 유형자산의 취득원가로 결정할 것인가 아니면 유형자산 자체의 공정가치를 취득원가로 결정한 것인가에 대한 명확한 규정이 현재 존재하지 않는다. 그러나 많은 재무회계 교재에서 유형자산 자체의 공정가치를 유형자산의 취득원가로 인식하고, 유형자산의 공정가치를 신뢰성 있게 측정할 수 없다면 제공하는 주식의 공정가치를 유형자산의 취득원가로 인식하도록 설명하고 있다.[7]

(3) 비화폐성자산의 교환

기업은 자신이 소유하고 있는 유형자산을 제공하고 다른 기업의 유형자산을 취득하기도 하는데, 이를 비화폐성자산[8]의 교환이라 한다. 비화폐성자산의 교환에서 가장 중요한 사항은 취득한 자산의 취득원가를 어느 금액으로 하는가이다. 국제회계기준은 교환거래의 상업적 실질[9]이 있는 경우 제공한 자산의 공정가치를 취득한 자산의 취득원가로 측정하는 것을 원칙으로 한다. 단, 제공한 자산의 공정가치보다 취득한 자산의 공정가치가 더 명백한 경우에는 취득한 자산 자체의 공정가치를 취득원가로 한다. 여기서 제공한 자산의 장부금액과 취득한 자산의 취득원가의 차이는 유형자산처분손익으로 인식한다.

한편, 취득한 자산과 제공한 자산 모두의 공정가치를 신뢰성 있게 측정할 수 없거나 교환거래에 상업적 실질이 결여된 경우에는 제공한 자산의 장부금액을 취득한 자산의 취득원가로 하며, 이 과정에 처분손익은 발생하지 않는다.

7) 동 내용은 한국채택국제회계기준 제1102호 주식기준보상규정에 따른 설명이며 본 저자들도 이러한 설명이 합리적이라고 판단한다. 주식기준보상규정에 관한 상세한 설명은 본 교재의 수준을 넘어서는 것으로 중급회계에서 다루도록 한다.

8) 화폐성자산이란 보유하고 있는 현금과 확정되었거나 결정가능한 화폐금액으로 받을 자산으로 매출채권과 대여금 등이 이에 해당하며, 회수할 금액을 일정한 화폐금액으로 고정할 수 없는 자산을 비화폐성자산이라 한다. 재고자산과 유형자산 등이 비화폐성자산의 대표적인 예이다.

9) 다음 (1) 또는 (2)에 해당하면서 (3)을 충족하는 경우에 교환거래는 상업적 실질이 있다고 본다.
  (1) 취득한 자산과 관련된 현금흐름의 구성(위험, 유출입시기, 금액)이 제공한 자산과 관련된 현금흐름의 구성과 다르다.
  (2) 교환거래의 영향을 받는 영업부문의 기업특유가치가 교환거래의 결과로 변동한다.
  (3) 위 (1)이나 (2)의 차이가 교환된 자산의 공정가치에 비하여 유의적이다.

〈표 7-2〉
교환거래에 의한 자산의 취득원가

구 분		취득한 자산의 취득원가	처분손익
상업적 실질이 있는 경우	제공한 자산의 공정가치가 더 명확한 경우	제공한 자산의 공정가치(원칙)	유형자산처분손익으로 인식
	취득한 자산의 공정가치가 더 명확한 경우	취득한 자산 자체의 공정가치	
	공정가치를 모두 신뢰성 있게 측정할 수 없는 경우	제공한 자산의 장부금액	발생하지 않음
상업적 실질이 결여된 경우		제공한 자산의 장부금액	

예제 7-3 비화폐성자산의 교환

(주)충남은 20×1년 1월 1일 장부금액이 ₩20,000,000이고 공정가치가 ₩21,000,000인 토지를 (주)경산의 토지(장부금액 ₩21,000,000, 공정가치 ₩19,000,000)와 교환하였다. 단, (주)경산의 토지 공정가치가 (주)충남의 토지 공정가치에 비해 명백하다고 할 수 없다.

〈요구사항〉

1. 동 자산의 교환이 상업적 실질이 결여되었다고 가정할 때 (주)충남이 교환을 통해 취득한 자산의 취득원가로 인식할 금액은 얼마인가? 그리고 교환거래에 대한 회계처리를 하시오.
2. 동 자산의 교환이 상업적 실질이 있다고 가정할 때 (주)충남이 교환을 통해 취득한 자산의 취득원가로 인식할 금액은 얼마인가? 그리고 교환거래에 대한 회계처리를 하시오.
3. (주)충남이 교환시 현금으로 ₩1,000,000을 지급하였다고 가정할 때 (주)충남이 교환을 통해 취득한 자산의 취득원가로 인식할 금액은 얼마인가? 그리고 교환거래에 대한 회계처리를 하시오. 단, 상업적 실질이 결여되었다고 가정한다.
4. (주)충남이 교환시 현금으로 ₩1,000,000을 지급하였다고 가정할 때 (주)충남이 교환을 통해 취득한 자산의 취득원가로 인식할 금액은 얼마인가? 그리고 교환거래에 대한 회계처리를 하시오. 단, 상업적 실질이 있다고 가정한다.
5. (주)경산이 보유하고 있던 토지의 공정가치가 (주)충남의 토지 공정가치에 비해 명백하다고 가정하고 〈요구사항 2〉에 대하여 답변하시오.

해답

1. 취득한 토지의 취득원가는 제공한 토지의 장부금액이므로 ₩20,000,000이 된다.

(차) 토 지(신)	20,000,000		(대) 토 지(구)	20,000,000

2. 취득한 토지의 취득원가는 제공한 토지의 공정가치이므로 ₩21,000,000이 된다.

(차) 토 지(신)	21,000,000		(대) 토 지(구)	20,000,000
			유형자산처분이익	1,000,000

3. 취득한 토지의 취득원가는 제공한 토지의 장부금액에 현금지급액을 더한 금액이므로 ₩21,000,000이 된다.

(차) 토 지(신)	21,000,000	(대) 토 지(구)	20,000,000
		현 금	1,000,000

4. 취득한 토지의 취득원가는 제공한 토지의 공정가치에 현금지급액을 더한 금액이므로 ₩22,000,000이 된다.

(차) 토 지(신)	22,000,000	(대) 토 지(구)	20,000,000
		현 금	1,000,000
		유형자산처분이익	1,000,000

5. 취득한 자산의 공정가치가 더 명백하므로 취득한 토지의 취득원가는 취득한 토지의 공정가치가 된다. 따라서 자산의 취득원가는 ₩19,000,000이 된다.

(차) 토 지(신)	19,000,000	(대) 토 지(구)	20,000,000
유형자산처분손실	1,000,000		

(4) 자가건설

유형자산을 외부에서 취득하는 것이 아니라 직접 건설(제작)하는 경우가 있다. 이 경우 건설하는 데 소요된 원가를 전부 취득원가로 한다. 단, 원재료, 인력 및 기타 자원의 낭비로 인한 비정상적인 원가는 취득원가에 포함하지 않는다. 예를 들어 기계를 직접 제작하는 데 총 ₩10,000,000이 들었다면 일반적으로 기계장치의 취득원가는 ₩10,000,000이 될 것이다. 그러나 만약 제작한 기계장치와 동일한 기계장치를 시장에서 ₩7,000,000에 구입할 수 있다면 ₩3,000,000은 비정상적인 원가로 볼 수 있다. 따라서 이 경우에는 ₩7,000,000을 취득원가로 보는 것이 타당할 것이다. 자가건설과 관련된 회계처리를 살펴보면 완성될 때까지 소요된 원가를 모두 건설중인자산으로 계상하고, 완성되면 당초 목적의 유형자산으로 계정대체한다.

① 원가발생시

(차) 건설중인자산	×××	(대) 현금, 미지급금 등	×××

② 완성시

(차) 건물, 기계장치 등	×××	(대) 건설중인자산	×××

(5) 일괄취득

여러 종류의 유형자산을 일괄하여 취득하는 경우에는 취득한 개별자산의 상대적인 공정가치에 따라 원가를 배분한다. 예를 들어 ₩1,000,000을 지급하고 토지와 건물을 구입한 경우 건물의 공정가치가 ₩300,000, 토지의 공정가치가 ₩900,000이라면 건물의 취득원가는 ₩250,000(= ₩1,000,000 × ₩300,000/₩1,200,000)이고 토지의 취득원가는 ₩750,000(= ₩1,000,000 × ₩900,000/₩1,200,000)이 된다.

한편, 새로운 건물을 신축하기 위하여 건물과 토지를 일괄취득한 경우에는 전액 토지의 취득원가로 하고, 건물의 순철거비용,[10] 철거후 토지의 정지비용 또한 토지의 취득원가에 포함한다. 왜냐하면 이러한 지출은 취득한 토지에 건물을 신축하고자 하는 토지의 의도된 목적을 위하여 지출한 부분이기 때문이다.[11]

예제 7-4 일괄취득

(주)영남은 20×0년 1월 1일 ₩15,000,000을 지급하고 토지와 건물을 일괄취득하였다. 취득과정에서 발생한 수수료는 ₩1,000,000이며, 취득일 현재 토지와 건물의 공정가치는 각각 ₩12,000,000, ₩8,000,000이다. 다음 각 물음에 답하시오. 단, 각 물음은 상호 독립적이다.

〈요구사항〉

1. (주)영남이 취득한 건물을 사용할 목적으로 토지와 건물을 취득하였다면 토지와 건물의 취득원가는 각각 얼마인가?
2. (주)영남이 취득한 건물을 철거하고 새로운 건물을 신축하기 위하여 토지와 건물을 취득하였다면 토지와 건물의 취득원가는 각각 얼마인가? 단, 새로운 건물을 신축하기 위하여 기존건물을 철거하는 과정에서 ₩500,000의 철거비용이 들었고, 철거시 발생한 폐기물의 처분가액은 ₩100,000이었으며, 철거후 토지를 정지(整地)하는 과정에서 ₩150,000을 지출하였다.

해답

1. 토지의 취득원가 :
   (₩15,000,000 + ₩1,000,000) × ₩12,000,000/(₩12,000,000 + ₩8,000,000) = ₩9,600,000
   건물의 취득원가 :
   (₩15,000,000 + ₩1,000,000) × ₩8,000,000/(₩12,000,000 + ₩8,000,000) = ₩6,400,000

---

10) 철거비용에서 철거시 발생한 폐기물의 처분가액을 차감한 금액을 의미한다.
11) 그러나 기존에 사용하던 건물을 철거함으로써 발생하는 철거비용은 당기비용으로 처리한다. 왜냐하면 이 경우에는 건물의 경제적효익을 더 이상 기대할 수 없기 때문이다.

2. 토지의 취득원가 :

₩15,000,000 + ₩1,000,000 + ₩500,000 − ₩100,000 + ₩150,000 = ₩16,550,000

건물의 취득원가 : ₩0

※ 건물을 신축하기 위하여 건물과 토지를 취득하였으므로 취득금액 전액을 토지의 취득원가로 계상한다. 또한 철거시 발생하는 순비용과 토지의 정지비용 또한 토지의 취득원가에 포함한다.

이 외에도 자산취득시 의무적으로 유가증권을 취득하는 경우, 차입을 통하여 자산을 취득하는 경우, 정부로부터 보조금을 지급받아 취득하는 경우 등 다양한 형태가 발생할 수 있다.[12] 그러나 이들은 중급회계에서 살펴보는 것이 더 적절할 것으로 판단된다.

3. 유형자산의 보유

유형자산을 보유하고 있을 때 고려해야 할 사항은 감가상각, 보유중 지출, 자산손상, 재평가 등 크게 네 가지로 구성된다.

(1) 감가상각

토지를 제외한 유형자산의 경우 사용하면서 물리적 마모 또는 기능의 진부화로 인하여 가치가 감소함에 따라 해당자산을 통한 경제적효익의 창출은 제한적일 수밖에 없다. 따라서 이러한 자산의 경우 수익을 창출하는 기간 동안 사용된 자산의 원가를 비용으로 인식한다. 이를 감가상각(depreciation)이라 한다. 구체적으로 감가상각은 자산의 감가상각대상금액을 그 자산의 내용연수 동안 체계적으로 배분하는 것을 의미하고, 해당연도에 비용으로 인식된 금액을 감가상각비(depreciation expense)라 한다. 이상에서 기술한 바와 같이 감가상각은 자산의

---

12) 차입을 통해 자산을 취득하는 경우에는 차입에 따른 차입원가(이자비용)가 발생한다. 이때 차입원가를 일반적인 상황과 동일하게 비용으로 처리할 것인지 아니면 자산취득에 따른 직접비용으로 볼 것인지의 문제가 발생한다. 과거 기업회계기준에서는 기업이 둘 중 하나의 방법을 선택할 수 있었으나 한국채택국제회계기준에서는 후자로 보아 자산의 취득원가에 포함(자본화)하도록 하고 있다. 이러한 차입원가의 자본화는 매우 중요한 부분이나 내용이 어렵기 때문에 본서에서는 생략하였다.

평가과정이 아니라 배분과정이라는 점에 유의해야 한다.

감가상각비는 감가상각대상금액, 내용연수, 그리고 배분방법인 감가상각방법에 의해 결정된다.

1) 감가상각대상금액과 내용연수

감가상각대상금액(depreciable amount)은 자산을 사용하는 기간 동안 비용으로 배분되어야 하는 금액의 총합이다. 따라서 감가상각대상금액은 자산의 원가 또는 자산의 원가를 대체하는 다른 금액에서 잔존가치를 차감한 금액으로 계산된다. 여기에서 자산의 원가는 앞에서 언급한 바와 같이 자산취득시 지급한 구입가격에 부대비용 등을 더한 금액을 의미한다. 또한 잔존가치(residual value)는 자산이 내용연수 종료시점에 도달하였다는 가정하에 자산의 처분으로부터 현재 획득할 금액에서 추정 처분부대원가를 차감한 금액의 추정치를 의미한다. 예를 들어 회사가 기계장치를 ₩30,000,000에 취득하였고, 더 이상 사용할 수 없는 시점이 되었을 때 기계장치를 ₩2,000,000에 처분할 수 있다면 감가상각대상금액은 ₩28,000,000이 된다.

내용연수(useful life)란 기업에서 자산이 사용가능할 것으로 기대되는 기간 또는 자산에서 얻을 것으로 예상되는 생산량이나 이와 유사한 단위수량을 말한다.[13] 유형자산의 내용연수는 자산의 사용에 따른 물리적 마모나 손상 또는 시장수요의 변화로 인한 기술적 또는 상업적 진부화 등을 고려하여 결정해야 한다. 뿐만 아니라 기업 특유의 자산관리정책에 의하여 특정기간이 경과되거나 자산에 내재하는 미래경제적효익의 특정부분이 소비되면 물리적 마모 또는 기술적 · 상업적 진부화가 이루어지기 전에 처분할 수 있다. 이러한 경우 내용연수는 일반적 상황에서의 경제적 내용연수보다 짧을 수 있으므로 유사한 자산에 대한 기업의 경험에 비추어 해당 유형자산의 내용연수를 추정해야 한다. 즉 동일한 자산이라 하더라도 기업마다 내용연수는 달라질 수 있다.

한편 감가상각액이 결정되면 차변에는 감가상각비계정을 이용하고, 대변에는 감가상각누계액계정을 이용하여 회계처리한다. 감가상각누계액은 해당자산의 차감항목으로 재무상태표에 기록된다.

---

13) 차량운반구의 수명기준으로는 기간보다 주행거리가 더 적절할 수 있다. 예를 들어 300,000km를 주행할 경우 더 이상 차량을 이용할 수 없다면 차량운반구의 내용연수는 300,000km가 될 수 있다.

예제 7-5 감가상각

(주)인천은 20×0년 1월 1일 ₩10,000,0000을 지급하고 본사사옥을 취득하였다. 동 건물의 20×0년도와 20×1년도의 감가상각비가 각각 ₩3,500,000과 ₩2,000,000이라면 20×0년도와 20×1년도 결산시 다음과 같은 분개를 해야 한다.

20×0년	(차) 감가상각비	3,500,000	(대) 감가상각누계액	3,500,000
20×1년	(차) 감가상각비	2,000,000	(대) 감가상각누계액	2,000,000

또한 20×1년말 재무상태표에 감가상각누계액은 다음과 같이 표시된다.

부분재무상태표

(주)인천 20×1년 12월 31일 현재 (단위 : 원)

자 산			
건 물	10,000,000		
감가상각누계액	(5,500,000)*	4,500,000	

* ₩3,500,000 + ₩2,000,000

2) 감가상각방법

기업은 유형자산의 감가상각방법으로 정액법, 생산량비례법, 그리고 체감잔액법(정률법, 이중체감법, 연수합계법) 중 자산의 미래경제적효익이 소비되는 형태를 가장 잘 반영할 수 있는 하나의 방법을 선택하여 적용한다. 또한 적어도 매 회계기간말에 재검토를 하고, 재검토 결과 자산에 내재된 미래경제적효익의 예상되는 소비형태에 중요한 변동이 있다면 이를 적절히 반영하기 위하여 감가상각방법을 변경한다. 그러나 그렇지 않은 경우에는 매 회계기간에 일관성 있게 적용한다.

다음 [자료]를 이용하여 정액법, 생산량비례법, 체감잔액법에 의한 감가상각비 계산방법에 대하여 살펴보기로 한다.

[자료]

> (주)한국은 20×1년 1월 1일 ₩1,000,000을 지급하고 영업부에서 사용할 차량운반구를 취득하였다. 차량운반구의 내용연수는 4년, 잔존가치는 ₩50,000으로 추정되었다. 한편, 차량운반구의 총주행가능거리는 500,000km로 추정되었으며, 실제주행거리는 20×1년에 100,000km, 20×2년에 300,000km, 20×3년에 100,000km였다.

① 정액법

정액법(straight-line method)은 자산의 미래경제적효익의 소비형태가 매 기간 동일하다고 가정하기 때문에 감가상각대상금액을 내용연수 동안 매 기간 동일하게 감가상각비로 인식하는 방법이다. 따라서 정액법의 상각률은 '1/내용연수'가 되며, 감가상각비는 다음과 같이 계산된다.

$$\text{감가상각비} = \text{감가상각대상금액(취득원가} - \text{잔존가치)} \times \frac{1}{\text{내용연수}}$$

[자료]를 이용하여 정액법을 적용할 경우 연도별 감가상각비와 감가상각누계액 및 장부금액은 다음과 같다.

정액법에 의한 연도별 감가상각

연 도	감가상각비	감가상각누계액	기말장부금액
20×1년	₩950,000* × 1/4 = ₩237,500	₩237,500	₩762,500
20×2년	₩950,000 × 1/4 = ₩237,500	475,000	525,000
20×3년	₩950,000 × 1/4 = ₩237,500	712,500	287,500
20×4년	₩950,000 × 1/4 = ₩237,500	950,000	50,000**

* 감가상각대상금액 = 취득원가 − 잔존가치 = ₩1,000,000 − ₩50,000 = ₩950,000

** 내용연수말이 되면 장부금액은 잔존가치 ₩50,000이 된다.

② 생산량비례법

생산량비례법(units of production method)은 내용연수로 기간이 아니라 자산으로부터 기대되는 총생산량, 사용량 등의 단위수량을 사용하여 감가상각비를 계산하는 방법이다. 따라서 생산량비례법의 상각률은 '당기실제생산량(사용량)/추정총생산량(사용량)'이 되며, 감가상각비는 다음과 같이 계산된다.

$$\text{감가상각비} = \text{감가상각대상금액(취득원가} - \text{잔존가치)} \times \frac{\text{당기실제생산량(사용량)}}{\text{추정총생산량(사용량)}}$$

생산량비례법을 적용하기 위해서는 총생산량을 추정해야 하는 어려움이 있는 반면 내용연수가 기간이 아니라 생산량으로 측정되기 때문에 회계연도 중에 자산을 취득하더라도 감가상각비를 계산하는 데 어려움이 없다.[14]

[자료]를 이용하여 생산량비례법을 적용할 경우 연도별 감가상각비와 감가상각누계액 및 장부금액은 다음과 같다.

생산량비례법에 의한 연도별 감가상각

연 도	감가상각비	감가상각누계액	기말장부금액
20×1년	₩950,000* ×100,000/500,000＝₩190,000	₩190,000	₩810,000
20×2년	₩950,000 ×300,000/500,000＝₩570,000	760,000	240,000
20×3년	₩950,000 ×100,000/500,000＝₩190,000	950,000	50,000**

* 감가상각대상금액＝취득원가－잔존가치＝₩1,000,000－₩50,000＝₩950,000

** 내용연수말이 되면 장부금액은 잔존가치 ₩50,000이 된다.

※ 생산량비례법은 내용연수가 총생산량이 되기 때문에 정액법과 달리 추정총사용량(생산량)을 모두 사용한 20×3년에 감가상각이 종료된다.

③ 체감잔액법

체감잔액법(diminishing balance method)은 자산의 미래경제적효익의 소비가 시간이 경과됨에 따라 감소한다고 가정한다. 즉, 자산의 취득초기에는 생산성이나 효율성이 매우 높기 때문에 자산을 많이 사용함으로써 경제적효익의 소비(예를 들어 산출물)가 많지만 시간이 갈수록 노후화 등으로 인하여 자산의 사용으로 인한 경제적효익의 소비가 감소할 경우 적합한 방법이다. 따라서 체감잔액법에서는 초창기에 많은 감가상각비를 인식하고, 시간이 경과할수록 감가상각비를 적게 인식하게 된다. 체감잔액법의 종류로는 정률법, 이중체감법, 연수합계법 등이 있다.

• 정률법

정률법(fixed percentage method)은 취득원가에서 감가상각누계액을 차감한 장부금액에 매년 동일한 상각률을 곱하여 계산한다. 상각률이 매년 동일하더라도 감가상각누계액의 증가만큼 장부금액이 감소하기 때문에 매년 감가상각비는 감소하게 된다. 정률법에 의한 감가상각비는 다음과 같이 계산된다.

$$\text{감가상각비} = \text{장부금액(취득원가} - \text{감가상각누계액)} \times \left(1 - \sqrt[\text{내용연수}]{\frac{\text{잔존가치}}{\text{취득원가}}}\right)$$

14) 이에 대해서는 기중 취득한 자산의 감가상각에서 자세히 다루게 된다.

위 산식에 나타난 바와 같이 상각률의 계산시 잔존가치가 분자에 포함되어 있어 잔존가치가 ₩0인 경우에는 상각률이 1이 되어 일시에 상각하게 되는 문제가 있다. 따라서 이 경우에는 법인세법 시행규칙(별표 4)에 따라 취득원가의 5%로 하여 계산하는 것이 일반적이다.

[자료]를 이용하여 정률법을 적용할 경우 연도별 감가상각비와 감가상각누계액 및 장부금액은 다음과 같다.

정률법에 의한 연도별 감가상각

연 도	감가상각비	감가상각누계액	기말장부금액
20×1년	₩1,000,000* × 0.527** = ₩527,000	₩527,000	₩473,000
20×2년	₩473,000* × 0.527 = ₩249,271	776,271	223,729
20×3년	₩223,729 × 0.527 = ₩117,905	894,176	105,824
20×4년	₩950,000 − ₩894,176 = ₩55,824***	950,000	50,000

* 기초장부금액 = 취득원가 − 기초감가상각누계액
- 20×1년초 장부금액 : ₩1,000,000 − ₩0 = ₩1,000,000
- 20×2년초 장부금액 : ₩1,000,000 − ₩527,000 = ₩473,000

** $\text{상각률} = 1 - \sqrt[\text{내용연수}]{\frac{\text{잔존가치}}{\text{취득원가}}} = 1 - \sqrt[4]{\frac{₩50,000}{₩1,000,000}} = 0.527$

*** 상각률을 이용하여 감가상각비를 계산하면 ₩55,769(= 장부금액 ₩105,824 × 0.527)이다. 그러나 이렇게 계산하게 되면 20×4년말의 감가상각누계액은 ₩949,945(= ₩894,176 + ₩55,769)이 되고, 장부금액은 ₩50,055으로 잔존가치보다 ₩55 크게 나타난다.

이는 정률법에 의한 상각률 계산시 반올림오차로 인해 발생하며, 이러한 오차로 인해 발생하는 단수차이를 조정하기 위하여 마지막 내용연수에는 기말장부금액이 ₩50,000이 되도록 20×4년 감가상각비를 조정한다.

• 이중체감법

정액법의 배법이라고도 하는 이중체감법(double declining method)은 장부금액에 일정한 상각률을 곱하는 점과 시간이 경과될수록 인식되는 감가상각비가 감소한다는 점에서 정률법과 동일하다. 그러나 상각률 계산이 정률법에 비하여 훨씬 간단하다는 점에서 차이가 있다. 이중체감법의 상각률은 정액법의 배법이라는 명칭에 맞게 정액법의 상각률인 '1/내용연수'의 두 배이다.[15] 즉 이중체감법의 상각률은 '2/내용연수'이며, 감가상각비 계산은 다음과 같다.

15) 일반적으로 이중체감법의 상각률은 '2/내용연수'처럼 정액법의 두 배이나 다른 배율을 곱하여 계산하기도 한다.

$$감가상각비 = 장부금액(취득원가 - 감가상각누계액) \times \frac{2}{내용연수}$$

[자료]를 이용하여 이중체감법을 적용할 경우 연도별 감가상각비와 감가상각누계액 및 장부금액은 다음과 같다.

이중체감법에 의한 연도별 감가상각

연 도	감가상각비	감가상각누계액	기말장부금액
20×1년	₩1,000,000* × 0.5** = ₩500,000	₩500,000	₩500,000
20×2년	₩500,000* × 0.5 = ₩250,000	750,000	250,000
20×3년	₩250,000 × 0.5 = ₩125,000	875,000	125,000
20×4년	₩950,000 − ₩875,000 = ₩75,000***	950,000	50,000

* 기초장부금액 = 취득원가 − 기초감가상각누계액
· 20×1년초 장부금액 : ₩1,000,000 − ₩0 = ₩1,000,000
· 20×2년초 장부금액 : ₩1,000,000 − ₩500,000 = ₩500,000

** 상각률 $= \frac{2}{내용연수} = \frac{2}{4} = 0.5$

*** 상각률을 이용하여 감가상각비를 계산하면 ₩62,500(= 장부금액 ₩125,000 × 0.5)이다. 그러나 이렇게 계산하게 되면 20×4년말의 감가상각누계액은 ₩937,500(= ₩875,000 + ₩62,500)이 되고, 장부금액은 ₩62,500으로 잔존가치보다 ₩12,500 크게 나타난다. 따라서 정률법과 마찬가지로 이중체감법에서는 마지막 내용연수의 감가상각비는 감가상각대상금액에서 감가상각누계액을 차감하여 계산한다.

• 연수합계법

연수합계법(sum-of-the years' digits method)은 상각률이 일정한 정률법이나 이중체감법과 달리 내용연수가 경과됨에 따라 상각률이 감소하는 방법이다. 연수합계법에서 상각률은 내용연수의 합계를 분모로, 당해연도초 잔여내용연수를 분자로 하여 계산한다. 예를 들어 20×1년 1월 1일 내용연수가 4년인 자산을 취득하였다면, 20×1년도 감가상각비 계산을 위한 상각률은 분모가 내용연수 합계인 10(=1+2+3+4), 분자가 20×1년초 잔여내용연수인 4이므로 0.4(=4/10)가 된다. 같은 논리로 20×2년의 상각률은 0.3(=3/10), 20×3년과 20×4년은 각각 0.2(=2/10), 0.1(=1/10)이 된다.

연수합계법에서는 각 연도 상각률을 모두 더하면 1이 되므로 정률법과 이중체감법처럼 상각률에 장부금액을 곱하지 않고 감가상각대상금액을 곱한다는 점에 유의해야 한다. 다음은 연수합계법에 의한 감가상각비 계산방법을 나타내고 있다.

$$감가상각비 = 감가상각대상금액(취득원가 - 잔존가치) \times \frac{당해연도초\ 잔여내용연수}{내용연수의\ 합계}$$

위 산식을 보면 감가상각대상금액은 고정된 반면 상각률 계산식의 분자인 잔여내용연수가 시간이 갈수록 감소하여 내용연수가 경과될수록 감가상각비가 감소됨을 알 수 있다.

[자료]를 이용하여 연수합계법을 적용할 경우 연도별 감가상각비와 감가상각누계액 및 장부금액은 다음과 같다.

연수합계법에 의한 연도별 감가상각

연 도	감가상각비	감가상각누계액	기말장부금액
20×1년	₩950,000* × 4/10** = ₩380,000	₩380,000	₩620,000
20×2년	₩950,000 × 3/10 = ₩285,000	665,000	335,000
20×3년	₩950,000 × 2/10 = ₩190,000	855,000	145,000
20×4년	₩950,000 × 1/10 = ₩95,000	950,000	50,000

* 감가상각대상금액 = 취득원가 − 잔존가치 = ₩1,000,000 − ₩50,000 = ₩950,000

$$** \ 상각률 = \frac{당해연도초\ 잔여내용연수}{내용연수의\ 합계} = \frac{4}{1+2+3+4} = 0.4$$

3) 감가상각과 관련한 기타사항

[그림 7-1]은 [자료]를 이용하여 감가상각방법에 따라 계산한 연도별 감가상각비 추이를 나타내고 있다. 정액법의 경우 매년 동일한 감가상각비를 나타

[그림 7-1]
감가상각방법별 감가상각비

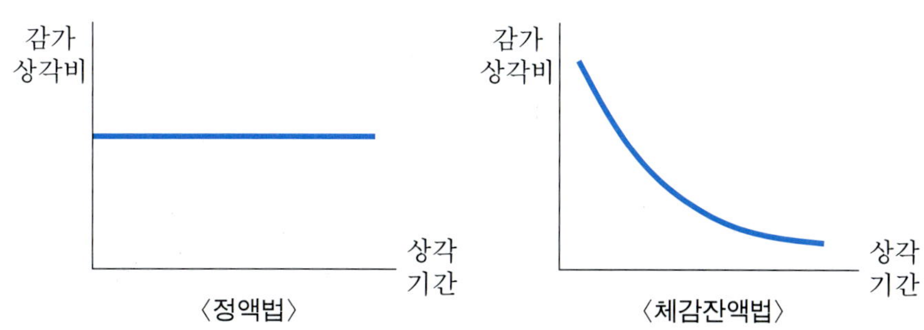

[그림 7-2]
감가상각방법별
기말장부금액

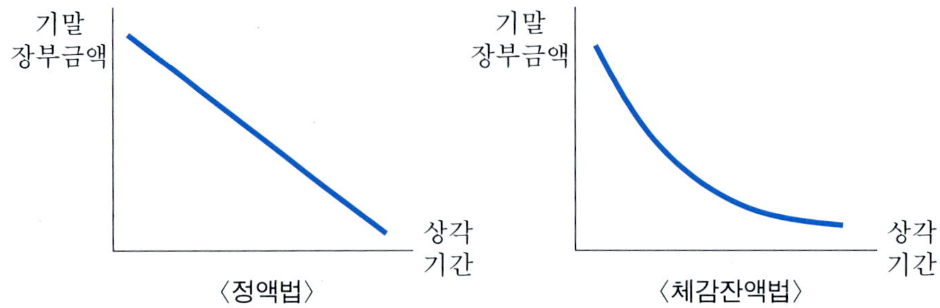

내고 있는 반면, 체감잔액법인 정률법, 이중체감법 및 연수합계법의 경우 기간이 경과될수록 감가상각비가 감소되고 있다. 그러나 생산량비례법은 생산량에 따라 감가상각비가 계산되므로 기간의 경과에 따른 일정한 패턴을 보이지 않는다. 그리고 매년 동일한 감가상각비가 인식되는 정액법의 경우 감가상각누계액이 일정하게 증가할 것이므로 기말장부금액도 일정하게 감소하게 된다. 반면에 체감잔액법과 연수합계법의 감가상각비는 체감하므로 기말장부금액도 체감하는 형태로 감소하게 된다.

감가상각비는 일반적으로 포괄손익계산서상 비용으로 인식되므로 기업의 당기순이익에 영향을 미치게 된다. 즉, 정액법에 비해 체감잔액법은 내용연수초에 감가상각비를 많이 계상하고 나중에 적게 인식하기 때문에, 초기에는 이익보고에 불리하나 나중에는 유리하다. 그러나 감가상각비는 현금지출과는 무관한 비용이므로 세금이 없다면 어떠한 방법을 사용하더라도 기업의 현금흐름에는 아무런 영향을 미치지 않는다. 다만 세금이 존재한다면 내용연수 초기에는 비용을 많이 인식하는 체감잔액법이 현금흐름에 유리하고, 내용연수 후기에는 정액법이 유리하게 된다.

4) 자산의 기중 취득

지금까지는 유형자산을 회계연도초에 취득한다는 가정을 하였다. 그러나 현실적으로 자산을 연도초에 구입하는 경우는 거의 없으며 대부분 기중에 취득하게 된다. 이렇게 기중에 자산을 취득하게 되는 경우 취득연도의 감가상각비를 어떻게 인식할 것인가의 문제가 발생한다. 기중에 취득하는 경우 취득연도의 감가상각비는 일단위 기준, 월단위 기준, 6월 기준, 1년 기준에 따라 계산할 수 있다. 일단위 기준은 감가상각비를 보유일수만큼 인식하는 방법이며, 월단위 기준은 감가상각비를 보유월수만큼 인식하는 방법이다. 6월 기준은 7월 1일 이후에 취득한 자산에 대해서는 6개월치의 감가상각비를, 6월말 이전에 구입한 자산에 대해서는 1년치 감가상각비를 인식하는 방법이다. 마지막으로 1년 기준의 경우는 기중 언제 취득하더라도 1년치 감가상각비를 인식하는 방법이다.

예제 7-6 자산의 기중 취득

(주)영남은 20×1년 8월 1일 ₩1,000,000을 지급하고 기계장치를 취득하였다. 기계장치의 내용연수는 4년, 잔존가치는 ₩200,000으로 추정되었다. 또한 (주)영남은 기계장치에 대하여 정액법으로 상각한다.

〈요구사항〉
기계장치와 관련하여 (주)영남이 20×1년에 인식할 감가상각비를 계산하시오.
① 1년 기준
② 6월 기준
③ 월단위 기준
④ 일단위 기준

해답

① 1년 기준 : (₩1,000,000 − ₩200,000)/4 = ₩200,000
② 6월 기준 : (₩1,000,000 − ₩200,000)/4 × 1/2 = ₩100,000
③ 월단위 기준 : (₩1,000,000 − ₩200,000)/4 × 5/12 = ₩83,333
④ 일단위 기준 : (₩1,000,000 − ₩200,000)/4 × 153/365 = ₩83,836

위 예제에서 나타난 바와 같이 일단위 기준이 가장 정확한 방법이나 계산이 복잡한 단점을 가지고 있으며, 1년 기준은 가장 많은 감가상각비를 인식함으로써 가장 보수적인 회계처리로 볼 수 있다. 실무적으로는 일단위 기준 또는 월단위 기준을 가장 많이 사용하고 있다.

유형자산 상각과 관련한 잔존가치, 상각방법, 상각기간은 적어도 매 회계연도말에 검토해야 하고, 변동이 발생하면 회계추정의 변경으로 회계처리한다.[16]

16) 회계변경은 크게 회계정책의 변경과 회계추정의 변경으로 구분된다. 잔존가치, 상각방법, 상각기간의 변경은

(2) 보유중 지출

기업은 유형자산을 사용하는 중 일상적인 수선과 유지를 위한 지출, 주요 부품이나 구성요소의 교체를 위한 지출 등 다양한 이유로 보유중에 지출을 할 수 있다. 지출발생시 회사는 자산으로 인식할지, 아니면 비용으로 처리할지의 문제가 발생한다. 한국채택국제회계기준에서는 이러한 취득 후의 지출도 자산으로부터 발생하는 미래경제적효익이 기업에 유입될 가능성이 높고,[17] 자산의 원가를 신뢰성 있게 측정할 수 있을 경우에 한하여 장부금액에 포함하여 인식하도록 하고 있다. 따라서 위 인식원칙을 충족하지 않은 보유중 지출의 경우에는 해당연도에 비용으로 처리한다. 일반적으로 장부금액에 포함하는 지출, 즉 자산으로 인식하는 지출을 자본적 지출(capital expenditure)이라 하고, 비용으로 처리되는 지출을 수익적 지출(revenue expenditure)이라 한다.[18]

법인세법상 자본적 지출의 예로는 본래의 용도를 변경하기 위한 개조, 빌딩 등에 있어서 피난시설 등의 설치, 엘리베이터 또는 냉난방장치의 설치 등이 있으며, 수익적 지출의 예로는 건물 또는 벽의 도장, 파손된 유리나 기와의 대체, 기계의 소모된 부속품 또는 벨트의 대체, 자동차 타이어의 대체 등이 있다.[19]

보유기간중 지출을 자본적 지출로 처리하느냐 아니면 수익적 지출로 처리하느냐에 따라 기간별 손익은 달라지기 때문에 중요한 사항이 될 수 있다. 해당지출을 자본적 지출로 처리하는 경우 자산이 증가하게 되고 동 자산이 감가상각대상자산인 경우 사용기간에 걸쳐 감가상각비로 처리된다. 그러나 수익적 지출로 인식하는 경우 지출한 기간에 전액 비용처리되므로 자본적 지출에 비하여 지출연도에 많은 비용을 인식하게 되고 순이익으로 적은 금액이 인식된다. 그러나 다음 회계연도부터는 감가상각비 증가액만큼 자본적 지출로 처리한 경우가 더 많은 비용을 인식하게 되므로 내용연수 전체로는 동일한 금액이 비용처리된다.

이 중 회계추정의 변경에 해당한다. 회계변경은 매우 어려운 주제이므로 중급회계에서 살펴보기 바란다.

17) 생산능력의 증대, 원가절감, 내용연수의 연장 또는 잔존가치의 증가가 이에 해당될 것이다.

18) 한국채택국제회계기준에서는 자본적 지출과 수익적 지출이라는 표현이 나타나 있지 않다. 그러나 과거 기업회계기준서에서 동 표현을 사용하였을 뿐만 아니라 오랜 기간 통상적으로 사용되어 왔기 때문에 자본적 지출, 수익적 지출이라는 표현을 그대로 사용하더라도 문제가 없을 것으로 판단된다. 따라서 본서에서는 편의상 자본적 지출과 수익적 지출이라는 용어를 그대로 사용하기로 한다.

19) 법인세법 시행령 제31조 제2항, 법인세법 시행규칙 제17조

예제 7-7 자본적 지출과 수익적 지출

12월 결산법인인 (주)부산은 20×0년 1월 1일 ₩10,000,000을 지급하고 기계장치를 취득하였다. 기계장치의 내용연수는 5년, 잔존가치는 ₩0으로 추정되었다. 또한 (주)부산은 기계장치에 대하여 정액법으로 상각한다. 한편 (주)부산은 동 기계장치와 관련하여 20×1년 1월 1일에 ₩2,000,000의 지출을 하였다. 동 지출과 관련하여 내용연수나 잔존가치의 변화는 없었다.

〈요구사항〉

1. 기계장치와 관련하여 (주)부산이 20×1년 1월 1일과 12월 31일에 해야 할 회계처리를 하시오.
   (1) 자본적 지출로 처리한 경우
   (2) 수익적 지출로 처리한 경우
2. (주)부산이 기계장치를 20×2년 1월 1일에 ₩7,000,000에 처분하였다면 동 기계장치와 관련하여 (주)부산이 20×1년도와 20×2년도 포괄손익계산서에 인식할 당기손익은 얼마인가?
   (1) 자본적 지출로 처리한 경우
   (2) 수익적 지출로 처리한 경우

해답

1. (1) 자본적 지출로 처리한 경우

〈20×1. 1. 1〉

(차) 기 계 장 치	2,000,000	(대) 현 금	2,000,000

〈20×1.12.31〉

(차) 감가상각비	2,500,000*	(대) 감가상각누계액	2,500,000

* (₩8,000,000 + ₩2,000,000)/4 = ₩2,500,000

(2) 수익적 지출로 처리한 경우

〈20×1. 1. 1〉

(차) 비 용	2,000,000	(대) 현 금	2,000,000

〈20×1.12.31〉

(차) 감가상각비	2,000,000*	(대) 감가상각누계액	2,000,000

* ₩10,000,000/5 또는 ₩8,000,000/4 = ₩2,000,000

2. (1) 자본적 지출로 처리한 경우

20×1년도 손익에 반영할 금액 : ₩2,500,000(감가상각비)

20×2년도 손익에 반영할 금액 : ₩7,000,000 − ₩7,500,000 = ₩500,000(처분손실)

(2) 수익적 지출로 처리한 경우

20×1년도 손익에 반영할 금액 : ₩2,000,000(비용처리) + ₩2,000,000(감가상각비)
= ₩4,000,000

20×2년도 손익에 반영할 금액 : ₩7,000,000 − ₩6,000,000 = ₩1,000,000(처분이익)

(3) 자산손상

진부화, 물리적 손상 또는 기업경영상 기술적 · 시장적 · 경제적 · 법률적 환경 등으로 자산의 가치가 심각하게 하락하는 자산손상(asset impairment)이 발생할 수 있다. 이렇게 자산의 가치가 하락하여 미래경제적효익이 보장되지 못하는 상황임에도 불구하고 재무상태표상 자산에 이를 반영하지 않는다면 자산이 과대평가되어 정보이용자들에게 유용한 정보를 제공하지 못한다.

따라서 기업은 매 회계연도말 자산의 손상징후를 검토하고 손상이 발생하였다면 이를 포괄손익계산서상 비용(손상차손)으로 인식하며, 또한 재무상태표상 자산의 장부금액을 감소시키는 것이 타당하다. 이를 손상회계라 한다.

일반적으로 자산손상이 발생하였는지를 파악하기 위해서는 자산의 회수가능액과 장부금액을 비교한다. 만약 회수가능액이 장부금액에 미치지 못한다면 자산손상이 발생하였다고 판단한다. 자산의 회수가능액(recoverable amount)은 자산을 통해 획득할 수 있는 미래 현금흐름이므로 자산 또는 현금창출단위의 공정가치에서 처분부대원가를 뺀 금액(순공정가치)과 사용가치 중 더 많은 금액으로 정의된다.[20]

사용가치(value in use)는 자산에서 창출될 것으로 기대되는 미래 현금흐름의 현재가치로 정의된다. 따라서 회수가능액은 다음과 같이 결정된다.

회수가능액 : (1)과 (2) 중 큰 금액

(1) 순공정가치 = 공정가치 − 처분부대원가

(2) $\text{사용가치} = \sum_{t=\text{사용기간}} \frac{\text{사용을 통하여 창출될 미래 현금흐름}}{\text{할인율}_t}$

한편 자산손상과 관련된 회계처리는 다음과 같다.

자산손상이 발생하면 장부금액이 회수가능액을 초과하는 금액을 손상차손계정 차변에 기록하고, 손상차손누계액계정 대변에 기록해야 한다. 손상차

20) 유형자산이나 무형자산은 사용을 목적으로 보유하는 자산이다. 따라서 이러한 자산은 처분하거나 사용함으로써 미래경제적효익을 얻을 수 있다. 이러한 관점에서 처분하여 얻을 수 있는 부분인 순공정가치와 사용을 통해 획득할 수 있는 사용가치를 이용하여 회수가능액을 측정한다.

손은 포괄손익계산서상 비용항목이며, 손상차손누계액은 감가상각누계액과 마찬가지로 재무상태표상 해당자산의 차감항목으로 기록된다. 단, 상각자산의 손상여부를 판단할 때에는 당기의 감가상각비를 반영한 후의 장부금액과 회수가능액을 비교한다.

예제 7-8 자산손상

(주)백두는 20×1년 1월 1일 ₩10,000,000을 지급하고 건물을 취득하였다. 건물에 대해서는 원가모형을 적용하며 내용연수는 5년, 감가상각방법은 정액법, 잔존가치는 없는 것으로 추정되었다. 한편, 20×1년말 부동산 경기의 침체 및 건물의 사용중단 등의 이유로 건물의 회수가능액이 심각하게 하락하였으며 이는 손상인식의 요건을 만족하였다. 건물의 순공정가치는 ₩6,000,000, 사용가치는 ₩6,200,000으로 추정되었다.

〈요구사항〉

1. (주)백두가 건물과 관련하여 20×1년 12월 31일에 해야 할 분개를 하시오.
2. (주)백두의 20×1년 12월 31일 현재 건물과 관련한 부분재무상태표를 작성하시오.

해답

1. 손상 회계처리
   (1) 장부금액 : ₩8,000,000(감가상각 반영 후)
   (2) 회수가능액 : Max{₩6,000,000(순공정가치), ₩6,200,000(사용가치)}
   (3) 손상차손 : ₩8,000,000 − ₩6,200,000 = ₩1,800,000

(차) 감가상각비	2,000,000	(대) 감가상각누계액	2,000,000
(차) 손 상 차 손	1,800,000	(대) 손상차손누계액	1,800,000

2. 부분재무상태표

(주)백두 20×1년 12월 31일 현재 (단위 : 원)

자 산		
건 물	10,000,000	
감가상각누계액	(2,000,000)	
손상차손누계액	(1,800,000)	

한편, 하락한 자산의 회수가능액이 시간이 지나 상승되는 경우가 있다. 이 경우에는 손상차손한 금액을 환입한다. 그러나 환입 후 장부금액의 손상이 발생하지 않았다면 기록될 장부금액을 초과해서는 안 된다. 예를 들어 [예제 7-8]에

서 만약 20×2년말에 건물의 회수가능액이 ₩12,000,000으로 추정되었을 때 20×2년말 장부금액 ₩4,650,000(20×1년말 새로운 장부금액 ₩6,200,000에서 잔존내용연수 4년, 정액법 상각, 잔존가치는 ₩0으로 구한 20×2년 감가상각비 ₩1,550,000을 차감한 후의 금액)과 회수가능액 ₩12,000,000의 차액인 ₩7,350,000을 환입하게 되면 환입 후 장부금액이 ₩12,000,000이 되므로 오히려 손상전 금액을 초과하게 된다. 따라서 장부금액인 ₩4,650,000과 손상이 없었더라면 인식하게 될 장부금액 ₩6,000,000의 차이금액인 ₩1,350,000을 손상차손환입(당기손익)으로 인식한다. 이와 관련한 회계처리는 다음과 같다.[21]

(차) 손상차손누계액 1,350,000 (대) 유형자산손상차손환입 1,350,000

(4) 재평가

1) 재평가모형에 대한 개괄

한국채택국제회계기준에서는 유형자산과 관련하여 취득 후 원가모형이나 재평가모형 중 하나를 선택하여 유형자산 유형별로 동일하게 적용하도록 규정하고 있다. 원가모형(cost model)이란 자산의 최초인식 후 원가에서 감가상각누계액과 손상차손누계액을 차감한 금액을 장부금액으로 기록하는 방법이다. 이에 반해 재평가모형(revaluation model)은 최초인식 후에 공정가치(fair value)를 신뢰성 있게 측정할 수 있는 자산에 대하여 공정가치로 평가하고, 재평가된 공정가치를 장부금액으로 인식하는 방법이다.

여기서 주의할 점은 다음과 같다.

첫째, 원가모형이나 재평가모형 모두 최초로 인식할 때에는 원가를 적용한다는 것이다. 즉, 재평가는 최초인식 후에 이루어진다.

둘째, 원가모형과 재평가모형은 유형자산 유형별로 동일하게 적용되어야 한다. 즉, 기업이 모든 유형자산에 대하여 동일한 모형을 선택할 필요는 없으나, 동일하게 분류된 자산에 대해서는 동일한 모형을 적용해야 한다. 즉, 기업은 건물과 기계장치에 대해서는 다른 모형을 적용할 수 있지만, 건물과 기

21) 본 교재에서는 자산손상과 관련하여 원가모형을 전제하여 서술하고 있다. 그러나 한국채택국제회계기준에서는 유형자산에 대하여 재평가모형(뒤에서 언급함)을 선택할 수 있도록 규정하고 있고 재평가모형과 자산손상이 결합될 경우 상당히 복잡해지게 된다. 이 부분도 재무회계에서 살펴보는 것이 좋을 것으로 생각된다.

계장치 각각의 자산에 대해서는 동일한 모형을 적용해야 한다.[22)]

셋째, 공정가치를 신뢰성 있게 측정가능한 자산에 한해서만 재평가모형을 선택할 수 있다. 회계정보의 질적 측면에서 공정가치는 목적적합성이 높은 반면 원가에 비하여 검증가능성 및 신뢰성이 낮은 것으로 알려져 있다. 따라서 공정가치가 신뢰성 있게 측정되지 못한다면 오히려 회계정보의 질적 저하를 가져올 수 있다. 공정가치란 측정일에 시장참여자 사이의 정상거래에서 자산을 매도할 때 받거나 부채를 이전할 때 지급하게 될 가격을 말한다. 예를 들어, 일반적으로 토지와 건물의 공정가치는 공인된 감정평가인의 감정에 의하고 시장에 근거한 증거로 결정되며, 설비장치와 기계장치는 감정에 의한 시장가치를 공정가치로 한다.

마지막으로 재평가모형을 선택하면 지속적으로 적용해야 한다. 그리고 재평가모형을 선택한 경우 보고기간말에 자산의 장부금액이 공정가치와 중요하게 차이가 나지 않도록 주기적으로 재평가를 수행해야 한다.

2) 재평가모형의 회계처리

재평가모형을 선택한 경우 재평가시 공정가치를 장부금액으로 기록해야 한다. 구체적으로 살펴보면 재평가시점에 공정가치가 장부금액보다 크면 차이금액을 평가이익으로 인식하고 자산의 장부금액을 증가시켜 공정가치가 반영되도록 한다. 그러나 공정가치가 장부금액보다 작다면 차이금액을 평가손실로 인식하고 자산의 장부금액을 감소시킨다. 그리고 이와 같은 회계처리과정에서 유의할 사항이 있다. 구체적으로 재평가손실은 당기손익에 반영되지만 재평가이익은 기타포괄손익에 반영된다. 추가적으로 당기손익에 반영된 재평가손실은 마감분개를 통해 재무상태표상 이익잉여금에 반영되지만, 기타포괄손익에 반영된 재평가이익은 마감분개를 통해 재무상태표상 기타포괄손익누계액에 재평가잉여금으로 반영된다. 그러나 이전에 재평가이익이 발생하여 기타포괄손익누계액에 재평가잉여금이 있는 경우 추후 재평가손실이 발생한다면 이전에 인식한 재평가잉여금을 먼저 감소시키고((차) 재평가손실(기타포괄손익) ×××)

---

22) 예를 들어 3개의 건물을 소유하고 있는 회사의 경우 1개 건물에 대하여 재평가모형을 선택하기로 하였다면 나머지 2개 건물 모두 재평가모형을 선택해야 한다. 또한 유형자산별로 선택적 재평가를 하거나 서로 다른 기준일의 평가금액이 혼재된 재무보고를 하는 것을 방지하기 위하여 일반적으로 동일한 분류 내의 유형자산은 동시에 재평가한다.

남은 부분만 재평가손실(당기손실)로 인식한다. 반대로 이전에 재평가손실이 발생하여 당기손실로 인식하였다면 추후 재평가이익이 발생할 경우 먼저 재평가손실로 인식한 금액만큼 재평가이익(당기손익)으로 인식하고, 남은 부분은 재평가이익(기타포괄손익)으로 인식한다.

〈평가이익의 경우〉

(차) 유 형 자 산	×××	(대) 재평가이익 (기타포괄손익)	×××

〈평가손실의 경우〉

(차) 재평가손실 (당기손익)	×××	(대) 유 형 자 산	×××

예제 7-9 자산재평가

토지에 대하여 재평가모형을 선택하고 있는 (주)대전은 20×1년 1월 1일 취득원가 ₩10,000의 토지를 취득하였다. 각 연도말 공정가치가 다음과 같을 때 〈요구사항〉에 답하시오.

20×1년 12월 31일	₩12,000	20×2년 12월 31일	₩9,000
20×3년 12월 31일	₩15,000	20×4년 12월 31일	₩16,000

〈요구사항〉

1. 토지의 재평가와 관련하여 (주)대전이 각 연도별로 해야 할 회계처리를 하시오.
2. 토지와 관련한 (주)대전의 20×4년도 부분포괄손익계산서와 20×4년 12월 31일 현재 부분재무상태표(이익잉여금은 고려하지 않음)를 작성하시오.

해답

1. 재평가에 대한 회계처리

20×1.12.31	(차) 토 지	2,000	(대) 재평가이익(기타포괄손익)	2,000
20×2.12.31	(차) 재평가손실(기타포괄손익)	2,000	(대) 토 지	3,000
	재평가손실(당기손익)	1,000		
20×3.12.31	(차) 토 지	6,000	(대) 재평가이익(당기손익)	1,000
			재평가이익(기타포괄손익)	5,000
20×4.12.31	(차) 토 지	1,000	(대) 재평가이익(기타포괄손익)	1,000

〈참고〉 각 연도 재평가손익(기타포괄손익)의 마감분개는 다음과 같다.

20×1.12.31	(차)	재평가이익 (기타포괄손익)	2,000	(대) 재평가잉여금 (기타포괄손익누계액)	2,000
20×2.12.31	(차)	재평가잉여금 (기타포괄손익누계액)	2,000	(대) 재평가손실 (기타포괄손익)	2,000
20×3.12.31	(차)	재평가이익 (기타포괄손익)	5,000	(대) 재평가잉여금 (기타포괄손익누계액)	5,000
20×4.12.31	(차)	재평가이익 (기타포괄손익)	1,000	(대) 재평가잉여금 (기타포괄손익누계액)	1,000

2. 부분포괄손익계산서와 부분재무상태표

부분포괄손익계산서

(주)대전	20×4년도	(단위 : 원)
재평가이익 (기타포괄손익)		1,000

부분재무상태표

(주)대전	20×4년 12월 31일 현재		(단위 : 원)
자 산		부 채	
토 지	16,000		
		자 본	
		기타포괄손익누계액	
		재평가잉여금	6,000*

* ₩2,000(20×1년) − ₩2,000(20×2년) + ₩5,000(20×3년) + ₩1,000(20×4년) = ₩6,000

4. 유형자산의 제거

유형자산의 장부금액은 처분하는 때 또는 사용이나 처분을 통하여 미래경제적효익이 기대되지 않을 때 제거한다. 회계기간중에 유형자산을 처분하는 거래가 발생한 경우 처분시점까지 감가상각비를 우선 인식한 후에 제거하는 회계처리를 실시한다. 유형자산의 제거로 인하여 발생하는 손익(당기손익)은 순매각금액과 장부금액의 차이로 결정한다.

예제 7-10 유형자산의 제거

12월 결산법인인 (주)대구는 20×1년 1월 1일 취득원가 ₩3,000,000의 차량운반구를 취득하고, 내용연수 4년, 잔존가치 ₩0으로 추정하고 연수합계법으로 상각하였다. (주)대구는 차량운반구에 대하여 원가모형을 채택하고 있다. 한편, (주)대구는 새로운 차량운반구의 구입으로 인해 동 자산을 20×3년 5월 1일 ₩1,000,000에 처분하였다. (주)대구는 월할상각하고 있으며, 보유기간중 차량운반구에 대하여 자산손상은 발생하지 않았다.

〈요구사항〉

(주)대구가 차량운반구와 관련하여 20×1년, 20×2년 및 20×3년에 해야 할 회계처리를 하시오.

해답

20×1년 감가상각비 : (₩3,000,000 − ₩0) × (4/10) = ₩1,200,000

20×2년 감가상각비 : (₩3,000,000 − ₩0) × (3/10) = ₩900,000

20×3년 5월 1일까지 감가상각비 : (₩3,000,000 − ₩0) × (2/10) × (4/12)* = ₩200,000

* 처분시까지의 감가상각비를 반드시 인식해야 한다.

20×3년 5월 1일 처분시 처분손익 : ₩1,000,000 − (₩3,000,000 − ₩2,300,000) = 처분이익 ₩300,000

〈20×1년 1월 1일〉

(차)	차량운반구	3,000,000	(대) 현 금	3,000,000

〈20×1년 12월 31일〉

(차)	감가상각비	1,200,000	(대) 감가상각누계액	1,200,000

〈20×2년 12월 31일〉

(차)	감가상각비	900,000	(대) 감가상각누계액	900,000

〈20×3년 5월 1일〉

(차)	감가상각비	200,000	(대) 감가상각누계액	200,000
(차)	현 금	1,000,000	(대) 차량운반구	3,000,000
	감가상각누계액	2,300,000	유형자산처분이익	300,000

제 2 절 무형자산

1. 무형자산의 정의와 분류

무형자산(intangible asset)이란 한 회계기간을 초과하여 사용할 목적으로 보유하는 물리적 실체는 없지만 식별가능한 비화폐성자산을 말한다. 무형자산 또한 자산이므로 기업이 통제하고 있고 미래경제적효익이 유입되어야 한다. 무형자산의 특성을 세부적으로 살펴보면 다음과 같다.

첫째, 무형자산은 물리적 실체가 없다는 점에서 유형자산과 다르다. 그러나 제1절에서 언급한 바와 같이 물리적 실체가 없다고 해서 무형자산인 것은 아니다. 예를 들어 수취채권 등도 물리적 실체는 없지만 무형자산은 아니다.

둘째, 무형자산은 식별가능한 자산이다.[23] 식별가능성을 충족하기 위해서는 자산이 분리가능하거나 자산이 계약상 권리 또는 기타 법적 권리로부터 발생해야 한다.[24] '자산이 분리가능하다'라는 것은 기업에서 자산을 분리하거나 분할할 수 있고, 개별적으로 또는 관련된 계약, 자산이나 부채와 함께 매각, 이전, 라이선스, 임대, 교환할 수 있는 것을 말한다. 다만 사업결합으로 취득하는 영업권은 개별적으로 식별되지 않고 분리하여 인식될 수 없는 자산이지만 무형자산으로 인식한다. 따라서 무형자산은 크게 식별가능한 무형자산과 영업권으로 구분할 수 있다.

셋째, 무형자산은 기업이 통제하고 있어야 한다. 통제하고 있다는 의미는 기초가 되는 자원에서 유입되는 미래경제적효익을 확보할 수 있고 그 효익에 대한 제3자의 접근을 제한할 수 있는 것을 말한다. 이러한 통제능력은 일반적으

---

23) IAS 38, para#11. The definition of an intangible asset requires an intangible asset to be identifiable to distinguish it from goodwill.

24) 자산이 계약상 권리 또는 기타 법적 권리로부터 발생하는 경우에는 그러한 권리가 이전가능한지 여부 또는 기업이나 권리와 의무에서 분리가능한지 여부는 고려하지 않는다. IAS 38, para# 12 An asset is identifiable if it either: (a) is separable, ie is capable of being separated or divided from the entity and sold, transferred, licensed, rented or exchanged, either individually or together with a related contract, identifiable asset or liability, regardless of whether the entity intends to do so; or (b) arises from contractual or other legal rights, regardless of whether those rights are transferable or separable from the entity or from other rights and obligations.

로 법적 권리에서 나오나 다른 방법으로도 미래경제적효익을 통제할 수 있기 때문에 반드시 권리의 법적 집행가능성이 존재해야 하는 것은 아니다. 시장에 대한 지식이나 기술적 지식이 저작권이나 계약상의 제약 등에 의해 보호된다면 통제능력이 있는 것으로 판단되어 무형자산으로 인식한다. 그러나 교육훈련을 통하여 습득된 종업원의 기술향상, 경영능력 및 기술적 재능 등은 식별가능하고, 미래경제적효익을 가져다줄 수 있더라도 이로 인하여 발생하는 미래경제적효익에 대한 충분한 통제능력이 없기 때문에 일반적으로 무형자산으로 인식하지 않는다. 동일한 논리로 법적 권리나 기타 통제할 방법이 없을 경우 고객구성, 시장점유율, 고객과의 관계 및 고객충성도도 무형자산으로 인식되지 못한다.

마지막으로 무형자산은 미래경제적효익을 창출해야 한다. 일반적으로 무형자산의 미래경제적효익은 제품의 매출, 용역수익, 원가절감 또는 자산의 사용에 따른 기타효익의 형태로 발생한다. 예를 들어 제조과정에서 지적재산을 사용하면 미래 제조원가를 감소시킬 수 있다.

연예인 회계처리 어떡하나 봤더니… "TV만큼 재미있네"

"당사의 개발비 중 대부분 금액은 빅뱅과 2NE1에 대한 개발비 금액으로서, 이 금액은 계약기간에 따라 적절히 상각되고 있으며…"

최근 코스닥에 화려하게 입성한 YG엔터테인먼트의 회계정책 중 일부로, '투자설명서'에 포함된 내용이다. 자동차도 휴대폰도 아닌데, 가수 '빅뱅'과 '2NE1'에 대한 개발비라니?

엔터테인먼트 업체가 말하는 개발비란 가수 트레이닝과 음반제작 등에 들어간 비용을 말한다. 요즘 뜨고 있는 엔터주(株)들의 재무제표를 들춰보면 제조업체와 유사하면서도 재미있는 회계처리 사례들을 발견할 수 있다.

제조업체들은 개발비를 '무형자산'으로 인식한다. 그래서 개발비는 지출한 그해 결산에서 한 번에 다 비용처리하지 않고 몇 년 동안에 걸쳐 분산처리한다. 엔터테인먼트업체 입장에서 보자면 연습생들은 출시대기중인 신차나 신형휴대폰이나 마찬가지다. YG엔터에 따르면 연습생 규모는 25~30명으로, 이들을 훈련하는 데 연간 5억~6억원이 든다. 한 달로 치면 5,000만원, 1인당 평균으로는 월 200만원 정도다. 지난해 재무제표상에 나타난 개발비는 4억 1,989만원. 1명의 가수가 탄생하려면 1억~1억 5,000만원 안팎이 투자되는 셈이다. YG엔터와 달리 에스엠엔터테인먼트나 제이와이피엔터테인먼트 같은 곳은 트레이닝 비용을 개발비로 처리하지 않는다. 변상봉 제이와이피엔터 부사장은 "개발비로 처리하는 게 회계개념상 맞는 것 같긴 한데 연습생들이 중간탈퇴할 수도 있고, 누가 성공할지도 알기 어려워 단순 비용처리하고 있다"고 설명했다. 그러나 황보경 YG엔터 경영지원총괄이사는 "엔터테인먼트 업체의 사업방식이 제조업체와 크게 다르지 않다고 봤다"며 "연습생을 잘 키워 회사가 많은 수익을 얻는 것이 중요하기 때문에 그 비용을 개발비로 볼 수 있다"고 말했다.

한편 엔터테인먼트 업체들은 소속 연예인의 갑작스런 중도계약해지나 활동중단 때문에 실적에 큰 영향을 받을 수 있다. 수익감소뿐 아니라 개발비를 일시에 비용으로 반영하는 경우가 발생할 수 있기 때문이다. 원상필 동양증권 연구

앞에서 언급한 바와 같이 무형자산은 크게 식별가능한 무형자산과 영업권이 있다. 식별가능한 무형자산으로는 브랜드명, 제호와 출판표제, 컴퓨터소프트웨어, 라이선스와 프랜차이즈, 저작권, 특허권, 기타산업재산권, 용역운영권, 기법, 방식, 모형, 설계 및 시제품과 개발중인 무형자산 등이 있다.

2. 무형자산의 취득[25)]

무형자산도 유형자산과 마찬가지로 최초로 인식할 때에는 원가로 측정한다. 무형자산의 취득원가는 구입가격에 자산을 의도한 목적에 사용할 수 있도록 준비하는 데 직접 관련되는 원가로 구성된다. 이 경우 구입가격은 관세 및 환급이 불가능한 취득관련 세금을 가산하고 매입할인과 리베이트 등을 차감하여 결정한다.

원은 "소속 연예인들의 계약해지나 활동중단은 개발비 일시 상각의 원인이 돼 손익에 부정적인 영향을 줄 수 있다"고 지적했다. 한때 활동을 중단했던 빅뱅의 G드래곤이나 대성과 관련해 황보경 이사는 "대성이나 탑의 경우 데뷔 직전에 합류한 만큼 훈련비용은 크게 들지 않았고, 빅뱅 전체의 개발비는 이미 상각처리가 끝났다"고 밝혔다.

이 밖에도 엔터 업계의 회계처리 가운데 독특한 것으로 전속계약금을 들 수 있다. '전속계약금'은 연예인이 소속회사와 계약기간 동안 다른 회사에서 일을 못하도록 하는 데 대한 대가로 지급하는 일종의 '웃돈'인데, 역시 무형자산으로 처리한다. 대형가수들의 경우 전속계약금이 수억원에서 수십억원에 이르는 것으로 알려졌다. YG엔터는 올해 빅뱅, 세븐과 재계약을 하면서 약 50억원의 전속계약금을 지출했다. 전속계약금 비용은 전속계약기간 동안 무형자산 상각을 거쳐 비용화된다. 엔터테인먼트 업체마다 조금씩 다르긴 하지만 활동중인 연예인에 대해 지출한 비용은 '선급금'으로 회계처리하고, 향후 수익과 정산처리하는 것도 독특하다면 독특하다.

한편, YG엔터를 포함한 대다수 업체들은 소속 연예인이 CF계약을 할 때 받는 계약금을 '선수금'으로 부채처리한다. CF를 정상적으로 찍고 무리 없이 방영이 돼야 매출로 인식한다. 이를테면, 탑이 1년에 4번 총 12억원 CF계약을 체결했다고 하자. 1월에 CF를 한 번 찍었다고 하면, 1분기 보고서에는 3억원의 매출과, 9억원의 부채가 기록되는 셈이다. 그렇다면 탑이 한번에 수십개의 계약을 한다면, 회사 부채비율이 지나치게 높아지지 않을까?

엔터 업계 관계자는 "연예인이 한 업종에서 2개 이상 업체와 CF계약을 체결할 수 없는 만큼 계약 체결수가 제한돼 있다"며 "반기보고서상 부채비율이 높아진다 해도, 다음 분기 때 매출로 인식될 수 있는 부채라 부담은 아니다"라고 설명했다.

(이데일리, 2011.12.5)

25) 제1절 유형자산에서 취득원가 결정과 관련하여 비화폐성자산의 교환, 장기할부조건 등 다양한 형태를 살펴보았다. 기본적으로 무형자산의 취득원가 결정도 유형자산과 다르지 않기 때문에 여기서는 설명을 생략한다.

일반적으로 무형자산은 외부에서 구입하지만 내부에서 창출하기도 한다. 내부에서 창출한 무형자산은 일반적으로 미래경제적효익의 불확실성이 상당히 존재하고, 취득원가를 측정하기가 매우 힘들다. 따라서 미래경제적효익의 창출이 확실하고 관련지출을 신뢰성 있게 측정할 경우에 한해 무형자산으로 인식해야 한다. 따라서 자체개발을 통한 특허권취득의 경우는 무형자산으로 인식이 가능하지만, 내부적으로 창출된 브랜드, 고객목록 등 대다수는 무형자산으로 인식하지 않는다.

한편, 한국채택국제회계기준에서는 내부창출 무형자산을 연구단계와 개발단계로 구분하여 연구단계에서 지출한 부분은 모두 비용으로, 개발단계에서 지출한 부분은 원칙적으로는 비용으로 인식하지만, 자산인식의 요건을 충족하는 부분[26]에 한해서 무형자산(개발비)으로 인식하도록 규정하고 있다. 만약, 연구단계와 개발단계로 구분을 할 수 없는 경우에는 연구단계에서 지출한 것으로 본다.

[그림 7-3] 연구단계와 개발단계 지출에 대한 회계처리

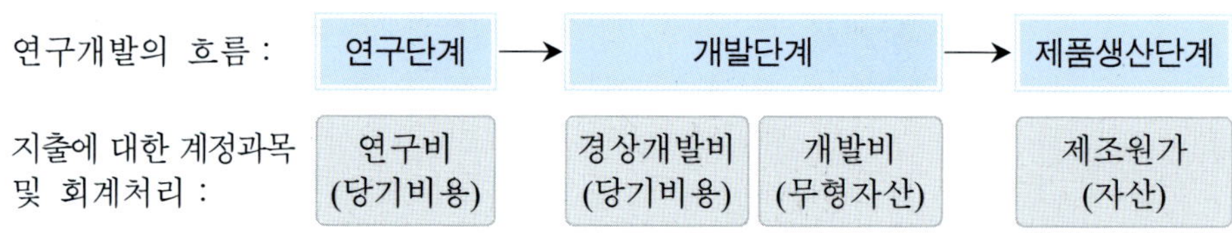

예제 7-11 연구비와 개발비

자동차생산업체인 (주)서울이 신차개발과 관련하여 20×1년에 연구단계에서 지출한 금액은 ₩150,000,000이며, 개발단계에서 지출한 금액은 ₩200,000,000이다. 또한 연구단계인지 개발단계인지 구분이 모호한 지출은 ₩90,000,000이다.

---

26) 한국채택국제회계기준에서는 다음의 요건 모두를 충족할 때 무형자산(개발비)으로 인식하도록 규정하고 있다.
(1) 무형자산을 사용하거나 판매하기 위해 그 자산을 완성할 수 있는 기술적 실현가능성
(2) 무형자산을 완성하여 사용하거나 판매하려는 기업의 의도
(3) 무형자산을 사용하거나 판매할 수 있는 기업의 능력
(4) 무형자산이 미래경제적효익을 창출하는 방법. 그중에서도 특히 무형자산의 산출물이나 무형자산 자체를 거래하는 시장이 존재함을 제시할 수 있거나 또는 무형자산을 내부적으로 사용할 것이라면 그 유용성을 제시할 수 있다.
(5) 무형자산의 개발을 완료하고 그것을 판매하거나 사용하는 데 필요한 기술적·재정적 자원 등의 입수가능성
(6) 개발과정에서 발생한 무형자산 관련 지출을 신뢰성 있게 측정할 수 있는 기업의 능력

〈요구사항〉
(주)서울이 위 20×1년도 지출 중 무형자산으로 인식해야 할 금액과 당기비용으로 인식해야 할 금액은 각각 얼마인가? 단, 개발단계의 지출 중 70%가 자산의 인식요건을 충족한다고 가정한다.

해답

- 당기비용으로 인식할 금액 : ₩150,000,000 + ₩200,000,000 × 0.3 + ₩90,000,000 = ₩300,000,000
- 무형자산으로 인식할 금액 : ₩200,000,000 × 0.7 = ₩140,000,000

연구(research)가 새로운 과학적·기술적 지식이나 이해를 얻기 위해 수행하는 독창적이고 계획적인 탐구활동이라면, 개발(development)은 상업적인 생산이나 사용 전에 연구결과나 관련 지식을 새롭거나 현저히 개량된 재료, 장치, 제품, 공정, 시스템이나 용역의 생산을 위한 계획이나 설계에 적용하는 활동을 말한다. 개발단계는 연구단계보다 훨씬 더 진전되어 있는 상태이기 때문에 연구단계의 지출은 전액 비용으로 인식하고, 개발단계의 지출 중 무형자산을 식별할 수 있으며, 그 무형자산이 미래경제적효익을 창출할 것임을 제시할 수 있는 지출은 자산으로 인식한다.

3. 무형자산의 상각, 손상, 재평가 및 제거

내용연수[27]가 유한한 무형자산의 경우 유형자산과 마찬가지로 내용연수에 걸쳐 원가를 체계적인 방법으로 배분해야 한다. 다만 유형자산에서는 이러한 원가의 배분을 감가상각(depreciation)이라 부르지만 무형자산의 경우에는 상각(amortization)이라 부른다. 그러나 내용연수가 비한정인 무형자산은 상각하지 않고 매년 손상검사를 수행하여 손상이 발생한 경우 손상차손을 인식해야 한다.[28]

---

27) Useful life (IAS 38 Intangible Assets). An entity shall assess whether the useful life of an intangible asset is finite or indefinite and, if finite, the length of, or number of production or similar units constituting, that useful life. An intangible asset shall be regarded by the entity as having an indefinite useful life when, based on an analysis of all of the relevant factors, there is no foreseeable limit to the period over which the asset is expected to generate net cash inflows for the entity.

28) 사업결합으로 취득한 영업권의 경우에도 매년 손상검사를 실시해야 한다. 이와 달리 내용연수가 유한한 무형자산에 대해서는 손상을 시사하는 징후가 있는 경우 손상검토를 실시한다.

무형자산상각액은 일반적으로 당기손익으로 인식한다. 그러나 제조과정에서 사용된 무형자산의 상각이 재고자산의 장부금액에 포함되는 것처럼 다른 자산의 생산에 소모되는 경우, 그 자산의 상각비용은 다른 자산의 원가를 구성하여 장부금액에 포함된다.

무형자산을 재무상태표에 표시할 때 유형자산과 마찬가지로 상각누계액 계정을 이용하여 해당 무형자산에서 차감하는 계정을 이용할 수 있고, 상각누계액을 사용하지 않고 무형자산을 직접 감소시킬 수도 있다. 예를 들어 20×1년에 취득원가가 ₩1,000,000인 무형자산을 취득하였으며, 20×1년도 상각비가 ₩100,000이라면 무형자산상각과 관련하여 다음과 같이 회계처리한다.

(차) 무형자산상각비 100,000 (대) 무형자산(또는 상각누계액) 100,000

유형자산과 달리 무형자산의 잔존가치는 일반적으로 영(0)으로 본다.[29] 또한 무형자산의 상각방법은 유형자산과 동일하게 미래경제적효익이 소비되는 형태를 반영하여 정액법, 체감잔액법, 생산량비례법 중 합리적인 방법을 선택해야 한다. 다만 합리적인 방법이 없을 경우 정액법을 선택해야 한다. 무형자산 상각과 관련한 잔존가치, 상각방법, 상각기간은 적어도 매 회계연도말에 검토해야 하고, 변동이 발생하면 회계추정의 변경으로 회계처리한다.

유형자산과 동일하게 무형자산의 경우에도 원가모형과 재평가모형 중 하나를 선택해야 한다. 또한 손상에 있어서도 일반적인 무형자산은 유형자산과 동일하나, 내용연수가 비한정인 무형자산, 아직 사용할 수 없는 무형자산, 영업권에 대해서는 자산손상을 시사하는 징후가 있는지에 관계없이 매년 회수가능액을 추정하고 장부금액과 비교하여 손상검사를 한다. 앞에서 살펴본 상각과 동일하게 손상누계액 계정을 이용하여 해당 무형자산에서 차감하는 계정을 이용할 수 있고, 무형자산을 직접 감소시킬 수도 있다.

한편 무형자산은 그 자산을 처분하는 때 또는 사용이나 처분으로부터 미

---

29) 한국채택국제회계기준에서는 다음의 (1)과 (2) 중 하나에 해당하는 경우에는 잔존가치를 인식할 수 있도록 규정하고 있다.

(1) 내용연수 종료시점에 제3자가 자산을 구입하기로 한 약정이 있는 경우

(2) 무형자산의 활성거래시장이 있고 다음을 모두 충족한 경우

① 잔존가치를 그 활성거래시장에 기초하여 결정할 수 있다.

② 그러한 활성거래시장이 내용연수 종료시점에 존재할 가능성이 높다.

래경제적효익이 기대되지 않을 때 재무상태표에서 제거한다. 무형자산의 제거로 인한 손익은 순매각금액에서 장부금액을 차감하여 결정하고, 제거할 때 당기손익으로 인식한다.

예제 7-12 무형자산의 상각과 손상

20×1년 1월 1일 현재 (주)부산의 재무상태표에는 무형자산으로 특허권이 ₩5,000,000 기록되어 있다. 20×1년 1월 1일 현재 특허권의 잔여내용연수는 10년이며, 잔존가치는 없다. (주)부산은 특허권에 대하여 정액법으로 상각해오고 있다. 한편, 20×1년말 (주)부산은 손상징후가 있어 특허권에 대한 손상검토를 실시한 결과 특허권의 회수가능액이 ₩2,000,000으로 손상이 발생하였음을 알게 되었다.

〈요구사항〉
(주)부산이 특허권과 관련하여 20×1년도에 해야 할 회계처리를 하시오.

해답

20×1년 특허권상각비 : (₩5,000,000 − ₩0)/10 = ₩500,000
20×1년 특허권손상차손 : ₩2,000,000(회수가능액) − ₩4,500,000(장부금액) = ₩2,500,000

〈20×1년 12월 31일〉

(차) 특허권상각비	500,000	(대) 특허권(또는 특허권상각누계액)	500,000

〈20×1년 12월 31일〉

(차) 손 상 차 손	2,500,000	(대) 특허권(또는 손상차손누계액)	2,500,000

4. 영업권

영업권(goodwill)은 일반적으로 어떤 기업이 동일업종의 다른 기업들에 비하여 초과수익을 획득할 수 있는 능력을 화폐액으로 표시한 것이다. 영업권은 우수한 경영진, 기업평판, 기술력, 유리한 입지 등을 통하여 발생할 수 있다.

무형자산의 정의와 분류에서 언급한 바와 같이 영업권은 다른 무형자산과 달리 식별이 가능하지 않다. 따라서 내부에서 창출한 영업권은 자산으로 인식하지 않는다. 다만, 기업 인수나 합병 등과 같이 사업결합을 통하여 취득하게 되는 영업권은 무형자산으로 인식한다. 이 경우 영업권은 사업결합을 위하여 지급한 금액에서 취득한 순자산의 공정가치를 차감한 금액으로 인식한다. 즉, A회사가 순자산의 공정가치가 ₩10,000,000(=자산의 공정가치 ₩15,000,000－부채의 공정가치 ₩5,000,000)인 B회사를 ₩17,000,000의 대가를 지급하고 흡수합병하였다면 영업권은 ₩7,000,000(=₩17,000,000－₩10,000,000)이 된다.30)

한편 영업권은 상각하지 않는다. 영업권은 초과수익력이고 회사는 초과수익력이 계속해서 지속되도록 노력할 것이므로 비한정내용연수를 가질 것이라는 논리이다. 대신 영업권은 매년말 손상을 검토하여 손상이 발생할 경우 손상차손을 인식한다. 여기에서 주의할 점은 다른 유형자산이나 무형자산과 달리 영업권은 향후 회수가능액이 증가하더라도 손상차손환입을 인식하지 않는다는 것이다. 왜냐하면 증가된 회수가능액을 내부창출영업권으로 간주하기 때문이다.

앞에서 언급한 바와 같이 한국채택국제회계기준에서는 사업결합으로 인하여 취득한 영업권만 자산으로 인정한다. 사업결합과 관련된 주제는 고급회계에서 다루기 때문에 영업권의 자세한 내용은 고급회계를 참조하기 바란다.

예제 7-13 영업권

자동차제조회사인 (주)경남은 20×1년 1월 1일 자동차부품제조회사인 (주)경북을 현금 ₩10,000,000에 흡수합병하였다. 합병당시 (주)경북의 자산과 부채의 장부금액과 공정가치는 다음과 같다.

부분재무상태표

(주)경북 20×0년 12월 31일 현재 (단위 : 원)

자 산	장부금액	공정가치	부 채	장부금액	공정가치
현 금	4,000,000	4,000,000	매입채무	3,000,000	3,000,000
재고자산	2,000,000	3,000,000	차 입 금	7,000,000	7,000,000
건 물	9,000,000	10,000,000			
			자 본		
			자 본 금	4,000,000	
			이익잉여금	1,000,000	
총 계	15,000,000		총 계	15,000,000	

30) 예를 들어 매수대가가 ₩8,000,000이었다면, 즉 본문과 반대로 A회사 입장에서 ₩2,000,000 염가로 구매하였다면 이익 ₩2,000,000이 발생한다. 이를 염가매수차익이라 한다.

〈요구사항〉

1. 합병시 (주)경남이 인식할 영업권(또는 염가매수차익)은 얼마인가?
2. 20×1년말 영업권의 회수가능액이 ₩1,000,000일 때 (주)경남이 해야 할 회계처리를 하시오.
3. 20×2년말 영업권의 회수가능액이 ₩4,000,000일 때 (주)경남이 해야 할 회계처리를 하시오.

해답

1. 영업권 : ₩3,000,000

₩10,000,000(매수대가) − {(₩4,000,000 + ₩3,000,000 + ₩10,000,000) − (₩3,000,000 + ₩7,000,000)}

차변		금액	대변		금액
(차)	현 금	4,000,000	(대)	매 입 채 무	3,000,000
	재 고 자 산	3,000,000		차 입 금	7,000,000
	건 물	10,000,000		현 금	10,000,000
	영 업 권	3,000,000			

2. 손상차손 : ₩2,000,000

₩1,000,000(회수가능액) < ₩3,000,000(장부금액)

차변		금액	대변		금액
(차)	손 상 차 손	2,000,000	(대)	영 업 권	2,000,000

3. 손상차손환입 : 영업권은 손상차손환입을 인식하지 않는다.

−회계처리 없음−

용어정리 문제

1. 재화나 용역의 생산이나 제공, 타인에 대한 임대 또는 관리 활동에 사용할 목적으로 보유하는 물리적 형태가 있는 자산으로서 한 회계기간을 초과하여 사용할 것이 예상되는 자산을 ( )이라 하고 물리적 실체는 없지만 식별가능한 비화폐성자산을 ( )이라 한다.

2. 자산의 감가상각대상금액을 그 자산의 내용연수 동안 체계적으로 배분하는 것을 ( )이라 한다. 그러나 무형자산의 상각대상금액을 그 자산의 내용연수 동안 체계적으로 배분하는 것은 ( )이라 한다.

3. 자산의 원가 또는 원가를 대체하는 다른 금액에서 잔존가치를 차감한 금액을 ( )이라 한다.

4. 기업에서 자산이 사용가능할 것으로 기대되는 기간 또는 자산에서 얻을 것으로 기대되는 생산량이나 이와 유사한 단위수량을 ( )라 한다.

5. 자산이 이미 오래되어 내용연수 종료시점에 도달하였다는 가정하에 자산의 처분으로부터 현재 획득할 금액에서 추정 처분부대원가를 차감한 금액의 추정치를 ( )라 한다.

6. 자산의 장부금액이 회수가능액을 초과하는 금액을 ( )이라 한다.

7. 감가상각누계액과 손상차손누계액을 차감한 후 인식되는 자산금액을 ( )이라 한다.

8. 자산을 취득하기 위하여 자산의 취득시점이나 건설시점에서 지급한 현금 또는 현금성자산이나 제공한 기타 대가의 공정가치를 ( )라 한다.

9. 합리적인 판단력과 거래의사가 있는 독립된 당사자 사이의 거래에서 자산이 교환될 수 있는 금액을 ( )라 하고, 자산의 계속적 사용이나 내용연수 종료시점에 처분 또는 부채의 결제로부터 발생할 것으로 기대되는 현금흐름의 현재가치를 ( )라 한다.

10. 자산의 순공정가치와 사용가치 중 큰 금액을 ( )이라 한다.

11. 보유하고 있는 현금과 확정되었거나 결정가능한 화폐금액으로 받을 자산을 (　　　　)이라 하고, 회수할 금액을 일정한 화폐금액으로 고정할 수 없는 자산을 (　　　　)이라 한다.

해답

1. 유형자산, 무형자산
2. 감가상각, 상각
3. 감가상각대상금액
4. 내용연수
5. 잔존가치
6. 손상차손
7. 장부금액
8. 원가
9. 공정가치, 기업특유가치
10. 회수가능액
11. 화폐성자산, 비화폐성자산

객관식 문제

1. 유형자산의 취득원가에 관한 설명으로 옳지 않은 것은? (주택관리사보, 2009)

① 취득원가는 자산을 취득하기 위하여 자산의 취득시점이나 건설시점에서 지급한 현금및현금성자산 또는 제공하거나 부담할 기타 대가의 공정가치를 말한다.
② 유형자산의 취득시 매입할인이 있는 경우에는 이를 차감하여 취득원가를 산출한다.
③ 유형자산을 장기후불조건으로 구입한 경우에는 취득시점의 현금구입가격(현재가치)으로 취득원가를 산출한다.
④ 유형자산을 취득 또는 사용가능한 상태로 준비하는 과정과 직접 관련이 없는 경비는 유형자산의 취득원가에 포함하지 않는다.
⑤ 건물 신축을 위해 사용중인 기존건물을 철거하는 경우 철거비용은 전액 신축건물의 취득원가에 포함한다.

2. 유형자산에 대한 회계처리에 관한 설명으로 옳은 것은? (주택관리사보, 2020)

① 기업이 판매를 위해 1년 이상 보유하며, 물리적 실체가 있는 것은 유형자산으로 분류된다.
② 유형자산과 관련된 산출물에 대한 수요가 형성되는 과정에서 발생하는 초기 가동손실은 취득원가에 포함한다.
③ 유형자산의 제거로 인하여 발생하는 손익은 총매각금액과 장부금액의 차이로 결정한다.
④ 기업은 유형자산 전체에 대해 원가모형이나 재평가모형 중 하나를 회계정책으로 선택하여 동일하게 적용한다.
⑤ 유형자산의 감가상각방법과 잔존가치, 그리고 내용연수는 적어도 매 회계연도말에 재검토한다.

3. 유형자산 취득원가를 인식할 때 경영진이 의도하는 방식으로 자산을 가동하기 위해 필요한 장소와 상태에 이르게 하는 데 직접 관련되는 원가의 예로 옳지 않은 것은? (7급공무원 수정, 2013)

① 설치장소 준비원가
② 최초의 운송 및 취급 관련원가
③ 새로운 시설을 개설하는 데 소요되는 원가
④ 전문가에게 지급하는 수수료
⑤ 유형자산의 건설과 직접적으로 관련되어 발생한 종업원급여

4. 기계장치 취득 관련 자료가 다음과 같을 때, 기계장치의 취득원가는? (주택관리사보 수정, 2021)

• 구입가격	₩1,100
• 최초의 운반 및 설치 관련원가	150
• 취득 후 가입한 화재보험료	60
• 시험가동원가	100
• 시험가동과정에서 생산된 시제품의 순매각금액	20

① ₩1,100 ② ₩1,250 ③ ₩1,330
④ ₩1,350 ⑤ ₩1,370

5. 유형자산의 취득원가에 대한 설명으로 옳지 않은 것은? (9급공무원, 2016)

① 지상 건물이 있는 토지를 일괄취득하여 구 건물을 계속 사용할 경우 일괄구입가격을 토지와 건물의 공정가치에 따라 배분한다.
② 토지의 취득시 중개수수료, 취득세, 등록세와 같은 소유권 이전비용은 토지의 취득원가에 포함한다.
③ 기계장치를 취득하여 기계장치를 의도한 용도로 사용하기 적합한 상태로 만들기 위해서 지출한 시운전비는 기계장치의 취득원가에 포함한다.
④ 건물 신축을 목적으로 건물이 있는 토지를 일괄취득한 경우, 구 건물의 철거비용은 신축 건물의 취득원가에 가산한다.

6. (주)신라는 사용하던 기계장치를 (주)백제가 소유하고 있는 기계장치와 교환하기로 하였다. (주)신라가 사용하고 있는 기계장치의 취득원가는 ₩860,000, 동 자산에 대한 현재까지의 감가상각누계액은 ₩730,000, 공정가치는 ₩630,000이다. (주)신라는 이 교환과 관련하여 추가로 현금 ₩270,000을 (주)백제에 지급하였다. (주)신라가 인식해야 하는 유형자산처분손익은? (단, 동 교환은 상업적 실질이 있다고 가정한다) (7급공무원, 2008)

① ₩200,000(손실) ② ₩200,000(이익)
③ ₩500,000(손실) ④ ₩500,000(이익)

7. (주)한국은 보유하고 있던 기계장치 A(장부금액 ₩40,000, 공정가치 ₩30,000)를 (주)대한의 기계장치 B(장부금액 ₩60,000, 공정가치 ₩50,000)와 교환하였다. 동 교환거래가 (가) 상업적 실질이 결여된 경우와 (나) 상업적 실질이 있는 경우에 (주)한국이 교환으로 취득한 기계장치 B의 취득원가는? (단, 기계장치 B의 공정가치가 기계장치 A의 공정가치보다 더 명백하다) (주택관리사보, 2019)

	(가)	(나)
①	₩30,000	₩40,000
②	₩40,000	₩30,000
③	₩40,000	₩50,000
④	₩60,000	₩30,000
⑤	₩60,000	₩50,000

8. 20×1년 1월 1일 (주)한국과 (주)대한은 기계장치 A와 기계장치 B를 ₩1,000,000에 각각 취득하였다. 기계장치 A와 기계장치 B에 대한 자료는 다음과 같다.

구 분	기계장치 A	기계장치 B
내용연수	4년	4년
잔존가치	₩200,000	₩200,000
감가상각방법	연수합계법	정액법
20×3년 1월 1일 공정가치	₩540,000	₩570,000

20×3년 1월 1일 (주)한국은 기계장치 A를 (주)대한의 기계장치 B와 교환 후 기계장치 B에 대해 정액법(잔존내용연수 2년, 잔존가치 ₩200,000)으로 감가상각하였으며, 20×3년 7월 1일 (주)한국은 기계장치 B를 현금 ₩300,000에 처분하였다. (주)한국의 기계장치 B에 대한 회계처리가 20×3년도 당기순이익에 미치는 영향은? (단, 기계장치는 원가모형을 적용하며, 교환거래는 상업적 실질이 있고 감가상각은 월할 계산한다) (7급공무원, 2023)

① ₩25,000 감소
② ₩55,000 감소
③ ₩110,000 감소
④ ₩140,000 감소

9. 20×1년 7월초 (주)한국은 토지와 건물을 ₩2,400,000에 일괄취득하였다. 취득 당시 토지의 공정가치는 ₩2,160,000이고, 건물의 공정가치는 ₩720,000이었으며, (주)한국은 건물을 본사사옥으로 사용하기로 하였다. 건물에 대한 자료가 다음과 같을 때, 20×1년도에 인식할 감가상각비는? (단, 건물에 대해 원가모형을 적용하며, 월할상각한다) (주택관리사보, 2020)

• 내용연수 : 5년　• 잔존가치 : ₩60,000　• 감가상각방법 : 연수합계법

① ₩90,000
② ₩110,000
③ ₩120,000
④ ₩180,000
⑤ ₩220,000

10. 유형자산의 감가상각에 대한 설명 중 옳지 않은 것은? (9급공무원 수정, 2017)

① 유형자산의 기말 공정가치 변동을 반영하기 위해 감가상각한다.
② 감가상각방법은 자산의 미래경제적효익이 소비될 것으로 예상되는 형태를 반영한다.
③ 각 기간의 감가상각액은 다른 자산의 장부금액에 포함되는 경우가 아니라면 당기손익으로 인식한다.
④ 잔존가치, 내용연수, 감가상각방법은 적어도 매 회계연도말에 재검토한다.
⑤ 내용연수란 기업에서 자산이 사용가능할 것으로 기대되는 기간 또는 자산에서 얻을 것으로 예상되는 생산량이나 이와 유사한 단위수량을 말한다.

11. (주)한국은 20×1년 7월 1일 토지와 건물을 ₩2,000,000에 일괄취득하였으며, 취득 당시 토지의 공정가치는 ₩1,000,000, 건물의 공정가치는 ₩1,500,000이었다. 건물의 경우 원가모형을 적용하며, 연수합계법(내용연수 3년, 잔존가치 ₩0)으로 상각한다. 건물에 대해 20×2년에 인식할 감가상각비는? (단, 감가상각비는 월할상각한다) (9급공무원 수정, 2017)

① ₩500,000 ② ₩550,000 ③ ₩600,000
④ ₩625,000 ⑤ ₩750,000

12. (주)미래는 20×0년 1월 1일에 기계장치를 취득하여 이중체감잔액법(double declining balance method)을 적용하여 감가상각하고 있다. 기계장치의 내용연수는 5년이며, 잔존가치는 ₩50,000이다. (주)미래가 20×1년도 인식한 당해 기계장치의 감가상각비가 ₩48,000이라고 한다면, 기계장치의 취득원가는? (세무직 공무원, 2010)

① ₩150,000 ② ₩200,000
③ ₩250,000 ④ ₩300,000

13. (주)한국은 20×1년도 장부의 마감 전에 다음과 같은 오류를 발견하였다.

• 20×1년 1월 1일 기계장치를 취득하면서 취득세 ₩800,000을 수익적 지출로 회계처리 • 20×1년 1월 1일 차량에 대한 일상적인 수선비 ₩400,000을 자본적 지출로 회계처리

이러한 회계처리 오류가 20×1년도 법인세비용차감전순이익에 미치는 영향은? (단, 차량 및 기계장치의 감가상각방법은 정률법이며 상각률은 40%로 동일하다) (7급공무원, 2011)

① ₩160,000 과대계상 ② ₩240,000 과소계상
③ ₩320,000 과대계상 ④ ₩480,000 과소계상

14. (주)태백은 20×0년 1월 1일에 기계를 ₩140,000에 취득하였다. (주)태백은 기계의 내용연수를 4년, 잔존가치를 ₩20,000으로 추정하여 정액법으로 감가상각을 계산해 왔다. 20×1년 1월 1일에 (주)태백은 기계의 생산능력을 증진시키기 위해 ₩30,000의 자본적 지출을 하였으나 기계의 잔존가치 및 내용연수는 변함이 없었다. 20×2년 7월 1일 최신모형을 구입하기 위해 기계를 현금으로 처분하는 과정에서 처분손실 ₩20,000이 발생하였다. 이 경우 기계 처분시 현금수취액은? (9급공무원, 2009)

① ₩50,000
② ₩60,000
③ ₩70,000
④ ₩80,000

15. (주)한국은 20×0년초에 기계장치를 ₩5,000,000에 구입하였으며, 이 기계장치의 잔존가치는 없고 내용연수는 10년이며, 감가상각은 정액법에 의한다. 이 기계장치를 5년간 사용한 후 20×5년초에 ₩1,500,000을 들여 대폭적인 수선을 한 결과 내용연수가 3년 더 연장되었다. 20×5년말에 계상해야 할 감가상각비는?

① ₩312,500
② ₩500,000
③ ₩520,000
④ ₩620,000
⑤ ₩800,000

16. (주)한국은 20×1년말 사용중인 기계장치에 대하여 자산손상을 시사하는 징후가 있는지 검토한 결과, 자산손상 징후를 발견하였다. 다음 자료를 이용하여 계산한 기계장치의 손상차손은? (단, 원가모형을 적용한다) (주택관리사보, 2018)

• 감가상각 후 장부금액	₩225,000
• 사용가치	135,000
• 공정가치	155,000
• 처분부대원가	5,000

① ₩65,000
② ₩70,000
③ ₩75,000
④ ₩90,000
⑤ ₩95,000

17. (주)한국은 20×1년초 기계장치(내용연수 3년, 잔존가치 [A], 연수합계법, 월할상각, 원가모형 적용)를 ₩20,000에 취득하였다. 20×1년말 기계장치의 순공정가치 ₩5,000, 사용가치 ₩4,000, 손상차손 인식액 ₩6,000이다. 20×1년초 기계장치 취득시의 잔존가치 'A'는? (단, 잔존가치의 변동은 없다) (7급공무원, 2022)

① ₩1,000
② ₩2,000
③ ₩3,000
④ ₩4,000

18. (주)한국은 20×1년 1월 1일에 사옥건설을 위해 취득원가 ₩3,000,000의 토지를 구입하였다. 20×1년말과 20×2년말 토지의 공정가치는 각각 ₩3,500,000과 ₩2,800,000으로 평가되었다. (주)한국이 유형자산에 대하여 재평가모형을 채택하고 있다고 할 때 동 토지의 재평가로 인해 (주)한국의 20×1년과 20×2년의 포괄손익계산서의 당기순이익은 얼마나 증가 또는 감소하겠는가? (단, 감소는 (　　)로 표시한다)

	20×1년	20×2년		20×1년	20×2년
①	₩0	₩0	②	₩0	(₩200,000)
③	₩0	(₩700,000)	④	₩500,000	(₩200,000)
⑤	₩500,000	(₩700,000)			

19. (주)한국은 20×1년초 토지(유형자산)를 ₩1,000에 취득하여 재평가모형을 적용하였다. 해당토지의 공정가치가 다음과 같을 때, 토지와 관련하여 (주)한국이 20×2년 당기이익으로 인식할 금액은?

(주택관리사보, 2021)

	20×1년말	20×2년말
공정가치	₩1,200	₩900

① 손실 ₩300　② 손실 ₩200　③ 손실 ₩100
④ 이익 ₩100　⑤ 이익 ₩200

20. (주)한국은 20×1년초 취득하고 즉시 사용한 기계장치(정액법 상각, 내용연수 4년, 잔존가치 ₩2,000, 원가모형 선택)를 20×4년초 현금 ₩16,000에 처분하면서 유형자산처분이익 ₩1,500을 인식하였을 때, 기계장치의 취득원가는? (단, 손상 및 추가지출은 없다) (주택관리사보, 2024)

① ₩50,000　② ₩52,000　③ ₩54,000
④ ₩56,000　⑤ ₩58,000

21. (주)한국은 20×1년초 취득하여 사용하던 기계장치(내용연수 6년, 잔존가치 ₩0, 정액법 상각)를 20×3년초 처분하면서 현금 ₩5,500을 수취하고 유형자산처분손실 ₩500을 인식하였다. 기계장치의 취득원가는? (단, 원가모형을 적용하며, 손상은 발생하지 않았다) (주택관리사보, 2021)

① ₩5,000　② ₩6,000　③ ₩7,500
④ ₩9,000　⑤ ₩10,000

22. (주)한국은 20×1년초에 무형자산인 라이선스를 ₩500,000(정액법 상각, 내용연수 10년, 잔존가치 ₩0, 재평가모형 적용)에 취득하였다. 20×1년말 라이선스의 공정가치가 ₩450,000, 20×2년말 라이선스의 공정가치가 ₩525,000이라면, 20×2년말 인식할 재평가이익은? (7급공무원, 2021)

① ₩25,000　　② ₩50,000
③ ₩75,000　　④ ₩125,000

23. 재무상태표 작성시 무형자산으로 분류표시되는 항목에 대한 설명으로 옳지 않은 것은? (9급공무원, 2014)

① 내부적으로 창출한 영업권은 무형자산으로 인식하지 않는다.
② 무형자산을 상각하는 경우 상각방법은 자산의 경제적효익이 소비되는 방법을 반영하여 정액법, 체감잔액법, 생산량비례법 등을 선택하여 적용할 수 있다.
③ 숙련된 종업원은 미래경제적효익에 대한 충분한 통제능력을 갖고 있지 않으므로 무형자산의 정의를 충족시키지 못하여 재무상태표에 표시하지 않는다.
④ 영업권을 제외한 모든 무형자산은 보유기간 동안 상각하여 비용 또는 기타자산의 원가로 인식한다.

24. 무형자산의 회계처리로 옳은 것은? (주택관리사보, 2014)

① 무형자산에 대한 손상차손은 인식하지 않는다.
② 내용연수가 한정인 무형자산은 상각하지 않는다.
③ 내용연수가 비한정인 무형자산은 정액법에 따라 상각한다.
④ 무형자산은 유형자산과 달리 재평가모형을 선택할 수 없으며 원가모형을 적용한다.
⑤ 무형자산의 잔존가치는 영(0)이 아닌 경우가 있다.

25. (주)한국은 내용연수가 유한한 무형자산에 대하여 정액법(내용연수 5년, 잔존가치 ₩0)으로 상각하여 비용처리한다. (주)한국의 20×1년 무형자산 관련 자료가 다음과 같을 때, 20×1년에 인식할 무형자산상각비는? (단, 20×1년 이전에 인식한 무형자산은 없으며, 무형자산상각비는 월할상각한다) (7급공무원 수정, 2017)

- 1월 1일　새로운 제품의 홍보를 위해 ₩10,000을 지출하였다.
- 4월 1일　회계법인에 의뢰하여 평가한 '내부적으로 창출한 영업권'의 가치는 ₩200,000이었다.
- 7월 1일　라이선스를 취득하기 위하여 ₩5,000을 지출하였다.

① ₩500　　② ₩2,500　　③ ₩30,500
④ ₩32,000　　⑤ ₩32,500

26. 20×1년초 (주)한국은 현금 ₩12,000을 이전대가로 지급하고 (주)대한을 합병하였다. 합병일 현재 (주)대한의 식별가능한 자산과 부채의 공정가치가 다음과 같을 때, (주)한국이 인식할 영업권은?

(주택관리사보, 2024)

• 매출채권	₩4,000	• 비유동부채	₩7,000
• 재고자산	7,000	• 매입채무	5,000
• 유형자산	9,000		

① ₩3,000 ② ₩4,000 ③ ₩5,000
④ ₩7,000 ⑤ ₩8,000

해답 및 해설

1. ⑤

건물의 철거비용에 대한 회계처리

- 토지와 건물을 구입한 후 건물신축을 위해 건물을 철거하는 경우 : 토지의 취득원가
- 기존에 사용중인 건물을 건물신축을 위해 철거하는 경우 : 당기비용으로 처리

2. ⑤

① 유형자산은 판매가 아니라 사용을 목적으로 보유한다.
② 유형자산이 경영진이 의도하는 방식으로 가동될 수 있는 장소와 상태에 이른 후에는 원가를 더 이상 인식하지 않는다. 따라서 초기 가동손실은 유형자산의 장부금액에 포함되지 않는다.
③ 유형자산의 제거로 인하여 발생하는 손익은 순매각금액과 장부금액의 차이로 결정한다.
④ 기업은 유형자산의 유형별로 원가모형이나 재평가모형 중 하나를 회계정책으로 선택하여 동일하게 적용한다.

3. ③

새로운 시설을 개설하는 데 소요되는 원가, 광고 및 판촉활동 관련원가와 같이 새로운 상품과 서비스를 소개하는 데 소요되는 원가, 직원 교육훈련비와 같이 새로운 지역에서 또는 새로운 고객층을 대상으로 영업하는 데 소요되는 원가, 관리 및 기타 일반간접원가 등은 유형자산의 취득원가에 포함시키지 않는다.

4. ④

₩1,100＋₩150＋₩100＝₩1,350

5. ④

토지의 취득원가에 가산한다.

6. ④

유형자산처분손익 : ₩630,000－(₩860,000－₩730,000)＝₩500,000(이익)

7. ③

(가) 상업적 실질이 결여된 경우 취득원가 : ₩40,000(제공한 자산의 장부금액)

(나) 상업적 실질이 있는 경우 취득원가 : ₩50,000(제공받은 자산의 공정가치가 더 명백하므로 제공받은 자산의 공정가치를 취득원가로 함)

8. ④

20×3년 1월 1일 :	(차) 기계장치B	540,000	(대) 기계장치A	1,000,000
	감가상각누계액	560,000*	유형자산처분이익	100,000

* 감가상각누계액＝(₩1,000,000－₩200,000)×7/10＝₩560,000

20×3년 7월 1일 :	(차) 감가상각비	85,000*	(대) 감가상각누계액	85,000
	(차) 현　　금	300,000	(대) 기계장치B	540,000
	감가상각누계액	85,000		
	유형자산처분손실	155,000		

* 감가상각비＝(₩540,000－₩200,000)×0.5년/2년＝₩85,000

당기순이익에 미치는 영향＝₩100,000－₩85,000－₩155,000＝－₩140,000

〈별 해〉

20×3년 1월 1일 교환거래 전 순자산＝기계장치A(순액)	₩440,000
20×3년 7월 1일 처분 후 순자산＝현금	300,000
차액	－₩140,000

9. ①

건물의 취득원가 : ₩2,400,000×(₩720,000/₩2,880,000)＝₩600,000

20×1년도 감가상각비 : (₩600,000－₩60,000)×(5/15)×(6/12)＝₩90,000

10. ①

감가상각은 수익을 창출하는 기간 동안 사용된 자산의 원가를 비용으로 인식하는 것을 말한다. 구체적으로 자산의 감가상각대상금액을 그 자산의 내용연수 동안 체계적으로 배부하는 것을 의미한다. 따라서 감가상각은 공정가치 평가 등과 같은 자산의 평가과정이 아니라 배분과정이다.

11. ①

건물의 취득원가 : ₩2,000,000×(₩1,500,000/₩2,500,000)＝₩1,200,000

20×1년도 감가상각비 : ₩1,200,000×(3/6)×(1/2)＝₩300,000

20×2년도 감가상각비 : ₩1,200,000×(3/6)×(1/2)＋₩1,200,000×(2/6)×(1/2)＝₩500,000

12. ②

취득원가를 H라 하면,
20×0년도 감가상각비 : H×2/5
20×1년도 감가상각비 : (H－H×2/5)×2/5＝₩48,000
따라서 취득원가(H)는 ₩200,000

13. ②

취득세 ₩800,000은 자산으로 처리해야 하고, 일상적인 수선비 ₩400,000은 비용으로 처리해야 한다. 따라서 손익에 미치는 영향은 다음과 같다.
비용 감소(₩800,000－₩400,000)－감가상각비 증가(₩400,000×0.4)＝₩240,000

14. ②

20×0년도 감가상각비 : (₩140,000－₩20,000)/4＝₩30,000
20×1년도 감가상각비 : (₩170,000－₩20,000－₩30,000)/3＝₩40,000
20×2년도 감가상각비 : (₩170,000－₩20,000－₩30,000)/3×6/12＝₩20,000
20×2년 7월 1일 현재 장부금액 : ₩170,000－(₩30,000＋₩40,000＋₩20,000)＝₩80,000
처분시 현금수취액 : ₩80,000－₩20,000(처분손실)＝₩60,000

15. ②

20×5년초 장부금액 : ₩5,000,000－(₩5,000,000/10×5)＋₩1,500,000＝₩4,000,000
20×5년도 감가상각비 : ₩4,000,000/8＝₩500,000

16. ③

20×1년말 장부금액(₩225,000)과 회수가능액{Max(₩135,000, ₩155,000－₩5,000)}의 차이금액인 ₩75,000을 손상차손으로 인식한다.

17. ②

잔존가치는 A이므로, 20×1년말 기계장치의 장부금액은 ₩20,000(취득원가)－(₩20,000－A)×$\frac{3}{3+2+1}$(20×1년 감가상각비)이 된다.
한편, 20×1년말 회수가능액은 ₩5,000(순공정가치)이며 손상차손 인식액이 ₩6,000이므로 20×1년말 손상차손 인식 전 장부금액은 ₩11,000(＝₩5,000＋₩6,000)임을 알 수 있다.
따라서 ₩20,000－(₩20,000－A)×$\frac{3}{3+2+1}$＝₩11,000을 풀게 되면 A는 ₩2,000이 된다.

18. ②

20×1년도 재평가손익 : ₩3,500,000－₩3,000,000＝₩500,000(재평가이익, 기타포괄이익)

20×2년도 재평가손익 : ₩2,800,000－₩3,500,000＝₩700,000(재평가손실)

다만, 20×2년도 재평가손실 ₩700,000 중 20×1년도에 기타포괄이익으로 인식한 ₩500,000은 기타포괄손실로 인식하고, 나머지 ₩200,000만 당기손실로 인식한다.

※ 재평가손익의 인식과 관련하여 다음과 같이 요약할 수 있다. 재평가손실은 당기손실에 반영되지만 재평가이익은 기타포괄이익에 반영된다. 그러나 과거 재평가이익이 발생하여 기타포괄손익누계액에 재평가잉여금이 있는 경우 추후 재평가손실이 발생한다면 이전에 인식한 재평가잉여금을 먼저 감소시키고 남은 부분만 재평가손실(당기손실)로 인식한다. 반대로 이전에 재평가손실이 발생하여 당기손실로 인식하였다면 추후 재평가이익이 발생할 경우 먼저 재평가손실로 인식한 금액만큼 재평가이익(당기손익)으로 인식하고, 남은 부분은 재평가이익(기타포괄손익)으로 인식한다.

19. ③

20×1년초	(차)	토 지	1,000	(대)	현 금	1,000
20×1년말	(차)	토 지	200	(대)	재평가이익(기타포괄손익)	200
20×2년말	(차)	재평가손실(기타포괄손익)	200	(대)	토 지	300
		재평가손실(당기손실)	100			

20. ②

20×4년초	(차)	현 금	16,000	(대)	기계장치(순액)	X
					유형자산처분이익	1,500

X＝₩14,500

취득원가 계산 : (Y－₩2,000)×1/4＋₩2,000＝₩14,500

Y＝₩52,000

21. ④

20×1년초	(차)	기 계 장 치	X	(대)	현 금	X
20×1년말	(차)	감가상각비	(X－0)/6	(대)	감가상각누계액	(X－0)/6
20×2년말	(차)	감가상각비	(X－0)/6	(대)	감가상각누계액	(X－0)/6
20×3년초	(차)	현 금	5,500	(대)	기 계 장 치	6,000*
		유형자산처분손실	500			

* ₩5,500＋₩500＝₩6,000

기계장치의 취득원가를 X라고 하면, 20×2년말 현재 기계장치의 장부금액은 $X-\frac{1}{3}X$이며 이는 처분 직전의 기계장치의 장부금액인 ₩6,000과 같아야 한다. 따라서 X는 ₩9,000이 된다.

22. ④

20×1년초	(차) 라 이 선 스	500,000	(대) 현 금	500,000
20×1년말 (상각)	(차) 무형자산상각비	50,000	(대) 무형자산(또는 상각누계액)	50,000
(평가)	해당사항 없음(장부금액과 공정가치가 동일)			
20×2년말 (상각)	(차) 무형자산상각비	50,000	(대) 무형자산(또는 상각누계액)	50,000
(평가)	(차) 라 이 선 스	125,000	(대) 재평가이익(기타포괄손익)	125,000

23. ④

내용연수가 유한한 무형자산의 경우 유형자산과 마찬가지로 내용연수에 걸쳐 원가를 체계적으로 배분해야 하지만, 내용연수가 비한정인 무형자산의 경우에는 상각하지 않는다. 여기서 비한정은 순현금유입을 창출할 것으로 기대되는 기간에 대하여 예측가능한 제한이 없을 경우를 의미한다. 기업이 보유하고 있는 골프회원권 등이 비한정 무형자산에 속할 수 있다. 따라서 영업권만 상각하지 않는다는 ④의 표현은 적절하지 않다.

24. ⑤

① 무형자산에 대해서도 손상차손을 인식한다.
② 내용연수가 한정인 무형자산에 대해서는 상각한다.
③ 내용연수가 비한정인 무형자산에 대해서는 상각하지 않는다.
④ 무형자산도 유형자산과 같이 재평가모형을 선택할 수 있다.
⑤ 내용연수 종료시점에 제3자가 자산을 구입하기로 한 경우나 무형자산의 활성시장이 있고 잔존가치를 활성시장에 기초하여 결정할 수 있으며 그러한 활성시장이 내용연수 종료시점에 존재할 가능성이 높을 경우에는 잔존가치가 영(0)이 아니다.

25. ①

20×1년도 무형자산상각비 : ₩5,000/5년 × 6/12 = ₩500

※ 홍보를 위하여 지출한 ₩10,000은 무형자산으로 인식하지 않고 전액 비용처리해야 하며, 내부에서 창출한 영업권은 자산으로 인식하지 않는다.

26. ②

20×1년초	(차) 매 출 채 권	4,000	(대) 비유동부채	7,000
	재 고 자 산	7,000	매 입 채 무	5,000
	유 형 자 산	9,000	현 금	12,000
	영 업 권	4,000		

주관식 문제

1. (주)대한은 20×1년 1월 1일 기계장치(취득일 20×0년 1월 1일, 내용연수 5년, 잔존가치 ₩0, 정액법 상각)의 성능 향상(내용연수에는 영향 없음)을 위해 ₩500,000을 지출하였다. 이는 자본적 지출에 해당하나 당기비용으로 회계처리하였다. 이러한 오류가 20×1년도 당기순이익에 미치는 영향은?

(주택관리사보, 2009)

해답

자본적 지출로 회계처리한 경우 20×1년도 비용 : ₩500,000 ÷ 4 = ₩125,000
수익적 지출로 회계처리한 경우 20×1년도 비용 : ₩500,000
따라서 비용차이 : ₩500,000 − ₩125,000 = ₩375,000

2. (주)대한은 20×1년 1월 1일에 취득한 건물(내용연수 4년, 잔존가치 ₩300,000)에 대하여 연수합계법을 적용하여 감가상각비를 계상하고 있다. 이 건물에 대한 20×1년도 감가상각비가 ₩1,500,000이라고 할 때 취득원가는? (주택관리사보, 2009)

해답

감가상각대상금액을 X라 하면,
₩1,500,000 = X × (4/10)
X(감가상각대상금액) = ₩3,750,000
취득원가 = 감가상각대상금액 + 잔존가치 = ₩3,750,000 + ₩300,000 = ₩4,050,000

3. (주)미호는 소유하고 있던 유형자산을 (주)월곡이 소유하고 있는 유형자산과 교환하였다. 두 회사가 소유하고 있는 유형자산의 장부금액과 공정가치는 다음과 같다.

구 분	(주)미호의 유형자산	(주)월곡의 유형자산
취득원가	₩1,000,000	₩2,000,000
감가상각누계액	300,000	1,600,000
공정가치	800,000	알 수 없음

해당교환과 관련하여 (주)미호가 현금 ₩100,000을 추가로 지급하였을 때, 이 교환거래로 인해 (주)미호가 인식할 유형자산은 얼마인가? (단, 유형자산의 교환거래는 상업적 실질이 있으며, (주)미호의 유형자산 공정가치는 신뢰성이 있다) (주택관리사보, 2010)

해답

취득원가 : ₩800,000(공정가치) + ₩100,000(현금지급액) = ₩900,000

4. (주)대한은 20×1년초에 토지(유형자산)를 ₩1,000,000에 취득한 후 매년 재평가모형을 적용하여 평가하고 있다. 20×1년말과 20×2년말 토지의 공정가치가 각각 ₩800,000과 ₩1,200,000이었다면, (주)대한이 20×2년도 포괄손익계산서에 인식할 당기손익은? (주택관리사보, 2011)

해답

20×1년 재평가손실(당기손익) : ₩800,000 − ₩1,000,000 = ₩200,000

20×2년 재평가이익 : ₩1,200,000 − ₩800,000 = ₩400,000

20×2년 재평가이익 ₩400,000은 당기손익 ₩200,000과 기타포괄손익 ₩200,000으로 처리한다.

5. (주)한국은 20×1년 7월 1일에 건물이 정착되어 있는 토지를 ₩900,000에 취득하였다. 취득과정에서 발생한 수수료는 ₩100,000이었으며, 취득한 건물의 추정내용연수는 10년이다. 취득시점에서 토지 및 건물의 공정가치는 각각 ₩300,000과 ₩900,000이다. 건물의 잔존가치는 ₩50,000으로 추정하였으며, 감가상각방법은 정액법을 사용하고, 기중 취득자산의 감가상각비는 월할계산한다. 해당건물의 20×1년도 감가상각비는 얼마인가? (7급공무원, 2011)

해답

토지와 건물의 취득원가 : ₩900,000 + ₩100,000 = ₩1,000,000

토지의 취득원가 : ₩1,000,000 × ₩300,000/(₩300,000 + ₩900,000) = ₩250,000

건물의 취득원가 : ₩1,000,000 × ₩900,000/(₩300,000 + ₩900,000) = ₩750,000

20×1년도 건물의 감가상각비 : (₩750,000 − ₩50,000)/10년 × 6/12 = ₩35,000

6. (주)한국은 공장을 신축하기 위해 토지를 구입하였는데 이 토지에는 사용불가능한 창고건물이 있었다. 다음 자료를 기초로 계산한 토지의 취득원가는? (7급공무원, 2008)

항목	금액
• 토지의 구입가격	₩500,000
• 토지구입을 위한 중개인 수수료	20,000
• 토지 취득세 및 등기비	30,000
• 창고건물 철거시 발생한 폐기물 처분가액	10,000
• 창고건물 철거비용	50,000
• 영구적으로 사용가능한 하수도 공사비	10,000
• 토지정지비용	20,000

해답

토지의 취득원가는 매입가격뿐만 아니라 토지를 의도된 목적에 사용할 수 있는 상태를 만드는 데까지 지출한 모든 비용을 포함한다.

이러한 관점에서 구건물을 철거하기 위하여 건물이 포함된 토지를 취득한 경우 매입가격 전액을 토지의 취득원가로 하고, 건물의 철거비용(철거비용에서 처분가액을 차감한 순액)도 토지의 취득원가에 포함한다. 다만 새로운 건물을 건설하는 경우 굴착단계부터 발생하는 비용은 건물의 취득원가로 한다.

하수도공사비의 경우 영구적으로 사용가능한 경우에는 토지의 취득원가에 포함하지만, 영구적이지 못할 경우 감가상각을 인식해야 하므로 구축물로 계상한다.

토지의 취득원가 : ₩500,000 + ₩20,000 + ₩30,000 + (₩50,000 − ₩10,000) + ₩10,000 + ₩20,000
= ₩620,000

7. (주)한국은 20×1년초에 기계장치를 ₩30,000에 취득(현금지급)하였다. 동 기계장치의 내용연수는 3년이고, 잔존가치는 ₩0이며, 정액법으로 감가상각한다. 20×1년말 순공정가치가 ₩15,000(사용가치 ₩14,000)으로 급격히 하락하여, (주)한국은 동 기계장치에 대하여 손상차손을 인식하였다. 동 기계장치와 관련하여 (1) (주)한국이 20×1년도에 행해야 할 회계처리를 하고, (2) (주)한국이 20×1년도 포괄손익계산서에 인식할 비용을 계산하시오. (9급공무원 수정, 2012)

해답

(1) 회계처리

20×1. 1. 1	(차) 기 계 장 치	30,000	(대) 현 금	30,000
20×1.12.31	(차) 감가상각비	10,000*	(대) 감가상각누계액	10,000

* ₩30,000 ÷ 3 = ₩10,000

20×1.12.31	(차) 손 상 차 손	5,000**	(대) 손상차손누계액	5,000

** 회수가능액[Max(₩15,000, ₩14,000)] − 장부금액(₩20,000) = ₩5,000

(2) 비용으로 인식할 금액

20×1년도 포괄손익계산서에 인식할 비용 = 감가상각비 + 손상차손

= ₩10,000 + ₩5,000 = ₩15,000

Chapter

8 금융자산 : 지분증권과 채무증권

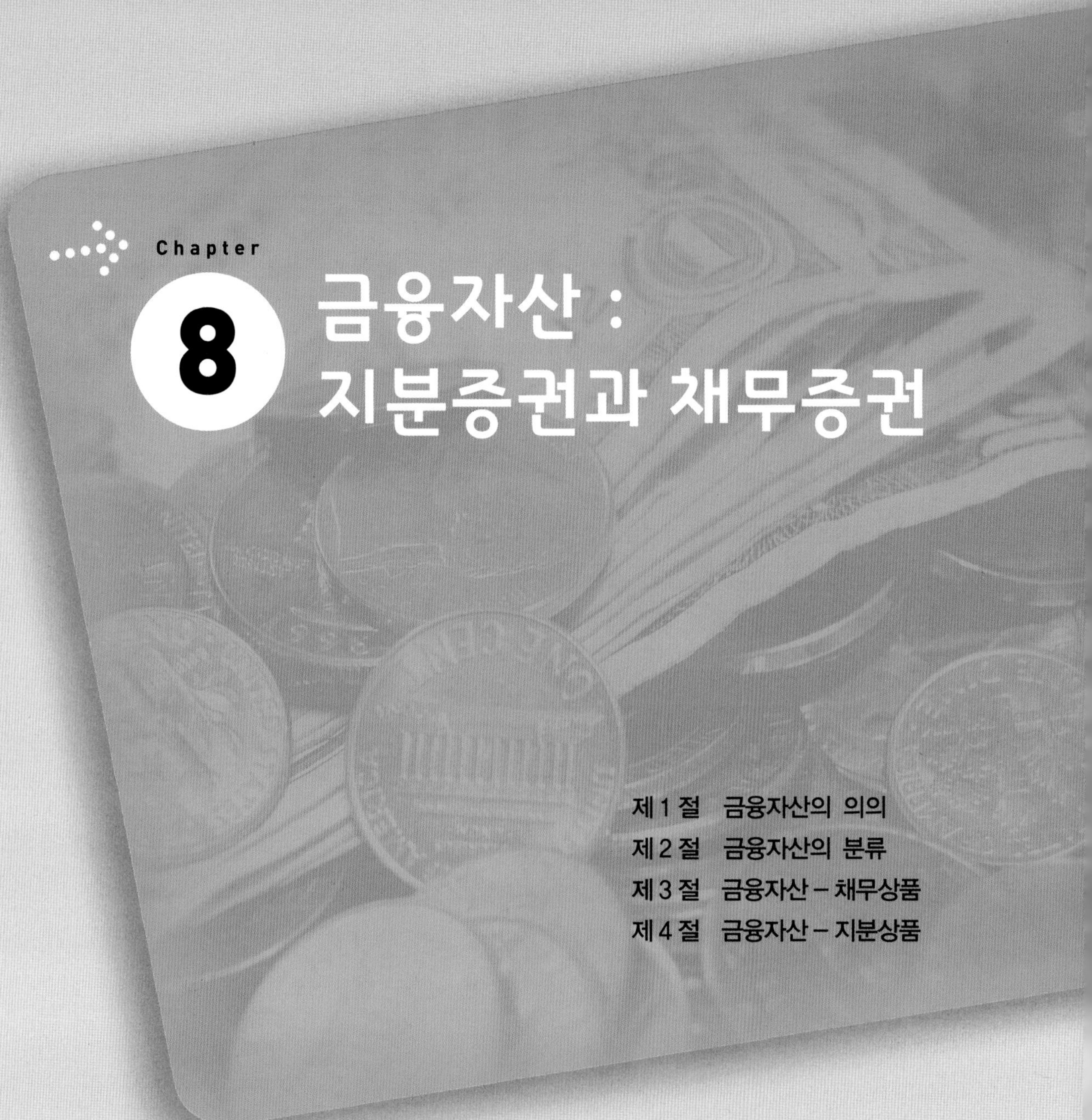

본장에서는

1. 금융자산의 정의와 분류에 대하여 살펴본다.
2. 금융자산을 지분증권(당기손익-공정가치측정금융자산, 기타포괄손익-공정가치측정금융자산)과 채무증권(상각후원가측정금융자산, 기타포괄손익-공정가치측정금융자산, 당기손익-공정가치측정금융자산)으로 분류하여 취득, 보유, 처분에 관한 회계처리에 대하여 살펴본다.

1. 금융상품

- 금융상품은 거래당사자 일방에게 금융자산을 발생시키고 동시에 다른 거래상대방에게 금융부채나 지분상품을 발생시키는 모든 계약임.
- 금융상품은 금융자산, 금융부채, 지분상품으로 구성되어 있음.

2. 금융자산의 분류기준

- 금융자산의 관리를 위한 사업모형
- 금융자산의 계약상 현금흐름 특성

3. 금융자산의 분류

- 상각후원가측정금융자산
  - 보유목적 : 계약상 현금흐름 수취
  - 종　　류 : 채무상품
  - 평가방법 : 유효이자율에 근거한 상각후원가로 측정
- 기타포괄손익-공정가치측정금융자산
  - 보유목적 : 계약상 현금흐름 수취 및 금융자산 매도
  - 종　　류 : 지분상품, 채무상품
  - 평가방법 : 공정가치로 측정하며 평가손익을 기타포괄손익으로 인식
- 당기손익-공정가치측정금융자산
  - 보유목적 : 기타
  - 종　　류 : 지분상품, 채무상품
  - 평가방법 : 공정가치로 측정하며 평가손익을 당기손익으로 인식

제 1 절 금융자산의 의의

재무상태표의 총자산을 1년 또는 영업순환주기라는 기간의 개념으로 유동과 비유동으로 구분하면 유동자산과 비유동자산으로 분류된다. 그런데 유동 및 비유동 자산의 분류만큼 중요한 개념이 총자산을 금융자산과 영업자산으로 분류하는 것이다.

기업회계기준서 제1032호에 의하면, 금융상품은 거래당사자 일방에게 금융자산을 발생시키고 동시에 다른 거래상대방에게 금융부채나 지분상품을 발생시키는 모든 계약이다. 여기서 금융자산을 아래와 같이 정의하고 있으며 금융부채는 다음 장에서 다룰 것이다. 또한 지분상품은 기업의 자산에서 모든 부채를 차감한 후의 잔여지분을 나타내는 모든 계약으로 정의하고 있다.

금융자산은 다음의 자산을 말한다.

① 현금
② 다른 기업의 지분상품
③ 다음 중 하나에 해당하는 계약상 권리
  ㉠ 거래상대방에게서 현금 등 금융자산을 수취할 계약상 권리
  ㉡ 잠재적으로 유리한 조건으로 거래상대방과 금융자산이나 금융부채를 교환하기로 한 계약상 권리
④ 기업 자신의 지분상품으로 결제되거나 결제될 수 있는 다음 중 하나의 계약
  ㉠ 수취할 자기지분상품의 수량이 변동가능한 비파생상품
  ㉡ 확정수량의 자기지분상품에 대하여 확정금액의 현금 등 금융자산을 교환하여 결제하는 방법이 아닌 방법으로 결제되거나 결제될 수 있는 파생상품

제 2 절 금융자산의 분류

금융자산은 거래상대방에게서 현금 등 금융자산을 수취할 계약상의 권리이므로 지분상품과 채무상품 이외에도 매출채권, 미수금, 대여금 등도 금융자산의 범주에 포함된다. 이러한 금융자산에 대해서는 제5장에서 이미 설명하였고 본절에서는 금융자산 가운데 지분상품과 채무상품을 설명하기로 한다.

기업회계기준서 제1109호에 따르면 다음 두 가지 사항 모두에 근거하여 금융자산(지분상품, 채무상품)이 후속적으로 상각후원가, 기타포괄손익-공정가치, 당기손익-공정가치로 측정되도록 분류한다.

① 금융자산의 관리를 위한 사업모형(business model)
② 금융자산의 계약상 현금흐름 특성(contractual cash flow characteristics)

여기서 사업모형이라 함은 보유목적을 의미하며, 계약상 현금흐름 특성은 이자와 원금 포함여부이다. 사업모형 기준과 계약상 현금흐름 특성 기준에 근거하여 최초취득시 계약상 현금흐름(이자와 원금)을 수취하기 위해 보유하는 것이 목적인 사업모형하에서는 금융자산을 상각후원가측정(amortized cost)금융자산(이하, AC금융자산)으로 분류한다. 그리고 계약상 현금흐름의 수취(이자와 원금)와 금융자산의 매도 둘 다가 목적인 사업모형하에서는 금융자산을 기타포괄손익-공정가치측정(fair value through other comprehensive income)금융자산(이하 FVOCI금융자산)으로 분류한다. 마지막으로 상각후원가로 측정하거나 기타포괄

〈표 8-1〉 금융자산의 분류

보유목적	분 류
계약상 현금흐름 수취	상각후원가측정금융자산 (AC금융자산)
계약상 현금흐름 수취 & 금융자산의 매도	기타포괄손익-공정가치측정금융자산 (FVOCI금융자산)
기타(예 : 금융자산의 매도)	당기손익-공정가치측정금융자산 (FVPL금융자산)

손익-공정가치로 측정하는 경우가 아니라면, 당기손익-공정가치측정(fair value through profit or loss)금융자산(이하, FVPL금융자산)으로 분류한다.

금융자산의 대표적인 예가 채무증권과 지분증권이므로 이 두 종류의 금융자산의 분류와 회계처리를 중심으로 설명하면 다음과 같다. 채무증권은 발행자가 다수인으로부터 장기간 자금을 차입하기 위하여 발행하는 증권으로서 국채, 공채, 회사채 등이 있으며, 주식과 같은 유가증권을 지분증권이라고 한다. 채무증권은 이자와 원금을 수령할 권리가 있는 금융자산이며, 지분증권은 취득 후에 현금배당 또는 주식배당을 받는다. 채무증권 또는 지분증권을 위에서 언급한 세 가지 분류 중 어느 항목으로 분류하느냐에 따라 회계처리가 다르므로 당기손익에 미치는 영향에서도 차이가 발생한다. 금융자산 중 채무증권과 지분증권은 다음과 같이 분류할 수 있다.

[그림 8-1]
채무증권과
지분증권의 분류

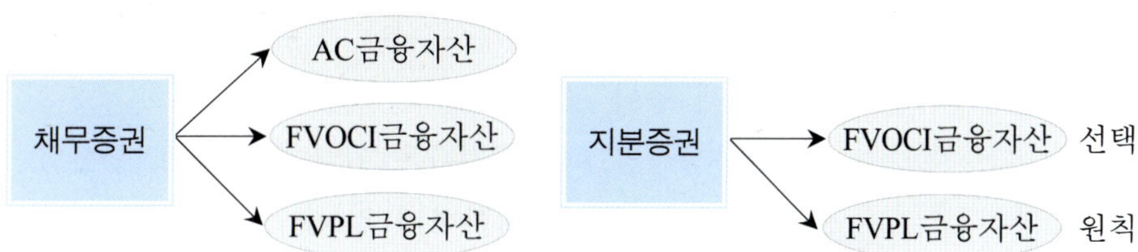

위 그림에서 채무증권은 이자와 원금을 포함하고 있으므로 보유목적에 따라 세 가지로 분류가 가능하다. 그러나 지분증권의 경우 원금과 이자가 없으므로 기타(예, 금융자산 매도)의 보유목적을 가진 FVPL금융자산으로 분류하는 것이 원칙이다. 단, 단기매매목적도 아니고 조건부 대가도 아닌 경우 지분상품을 FVOCI금융자산으로 분류할 수 있다(FVOCI금융자산 선택).

채무증권과 지분증권 외에 금융상품 중 매출채권, 미수금, 대여금 등은 모두 이자와 원금 수취 목적으로 보유하고 있는 상품이므로 특별한 경우가 아니라면 AC금융자산으로 분류하며, 파생상품의 경우 FVPL금융자산으로 분류하도록 규정되어 있다.

본장의 제3절과 제4절에서는 각각 채무상품과 지분상품에 대한 최초인식, 보유, 만기회수, 처분시 회계처리에 대해 각각 살펴볼 예정이며, 손상차손(환입) 및 재분류와 관련한 내용은 재무회계에서 다루도록 한다.

제 3 절 금융자산-채무상품

1. 상각후원가측정금융자산(AC금융자산)

(1) 취득시 회계처리 : 최초인식

AC금융자산으로 분류한 채무증권의 최초인식은 공정가치[1]로 측정하며 거래와 관련하여 직접적으로 발생한 거래원가는 취득원가에 가산한다. 공정가치란 거래 가격을 의미하며, 거래원가는 금융자산의 취득, 발행 또는 처분과 직접 관련된 증분원가를 의미한다. 거래원가에는 대리인, 고문, 중개인 및 판매자에게 지급하는 수수료와 중개수수료, 감독기관 및 증권거래소에 지급하는 부과금 및 양도세 등이 포함된다.

채무상품인 AC금융자산은 원금과 이자로 구성되어 있으며 미래 현금흐름의 금액과 시기를 명확하게 알 수 있기 때문에 미래 현금흐름의 현재가치로 공정가치를 측정한다. 구체적으로 AC금융자산의 투자에 따른 미래 현금흐름의 현재가치는 아래와 같이 만기에 지급되는 액면금액의 현재가치와 약정된 이자수취액의 현재가치로 계산된다.

- **액면금액의 현재가치 : 액면금액** $\times \dfrac{1}{(1+r)^n}$
- **이자수취액의 현재가치 : 액면금액** $\times$ **표시이자율** $\times \dfrac{1-(1+r)^{-n}}{r}$ [2]

AC금융자산의 취득원가와 AC금융자산의 투자에 따른 현금흐름의 현재가치를 일치시키는 할인율을 유효이자율이라고 한다. 채무상품인 금융자산에

1) 한국채택국제회계기준 제1113호에서는 공정가치를 측정일에 시장참여자 사이의 정상거래에서 자산을 매도하면서 받거나, 부채를 이전하면서 지급하게 될 가격(즉, 유출가격)으로 정의한다. 자세한 사항은 기준서 제1113호를 참고하기 바란다.

2) n기에 걸쳐 매기 ₩1씩 발생하는 기말연금의 현가는 $\dfrac{1}{(1+r)^1}+\dfrac{1}{(1+r)^2}+\cdots+\dfrac{1}{(1+r)^n}$이다.

는 액면금액, 표시이자율, 이자지급일, 상환일 및 상환방법 등이 표시되어 있다. 하지만 유효이자율 r은 취득원가와 미래 현금흐름 자료를 이용하여 산출해야 하며, 거래수수료가 발생하여 취득원가가 변경된다면 유효이자율 또한 새로 산출해야 한다.

(차) AC금융자산*	×××	(대) 현　　금	×××

* 액면금액의 현재가치＋이자수취액의 현재가치＋직접 관련된 거래원가

예제 8-1 취득시 회계처리

20×1년 1월 1일 (주)영남은 (주)천마가 발행한 사채를 당좌수표를 발행하여 취득하였다. (주)천마가 발행한 사채는 액면금액 ₩100,000이고 만기 3년, 표시이자율 연 10%, 이자기간은 1년, 이자는 연말 후급 지급한다. 사채의 공정가치는 ₩91,996, 수수료 등의 거래원가는 ₩3,200이다. 채무증권은 원리금을 수취할 목적으로 취득하였으며 AC금융자산으로 분류하였다.

〈요구사항〉
1. 취득원가를 계산하시오.
2. 취득원가에 근거하여 취득시점의 유효이자율을 계산하시오.
3. 취득시점에 필요한 분개를 하시오.

해답

1. 취득원가＝₩91,996＋₩3,200＝₩95,196
2. 유효이자율은 다음 등식을 성립시키는 할인율 r이다.

$$₩95{,}196=\frac{10{,}000}{(1+r)^1}+\frac{10{,}000}{(1+r)^2}+\frac{10{,}000}{(1+r)^3}+\frac{100{,}000}{(1+r)^3} \qquad \therefore\ r=12\%$$

3. 취득시 분개

〈20×1년 1월 1일〉

(차) AC금융자산	95,196*	(대) 당 좌 예 금	95,196

* 취득원가＝사채의 공정가치＋수수료 등의 거래원가
　＝₩91,996＋₩3,200＝₩95,196

(2) 보유시 회계처리 : 이자수익 및 상각후원가모형[3)]

AC금융자산의 기말장부금액은 유효이자율에 근거한 상각후원가로 측정한다. 상각후원가는 최초인식시점의 측정금액에서 상환된 원금을 차감하고, 최초인식금액과 만기금액의 차액에 유효이자율법을 적용하여 계산된 상각누계액을 가감한 금액이다. AC금융자산은 그 장부금액을 상각후원가로 유지하므로 기말평가를 하지 않는다. AC금융자산의 이자수익을 인식하는 분개는 다음과 같다.

① 액면취득

(차) 현 금	×××	(대) 이 자 수 익	×××

② 할인취득

(차) 현 금	×××	(대) 이 자 수 익	×××
AC금융자산	×××		

③ 할증취득

(차) 현 금	×××	(대) 이 자 수 익	×××
		AC금융자산	×××

예제 8-2 보유시 회계처리

(주)영남은 [예제 8-1]의 채권을 원리금을 수취할 목적으로 취득하였으며 AC금융자산으로 분류하여 보유하고 있다.

〈요구사항〉

1. 상각표를 작성하시오.
2. 20×1년, 20×2년 20×3년 이자수익을 인식하는 분개를 하시오.

해답

1. 상각표([예제 8-1]에서 취득원가 = ₩95,196, 유효이자율 = 12%, 이자수취액 = ₩10,000)

3) 채무증권에 대한 이해를 위해서는 제9장 부채의 내용을 숙지해야 한다. 따라서 처음 공부하는 독자의 경우 제8장 금융자산에 앞서 제9장 부채와 제10장 자본을 먼저 학습하기 바란다.

연 도	① 기초 장부금액	② 이자수익 (①×유효이자율)	③ 이자수취액 (액면금액×표시이자율)	④ 할인액상각 (②−③)	⑤ 상각후원가 (①+④)
20×1	₩95,196	₩11,424	₩10,000	₩1,424	₩96,620
20×2	96,620	11,594	10,000	1,594	98,214
20×3	98,214	11,786*	10,000	1,786	100,000

* 계산과정에서 반올림으로 인한 차이를 조정하기 위하여 마지막 연도의 이자수익은 액면금액(₩100,000)과 기초장부금액(₩98,214)의 차이인 ₩1,786에 이자수취액 ₩10,000을 더하여 계산하였다.

2. 표시이자율(10%) < 유효이자율(12%)이므로 할인발행

〈20×1년 이자수익 인식분개〉

(차) 현 금	10,000	(대) 이 자 수 익	11,424
AC금융자산	1,424		

〈20×2년 이자수익 인식분개〉

(차) 현 금	10,000	(대) 이 자 수 익	11,594
AC금융자산	1,594		

〈20×3년 이자수익 인식분개〉

(차) 현 금	10,000	(대) 이 자 수 익	11,786
AC금융자산	1,786		

(3) 만기회수시 회계처리

AC금융자산은 만기까지 보유하면 채무증권 발행자로부터 해당연도의 표시이자와 액면금액을 지급받는다. AC금융자산의 만기회수시 분개는 다음과 같다.

(차) 현 금	×××	(대) AC금융자산	×××

예제 8-3 만기회수시 회계처리

(주)영남은 [예제 8-1]의 AC금융자산을 20×3년말에 액면금액 ₩100,000의 당좌수표로 받았다. (주)영남이 AC금융자산의 만기회수시 필요한 회계처리를 하시오.

해답

〈20×3년말(AC금융자산 만기회수 분개)〉

(차) 당 좌 예 금	100,000	(대) AC금융자산	100,000

(4) 처분시 회계처리

금융자산의 처분시 한국채택국제회계기준에서는 처분일(제거일)에 측정 후 그 장부금액과 수취한 대가의 차액을 당기손익으로 인식하도록 규정하고 있다. 즉, 측정 후 제거하라는 의미이다. AC금융자산의 경우 이자수익을 인식하는 과정에서 상각후원가로 측정되므로 별도의 측정분개는 필요치 않으며, 당해 금융자산의 처분으로 인해 수령한 대가와 상각후원가의 차액을 당기손익으로 인식한다.

① 측정 : 이자수익 인식과정에서 이미 상각후원가로 측정됨

② 제거

(차) 현 금	×××	(대) AC금융자산	×××
금융자산처분손실 (당기손익)*	×××		

* 거래수수료가 없으며 상각후원가 금액으로 처분하는 경우에는 처분손익이 발생하지 않는다.

예제 8-4 중도처분시 회계처리

(주)영남은 [예제 8-1]의 AC금융자산을 20×2년말에 ₩97,000에 처분하였다. (주)영남이 AC금융자산의 중도처분시 필요한 회계처리를 하시오.

해답

〈20×2년말(AC금융자산 이자수익 인식 후 분개)〉

(차) 현 금	97,000	(대) AC금융자산	98,214
금융자산처분손실 (당기손익)	1,214		

* 20×2년말 [예제 8-2] 상각표에 의한 상각후원가는 ₩98,214이므로 제거일(처분일)에 상각후원가로 측정된 후의 장부금액은 ₩98,214이다.

(5) 사채발행자와 사채취득자의 회계처리

사채발행자가 사채를 발행하면 이를 취득한 취득자는 금융자산으로 인식한다. 이 두 실체의 회계처리는 서로 대칭을 이루며 유사한 구조를 가진다. 사채가 할인발행되고 투자자가 이를 AC금융자산으로 회계처리한 경우의 예를 들어보면 아래와 같다.

① 발행일

〈사채발행자〉

(차)	현　　금	×××	(대) 사　　채	×××
	사채할인발행차금	×××		

〈사채취득자〉

(차)	AC금융자산	×××	(대) 현　　금	×××

② 이자지급일

〈사채발행자〉

(차)	이 자 비 용	×××	(대) 현　　금	×××
			사채할인발행차금	×××

〈사채취득자〉

(차)	현　　금	×××	(대) 이 자 수 익	×××
	AC금융자산	×××		

③ 만기일

〈사채발행자〉

(차)	이 자 비 용	×××	(대) 현　　금	×××
			사채할인발행차금	×××
(차)	사　　채	×××	(대) 현　　금	×××

〈사채취득자〉

(차)	현　　금	×××	(대) 이 자 수 익	×××
	AC금융자산	×××		
(차)	현　　금	×××	(대) AC금융자산	×××

2. 기타포괄손익-공정가치측정금융자산(FVOCI금융자산)

FVOCI금융자산의 회계처리는 기본적으로 AC금융자산과 동일하며 기말에 공정가치평가를 추가하는 것이 차이점이다. FVOCI금융자산을 기말에 공정가치로 평가하는 이유는 그 보유목적상 중도처분을 할 가능성이 있기 때문에 외부이해관계자들에게 처분시 유입될 현금흐름에 대한 정보를 제공하기 위해서이다.

(1) 취득시 회계처리 : 최초인식

FVOCI금융자산으로 분류한 채무증권의 경우 그 최초인식은 AC금융자산과 동일하게 직접 거래원가를 포함하여 공정가치로 인식하며, FVOCI금융자산의 최초인식시 회계처리는 다음과 같다.

(차) FVOCI금융자산* ×××　　(대) 현　　금　　×××

* 액면금액의 현재가치+이자수취액의 현재가치+직접 관련된 거래원가

예제 8-5 취득시 회계처리

20×1년 1월 1일 (주)영남은 (주)천마가 발행한 사채를 당좌수표를 발행하여 취득하였다. (주)천마가 발행한 사채는 액면금액 ₩100,000이고 만기 3년, 표시이자율 연 10%, 이자기간은 1년, 이자는 연말 후급 지급한다. 사채의 공정가치는 ₩91,996, 수수료 등의 거래원가는 ₩3,200이다. 채무증권을 원리금을 수취하면서 매도할 목적으로 분류하였다면, 취득시점에 필요한 분개를 하시오.

해답

〈20×1년 1월 1일〉

(차) FVOCI금융자산　95,196*　(대) 당 좌 예 금　95,196

* 취득원가=사채의 공정가치+수수료 등의 거래원가
=₩91,996+₩3,200
=₩95,196

(2) 보유시 회계처리 : 이자수익 및 공정가치모형

채무상품인 FVOCI금융자산의 기말장부금액은 보고기간말에 할인 또는 할증액을 상각하여 이자수익을 먼저 인식한다. 그 후 상각후원가와 공정가치의 차이금액인 금융자산평가손익을 기타포괄손익(이하, OCI)으로 인식하고 기타포괄손익누계(이하, OCI누계)로 마감한다. 여기서 기타포괄손익누계로 마감한다는 것은 당기손익을 이익잉여금으로 마감하듯이 포괄손익계산서상의 기타포괄손익을 재무상태표항목인 자본의 기타포괄손익누계로 마감한다는 의미이다. FVOCI금융자산의 이자수익을 인식하는 분개와 공정가치로 평가하는 회계처리는 다음과 같다. 금융자산평가이익(OCI누계)과 금융자산평가손실(OCI누계)은 서로 상계하고 잔액(이익 or 손실)을 기록하게 된다.

① 이자수익 인식

〈액면취득〉

(차) 현　　금	×××	(대) 이 자 수 익	×××

〈할인취득〉

(차) 현　　금	×××	(대) 이 자 수 익	×××
FVOCI금융자산	×××		

〈할증취득〉

(차) 현　　금	×××	(대) 이 자 수 익	×××
		FVOCI금융자산	×××

② 평가손익(OCI) 인식 및 OCI누계로 마감

〈평가이익〉

(차) FVOCI금융자산	×××	(대) 금융자산평가이익(OCI)	×××
(차) 금융자산평가이익(OCI)	×××	(대) 금융자산평가이익(OCI누계)	×××

〈평가손실〉

(차) 금융자산평가손실(OCI)	×××	(대) FVOCI금융자산	×××
(차) 금융자산평가손실(OCI누계)	×××	(대) 금융자산평가손실(OCI)	×××

예제 8-6 보유시 기말평가

20×1년 1월 1일 (주)영남은 (주)천마가 발행한 사채를 당좌수표를 발행하여 취득하였다. (주)천마가 발행한 사채는 액면금액 ₩100,000이고 만기 3년, 표시이자율 연 10%, 이자기간은 1년, 이자는 연말 후급 지급한다. 사채의 공정가치는 ₩91,996, 수수료 등의 거래원가는 ₩3,200이다. 채무증권은 원리금을 수취하면서 매도할 목적으로 보유하였다. (주)천마의 채무증권에 관한 취득원가 및 20×1년말~20×3년말의 공정가치 자료는 다음과 같다.

연 도	취득원가	20×1년	20×2년	20×3년
공정가치	₩95,196	₩96,000	₩99,000	₩100,000

〈요구사항〉

1. 각 연도의 평가손익을 계산하시오.
2. 20×1년, 20×2년, 20×3년 말에 행해야 할 회계처리를 하시오.

해답

1. 평가손익의 계산은 다음과 같다.

연 도	공정가치	공정가치변동액 ㉮	할인액상각 ㉯	평가손익 ㉮－㉯	누적손익	상각후원가
취득	₩95,196					
20×1	96,000	₩804	₩1,424	(₩620)	(₩620)	₩96,620
20×2	99,000	3,000	1,594	1,406	786	98,214
20×3	100,000	1,000	1,786	(786)	0	100,000

2. 이자수익 및 평가손익 회계처리

〈20×1년 이자수익 인식〉

(차) 현 금	10,000	(대) 이 자 수 익	11,424
FVOCI금융자산	1,424		

〈20×1년 기말평가〉

(차) 금융자산평가손실(OCI)	620	(대) FVOCI금융자산	620

〈OCI를 OCI누계로 마감〉

(차) 금융자산평가손실(OCI누계)	620	(대) 금융자산평가손실(OCI)	620

〈20×2년 이자수익 인식〉

(차) 현 금	10,000	(대) 이 자 수 익	11,594
FVOCI금융자산	1,594		

〈20×2년 기말평가〉

(차) FVOCI금융자산	1,406	(대) 금융자산평가이익(OCI)	1,406

〈OCI를 OCI누계로 마감〉

(차) 금융자산평가이익(OCI)	1,406	(대) 금융자산평가손실(OCI누계)	620
		금융자산평가이익(OCI누계)	786

〈20×3년 이자수익 인식〉

(차) 현 금	10,000	(대) 이 자 수 익	11,786
FVOCI금융자산	1,786		

〈20×3년 기말평가〉

(차) 금융자산평가손실(OCI)	786	(대) FVOCI금융자산	786

〈OCI를 OCI누계로 마감〉

(차) 금융자산평가이익(OCI누계)	786	(대) 금융자산평가손실(OCI)	786

(3) 만기회수시 회계처리

FVOCI금융자산은 만기까지 보유하면 채무증권 발행자로부터 해당연도의 표시이자와 액면금액을 지급받는다. FVOCI금융자산의 만기회수시 분개는 다음과 같다.

(차) 현 금	×××	(대) FVOCI금융자산	×××

예제 8-7 만기회수시 회계처리

(주)영남은 [예제 8-6]의 FVOCI금융자산을 20×3년말에 액면금액 ₩100,000의 당좌수표로 받았다. (주)영남이 FVOCI금융자산의 만기회수시 필요한 회계처리를 하시오.

해답

〈20×3년말(FVOCI금융자산 만기회수 분개)〉

(차) 당 좌 예 금	100,000	(대) FVOCI금융자산	100,000

(4) 처분시 회계처리

금융자산의 처분시 한국채택국제회계기준에서는 처분일(제거일)에 측정 후 그 장부금액과 수취한 대가의 차액을 당기손익으로 인식하도록 규정하고 있다. 이에 FVOCI금융자산도 제거일에 기초부터 처분일까지의 이자수익을 인식하고 공정가치로 측정한 후 처분의 분개를 수행한다. 또한 FVOCI금융자산과 관련된 금융자산평가손익(OCI누계)도 함께 제거하여 금융자산처분손익(당기손익)으로 인식한다. 여기서 OCI가 당기손익으로 대체되는 것을 재분류조정이라 하며 이는 OCI가 감소(증가)하고 동액만큼 당기손익이 증가(감소)하는 것을 의미한다.

① 측정 : 기초부터 처분일까지의 이자수익을 인식한 후 아래의 공정가치 측정

(차) FVOCI금융자산	×××	(대) 금융자산평가이익(OCI)	×××
(차) 금융자산평가이익(OCI)	×××	(대) 금융자산평가이익(OCI누계)	×××

② 처분

(차) 현 금	×××	(대) FVOCI금융자산	×××
재분류조정(OCI)	×××	금융자산처분이익	×××
(차) 금융자산평가이익(OCI누계)	×××	(대) 재분류조정(OCI)	×××

예제 8-8 중도처분시 회계처리

(주)영남은 [예제 8-6]의 FVOCI금융자산을 20×2년말에 공정가치 ₩99,000에 현금으로 모두 처분하였다. 동 처분일에 필요한 회계처리를 하시오.

해답

〈20×2년 이자수익 인식〉

(차) 현 금	10,000	(대) 이 자 수 익	11,594
FVOCI금융자산	1,594		

〈20×2년 기말평가〉

(차) FVOCI금융자산	1,406	(대) 금융자산평가이익(OCI)	1,406

(차) 금융자산평가이익(OCI)	1,406	(대) 금융자산평가손실(OCI누계)	620
		금융자산평가이익(OCI누계)	786

〈20×2년 처분〉

(차) 현 금	99,000	(대) FVOCI금융자산	99,000
재분류조정(OCI)	786	금융자산처분이익(당기손익)	786
(차) 금융자산평가이익(OCI누계)	786	(대) 재분류조정(OCI)	786

* 재분류조정(OCI)을 기타포괄손익누계로 마감하는 분개

3. 당기손익-공정가치측정금융자산(FVPL금융자산)

(1) 취득시 회계처리 : 최초인식

채무상품인 FVPL금융자산 취득의 경우 취득원가는 공정가치로 측정하며, 거래와 직접 관련하여 발생한 거래원가는 비용(당기손익 반영)으로 인식한다. 재무회계에서 일반적으로 직접 관련 거래원가는 취득원가를 구성하나 FVPL금융자산의 경우 기말에 공정가치의 변동을 당기손익으로 인식하기 때문에 편의상 수수료비용을 즉시 비용처리한다.4)

(차) FVPL금융자산	×××	(대) 현 금	×××
수수료비용(당기비용)*	×××		

* 직접 관련된 거래원가

예제 8-9 취득시 회계처리

20×1년 1월 1일 (주)영남은 단기매매목적으로 (주)천마의 채무증권(액면금액 ₩100,000, 액면이자 10%)을 ₩95,196에 취득하였다. 취득 당시 시장이자율은 12%이다. (주)영남이 채무증권 취득시 행해야 할 회계처리를 하시오.

---

4) 예를 들어 취득시 공정가치 ₩1,000, 직접비용 ₩100인 FVPL금융자산이 기말에 ₩2,000이 되었다고 가정하자. (가) 직접비용을 취득원가에 가산하면 당해 평가이익은 ₩900이고, (나) 직접비용을 즉시 비용처리하면 수수료비용 ₩100, 평가이익 ₩1,000이 되어 당기순이익에 미치는 영향은 (가)와 (나)가 동일하다.

해답

〈20×1년 1월 1일〉

(차) FVPL금융자산	95,196	(대) 당 좌 예 금	95,196

(2) 보유시 회계처리 : 이자수익 및 공정가치모형

액면금액에 액면이자율을 곱하여 계산한 이자수익을 인식한 후에는 보고기간말에 공정가치를 측정하고 이를 장부에 반영한다. 이자수익의 인식과 기말평가에 관한 회계처리는 다음과 같다.5)

① 채무증권 : FVPL금융자산 이자수익 인식과 기말평가(평가이익)

(차) 현　　금	×××	(대) 이 자 수 익 (당기손익)	×××
(차) FVPL금융자산	×××	(대) 금융자산평가이익 (당기손익)	×××

② 채무증권 : FVPL금융자산 이자수익 인식과 기말평가(평가손실)

(차) 현　　금	×××	(대) 이 자 수 익 (당기손익)	×××
(차) 금융자산평가손실 (당기손익)	×××	(대) FVPL금융자산	×××

예제 8-10 보유시 기말평가

20×1년 1월 1일 (주)영남은 단기매매목적으로 (주)천마의 채무증권(액면금액 ₩100,000, 액면이자 10%)을 ₩95,196에 취득하였다. 취득 당시 시장이자율은 12%이다.

---

5) 채무상품의 이자수익은 유효이자율법을 적용하는 것이 원칙이나 FVPL금융자산(채무상품)의 경우 표시이자를 이자수익으로 인식하여도 기말의 평가가 당기손익으로 인식되므로 당기순이익에 미치는 영향이 동일하다. 즉, 유효이자율법을 적용한 이자수익+평가손익과 표시이자를 이자수익으로 인식할 경우의 이자수익+평가손익은 동일하게 된다. 따라서 중요성 측면에서 액면이자를 이자수익으로 인식하는 회계처리가 가능하다.

연 도	취득원가	20×1년	20×2년
공정가치	₩95,196	₩95,000	₩100,000

〈요구사항〉

1. (주)천마의 채권과 관련하여 (주)영남이 20×1년말에 행해야 할 회계처리를 하시오.
2. (주)천마의 채권과 관련하여 (주)영남이 20×2년말에 행해야 할 회계처리를 하시오.

해답

1. 20×1년말 이자수익 인식 및 기말평가

(차) 현　　금	10,000	(대) 이 자 수 익 (당기손익)	10,000
(차) 금융자산평가손실 (당기손익)	196	(대) FVPL금융자산	196

2. 20×2년말 기말평가

(차) 현　　금	10,000	(대) 이 자 수 익 (당기손익)	10,000
(차) FVPL금융자산	5,000	(대) 금융자산평가이익 (당기손익)	5,000

(3) 처분시 회계처리

금융자산의 처분시 한국채택국제회계기준에서는 처분일(제거일)에 측정 후 그 장부금액과 수취한 대가의 차액을 당기손익으로 인식하도록 규정하고 있다. FVPL금융자산의 경우 공정가치로 측정하며 그 평가손익은 당기손익으로 인식하고 있으므로 처분일(제거일)에 우선 공정가치로 평가한 후 장부금액을 제거하는 회계처리를 수행한다. FVPL금융자산의 처분에 관한 회계처리는 다음과 같다.

① 측정

(차) FVPL금융자산	×××	(대) 금융자산평가이익 (당기손익)	×××

② 제거

(차) 현 금	×××	(대) FVPL금융자산	×××
금융자산처분손실* (당기손익)	×××		

* 거래수수료가 없으며 공정가치로 거래하는 경우 처분손익은 없다.

예제 8-11 처분시 회계처리

20×1년 1월 1일 (주)영남은 단기매매목적으로 (주)천마의 채무증권(액면금액 ₩100,000, 액면이자 10%)을 ₩95,196에 취득하였으며 취득 당시 시장이자율은 12%이다. 20×1년말 (주)영남은 동 금융자산을 공정가치 ₩95,000에 처분하였다. 별도의 처분수수료가 없다고 가정할 경우 (주)영남이 처분일에 해야 할 회계처리를 하시오.

연 도	취득원가	20×1년	20×2년
공정가치	₩95,196	₩95,000	₩100,000

해답

(차) 현 금	10,000	(대) 이 자 수 익(당기손익)	10,000
(차) 금융자산평가손실(당기손익)	196	(대) FVPL금융자산	196
(차) 현 금	95,000	(대) FVPL금융자산	95,000

제 4 절 금융자산-지분상품

1. 당기손익-공정가치측정금융자산(FVPL금융자산)

(1) 취득시 회계처리 : 최초인식

지분상품의 경우 원금과 이자가 존재하지 않으므로 보유목적이 기타(매매목적)에 해당하여 원칙상 FVPL금융자산으로 분류한다. FVPL금융자산은 최초

취득시 공정가치로 측정하며 취득과 직접 관련되는 거래원가는 당기비용(당기손익)으로 인식한다. FVPL금융자산으로 분류한 지분증권의 최초인식시 회계처리는 다음과 같다.

(차) FVPL금융자산	×××	(대) 현	금	×××
수수료비용(당기비용)*	×××			

* 직접 관련된 거래원가

예제 8-12 취득시 회계처리

20×1년 4월 1일 (주)영남은 단기매매목적으로 (주)천마의 지분증권을 취득하면서 당좌수표 ₩102,000을 발행하여 지급하였다. 지분상품의 공정가치는 ₩100,000이고, 매매수수료는 ₩2,000이다. (주)영남이 지분증권 취득시 행해야 할 회계처리를 하시오.

해답

〈20×1년 4월 1일〉

(차) FVPL금융자산	100,000	(대) 당 좌 예 금	102,000
수수료비용(당기손익)*	2,000		

* 매매수수료 ₩2,000

(2) 보유시 회계처리 : 배당수익 및 공정가치모형

지분증권은 취득 후에 지분증권을 발행한 회사로부터 배당을 받는다. 배당(dividends)이란 영업활동을 통하여 획득한 이익을 주주들에게 분배하는 것을 말한다. 기업은 자금을 빌리면 이자를 지급하게 되는데, 배당은 자기자본의 사용에 대한 일종의 대가라고 생각하면 된다. 배당은 지급형태에 따라 현금배당, 주식배당, 현물배당 등으로 구분한다. 여기서 현금배당은 현금으로 배당을 받는 것이고, 주식배당은 주식을 받는 것이다. 그리고 현물배당은 현금 대신 회사가 보유하고 있는 현금 이외의 자산을 받는 것이다.6)

6) 배당과 관련한 보다 자세한 사항은 제10장 자본에서 학습하기로 한다.

예제 8-13 현금배당

12월 결산법인인 (주)영남은 20×0년 12월 31일 현재 (주)경산의 주당 액면금액 ₩5,000인 보통주 20,000주를 소유하고 있다. (주)경산은 20×1년 3월 15일 주주명부에 등재(20×0년 12월 31일 기준)된 주주에게 주당 ₩100을 현금배당으로 지급하기로 결의하였다. 20×1년 3월 31일 배당금을 수령했을 때 (주)영남의 현금배당에 관련된 분개를 하시오.

해답

〈20×1년 3월 15일(배당수익 인식)〉

(차) 미수배당금	2,000,000*	(대) 배당금수익(당기손익)	2,000,000

〈20×1년 3월 31일(배당금 수령)〉

(차) 현　　금	2,000,000	(대) 미수배당금	2,000,000

* ₩100 × 보통주 20,000주 = ₩2,000,000

FVPL금융자산은 보고기간말에 공정가치로 측정하고 이를 장부에 반영한다. 그리고 공정가치의 변동은 결산일 현재 미실현손익이지만 단기 내에 처분을 통해 실현될 것이므로 실현손익인 당기손익항목으로 인식한다. 즉, FVPL금융자산의 경우 공정가치가 상승하면 평가이익이 발생하고, 공정가치가 하락하면 평가손실이 발생하는데, 이러한 평가이익과 평가손실을 장부금액에 즉시 반영하는 동시에 당기손익항목으로 인식하는 것이다. FVPL금융자산의 기말평가에 관한 회계처리는 다음과 같다.

① 평가이익 발생

(차) FVPL금융자산	×××	(대) 금융자산평가이익 (당기손익)	×××

② 평가손실 발생

(차) 금융자산평가손실 (당기손익)	×××	(대) FVPL금융자산	×××

예제 8-14 보유시 기말평가

(주)영남이 20×1년 4월 1일에 단기매매목적으로 취득한 (주)천마의 지분증권에 관한 취득원가 및 20×1년말과 20×2년말의 공정가치 자료는 다음과 같다.

연 도	취득원가	20×1년	20×2년
공정가치	₩100,000	₩120,000	₩90,000

〈요구사항〉
1. (주)천마의 주식과 관련하여 (주)영남이 20×1년말에 행해야 할 회계처리를 하시오.
2. (주)천마의 주식과 관련하여 (주)영남이 20×2년말에 행해야 할 회계처리를 하시오.

해답

1. 20×1년말 기말평가

(차) FVPL금융자산	20,000	(대) 금융자산평가이익 (당기손익)	20,000

2. 20×2년말 기말평가

(차) 금융자산평가손실 (당기손익)	30,000	(대) FVPL금융자산	30,000

(3) 처분시 회계처리

금융자산의 처분시 한국채택국제회계기준에서는 처분일(제거일)에 측정 후 그 장부금액과 수취한 대가의 차액을 당기손익으로 인식하도록 규정하고 있다. FVPL금융자산의 경우 공정가치로 측정하며 그 평가손익은 당기손익으로 인식하고 있으므로 처분일(제거일)에 우선 공정가치로 평가한 후 장부금액을 제거하는 회계처리를 수행한다. FVPL금융자산의 처분에 관한 회계처리는 다음과 같다.

① 측정

(차) FVPL금융자산	×××	(대) 금융자산평가이익 (당기손익)	×××

② 제거

(차) 현　　금　　×××　(대) FVPL금융자산　　×××
　　금융자산처분손실*　　×××

* 거래수수료가 없으며 공정가치로 거래하는 경우 처분손익은 없다.

예제 8-15 처분시 회계처리

(주)영남이 20×1년 4월 1일에 단기매매목적으로 취득한 (주)천마의 지분증권에 관한 취득원가 및 20×1년말과 20×2년말의 공정가치 자료는 다음과 같다. 〈요구사항 1〉과 〈요구사항 2〉는 독립적이다.

연 도	취득원가	20×1년	20×2년
공정가치	₩100,000	₩120,000	₩90,000

〈요구사항〉

1. (주)영남이 20×2년 3월 1일 지분증권을 공정가치인 ₩140,000에 현금을 받고 처분하였다고 가정할 때 20×1년말 및 20×2년 처분시에 필요한 분개를 제시하시오. 단, 처분 관련 거래원가는 없는 것으로 가정한다.
2. (주)영남이 20×3년 4월 1일 지분증권을 공정가치인 ₩80,000에 현금을 받고 처분하였다고 가정할 때 20×2년말 및 20×3년 처분시에 필요한 분개를 제시하시오. 단, 처분 관련 거래원가는 없는 것으로 가정한다.

해답

1. 〈20×1년말 기말평가〉
   (차) FVPL금융자산　20,000　(대) 금융자산평가이익(당기손익)　20,000
   〈20×2년 3월 1일 처분〉
   (차) FVPL금융자산　20,000　(대) 금융자산평가이익(당기손익)　20,000
   (차) 현　　금　140,000　(대) FVPL금융자산　140,000

2. 〈20×2년말 기말평가〉
   (차) 금융자산평가손실(당기손익)　30,000　(대) FVPL금융자산　30,000
   〈20×3년 4월 1일 처분〉
   (차) 금융자산평가손실(당기손익)　10,000　(대) FVPL금융자산　10,000
   (차) 현　　금　80,000　(대) FVPL금융자산　80,000

2. 기타포괄손익-공정가치측정금융자산(FVOCI금융자산)

지분상품의 경우 FVPL금융자산으로 분류하는 것이 원칙이나 단기매매목적도 아니고 조건부 대가도 아닌 지분상품을 FVOCI금융자산으로 분류하여 회계처리할 수 있다(선택). 이러한 선택을 할 경우 금융자산을 취득, 평가, 처분함(공정가치로 거래되고 거래원가가 없는 경우)에 있어서 당기손익이 발생되지 않는다는 특징이 있다.

(1) 취득시 회계처리 : 최초인식

FVOCI금융자산은 최초취득시 공정가치로 측정한다. 한편, 최초인식시점에 해당 금융자산의 취득과 직접 관련되는 거래원가는 취득원가에 가산한다. FVOCI금융자산으로 분류한 지분증권의 최초인식시 회계처리는 다음과 같다.

(차) FVOCI금융자산*	×××	(대) 현 금	×××

* 직접 관련된 거래원가는 취득원가에 포함

예제 8-16 취득시 회계처리

20×1년 4월 1일 (주)영남은 장기투자목적으로 (주)천마의 지분증권을 당좌수표 ₩404,000을 발행하여 취득하고 주식의 공정가치 변동을 기타포괄손익으로 인식하는 회계처리를 선택하였다. 지분상품의 공정가치는 ₩400,000이고, 매매수수료는 ₩4,000이다. (주)영남이 지분증권 취득시 행해야 할 회계처리를 하시오.

해답

〈20×1년 4월 1일〉

(차) FVOCI금융자산	404,000*	(대) 현 금	404,000

* 취득원가(₩400,000)＋매매수수료(₩4,000)

(2) 보유시 회계처리 : 배당수익 및 공정가치모형

지분상품의 배당은 FVOCI금융자산으로 분류되든 FVPL금융자산으로 분류되든 모두 배당 확정일에 수익으로 인식하며, FVOCI금융자산도 FVPL금융자산과 동일하게 보고기간말에 공정가치로 측정하고 이를 장부에 반영한다. 그러나 FVOCI금융자산은 단기간의 매매목적으로 보유하는 것이 아니므로 평가손익이 한 회계기간에 실현될 것으로 기대하기 어렵다. 따라서 평가손익이 당기손익에 포함될 경우 당기손익이 왜곡될 가능성이 높아 당기손익이 아닌 자본에 속하는 기타포괄손익누계로 보고된다. FVOCI금융자산의 기말평가시 회계처리는 다음과 같다.

① 평가이익 발생

(차) FVOCI금융자산 ××× (대) 금융자산평가이익(OCI) ×××
(차) 금융자산평가이익(OCI) ××× (대) 금융자산평가이익(OCI누계) ×××

② 평가손실 발생

(차) 금융자산평가손실(OCI) ××× (대) FVOCI금융자산 ×××
(차) 금융자산평가손실(OCI누계) ××× (대) 금융자산평가손실(OCI) ×××

예제 8-17 보유시 기말평가

(주)영남이 20×1년 4월 1일에 장기투자목적으로 취득한 주식의 공정가치 변동을 기타포괄손익으로 인식하는 회계처리를 선택하였다. (주)천마의 지분증권에 관한 취득원가 및 20×1년말과 20×2년말의 공정가치 자료는 다음과 같다.

연 도	취득원가	20×1년	20×2년
공정가치	₩100,000	₩120,000	₩90,000

〈요구사항〉
(주)천마의 주식과 관련하여 (주)영남이 20×1년말과 20×2년말에 행해야 할 회계처리를 하시오.

해답

〈20×1년말 기말평가〉
(차) FVOCI금융자산 20,000 (대) 금융자산평가이익(OCI) 20,000

〈기타포괄손익을 기타포괄손익누계로 마감하는 분개〉

(차)	금융자산평가이익OCI)	20,000	(대) 금융자산평가이익(OCI누계)	20,000

〈20×2년말 기말평가〉

(차)	금융자산평가손실(OCI)	30,000	(대) FVOCI금융자산	30,000

〈기타포괄손익을 기타포괄손익누계로 마감하는 분개〉

(차)	금융자산평가이익(OCI누계)	20,000	(대) 금융자산평가손실(OCI)	30,000
	금융자산평가손실(OCI누계)	10,000		

(3) 처분시 회계처리

금융자산의 처분시 한국채택국제회계기준에서는 처분일(제거일)에 측정 후 그 장부금액과 수취한 대가의 차액을 당기손익으로 인식하도록 규정하고 있다. FVOCI금융자산은 공정가치로 측정하고 평가손익은 기타포괄손익으로 인식하므로 처분일에 공정가치로 평가한 후 제거의 회계처리를 실시한다.

주의할 점은 지분상품을 FVOCI금융자산으로 분류할 경우 기타포괄손익누계로 남아 있는 평가손익을 처분이익으로 대체하는 재분류조정을 실시하지 않는다는 것이다. 대신 기타포괄손익누계로 남아 있는 금액을 그대로 유지하거나 이익잉여금으로 대체하는 것은 허용하고 있다.

지분상품을 FVOCI금융자산으로 선택하여 분류한 이유는 금융자산평가손익이 당기손익으로 인식되는 것을 방지하기 위함인데, 처분시점에서도 이러한 취지를 유지하여 금융자산평가손익(기타포괄손익누계)이 재분류조정되어 당기순이익으로 전환되는 것을 방지한다. 구체적인 회계처리는 다음과 같다.

① 평가

(차)	FVOCI금융자산	×××	(대) 금융자산평가이익(OCI)	×××
(차)	금융자산평가이익(OCI)	×××	(대) 금융자산평가이익(OCI누계)	×××

② 제거

(차)	현 금	×××	(대) FVOCI금융자산	×××
	금융자산처분손실*(당기손익)	×××		

* 거래원가가 없고 공정가치로 거래된 경우 처분손실은 없다.

③ 기타포괄손익누계 대체(가능)

(차) 금융자산평가이익(OCI누계)	×××	(대) 이익잉여금	×××

예제 8-18 처분시 회계처리

(주)영남은 20×1년 9월 3일 (주)경산의 주식 100주를 주당 ₩20,000에 현금으로 지급하였다. (주)영남은 (주)경산의 주식을 FVOCI금융자산으로 분류하였다.

20×1년과 20×2년 12월 31일 현재 (주)경산의 주식의 공정가치는 각각 주당 ₩18,000, ₩21,000이다. (주)영남은 20×3년 3월 1일 (주)경산의 주식 100주를 주당 공정가치 ₩22,000에 처분하였다. (주)영남이 해야 할 분개를 제시하시오. 단, 처분시 거래원가는 없는 것으로 가정한다.

해답

〈20×1년 취득시〉

(차) FVOCI금융자산	2,000,000	(대) 현　　금	2,000,000

〈20×1년말 기말평가〉

(차) 금융자산평가손실(OCI)	200,000	(대) FVOCI금융자산	200,000
(차) 금융자산평가손실(OCI누계)	200,000	(대) 금융자산평가손실(OCI)	200,000

〈20×2년말 기말평가〉

(차) FVOCI금융자산	300,000	(대) 금융자산평가이익(OCI)	300,000
(차) 금융자산평가이익(OCI)	300,000	(대) 금융자산평가손실(OCI누계)	200,000
		금융자산평가이익(OCI누계)	100,000

〈20×3년 처분시〉

① 평가

(차) FVOCI금융자산	100,000	(대) 금융자산평가이익(OCI)	100,000
(차) 금융자산평가이익(OCI)	100,000	(대) 금융자산평가이익(OCI누계)	100,000

② 제거

(차) 현　　금	2,200,000	(대) FVOCI금융자산	2,200,000

③ 금융자산평가손익(OCI누계) 대체(가능)

(차) 금융자산평가손익(OCI누계)	200,000	(대) 이익잉여금	200,000

용어정리 문제

1. (   )은 거래당사자 일방에게 금융자산을 발생시키고 동시에 다른 거래상대방에게 금융부채나 지분상품을 발생시키는 모든 계약이다.

2. 금융자산은 상각후원가측정금융자산, 기타포괄손익-공정가치측정금융자산 그리고 (   )으로 분류한다.

3. 금융자산 중 주식과 같은 유가증권을 (   )이라고 하며, 발행자가 다수인으로부터 장기간 자금을 차입하기 위하여 발행하는 증권으로서 국채, 공채, 회사채 등을 (   )이라고 한다.

4. 당기손익-공정가치측정금융자산은 금융상품의 계약당사자가 되는 때에만 재무상태표에 인식되는데, 최초인식시 (   )로 측정한다.

5. (   )이란 보유중의 공정가치 상승분과 하락분, 즉 변동분을 모두 인식하는 회계모형이다.

6. (   )는 금융자산의 취득, 발행 또는 처분과 직접 관련된 증분원가를 의미하며, 여기에는 대리인, 고문, 중개인 및 판매자에게 지급하는 수수료와 중개수수료, 감독기관 및 증권거래소에 지급하는 부과금 및 양도세 등이 포함된다.

7. 당기손익-공정가치측정금융자산은 보고기간말에 공정가치로 측정하고 이를 장부금액에 반영하는데, 공정가치 변동은 결산일 현재 미실현손익이지만 단기 내에 처분을 통해 실현될 것이므로 실현손익인 (   )항목으로 인식한다.

8. (   )은 당기순이익에 포함시키지 않는 손익을 말하며, 마감과정을 통해 자본에 속하는 기타포괄손익누계액으로 누계된다.

9. 상각후원가측정금융자산의 기말 장부금액은 유효이자율에 근거한 (   )로 측정한다. 이는 최초인식시점의 측정금액에서 상환된 원금을 차감하고, 최초인식금액과 만기금액의 차이에 유효이자율법을 적용하여 계산된 상각누계액을 가감한 금액이다.

10. 상각후원가측정금융자산의 발행금액을 결정하는 (   )과 표시이자율이 동일한지의 여부에 따라 액면발행과 할인발행 그리고 할증발행으로 결정된다.

해답

1. 금융상품
2. 당기손익-공정가치측정금융자산
3. 지분증권, 채무증권
4. 공정가치
5. 공정가치모형
6. 거래원가
7. 당기손익
8. 기타포괄손익
9. 상각후원가
10. 유효이자율

객관식 문제

1. 다음 중 금융상품으로만 묶인 것은? (9급공무원, 2013)

ㄱ. 선급비용	ㄴ. 투자사채	ㄷ. 매출채권
ㄹ. 대여금	ㅁ. 이연법인세자산	

① ㄱ, ㄴ, ㄷ ② ㄱ, ㄹ, ㅁ
③ ㄴ, ㄷ, ㄹ ④ ㄷ, ㄹ, ㅁ

2. 금융자산에 해당하지 않는 것은? (주택관리사보, 2020)

① 현금 ② 대여금 ③ 투자사채
④ 선급비용 ⑤ 매출채권

3. (주)갑이 (주)을이 발행한 사채를 취득한 후 분류할 수 있는 항목만을 묶은 것은?

ㄱ. 상각후원가측정금융자산(AC금융자산)
ㄴ. 기타포괄손익-공정가치측정금융자산(FVOCI금융자산)
ㄷ. 당기손익-공정가치측정금융자산(FVPL금융자산)

① ㄱ, ㄴ, ㄷ ② ㄱ, ㄴ
③ ㄱ, ㄷ ④ ㄴ, ㄷ

4. (주)갑이 (주)을이 발행한 주식을 취득한 후 분류할 수 있는 항목만을 묶은 것은?

ㄱ. 상각후원가측정금융자산(AC금융자산)
ㄴ. 기타포괄손익-공정가치측정금융자산(FVOCI금융자산)
ㄷ. 당기손익-공정가치측정금융자산(FVPL금융자산)

① ㄱ, ㄴ, ㄷ ② ㄱ, ㄴ
③ ㄱ, ㄷ ④ ㄴ, ㄷ

5. 취득한 사채(채무상품)를 기타포괄손익-공정가치측정금융자산으로 분류한 경우의 회계처리로 옳지 않은 것은? (단, 손상은 고려하지 않는다) (주택관리사보, 2023)

① 취득과 관련되는 거래원가는 최초인식시점의 공정가치에 가산한다.
② 처분할 경우 기타포괄손익누계액에 누적된 평가손익을 당기손익으로 재분류한다.
③ 당기손익으로 인식하는 금액은 상각후원가측정금융자산으로 분류하였을 경우 당기손익으로 인식하는 금액과 차이가 없다.
④ 액면금액 미만으로 취득(할인취득)한 경우 이자수익 인식금액이 현금으로 수취하는 이자금액보다 크다.
⑤ 이자수익은 매 보고기간말의 현행 시장이자율을 이용하여 인식한다.

6. 기타포괄손익-공정가치측정금융자산으로 인하여 수취한 현금배당액에 대한 회계처리로 옳은 것은? (9급공무원 수정, 2011)

① 재무상태표에 기타포괄손익누계액으로 표시한다.
② 기타포괄손익-공정가치측정금융자산의 장부금액을 감소시킨다.
③ 포괄손익계산서에 기타포괄손익으로 표시한다.
④ 포괄손익계산서에 수익으로 표시한다.

7. 다음 거래로 취득한 금융자산의 세부분류와 측정금액은? (7급공무원, 2017)

(주)한국은 한국거래소에서 투자목적으로 (주)서울의 주식 1주를 ₩10,000에 구입하고 수수료 ₩1,000을 지급하였다. (주)한국은 당해주식을 단기간 내에 매각할 예정이다.

① 당기손익-공정가치측정금융자산 ₩11,000
② 기타포괄손익-공정가치측정금융자산 ₩11,000
③ 당기손익-공정가치측정금융자산 ₩10,000
④ 기타포괄손익-공정가치측정금융자산 ₩10,000

8. 다음의 금융자산 회계처리 지문 중 옳은 것만 묶은 것은?

ㄱ. AC금융자산이 당기순이익에 미치는 영향은 FVOCI금융자산과 같다. ㄴ. AC금융자산이 당기순이익에 미치는 영향은 FVPL금융자산과 같다. ㄷ. FVOCI금융자산이 당기순이익에 미치는 영향은 FVPL금융자산과 같다. ㄹ. FVOCI금융자산이 총포괄이익에 미치는 영향은 FVPL금융자산과 같다.

① ㄱ, ㄴ ② ㄴ, ㄷ
③ ㄱ, ㄹ ④ ㄷ, ㄹ

9. (주)한국은 20×1년 1월 1일 액면금액 ₩1,000,000인 사채(만기 3년, 표시이자율 연 10%, 이자는 매년말 후급)를 ₩1,106,900에 발행하고, 상각후원가로 측정하였다. 발행 당시 유효이자율은 연 6%이었다. 20×2년 1월 1일 동 사채 전부를 조기상환하였고, 이로 인해 사채상환이익이 ₩4,500 발생하였다. (주)한국이 동 사채를 상환하기 위해 지급한 금액은? (주택관리사보, 2021)

① ₩1,068,814 ② ₩1,077,814 ③ ₩1,102,400
④ ₩1,135,986 ⑤ ₩1,144,986

10. (주)한국은 20×1년초 채무상품 A를 ₩950,000에 취득하고, 상각후원가측정금융자산으로 분류하였다. 채무상품 A로부터 매년말 ₩80,000의 현금이자를 수령하며, 취득일 현재 유효이자율은 10%이다. 채무상품 A의 20×1년말 공정가치는 ₩980,000이며, 20×2년초 해당 채무상품 A의 50%를 ₩490,000에 처분하였을 때 (주)한국이 인식할 처분손익은? (9급지방직, 2019)

① 처분손실 ₩7,500 ② 처분손익 ₩0
③ 처분이익 ₩7,500 ④ 처분이익 ₩15,000

11. 20×1년 1월 1일 (주)한국은 채무상품을 ₩952,000에 발행하였다. 채무상품과 관련된 자료는 다음과 같다.

• 액면금액 : ₩1,000,000(만기 3년)
• 표시이자율 : 연 10%(매년말 이자지급)

(주)대한은 20×1년 4월 1일 (주)한국이 발행한 채무상품을 ₩981,000(미수이자 포함)에 취득하여 상각후원가측정금융자산으로 분류하였다. (주)대한이 채무상품의 취득일부터 만기일까지 인식할 총이자수익은? (단, (주)대한은 20×3년말까지 채무상품을 보유하고 있다)

① ₩294,000 ② ₩300,000
③ ₩319,000 ④ ₩348,000

12. (주)갑은 20×1년초 (주)을이 발행한 사채를 ₩90,000에 취득하여 FVPL금융자산으로 분류하였다. 동 사채의 액면금액은 ₩100,000, 만기 20×5년말, 액면이자율 연 5%, 매년말 이자 후급 조건의 사채이다. 사채의 20×1년 기말공정가치는 ₩92,000, 20×2년 기말공정가치는 ₩99,000이며 20×3년초 동 사채를 ₩99,000에 모두 처분하였다. 이 사채와 관련하여 (주)갑이 20×2년 인식할 이자수익과 평가이익은 각각 얼마인가? (단, (주)갑은 FVPL금융자산의 액면이자를 이자수익으로 인식한다)

① 이자수익 ₩5,000, 평가이익 ₩7,000
② 이자수익 ₩5,000, 평가이익 ₩9,000
③ 이자수익 ₩7,000, 평가이익 ₩7,000
④ 이자수익 ₩7,000, 평가이익 ₩9,000

13. (주)한국은 20×1년 7월 1일 (주)대한의 주식 200주를 취득일의 공정가치인 주당 ₩1,000에 취득하였다. 취득시 추가로 ₩5,000의 거래원가가 발생하였으며, (주)한국은 해당주식을 당기손익-공정가치측정금융자산으로 분류하였다. 20×1년 9월 1일 (주)한국은 취득한 주식의 50%를 처분일의 공정가치인 주당 ₩800에 처분하였다. 20×1년말 (주)대한 주식의 주당 공정가치가 ₩1,300일 때, 동 주식과 관련하여 (주)한국의 20×1년 포괄손익계산서의 당기순이익 증가액은?

① ₩1,000 ② ₩2,000 ③ ₩3,000
④ ₩4,000 ⑤ ₩5,000

14. (주)한국은 20×1년 11월 1일 (주)대한의 보통주 100주를 ₩600,000에 취득하고 수수료 ₩10,000을 현금으로 지급하였다. (주)한국은 취득한 보통주를 당기손익-공정가치측정금융자산으로 분류하였으며, 20×1년말 (주)대한의 보통주 공정가치는 주당 ₩5,000이었다. (주)한국이 20×2년 5월 10일 (주)대한의 주식 전부를 주당 ₩5,600에 처분한 경우 20×2년도 당기순이익에 미치는 영향은? (주택관리사보, 2018)

① ₩40,000 감소 ② ₩60,000 증가 ③ ₩80,000 증가
④ ₩100,000 감소 ⑤ ₩110,000 감소

15. (주)한국은 20×5년중 단기시세차익을 목적으로 (주)대한과 (주)민국의 주식을 다음과 같이 매입하였다. 취득시 총매입금액의 1%인 ₩8,200을 거래수수료로 지급하였다. 주식의 주당 취득원가와 결산일인 20×5년 12월 31일 현재 주식의 주당 공정가치가 다음과 같을 경우, 주식평가에 대한 회계처리로 옳은 것은? (7급공무원 수정, 2015)

구 분	보유수량	주당 취득원가	주당 공정가치
(주)대한	100주	₩8,000	₩10,000
(주)민국	10주	₩2,000	₩3,000

① (차) 당기손익-공정가치측정금융자산 201,800 (대) 금융자산평가이익(당기손익) 201,800
② (차) 당기손익-공정가치측정금융자산 210,000 (대) 금융자산평가이익(당기손익) 210,000
③ (차) 기타포괄손익-공정가치측정금융자산 201,800 (대) 금융자산평가이익(기타포괄손익) 201,800
④ (차) 기타포괄손익-공정가치측정금융자산 210,000 (대) 금융자산평가이익(기타포괄손익) 210,000

16. (주)갑은 20×8년중에 (주)을의 발생주식 10%에 해당하는 500주를 주당 ₩1,000에 취득하여 기타포괄손익-공정가치측정금융자산으로 분류하였다. 20×8년말 (주)을의 1주당 시장가격은 ₩1,200이고, 20×9년말 1주당 시장가격은 ₩900이었다. (주)갑이 기타포괄손익-공정가치측정금융자산으로 보유하고 있는 (주)을 주식과 관련하여 20×9년말 현재 기타포괄손익누계액으로 표시되는 금융자산평가손익으로 옳은 것은? (9급공무원 수정, 2010)

① 금융자산평가이익(기타포괄손익누계) ₩50,000
② 금융자산평가손실(기타포괄손익누계) ₩50,000
③ 금융자산평가이익(기타포괄손익누계) ₩150,000
④ 금융자산평가손실(기타포괄손익누계) ₩150,000

17. (주)한국은 20×1년중에 지분증권을 ₩6,000에 현금으로 취득하였으며, 이 가격은 취득시점의 공정가치와 동일하다. 지분증권 취득시 매매수수료 ₩100을 추가로 지급하였다. 동 지분증권의 20×1년말 공정가치는 ₩7,000이며, (주)한국은 20×2년초에 지분증권 전부를 ₩7,200에 처분하였다. (주)한국이 지분증권을 취득시 기타포괄손익-공정가치측정금융자산으로 분류한 경우 20×1년과 20×2년 당기순이익에 미치는 영향은? (9급지방직, 2020)

	20×1년 당기순이익에 미치는 영향	20×2년 당기순이익에 미치는 영향
①	₩900 증가	₩1,100 증가
②	₩1,000 증가	₩1,100 증가
③	영향 없음	₩900 증가
④	영향 없음	영향 없음

18. (주)한국은 20×1년중 금융자산을 취득하고 주식 A는 당기손익-공정가치측정금융자산으로, 주식 B는 기타포괄손익-공정가치측정금융자산으로 분류하였다. 20×1년중 주식 A는 전부 매각하였고, 주식 B는 20×1년말 현재 보유하고 있다. 주식 A의 매각금액과 20×1년말 주식 B의 공정가치가 다음과 같을 때, 20×1년 당기순이익에 미치는 영향은? (주택관리사보, 2022)

	20×1년중 취득원가	비 고
주식 A	₩250	매각금액 ₩230
주식 B	340	20×1년말 공정가치 ₩380

① ₩20 증가
② ₩40 증가
③ ₩60 증가
④ ₩20 감소
⑤ ₩40 감소

19. (주)한국은 20×6년중 장기보유 목적으로 A주식을 매입하였고, 단기시세차익 목적으로 B주식을 매입하였다. (주)한국은 20×6년말 A주식과 B주식을 보유하고 있으며, 두 주식에 대한 취득원가와 공정가치는 다음과 같다. 20×6년말 재무제표에 미치는 영향으로 옳지 않은 것은? (단, 취득한 주식은 발행기업에 유의한 영향을 미치지 않는다) (7급국가직, 2016)

종 목	취득원가	20×6년말 공정가치
A주식	₩100,000	₩90,000
B주식	60,000	70,000

① 당기순이익이 ₩10,000 증가한다.
② 기타포괄손익이 ₩10,000 감소한다.
③ 이익잉여금은 변하지 않는다.
④ 총포괄손익은 변하지 않는다.

해답 및 해설

1. ③

선급비용과 이연법인세자산은 금융상품이 아니다.

2. ④

선급비용은 금융자산이 아니다.

3. ①

사채의 경우 세 가지 종류의 금융자산으로 모두 분류가능하다.

4. ④

주식의 경우 FVPL금융자산을 원칙으로 하며, FVOCI금융자산을 선택가능하다.

5. ⑤

이자수익은 취득일의 유효이자율을 이용하여 인식한다.

6. ④

FVPL금융자산, FVOCI금융자산 등에서 발생하는 배당금수익은 배당금수익의 항목으로 하여 당기수익으로 표시한다.

7. ③

단기간 내 매각할 목적의 주식은 FVPL금융자산으로 분류하며 동 분류에서는 취득수수료를 취득원가에 포함시키지 않고 별도의 비용으로 처리한다.

8. ③

채권을 AC금융자산으로 분류할 경우 당기순이익에 미치는 영향은 FVOCI금융자산으로 분류할 경우와 동일하다.

FVOCI금융자산으로 분류할 경우와 FVPL금융자산으로 분류할 경우 모두 공정가치로 평가되므로 총포괄손익에 미치는 영향은 동일하다.

9. ①

상환시점의 AC금융자산의 장부금액 : ₩1,073,314{=₩1,106,900−(₩100,000−₩1,106,900×6%)}
사채상환이익 ₩4,500이 발생하였으므로 현금은 ₩1,068,814(=₩1,073,314−₩4,500)을 지급한 것이다.

10. ③

20×1년초	(차) AC금융자산	950,000	(대) 현 금	950,000
20×1년말	(차) 현 금	80,000	(대) 이 자 수 익	95,000
	AC금융자산	15,000		
20×2년초	(차) 현 금	490,000	(대) AC금융자산	482,500
			금융자산처분이익(당기손익)	7,500

11. ③

20×1년 4월 1일 채무상품 취득원가=₩981,000−₩25,000(미수이자)=₩956,000
취득일부터 만기까지 사채할인발행차금상각총액=₩1,000,000−₩956,000=₩44,000
액면이자 이자수익=₩75,000+₩100,000+₩100,000=₩275,000
이자수익 총액=₩44,000+₩275,000=₩319,000

12. ①

20×1년말	(차) 현 금	5,000	(대) 이 자 수 익	5,000
	(차) FVPL금융자산	2,000	(대) 금융자산평가이익(당기손익)	2,000
20×2년말	(차) 현 금	5,000	(대) 이 자 수 익	5,000
	(차) FVPL금융자산	7,000	(대) 금융자산평가이익(당기손익)	7,000

13. ⑤

거래원가 비용=−₩5,000
처분 직전 평가손실=100주×(₩1,000−₩800)=−₩20,000
기말평가이익=100주×(₩1,300−₩1,000)=₩30,000
계=−₩5,000−₩20,000+₩30,000=₩5,000

14. ②

20×1년 11월 1일	(차) FVPL금융자산	600,000	(대) 현 금	610,000
	수수료비용(당기손익)	10,000		
20×1년말	(차) 금융자산평가손실(당기손익)	100,000	(대) FVPL금융자산	100,000
20×2년 5월 10일	(차) FVPL금융자산	60,000	(대) 금융자산평가이익(당기손익)	60,000
	(차) 현 금	560,000	(대) FVPL금융자산	560,000

15. ②

(차)	FVPL금융자산	820,000	(대) 현 금	828,200
	수수료비용(당기손익)	8,200		
(차)	FVPL금융자산	210,000	(대) 금융자산평가이익(당기손익)	210,000

FVPL금융자산에서 취득수수료는 취득원가에 포함시키지 않고 즉시 비용처리한다.

16. ②

20×8년 취득	(차) FVOCI금융자산	500,000	(대) 현 금	500,000
20×8년말	(차) FVOCI금융자산	100,000	(대) 금융자산평가이익(OCI)	100,000
	(차) 금융자산평가이익(OCI)	100,000	(대) 금융자산평가이익(OCI누계)	100,000
20×9년말	(차) 금융자산평가손실(OCI)	150,000	(대) FVOCI금융자산	150,000
	(차) 금융자산평가이익(OCI누계)	100,000	(대) 금융자산평가손실(OCI)	150,000
	금융자산평가손실(OCI누계)	50,000		

17. ④

20×1년중	(차) FVOCI금융자산	6,100	(대) 현 금	6,100
20×1년말	(차) FVOCI금융자산	900	(대) 금융자산평가이익(OCI)	900
	(차) 금융자산평가이익(OCI)	900	(대) 금융자산평가이익(OCI누계)	900
20×2년초	(차) FVOCI금융자산	200	(대) 금융자산평가이익(OCI)	200
	(차) 금융자산평가이익(OCI)	200	(대) 금융자산평가이익(OCI누계)	200
	(차) 현 금	7,200	(대) FVOCI금융자산	7,200
	(차) 금융자산평가이익(OCI누계)	900	(대) 이익잉여금	900

20×1년과 20×2년 거래를 통하여 당기순이익에 미치는 영향은 없다.

18. ④

	주식 A	주식 B
취 득	(차) FVPL금융자산 250 (대) 현 금 250	(차) FVOCI금융자산 340 (대) 현 금 340
매 각	(차) 현 금 230 금융자산처분손실(당기손익) 20 (대) FVPL금융자산 250	–
평 가	–	(차) FVOCI금융자산 40 (대) 금융자산평가이익(OCI) 40 (차) 금융자산평가이익(OCI) 40 (대) 금융자산평가이익(OCI누계) 40

19. ③

A주식

20×6년중	(차) FVOCI금융자산	100,000	(대) 현 금	100,000
20×6년말	(차) 금융자산평가손실(OCI)	10,000	(대) FVOCI금융자산	10,000
	(차) 금융자산평가손실(OCI누계)	10,000	(대) 금융자산평가손실(OCI)	10,000

B주식

20×6년중	(차) FVPL금융자산	60,000	(대) 현 금	60,000
20×6년말	(차) FVPL금융자산	10,000	(대) 금융자산평가이익 (당기손익)	10,000

이익잉여금은 ₩10,000 증가한다.

주관식 문제

1. 갑회사는 을회사가 20×1년 1월 1일에 발행한 다음과 같은 조건의 사채를 발행일에 취득하여 AC금융자산으로 분류하였다. 사채발행일 현재 유효이자율은 연 10%이다. (공인회계사 1차 수정, 2009)

- 액면금액 : ₩1,000,000
- 표시이자율 : 연 8%(매년 12월 31일 후급)
- 만기상환일 : 20×3년 12월 31일

〈요구사항〉

(1) 20×1년 1월 1일 사채의 발행금액은 얼마인가?

(2) 동 사채를 만기까지 보유할 경우 인식할 총이자수익은 얼마인가?

(3) 동 사채에 대하여 발행일로부터 만기까지 회계처리를 하시오.

해답

(1) ₩80,000/1.1 + ₩80,000/1.1^2 + ₩1,080,000/1.1^3 = ₩950,263

(2) ① 액면이자 : ₩80,000 × 3 = ₩240,000

② 할인차금상각액 : ₩1,000,000 − ₩950,263 = ₩49,737

③ 계 : ₩240,000 + ₩49,737 = ₩289,737

(3) ① 상각표

기 간	유효이자	액면이자	상각액	장부가
0				₩950,263
1	₩95,026	₩80,000	₩15,026	965,289
2	96,529	80,000	16,529	981,818
3	98,182	80,000	18,182	1,000,000

② 회계처리

일자	차변	금액	대변	금액
20×1. 1. 1	(차) AC금융자산	950,263	(대) 현 금	950,263
20×1.12.31	(차) 현 금	80,000	(대) 이 자 수 익	95,026
	AC금융자산	15,026		
20×2.12.31	(차) 현 금	80,000	(대) 이 자 수 익	96,529
	AC금융자산	16,529		
20×3.12.31	(차) 현 금	80,000	(대) 이 자 수 익	98,182
	AC금융자산	18,182		
	(차) 현 금	1,000,000	(대) AC금융자산	1,000,000

2. 갑회사는 을회사가 20×1년 1월 1일에 발행한 다음과 같은 조건의 사채를 발행일에 취득하여 FVOCI금융자산으로 분류하였다. 사채발행일 현재 유효이자율은 연 10%이다. (공인회계사 1차 수정, 2009)

> • 액면금액 : ₩1,000,000
> • 표시이자율 : 연 8%(매년 12월 31일 후급)
> • 만기상환일 : 20×3년 12월 31일
>
> 사채취득 후 매년말 공정가치는 다음과 같다.

연 도	20×1년말	20×2년말
공정가치	₩960,000	₩990,000

〈요구사항〉

(1) 동 사채를 만기까지 보유할 경우 인식할 총이자수익은 얼마인가?

(2) 동 사채에 대하여 발행일로부터 만기까지 보유할 경우 회계처리를 하시오.

(3) 동 사채를 20×3년 1월 1일 공정가치 ₩990,000에 매각할 경우의 회계처리를 하시오.

해답

(1) ① 액면이자 : ₩80,000 × 3 = ₩240,000

② 할인차금상각액 : ₩1,000,000 − ₩950,263 = ₩49,737

③ 계 : ₩240,000 + ₩49,737 = ₩289,737

* FVOCI금융자산이 당기순이익에 미치는 영향은 AC금융자산이 당기순이익에 미치는 영향과 같다.

(2) ① 상각표

기 간	유효이자	액면이자	상각액	장부가
0				₩950,263
1	₩95,026	₩80,000	₩15,026	965,289
2	96,529	80,000	16,529	981,818
3	98,182	80,000	18,182	1,000,000

② 회계처리

20×1. 1. 1	(차) FVOCI금융자산	950,263	(대) 현 금	950,263
20×1.12.31	(차) 현 금	80,000	(대) 이 자 수 익	95,026
	FVOCI금융자산	15,026		
	(차) 금융자산평가손실(OCI)	5,289	(대) FVOCI금융자산	5,289
	(차) 금융자산평가손실(OCI누계)	5,289	(대) 금융자산평가손실(OCI)	5,289
	* (₩950,263 + ₩15,026) → ₩960,000 : ₩5,289 감소			
20×2.12.31	(차) 현 금	80,000	(대) 이 자 수 익	96,529
	FVOCI금융자산	16,529		

	(차) FVOCI금융자산	13,471	(대) 금융자산평가이익(OCI)	13,471
	(차) 금융자산평가이익(OCI)	13,471	(대) 금융자산평가손실(OCI누계)	5,289
			금융자산평가이익(OCI누계)	8,182

* (₩960,000 + ₩16,529) → ₩990,000 : ₩13,471 증가

20×3.12.31	(차) 현 금	80,000	(대) 이 자 수 익	98,182
	FVOCI금융자산	18,182		
	(차) 현 금	1,000,000	(대) FVOCI금융자산	1,000,000
	(차) 금융자산평가손실(OCI)	8,182	(대) FVOCI금융자산	8,182
	(차) 금융자산평가이익(OCI누계)	8,182	(대) 금융자산평가손실(OCI)	8,182

* (₩990,000 + ₩18,182) → ₩1,000,000 : ₩8,182 감소

(3) 20×3. 1. 1	(차) 현 금	990,000	(대) FVOCI금융자산	990,000
	(차) 재분류조정(OCI)	8,182	(대) 금융자산처분이익	8,182
	(차) 금융자산평가이익(OCI누계)	8,182	(대) 재분류조정(OCI)	8,182

3. 갑회사는 을회사가 20×1년 1월 1일에 발행한 다음과 같은 조건의 사채를 발행일에 취득하여 FVPL금융자산으로 분류하였다. 사채발행일 현재 유효이자율은 연 10%이며 액면이자를 이자수익으로 인식한다.

(공인회계사 1차 수정, 2009)

> • 액면금액 : ₩2,000,000
> • 표시이자율 : 연 8%(매년 12월 31일 후급)
> • 만기상환일 : 20×3년 12월 31일
>
> 사채취득 후 매년말 공정가치는 다음과 같다.

연 도	20×1년말	20×2년말
공정가치	₩1,920,000	₩1,980,000

〈요구사항〉

(1) 동 사채를 만기까지 보유할 경우 인식할 총이자수익은 얼마인가?

(2) 동 사채에 대하여 발행일로부터 만기까지 보유할 경우 회계처리를 하시오.

(3) 동 사채를 20×3년 1월 1일 공정가치 ₩1,980,000에 매각할 경우의 회계처리를 하시오.

해답

(1) ₩160,000 × 3 = ₩480,000

(2) 20×1. 1. 1	(차) FVPL금융자산	1,900,526	(대) 현　　금	1,900,526
	* $₩160,000/1.1 + ₩160,000/1.1^2 + ₩2,160,000/1.1^3 = ₩1,900,526$			
20×1.12.31	(차) 현　　금	160,000	(대) 이 자 수 익	160,000
	(차) FVPL금융자산	19,474	(대) 금융자산평가이익(당기손익)	19,474
20×2.12.31	(차) 현　　금	160,000	(대) 이 자 수 익	160,000
	(차) FVPL금융자산	60,000	(대) 금융자산평가이익(당기손익)	60,000
20×3.12.31	(차) 현　　금	160,000	(대) 이 자 수 익	160,000
	(차) FVPL금융자산	20,000	(대) 금융자산평가이익(당기손익)	20,000
	(차) 현　　금	2,000,000	(대) FVPL금융자산	2,000,000
(3) 20×3. 1. 1	(차) 현　　금	1,980,000	(대) FVPL금융자산	1,980,000

4. 갑회사는 을회사가 20×1년 1월 1일에 발행한 다음과 같은 조건의 사채를 발행일에 취득하여 FVOCI금융자산 또는 FVPL금융자산으로 분류하고자 한다. 사채발행일 현재 공정가치(취득수수료 제외)는 ₩1,900,526이며 취득수수료는 ₩48,848이다. 공정가치(취득수수료 제외) 계산시 적용된 유효이자율은 10%이며, 취득수수료를 포함할 경우 유효이자율은 9%이다. (공인회계사 1차 수정, 2009)

- 액면금액 : ₩2,000,000
- 표시이자율 : 연 8%(매년 12월 31일 후급)
- 만기상환일 : 20×3년 12월 31일

사채취득 후 매년말 공정가치는 다음과 같다.

연 도	20×1년말	20×2년말
공정가치	₩1,920,000	₩1,980,000

또한 동 사채를 20×3년 1월 1일 공정가치 ₩1,980,000에 매각할 예정이며 동 매각시 수수료는 ₩10,000이 발생하였다.

〈요구사항〉

(1) 동 사채를 FVOCI금융자산으로 분류할 경우와 FVPL금융자산으로 분류할 경우 인식할 취득원가는 각각 얼마인가?

(2) 동 사채를 FVOCI금융자산으로 분류할 경우와 FVPL금융자산으로 분류할 경우 인식할 20×1년말 평가손익은 얼마인가?

(3) 동 사채를 FVOCI금융자산으로 분류할 경우와 FVPL금융자산으로 분류할 경우 각각이 20×1년 당기순이익에 미치는 영향은 얼마인가?

(4) 동 사채를 FVOCI금융자산으로 분류할 경우와 FVPL금융자산으로 분류할 경우 각각이 20×1년 총포괄손익에 미치는 영향은 얼마인가?

(5) 동 사채를 FVOCI금융자산으로 분류할 경우와 FVPL금융자산으로 분류할 경우 20×1년~20×3년에 해야 할 회계처리를 하시오.

해답

(1) FVOCI금융자산 : ₩1,949,374
FVPL금융자산 : ₩1,900,526

(2) FVOCI금융자산 : ₩1,920,000 − ₩1,964,818 = (−)₩44,818
FVPL금융자산 : ₩1,920,000 − ₩1,900,526 = (+)₩19,474

(3) FVOCI금융자산 : 이자수익 ₩175,444
FVPL금융자산 : − ₩48,848(수수료비용) + ₩160,000(이자수익) + ₩19,474(평가이익) = ₩130,626

(4) FVOCI금융자산 : ₩175,444(이자수익) − ₩44,818(평가손실 OCI) = ₩130,626
FVPL금융자산 : − ₩48,848(수수료비용) + ₩160,000(이자수익) + ₩19,474(평가이익) = ₩130,626
* 총포괄이익에 미치는 영향은 FVOCI금융자산과 FVPL금융자산이 같다.

(5) ① FVOCI금융자산

상각표

기 간	유효이자(9%)	액면이자	상각액	장부가
0				₩1,949,374
1	₩175,444	₩160,000	₩15,444	1,964,818
2	176,834	160,000	16,834	1,981,651
3	178,349	160,000	18,349	2,000,000

20×1. 1. 1	(차) FVOCI금융자산	1,949,374	(대) 현 금	1,949,374
20×1.12.31	(차) 현 금	160,000	(대) 이 자 수 익	175,444
	FVOCI금융자산	15,444		
	(차) 금융자산평가손실(OCI)	44,818	(대) FVOCI금융자산	44,818
	(차) 금융자산평가손실(OCI누계)	44,818	(대) 금융자산평가손실(OCI)	44,818
20×2.12.31	(차) 현 금	160,000	(대) 이 자 수 익	176,834
	FVOCI금융자산	16,834		
	(차) FVOCI금융자산	43,166	(대) 금융자산평가이익(OCI)	43,166
	(차) 금융자산평가이익(OCI)	43,166	(대) 금융자산평가손실(OCI누계)	43,166

* (₩1,920,000 + ₩16,834) → ₩1,980,000 : ₩43,166 증가

20×3. 1. 1	(차) 현 금	1,970,000	(대) FVOCI금융자산	1,980,000
	금융자산처분손실	11,652	금융자산평가손실(OCI누계)	1,652

② FVPL금융자산

20×1. 1. 1	(차) FVPL금융자산	1,900,526	(대) 현 금	1,900,526
	(차) 수수료비용	48,848	(대) 현 금	48,848
20×1.12.31	(차) 현 금	160,000	(대) 이 자 수 익	160,000
	(차) FVPL금융자산	19,474	(대) 금융자산평가이익(당기손익)	19,474
20×2.12.31	(차) 현 금	160,000	(대) 이 자 수 익	160,000
	(차) FVPL금융자산	60,000	(대) 금융자산평가이익(당기손익)	60,000
20×3. 1. 1	(차) 현 금	1,970,000	(대) FVPL금융자산	1,980,000
	금융자산처분손실	10,000		

5. 갑회사는 20×1년 7월 1일 주식 A 10주를 수수료 ₩100을 포함한 ₩1,100에 취득하여 FVPL금융자산으로 분류하였으며 그 후 아래와 같은 거래를 수행하였다. (공인회계사 1차 수정, 2012)

- 20×1년 10월 1일 현금배당 ₩10/1주당을 수령하였다.
- 20×1년 12월 31일 주당 공정가치는 ₩120이었다.
- 20×2년 1월 31일 주당 ₩130에 모두 처분하였다.

〈요구사항〉

(1) 20×1년 FVPL금융자산의 취득원가는 얼마인가?

(2) 동 금융자산이 20×1년 당기순이익에 미치는 영향은 얼마인가?

(3) 동 금융자산과 관련하여 20×1년과 20×2년의 회계처리를 하시오.

해답

(1) ₩1,000

(2) －₩100(수수료비용)＋₩100(배당수익)＋₩200(평가이익)＝₩200

(3)

일자	차변	금액	대변	금액
20×1. 9. 1	(차) FVPL금융자산	1,000	(대) 현　　금	1,000
	(차) 수수료비용	100	(대) 현　　금	100
20×1.10. 1	(차) 현　　금	100	(대) 배 당 수 익	100
20×1.12.31	(차) FVPL금융자산	200	(대) 금융자산평가이익(당기손익)	200
20×2.12.31	(차) FVPL금융자산	100	(대) 금융자산평가이익(당기손익)	100
	(차) 현　　금	1,300	(대) FVPL금융자산	1,300

6. 갑회사는 20×1년 10월 1일 주식 B 10주를 수수료 ₩200을 포함한 ₩2,200에 취득하여 FVOCI금융자산으로 분류하였으며, 주식 B의 1주당 공정가치는 아래와 같다.

연 도	20×1년말	20×2년말	20×3년말
공정가치	₩230	₩200	₩250

갑회사는 20×4년 1월 5일에 주식 B를 주당 ₩240에 전부 처분하였다. (공인회계사 1차 수정, 2012)

〈요구사항〉

(1) 20×1년 FVOCI금융자산의 취득원가는 얼마인가?

(2) 동 금융자산과 관련하여 매년말 인식할 기타포괄손익누계액은 얼마인가?

(3) 동 금융자산과 관련하여 20×4년 1월 5일에 해야 할 회계처리를 하시오.

해답

(1) ₩2,200

(2) 20×1년 : +₩100, 20×2년 : −₩200, 20×3년 : +₩300

(3)

일자	차변	금액	대변	금액
20×1. 1. 1	(차) FVOCI금융자산	2,200	(대) 현 금	2,200
20×1.12.31	(차) FVOCI금융자산	100	(대) 금융자산평가이익(OCI)	100
	(차) 금융자산평가이익(OCI)	100	(대) 금융자산평가이익(OCI누계)	100
20×2.12.31	(차) 금융자산평가손실(OCI)	300	(대) FVOCI금융자산	300
	(차) 금융자산평가이익(OCI누계)	100	(대) 금융자산평가손실(OCI)	300
	금융자산평가손실(OCI누계)	200		
20×3.12.31	(차) FVOCI금융자산	500	(대) 금융자산평가이익(OCI)	500
	(차) 금융자산평가이익(OCI)	500	(대) 금융자산평가손실(OCI누계)	200
			금융자산평가이익(OCI누계)	300
20×4. 1. 5	(차) 금융자산평가손실(OCI)	100	(대) FVOCI금융자산	100
	(차) 금융자산평가손실(OCI누계)	100	(대) 금융자산평가손실(OCI)	100
	(차) 현 금	2,400	(대) FVOCI금융자산	2,400

7. (주)한국은 20×1년 2월 1일 유가증권시장에서 주식 C를 ₩3,000에 취득하고, 취득에 따른 거래비용 ₩300을 지급하였다. 20×1년말 주식 C의 공정가치는 ₩3,500이었다. (주)한국은 20×2년 2월 28일 주식 C를 ₩3,400에 매도하였으며, 매도와 관련하여 부대비용 ₩200을 지급하였다. (주)한국이 주식 C를 FVPL금융자산 또는 FVOCI금융자산으로 분류할 경우 아래 물음에 답하시오. (세무사 1차 수정, 2014)

〈요구사항〉

(1) 20×1년 (주)한국이 주식 C를 FVPL금융자산으로 분류할 경우와 FVOCI금융자산으로 분류할 경우 인식할 취득원가는 얼마인가?

(2) (주)한국이 주식 C를 FVPL금융자산으로 분류할 경우와 FVOCI금융자산으로 분류할 경우 각각이 20×1년 당기순이익에 미치는 영향은 얼마인가?

(3) (주)한국이 주식 C를 FVPL금융자산으로 분류할 경우와 FVOCI금융자산으로 분류할 경우 각각이 20×1년 총포괄손익에 미치는 영향은 얼마인가?

(4) (주)한국이 주식 C를 FVPL금융자산으로 분류할 경우와 FVOCI금융자산으로 분류할 경우 20×2년 2월 28일 해야 할 회계처리를 하시오.

해답

(1) FVPL금융자산 : ₩3,000
FVOCI금융자산 : ₩3,300

(2) FVPL금융자산 : − ₩300(수수료비용) + ₩500(평가이익) = + ₩200
FVOCI금융자산 : ₩0

(3) FVPL금융자산 : − ₩300(수수료비용) + ₩500(평가이익) = + ₩200
FVOCI금융자산 : + ₩200(평가이익, OCI) = + ₩200
* FVPL금융자산과 FVOCI금융자산이 총포괄이익에 미치는 영향은 같다.

(4) FVPL금융자산 :

(차) 금융자산평가손실(당기손익)	100	(대) FVPL금융자산	100
(차) 현　　금	3,200	(대) FVPL금융자산	3,400
금융자산처분손실	200		

FVOCI금융자산 :

(차) 금융자산평가손실(OCI)	100	(대) FVOCI금융자산	100
(차) 금융자산평가이익(OCI누계)	100	(대) 금융자산평가손실(OCI)	100
(차) 현　　금	3,200	(대) FVOCI금융자산	3,400
금융자산처분손실	200		
(차) 금융자산평가이익(OCI누계)	100	(대) 이익잉여금	100(선택)

Chapter

9 부 채

본장에서는

1. 화폐의 시간가치를 설명한다. 구체적으로 현재가치와 미래가치를 단순현금흐름일 경우와 연금일 경우로 나누어 설명한다.
2. 금융부채의 정의와 대표적인 금융부채 항목인 사채의 회계처리에 대해서 설명한다.
3. 기타금융부채로 매입채무, 미지급금, 미지급비용, 차입금의 회계처리에 대해서 설명한다.
4. 비금융부채 항목인 충당부채와 우발부채에 대해서 설명하고, 우발부채와 대조되는 우발자산에 대해서 설명한다.
5. 마지막으로 선수금, 선수수익, 예수금에 대해서 설명한다.

1. 화폐의 시간가치

- 현재가치 : 단순현금흐름의 현재가치, 연금의 현재가치
- 미래가치 : 단순현금흐름의 미래가치, 연금의 미래가치

2. 부채의 종류

- 금융부채 : 매입채무, 미지급금, 차입금, 사채 등
- 비금융부채 : 충당부채, 우발부채, 선수금, 선수수익, 예수금 등

3. 사채의 회계처리

- 발행 : 액면발행, 할인발행, 할증발행
- 이자지급 : 현금이자, 사채할인(할증)발행차금상각
- 상환 : 조기상환, 만기상환

4. 충당부채

- 요건
  - 과거사건의 결과로 발생한 현재의무
  - 자원의 유출가능성이 높음
  - 금액을 신뢰성 있게 추정
- 회계처리 : 충당부채로 본문에 인식

5. 우발부채

- 충당부채의 요건을 충족하지 못한 경우
- 회계처리 : 우발부채로 주석 공시

제 1 절 화폐의 시간가치

기업의 재무의사결정은 현재시점에서 이루어지나 그로부터 얻어지는 결과는 미래시점에 실현된다. 따라서 기업이 재무의사결정을 할 때에는 화폐의 시간가치를 고려해야 한다. 화폐의 시간가치란 현재시점의 화폐가치와 미래시점의 화폐가치가 다름을 의미한다. 즉, 화폐란 시간이 지남에 따라 가치가 달라지므로 현금흐름의 발생시점이 다를 경우 올바른 의사결정을 위해서는 화폐의 시간가치를 고려해야 하는 것이다. 예를 들면, 특정기업이 미래 투자의사결정을 할 때 현금의 유출시기와 현금의 유입시기는 차이가 나므로 올바른 의사결정을 위해서는 동일한 시점으로 그 가치를 환산해 주어야 하는 것이다. 이때 환산하는 기준은 현재시점이 될 수도 있고, 미래시점이 될 수도 있다. 따라서 본절에서는 화폐의 시간가치를 현재가치와 미래가치로 나누어 설명하기로 한다.

1. 현재가치

현재가치(present value)란 미래에 발생하는 현금흐름을 화폐의 시간가치를 반영하여 적절한 할인율로 현재시점에서의 가치로 환산한 값을 말한다.

일반적으로 회계에서는 미래에 수령하거나 지급하게 될 현금흐름의 명목금액 그 자체를 자산이나 부채로 계상하는 것이 아니라 현재시점의 가치로 환산한 자산 또는 부채로 계상을 하며, 그 차이를 이자로 계상한다. 즉, 미래 명목금액과 현재가치의 차이인 시간가치는 이자가 되는 것이며 이는 결국 화폐를 사용하는 대가인 것이다.

현금흐름은 특정시점에 한 번만 발생하는 단순현금흐름(single sum)이 있는 반면에 일정액의 현금흐름이 두 번 이상 발생하는 연금(annuity)이 있는데, 현금흐름의 형태에 따라 현재가치를 계산하는 방법은 차이가 있다. 이에 대해서 살펴보자.

(1) 이자의 계산

이자는 단리와 복리로 구분할 수 있다. 단리(simple interest)는 원금에 대해서만 일정한 시기에 약정한 이자율을 적용하여 이자를 계산하는 방법으로서 매년 동일한 금액의 이자가 발생하는 방식이다. 이에 반해 복리(compound interest)는 발생한 이자를 원금에 가산한 후 이에 다시 이자율을 적용하여 이자를 계산하는 방식을 말한다. 구체적으로 연 10% 이자가 발생하는 정기예금에 ₩1,000을 3년간 예금하였다고 가정할 경우 단리에 의한 이자를 계산하면 〈표 9-1〉과 같다.

〈표 9-1〉 단리에 의한 이자계산

연 도	원 금	이자율	이 자	원리금 합계
1차년도	₩1,000	10%	₩100	₩1,100
2차년도	₩1,000	10%	₩100	₩1,200
3차년도	₩1,000	10%	₩100	₩1,300
합 계			₩300	

즉, 단리에 의할 경우 3년 후 원금과 이자의 합계액은 다음과 같이 계산할 수 있다.

$$₩1{,}000 + ₩1{,}000 \times 10\% \times 3 = ₩1{,}300$$

이를 식으로 정리하면 다음과 같다.

$$\text{단리의 경우 원리금 합계} = \text{원금}(P) + \text{원금}(P) \times \text{이자율}(i) \times \text{기간}(n)$$

여기서 기간의 의미는 연도수를 말하는 것이 아니라 이자를 지급하는 횟수이다. 상기의 예에서는 이자계산 단위가 1년이고 3년간 예치한 것이므로 기간을 3으로 사용하면 되었다. 그런데 여기서 중요한 것은 제시된 이자율 10% 또한 연간이자율을 의미한다는 것이다. 일반적으로 회계처리과정에서 제시된 이자율은 별도 언급이 없으면 연이자율로 가정하면 된다.

그러나 만약 상기의 예에서 연이자율은 10%이고, 이자의 지급단위가 1년이 아니라 6개월이라면 계산방법이 달라지게 된다. 즉, 상기의 식에서 기간은 3이 아니라 3년간 1년에 2번씩 총 6회의 이자가 발생하므로 6이 되는 것이고, 계산시 사용해야 하는 이자율 또한 연이자율 10%가 아니라 6개월 단위의 이자율인 5%가 되어야 하는 것이다. 따라서 회계처리를 할 때 이를 유의해야 하며, 이는 앞으로 제시하는 모든 현재가치와 미래가치의 계산에 동일하게 적용된다. 한편, 복리에 의한 이자를 계산하면 〈표 9-2〉와 같다.

〈표 9-2〉
복리에 의한 이자계산

연 도	원 금	이자율	이 자	원리금 합계
1차년도	₩1,000	10%	₩100	₩1,100
2차년도	₩1,100	10%	₩110	₩1,210
3차년도	₩1,210	10%	₩121	₩1,331
합 계			₩331	

즉, 복리에 의할 경우 3년 후 원금과 이자의 합계액은 다음과 같이 계산할 수 있다.

$$₩1,000 \times (1+0.1)^3 = ₩1,331$$

이를 식으로 정리하면 다음과 같다.

$$\text{복리의 경우 원리금 합계} = \text{원금}(P) \times (1+\text{이자율}(i))^{\text{기간}(n)}$$

일반적으로 장기간의 현금흐름이 발생하는 경우 이자를 계산하는 방식은 단리보다는 복리를 사용한다. 따라서 본서에서는 별도의 언급이 없는 한 복리에 의한 이자산정방식을 사용하는 것으로 가정한다.

(2) 단순현금흐름의 현재가치

단순현금흐름이란 특정시점에 한 번만 현금흐름이 발생하는 경우를 말하는 것으로서 다음의 예를 통해 단순현금흐름의 현재가치를 계산하는 방법을 설명하기로 한다. 현재 시장이자율은 10%이고, 1년 후 미래 현금흐름이 ₩1,100이며, 2년 후 미래 현금흐름이 ₩1,210이라고 할 때 이들 각각의 현재가치를 계산하면 다음과 같다.

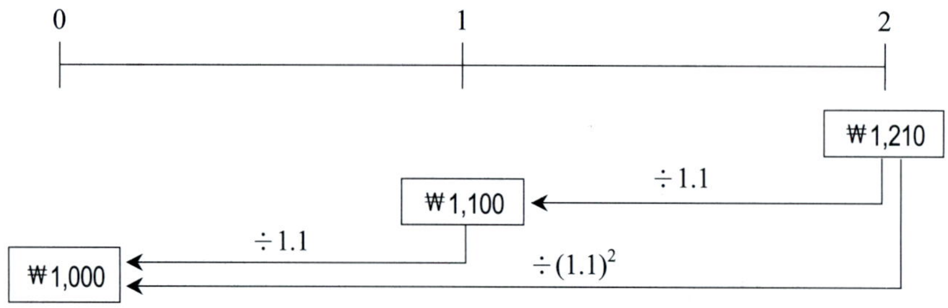

상기 예를 일반화된 식으로 제시하면 다음과 같다.

$$\text{현재가치(PV)} = \text{미래가치(FV)} \div (1 + \text{이자율}(i))^{\text{기간}(n)}$$

(3) 연금의 현재가치

연금(annuity)이란 일정액의 현금흐름이 두 번 이상 발생하는 것으로서 연금의 현재가치 계산을 예로 들어 설명하면 다음과 같다. 현재 시장이자율이 10%이고, 1년, 2년, 3년 후에 각각 ₩10,000의 현금흐름이 발생한다고 가정할 때 이들 현금흐름의 현재가치를 계산하는 과정은 다음과 같다.

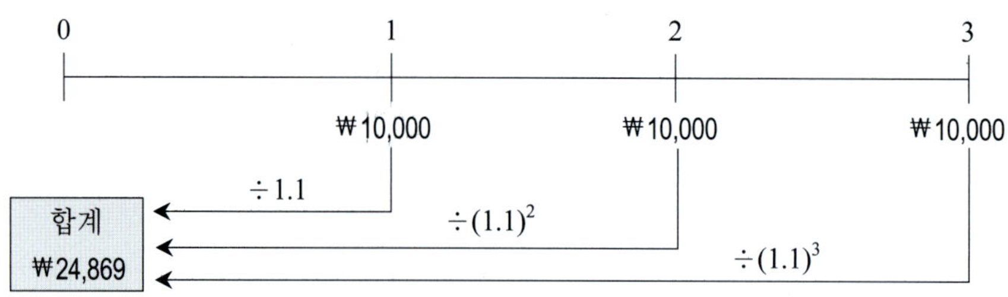

즉, 다음과 같이 계산된다.

3년 동안 매년말에 ₩10,000씩 유입되는 경우의 현재가치

$= 1\text{년 후 ₩}10{,}000 \div (1+0.1) + 2\text{년 후 ₩}10{,}000 \div (1+0.1)^2$

$\quad + 3\text{년 후 ₩}10{,}000 \div (1+0.1)^3$

$= ₩10{,}000 \times 1/1.1 + ₩10{,}000 \times 1/1.1^2 + ₩10{,}000 \times 1/1.1^3$

$= ₩24{,}869$

상기 예를 일반화된 식으로 제시하면 다음과 같다.

$$\text{연금의 현재가치(PV)} = \text{미래가치} \times [1/(1+i) + 1/(1+i)^2 + 1/(1+i)^3 \cdots]$$

2. 미래가치

상기에서 현재가치 계산과정을 살펴보았는데 이 과정을 역으로 이용하면 미래가치(future value)를 구할 수 있다. 즉, 시장이자율이 10%인 1년 만기 정기예금에 ₩1,000을 예금하였다면 1년 후의 미래가치는 원금 ₩1,000과 이자 ₩100의 합계인 ₩1,100이 되는 것이다. 따라서 현재가치를 미래가치로 전환하기 위해서는 $(1+\text{이자율}(i))^{\text{기간}(n)}$을 곱해야 한다. 구체적인 예를 들어 미래가치 계산과정을 살펴보자. 시장이자율이 10%인 정기예금에 ₩1,000을 예입한 경우 1년 후에 받게 될 원금과 이자의 합계는 ₩1,100(=₩1,000 ×1.1)이고, 2년 후에 받게 될 원금과 이자의 합계는 ₩1,210(=₩1,000×1.1^2)이다. 이 경우 ₩1,000의 1년 후 미래가치는 ₩1,100이고, ₩1,000의 2년 후 미래가치는 ₩1,210이다. 이를 그림으로 제시하면 다음과 같다.

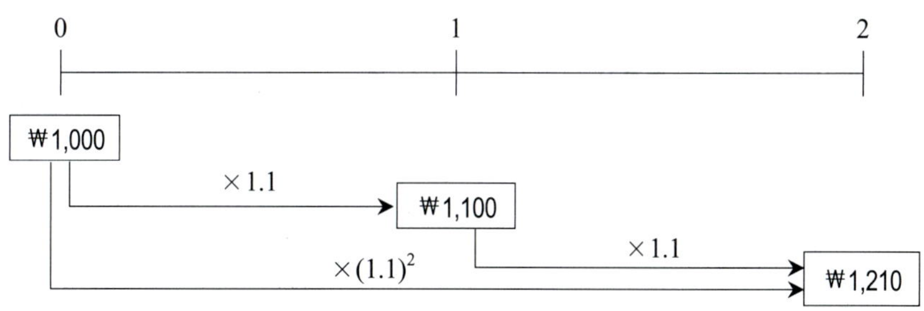

상기 예를 일반화된 식으로 제시하면 다음과 같다.

$$\text{미래가치(FV)} = \text{현재가치(PV)} \times (1+\text{이자율}(i))^{\text{기간}(n)}$$

3. 가치계산표

현재가치와 미래가치는 앞에서 설명한 것처럼 수식을 이용하여 계산할 수도 있지만 부록에 제시되어 있는 가치계산표를 이용하여 쉽게 구할 수 있다. 가치계산표의 세로는 이자지급횟수(n)이며 가로는 유효이자율(r)을 의미한다. 예를 들어 3년 후 ₩100,000의 현재가치를 유효이자율 10%를 적용하여 가치계산표를 이용하여 구할 경우, 부록 〈표 A-2〉의 단일금액 1원의 현재가치를 참고하여 0.7513에 ₩100,000을 곱하여 계산할 수 있다. 그리고 향후 3년에 걸쳐서 매년 ₩100,000씩 현금이 발생하는 연금의 현재가치는 부록 〈표 A-4〉의 정상연금 1원의 현재가치를 이용하여 2.4868에 ₩100,000을 곱하여 계산할 수 있다.

〈표 9-3〉 단일금액 1원의 현재가치

기간수 (n)	1%	2%	3%	4%	5%	6%	7%	8%	9%	10%
1	0.9901	0.9804	0.9709	0.9615	0.9524	0.9434	0.9346	0.9259	0.9174	0.9091
2	0.9803	0.9612	0.9426	0.9246	0.9070	0.8900	0.8734	0.8573	0.8417	0.8264
3	0.9706	0.9423	0.9151	0.8890	0.8638	0.8396	0.8163	0.7938	0.7722	0.7513
4	0.9610	0.9238	0.8885	0.8548	0.8227	0.7921	0.7629	0.7350	0.7084	0.6830
5	0.9515	0.9057	0.8626	0.8219	0.7835	0.7473	0.7130	0.6806	0.6499	0.6209

〈표 9-4〉 정상연금 1원의 현재가치

기간수 (n)	1%	2%	3%	4%	5%	6%	7%	8%	9%	10%
1	0.9901	0.9804	0.9709	0.9615	0.9524	0.9434	0.9346	0.9259	0.9174	0.9091
2	1.9704	1.9416	1.9135	1.8861	1.8594	1.8334	1.8080	1.7833	1.7591	1.7355
3	2.9410	2.8839	2.8286	2.7751	2.7232	2.6730	2.6243	2.5771	2.5313	2.4868
4	3.9020	3.8077	3.7171	3.6299	3.5460	3.4651	3.3872	3.3121	3.2397	3.1699
5	4.8534	4.7135	4.5797	4.4518	4.3295	4.2124	4.1002	3.9927	3.8897	3.7908

4. 회계처리과정에서의 응용

한국채택국제회계기준의 기본방침은 미래 현금흐름과 현재가치의 차이가 중요한 경우에는 미래의 명목금액이 아닌 현재가치로 평가하여 재무제표에 계상하도록 하고 있다. 이는 미래현금유입액을 의미하는 자산과 미래현금유출액을 의미하는 부채를 현재가치로 평가하여 재무제표에 계상하는 것을 의미한다. 그러므로 회계처리 전반에 걸쳐서 현재가치평가 문제는 존재하게 된다. 대표적으로 수취채권 및 대여금, 장기할부조건으로 자산을 취득한 경우, 금융자산의 취득, 금융부채의 발행 등에 현재가치평가가 사용된다. 그러나 대부분의 경우가 예상되는 미래 현금흐름을 현재가치로 평가하는 문제이므로 회계처리과정에서 미래가치를 평가하는 경우는 드물게 존재한다.

제 2 절 금융부채

부채(liability)란 과거사건의 결과로 기업이 경제적자원을 이전해야 하는 현재의무이다. 부채가 존재하기 위해서는 ① 기업에게 의무가 있고, ② 의무는 경제적자원을 이전하는 것이며, ③ 의무는 과거사건의 결과로 존재하는 현재의무라는 세 가지 조건을 모두 충족해야 한다. 한국채택국제회계기준에서는 부채를 크게 금융부채와 비금융부채로 구분하고 있으며, 이들 부채는 상환기간에 따라 유동부채와 비유동부채로 구분된다.

금융부채(financial liabilities)란 금융자산에 대응되는 개념으로서 거래상대방에게 현금 등의 금융자산을 인도하기로 한 계약상의 의무 또는 잠재적으로 불리한 조건으로 거래상대방과 금융자산이나 금융부채를 교환하기로 한 계약상 의무를 말한다.[1)]

이와 같은 금융부채로는 매입채무, 미지급금, 차입금, 사채 등이 있다. 또한 한국채택국제회계기준에서는 금융부채를 상각후원가로 측정하는 금융부채와 상각후원가로 측정하지 않고 별도로 후속측정하는 금융부채와 당기손익-공정가치측정지정금융부채로 구분하고 있다.[2)] 본장에서는 상각후원가로 측정하는 대표적인

1) 한국채택국제회계기준에서는 상기의 분류 외에 자기지분상품으로 결제되거나 결제될 수 있는 계약의 경우에도 금융부채로 분류하고 있지만 이는 회계원리의 수준을 벗어나므로 중급회계에서 학습하기로 한다.

2) 상각후원가로 측정하지 않고 별도로 후속측정하는 금융부채와 당기손익-공정가치측정지정금융부채는 본서의 수준을 넘어서므로 중급회계에서 학습하기로 한다.

금융부채인 사채를 먼저 설명하고, 기타의 금융부채에 대해서 설명하기로 한다.

한국채택국제회계기준에서 정하고 있는 금융부채와 비금융부채의 종류는 〈표 9-5〉와 같다.

〈표 9-5〉
부채의 종류

금융부채	매입채무, 미지급금, 차입금, 사채 등
비금융부채	충당부채, 우발부채, 선수금, 선수수익, 예수금 등

그리고 다음과 같은 조건을 충족하면 유동부채로 분류되며, 그 외 나머지는 모두 비유동부채로 분류된다.

① 정상영업주기 내에 결제될 것으로 예상하고 있다.
② 주로 단기매매 목적으로 보유하고 있다.
③ 보고기간 후 12개월 이내에 결제하기로 되어 있다.
④ 보고기간 후 12개월 이상 부채의 결제를 연기할 수 있는 무조건의 권리를 가지고 있지 않다.

매입채무 및 종업원 등에 미지급비용과 같은 유동부채는 기업의 정상영업주기 내에 사용되는 것으로서 이러한 항목은 12개월 후에 결제일이 도래한다 하더라도 유동부채로 분류한다. 따라서 유동부채란 정상영업주기 내 또는 재무상태표 보고일 현재 12개월 이내에 상환기일이 도래하는 부채로 정의할 수 있다. 본절에서는 가장 대표적인 금융부채인 사채를 먼저 설명하고, 기타의 금융부채에 대해서 설명하기로 한다.

1. 사 채

(1) 사채의 의의

사채란 회사가 증권을 발행하여 다수인으로부터 장기간 자금을 차입함으로써 발생하는 금융부채이다. 사채의 권면에는 액면금액, 표시이자율, 이자지급일, 상환일 및 상환방법 등이 기재되어 있다. 사채를 발행한 자는 해당사채를 발행하여 판매함으로써 원하는 자금을 조달할 수 있으며 정해진 방식에 따라 이자를 지급하고 만기일에 원금을 상환한다.

(2) 사채의 발행금액

사채의 발행금액은 사채에서 발생하는 미래 현금흐름(이자와 원금)을 유효이자율로 할인한 현재가치이다. 여기서 유효이자율이란 사채의 미래 현금흐름의 현재가치와 사채의 발행으로 인한 현재의 현금흐름을 일치시키는 이자율을 말한다. 개념적으로 유효이자율과 시장이자율은 일치한다. 그러나 보통 사채를 발행할 때에는 사채권인쇄비, 사채모집광고비, 사채발행수수료 등 사채발행비가 발생한다. 따라서 사채발행비까지 고려하게 되면 유효이자율은 시장이자율과 차이가 나게 된다.

$$\text{사채의 발행금액} = \frac{I}{1+i} + \frac{I}{(1+i)^2} + \frac{I}{(1+i)^3} + \cdots + \frac{I+P}{(1+i)^n}$$

I : 이자지급액, P : 원금상환액, i : 유효이자율, n : 사채의 기간

만약, 연금현가계수와 ₩1의 현가계수가 주어져 있다면 다음과 같이 사채의 발행금액을 계산할 수 있다.

사채의 발행금액 = 이자지급액 × (i, n, 연금현가계수)
+ 원금상환액 × (i, n, ₩1의 현가계수)

위의 식에서 제시하는 바와 같이 사채의 발행금액은 미래 현금흐름을 현재가치로 계산한 값이다. 예를 들어 매년 ₩100의 이자를 3년 동안 매 연도말에 지급하고 3년 후에 원금 ₩2,000을 지급하는 경우, 현재가치를 계산하는 방법에 따라 유효이자율을 적용하여 현재가치를 계산할 수 있다. 그러나 이를 보다 쉽게 계산하기 위하여 매년 동일한 금액(₩100)을 3년 동안 받는 경우를 연금방식이라고 부르고 연금 ₩1에 대한 현재가치를 계산한 다음의 값을 사전에 제시하는 경우 보다 쉽게 3년 동안의 이자에 대한 현재가치를 계산할 수 있다. 즉,

$$\text{이자의 현재가치} = ₩100 \times \left[\frac{1}{1+i} + \frac{1}{(1+i)^2} + \frac{1}{(1+i)^3}\right] \text{ 이다.}$$

여기서 $\left[\frac{1}{1+i} + \frac{1}{(1+i)^2} + \frac{1}{(1+i)^3}\right]$을 미리 계산하여 제시한 값을 연금현가계수라 한다. 따라서 ₩100에 대한 3년 동안의 현재가치는 ₩100×연금현가계수로 계산할 수 있다.

이자에 대한 현재가치를 계산하였으니 이제 원금에 대한 현재가치를 계산해 보자. 원금은 발행시점으로부터 3년 후에 지급한다. 따라서 상기의 예에서와 같이 원금이 ₩2,000이라면 ₩2,000$\times \frac{1}{(1+i)^3}$이 원금의 현재가치가 된다. 여기서 원금은 매년 동일한 금액을 지급하는 이자와는 달리 만기에 한 번만 지급한다. 이와 같은 경우에도 번거로움을 피하기 위하여 본서 부록에 각 이자율별로 $\frac{1}{(1+i)^n}$을 계산해 놓았는데, 이를 ₩1의 현재가치계수라 한다.

그런데 기업이 사채를 발행할 때 시장이자율인 유효이자율과 동일하게 이자를 지급(이를 표시이자 또는 액면이자라 함)하기도 하지만 때로는 유효이자율보다 높게 또는 낮게 지급하기도 한다. 상식적으로 생각해 보면 유효이자율보다 높게 이자를 지급한다면 이는 시장에서 매력적인 투자안이 될 것이고 따라서 사채에 대한 수요가 공급보다 높아져 발행자는 발행금액을 높여 발행할 수 있을 것이다. 그러나 유효이자율보다 낮게 이자를 지급한다면 이는 시장에서 매력적이지 않은 투자안이므로 사채에 대한 수요가 공급보다 낮아져 발행자는 발행금액을 낮추어 발행할 수밖에 없을 것이다. 그리고 유효이자율과 동일한 이자를 지급한다면 발행자는 시장과 동일한 이자를 지급하기 때문에 발행금액은 액면금액과 같을 것이다. 즉 사채의 발행금액은 사채에 대한 시장의 수요와 공급의 원리에 의해 결정되며, 이를 정리해 보면 다음과 같다.

표시이자율 > 유효이자율 → 할증발행
표시이자율 < 유효이자율 → 할인발행
표시이자율 = 유효이자율 → 액면발행

(3) 사채의 회계처리

사채는 액면발행, 할인발행 및 할증발행으로 발행될 수 있으며, 이 경우 사채를 발행할 때 회계처리는 각각 다음과 같다.

〈액면발행〉

(차) 현　금	×××	(대) 사　채	×××

〈할인발행〉

(차) 현　금	×××	(대) 사　채	×××
사채할인발행차금	×××		

〈할증발행〉

(차) 현　금	×××	(대) 사　채	×××
		사채할증발행차금	×××

사채할인발행차금 또는 사채할증발행차금은 사채에 차감 또는 가산하는 평가계정으로서 재무상태표에서 사채에 가감하는 형식으로 표시할 수도 있고, 사채에서 이를 직접 가감한 후 순액으로 표시할 수도 있다.

예제 9-1 사채의 발행 - 이자지급횟수가 연 1회인 경우

(주)광주는 20×1년 1월 1일에 액면금액 ₩100,000(표시이자율 연 10%, 이자지급일 매년 12월 31일, 만기일 20×3년 12월 31일)의 사채를 발행하였다. 유효이자율이 각각 10%, 12% 및 8%인 경우 사채의 발행금액을 계산하고 사채를 발행할 때 행해야 할 분개를 제시하시오.

해답

1. 유효이자율＝10%

사채의 발행금액＝이자의 현재가치＋원금의 현재가치

＝₩10,000×2.48685(기간 3, 10%, 연금현가계수)

＋₩100,000×0.75131(기간 3, 10%, ₩1의 현가계수)

＝₩100,000

(현가계수의 소수점 이하 중 일부가 생략되어 단수가 발생할 수 있기 때문에 정확하게 ₩100,000은 아닐 수 있으며, 이는 오류가 아니다)

(차) 현 금	100,000	(대) 사 채	100,000

2. 유효이자율 = 12%

사채의 발행금액 = 이자의 현재가치 + 원금의 현재가치
= ₩10,000 × 2.40183(기간 3, 12%, 연금현가계수)
+ ₩100,000 × 0.71178(기간 3, 12%, ₩1의 현가계수)
= ₩95,196

(차) 현 금	95,196	(대) 사 채	100,000
사채할인발행차금	4,804		

3. 유효이자율 = 8%

사채의 발행금액 = 이자의 현재가치 + 원금의 현재가치
= ₩10,000 × 2.57710(기간 3, 8%, 연금현가계수)
+ ₩100,000 × 0.79383(기간 3, 8%, ₩1의 현가계수)
= ₩105,154

(차) 현 금	105,154	(대) 사 채	100,000
		사채할증발행차금	5,154

예제 9-2 사채의 발행 - 이자지급횟수가 연 2회인 경우

(주)광주는 20×1년 1월 1일에 액면금액 ₩100,000(표시이자율 연 10%, 이자지급일 매년 6월 30일과 12월 31일, 만기일 20×3년 12월 31일)의 사채를 발행하였다. 유효이자율이 각각 10%, 12% 및 8%인 경우 사채의 발행금액을 계산하고 사채를 발행할 때 행해야 할 분개를 제시하시오.

해답

1. 유효이자율 = 10%

사채의 발행금액 = 이자의 현재가치 + 원금의 현재가치
= ₩10,000 × 6/12 × 5.07569(기간 6, 5%, 연금현가계수)
+ ₩100,000 × 0.74622(기간 6, 5%, ₩1의 현가계수)
= ₩100,000

(현가계수의 소수점 이하 중 일부가 생략되어 단수가 발생할 수 있기 때문에 정확하게 ₩100,000은 아닐 수 있으며, 이는 오류가 아니다)

(차) 현 금	100,000	(대) 사 채	100,000

2. 유효이자율 = 12%

사채의 발행금액 = 이자의 현재가치 + 원금의 현재가치

= ₩10,000 × 6/12 × 4.91732(기간 6, 6%, 연금현가계수)

+ ₩100,000 × 0.70496(기간 6, 6%, ₩1의 현가계수)

= ₩95,083

(차) 현 금	95,083	(대) 사 채	100,000
사채할인발행차금	4,917		

3. 유효이자율 = 8%

사채의 발행금액 = 이자의 현재가치 + 원금의 현재가치

= ₩10,000 × 6/12 × 5.24214(기간 6, 4%, 연금현가계수)

+ ₩100,000 × 0.79031(기간 6, 4%, ₩1의 현가계수)

= ₩105,242

(차) 현 금	105,242	(대) 사 채	100,000
		사채할증발행차금	5,242

(4) 사채이자비용의 계산과 회계처리

앞에서 설명한 바와 같이 발행자가 지급하는 이자율(표시이자율)이 유효이자율과 일치한다면 사채의 발행금액은 액면금액과 일치하며, 이 경우 이자비용은 지급하는 금액이 된다.

액면발행의 이자비용 = 표시이자

액면이자율이 유효이자율보다 낮을 경우 사채의 발행금액은 액면금액보다 할인되어 발행되며, 액면금액과 발행금액의 차이는 사채할인발행차금이 된다. 이 경우 사채의 총이자비용은 지급하는 표시이자와 사채할인발행차금을 합한 금액이 된다. 즉, 발행자가 현금으로 지급하는 연도별 이자금액이 낮기 때문에 발행금액이 할인되었으며, 사채할인발행차금은 발행기간 동안 나누어 이자로 인식한다.[3]

할인발행의 이자비용 = 표시이자 + 사채할인발행차금

반대로 액면이자율이 유효이자율보다 높을 경우 사채의 발행금액은 액면금액보다 할증되어 발행되며, 액면금액과 발행금액의 차이는 사채할증발행차금이 된다. 이 경우 사채의 이자비용은 지급하는 표시이자에서 사채할증발행차금을 차감한 금액이 된다. 즉, 발행자가 현금으로 지급하는 연도별 이자금액이 높기 때문에 발행금액이 할증되었으며 사채할증발행차금은 발행기간 동안 나누어 이자에서 차감한다.[4)]

할증발행의 이자비용 = 표시이자 − 사채할증발행차금

이때 사채할인(할증)발행차금은 발행기간(상기 사례에서 3년) 동안의 추가적인 이자비용 가(감)액이기 때문에 이를 연도별로 계산해야 하는데, 회계에서는 유효이자율법을 사용하여 이를 계산한다. 유효이자율법에서 이자비용은 사채의 기초장부금액(액면금액±기초의 사채할인(할증)발행차금)에 유효이자율을 곱하여 계산한다. 이때 이자비용은 현금으로 지급하는 표시이자와 사채할인(할증)발행차금 중 당해연도분으로 구성된다.

사채를 액면발행, 할인발행 및 할증발행하였을 경우 매년 이자비용 인식의 회계처리는 다음과 같다.

〈액면발행시 이자비용 인식〉

(차) 이 자 비 용	×××	(대) 현 금	×××

3) 기업이 이자지급기간에 지급하게 되는 실제 현금이자는 사채의 액면금액에 표시이자율을 곱한 금액이다. 그러나 시장에서 형성되어 있는 유효이자율은 기업이 지급하고자 하는 표시이자율과 다를 수 있다. 예를 들어, 표시이자율이 10%이고, 유효이자율이 12%라고 하자. 이런 경우 사채를 발행한 기업은 유효이자율보다 낮은 이자율로 이자를 지급하게 되고 이러한 이유로 사채발행시 액면금액을 전액 수령하지 못하게 된다. 이를 할인발행이라고 하며, 액면금액과 실제 발행금액의 차이가 사채할인발행차금이 되는 것이다. 결국 사채가 할인발행된 이유는 유효이자율과 표시이자율의 차이 때문이므로 사채할인발행차금도 기업 입장에서는 이자비용이 되는 것이다.

4) 사채가 할증발행된 경우, 즉 표시이자율이 10%, 유효이자율이 8%인 경우를 예로 들어보자. 이 경우 사채발행기업은 시장에서 형성되어 있는 유효이자율보다 높은 이자를 지급하게 되므로 투자자 입장에서는 매력적인 투자안이 되어 사채발행시에 액면금액보다 많이 수령하게 되는 할증발행이 이루어진다. 여기서 액면금액보다 많이 수령한 할증발행 부분이 사채할증발행차금이 되는데, 이 또한 유효이자율과 표시이자율의 차이 때문에 발생한 것이므로 이자의 성격이 된다. 그러나 사채할증발행차금은 액면금액보다 많이 수령한 부분이므로 전체 회사가 부담하는 이자 부분에서 차감하게 되는 것이다.

〈할인발행시 이자비용 인식〉

(차) 이 자 비 용	×××	(대) 현 금	×××
		사채할인발행차금	×××

〈할증발행시 이자비용 인식〉

(차) 이 자 비 용	×××	(대) 현 금	×××
사채할증발행차금	×××		

그 과정을 할인발행되는 사채의 예를 들어 계산해 보자. A회사가 20×1년 1월 1일 액면금액 ₩1,000,000(유효이자율 12%, 표시이자율 연 10%, 이자지급일 매년 12월 31일, 만기일 20×3년 12월 31일)인 사채를 발행하였다고 가정한다. 이 경우 사채의 발행금액은 다음과 같이 계산된다.

사채의 발행금액＝이자의 현재가치＋원금의 현재가치
＝₩100,000×2.40183(기간 3, 12%, 연금현가계수)
＋₩1,000,000×0.71178(기간 3, 12%, ₩1의 현가계수)
＝₩951,963

여기서 액면금액과 발행금액의 차이는 ₩48,037이다. 나중에 상환해야 할 금액은 ₩1,000,000이지만 현재 수령한 금액은 ₩951,963으로서 그 차액 ₩48,037은 향후 3년 동안 표시이자를 적게 줌으로 인하여 추가로 지급해야 할 금액으로 볼 수 있다. 따라서 연도별로 인식해야 할 이자비용은 다음과 같이 계산할 수 있다.

〈사채의 장부금액 조정표〉

일 자	유효이자* (12%)	표시이자** (10%)	사채할인발행차금상각 (유효이자－표시이자)	사채의 장부금액
20×1. 1. 1				₩951,963
20×1. 12. 31	₩114,236	₩100,000	₩14,236	966,199
20×2. 12. 31	115,944	100,000	15,944	982,143
20×3. 12. 31	117,857	100,000	17,857	1,000,000
합 계	₩348,037	₩300,000	₩48,037	

* 직전연도말 사채의 장부금액×유효이자율(12%)

** 사채의 액면금액×표시이자율(10%)

상기의 조정표를 이용하여 매년말 이자비용을 인식하는 분개를 하면 다음과 같다.

〈20×1. 12. 31〉

(차) 이 자 비 용	114,236	(대)	현 금	100,000
			사채할인발행차금	14,236

〈20×2. 12. 31〉

(차) 이 자 비 용	115,944	(대)	현 금	100,000
			사채할인발행차금	15,944

〈20×3. 12. 31〉

(차) 이 자 비 용	117,857	(대)	현 금	100,000
			사채할인발행차금	17,857

그리고 만기일인 20×3년 12월 31일에는 원금을 상환하고 다음과 같은 분개를 한다.

(차) 사 채	1,000,000	(대)	현 금	1,000,000

이제 할증발행되는 사채의 예를 들어 계산해 보자. A회사가 20×1년 1월 1일 액면금액 ₩1,000,000(유효이자율 8% 표시이자율 연 10%, 이자지급일 매년 12월 31일, 만기일 20×3년 12월 31일)인 사채를 발행하였다고 가정한다. 이 경우 사채의 발행금액은 다음과 같이 계산된다.

사채의 발행금액 = 이자의 현재가치 + 원금의 현재가치
= ₩100,000 × 2.57710(기간 3, 8%, 연금현가계수)
+ ₩1,000,000 × 0.79383(기간 3, 8%, ₩1의 현가계수)
= ₩1,051,540

여기서 액면금액과 발행금액의 차이는 ₩51,540이다. 나중에 상환해야 할 금액은 ₩1,000,000이지만 현재 수령한 금액은 ₩1,051,540으로서 그 차액 ₩51,540

은 향후 3년 동안 표시이자를 많이 지급함으로 인하여 이자비용에서 차감해야 할 금액으로 볼 수 있다. 따라서 연도별로 인식해야 할 이자비용은 다음과 같이 계산할 수 있다.

〈사채의 장부금액 조정표〉

일 자	유효이자* (8%)	표시이자** (10%)	사채할증발행차금상각 (유효이자－표시이자)	사채의 장부금액
20×1. 1. 1				₩1,051,540
20×1. 12. 31	₩84,123	₩100,000	(₩15,877)	1,035,663
20×2. 12. 31	82,853	100,000	(17,147)	1,018,516
20×3. 12. 31	81,484	100,000	(18,516)	1,000,000
합 계	₩248,460	₩300,000	(₩51,540)	

* 직전연도말 사채의 장부금액×유효이자율(8%)
** 사채의 액면금액×표시이자율(10%)

상기의 조정표를 이용하여 매년말 이자비용을 인식하는 분개를 하면 다음과 같다.

〈20×1. 12. 31〉

(차) 이 자 비 용	84,123	(대) 현 금	100,000
사채할증발행차금	15,877		

〈20×2. 12. 31〉

(차) 이 자 비 용	82,853	(대) 현 금	100,000
사채할증발행차금	17,147		

〈20×3. 12. 31〉

(차) 이 자 비 용	81,484	(대) 현 금	100,000
사채할증발행차금	18,516		

그리고 만기일인 20×3년 12월 31일에는 원금을 상환하고 다음과 같은 분개를 한다.

(차) 사 채	1,000,000	(대) 현 금	1,000,000

(5) 사채의 조기상환

사채는 만기가 정해져 있는데, 만기가 되었을 때 상환이 이루어지는 만기상환과 만기 이전에 상환이 이루어지는 조기상환 형태가 있다. 사채 만기상환의 경우는 만기까지 보유하고 있다가 사채의 액면금액으로 상환하면 된다. 그러나 사채 조기상환의 경우는 그렇지가 않다. 조기상환이 이루어지면 조기상환시점의 사채 장부금액과 상환금액의 차이로 인해 사채상환손익이 발생하게 된다. 즉, 사채를 조기상환하는 경우 상환금액은 상환일 이후의 당 사채에서 발생하는 미래 현금흐름을 상환시점의 유효이자율로 할인한 금액이다. 그러나 사채의 장부금액은 상환일 이후의 현금흐름을 사채발행 당시의 유효이자율로 할인한 금액이다. 따라서 사채 발행시점과 상환시점의 유효이자율이 다르면 사채상환시점에서 사채상환손익이 발생하게 되는 것이다. 즉, 사채발행 당시보다 상환시

〈표 9-6〉
사채상환시의 회계처리

구 분	사채상환시의 회계처리
최초 액면발행된 경우	상환시 유효이자율 > 발행시 유효이자율 (차) 사 채 ××× (대) 현 금 ××× 사채상환이익 ××× 상환시 유효이자율 < 발행시 유효이자율 (차) 사 채 ××× (대) 현 금 ××× 사채상환손실 ×××
최초 할인발행된 경우	상환시 유효이자율 > 발행시 유효이자율 (차) 사 채 ××× (대) 현 금 ××× 사채할인발행차금 ××× 사채상환이익 ××× 상환시 유효이자율 < 발행시 유효이자율 (차) 사 채 ××× (대) 현 금 ××× 사채상환손실 ××× 사채할인발행차금 ×××
최초 할증발행된 경우	상환시 유효이자율 > 발행시 유효이자율 (차) 사 채 ××× (대) 현 금 ××× 사채할증발행차금 ××× 사채상환이익 ××× 상환시 유효이자율 < 발행시 유효이자율 (차) 사 채 ××× (대) 현 금 ××× 사채할증발행차금 ××× 사채상환손실 ×××

점의 유효이자율이 상승하였다면 상환금액이 장부금액보다 작아져 사채상환이익이 발생한다. 반대로 사채발행 당시보다 상환시점의 유효이자율이 하락하였다면 상환금액이 장부금액보다 커져 사채를 상환하는 입장에서는 사채상환손실이 발생하게 되는 것이다. 사채상환시의 구체적인 회계처리를 제시하면 〈표 9-6〉과 같다.

예제 9-3 사채의 조기상환

(주)영남은 20×1년 1월 1일에 표시이자율 연 10%이고, 액면금액 ₩1,000,000인 사채를 발행하였다. 당 사채의 이자지급일은 매년 12월 31일 후급이고, 만기일은 20×3년 12월 31일이며, 사채를 발행할 당시의 유효이자율은 12%이다. (주)영남이 사채를 20×2년초에 ₩970,000과 ₩870,000에 각각 상환한 경우 사채발행시부터 상환시까지 사채와 관련된 회계처리를 모두 하시오.

해답

사채의 발행금액 = ₩100,000 × 2.40183(기간 3, 12%, 연금현가계수)
+ ₩1,000,000 × 0.71178(기간 3, 12%, ₩1의 현가계수)
= ₩951,963

사채할인발행차금 = ₩1,000,000 − ₩951,963 = ₩48,037

〈사채의 장부금액 조정표〉

일 자	유효이자 (12%)	표시이자 (10%)	사채할인발행차금상각 (유효이자－표시이자)	사채의 장부금액
20×1. 1. 1				₩951,963
20×1. 12. 31	₩114,236	₩100,000	₩14,236	966,199
20×2. 12. 31	115,944	100,000	15,944	982,143
20×3. 12. 31	117,857	100,000	17,857	1,000,000
합 계	₩348,037	₩300,000	₩48,037	

〈20×1년초〉

(차)	현 금	951,963	(대) 사 채	1,000,000
	사채할인발행차금	48,037		

〈20×1년말〉

(차)	이 자 비 용	114,236	(대) 현 금	100,000
			사채할인발행차금	14,236

〈20×2년초 ₩970,000에 상환한 경우〉

〈사채상환 직전 사채의 장부금액〉

사 채	₩1,000,000
사채할인발행차금	(33,801)
장 부 금 액	₩966,199

(차) 사 채	1,000,000	(대) 현 금	970,000
사채상환손실	3,801	사채할인발행차금	33,801

〈20×2년초 ₩870,000에 상환한 경우〉

(차) 사 채	1,000,000	(대) 현 금	870,000
		사채할인발행차금	33,801
		사채상환이익	96,199

2. 지급채무

제5장에서 수취채권과 대칭된 개념으로 지급채무(payables)에 대해서 언급한 바 있다. 지급채무는 재화나 용역의 신용구매 또는 자금 등을 차입함으로써 미래에 현금 등을 지급해야 할 의무를 말한다. 본절에서는 대표적인 지급채무인 매입채무와 기타 채무인 미지급금, 미지급비용, 차입금에 대해서 알아보고 제3절에서는 기타 채무 가운데 비금융부채인 선수금, 선수수익, 예수금에 대해 설명한다.

(1) 매입채무

기업이 원재료 또는 상품 등을 외상으로 매입하였을 경우 이를 외상매입금(accounts payable)이라 한다. 통상적으로 외상매입금은 사전에 약정한 기간이 지난 후 현금 또는 어음으로 지급하는데, 이때 어음을 발행하면서 발생하는 부채가 지급어음(notes payable)이다. 기업은 내부관리목적으로는 외상매입금과 지급어음을 구분해야 하지만 재무제표에는 이를 통합하여 매입채무로 표시한다.

(2) 미지급금

매입채무가 기업의 영업활동과정에서 재화 또는 용역을 외상으로 구입한 경우에 발생하는 것이라면, 미지급금은 영업활동 이외에서 발생한 채무를 말한다. 예를 들어 기업이 비품이나 토지를 외상으로 구입하였다면 이는 매입채무가 아닌 미지급금으로 회계처리한다.

(3) 미지급비용

미지급비용이란 기간이 경과함에 따라 비용을 인식할 때 이미 기간이 경과하였음에도 불구하고 결산일 현재 현금을 지급하지 않은 경우 이에 해당하는 금액을 말한다.

(4) 차입금

차입금이란 기업이 금융기관으로부터 차입한 것을 말하여 차입 당시에 만기가 1년 이내인 경우 단기차입금이라 하며, 1년 이상인 경우 장기차입금이라 한다. 이때 장기차입금은 시간이 지나면서 결산일을 기준으로 만기가 1년 이내로 도래하는데, 이때에는 장기차입금을 유동성장기차입금으로 하여 비유동부채에서 유동부채로 계정대체한다.

차입금과 관련된 회계처리는 다음과 같다.

〈단기차입금의 차입〉

(차) 현　　금　　×××　　(대) 단기차입금　　×××

〈단기차입금의 상환〉

(차) 단기차입금　　×××　　(대) 현　　금　　×××

〈장기차입금의 차입〉

(차) 현　　금　　×××　　(대) 장기차입금　　×××

〈장기차입금의 유동성 대체〉

(차) 장기차입금 ××× (대) 유동성장기차입금 ×××

〈유동성장기차입금의 상환〉

(차) 유동성장기차입금 ××× (대) 현 금 ×××

제3절 비금융부채

제2절에서 우리는 금융부채를 대표하는 사채의 회계처리에 대해서 학습하였다. 본절에서는 비금융부채와 관련된 회계처리를 학습할 것이다. 대표적으로 충당부채, 우발부채, 선수금, 선수수익, 예수금의 회계처리에 대해서 살펴보기로 한다.

1. 충당부채, 우발부채 및 우발자산

(1) 충당부채

부채란 과거사건의 결과로 기업이 경제적자원을 이전해야 하는 현재의무이다. 일반적으로 부채는 지출해야 할 대상, 지출의 시기 또는 금액이 정해져 있지만 부채로 인식되기 위해서는 이러한 요건을 완전히 충족해야 하는 것은 아니다. 이에 한국채택국제회계기준에서는 지출의 시기 또는 금액이 불확실한 부채로 충당부채를 정의하고 있다. 즉, 충당부채란 미래에 기업실체가 의무를 부담해야 하는 대상, 지출의 시기 또는 금액은 불확실하지만 미래에 지출해야 할 의무를 부담하고, 그 금액을 합리적으로 추정할 수 있는 경우에 인식하는 부채를 말하는 것이다.

한국채택국제회계기준에서는 다음의 요건을 모두 충족하는 경우에 충당부채로 인식할 수 있도록 규정하고 있다. 따라서 아래의 요건을 충족하지 못할 경우에는 어떠한 충당부채도 인식할 수 없다.

① 과거사건의 결과로 현재의무(법적의무 또는 의제의무)가 존재한다.
② 당해의무를 이행하기 위하여 경제적효익을 갖는 자원이 유출될 가능성이 높다.
③ 당해의무의 이행에 소요되는 금액을 신뢰성 있게 추정할 수 있다.

요건 ①에서 현재의무란 법적의무뿐만 아니라 과거의 실무, 발표된 경영방침 또는 구체적이고 유효한 약속 등을 통하여 기업이 특정책임을 부담한다는 것을 표명함으로써 당해기업이 그 책임을 이행할 것이라는 정당한 기대를 상대방이 가지게 되는 경우에 발생하는 의제의무까지 포함한 것이다.

그리고 요건 ②에서 경제적효익을 갖는 자원이 유출될 가능성은 특정사건이 발생할 가능성이 발생하지 않을 가능성보다 높은 경우를 말한다.[5] 또한 충당부채는 성격상 다른 재무상태표항목에 비하여 불확실성이 더 크므로 그에 대한 추정치의 사용이 필수적이며, 따라서 극히 드문 경우를 제외하고는 가능한 결과의 범위를 결정하여 충당부채를 인식할 수 있는 충분히 신뢰성 있는 금액을 측정할 수 있다.[6]

충당부채의 대표적인 예로는 제품보증충당부채를 들 수 있으며, 기업은 미래지출이 발생될 것이 확실한 제품보수비를 매년말 추정하여 제품보증충당부채로 계상한다.

〈제품보증충당부채의 설정〉

(차) 제품보증비	×××	(대) 제품보증충당부채	×××

〈실제 제품보증비 지출〉

(차) 제품보증충당부채	×××	(대) 현 금	×××

5) 이 경우 현재의무의 존재가능성이 높지 아니한 경우에는 우발부채로 공시하며, 또한 당해의무의 이행을 위한 경제적효익을 갖는 자원의 유출가능성이 아주 낮은 경우에는 공시하지 아니한다.
6) 극히 드문 경우로 신뢰성 있는 금액의 추정이 불가능한 경우에는 우발부채로 공시한다.

예제 9-4 충당부채

에어컨을 판매하는 (주)해별은 20×2년에 에어컨을 100대 판매하였다. 과거의 경험에 의하면 에어컨 1대당 ₩1,000의 제품보증비가 발생할 것으로 추정된다. 그리고 20×3년에 실제로 ₩30,000의 제품보증비가 지출되었다. 20×2년말과 20×3년에 해야 할 분개를 제시하시오.

해답

〈20×2년〉

(차) 제품보증비	100,000	(대) 제품보증충당부채	100,000

〈20×3년〉

(차) 제품보증충당부채	30,000	(대) 현　　금	30,000

예제 9-5 충당부채

다음 각 사례를 읽고, 재무제표 공시방법에 대해서 설명하시오.

1. (주)지환은 제품을 판매하는 시점에 구매자에게 제품보증을 약속하는 정책을 운영하고 있는데, 판매 후 3년 안에 제조상 결함이 명백한 경우 (주)지환이 판매 계약조건에 따라서 수선을 해주거나 대체를 해주는 것이다. 과거 경험에 비추어 보면 제품보증에 따라 일부 청구가 있을 가능성이 높은 것으로 판단된다. 즉, 청구될 가능성이 청구되지 않을 가능성보다 높다.
2. (주)정빈은 오염을 유발하는 석유사업을 운영하고 있다. 또한 (주)정빈은 사업을 운영하면서 오염시킨 토지를 정화할 의무를 부담한다는 환경정책을 대외적으로 표방하고 있다. 그리고 (주)정빈은 대외에 표방하고 있는 환경정책을 준수한 사실도 있다.
3. (주)현욱은 고객이 제품에 만족하지 못한 경우에는 법적의무가 없더라도 환불을 해주는 정책을 견지하고 있다. 이러한 환불정책은 널리 알려져 있다.
4. 20×1년 12월 12일 이사회에서 한 사업부를 폐쇄하기로 결정하였다. 보고기간인 20×1년 12월 31일 전에 이러한 의사결정에 영향을 받는 당사자들에게 알리지 않았고, 이러한 결정을 수행하기 위한 어떠한 절차도 수행되지 않았다.

해답

1. 제품의 보증판매로 인해 법적의무가 발생하였으며, 당해의무를 이행하기 위해 경제적효익을 갖는 자원의 유출가능성이 높으므로 이는 충당부채로 공시한다. 충당부채로 인식되는 금액은 보고기간말 전에 판매된 제품의 보증을 이행하는 원가에 대한 최선의 추정치로 인식하면 된다.
2. (주)정빈은 준수한 행위가 오염에 의해 영향을 받은 상대방에게 오염된 토지를 (주)정빈이

정화할 것이라는 정당한 기대를 가지도록 하기 때문에 토지오염은 의제의무를 발생시키며, 해당의무를 이행하기 위한 경제적효익을 갖는 자원의 유출가능성이 높으므로 토지정화 원가에 대한 최선의 추정치로 충당부채를 인식한다.

3. (주)현욱이 판매한 제품을 환불해 줄 것이라는 정당한 기대를 고객이 가지게 되므로 제품판매는 의제의무를 발생시키고, 일정비율의 제품이 반품되어 환불되므로 당해의무를 이행하기 위한 경제적효익의 유출가능성도 높다. 따라서 환불원가에 대한 최선의 추정치로 충당부채를 인식한다.
4. 의무를 발생시키는 사건이 일어나지 않았으므로 충당부채를 인식하지 않는다.

(2) 우발부채 및 우발자산

우발부채는 충당부채와 성격은 비슷하지만 과거사건에 의하여 발생하였으나 기업이 전적으로 통제할 수 없는 하나 이상의 불확실한 미래사건의 발생여부에 의해서만 그 존재가 확인되는 의무를 말한다. 또한 과거사건에 의해 발생하였으나 당해의무를 이행하기 위하여 경제적효익을 갖는 자원이 유출될 가능성이 높지 아니한 경우나 당해의무를 이행해야 할 금액을 신뢰성 있게 측정할 수 없는 경우를 말한다.

그리고 우발부채는 당초에 예상하지 못한 상황에 따라 변화할 수 있으므로 경제적효익을 갖는 자원의 유출가능성이 높아졌는지 여부를 결정하기 위하여 지속적으로 검토해야 한다. 따라서 과거에 우발부채로 처리하였더라도 미래경제적효익의 유출가능성이 높아진 경우에는 그러한 가능성의 변화가 발생한 기간의 재무제표에 충당부채로 인식한다. 다만 신뢰성 있게 금액을 측정할 수 없는 극히 드문 경우는 제외한다.

이와 같은 우발부채의 특성으로 인하여 충당부채와 달리 우발부채는 재무제표 본문에 인식되지 않고 주석으로 공시된다. 충당부채와 우발부채로 구별되기 위한 의사결정도를 제시하면 [그림 9-1]과 같다.

한편, 우발부채와 대응되는 개념인 우발자산은 과거사건에 의해 발생하였으나 기업이 전적으로 통제할 수 없는 하나 이상의 불확실한 미래사건의 발생여부에 의해서만 그 존재가 확인되는 잠재적 자산을 말한다. 따라서 미래에 전혀 실현되지 아니할 수도 있는 자산을 인식하는 결과를 초래할 수 있기 때문에 우발자산은 재무제표에 자산으로 인식하지 아니한다. 또한 우발부채와 마찬가지로 관

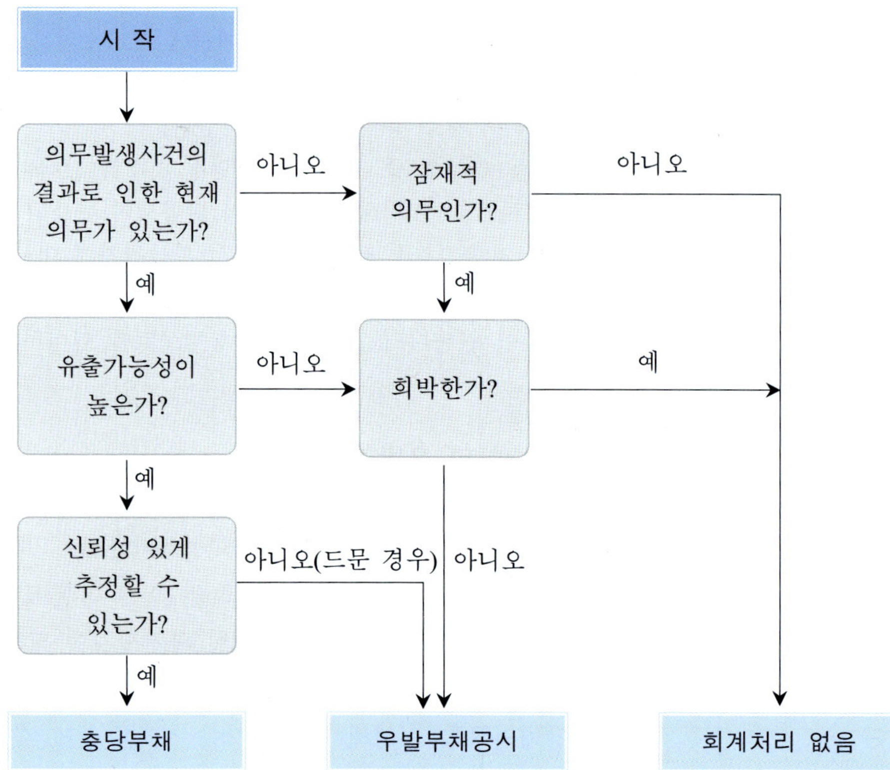

[그림 9-1]
충당부채와 우발부채의 구별

련 상황변화가 적절하게 재무제표에 반영될 수 있도록 지속적으로 검토해야 한다. 그러므로 이후 상황변화로 인하여 경제적효익이 유입될 것이 거의 확실하게 되는 경우에는 그러한 상황변화가 발생한 기간의 재무제표에 그 자산과 관련 이익을 인식해야 하며, 경제적효익의 유입가능성이 높아진 경우에는 우발자산을 주석으로 공시한다.

2. 선수금

선수금이란 영업활동과정에서 거래처로부터 재화 또는 용역을 제공하기 전에 미리 받은 현금을 말한다. 선수금을 수령할 때 다음과 같이 분개한다.

(차) 현 금	×××	(대) 선 수 금	×××

3. 선수수익

결산과정에서 설명한 바와 같이 기간이 경과함에 따라 수익을 인식해야 할 경우 현금수령액 중 미경과분의 금액을 선수수익이라 한다. 선수수익은 추후 기간이 경과함에 따라 수익으로 인식된다.

4. 예수금

예수금이란 영업활동과정에서 타인의 현금을 기업이 일시적으로 보관하고 있는 것을 말한다. 예를 들면 기업이 근로자의 급여를 지급할 때 일정금액에 해당하는 소득세를 원천징수하여 보관한다. 이때 회계처리는 다음과 같다.

(차) 급 여	×××	(대) 현 금	×××
		예 수 금	×××

원천징수한 소득세는 국세청이 권리를 가진 것으로 기업이 일시적으로 보관하고 있다가 납부해야 할 기간 내에 납부함으로써 의무는 소멸된다.

(차) 예 수 금	×××	(대) 현 금	×××

예제 9-6 예수금

건설업을 하는 (주)신매는 종업원에게 급여를 지급할 때 급여의 10%에 해당하는 금액의 소득세를 원천징수한다. 급여지급일은 매월 20일이며 원천징수한 소득세는 급여지급일의 다음달 10일에 납부한다. 20×1년 1월 20일과 2월 10일에 해야 할 분개를 하시오. 단, 1월 급여의 총합계는 ₩500,000이다.

해답

20×1. 1. 20	(차) 급 여	500,000	(대) 현 금	450,000
			예 수 금	50,000
20×1. 2. 10	(차) 예 수 금	50,000	(대) 현 금	50,000

용어정리 문제

1. (   )란 현재 갖고 있는 ₩1의 가치가 미래에 갖게 될 ₩1의 가치보다 크다는 개념이다.

2. (   )는 현재의 일정금액과 동일한 가치를 가지는 미래 일정시점의 금액이다.

3. 일정기간 동안 동일한 금액의 현금흐름이 매번 발생하는 것을 (   )이라고 한다. 이것의 미래가치는 단일금액의 미래가치의 합으로 계산된다.

4. 미래 일정시점에 발생하는 현금흐름을 현재시점을 기준으로 평가한 가치를 (   )라고 한다.

5. 재무상태표 작성시점을 기준으로 1년 이후에 결제되는 부채를 (   )라고 한다. 이것은 성격상 장기차입부채, 장기충당부채 및 기타비유동부채로 구분할 수 있다.

6. (   )란 이자와 원금상환 등 확정채무사항으로 표시되어 있는 증권을 발행하여 자금을 조달하는 것을 말한다. 회사는 일정기간마다 약정된 이자를 지급하고, 만기에는 원금을 상환하게 된다.

7. 사채의 표면에 기록되어 있는 이자율로 발행회사가 정기적인 이자지급일에 현금으로 지급하는 이자를 결정하는 이자율을 (   )이라고 한다. 시장이자율은 사채를 매입하는 투자자의 기대수익률이다.

8. 투자자들이 사채 대신 동일한 위험의 다른 금융상품에 투자한다면 (   )만큼 수익을 얻을 수 있으므로 사채투자자들은 이것만큼의 수익을 포기하게 된다. 그러므로 이것은 사채에 투자할 때 포기하게 되는 효익, 즉 기회비용이 된다.

9. (   )은 사채의 미래 현금흐름의 현재가치와 사채의 발행으로 인한 현재의 현금흐름을 일치시키는 이자율을 말한다. 개념적으로 이것과 시장이자율은 일치한다. 그러나 보통 사채발행에는 사채권인쇄비, 사채모집광고비, 사채발행수수료 등 사채발행비가 발생한다. 사채발행비가 발생하면 이것은 이러한 사채발행비까지 고려한다는 점에서 시장이자율과 차이가 난다.

10. 액면이자율이 시장이자율보다 낮으면 사채는 액면금액보다 낮은 금액으로 발행되는데, 이를 사채의 (   )이라고 한다.

11. 액면이자율이 시장이자율보다 높은 경우에는 사채는 액면금액보다 높은 금액으로 발행되는데, 이를 사채의 (   )이라고 한다. 사채의 액면이자율과 시장이자율이 동일한 경우 사채는 액면으로 발행된다.

12. 사채의 액면이자율이 시장이자율보다 낮을 때 발행금액과 액면금액의 차이를 (   )이라고 하고, 액면이자율이 시장이자율보다 높을 때 발행금액과 액면금액의 차이를 (   )이라고 한다.

13. (   )는 재화나 용역의 신용구매 또는 자금 등을 차입함으로써 미래에 현금 등을 지급해야 할 의무를 말한다.

14. (   )는 기업의 주된 수익창출활동을 위하여 상품, 원재료, 또는 용역 등을 외상으로 매입함으로써 발생하는 지급채무이다.

해답

1. 화폐의 시간가치	2. 미래가치	3. 연금
4. 현재가치	5. 비유동부채	6. 사채
7. 액면이자율(또는 표시이자율)	8. 시장이자율	9. 유효이자율
10. 할인발행	11. 할증발행	12. 사채할인발행차금, 사채할증발행차금
13. 지급채무	14. 매입채무	

객관식 문제

1. 부채에 관한 설명으로 옳은 것은? (주택관리사보, 2012)

① 우발부채는 재무상태표에 보고한다.
② 상품매입으로 인한 채무를 인식하는 계정과목은 미지급금이다.
③ 부채는 결산일로부터 상환기일에 따라 유동부채와 비유동부채로 분류할 수 있다.
④ 충당부채는 지급금액이 확정된 부채이다.
⑤ 선수수익은 금융부채에 해당한다.

2. 미래에 현금을 수취할 계약상 권리에 해당하는 금융자산과 이에 대응하여 미래에 현금을 지급할 계약상 의무에 해당하는 금융부채로 옳지 않은 것은? (주택관리사보, 2017)

① 매출채권과 매입채무
② 받을어음과 지급어음
③ 대여금과 차입금
④ 투자사채와 사채
⑤ 선급금과 선수금

3. 사채의 발행 및 발행 후 회계처리에 대한 설명으로 옳지 않은 것은? (7급공무원 수정, 2014)

① 상각후원가로 측정하는 사채의 경우 사채발행비가 발생한다면 액면발행, 할인발행, 할증발행 등 모든 상황에서 유효이자율은 사채발행비가 발생하지 않는 경우보다 높다.
② 사채를 할증발행하는 경우 사채이자비용은 현금이자지급액에 사채할증발행차금상각액을 가산하여 인식한다.
③ 사채의 할증발행시 유효이자율법에 의해 상각하는 경우 기간경과에 따라 매기 인식하는 할증발행차금의 상각액은 증가한다.
④ 사채의 할인발행시 유효이자율법에 의해 상각하는 경우 기간경과에 따라 매기 인식하는 할인발행차금의 상각액은 증가한다.
⑤ 사채의 할증발행시 유효이자율법에 의해 상각하는 경우 기간경과에 따라 사채의 장부금액은 매년 감소한다.

4. 사채할인발행차금의 상각이 당기순이익과 사채의 장부금액에 미치는 영향은? (9급공무원, 2012)

	당기순이익	사채의 장부금액
①	증가	증가
②	증가	감소
③	감소	증가
④	감소	감소
⑤	변동 없음	변동 없음

5. (주)한라는 20×8년 1월 1일에 표시이자율 8%, 액면금액 ₩100,000인 3년 만기 사채를 ₩95,030에 발행하였다. 이자는 매년 12월 31일에 지급되며, 발행이자와 관련된 회계처리는 유효이자율법에 따르고 있다. 유효이자율이 10%일 때, 20×9년 12월 31일 이 사채의 장부금액은? (단, 소수점 이하는 반올림한다) (9급공무원 수정, 2010)

① ₩85,527 ② ₩93,527 ③ ₩96,533
④ ₩98,186 ⑤ ₩100,000

6. (주)한국은 20×7년 4월 1일 사채(표시이자율 10%, 만기 3년, 액면금액 ₩100,000)를 ₩95,200에 발행하였다. 한편, 사채의 발행과 관련된 사채발행비 ₩2,000이 발생하였다. (주)한국이 사채발행으로 만기까지 인식해야 할 이자비용 총액은? (9급공무원 수정, 2017)

① ₩30,000 ② ₩34,800 ③ ₩35,200
④ ₩36,800 ⑤ ₩37,200

7. (주)한국은 20×1년 1월 1일 액면금액 ₩100,000, 만기 3년의 사채를 ₩92,410에 발행하였다. 사채의 연간 액면이자는 매년말 지급되며 20×1년 12월 31일 사채의 장부금액은 ₩94,730이다. 사채의 연간 액면이자율을 추정한 것으로 가장 가까운 것은? (단, 사채발행시 유효이자율은 9%이다) (9급공무원 수정, 2018)

① 5% ② 6% ③ 7%
④ 8% ⑤ 9%

8. (주)한국은 20×8년 1월 1일에 3년 만기 사채를 발행하였다. 매년말 액면이자를 지급하고 유효이자율법에 따라 사채할인발행차금을 상각한다. 20×9년말 이자와 관련된 회계처리는 다음과 같고, 다음과 같은 거래가 반영된 20×9년말 사채의 장부금액은 ₩430,000이다. 이 경우 사채의 유효이자율은?

(7급공무원, 2019)

(차) 이 자 비 용	60,000	(대) 사채할인발행차금	30,000
		현 금	30,000

① 14% ② 15% ③ 16%
④ 17% ⑤ 18%

9. 다음은 (주)한국이 20×1년 1월 1일 발행한 사채의 회계처리를 위한 자료의 일부이다. 이를 통하여 알 수 있는 내용으로 옳은 것은? (단, 계산된 금액은 소수점 이하 첫째 자리에서 반올림한다)

(주택관리사보, 2017)

사채권면에 표시된 발행일은 20×1년 1월 1일, 액면금액은 ₩1,000,000이며 이자지급일은 매년 12월 31일이고 만기는 3년이다.

〈유효이자율법에 의한 상각표〉

일 자	유효이자	표시이자	상각액	장부금액
20×1년 1월 1일	—	—	—	₩951,963
20×1년 12월 31일	?	₩100,000	₩14,236	?

① 사채발행시 적용된 유효이자율은 연 10%이다.
② 사채발행시 인식할 사채할인발행차금은 ₩33,801이다.
③ 20×1년말 상각 후 사채의 장부금액은 ₩937,727이다.
④ 20×2년말 사채와 관련하여 손익계정에 대체되는 이자비용은 ₩117,857이다.
⑤ 20×3년 1월 1일 사채 전부를 ₩980,000에 상환한 경우 사채상환이익은 ₩2,143이다.

10. (주)한국은 20×1년 1월 1일에 사채(표시이자율 10%, 만기 3년, 액면금액 ₩100,000, 이자 후급)를 ₩95,200에 발행하였다. 20×1년 이자비용이 ₩11,400 발생하였을 경우, 20×1년말 사채의 장부금액은?

(9급공무원, 2021)

① ₩95,200 ② ₩96,600
③ ₩98,600 ④ ₩101,400

11. (주)한국은 20×1년 1월 1일에 액면가 ₩10,000, 만기 3년, 표시이자율 8%, 이자지급일이 매년 12월 31일인 사채를 ₩9,503에 할인발행하였다. 이 사채를 20×2년 1월 1일에 ₩9,800을 지급하고 조기상환할 때, 사채상환손익은? (단, 발행일의 유효이자율은 10%이고, 금액은 소수점 첫째자리에서 반올림한다) (9급공무원, 2021)

① 사채상환손실 ₩18
② 사채상환손실 ₩147
③ 사채상환이익 ₩18
④ 사채상환이익 ₩147

12. (주)한국이 발행한 사채(액면금액 ₩100,000, 액면이자율 연 8%, 발행시 유효이자율 연 10%)의 20×1년말 장부금액은 ₩95,000이다. (주)한국은 20×2년말 동 사채에 대한 액면이자를 지급한 후 즉시 사채 전부를 ₩98,000에 상환하였다. 사채가 (주)한국의 20×2년 당기순이익에 미치는 영향은? (단, 액면이자는 매년말 지급하고, 원금은 만기에 일시 상환한다) (9급공무원, 2024)

① ₩8,000 감소
② ₩9,500 감소
③ ₩10,000 감소
④ ₩11,000 감소

13. 충당부채와 우발부채에 관한 설명으로 옳지 않은 것은? (7급공무원 수정, 2017)

① 충당부채를 인식하기 위해서는 과거사건의 결과로 현재의무가 존재해야 한다.
② 충당부채를 인식하기 위한 현재의 의무는 법적의무로서 의제의무는 제외된다.
③ 충당부채는 재무상태표에 표시되는 부채이나 우발부채는 재무상태표에 표시될 수 없고 주석으로만 기재될 수 있다.
④ 충당부채의 인식요건 중 경제적효익이 있는 자원의 유출가능성이 높다는 것은 발생할 가능성이 발생하지 않을 가능성보다 더 높다는 것을 의미한다.
⑤ 우발부채는 처음에 예상하지 못한 상황에 따라 변할 수 있으므로, 경제적효익이 있는 자원의 유출가능성이 높아졌는지를 판단하기 위하여 우발부채를 지속적으로 평가한다.

14. 다음은 20×1년말 (주)대한과 관련된 자료이다. 충당부채와 우발부채 금액으로 옳은 것은?

(주택관리사보, 2015)

- 20×1년초 제품보증충당부채는 없었으며, 20×1년말 현재 향후 보증청구가 이루어질 것으로 판단되는 최선의 추정치는 ₩20,000이다.
- (주)대한은 특허권 침해소송에 피고로 계류되었으며, 패소시 부담하게 될 손해배상액은 ₩30,000이다. 패소가능성은 높지 않다.
- 기말 현재 매출채권에 대한 손실충당금으로 계상되어야 할 금액은 ₩20,000이다.
- 유형자산의 내용연수가 종료된 후 복구공사비용으로 추정되는 지출액의 현재가치금액은 ₩50,000이다.

	충당부채	우발부채
①	₩30,000	₩30,000
②	₩50,000	₩50,000
③	₩70,000	₩50,000
④	₩70,000	₩30,000
⑤	₩100,000	₩0

해답 및 해설

1. ③

① 우발부채는 재무제표에 공시되지 않는다.
② 상품을 외상으로 매입한 경우에 인식하는 계정과목은 매입채무이다.
④ 충당부채는 지급액이 불확실하지만 합리적으로 추정이 가능한 부채를 말한다.
⑤ 선수수익은 비금융부채이다.

2. ⑤

선급금과 선수금은 금융자산과 금융부채가 아니다.

3. ②

사채를 할증발행할 경우 사채이자비용은 현금이자지급액에 사채할증발행차금상각액을 차감하여 인식한다.

4. ③

사채할인발행차금이 상각되면 이자비용이 증가되어 당기순이익은 감소하며, 반대로 사채할인발행차금이 감소되어 사채의 장부금액은 증가한다.

5. ④

20×8년 상각후원가 = ₩95,030 + ₩9,503 − ₩8,000 = ₩96,533
20×9년 상각후원가 = ₩96,533 + ₩9,653 − ₩8,000 = ₩98,186

6. ④

만기까지 인식해야 할 사채이자비용 = (₩100,000 − ₩95,200) + (₩100,000 × 10% × 3) + ₩2,000 = ₩36,800

7. ②

사채할인발행차금상각액 = (₩92,410 × 9%) − 표시이자 = ₩94,730 − 92,410 = ₩2,320
표시이자 = ₩8,317 − ₩2,320 = ₩5,997
표시이자율 = ₩5,997/₩100,000 = 6%

8. ②

20×9년말 상각 후 사채의 장부금액＝기초장부금액＋₩30,000＝₩430,000
이자비용＝₩400,000×유효이자율＝₩60,000
유효이자율＝15%

9. ⑤

① 20×1년 12월 31일 유효이자＝₩100,000＋₩14,236＝₩114,236
₩114,236(유효이자)＝₩951,963×유효이자율
유효이자율＝₩114,236/₩951,963＝12%
② 사채발행시 사채할인발행차금＝₩1,000,000－₩951,963＝₩48,037
③ 20×1년말 상각 후 사채의 장부금액＝₩951,963＋₩14,236＝₩966,199
④ 20×2년말 사채이자비용＝₩966,199×12%＝₩115,944
⑤ 20×3년 1월 1일 사채장부금액＝₩966,199＋₩15,944＝₩982,143
20×3년 1월 1일 사채 조기상환시 사채상환이익＝₩982,143－₩980,000＝₩2,143

10. ②

20×1년 상각후원가＝₩95,200＋₩11,400－₩10,000＝₩96,600

11. ②

20×2년 1월 1일 사채장부금액＝₩9,503＋₩150＝₩9,653
20×2년 1월 1일 사채 조기상환시 사채상환손실＝₩9,800－₩9,653＝₩147

12. ④

20×2년 12월 31일 사채장부금액＝₩95,000＋₩95,000×10%－₩100,000×8%＝₩96,500
20×2년 12월 31일 사채 조기상환시 사채상환손실＝₩98,000－₩96,500＝₩1,500
20×2년 사채이자비용＝₩95,000×10%＝₩9,500

13. ②

충당부채를 인식하기 위한 현재의 의무는 법적의무뿐만 아니라 과거의 실무, 발표된 경영방침 또는 구체적이고 유효한 약속 등을 통하여 기업이 특정책임을 부담한다는 것을 표명함으로써 당해기업이 그 책임을 이행할 것이라는 정당한 기대를 상대방이 가지게 되는 경우에 발생하는 의제의무까지 포함한 것이다.

14. ④

충당부채 : 제품보증충당부채 ₩20,000, 복구충당부채 ₩50,000

우발부채 : 손해배상액 ₩30,000

주관식 문제

1. 갑회사는 20×1년 1월 1일에 액면금액 ₩10,000,000(액면이자율 5%, 이자지급일 매년 12월 31일, 만기일 20×3년 12월 31일)의 사채를 발행하였다. 사채발행일 현재 유효이자율은 연 5%이다.

〈요구사항〉

(1) 20×1년 1월 1일 사채의 발행금액은 얼마인가?

(2) 갑회사가 사채로 인하여 만기까지 인식하게 되는 총이자비용은 얼마인가?

(3) 20×1년 1월 1일부터 사채상환일까지의 회계처리를 하시오.

해답

(1) 사채의 발행금액＝이자지급액의 현재가치＋원금상환액의 현재가치

＝₩500,000×2.72325(기간 3, 5%, 연금현가계수)

＋₩10,000,000×0.86384(기간 3, 5%, ₩1의 현가계수)

＝₩1,361,625＋₩8,638,400

≒₩10,000,000

(2) 총액면이자＝(₩10,000,000×5%)×3회＝₩1,500,000

사채발행차금＝₩10,000,000(발행금액)－₩10,000,000(액면금액)＝₩0

총이자비용＝₩1,500,000＋₩0＝₩1,500,000

(3) 〈발행일〉

20×1. 1. 1	(차) 현　금	10,000,000	(대) 사　채	10,000,000

〈이자상환일(1차년도)〉

20×1.12.31	(차) 이자비용	500,000	(대) 현　금	500,000

〈이자상환일(2차년도)〉

20×2.12.31	(차) 이자비용	500,000	(대) 현　금	500,000

〈이자상환일(3차년도)〉

20×3.12.31	(차) 이자비용	500,000	(대) 현　금	500,000

〈원금상환일〉

20×3.12.31	(차) 사　채	10,000,000	(대) 현　금	10,000,000

2. 갑회사는 20×1년 1월 1일에 액면금액 ₩10,000,000(액면이자율 5%, 이자지급일 매년 12월 31일, 만기일 20×3년 12월 31일)의 사채를 발행하였다. 사채발행일 현재 유효이자율은 연 7%이다.

〈요구사항〉

(1) 20×1년 1월 1일 사채의 발행금액 및 사채할인발행차금은 얼마인가?

(2) 갑회사가 사채로 인하여 만기까지 인식하게 되는 총이자비용은 얼마인가?

(3) 20×1년 1월 1일부터 사채상환일까지의 회계처리를 하시오.

해답

(1) 사채의 발행금액＝이자지급액의 현재가치＋원금상환액의 현재가치

＝₩500,000×2.62432(기간 3, 7%, 연금현가계수)

＋₩10,000,000×0.81630(기간 3, 7%, ₩1의 현가계수)

＝₩1,312,160＋₩8,163,000＝₩9,475,160

사채할인발행차금＝₩10,000,000－₩9,475,160＝₩524,840

(2) 총액면이자＝(₩10,000,000×5%)×3회＝₩1,500,000

사채할인발행차금＝₩524,840

총이자비용＝₩1,500,000＋₩524,840＝₩2,024,840

(3) 〈발행일〉

20×1. 1. 1	(차)	현　　금	9,475,160	(대)	사　　채	10,000,000
		사채할인발행차금	524,840			

〈이자상환일(1차년도)〉

20×1.12.31	(차)	이 자 비 용	663,261	(대)	현　　금	500,000
					사채할인발행차금	163,261

* ₩9,475,160×7%＝₩663,261

〈이자상환일(2차년도)〉

20×2.12.31	(차)	이 자 비 용	674,689	(대)	현　　금	500,000
					사채할인발행차금	174,689

* (₩9,475,160＋₩163,261)×7%＝₩674,689

〈이자상환일(3차년도)〉

20×3.12.31	(차)	이 자 비 용	686,890	(대)	현　　금	500,000
					사채할인발행차금	186,890

* (₩9,475,160＋₩163,261＋₩174,689)×7%＝₩686,918이 되지만 마지막 연도에는 다음과 같은 역산법을 이용한다.

20×3.12.31 사채할인발행차금

＝총사채할인발행차금－20×1년과 20×2년에 상각된 사채할인발행차금

＝₩524,840－₩163,261－₩174,689＝₩186,890

20×3.12.31 이자비용

＝₩500,000＋₩186,890＝₩686,890

왜냐하면, 풀이에서 사용된 연금의 현가계수 및 ₩1의 현가계수가 반올림된 값이므로 마지막 연도에는 단수 차이가 발생하고 이를 조정해 주기 위해서이다.

〈원금상환일〉

20×3.12.31	(차) 사 채	10,000,000	(대) 현 금		10,000,000

3. 갑회사는 20×1년 1월 1일에 액면금액 ₩10,000,000(액면이자율 5%, 이자지급일 매년 12월 31일, 만기일 20×3년 12월 31일)의 사채를 발행하였다. 사채발행일 현재 유효이자율은 연 3%이다.

〈요구사항〉

(1) 20×1년 1월 1일 사채의 발행금액 및 사채할증발행차금은 얼마인가?

(2) 사채할증발행차금상각표를 작성하시오.

(3) 갑회사가 사채로 인하여 만기까지 인식하게 되는 총이자비용은?

(4) 20×1년 1월 1일부터 사채만기일까지의 회계처리를 하시오.

(5) 20×2년말 이자지급 후, 동 사채 전부를 액면금액으로 조기상환한 경우 조기상환시점에 필요한 회계처리를 하시오. (요구사항 (5)는 위의 요구사항 (1)~(4)와 상호독립적이다)

해답

(1) 사채의 발행금액＝이자지급액의 현재가치＋원금상환액의 현재가치

＝₩500,000×2.82861(기간 3, 3%, 연금현가계수)

＋₩10,000,000×0.91514(기간 3, 3%, ₩1의 현가계수)

＝₩1,414,305＋₩9,151,400

＝₩10,565,705

사채할증발행차금＝₩10,565,705－₩10,000,000＝₩565,705

(2) 사채할증발행차금상각표

일 자	유효이자(3%)	표시이자(5%)	사채할증발행차금상각	장부금액
20×1. 1. 1				₩10,565,705
20×1. 12. 31	₩316,971	₩500,000	₩183,029	10,382,676
20×2. 12. 31	311,480	500,000	188,520	10,194,156
20×3. 12. 31	305,844	500,000	194,156	10,000,000
계	₩934,295	₩1,500,000	₩565,705	

(3) 총액면이자＝(₩10,000,000×5%)×3회＝₩1,500,000

사채할증발행차금＝₩565,705

총이자비용＝₩1,500,000－₩565,705＝₩934,295

(4) 〈발행일〉

20×1. 1. 1	(차) 현 금	10,565,705	(대) 사 채		10,000,000
			사채할증발행차금		565,705

〈이자상환일(1차년도)〉

20×1.12.31	(차) 이 자 비 용	316,971	(대) 현	금	500,000
	사채할증발행차금	183,029			

* ₩10,565,705 × 3% = ₩316,971

〈이자상환일(2차년도)〉

20×2.12.31	(차) 이 자 비 용	311,480	(대) 현	금	500,000
	사채할증발행차금	188,520			

* (₩10,565,705 − ₩183,029) × 3% = ₩311,480

〈이자상환일(3차년도)〉

20×3.12.31	(차) 이 자 비 용	305,844	(대) 현	금	500,000
	사채할증발행차금	194,156			

* (₩10,565,705 − ₩183,029 − ₩188,520) × 3% = ₩305,825이 되지만 마지막 연도에는 다음과 같은 역산법을 이용한다.

20×3.12.31 사채할증발행차금

= 총사채할증발행차금 − 20×4년과 20×5년에 상각된 사채할증발행차금

= ₩565,705 − ₩183,029 − ₩188,520 = ₩194,156

20×3.12.31 이자비용

= ₩500,000 − ₩194,156 = ₩305,844

왜냐하면, 풀이에서 사용된 연금의 현가계수 및 ₩1의 현가계수가 반올림된 값이므로 마지막 연도에는 단수 차이가 발생하고 이를 조정해 주기 위해서이다.

〈원금상환일〉

	20×3.12.31	(차) 사 채	10,000,000	(대) 현	금	10,000,000
(5)	20×2.12.31	(차) 이 자 비 용	311,480	(대) 현	금	500,000
		사채할증발행차금	188,520			

* (₩10,565,705 − ₩183,029) × 3% = ₩311,480

(차) 사 채	10,000,000	(대) 현	금	10,000,000
사채할증발행차금	194,156	사채상환이익		194,156

Chapter

10 자 본

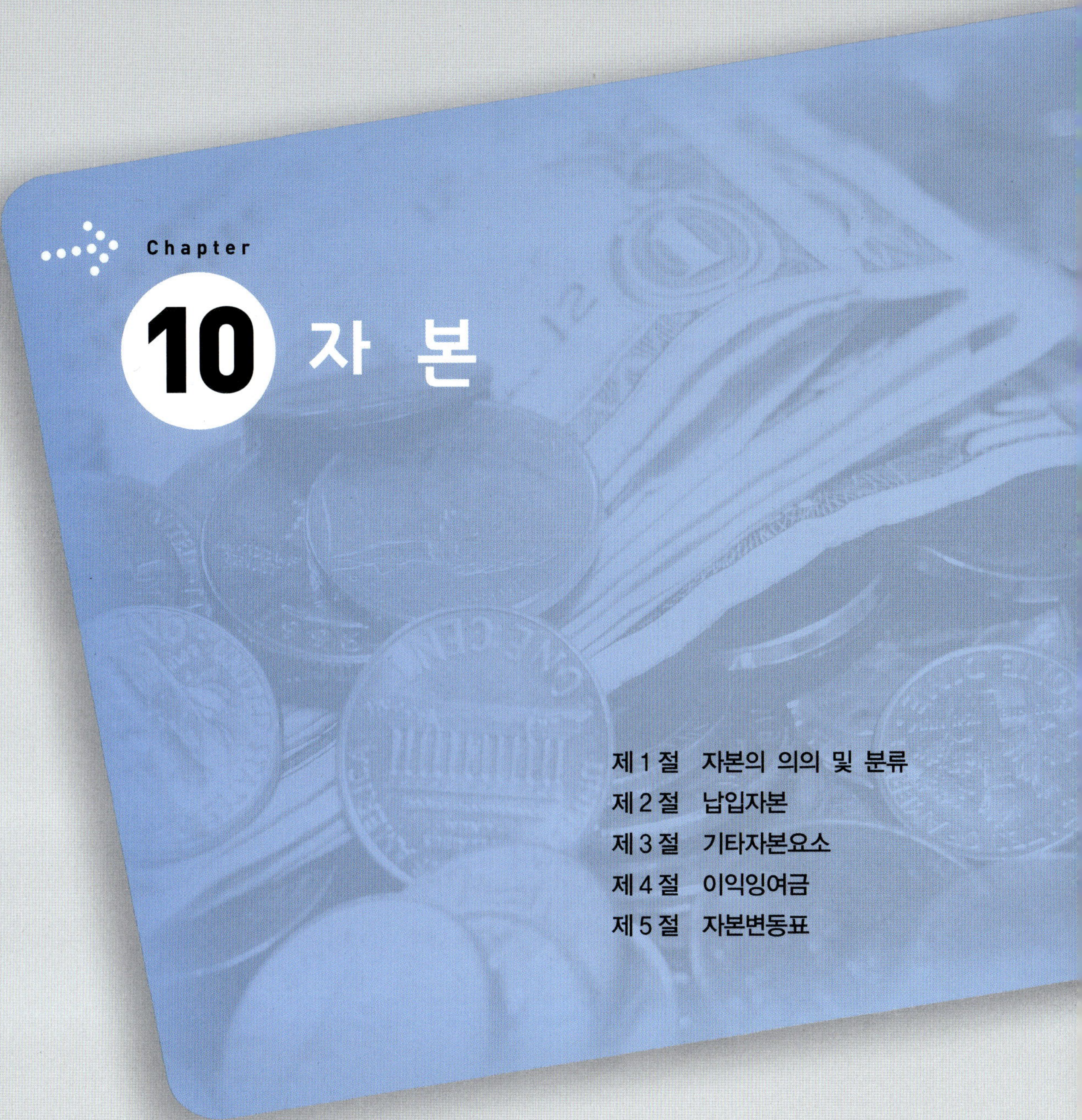

제 1 절 자본의 의의 및 분류
제 2 절 납입자본
제 3 절 기타자본요소
제 4 절 이익잉여금
제 5 절 자본변동표

본장에서는

1. 자본의 의의와 분류에 대하여 살펴본다.
2. 납입자본에 해당하는 자본금과 자본잉여금의 정의와 증감원인에 대하여 살펴본다.
3. 자기주식 등 자본조정에 해당하는 계정에 대한 회계처리를 살펴본다.
4. 손익거래에 영향을 받는 기타포괄손익누계액과 이익잉여금에 대하여 살펴본다.
5. 자본의 변동내역을 나타내는 자본변동표에 대하여 자세히 살펴본다.

1. 자본의 분류

- 자본금 : 보통주자본금, 우선주자본금
- 자본잉여금 : 주식발행초과금, 감자차익, 자기주식처분이익 등
- 자본조정 : 주식할인발행차금, 감자차손, 자기주식처분손실, 자기주식, 미교부주식배당금 등
- 기타포괄손익누계액 : 재평가잉여금, 금융자산평가손익(기타포괄손익-공정가치측정금융자산) 등
- 이익잉여금 : 법정적립금, 임의적립금, 미처분이익잉여금

2. 증자, 감자

- 증자 : 자본금을 증가시키는 것
  - 유상증자 : 액면발행, 할인발행, 할증발행
  - 무상증자
- 감자 : 자본금을 감소시키는 것
  - 유상감자
  - 무상감자

3. 자기주식

- 자기주식 취득 : 자본조정으로 회계처리
- 소각 : 자기주식과 자본금 상계
- 재발행 : 시장에 재매각

4. 이익잉여금

- 이익잉여금의 종류 : 법정적립금, 임의적립금, 미처분이익잉여금
- 이익잉여금 처분 : 적립금 적립, 배당
- 배당의 종류 : 현금배당, 주식배당

제 1 절 자본의 의의 및 분류

자본(capital)은 순자산, 잔여지분, 자기자본, 소유주(주주)지분 등 다양하게 정의된다. 일반적으로는 자산에서 부채를 차감한 금액으로서 자본을 순자산(net asset) 또는 잔여지분(residual equity)이라고 한다.

부채와 자본으로 구성된 재무상태표의 대변은 자금의 조달원천을 나타내고 있다. 즉 부채는 회사 외부로부터 조달된 자금을, 자본은 회사 내부로부터 조달된 자금을 나타내고 있다. 이러한 관점에서 부채를 타인자본이라 하고, 자본을 자기자본이라 한다. 또한 부채를 자산에 대한 채권자 몫이라는 관점에서 채권자지분 또는 채권자청구권(creditor's equity)이라 하고, 자본을 자산에 대한 소유주지분(주주지분) 또는 소유주청구권(owner's equity)이라 한다.

한국채택국제회계기준에서는 자본과 자본의 분류에 대한 구체적인 규정이 없다. 이는 각 국가마다 상법의 내용이 상이하기 때문에 국제회계기준위원회에서 자본과 관련된 공통된 회계기준을 제정하기 어려웠을 것으로 판단된다. 실무에서는 일반기업회계기준의 규정을 주로 적용한다. 다만 한국채택국제회계기준, 기존기업회계기준 및 여러 문헌들을 고려해 볼 때 자본의 분류를 〈표 10-1〉과 같이 납입자본, 기타자본요소, 이익잉여금으로 분류할 수 있을 것으로 판단된다.

〈표 10-1〉
자본의 분류

분 류		종 류
납입자본	자본금	보통주자본금, 우선주자본금
	자본잉여금	주식발행초과금, 자기주식처분이익, 감자차익 등
기타 자본요소	자본조정	자기주식, 감자차손, 주식할인발행차금, 자기주식처분손실, 미교부주식배당금 등
	기타포괄 손익누계액	금융자산평가손익(기타포괄손익-공정가치측정금융자산), 재평가잉여금 등
이익잉여금		법정적립금, 임의적립금, 미처분이익잉여금

제 2 절 납입자본

납입자본(paid-in capital)은 회사와 주주의 거래인 자본거래[1)]를 통하여 주주가 납입한 자본금과 자본잉여금으로 구성된다.

1. 자본금

자본금(capital stock)은 회사가 발행한 주식[2)]의 총액면금액을 말한다.[3)] 즉, 자본금은 회사가 발행한 주식수에 액면금액을 곱하여 산출한다. 따라서 발행금액이 얼마인지에 관계없이 자본금은 항상 액면금액으로 표시된다. 발행한 주식이 보통주이면 보통주자본금, 우선주이면 우선주자본금이라 한다.[4)]

---

1) 자본에 영향을 미치는 회계거래는 크게 자본거래와 손익거래로 나누어진다. 주주와 거래를 통하여 자본이 변동하게 되는 경우를 자본거래라 하고, 나머지를 손익거래라 한다. 손익거래는 포괄손익계산서상 당기손익과 기타포괄손익에 반영되어 재무상태표상 이익잉여금과 기타포괄손익누계액으로 연결된다. 반면 자본거래는 손익계산서를 거치지 않고 바로 재무상태표상 자본에 기록되는데, 자본항목 중 자본금, 자본잉여금, 그리고 자본조정에 반영된다.

2) 주식수의 종류에는 크게 수권주식수, 발행주식수, 유통주식수 및 자기주식수가 있다. 수권주식수는 정관에 정해진 회사가 발행할 주식 총수를 의미하고, 발행주식수는 수권주식 중 실제로 발행한 주식을 의미한다. 발행된 주식 중 회사가 보유하고 있는 주식(자기주식)이 있다면 실제로 시장에서 거래될 수 있는 주식(유통주식)은 발행주식에서 자기주식을 차감한 나머지 주식이 된다. 따라서 이상의 개념을 수식으로 나타내면 다음과 같다.
   수권주식수＝발행주식수＋미발행주식수
   발행주식수＝유통주식수＋자기주식수
   ∴ 수권주식수＝유통주식수＋자기주식수＋미발행주식수

3) 액면금액(par value)이란 주권에 표시된 금액을 의미하고, 현행 상법상 주식의 1주당 최저 액면금액은 ₩100이다. 한편, 발행금액은 실제 주식이 발행되는 금액을 의미한다.

4) 주식은 크게 우선주와 보통주 2종류가 있다. 보통주(common stock)는 주식발행에 있어 표준이 되는 주식을 의미하며, 우선주(preferred stock)는 이익배당 또는 잔여재산의 분배 등에 있어서 보통주보다 우선적 지위가 인정된 주식을 말한다. 이처럼 우선주는 이익배당 또는 잔여재산의 분배 등에 우선적인 지위를 갖지만 주주의 가장 대표적인 권리인 의결권이 제한되어 일반적으로는 보통주에 비해서 낮은 금액으로 거래된다.

2. 자본잉여금

자본잉여금은 주주가 자본금을 초과하여 납입하거나 자본거래를 통하여 발생한 잉여금으로, 주식발행초과금, 자기주식처분이익, 감자차익 등이 있다. 자본잉여금은 자본금과 함께 주주의 납입자본을 구성한다. 주식발행초과금은 대표적인 자본잉여금으로 주식을 액면금액을 초과하여 할증발행할 경우 그 초과금액을 의미한다. 이 외에도 주식을 액면금액으로 발행하거나, 액면금액에 미달하게 할인발행할 수도 있다. 주식의 할증발행, 액면발행 그리고 할인발행시 회계처리는 각각 다음과 같다.

〈할증발행의 경우〉

(차) 현 금	×××	(대) 자 본 금	×××
		주식발행초과금	×××

〈액면발행의 경우〉

(차) 현 금	×××	(대) 자 본 금	×××

〈할인발행의 경우〉

(차) 현 금	×××	(대) 자 본 금	×××
주식할인발행차금*	×××		

* 주식할인발행차금은 제3절 기타자본요소에서 자세히 다룬다.

예제 10-1 주식의 발행

1. (주)영남은 20×1년 6월 1일 액면금액 ₩500인 보통주 10,000주를 액면발행하고 현금으로 납입받았다.
2. (주)경남은 20×1년 7월 1일 액면금액 ₩500인 보통주 10,000주를 주당 ₩700에 발행하고 현금으로 납입받았다.
3. (주)전남은 20×1년 9월 1일 액면금액 ₩500인 보통주 10,000주를 주당 ₩800에 발행하고 현금으로 납입받았다. 또한 신주발행을 위한 직접비용이 ₩100,000 발생하여 현금으로 지급하였다.
4. (주)강원은 20×1년 10월 1일 액면금액 ₩500인 보통주 10,000주를 발행하고 건물을 받았다. 건물의 공정가치는 ₩8,000,000이고, 주식의 주당 공정가치는 ₩700이다. 단, 건물의 공정가치가

주식의 공정가치보다 명백하지는 않다.

〈요구사항〉

(주)영남, (주)경남, (주)전남 및 (주)강원이 해야 할 회계처리를 하시오.

해답

1. (주)영남

(차) 현 금	5,000,000	(대) 자 본 금	5,000,000

2. (주)경남

(차) 현 금	7,000,000	(대) 자 본 금	5,000,000
		주식발행초과금	2,000,000

3. (주)전남

(1) (차) 현 금	8,000,000	(대) 자 본 금	5,000,000
		주식발행초과금	3,000,000
(2) (차) 주식발행초과금	100,000	(대) 현 금	100,000

분개 (1)과 (2)를 합하면 다음과 같이 나타낼 수 있다.

(차) 현 금	7,900,000	(대) 자 본 금	5,000,000
		주식발행초과금	2,900,000

4. (주)강원

(차) 건 물	7,000,000	(대) 자 본 금	5,000,000
		주식발행초과금	2,000,000

※ 이를 현물출자라 한다. 현물출자의 경우에는 취득한 자산의 공정가치를 취득원가로 인식하나 취득한 자산의 공정가치가 발행한 주식의 공정가치보다 명백하지 않다면 발행한 주식의 공정가치로 취득한 자산의 취득원가를 계상한다. 자세한 내용은 제7장을 참조하기 바란다.

주식발행초과금 이외의 기타자본잉여금으로는 자기주식처분이익, 감자차익이 있다. 자기주식처분이익은 회사가 취득한 자기주식(treasury stock)을 취득원가를 초과하여 재발행할 경우 그 차이금액을 말하며, 감자차익은 주식을 소각함으로써 자본금을 감소시키는 감자를 실시하면서 지급한 대가보다 감소된 자본금이 클 경우 그 차이금액을 말한다. 반대의 경우를 자기주식처분손실, 감자차손이라 하고 이는 자본조정항목에 포함된다. 이와 관련한 회계처리는 아래의 3. 증자와 감자 및 제3절 기타자본요소에서 자세히 다룬다.

3. 증자와 감자

회사는 설립 후 필요에 따라 주식을 추가로 발행하여 자본금을 증가시키거나, 또는 주식의 소각을 통해 자본금을 감소시킨다. 이때 자본금을 증가시키는 것을 증자라 하고, 감소시키는 것을 감자라 한다.

이러한 증자와 감자는 대가의 수반여부에 따라 유상증자와 무상증자, 유상감자와 무상감자로 구분된다. 유상증자와 유상감자의 경우 실질적인 대가가 수반되므로 전체 자본의 변동을 가져온다. 그러나 무상증자는 법정적립금과 자본잉여금 등을 자본금으로 전입하기 때문에 자본의 총액이 변하지 않으며,[5] 무상감자는 이월결손금 등을 보전하기 위하여 자본금을 감소시키므로 자본의 총액에는 영향을 미치지 않는다. 〈표 10-2〉는 증자와 감자에 대한 회계처리 요약을 나타내고 있다.

〈표 10-2〉
증자와 감자에 대한 회계처리

	증 자	감 자
유 상	(차) 현 금 ××× (대) 자 본 금 ××× 주식발행초과금 ×××* * 액면금액이 발행금액보다 큰 경우에는 차변에 주식할인발행차금이 발생함	(차) 자 본 금 ××× (대) 현 금 ××× 감 자 차 익 ×××* * 회사가 주주에게 지급하는 금액이 액면금액보다 클 경우에는 차변에 감자차손이 발생함
무 상	(차) 법정적립금 등* ××× (대) 자 본 금 ××× * 자본잉여금(주식발행초과금 등)을 재원으로 무상증자를 실시한 경우에는 자본잉여금항목이 기록됨	(차) 자 본 금 ××× (대) 미처리결손금 ××× 감 자 차 익 ×××

5) 이익잉여금의 처분에서 살펴볼 주식배당과 무상증자는 자본금은 증가하나 자본총액은 변하지 않는다는 점에서 동일하나 자본금을 증가시키는 재원이 주식배당은 미처분이익잉여금인 데 반해 무상증자는 자본잉여금, 법정적립금 등이란 점에서 차이가 있다. 이와 관련해서는 주식배당을 공부한 후 다시 살펴보기 바란다.

예제 10-2 유상증자와 무상증자

20×1년 12월 31일 현재 (주)효준의 자본금은 ₩100,000(주당 액면 ₩500, 200주), 주식발행초과금은 ₩40,000, 이익준비금은 ₩49,000, 이익잉여금은 ₩5,000이다. 요구사항에 답하시오. (단, 각 요구사항은 상호독립적이다)

〈요구사항〉

1. 20×2년 1월 1일 (주)효준이 20주를 주당 ₩600(주당 액면 ₩500)에 증자하였다. (주)효준이 해야 할 회계처리를 하고 자본의 증감여부를 밝히시오.
2. (주)효준이 20주를 주당 ₩600에 취득하여 소각하였을 경우 회계처리를 하시오.
3. 20×2년 1월 1일 (주)효준이 이익준비금을 재원으로 1주당 0.1주의 신주를 발행하여 지급하였다. (주)효준이 해야 할 회계처리를 하고 자본의 증감여부를 밝히시오.

해답

1. 이는 대가를 받고 증자했기 때문에 유상증자에 해당한다.

(차) 현　　금	12,000	(대) 자 본 금	10,000
		주식발행초과금	2,000

위 분개를 통해 총자본은 ₩12,000(자본금 ₩10,000, 자본잉여금 ₩2,000)이 증가한다.

2. 액면금액보다 지급하는 대가가 많으면 감자차손(자본조정)으로 회계처리한다.

(차) 자 본 금	10,000	(대) 현　　금	12,000
감 자 차 손	2,000		

3. 이는 대가를 받지 않고 증자를 했기 때문에 무상증자에 해당한다.

(차) 이익준비금	10,000*	(대) 자 본 금	10,000

* 200주 × 0.1 × ₩500(주당 액면금액) = ₩10,000

위 분개를 통해 이익준비금이 ₩10,000 감소하고, 자본금이 ₩10,000 증가하기 때문에 총자본은 변화가 없다.

예제 10-3 유상감자와 무상감자

20×1년 12월 31일 현재 (주)효정의 자본금은 ₩100,000(주당 액면 ₩500, 200주), 미처리결손금은 ₩50,000이다. 요구사항에 답하시오. (단, 각 요구사항은 상호독립적이다)

〈요구사항〉

1. 20×2년 1월 1일 (주)효정은 경영권방어 목적으로 회사주식 20주를 주당 ₩500(주당 액면 ₩500)에 취득하여 소각하였다. (주)효정이 해야 할 회계처리를 하고 자본의 증감여부를 밝히시오.
2. 20×2년 1월 1일 (주)효정은 향후 배당의 실시를 위하여 미처리결손금 ₩50,000을 보전하는 것이 중요하다고 판단하여 발행주식 200주에 대하여 2주당 1주의 비율로 감자를 실시하였다. (주)효정이 해야 할 회계처리를 하고 자본의 증감여부를 밝히시오.

해답

1. 이는 대가를 지급하고 감자했기 때문에 유상감자에 해당한다.

(차) 자 본 금	10,000	(대) 현 금	10,000

위 분개를 통해 총자본은 ₩10,000(자본금 ₩10,000)이 감소한다.

※ 유상감자와 관련된 자세한 회계처리는 아래 자기주식에 대한 설명을 참조하기 바란다.

2. 이는 대가를 지급하지 않고 감자했기 때문에 무상감자에 해당한다.

(차) 자 본 금	50,000*	(대) 미처리결손금**	50,000

* 발행주식을 절반으로 줄였으므로 200주/2 × ₩500(주당 액면금액) = ₩50,000의 자본금이 감소한다.

** 미처리결손금은 이익의 누적액인 미처분이익잉여금과 달리 손실의 누적액이다.

위 분개를 통해 미처리결손금이 ₩50,000 감소하고, 자본금이 ₩50,000 감소하기 때문에 총자본은 변화가 없다.

※ 제4절 이익잉여금을 공부한 후 다시 살펴보기 바란다.

무상증자와 무상감자는 자본총액에 영향을 미치지 않기 때문에 투자자 입장에서 부의 변화는 전혀 없다. 따라서 무상증자와 무상감자시 투자자는 아무런 회계처리를 하지 않는다.

제 3 절 기타자본요소

기타자본요소로는 자본조정과 기타포괄손익누계액이 있다.

1. 자본조정

자본조정(capital adjustment)은 자본거래에 해당하나, 최종납입된 자본으로 볼 수 없거나 자본의 차감항목으로 자본금이나 자본잉여금에 해당하지 않는 항목을 말한다. 자본조정항목으로는 자기주식, 감자차손, 자기주식처분손실, 주식할인발행차금 등이 있다.

(1) 자기주식, 감자차손과 자기주식처분손실

회사는 경영권방어, 주가안정 등을 위하여 유통중인 자신의 주식을 취득하는데, 이를 자기주식(treasury stock)이라 한다. 회사는 자기주식 취득시 취득원가로 인식하며 자본조정항목으로 자본에서 차감하는 형태로 회계처리를 한다.

자기주식 취득 후 회사는 취득한 자기주식을 소각하거나 재발행한다.

재발행시에는 취득원가와 재발행원가를 비교하여 재발행원가가 큰 경우 차이금액을 자기주식처분이익(자본잉여금)으로 인식하고, 반대의 경우에는 차이금액을 자기주식처분손실(자본조정)로 인식한다. 만약 자기주식처분손실이 발생하였을 때, 재무상태표에 자기주식처분이익이 있는 경우 먼저 이를 감소(상계)시킨 후 나머지 금액에 대하여 자기주식처분손실(자본조정)로 인식한다. 그리고 자본조정에 반영된 자기주식처분손실은 이익잉여금의 처분을 통해 상각한다.

자기주식을 소각하는 경우에는 주식의 액면금액과 취득원가를 비교하여 감자손익을 결정한다. 즉 액면금액이 취득원가보다 큰 경우에는 그 차이금액을 감자차익(자본잉여금)으로 인식하고, 반대의 경우에는 감자차손(자본조정)으로 인식한다. 또한 자기주식처분손실과 동일하게 재무상태표에 감자차익(자본잉여금)이 있는 경우 먼저 이를 감소시킨 후 나머지 금액에 대하여 감자차손(자본조정)으로 인식한다. 그리고 자본조정에 반영된 감자차손은 이익잉여금의 처분을 통해 상각한다. 자기주식과 관련한 회계처리를 요약하면 〈표 10-3〉과 같다.

〈표 10-3〉
자기주식의 회계처리 요약

구분	차변	금액	대변	금액
취득시	(차) 자 기 주 식	×××	(대) 현 금	×××
재발행시 (취득원가 < 재발행원가)	(차) 현 금	×××	(대) 자 기 주 식 자기주식처분이익	××× ×××
재발행시 (취득원가 > 재발행원가)	(차) 현 금 자기주식처분이익 자기주식처분손실	××× ×××* ×××	(대) 자 기 주 식	×××
소각시 (액면금액 > 취득원가)	(차) 자 본 금	×××	(대) 자 기 주 식 감 자 차 익	××× ×××
소각시 (액면금액 < 취득원가)	(차) 자 본 금 감 자 차 익 감 자 차 손	××× ×××* ×××	(대) 자 기 주 식	×××

* 재무상태표상 계상된 잔액이 있는 경우 먼저 제거한다.

예제 10-4 자기주식

(주)신영의 20×0년 12월 31일 현재 자본은 다음과 같다.

1. 보통주자본금(주당 액면 ₩5,000)	₩100,000,000
2. 주식발행초과금	20,000,000
3. 이익잉여금	50,000,000
	₩170,000,000

다음은 20×1년도 (주)신영의 자본관련 거래이다.

(1) 3월 1일 (주)신영은 소각 등의 목적으로 유통중인 자기주식 150주를 주당 ₩4,500에 취득하였다.
(2) 7월 1일 (주)신영은 3월 1일에 취득한 자기주식 중 50주를 주당 ₩5,000에 재발행하였다.
(3) 8월 1일 (주)신영은 3월 1일에 취득한 자기주식 중 50주를 소각하였다.
(4) 9월 1일 (주)신영은 3월 1일에 취득한 50주를 주당 ₩3,900에 재발행하였다.
(5) 11월 1일 (주)신영은 소각을 위하여 유통중인 자기주식 40주를 주당 ₩6,000에 취득하였다.
(6) 11월 30일 (주)신영은 11월 1일에 취득한 자기주식 중 30주를 소각하였다.

〈요구사항〉

1. 위 거래와 관련하여 (주)신영이 일자별로 해야 할 회계처리를 하시오.
2. 위 거래를 반영한 후 (주)신영의 자본총액은 얼마인가?

해답

1. 회계처리

일자	차변	금액	대변	금액
3월 1일	(차) 자기주식	675,000	(대) 현금	675,000
7월 1일	(차) 현금	250,000	(대) 자기주식	225,000
			자기주식처분이익	25,000
8월 1일	(차) 자본금	250,000	(대) 자기주식	225,000
			감자차익	25,000
9월 1일	(차) 현금	195,000	(대) 자기주식	225,000
	자기주식처분이익	25,000		
	자기주식처분손실	5,000		
11월 1일	(차) 자기주식	240,000	(대) 현금	240,000
11월 30일	(차) 자본금	150,000	(대) 자기주식	180,000
	감자차익	25,000		
	감자차손	5,000		

2. 자본총계

항목	금액
－자본금 : ₩100,000,000－₩250,000－₩150,000 ＝	₩99,600,000
－주식발행초과금 :	20,000,000
－자기주식 : ₩240,000－₩180,000＝	(60,000)
－자기주식처분손실 :	(5,000)
－감자차손 :	(5,000)
－이익잉여금 :	50,000,000
총 계	₩169,530,000

(2) 주식할인발행차금

주식할인발행차금은 주식을 액면금액에 미달하게 발행할 경우 그 미달금액을 의미한다. 만약 액면금액에 미달하게 주식을 발행하였을 때, 재무상태표에 주식발행초과금이 있다면 먼저 이를 감소(상계)시킨 후 나머지 금액에 대하여 주식할인발행차금(자본조정)으로 인식한다. 그리고 자본조정에 반영된 주식할인발행차금은 이익잉여금의 처분을 통해 상각한다. 예를 들어 A사가 20×2년 2월 1일 100주(주당 액면 ₩5,000)를 주당 ₩3,500에 발행하였다면, 다음과 같이 회계처리한다.

(차)	현 금	350,000	(대) 자 본 금	500,000
	주식할인발행차금	150,000		

그러나 만약 A사의 재무상태표상 주식발행초과금이 ₩100,000이 있었다면 다음과 같이 회계처리한다.

(차)	현 금	350,000	(대) 자 본 금	500,000
	주식발행초과금	100,000		
	주식할인발행차금	50,000		

주식을 액면금액에 미달하게 발행하는 경우 납입자본이 법정자본금에도 미달하게 되므로, 채권자보호 등의 이유로 우리나라 상법에서는 할인발행을 매우 엄격하게 제한하고 있다.

2. 기타포괄손익누계액

기타포괄손익누계액은 손익거래로 인하여 손익계산서에 인식한 기타포괄손익의 당기말까지의 누적액이다. 기타포괄손익이 발생하면 마감을 통해 자본항목 중 기타포괄손익누계액으로 기록된다. 기타포괄손익누계액의 종류에는 금융자산평가손익(기타포괄손익-공정가치측정금융자산), 재평가잉여금, 확정급여제도의 보험수리적손익, 해외사업환산차이, 현금흐름위험회피파생상품평가손익 등이 있다. 이 중 재평가잉여금과 금융자산평가손익(기타포괄손익-공정가치측정금융자산)은 제7장과 제8장에서 이미 살펴보았다. 나머지 보험수리적손익, 해외사업환산차이, 현금흐름위험회피파생상품평가손익 등은 회계원리 수준을 넘어서는 것으로 중급회계와 고급회계에서 참고하기 바란다.

제 4 절 이익잉여금

1. 이익잉여금의 정의 및 분류

이익잉여금(retained earnings)은 기업의 이익창출활동을 통해 획득한 순이익 중에서 배당을 통한 사외유출 또는 자본금으로 대체되지 않고 기업 내부에 유보되어 있는 금액을 의미한다. 따라서 이익잉여금은 다음과 같이 간략하게 도식화할 수 있다.

$$\text{이익잉여금} = \sum_{t=\text{설립}}^{\text{현재}} (\text{당기순이익} - \text{배당} - \text{자본전입})$$

위 식에서 나타난 바와 같이 이익잉여금은 당기순이익에 의해 증가하고, 배당이나 자본전입을 통하여 감소한다.6)

한편 이익잉여금은 다음과 같이 적립금과 미처분이익잉여금으로 구분된다. 이에 대한 자세한 내용은 이익잉여금의 처분에서 설명하기로 한다.

- 법정적립금 : 이익준비금
- 임의적립금 : 사업확장적립금, 배당평균적립금, 감채적립금과 결손보전적립금
- 미처분이익잉여금(또는 미처리결손금)

6) 이익잉여금은 회계변경누적효과, 전기오류수정손익, 결손금보전에 의한 이입액 및 자본조정항목의 상계 등으로 인하여 증가 또는 감소하기도 한다. 따라서 이익잉여금의 보다 정확한 수식은 다음과 같이 표시할 수 있다. 그러나 이에 대한 내용은 중급회계수준이므로 본서에서는 설명을 생략한다.

$$\text{이익잉여금} = \sum_{t=\text{설립}}^{\text{현재}} (\text{당기순이익} - \text{배당} - \text{자본전입} - \text{자본조정항목 상계} + \text{결손금보전에 의한 이입액} \pm \text{전기오류수정손익} \pm \text{회계변경누적효과})$$

2. 이익잉여금의 처분

이익잉여금의 처분은 크게 사내적립, 음(−)의 자본조정항목의 상계와 배당을 통한 사외유출로 구분된다.

위에서 살펴본 바와 같이 이익잉여금은 적립금과 미처분이익잉여금(미처리결손금)으로 구성되기 때문에 회사가 이익잉여금 처분을 통해 적립금을 적립하더라도 이익잉여금 총액에 영향을 미치지 않는 반면, 배당을 통한 사외유출이 있게 되면 이익잉여금이 감소하게 된다.

당해연도 미처분이익잉여금의 처분은 차기 회계연도초(12월 결산법인인 경우 2월 중순에서 3월 하순)에 열리는 주주총회에 가서야 최종 확정된다. 따라서 당해연도 미처분이익잉여금의 처분에 대한 회계처리는 차기 회계연도초 2월이나 3월 중 주주총회 결의일에 이루어진다.

(1) 적립금

적립금은 특정목적을 달성하기 위하여 이익잉여금이 사외로 유출되지 않도록 설정해 놓은 것을 말하며, 법정적립금과 임의적립금이 있다.7)

법정적립금은 법에 의해 강제되는 적립금으로 상법에서 규정하고 있는 이익준비금이 있다. 이익준비금은 채권자보호 등을 위하여 이익의 전부가 사외로 유출되는 것을 방지하기 위하여 상법에서 규정하고 있다. 구체적으로 상법 제458조에서는 회사가 자본금의 1/2에 달할 때까지 매 결산기에 이익배당액의 1/10 이상을 이익준비금으로 적립하도록 규정하고 있다.

---

7) 적립금이 있다고 해서 반드시 적립금만큼 현금을 보유하고 있다는 것이 아닌 점에 유의해야 한다. 적립한다는 것은 이익잉여금이 배당을 통해 사외로 유출되는 것을 방지하기 위하여 배당가능금액을 줄이는 것이다. 예를 들어 액면금액 ₩5,000인 주식 10,000주를 액면발행하여 20×1년 1월 1일에 설립한 회사의 20×1년 당기순이익과 기말현금이 ₩11,000,000으로 동일하다고 가정하자. 이 경우 상법상 이익준비금의 규정이 없다면 회사는 주당 ₩1,100씩 이익 모두를 배당할 수 있지만, 이익준비금의 적립규정(배당액의 10%)으로 인하여 회사가 배당할 수 있는 최대금액은 ₩10,000,000(배당액 + 0.1 × 배당액 = ₩11,000,000)이 되어 ₩1,000,000만큼 배당가능액이 줄어든다. 만약 회사가 ₩10,000,000을 배당하였다면 현금이 줄어들고 동시에 이익잉여금 ₩10,000,000이 줄어들며 이익잉여금에는 이익준비금 ₩1,000,000만 남고, 현금도 ₩1,000,000만 남게 된다. 그런데 회사가 남은 ₩1,000,000으로 기계장치를 구입하였다면, 차변에 기계장치 ₩1,000,000 대변에 현금 ₩1,000,000으로 분개해야 한다. 그러나 이 회계처리 어디에도 이익준비금이 나타나지 않으므로 이익준비금은 그대로 ₩1,000,000이 기록되고 현금만 ₩0이 된다. 즉, 적립금으로 기록되어 있더라도 현금은 적립금만큼 회사에 남아 있지 않을 수 있다.

임의적립금은 회사가 배당을 제한할 목적으로 주주총회결의 등을 통해 자발적으로 설정하는 적립금이다. 임의적립금에는 사업확장적립금, 배당평균적립금, 감채적립금과 결손보전적립금 등이 있다.

〈법정적립금과 임의적립금의 적립에 대한 회계처리〉

(차) 미처분이익잉여금	×××	(대) 이익준비금 혹은 임의적립금	×××

한편, 법정적립금은 적립뿐만 아니라 처분 또한 법에서 엄격하게 제한하고 있다. 예를 들어 이익준비금의 경우에는 결손보전이나 자본전입에 한하여 처분하도록 상법에서 규정하고 있다. 이와 달리 회사가 자발적으로 설정한 임의적립금은 적립금의 목적을 달성한 후 미처분이익잉여금으로 다시 환원시켜(임의적립금의 이입) 주주총회 결의를 통해 배당 등으로 처분이 가능하다.

(2) 결손금

영업활동의 결과 당기순손실이 발행하였을 때 그 금액이 전기이월미처분이익잉여금을 초과할 수 있는데, 그 초과액을 결손금이라고 말한다. 결손금이 처리되기 전에는 주주에게 배당을 할 수 없기 때문에 기업의 선택에 따라 결손금을 다른 자본항목과 상계한다. 결손금의 처리란 미처리결손금을 이익잉여금(임의적립금, 법정적립금) 혹은 자본잉여금과 상계하여 장부에서 제거하는 과정을 의미한다. 결손금의 처리도 이익잉여금의 적립과 마찬가지로 주주총회의 승인을 받아야 하기 때문에 결손금에 대한 회계처리는 주주총회일에 이루어진다.

과거의 상법에서는 결손금 처리순서가 규정되어 있었지만 상법 개정으로 인하여 순서가 삭제되었다. 다만, 미처리결손금을 임의적립금과 우선 상계하고 그 이후에는 상계의 순서를 규정하고 있지 않다. 따라서 남은 미처리결손금이 있다면 기업의 결정에 따라 자본잉여금, 법정적립금 등과 상계할 수 있다.

〈미처리결손금의 회계처리〉

(차)	임의적립금 자본잉여금 법정적립금	×××	(대) 미처리결손금	×××

예제 10-5 결손금

(주)장군은 20×1년 1월 1일 영업을 개시했다. 이익잉여금과 관련된 내용은 다음과 같다.

(1) 20×1년에는 당기순이익이 ₩200,000이다.

(2) 20×2년 3월 20일 주주총회에서 다음과 같이 미처분이익잉여금의 처분을 결의하였다.

이익준비금	₩10,000	사업확장적립금	₩100,000

(3) 20×2년에는 당기순손실이 ₩300,000이다.

(4) 20×3년 3월 21일 주주총회에서 사업확장적립금 ₩100,000을 이입하여 미처리결손금의 일부를 처리하도록 결의하였다.

〈요구사항〉

1. 20×1 회계연도에 대한 주주총회일(20×2년 3월 20일)에 실시해야 할 회계처리를 제시하시오.
2. 20×2 회계연도에 대한 주주총회일(20×3년 3월 21일)에 실시해야 할 회계처리를 제시하시오.

해답

1.	(차) 미처분이익잉여금	110,000	(대) 이익준비금	10,000
			사업확장적립금	100,000
2.	(차) 사업확장적립금	100,000	(대) 미처리결손금	100,000

〈참고〉 20×1년말~20×3년 3월 21일까지의 분개

20×1.12.31	(차) 집 합 손 익	200,000	(대) 미처분이익잉여금	200,000
20×2. 3.20	(차) 미처분이익잉여금	110,000	(대) 이익준비금	10,000
			사업확장적립금	100,000
	* 미처분이익잉여금 처분 후 잔액 : ₩90,000			
20×2.12.31	(차) 미처분이익잉여금	90,000	(대) 집 합 손 익	300,000
	미처리결손금	210,000		
20×3. 3.21	(차) 사업확장적립금	100,000	(대) 미처리결손금	100,000
	* 미처리결손금 처리 후 이익잉여금 잔액 : －₩100,000			

이익준비금 ＋₩10,000, 사업확장적립금 ₩0, 미처리결손금 －₩110,000

(3) 배 당

기업은 주주총회의 결의를 통해 영업활동으로 획득한 이익잉여금의 일정부분을 투자한 주주들에게 보상(return on investment)으로 분배한다. 이를 배당(dividend)이라 한다.

배당의 종류에는 크게 현금으로 분배하는 현금배당과 주식을 발행하여 지급하는 주식배당이 있다.

기업은 배당을 위하여 누구에게 지급할 것인가? 어느 정도 지급할 것인가? 그리고 언제 지급하는가?를 결정해야 한다.

주식거래가 매우 빈번하게 이루어지기 때문에 기업은 어느 시점에 주식을 보유하고 있는 주주에게 배당할 것인가를 결정해야 한다. 이 시점을 배당기준일이라 하고 일반적으로 기업은 회계연도말에 주식을 소유하고 있는 주주를 대상으로 배당을 한다. 따라서 대부분 기업의 배당기준일은 회계연도말이 된다. 단순히 배당받을 주주를 결정하는 기준일이므로 배당기준일에는 아무런 회계처리를 하지 않는다.

배당금액 등 배당과 관련된 사항이 결정되는 날을 배당선언일(배당결의일)이라 한다. 우리나라의 경우 배당관련사항이 주주총회 결의사항이므로 배당선언일은 주주총회일이 된다.[8] 배당선언일에 배당금액 등 배당관련사항이 확정되므로 기업은 다음과 같이 배당의 재원인 이익잉여금을 감소시키는 회계처리를 해야 한다.

〈배당선언일의 회계처리〉

(1) 현금배당의 경우

(차) 미처분이익잉여금 ××× (대) 미지급배당금(부채) ×××

(2) 주식배당의 경우

(차) 미처분이익잉여금 ××× (대) 미교부주식배당금(자본) ×××

현금배당은 배당지급일에 주주들에게 현금으로 지급해야 하기 때문에 부

8) 상법 규정상 중간배당의 경우 이사회의 결의로 배당을 결정할 수 있다. 중간배당이란 회계연도중에 배당을 하는 것으로 우리나라 상법에서는 회계연도중 1차례에 걸쳐 현금배당에 한해 중간배당을 할 수 있도록 규정하고 있다. 따라서 이사회 결의에 의하여 중간배당이 결정된 경우에는 배당선언일이 이사회 결의일이 된다.

채(미지급배당금)로 인식하는 반면, 주식배당은 주식을 발행하여 지급함으로써 자본금이 증가하기 때문에 미교부주식배당금이라는 자본계정(자본조정)을 사용한다는 점에 유의해야 한다.

배당결의일 후 회사는 배당을 실시해야 한다. 이렇게 배당이 실제로 이루어지는 날을 배당지급일이라 한다. 배당지급일에는 다음과 같이 회계처리를 한다.

〈배당지급일의 회계처리〉

(1) 현금배당의 경우

(차) 미지급배당금 ××× (대) 현 금 ×××

(2) 주식배당의 경우

(차) 미교부주식배당금 ××× (대) 자 본 금 ×××

예제 10-6 배 당

자본금이 ₩100,000,000(주당 액면 ₩5,000)인 (주)영남은 20×1년 12월 31일 현재 주식을 보유하고 있는 주주를 대상으로 주당 ₩1,000의 현금배당을 실시하기로 하였다. 20×2년 2월 27일에 개최된 주주총회에서 위 사항이 그대로 결의되었으며, 주주들에게는 20×2년 3월 15일에 지급되었다.

〈요구사항〉

1. 배당기준일, 배당선언일, 배당지급일은 언제인지를 밝히고, 각 일자별로 (주)영남이 해야 할 회계처리를 하시오.
2. (주)영남이 현금배당을 실시하지 않고 1주당 0.1주의 주식을 발행하여 지급하는 주식배당을 실시하였다면 각 일자별 회계처리는 어떻게 되는가?

해답

1. 현금배당

20×1년말 현재 주식을 보유하고 있는 주주를 대상으로 배당을 지급하므로 배당기준일은 20×1년 12월 31일이 된다. 또한 배당결의가 주주총회에서 이루어졌으므로 배당선언일은 주주총회일인 20×2년 2월 27일이며, 배당지급일은 실제 지급된 20×2년 3월 15일이 된다. 일자별 회계처리는 다음과 같다.

〈20×1년 12월 31일(배당기준일)〉

—회계처리 없음—

〈20×2년 2월 27일(배당선언일)〉

(차) 미처분이익잉여금 20,000,000 (대) 미지급배당금 20,000,000*

* 지급해야 할 배당금 : (₩100,000,000/₩5,000) × ₩1,000 = ₩20,000,000

〈20×2년 3월 15일(실제지급일)〉

(차) 미지급배당금 20,000,000 (대) 현 금 20,000,000

2. 주식배당

〈20×1년 12월 31일(배당기준일)〉

－회계처리 없음－

〈20×2년 2월 27일(배당선언일)〉

(차) 미처분이익잉여금 10,000,000 (대) 미교부주식배당금 10,000,000*

* 지급해야 할 배당금 : (₩100,000,000/₩5,000) × 0.1 × ₩5,000 = ₩10,000,000

〈20×2년 3월 15일(실제지급일)〉

(차) 미교부주식배당금 10,000,000 (대) 자 본 금 10,000,000

※ 현금의 감소와 자본(이익잉여금)의 감소로 전체 자본이 감소하는 현금배당과 달리 주식배당은 ₩10,000,000의 이익잉여금(자본)의 감소와 ₩10,000,000의 자본금(자본)의 증가가 발생하여 자본총액에는 영향을 미치지 않는다. 소유주의 몫인 자본이 변화하지 않기 때문에 주식배당을 받은 투자자는 아무런 회계처리를 하지 않는다.

제 5 절 자본변동표

자본변동표(statement of changes in equity)는 일정기간 동안 자본의 변동내역을 보여주는 재무제표이다. 구체적으로 자본변동표는 자본금, 자본잉여금, 자본조정, 기타포괄손익누계액 및 이익잉여금의 변동내역을 표시한다.

일반적으로 자본금은 증자 또는 감자를 통해 변동되며, 자본잉여금은 증자(발행금액 > 액면금액), 감자(취득원가 < 액면금액), 자기주식처분(취득금액 < 재발행금액) 등에 의해서 변동된다. 자본조정은 증자(발행금액 < 액면금액), 감자(취득원가 > 액면금액), 자기주식처분(취득원가 > 재발행금액), 자기주식의 취득 등에 의하여 변동된다. 기타포괄손익누계액은 금융자산평가(기타포괄손익-공정가치측정금융자산), 유・무형자산의 재평가 등에 의하여 변동되고, 이익잉여금은 당기순이익(손실)에 의하여 증가(감소)하며, 배당을 통해 감소한다.

〈표 10-4〉는 H사(주)의 20×1년 자본변동표를 나타내고 있다.

〈표 10-4〉
자본변동표 양식

자본변동표

제54기 20×1년 1월 1일부터 20×1년 12월 31일까지
제53기 20×0년 1월 1일부터 20×0년 12월 31일까지

H사(주) (단위 : 백만원)

과 목	자본금	자본잉여금	기타자본항목	기타포괄손익누계액	이익잉여금	총 계
20×0. 1. 1(기초자본)	1,488,993	4,012,033	(1,516,817)	64,476	49,471,930	53,520,615
배당					(790,489)	(790,489)
자기주식취득			(303,077)			(303,077)
자기주식처분		(2,183)	119,302			117,119
현금흐름위험회피 파생상품평가손익				78,415		78,415
기타포괄손익-공정가치 측정금융자산관련손익				14,648	(5,561)	9,087
확정급여제도의 재측정요소					29,864	29,864
당기순이익					526,975	526,975
20×0.12.31(기말자본)	1,488,993	4,009,850	(1,700,592)	157,539	49,232,719	53,188,509
20×1. 1. 1(기초자본)	1,488,993	4,009,850	(1,700,592)	157,539	49,232,719	53,188,509
배당					(1,045,775)	(1,045,775)
자기주식취득			(305,337)			(305,337)
자기주식처분		24,915	37,544			62,459
현금흐름위험회피 파생상품평가손익				(107,943)		(107,943)
기타포괄손익-공정가치 측정금융자산관련손익				(24,227)	113,944	89,717
확정급여제도의 재측정요소					147,856	147,856
당기순이익					645,526	645,526
20×1.12.31(기말자본)	1,488,993	4,034,765	(1,968,385)	25,369	49,094,270	52,675,012

〈표 10-4〉를 살펴보면, 자본변동표는 전기(20×0년)와 당기(20×1년)의 비교식으로 구성되어 있다. 자본변동표상의 자본금, 자본잉여금, 기타자본항목, 기타포괄손익누계액, 이익잉여금의 기말자본금액은 재무상태표의 자본금액과 일치한다. 20×0년도의 기말자본금액이 20×1년도의 기말자본금액으로 어떻게 변동되었는지를 구체적으로 살펴보자. 이익잉여금은 20×1년도에 ₩10,457억의 배당과 ₩6,455억의 당기순이익으로 인해 감소 또는 증가하였음을 알 수 있다. 또한 자기주식의 취득으로 인해 기타자본항목으로 분류된 자본조정이 ₩3,053억 감소했으며, 자기주식의 처분으로 인해서는 자본잉여금과 자본조정이 각각 ₩249억과 ₩375억 증가하였음을 알 수 있다. 이 외에 기타포괄손익-공정가치측정금융자산관련손익으로 인해 기타포괄손익누계액이 ₩242억 감소했고 이익잉여금은 ₩1,139억 감소하였음을 알 수 있다.[9]

과거 기본재무제표 중 하나인 이익잉여금처분계산서가 이익잉여금의 처분내역만 제공하였다면 자본변동표는 위와 같이 자본 전체의 변동내역을 제공함으로써 이익잉여금처분계산서보다 포괄적인 정보를 제공한다. 이러한 관점에서 한국채택국제회계기준에서는 자본변동표를 기본재무제표로, 이익잉여금처분계산서를 주석에 포함할 것으로 규정하고 있다.

9) 기타사항으로 현금흐름위험회피파생상품평가손익, 확정급여제도의 재측정요소에 따른 변동 등이 있으나 이는 현 단계에서는 이해하기 힘들기 때문에 중급회계 또는 고급회계에서 공부하는 것이 타당하다.

용어정리 문제

1. 사채나 은행으로부터 빌린 차입금은 (   )이라고 하고, 주식을 발행해서 자금을 조달하는 것은 (   )이라고 한다.

2. 주식회사의 자본은 독립적으로 결정되는 것이 아니라, 기업의 자산에서 채권자지분(부채)을 차감하고 남은 (   ) 또는 (   )으로 정의된다.

3. (   )를 소유한 주주들은 주주총회에 참가하여 지분비율에 따라 의결권을 행사하고 배당금을 받는다. (   )는 이익배당이나 잔여재산의 분배에 대한 권리를 보통주보다 우선적으로 보장받는 주식을 말한다.

4. (   )이란 주주와의 자본거래로 발생한 자본으로서 자본금과 자본잉여금을 포함한다. 주식발행을 회계처리할 때에는 액면금액에 해당하는 부분을 자본금으로 하고 발행금액이 액면금액을 초과하는 부분을 (   )으로 한다.

5. 회사의 자본금이 증가하는 것을 (   )라고 하고, 자본금이 감소하는 것을 (   )라고 하는데, 주식발행, 주식배당, 무상증자의 경우 자본금이 증가하고 주식 소각시에는 자본금이 감소한다.

6. (   )은 회사 설립시점부터 경영활동을 통해 창출한 과거 및 현재의 순이익의 누적액 중에서 배당 등을 제외하고 유보되어 있는 금액이다.

7. (   )은 회사가 이미 발행한 주식 중 일부를 추후에 재발행하거나 소각할 목적으로 재취득한 주식을 말하며, 취득시에는 취득원가로 기록하여 자본에서 차감하는 형식으로 표시하고 추후에 재발행하거나 소각한다.

8. (   )는 자본의 크기와 변동, 자본을 구성하고 있는 자본금, 자본잉여금, 자본조정, 기타포괄손익누계액, 이익잉여금(또는 결손금)의 변동에 대한 포괄적인 정보를 제공하는 재무제표이다.

해답

1. 타인자본, 자기자본
2. 잔여지분, 순자산
3. 보통주, 우선주
4. 납입자본, 주식발행초과금
5. 증자, 감자
6. 이익잉여금
7. 자기주식
8. 자본변동표

객관식 문제

1. 자본과 관련된 설명으로 옳은 것은? (주택관리사보, 2011)

① 자본 구성항목의 표시는 유동성배열법을 따른다.
② 주식배당으로 주식을 교부하면 자본금이 증가한다.
③ 주식발행초과금과 같은 자본잉여금이라도 주주에게 배당이 가능하다.
④ 자본이란 자산총액에서 부채총액을 차감한 잔액으로 채권자에게 귀속될 잔여지분의 성격을 갖는다.
⑤ 기타포괄손익누계액은 자본거래로부터 발생한다.

2. 자본의 변동을 가져오는 거래는? (단, 제시된 거래 이외의 거래는 고려하지 않는다) (9급공무원 수정, 2018)

① 기계장치를 외상으로 구입하였다.
② 자기주식을 현금으로 구입하였다.
③ 미래에 제공할 용역의 대가를 미리 현금으로 받았다.
④ 외상으로 판매한 대금이 전액 회수되었다.
⑤ 주식배당으로 주식을 교부하였다.

3. 다음 각 항목이 재무상태표의 자본금, 이익잉여금 및 자본총계에 미치는 영향으로 옳지 않은 것은? (9급공무원, 2011)

	항 목	자본금	이익잉여금	자본총계
①	무상증자	증가	증가	증가
②	주식배당	증가	감소	불변
③	주식분할	불변	불변	불변
④	유상증자	증가	불변	증가
⑤	유상감자	감소	불변	감소

4. 무상증자, 주식배당, 주식분할, 주식병합에 대한 설명으로 옳지 않은 것은? (9급공무원, 2021)

① 무상증자로 자본금은 변동하지 않는다.
② 주식배당은 발행주식수를 증가시킨다.
③ 주식분할은 발행주식수를 증가시킨다.
④ 주식병합으로 자본금은 변동하지 않는다.

5. 다음 중 자본이 증가하는 거래는? (단, 각 거래는 상호독립적이고, 자기주식의 취득은 상법상 정당한 것으로 가정한다) (주택관리사보 수정, 2017)

① 중간배당(현금배당) ₩100,000을 실시하였다.
② 액면금액이 주당 ₩5,000인 주식 25주를 ₩4,000에 할인발행하였다.
③ 자기주식(액면금액 주당 ₩5,000) 25주를 주당 ₩4,000에 취득하였다.
④ 당기순손실 ₩100,000이 발생하였다.
⑤ 당기중 ₩2,100,000에 취득한 기타포괄손익-공정가치측정금융자산의 보고기간말 현재 공정가치는 ₩2,000,000이다.

6. 재무상태표상 자본총액이 증가하는 거래는? (7급공무원, 2023)

① 액면금액 ₩5,000인 보통주를 주당 ₩4,000에 할인발행하였다.
② 자기주식처분이익 중 ₩10,000을 자본금으로 대체하였다.
③ 주주총회에서 주식배당 ₩6,000을 결의하였다.
④ 보통주 액면금액 ₩5,000을 ₩500으로 분할하였다.

7. 자본에 대한 설명으로 옳지 않은 것은? (단, 자기주식의 회계처리는 원가법을 따른다) (7급공무원, 2019)

① 자기주식을 취득원가보다 낮은 금액으로 매각한 경우 자기주식처분손실이 발생하며 포괄손익계산서에 비용으로 계상한다.
② 감자시 주주에게 지급하는 대가가 감소하는 주식의 액면금액보다 적을 때에는 차액을 감자차익으로 기록한다.
③ 실질적 감자의 경우 자본금과 자산이 감소하며, 감자차익 또는 감자차손이 발생할 수 있다.
④ 결손을 보전하기 위한 목적으로 형식적 감자를 실시하는 경우 자본금 감소가 이월결손금보다 큰 경우에는 감자차익이 발생한다.

8. 자본에 관한 설명 중 옳지 않은 것은? (9급공무원, 2021)

① 자본조정은 당해항목의 성격상 자본거래에 해당하지만, 자본의 차감 성격을 가지는 것으로 자본금이나 자본잉여금으로 처리할 수 없는 누적적 적립금의 성격을 갖는 계정이다.
② 상환우선주의 보유자가 발행자에게 상환을 청구할 수 있는 권리를 보유하고 있는 경우, 이 상환우선주는 자본으로 분류하지 않는다.
③ 자본잉여금은 납입된 자본 중에서 액면금액을 초과하는 금액 또는 주주와의 자본거래에서 발생하는 잉여금을 처리하는 계정이다.
④ 기타포괄손익누계액 중 일부는 당기손익으로의 재분류조정과정을 거치지 않고 직접 이익잉여금으로 대체할 수 있다.

9. 다음 자료를 이용하여 계산된 기말자본 금액은? (주택관리사보, 2017)

〈기초자본 자료〉

자본금	₩20,000
이익잉여금	500
재평가잉여금	800
계	₩21,300

- 당기중 액면금액 ₩500의 보통주 10주를 주당 ₩1,000에 발행
- 당기순손실 : ₩200
- 당기 재평가잉여금 증가액 : ₩100

① ₩26,200 ② ₩29,800 ③ ₩30,050
④ ₩31,200 ⑤ ₩33,200

10. (주)한국은 20×1년 1월 1일 영업을 시작하였다. 20×1년 12월 31일 총자산과 총부채는 각각 ₩350,000과 ₩200,000이었으며, 20×1년도의 총포괄이익은 ₩125,000이었다. 그리고 20×1년중에 배당금 ₩5,000을 현금으로 지급하였다. (주)한국의 20×1년 1월 1일 시점의 순자산 장부금액은? (7급공무원 수정, 2017)

① ₩5,000 ② ₩30,000 ③ ₩50,000
④ ₩120,000 ⑤ ₩150,000

11. (주)한국은 액면금액 ₩5,000인 주식 10,000주를 주당 ₩5,000에 발행하였다. (주)한국은 유통주식수의 과다로 인한 주가관리차원에서 20×1년에 1,000주를 매입소각하기로 주주총회에서 결의하였다. (주)한국은 두 번에 걸쳐 유통주식을 매입소각하였는데 20×1년 6월 1일에 주당 ₩4,000에 500주를 매입한 후 소각했고, 20×1년 9월 1일에 주당 ₩7,000에 500주를 매입한 후 소각했다고 한다면 20×1년 9월 1일의 감자차손익 잔액은? (7급공무원, 2011)

① 감자차익 ₩500,000
② 감자차손 ₩500,000
③ 감자차익 ₩1,000,000
④ 감자차손 ₩1,000,000
⑤ 감자차익 ₩1,500,000

12. 다음 자료를 이용하여 계산한 기말자본총액은? (주택관리사보, 2014)

- 기초자본총액 : ₩10,000
- 7월 1일 : 주당 액면금액 ₩100의 자기주식 10주를 주당 ₩300에 취득
- 8월 1일 : 위 자기주식 중 5주를 주당 ₩350에 매각
- 9월 1일 : 위 자기주식 중 3주를 소각

① ₩7,850
② ₩8,150
③ ₩8,500
④ ₩8,750
⑤ ₩9,650

13. (주)한국의 20×1년초 자산과 부채 총계는 각각 ₩5,000,000과 ₩2,000,000이며, 20×1년중 발생한 자본 관련 거래는 다음과 같다. (9급공무원, 2024)

- 3월 20일 : 현금배당 ₩100,000을 결의하였으며, 현금배당의 10%를 이익준비금으로 적립하였다.
- 4월 1일 : 3월 20일 결의한 현금배당 ₩100,000을 주주에게 지급하였다.
- 7월 15일 : 보통주 100주(주당 액면금액 ₩500)를 주당 ₩800에 발행하였다.
- 8월 20일 : 자기주식 30주를 최초로 취득(주당 취득금액 ₩700)하였다.
- 9월 20일 : 자기주식 20주를 매각(주당 매각금액 ₩750)하였다.

(주)한국이 20×1년도 포괄손익계산서상 당기순이익과 총포괄이익으로 각각 ₩100,000과 ₩30,000을 보고했다면, 20×1년말의 재무상태표상 자본총계는?

① ₩2,994,000
② ₩3,004,000
③ ₩3,016,000
④ ₩3,104,000

14. (주)한국은 20×2년 3월 27일 정기주주총회에서 20×1년 재무제표를 승인하면서 현금배당을 선언하고 즉시 지급하였다. 주주총회의 배당금 선언 및 지급이 (주)한국의 재무제표에 미치는 영향으로 옳은 것은? (주택관리사보, 2022)

① 20×1년말 현금을 감소시킨다.
② 20×1년 당기순이익을 감소시킨다.
③ 20×1년말 자본을 감소시킨다.
④ 20×2년 당기순이익을 감소시킨다.
⑤ 20×2년말 자본을 감소시킨다.

15. 주당 액면금액이 ₩500인 보통주 500,000주를 발행하고 있고, 이익잉여금 잔액이 ₩100,000,000인 (주)한국은 20×1년 2월에 5%의 주식배당과 주당 ₩15의 현금배당을 선언하였다. 이러한 배당선언이 회사의 자본에 미치는 영향으로 옳지 않은 것은? (단, 이익준비금은 고려하지 않는다) (7급공무원, 2011)

① 이익잉여금 ₩20,000,000이 배당의 재원으로 사용되었다.
② 현금배당액은 ₩7,500,000이 될 예정이다.
③ 주식배당액은 ₩7,500,000이 될 예정이다.
④ 배당선언으로 부채 ₩7,500,000이 증가한다.
⑤ 배당을 통하여 자본총액은 ₩7,500,000이 감소한다.

16. 자본변동표에서 확인할 수 없는 항목은? (주택관리사보 수정, 2015)

① 자기주식의 취득
② 유형자산의 재평가이익
③ 금융자산평가이익(기타포괄손익-공정가치측정금융자산)
④ 현금배당
⑤ 주식분할

해답 및 해설

1. ②

주식배당은 미처분이익잉여금을 자본금으로 대체하는 것이므로 자본금이 증가한다. 주식발행초과금은 자본금전입과 결손보전에만 사용가능하며, 기타포괄손익누계액은 손익거래로부터 발생한다.

2. ②

① 기계장치(자산) 증가, 미지급금(부채) 증가
② 자기주식(자본조정) 증가, 현금(자산) 감소
③ 현금(자산) 증가, 선수금(부채) 증가
④ 현금(자산) 증가, 매출채권(자산) 감소
⑤ 자본금(자본) 증가, 이익잉여금(자본) 감소(주식배당은 미처분이익잉여금을 자본금으로 대체하는 것이므로 자본총액의 변동은 없음)

3. ①

	항 목	자본금	이익잉여금	자본총계
①	무상증자	증가	감소 또는 불변*	불변
②	주식배당	증가	감소	불변
③	주식분할	불변	불변	불변
④	유상증자	증가	불변	증가
⑤	유상감자	감소	불변	감소

* 무상증자의 재원이 적립금인 경우 이익잉여금은 감소하나, 무상증자의 재원이 자본잉여금인 경우에는 이익잉여금의 변동은 없다.

4. ①

무상증자는 자본금은 증가하나 자본총액은 변동하지 않는다.

5. ②

① 자본 ₩100,000 감소(미처분이익잉여금 ₩100,000 감소)
② 자본 ₩100,000 증가(자본금 ₩125,000 증가, 주식할인발행차금 ₩25,000 증가)
③ 자본 ₩100,000 감소(자기주식 ₩100,000 증가)
④ 자본 ₩100,000 감소(미처분이익잉여금 ₩100,000 감소)
⑤ 자본 ₩100,000 감소(기타포괄손익누계액 ₩100,000 감소)

6. ①

액면금액 ₩5,000인 보통주를 주당 ₩4,000에 할인발행하면 자본금이 액면금액 ₩5,000만큼 증가하고 주식할인발행차금(자본조정)이 ₩1,000 증가하여 자본총액이 ₩4,000 증가한다.

7. ①

자기주식을 취득원가보다 낮은 금액으로 매각한 경우 자기주식처분손실이 발생하며, 이때 자기주식처분손실은 재무상태표상의 자본잉여금에 자기주식처분이익이 있는 경우 먼저 이를 감소(상계)시킨 후 나머지 금액에 대하여 재무상태표상에 자기주식처분손실(자본조정)로 계상한다.

8. ①

자본조정은 자본거래에 해당하나, 최종납입된 자본으로 볼 수 없거나 자본의 차감항목으로 자본금이나 자본잉여금에 해당하지 않는 항목을 말한다.

9. ④

	기초금액	변동금액	기말금액
자본금	₩20,000	₩5,000(증가)	₩25,000
자본잉여금	–	5,000(증가)	5,000
이익잉여금	500	200(감소)	300
재평가잉여금	800	100(증가)	900
계	₩21,300	₩9,900(증가)	₩31,200

10. ②

20×1년 기말 순자산 장부금액 = ₩350,000(기말 총자산) − ₩200,000(기말 총부채) = ₩150,000
자본변동액 = ₩125,000(총포괄이익) − ₩5,000(배당금) = ₩120,000
20×1년 기초 순자산 장부금액 = ₩150,000(기말 순자산) − ₩120,000(자본변동액) = ₩30,000

11. ②

주식발행시	(차) 현　　금	50,000,000	(대) 자 본 금	50,000,000
6월 1일	(차) 자 본 금	2,500,000	(대) 현　　금	2,000,000
			감 자 차 익	500,000
9월 1일	(차) 자 본 금	2,500,000	(대) 현　　금	3,500,000
	감 자 차 익	500,000		
	감 자 차 손	500,000		

12. ④

7월 1일	(차) 자 기 주 식	3,000	(대) 현 금	3,000
8월 1일	(차) 현 금	1,750	(대) 자 기 주 식	1,500
			자기주식처분이익	250
9월 1일	(차) 자 본 금	300	(대) 자 기 주 식	900
	감 자 차 손	600		

기말자본총액 : ₩10,000 − ₩3,000 + ₩1,500 + ₩250 − ₩300 + ₩900 − ₩600 = ₩8,750

13. ②

20×1년초 자본총계 = ₩5,000,000 − ₩2,000,000 = ₩3,000,000

20×1년말 자본총계 = ₩3,000,000 − ₩100,000(현금배당) + ₩80,000(주식발행) − ₩21,000(자기주식 취득)
+ ₩15,000(자기주식 처분) + ₩30,000(20×1년도 총포괄이익)
= ₩3,004,000

3월 20일	(차) 미처분이익잉여금	110,000	(대) 미지급배당금	100,000
			법정적립금	10,000
4월 1일	(차) 미지급배당금	100,000	(대) 현 금	100,000
7월 15일	(차) 현 금	80,000	(대) 자 본 금	50,000
			주식발행초과금	30,000
8월 20일	(차) 자 기 주 식	21,000	(대) 현 금	21,000
9월 20일	(차) 현 금	15,000	(대) 자 기 주 식	14,000
			자기주식처분이익	1,000

14. ⑤

20×2년 3월 27일 주주총회에서 현금배당과 관련된 사항이 결정되어 즉시 지급하였기 때문에 배당의 재원인 이익잉여금을 감소시키고 현금을 감소시키는 회계처리를 해야 한다.

15. ③

(차) (미처분)이익잉여금	20,000,000	(대) 미지급배당금(부채)	7,500,000*
		미교부주식배당금(자본조정)	12,500,000**

* ₩15 × 500,000주

** ₩500 × 500,000주 × 0.05

16. ⑤

자기주식 : 자본조정항목에서 파악가능하다.

유형자산의 재평가이익, 금융자산평가이익(기타포괄손익-공정가치측정금융자산) : 기타포괄손익항목에서 파악가능하다.

현금배당 : 이익잉여금항목에서 파악가능하다.

주식분할 : 주식분할은 1주 금액만 변동하는 것으로 자본총액 및 자본의 구성요소별 총액을 변동시키지 않는다.

주관식 문제

1. 다음은 (주)갑의 자본관련 계정들이다. (주)갑의 자본총액은? (9급공무원, 2011)

• 자기주식	₩13,000	• 이익준비금	₩100,000
• 주식발행초과금	57,000	• 자기주식처분이익	8,000
• 자본금	500,000	• 사업확장적립금	18,000
• 미교부주식배당금	10,000		

해답

부분재무상태표

(주)갑 (단위 : 원)

자 산	부 채		
	자 본		
	Ⅰ. 자본금		₩500,000
	Ⅱ. 자본잉여금		65,000
	1. 주식발행초과금	₩57,000	
	2. 자기주식처분이익	8,000	
	Ⅲ. 자본조정		(3,000)
	1. 자기주식	(₩13,000)	
	2. 미교부주식배당금	10,000	
	Ⅳ. 기타포괄손익누계액		0
	Ⅴ. 이익잉여금		118,000
	1. 이익준비금	₩100,000	
	2. 사업확장적립금	18,000	
	자본합계		₩680,000

2. 다음은 (주)한국의 회계자료이다.

- (주)한국은 20×1년 1월 1일 주당 액면금액이 ₩500인 보통주 5,000주를 주당 ₩700에 현금발행하고 설립하였다.
- (주)한국은 20×1년도 당기순이익으로 ₩1,000,000을 보고하였다.
- 20×2년 2월 26일에 개최된 주주총회에서는 주당 ₩20의 현금배당 실시 및 ₩100,000의 사업확장적립금 적립에 대한 사항을 결의하였다.
- 20×2년 3월 20일에 배당금은 결의된 사항대로 주주들에게 현금으로 지급되었다.
- (주)한국은 이익배당시 이익준비금의 적립을 상법에서 정한 최소수준으로 한다.
- (주)한국은 20×2년 5월 1일 보통주 100주(주당 액면 ₩500)를 주당 ₩700에 증자하였다.
- 20×2년 (주)한국의 당기순이익은 ₩2,000,000이다.

〈요구사항〉

(1) 다음에 제시한 각 일자에 (주)한국이 행해야 할 회계처리를 하시오.
- 20×1년 1월 1일
- 20×2년 2월 26일
- 20×2년 3월 20일
- 20×2년 5월 1일

(2) 20×1년말, 20×2년말 (주)한국의 재무상태표상 자본총액은 얼마인가?

해답

(1)

일자	차변	금액	대변	금액
20×1년 1월 1일	(차) 현 금	3,500,000	(대) 자 본 금	2,500,000
			주식발행초과금	1,000,000
20×2년 2월 26일	(차) 미처분이익잉여금	210,000	(대) 미지급배당금	100,000
			이익준비금	10,000
			사업확장적립금	100,000
20×2년 3월 20일	(차) 미지급배당금	100,000	(대) 현 금	100,000
20×2년 5월 1일	(차) 현 금	70,000	(대) 자 본 금	50,000
			주식발행초과금	20,000

(2) 각 연도말 자본총액

20×1년말 : ₩2,500,000(자본금) + ₩1,000,000(주식발행초과금) + ₩1,000,000(미처분이익잉여금)
= ₩4,500,000

20×2년말 : ₩2,550,000(자본금) + ₩1,020,000(주식발행초과금) + ₩2,790,000(미처분이익잉여금)
+ ₩10,000(이익준비금) + ₩100,000(사업확장적립금) = ₩6,470,000

※ 미처분이익잉여금 = ₩1,000,000(20×1년도 당기순이익) − ₩100,000(배당금지급)
− ₩10,000(이익준비금) − ₩100,000(사업확장적립금)
+ ₩2,000,000(20×2년도 당기순이익) = ₩2,790,000

3. (주)한라는 20×1년 1월 1일 수권주식수 60,000주(보통주, 액면가 ₩5,000)로 설립하였으며, 다음과 같은 자본거래활동을 하였다. (세무직 공무원 수정, 2009)

- 1월 2일 : 발행금액 단위당 ₩5,500에 20,000주 발행
- 5월 1일 : 발행금액 단위당 ₩6,000에 10,000주 발행
- 8월 1일 : 자기주식 5,000주를 단위당 ₩5,100에 취득
- 9월 1일 : 자기주식 3,000주를 단위당 ₩5,400에 처분

〈요구사항〉

(1) 위 거래와 관련하여 (주)한라가 일자별로 해야 할 회계처리를 하시오.

(2) 위 거래를 반영한 후 (주)한라의 20×1년말 자본잉여금과 자기주식의 장부금액은 얼마인가?

해답

(1)

일자	차변	금액	대변	금액
1월 2일	(차) 현 금	110,000,000	(대) 자 본 금	100,000,000
			주식발행초과금(자본잉여금)	10,000,000
5월 1일	(차) 현 금	60,000,000	(대) 자 본 금	50,000,000
			주식발행초과금(자본잉여금)	10,000,000
8월 1일	(차) 자 기 주 식	25,500,000	(대) 현 금	25,500,000
9월 1일	(차) 현 금	16,200,000	(대) 자 기 주 식	15,300,000
			자기주식처분이익(자본잉여금)	900,000

(2) (주)한라의 20×1년말 자본잉여금과 자기주식의 장부금액

20×1년말 자본잉여금 : ₩10,000,000(1/2 주식발행초과금) + ₩10,000,000(5/1 주식발행초과금)
+ ₩900,000(9/1 자기주식처분이익)
= ₩20,900,000

20×1년말 자기주식 : ₩25,500,000(8/1 자기주식취득) − ₩15,300,000(9/1 자기주식처분)
= ₩10,200,000

4. 다음은 20×1년초 (주)한국의 부분재무상태표이다.

• 자본금(액면금액 ₩5,000)	₩5,000,000
• 주식발행초과금	2,500,000
• 이익준비금	1,000,000
• 미처분이익잉여금	3,000,000

(주)한국은 20×1년 2월 25일에 주주총회를 개최할 예정이고 주주총회에서 다음의 네 개 안 중 하나를 선택할 예정이다.

ㄱ. 미처분이익잉여금을 기초로 주식 500주를 배당하기로 결정한다.
ㄴ. 주식발행초과금을 기초로 주식 500주를 발행하여 무상증자한다.
ㄷ. 주식을 1 : 2로 분할한다.
ㄹ. 주식을 3 : 1로 병합한다.

각 경우의 액면금액을 구하시오. (7급공무원, 2012)

해답

ㄱ. 주식배당 : ₩5,000
ㄴ. 무상증자 : ₩5,000
ㄷ. 주식분할 : ₩2,500(= ₩5,000 ÷ 2)
ㄹ. 주식병합 : ₩15,000(= ₩5,000 × 3)

ㄱ과 ㄴ은 각각 주식배당과 무상증자에 해당하므로 액면금액이 변하지 않는다. ㄷ은 1 : 2의 주식분할이므로 액면금액은 절반인 ₩2,500으로 감소한다. 마지막으로 ㄹ은 3개의 주식을 1개로 합치는 주식병합에 해당하므로 액면금액은 ₩15,000으로 증가한다.

5. (주)백두의 20×1년 1월 1일의 자산과 부채의 총계는 각각 ₩3,500,000과 ₩1,300,000이었으며, (주)백두의 20×1년중 발생한 모든 자본거래는 다음과 같다.

- 3월 8일 : 20×0년도 정기주주총회(2월 28일 개최)에서 결의한 배당을 지급하였다. 구체적으로 현금배당으로 ₩130,000을 지급하였으며, 주식배당으로 보통주 100주(주당 액면금액 ₩500, 주당 공정가치 ₩550)를 발행하였다. (주)백두는 현금배당액의 10%를 상법상의 이익준비금으로 적립하였다.
- 5월 8일 : 보통주 200주(주당 액면금액 ₩500)를 주당 ₩600에 발행하였으며, 이와 관련하여 직접적인 주식발행비용 ₩30,000이 발생하였다.
- 10월 9일 : 20×0년에 취득한 자기주식(취득원가 ₩70,000)을 ₩80,000에 재발행하였다.

(주)백두는 20×1년도 포괄손익계산서상 당기순이익과 총포괄이익으로 ₩130,000과 ₩40,000을 보고하였다. (단, 법인세효과는 고려하지 않는다) (공인회계사 수정, 2011)

〈요구사항〉

(1) 위 거래와 관련하여 (주)백두가 20×1년도에 일자별로 해야 할 회계처리를 하시오.

(2) (주)백두의 20×1년말 현재 재무상태표상 자본총액은 얼마인가?

해답

		차변 계정	금액		대변 계정	금액
(1) 2월 28일	(차)	(미처분)이익잉여금	193,000	(대)	미지급배당금	130,000
					이익준비금	13,000
					미교부주식배당금	50,000
3월 8일	(차)	미지급배당금	130,000	(대)	현 금	130,000
		미교부주식배당금	50,000		자 본 금	50,000
5월 8일	(차)	현 금	90,000	(대)	자 본 금	100,000
		주식할인발행차금	10,000			
10월 9일	(차)	현 금	80,000	(대)	자 기 주 식	70,000
					자기주식처분이익	10,000

(2) 20×1년초 자본총계 : ₩3,500,000 − ₩1,300,000 = ₩2,200,000

20×1년말 자본총계 : ₩2,200,000 − ₩193,000 + ₩13,000 + ₩50,000 + ₩100,000 − ₩10,000 + ₩70,000 + ₩10,000 + ₩40,000(총포괄이익) = ₩2,280,000

Chapter

11 현금흐름표

제 1 절 현금흐름표의 의의 및 유용성
제 2 절 현금및현금성자산의 의미
제 3 절 현금흐름표 구조 및 양식
제 4 절 현금흐름의 구분
제 5 절 발생주의에서 현금주의로 전환하기
제 6 절 직접법에 의한 현금흐름표 작성
제 7 절 간접법에 의한 현금흐름표 작성

본장에서는

1. 현금흐름표의 의의 및 목적에 대해서 설명한다.
2. 현금흐름표의 작성원리 및 양식에 대해서 설명한다.
3. 현금및현금성자산의 의미에 대해서 설명한다.
4. 영업활동 현금흐름, 투자활동 현금흐름, 재무활동 현금흐름의 구체적인 구분에 대해서 설명한다.
5. 현금흐름표의 작성방법에 대해서 설명한다.

1. 현금흐름의 구분

- 영업활동 현금흐름 : 기업의 주요 수익창출로 인한 현금흐름
  - 고객으로부터 현금유입
  - 공급자에 대한 현금유출
  - 종업원에 대한 현금유출
  - 영업비용 현금유출
  - 단기매매금융자산 취득 · 처분
  - 이자수취
  - 이자지급
  - 배당금수취
  - 법인세납부
- 투자활동 현금흐름 : 기업의 장기투자활동으로 인한 현금흐름
  - 유형자산, 무형자산 취득 · 처분
  - 투자금융자산 취득 · 처분
  - 대여금 대여 · 회수
- 재무활동 현금흐름 : 자금조달활동으로 인한 현금흐름
  - 차입금 차입 · 상환, 사채 발행 · 상환
  - 유상증자 · 감자, 자기주식 취득 · 처분
  - 배당금지급

2. 현금흐름표 작성방법

- 직접법
- 간접법 : 영업활동 현금흐름을 간접법으로 작성

제 1 절 현금흐름표의 의의 및 유용성

1. 현금흐름표의 의의

기업이 재무제표를 작성하는 방법에는 발생주의(accrual basis)와 현금주의(cash basis)가 있으며, 현재 회계의 근간을 이루는 것은 발생주의라는 것을 배웠다. 그러나 발생주의에 의한 재무제표는 기업의 재무상태 및 경영성과에 대한 정보를 제공해 주지만 한 회계기간 동안 특정기업의 실제 총현금유입액은 얼마인지? 총현금유출액은 얼마인지?에 대한 정보는 제공해 주지 못한다. 따라서 정보이용자들에게 발생주의에 의해 작성된 재무제표만 제공할 경우 정보이용자들이 기업의 경영성과는 잘 파악할지 모르지만 기업의 유동성과 지급능력 및 미래 현금흐름을 잘 예측하기는 쉽지 않다. 이와 같은 발생주의에 의한 재무제표의 단점을 보완하기 위하여 기업이 공시하는 재무제표가 바로 현금흐름표이다.

구체적으로 현금흐름표(a statement of cash flow)란 일정기간 동안의 기업의 현금유입과 현금유출에 대한 정보를 제공해 주는 것을 그 목적으로 한다. 앞서 배운 재무제표 중 재무상태표, 포괄손익계산서, 자본변동표는 모두 발생주의에 의해 작성된 재무제표로서 이들 재무제표만으로는 정보이용자들의 의사결정에 유용한 정보를 제공하는 데에 한계가 있다. 즉, 재무상태표는 일정시점의 기업의 자산, 부채 및 자본의 잔액에 대한 정보를 제공해 주지만 재무상태표를 통하여 한 회계기간 동안 실제 자산, 부채 및 자본이 얼마나 증가 또는 감소하였는지는 파악하기 어렵다. 또한, 포괄손익계산서는 발생주의에 의한 한 회계기간 동안의 수익과 비용에 대한 정보를 제공해 주지만 이와 같은 수익 및 비용의 발생으로 인한 실제 현금유입액과 현금유출액이 얼마인지에 대한 정보는 제공해 주지 못한다. 물론 앞서 우리는 기업의 올바른 경영성과 평가를 위해서는 발생주의에 의하여 재무제표를 작성하는 것이 현금주의에 의해 재무제표를 작성하는 것보다 유용하다는 것을 배웠다.

그러나 이와 같이 발생주의에 의한 정보만을 제공할 경우 정보이용자들은 기업의 현금흐름을 파악하지 못하여 올바른 투자의사결정을 하지 못하게 된다. 그 대표적인 예가 바로 흑자도산이다. 흑자도산이란 발생주의에 따라 작성된 포괄손익계산서상에는 이익을 보고하지만 기업에 실제 여유의 현금이 없어 차입금 등을 상환하지 못함으로써 결국 도산에 이르게 되는 경우를 말한다. 즉, 기업이 훌륭한 경영성과를 이룬 것으로 판단하여 투자를 하였지만 현금보유액에 대한 정보를 제대로 파악하지 못하면 정보이용자들은 투자에 큰 실패를 보게 되는 것이다. 뿐만 아니라 기업은 현금이 부족하면 차입금과 배당금에 대한 지급능력이 약화된다. 현금흐름표의 현금유출입 정보를 통해 부채와 배당금에 대한 지급능력 파악도 가능하다.

결과적으로 현금흐름표는 정보이용자들에게 기업의 현금흐름 및 현금보유에 대한 정보를 제공하는 것으로 독자들이 분개를 하는 과정에서 사용하였던 대표적인 계정과목인 현금및현금성자산에 대한 정보를 모두 모아 둔 재무제표로 이해하면 될 것이다.

2. 현금흐름표의 유용성

현금흐름표(a statement of cash flow)란 일정기간 동안의 기업의 현금유입과 현금유출에 대한 정보를 영업활동, 투자활동, 재무활동으로 구분하여 제공하는 재무제표이며, 다음과 같은 유용성을 가진다.

① **미래 현금 창출능력 예측**: 현금흐름표는 다른 재무제표와 달리 현금흐름의 원천을 활동별로 보여주고 있다. 이와 같은 정보는 기업의 지속적인 미래 현금 창출능력을 예측하는 데 도움을 준다. 예를 들어 재무활동 현금흐름과 투자활동 현금흐름에서의 유입보다 영업활동 현금흐름에서의 유입이 더 건전한 현금유입으로 평가받는다. 따라서 영업활동 현금흐름이 건실할 경우 지속적인 미래 현금 창출능력이 우수한 것으로 예측할 수 있다.

② **자금조달의 필요성 파악**: 기업은 영업활동을 통해 수익을 창출하고 주주들에게는 배당을, 채권자들에게는 이자를 지출하게 된다. 영업활동 내에서도 재고자산 구매와 각종 비용 등의 지출에 사용할 현금이 필요하며 구조조정 및 예상치 못한 상황에 대비하기 위해 자금이 필

요하다. 현금흐름표는 이와 같이 기업들이 다양한 상황에 필요한 자금의 원천, 크기, 시기를 파악하는 데 도움을 준다.

③ 재무활동과 투자활동에 관한 정보 제공 : 현금흐름표는 재무활동 현금흐름을 통해 기업들이 어떠한 방식으로 자금을 조달하였는지에 관한 정보를 제공하고, 이를 기업의 생산능력 향상을 위해 어디에 투자하였는지에 관한 정보를 제공한다.

④ 이익의 우수성 파악 : 발생주의에 의한 기업의 성과는 당기순이익으로 집약된다. 그러나 이러한 당기순이익이 영업활동 현금흐름을 창출하지 못한다면 당기순이익의 우수성은 감소하게 된다. 따라서 당기순이익과 영업활동 현금흐름의 괴리가 적을수록 우수한 이익으로 평가할 수 있다.

제 2 절 현금및현금성자산의 의미

현금흐름표상에서 현금흐름의 대상은 앞서 배운 현금및현금성자산을 의미하는 것으로서 현금및현금성자산을 구성하는 항목간 이동은 영업활동, 투자활동 및 재무활동의 일부가 아닌 현금관리의 일부이므로 이러한 항목간 변동은 현금흐름표에서 말하는 현금흐름에서는 제외된다. 여기서 현금이란 재무상태표상의 통화와 통화대용증권 및 요구불예금을 말하며, 현금성자산은 투자나 다른 목적이 아닌 단기의 현금수요 충족을 목적으로 보유하는 것으로 큰 거래비용 없이 현금으로 쉽게 전환이 가능하며, 이자율변동 등에 따른 가치변동 위험이 크지 않는 유가증권을 말한다. 구체적으로 현금성자산을 구성하는 항목은 다음과 같은 것들이 있다.

① 취득일로부터 만기일이 3개월 이내에 도래하는 채권
② 취득일로부터 상환일까지의 기간이 3개월 이내인 상환우선주
③ 3개월 이내에 상환조건인 환매채

제 3 절 현금흐름표의 구조 및 양식

1. 현금흐름표의 구조

현금흐름표는 기초재무상태표상 현금및현금성자산에서 출발하여 기중현금증분액을 가감하여 기말현금및현금성자산을 도출하는 것으로서 이는 기말재무상태표상 현금및현금성자산 금액과 일치하게 된다. 즉, 기말현금및현금성자산과 기초현금및현금성자산의 차이가 한 회계기간 동안의 현금흐름으로 계산되며, 현행 한국채택국제회계기준에서는 이와 같은 현금흐름을 영업활동, 투자활동 및 재무활동으로 분류하여 보고하도록 하고 있다.

다시 말하면, 현금흐름표는 발생주의에 의해 작성된 재무제표에서 현금및현금성자산과 관련된 거래만을 찾아서 실제 기업의 총현금유입액과 총현금유출액을 계산하는 양식인 것이다. 한국채택국제회계기준에서 제시하고 있는 현금흐름표의 기본구조는 〈표 11-1〉과 같다.

구체적으로 영업활동은 기업의 주요 수익창출활동, 그리고 투자활동이나 재무활동이 아닌 기타의 활동으로서, 주로 제품의 생산과 판매활동, 상품과

〈표 11-1〉
현금흐름표의 기본구조

현금흐름표	
Ⅰ. 영업활동 현금흐름	×××
1. 영업활동 현금유입	
2. 영업활동 현금유출	
Ⅱ. 투자활동 현금흐름	×××
1. 투자활동 현금유입	
2. 투자활동 현금유출	
Ⅲ. 재무활동 현금흐름	×××
1. 재무활동 현금유입	
2. 재무활동 현금유출	
Ⅳ. 현금및현금성자산의 순증가	×××
Ⅴ. 기초현금및현금성자산	×××
Ⅵ. 기말현금및현금성자산	×××

용역의 구매와 판매 활동 및 관리활동을 포함한다. 투자활동은 장기성자산 및 현금성자산에 속하지 않는 기타 투자자산의 취득과 처분을 말하는데, 유·무형자산, 다른 기업의 지분상품이나 채무상품 등의 취득과 처분 활동, 제3자에 대한 대여 및 회수 활동 등을 포함한다. 재무활동은 기업의 납입자본과 차입금의 크기 및 구성내용에 변동을 가져오는 활동으로서, 자본과 차입금의 조달, 환급 및 상환에 관한 활동을 포함한다.

2. 현금흐름표 양식

기업들은 실제 〈표 11-1〉에 제시된 현금흐름표의 기본구조보다 더 세세한 현금흐름표를 작성하며, 작성방법 또한 직접법과 간접법이 있다. 한국채택국제회계기준에서는 직접법과 간접법 모두 인정하며 기업들은 두 방법 중 하나를 선택하여 작성한다. 실제 기업들의 사례를 보면 많은 기업들이 간접법으로 작성하고 있다. 〈표 11-2〉에서 보듯이 직접법은 각 개별 활동별 현금흐름을 구분하여 계산한 방법이며, 간접법은 영업에서 창출된 현금흐름을 각 활동별로 계산하지 않고 법인세비용차감전순이익에서 일부항목을 조정하여 보고하는 방식이다. 영업에서 창출된 현금흐름 외의 나머지 항목들은 직접법과 간접법이 같다.

현금흐름표를 보다 쉽게 이해하기 위해 직접법을 중심으로 설명하고 간접법은 그 차이점을 보충하는 방식으로 설명하도록 한다. 직접법에서는 영업활동 현금흐름을 몇 가지 소항목으로 구분하고 그중 1.~5.를 묶어서 영업에서 창출된 현금흐름으로 정의한다. 1.~5.의 항목은 기업의 주된 사업과 관련된 항목들의 집합이므로 회계정보이용자들은 이 영업에서 창출된 현금흐름에 큰 관심을 가진다. 6.~9.의 항목도 영업활동 현금흐름에 포함하나 이 항목들은 반드시 영업활동으로 구분되어야 하는 항목들은 아니므로 영업에서 창출된 현금흐름에는 포함하지 않는다. 투자활동 현금흐름도 마찬가지로 몇 가지 소항목으로 구분하여 현금흐름의 유입과 유출을 보고하고 있으며 재무활동 또한 동일한 방법으로 보고하고 있다.

간접법은 직접법에서 언급한 영업에서 창출된 현금흐름을 법인세비용차감전순이익에서 현금의 지출을 수반하지 않는 비용을 더하고 현금의 유입을 수반하지 않는 수익을 차감한 후 영업에서 창출된 현금흐름과 관련된 재무상

〈표 11-2〉
현금흐름표 양식 (직접법, 간접법)

현금흐름표(직접법)

20×1년 1월 1일부터 20×1년 12월 31일까지

Ⅰ. 영업활동 현금흐름	
1. 고객으로부터 유입된 현금	×××
2. 공급자에 대한 현금유출	(×××)
3. 종업원에 대한 현금유출	(×××)
4. 기타 판매비와 관리비 현금유출	(×××)
5. 단기매매목적 유가증권 현금유출입	×××
영업에서 창출된 현금	×××
6. 이자수취	×××
7. 이자지급	(×××)
8. 배당금수취	×××
9. 법인세 납부	(×××)
영업활동 순현금흐름	×××
Ⅱ. 투자활동 현금흐름	
1. 유형자산의 처분	×××
2. 유형자산의 취득	(×××)
3. 금융자산의 처분	×××
4. 금융자산의 취득	(×××)
5. 대여금의 회수	×××
6. 대여금의 대여	(×××)
투자활동 순현금흐름	×××
Ⅲ. 재무활동 현금흐름	
1. 차입금의 차입	×××
2. 차입금의 상환	(×××)
3. 사채의 발행	×××
4. 사채의 상환	(×××)
5. 유상증자	×××
6. 유상감자	(×××)
7. 자기주식의 처분	×××
8. 자기주식의 취득	(×××)
9. 배당금지급	(×××)
재무활동 순현금흐름	×××
Ⅳ. 현금및현금성자산의 순증가	×××
Ⅴ. 기초현금및현금성자산	×××
Ⅵ. 기말현금및현금성자산	×××

현금흐름표(간접법)

20×1년 1월 1일부터 20×1년 12월 31일까지

Ⅰ. 영업활동 현금흐름	
1. 법인세비용차감전순이익	×××
2. 가감	×××
감가상각비	×××
사채상환손실	×××
배당금수익	(×××)
이자비용	×××
매출채권의 감소	×××
재고자산의 증가	(×××)
매입채무의 감소	(×××)
영업에서 창출된 현금	×××
3. 이자수취	×××
4. 이자지급	(×××)
5. 배당금수취	×××
6. 법인세 납부	(×××)
영업활동 순현금흐름	×××
Ⅱ. 투자활동 현금흐름	
1. 유형자산의 처분	×××
2. 유형자산의 취득	(×××)
3. 금융자산의 처분	×××
4. 금융자산의 취득	(×××)
5. 대여금의 회수	×××
6. 대여금의 대여	(×××)
투자활동 순현금흐름	×××
Ⅲ. 재무활동 현금흐름	
1. 차입금의 차입	×××
2. 차입금의 상환	(×××)
3. 사채의 발행	×××
4. 사채의 상환	(×××)
5. 유상증자	×××
6. 유상감자	(×××)
7. 자기주식의 처분	×××
8. 자기주식의 취득	(×××)
9. 배당금지급	(×××)
재무활동 순현금흐름	×××
Ⅳ. 현금및현금성자산의 순증가	×××
Ⅴ. 기초현금및현금성자산	×××
Ⅵ. 기말현금및현금성자산	×××

태표항목들의 변동을 조정하여 계산한다. 그 외 부분은 직접법과 동일하며, 어느 방법으로 보고하더라도 활동별 현금흐름은 항상 동일하다.

직접법은 영업에서 창출된 현금흐름을 세부항목별로 세세히 구분하여 보고함으로써 회계정보이용자에게 현금흐름의 세부적인 원천을 보여준다는 장점이 있으며, 간접법이 가지는 장점은 법인세비용차감전순이익이 어떠한 항목들 때문에 영업에서 창출된 현금흐름과 차이를 가지는지를 보여주는 것이다. 즉, 법인세비용차감전순이익이 얼마로 보고되었는데 여러 가지 관련 항목들로 인하여 영업에서 창출된 현금흐름은 최종 얼마임을 보여주는 장점을 가진다. 또한, 간접법은 직접법에 비하여 영업에서 창출된 현금흐름의 세부항목을 나눌 필요가 없으므로 작성이 상대적으로 용이하다.

제 4 절 현금흐름의 구분

현행 한국채택국제회계기준에서는 한 회계기간 동안의 현금흐름을 영업활동, 투자활동 및 재무활동으로 구분하여 보고하도록 하고 있다. 이와 같은 활동에 따른 분류는 이러한 활동이 기업의 재무상태와 현금및현금성자산의 금액에 미치는 영향을 정보이용자가 평가할 수 있도록 해주며, 각 활동간의 관계를 평가하는 데에도 도움을 줄 수 있다. 따라서 현금흐름표를 작성하기 위해서는 한 회계기간 동안의 현금흐름을 영업활동, 투자활동 및 재무활동으로 구분하는 것이 우선되어야 한다. 다음에서는 현금흐름이 어떻게 구분되는지에 대해서 설명하기로 한다.

1. 영업활동 현금흐름

영업활동은 주로 기업의 주요 수익창출활동, 그리고 투자활동이나 재무활동이 아닌 기타의 활동을 말하는 것으로, 제품의 생산과 판매 활동, 상품과 용역의 구매와 판매 활동 및 관리활동을 포함한다. 즉, 영업활동 현금흐름(cash flow from operating activities)은 일반적으로 포괄손익계산서상 당기순손익에 영향을 미치는 거래나 그 밖의 사건의 결과로 발생하는 것이다. 영업활동 현금흐름의 예는 다음과 같다.

영업활동 현금유입	영업활동 현금유출
• 재화의 판매와 용역 제공에 따른 현금유입 • 로열티, 수수료, 중개료 및 기타수익에 따른 현금유입 • 법인세의 환급(단, 재무활동과 투자활동에 명백히 관련된 것은 제외) • 단기매매목적으로 보유하는 계약에서 발생하는 현금유입	• 재화와 용역의 구입에 따른 현금유출 • 종업원과 관련하여 직·간접적으로 발생하는 현금유출 • 법인세의 납부(단, 재무활동과 투자활동에 명백히 관련된 것은 제외) • 단기매매목적으로 보유하는 계약에서 발생하는 현금유출

설비매각과 같은 일부 거래에서도 당기순손익의 결정에 포함되는 처분손익이 발생할 수 있지만 이와 관련된 현금흐름은 투자활동 현금흐름에 포함된다. 또한 단기매매목적으로 보유하는 유가증권의 취득과 판매에 따른 현금흐름은 영업활동으로 분류됨에 유의해야 한다. 왜냐하면 기업은 단기매매목적으로 유가증권을 보유할 수 있으며, 이는 판매를 목적으로 취득한 재고자산과 유사하기 때문이다.

2. 투자활동 현금흐름

투자활동 현금흐름(cash flow from investing activities)은 미래수익과 미래 현금흐름을 창출한 자원의 확보를 위하여 지출된 정도를 나타내기 때문에 현금흐름을 별도로 구분공시하는 것이 중요하다. 투자활동 현금흐름의 예는 다음과 같다.

투자활동 현금유입	투자활동 현금유출
• 유형자산, 무형자산 및 기타 장기성자산의 처분에 따른 현금유입	• 유형자산, 무형자산 및 기타 장기성 자산의 취득에 따른 현금유출
• 다른 기업의 지분상품 및 채무상품의 처분(현금성자산과 단기매매금융자산은 제외)	• 다른 기업의 지분상품 및 채무상품의 취득
• 제3자에 대한 대여금의 회수	• 제3자에 대한 대여금 지급

3. 재무활동 현금흐름

재무활동 현금흐름(cash flow from financing activities)은 기업의 자금조달활동을 말한다. 기업의 자금조달방법은 두 가지가 있는데, 하나는 차입금과 같은 타인자본이고 다른 하나는 유상증자와 같은 자기자본이다. 재무활동 현금흐름은 현금흐름에 대한 자본제공자의 청구권을 예측하는 데 유용하기 때문에 현금흐름을 별도로 구분공시하는 것이 중요하며, 재무활동 현금흐름의 예는 다음과 같다.

재무활동 현금유입	재무활동 현금유출
• 주식이나 기타 지분상품의 발행에 따른 현금유입	• 주식의 취득이나 상환에 따른 소유주에 대한 현금유출
• 사채 및 어음 발행과 기타 장·단기차입에 따른 현금유입	• 차입금의 상환에 따른 현금유출
• 자기주식의 처분	• 자기주식의 취득

한국채택국제회계기준에서는 이자와 배당금의 수취 및 지급에 따른 현금흐름의 구분을 명확히 하고 있지 않다. 즉, 이자와 배당금의 수취 및 지급과 관련된 현금흐름을 각 기업의 상황에 따라 영업활동, 투자활동 및 재무활동으로 분류할 수 있으며, 매 기간 일관성 있게만 적용하면 되도록 규정하고 있다.

4. 기타 주의할 항목

기업의 거래는 모두 위의 세 가지 활동으로 구분이 가능하나 아래에서 제시하는 항목들은 그 활동 구분에 있어서 선택권이 있거나 주의를 요한다.

(1) 이자수입, 이자지급, 배당금수입, 배당금지급, 법인세지급

기업의 채무상품을 가지고 있게 되면 이자수입이 발생한다. 채무상품 구입과 처분은 투자활동 현금흐름이므로 이자수입도 그 원천을 따지자면 투자활동 현금흐름으로 구분하는 것이 합리적이다. 그러나 국제회계기준에서는 이러한 이자수입에 대하여 영업활동으로 구분할 수 있도록 선택권을 주었다. 이자지급은 기업이 외부로부터 자금을 차입한 경우에 발생한다. 차입은 타인자본으로 자금의 차입과 상환은 재무활동 현금흐름에 속한다. 따라서 이자비용도 그 원천을 따르면 재무활동 현금흐름으로 분류되나 국제회계기준에서는 이자비용을 영업활동 현금흐름으로 구분할 수 있도록 선택권을 주었다. 배당금수입도 마찬가지로 지분상품을 보유하고 있어서 얻을 수 있는 수입이므로 투자활동 현금흐름에 속하나 국제회계기준에서는 영업활동 현금흐름으로 분류할 수 있도록 허용하였다. 배당금지급은 주주들에게 이익잉여금을 배분하는 것으로 재무활동 현금흐름에 속하나 영업활동 현금흐름으로 구분할 수 있도록 허용하고 있다. 끝으로 법인세지급은 영업활동 현금흐름으로 분류하나 투자활동이나 재무활동으로 인한 법인세지급은 투자활동이나 재무활동으로 분류할 수 있도록 허용하였다. 이상에서 언급한 내용을 정리하면 아래와 같다.

구 분	활 동
이자수입	투자활동 또는 영업활동
이자비용	재무활동 또는 영업활동
배당금수입	투자활동 또는 영업활동
배당금지급	재무활동 또는 영업활동
법인세지급	영업활동 또는 투자활동 또는 재무활동

위 항목들의 경우 규정에 따라 선택적으로 활동 구분이 가능하나 기업의

관행상 이자수입, 이자비용, 배당금수입, 법인세지급은 일반적으로 영업활동으로 구분하고, 배당금지급은 재무활동으로 구분한다.[1] 본장에서도 특별한 언급이 없는 한 일반적인 분류기준에 따라 설명하도록 한다.

(2) 미지급금의 증가와 미지급금의 감소

미지급금은 기업이 자산을 취득하고 그 대금을 지급하지 않았을 때 발생한다. 예를 들어 유형자산을 취득하고 그 대금을 지급하지 않았다면 미지급금이 증가하고 유형자산의 취득에 따른 투자활동 현금흐름은 그 금액만큼 없다. 그러나 이러한 미지급금을 차기 이후에 지급한다면 이는 투자활동 현금흐름이 아닌 재무활동 현금흐름으로 분류한다. 위에서 언급한 사항들을 제외하고 나머지 활동들은 그 원천에 따라 활동을 구분한다. 예를 들어 매출채권은 영업활동 현금흐름에 속하므로 그 발생과 회수 모두 영업활동 현금흐름에 속하며, 외부실체에게 대여한 대여금의 발생과 회수 모두 투자활동 현금흐름에 속한다. 또한 외부실체에게 유형자산을 매각하고 발생한 미수금 또한 그 발생과 회수 모두 투자활동 현금흐름에 속한다.

제 5 절 발생주의에서 현금주의로 전환하기

1. 전환원리

활동유형별 현금흐름을 파악하기 위해서 기업들은 관련 분개를 살펴보아야 한다. 예를 들어 고객으로부터 유입된 현금(매출로 인한 현금)을 찾기 위해서는 매출과 매출채권 관련 회계처리를 살펴보아야 매출 관련 현금흐름을 파악할 수 있다.

1) 이자수입, 이자지급, 배당금수입, 법인세지급은 당기손익에 포함되나 배당금지급은 당기손익에 포함되지 않고 이익잉여금 처분으로 회계처리되기 때문에 생긴 관행으로 여겨진다.

〈예 1〉 20×1년 **갑기업의 매출 관련 거래**

12월 1일	(차) 매출채권	10,000	(대) 매 출		10,000
12월 31일	(차) 현 금	8,000	(대) 매출채권		8,000

⇒ 매출 관련 현금흐름 유입 : ₩8,000

그러나 이러한 거래가 1년 중 무수히 많이 일어난다면 전체 거래 중에서 이를 찾아내는 것은 시간과 노력이 많이 소요된다. 아래의 〈예 2〉는 10개의 매출 관련 거래의 예를 보여주고 있으나 실제 기업들은 수백 건 이상의 매출 관련 거래가 발생할 것이다. 따라서 실제 거래 자체를 추적하기보다 더 효율적인 방법을 생각해 볼 필요가 있다.

〈예 2〉 20×1년 **을기업의 매출 관련 거래**

1월 1일	(차) 매출채권	10,000	(대) 매 출	10,000
2월 1일	(차) 현 금	20,000	(대) 매 출	20,000
3월 1일	(차) 매출채권	30,000	(대) 매 출	30,000
4월 1일	(차) 현 금	40,000	(대) 매 출	40,000
5월 1일	(차) 매출채권	50,000	(대) 매 출	50,000
6월 1일	(차) 현 금	60,000	(대) 매 출	60,000
7월 1일	(차) 매출채권	70,000	(대) 매 출	70,000
8월 1일	(차) 현 금	80,000	(대) 매 출	80,000
9월 1일	(차) 매출채권	9,000	(대) 매 출	90,000
	현 금	81,000		
10월 1일	(차) 현 금	95,000	(대) 매출채권	95,000

⇒ 분개를 종합한 결과 : (1) 손익계산서 : 매출 ₩450,000
(2) 재무상태표 : 매출채권 ₩74,000 증가
(3) 현금흐름 : ₩376,000 유입

현금흐름표의 경우 기업들이 재무상태표와 포괄손익계산서를 작성한 후에 작성하게 되며 이에 재무상태표와 포괄손익계산서를 활용하면 현금흐름표의 각 활동별 금액을 용이하게 계산할 수 있다. 위 〈예 2〉의 거래 결과 ① 매출은 포괄손익계산서에 매출 ₩450,000으로 계상되어 있고 ② 매출채권은 전년 대비 ₩74,000 증가해 있는 것을 파악할 수 있다. 그리고 현금흐름의 변동도 파악하면 이상적이나 재무상태표 현금계정의 경우 다른 활동으로 인한 현금흐름과 합쳐져 보고되므로 즉시 금액을 파악하지는 못한다. 따라서 포괄손익계산서 매출자료와 매출채권 변동 자료를 통해 현금흐름의 변동을 파악해야 한다. 손익계산서항목과 재무상태표항목을 이용하여 현금흐름을 파악하는 방법은 아래 회계등식으로부터 도출된다.

> 자산=부채+자본
> 자산+비용=부채+자본+수익 (회계등식에 수익과 비용 반영)
> 현금+현금 외 자산(기타자산)*+비용=부채+자본+수익
> * 자산을 현금과 현금 외 자산(기타자산)으로 나눔
>
> 현금변동(X)+현금 외 자산변동+비용변동=부채변동+자본변동+수익변동
> * 수익과 비용은 기초금액이 "0"이므로 당기발생비용과 변동분이 동일함.

이를 통해 최종적으로 현금의 증가는 손익계산서항목과 재무상태표항목의 변동으로 표현이 가능하다. 따라서 특정활동과 관련된 현금의 증가를 직접적으로 구하지 못한다면 관련 손익계산서항목과 재무상태표항목의 변동으로 모두 구할 수 있으며 이를 증감분석이라 부른다. 〈예 2〉의 현금흐름을 증감분석을 통해 구하면 다음과 같다.[2)]

차변항목 (자산, 비용)		대변항목 (부채, 자본, 수익)	
현금변동	X	매출 증가	450,000
매출채권 증가	74,000		

* 차변항목의 합과 대변항목의 합은 항상 같아야 하므로 X=₩376,000 증가

위 내용을 직관적으로 설명하자면, 매출의 경우 ₩450,000이 발생하여 현

---

2) 위 분석을 분개의 원리(차변항목의 증가는 차변에 대변항목의 증가는 대변에 기록, 반대로 차변항목의 감소는 대변에 대변항목의 감소는 차변에 기록)를 이용하여 분개하여도 같은 결과가 나온다.

(차) 현 금	X	(대) 매 출	450,000
매 출 채 권	74,000		

금이 유입되기로 했으나 일부 신용매출이 증가(매출채권)하여 현금유입이 ₩74,000 감소하는 것이다. 매출활동뿐만 아니라 다른 모든 활동도 동일한 원리를 이용하여 계산할 수 있다. 〈예 3〉을 통해 투자활동 중 유형자산으로 인한 현금흐름을 계산해 보자.

〈예 3〉 20×1년 병기업의 유형자산 관련 거래

1월 1일	(차) 유형자산(A)	10,000	(대) 현　　금	10,000
7월 1일	(차) 감가상각비	2,000	(대) 감가상각누계액	2,000
	(차) 현　　금	20,000	(대) 유형자산(B)	30,000
	감가상각누계액	15,000	유형자산처분이익	5,000

⇒ 유형자산 관련 순현금흐름 : ₩10,000

위 거래의 포괄손익계산서와 재무상태표에 표시된 결과를 살펴보면 아래와 같으며 증감분석을 통해 현금흐름을 분석한 결과는 순현금유입 ₩10,000으로 분개를 통한 결과와 일치함을 알 수 있다.

- 포괄손익계산서항목 : 감가상각비 2,000
  유형자산처분이익 5,000
- 재무상태표항목 : 유형자산 20,000 감소
  감가상각누계액 13,000 감소

차변항목 (자산, 비용)		대변항목 (부채, 자본, 수익)	
현금변동	X	유형자산처분이익 증가	5,000
감가상각비 증가	2,000	감가상각누계액 감소	−13,000
유형자산 감소	−20,000		

* 차변항목의 합과 대변항목의 합은 항상 같아야 하므로 X= ₩10,000 증가

〈예 2〉에서는 증감분석에 대한 직관적인 설명이 용이하나 복잡한 거래의 경우 여러 단계의 조정을 거쳐 발생주의에 의한 금액이 현금주의에 의한 금액으로 변환되므로 직관적 설명이 어려운 경우도 발생한다.[3)]

2. 활동유형별 관련 계정과목

증감분석을 통해 현금흐름을 찾는 것이 가능하다면 그 다음 숙지해야 할 내용은 특정활동과 관련된 계정과목이 무엇인지 파악하는 것이다.

(1) 영업활동 현금흐름

영업활동 현금흐름은 기업의 주된 사업활동과 관련된 현금흐름으로 현금흐름 중 가장 중요한 부분을 차지한다. 영업활동 현금흐름의 세부 분류와 관련 계정과목은 다음과 같다.

구 분	관련 계정과목
고객으로부터 현금유입	• 매출액, 손상차손 • 매출채권, 선수금, 손실충당금
공급자에 대한 현금유출	• 매출원가, 재고자산평가손실, 재고자산감모손실 • 매입채무, 재고자산, 선급금, 재고자산평가손실충당금
종업원에 대한 현금유출	• 급여, 퇴직급여 • 미지급급여, 선급급여
기타 판관비 현금유출	• 광고비, 임차료, 보험료, 각종 수수료 • 미지급비용, 선급비용
단기매매목적 유가증권	• 금융자산평가손익(PL), 금융자산처분손익 • FVPL금융자산
이자수입	• 이자수익 • 미수이자, 선수이자
이자지급	• 이자비용 • 미지급이자, 선급이자
배당금수입	• 배당수익 • 미수배당금
법인세지급	• 법인세비용 • 미지급법인세, 선급법인세

---

3) 〈예 3〉의 분석에 분개의 원리를 이용하여도 같은 결과가 나온다.

(차) 현 금	X	(대) 유형자산처분이익	5,000
감가상각비	2,000	유 형 자 산	20,000
감가상각누계액	13,000		

(2) 투자활동 현금흐름

투자활동 현금흐름은 기업의 사업활동에 사용될 자산과 투자목적으로 취득한 자산 관련 현금흐름이다. 투자활동 현금흐름의 세부 분류와 관련 계정과목은 다음과 같다.

구 분	관련 계정과목
유형자산 관련 현금흐름	• 감가상각비, 유형자산처분손익, 재평가손실 • 유형자산, 감가상각누계액, 재평가잉여금, 미수금, 미지급금(증가)
금융자산 관련 현금흐름	• 금융자산처분손익 • AC금융자산, FVOCI금융자산, 금융자산평가손익(OCI 누계)
대여금 관련 현금흐름	• 손상차손(대여금 관련) • 대여금, 손실충당금

(3) 재무활동 현금흐름

재무활동 현금흐름은 기업의 자금조달 활동 현금흐름을 의미하며, 자금조달의 원천은 타인자본과 자기자본이 있다. 재무활동 현금흐름의 세부 분류와 관련 계정과목은 다음과 같다.

구 분	관련 계정과목
차입금 관련 현금흐름	• 차입금상환손익 • 차입금, 현재가치할인차금, 미지급금(감소)
사채 관련 현금흐름	• 사채상환손익 • 사채, 사채할인발행차금
유상증자 관련 현금흐름	• 자본금, 주식발행초과금
자기주식 관련 현금흐름	• 자기주식처분손익, 자기주식
배당금지급	• 당기순이익 • 이익잉여금, 미지급배당금

제6절 직접법에 의한 현금흐름표 작성

본절에서는 직접법에 의한 현금흐름표 작성방법을 각 세부항목별로 살펴본다.

1. 영업활동 현금흐름

(1) 고객으로부터 유입된 현금(매출활동)

고객으로부터 유입된 현금은 쉽게 표현하면 매출활동으로 인한 현금유입을 말한다. 동 활동과 관련된 계정과목은 포괄손익계산서의 매출, 매출채권 손상차손, 재무상태표항목의 매출채권, 선수금, 손실충당금이 있다.

예제 11-1 고객으로부터 유입된 현금(매출활동)

A회사의 20×1년 매출활동 관련 손익계산서항목과 재무상태표항목은 다음과 같다. 이를 이용하여 매출활동 관련 현금흐름을 구하시오.

(단위 : 원)

손익계산서항목	매 출 액	100	
	손 상 차 손	10	
재무상태표항목		기 초	기 말
	매 출 채 권	120	115
	손실충당금	15	20

해답

• 증감분석 : X=현금유입 ₩100

차변항목		대변항목	
현 금	X	매 출 액	+100
손 상 차 손	+10	손실충당금	+5
매 출 채 권	−5		

(2) 공급자에 대한 현금유출(매입활동)

공급자에 대한 현금유출은 매입활동으로 인한 현금유출을 의미하며, 관련 계정과목은 포괄손익계산서의 매출원가, 재고자산평가손실, 재고자산감모손실, 재무상태표의 매입채무, 재고자산, 선급금, 재고자산평가손실충당금이 있다. 매입활동은 매입채무만을 고려하기 쉬우나 매입된 자산이 판매시 매출원가로 비용처리되고 기말에 남아 있을 경우 재고자산으로 계산되므로 매입활동이 매출원가 및 재고자산과도 관련이 있음을 주의해야 한다.

예제 11-2 공급자에 대한 현금유출(매입활동)

A회사의 20×1년 매입활동 관련 손익계산서항목과 재무상태표항목은 다음과 같다. 이를 이용하여 매입활동 관련 현금흐름을 구하시오.

(단위 : 원)

손익계산서항목	매 출 원 가	100	
재무상태표항목		기 초	기 말
	재 고 자 산	10	20
	매 입 채 무	30	35

해답

• 증감분석 : X＝현금유출 ₩105

차변항목		대변항목	
현 금	X	매 입 채 무	＋5
매 출 원 가	＋100		
재 고 자 산	＋10		

(3) 종업원에 대한 현금유출

종업원에 대한 현금유출은 급여와 퇴직금을 말하며 이와 관련된 계정과목은 포괄손익계산서항목의 급여, 퇴직급여, 재무상태표항목의 미지급급여, 선급급여가 있다.

예제 11-3 종업원급여 관련 현금유출

A회사의 20×1년 종업원급여 관련 손익계산서항목과 재무상태표항목은 다음과 같다. 이를 이용하여 종업원급여 관련 현금흐름을 구하시오.

(단위 : 원)

손익계산서항목	종업원급여	100	
재무상태표항목		기 초	기 말
	미지급급여	30	10

해답

• 증감분석 : X=현금유출 ₩120

차변항목		대변항목	
현　　금	X	미지급급여	−20
종업원급여	+100		

(4) 기타 판관비 관련 현금유출

기타 판관비 관련 현금유출은 종업원급여 외 다양한 판관비의 지출을 의미하며, 필요에 따라 통합하거나 세분하여 보고할 수 있다. 동 활동과 관련한 포괄손익계산서항목은 광고비, 임차료, 보험료, 각종 수수료 등이며 재무상태표항목으로 미지급비용과 선급비용이 있다.

예제 11-4 기타 판관비 관련 현금유출

A회사의 20×1년 영업비용 관련 손익계산서항목과 재무상태표항목은 다음과 같다. 이를 이용하여 영업비용 관련 현금흐름을 구하시오.

(단위 : 원)

손익계산서항목	보　험　료	100	
재무상태표항목		기 초	기 말
	미지급보험료	50	60

해답

• 증감분석 : X＝현금유출 ₩90

차변항목		대변항목	
현 금	X	미지급보험료	+10
보 험 료	+100		

(5) 단기매매금융자산 관련 현금흐름

단기매매금융자산 관련 현금흐름은 단기매매목적으로 보유하는 FVPL금융자산의 현금흐름을 의미하며 현금 유입과 유출 모두 발생가능하다. 동 활동과 관련한 포괄손익계산서항목은 금융자산평가손익(PL), 금융자산처분손익이며 재무상태표항목으로는 FVPL금융자산이 있다.

예제 11-5 단기매매금융자산 관련 현금흐름

A회사의 20×1년 단기매매금융자산(FVPL금융자산) 관련 손익계산서항목과 재무상태표항목은 다음과 같다. 이를 이용하여 단기매매금융자산 관련 현금흐름을 구하시오. 단, 기중 단기매매금융자산(FVPL금융자산) 취득은 ₩100이었다.

(단위 : 원)

손익계산서항목	금융자산처분손실 금융자산평가손실(PL)	2 20	
재무상태표항목	FVPL금융자산	기 초 800	기 말 700

해답

• 증감분석 : X＝순현금흐름 유입 ₩78(현금유입 ₩178＋현금유출 ₩100)

차변항목		대변항목	
현 금	X		0
금융자산처분손실	+2		
금융자산처분손실	+20		
FVPL금융자산	−100		

(6) 이자수입 관련 현금유입

이자수입 관련 현금흐름은 그 원천을 따르자면 투자활동 현금흐름이나 한국채택국제회계기준에서는 영업활동으로 분류할 수 있도록 허용하고 있으며, 일반적으로 영업활동으로 분류한다. 동 활동과 관련한 포괄손익계산서항목은 이자수익이며 재무상태표항목으로는 미수이자, 선수이자가 있다.

예제 11-6 이자수입 관련 현금유입

A회사의 20×1년 이자수익 관련 손익계산서항목과 재무상태표항목은 다음과 같다. 이를 이용하여 이자수익 관련 현금흐름을 구하시오.

(단위 : 원)

손익계산서항목	이 자 수 익	500	
재무상태표항목		기 초	기 말
	미 수 이 자	100	180

해답

• 증감분석 : X＝현금유입 ₩420

차변항목		대변항목	
현 금	X	이 자 수 익	+500
미 수 이 자	+80		

(7) 이자지급 관련 현금유출

이자지급 관련 현금흐름은 그 원천을 따르자면 재무활동 현금흐름이나 한국채택국제회계기준에서는 영업활동으로 분류할 수 있도록 허용하고 있으며, 일반적으로 영업활동으로 분류한다. 동 활동과 관련한 포괄손익계산서항목은 이자비용이며 재무상태표항목으로는 미지급이자, 선급이자가 있다.

예제 11-7 이자지급 관련 현금유출

A회사의 20×1년 이자비용 관련 손익계산서항목과 재무상태표항목은 다음과 같다. 이를 이용하여 이자비용 관련 현금흐름을 구하시오.

(단위 : 원)

손익계산서항목	이 자 비 용	500	
재무상태표항목		기 초	기 말
	선 급 이 자	100	200
	미지급이자	330	300

해답

• 증감분석 : X＝현금유출 ₩630

차변항목		대변항목	
현 금	X	미지급이자	−30
이 자 비 용	＋500		
선 급 이 자	＋100		

(8) 배당금수입 관련 현금유입

배당금수입 관련 현금흐름은 그 원천을 따르자면 투자활동 현금흐름이나 한국채택국제회계기준에서는 영업활동으로 분류할 수 있도록 허용하고 있으며, 일반적으로 영업활동으로 분류한다. 동 활동과 관련한 포괄손익계산서항목은 배당금수익이며 재무상태표항목으로는 미수배당금이 있다.

예제 11-8 배당금수입 관련 현금유입

A회사의 20×1년 배당수익 관련 손익계산서항목과 재무상태표항목은 다음과 같다. 이를 이용하여 배당수익 관련 현금흐름을 구하시오.

(단위 : 원)

손익계산서항목	배 당 수 익	500	
재무상태표항목		기 초	기 말
	미수배당금	300	100

해답

• 증감분석 : X=현금유입 ₩700

차변항목		대변항목	
현 금	X	배 당 수 익	+500
미수배당금	−200		

(9) 법인세지급 관련 현금유출

법인세지급은 일반적으로 영업활동 현금흐름으로 분류하나, 투자활동 또는 재무활동과 명백히 관련된 법인세는 투자활동 및 재무활동 현금흐름으로 분류할 수 있다. 동 활동과 관련한 포괄손익계산서항목은 법인세비용이며 재무상태표항목으로는 미지급법인세, 선급법인세가 있다.

예제 11-9 법인세지급 관련 현금유출

A회사의 20×1년 법인세 관련 손익계산서항목과 재무상태표항목은 다음과 같다. 이를 이용하여 법인세 관련 현금흐름을 구하시오.

(단위 : 원)

손익계산서항목	법인세비용	500	
재무상태표항목		기 초	기 말
	선급법인세	100	200
	미지급법인세	250	300

해답

• 증감분석 : X=현금유출 ₩550

차변항목		대변항목	
현 금	X	미지급법인세	+50
법인세비용	+500		
선급법인세	+100		

2. 투자활동 현금흐름

(1) 유형자산 관련 현금흐름

유형자산 관련 현금흐름은 투자활동의 가장 대표적인 현금흐름이며, 유형자산의 취득과 처분 활동이 있으므로 현금 유입과 유출이 모두 존재한다. 동 활동과 관련한 포괄손익계산서항목은 감가상각비, 유형자산처분손실, 재평가손실이며 재무상태표항목으로는 유형자산, 감가상각누계액, 재평가잉여금, 미수금, 미지급금(증가)이 있다.

예제 11-10 유형자산 관련 현금흐름

A회사의 20×1년 유형자산 관련 손익계산서항목과 재무상태표항목은 다음과 같다. 이를 이용하여 유형자산 관련 현금흐름을 구하시오. 단 기중 기계장치 취득은 ₩800이었다.

(단위 : 원)

		기 초	기 말
손익계산서항목	유형자산처분이익	100	
	감가상각비	200	
재무상태표항목	기 계 장 치	500	900
	감가상각누계액	100	50

해답

• 증감분석 : X＝순현금유출 ₩550(현금유입 ₩250＋현금유출 ₩800)

차변항목		대변항목	
현　　금	X	유형자산처분이익	＋100
감가상각비	＋200	감가상각누계액	－50
기 계 장 치	＋400		

(2) 금융자산 관련 현금흐름

금융자산 관련 현금흐름에는 단기매매목적의 금융자산을 제외한 모든 금융자산의 현금흐름이 포함된다. 따라서 AC금융자산, FVOCI금융자산이 포함되고 동 활동과 관련한 포괄손익계산서항목은 금융자산처분손익이 있으며 재무상태표항목으로는 AC금융자산, FVOCI금융자산, 금융자산평가손익(OCI누계)이 있다.

예제 11-11 금융자산 관련 현금흐름

A회사의 20×1년 FVOCI금융자산(채권, 액면발행) 관련 손익계산서항목과 재무상태표항목은 다음과 같다. 이를 이용하여 FVOCI금융자산 관련 현금흐름을 구하시오. 단, 기중 FVOCI금융자산 취득은 ₩600이다.

(단위 : 원)

손익계산서항목	금융자산처분이익	100	
재무상태표항목		기 초	기 말
	FVOCI금융자산	500	900
	금융자산평가이익(OCI누계)	100	50

해답

• 증감분석 : X=순현금유출 ₩350(현금유입 ₩250+현금유출 ₩600)

차변항목		대변항목	
현 금	X	금융자산처분이익	+100
FVOCI금융자산	+400	금융자산처분이익(OCI누계)	−50

* FVOCI금융자산평가이익은 포괄손익계산서의 OCI에 기록되고 재무상태표의 OCI누계에 기록되므로 어느 한 가지 항목으로만 분석하면 된다. 본 문제에서는 재무상태표항목에서만 분석하였다.

(3) 대여금 관련 현금흐름

대여금의 지급 및 회수 또한 투자활동 현금흐름에 속하며 현금의 유출과 유입이 모두 존재한다. 동 활동과 관련한 포괄손익계산서항목은 대여금 관련 손상차손이 있으며 재무상태표항목으로는 대여금, 손실충당금이 있다.

예제 11-12 대여금 관련 현금흐름

A회사의 20×1년 대여금 관련 손익계산서항목과 재무상태표항목은 다음과 같다. 이를 이용하여 대여금 관련 현금흐름을 구하시오. 단 기중 신규 대여금 대출액은 ₩300이다.

(단위 : 원)

손익계산서항목	대여금 관련 손상차손	20	
재무상태표항목		기 초	기 말
	대 여 금	300	500
	손실충당금	20	30

해답

• 증감분석 : X=순현금유출 ₩210(현금유입 ₩90+현금유출 ₩300)

차변항목		대변항목	
현 금	X	손실충당금	+10
손 상 차 손	+20		
대 여 금	+200		

3. 재무활동 현금흐름

(1) 차입금 관련 현금흐름

차입금 관련 현금흐름은 자본조달과 관련된 현금흐름으로 재무활동에 속하고, 현금유출입이 모두 존재한다. 동 활동과 관련한 포괄손익계산서항목은 차입금상환손익이 있으며 재무상태표항목으로는 차입금, 현재가치할인차금이 있다.

예제 11-13 차입금 관련 현금흐름

A회사의 20×1년 차입금 관련 손익계산서항목과 재무상태표항목은 다음과 같다. 이를 이용하여 차입금 관련 현금흐름을 구하시오. 당기중 신규 차입액은 ₩200이다.

(단위 : 원)

손익계산서항목	차입금상환손실	100	
재무상태표항목		기 초	기 말
	차 입 금	2,000	1,000

해답

• 증감분석 : X=순현금유출 ₩1,100(현금유입 ₩200+현금유출 ₩1,300)

차변항목		대변항목	
현 금	X	차 입 금	−1,000
차입금상환손실	+100		

(2) 유상증자 관련 현금흐름

유상증자의 경우 자기자본 조달수단으로 재무활동 현금흐름에 속하며, 관련 계정과목으로는 자본금과 주식발행초과금이 있다. 자본의 경우 그 거래 빈도가 적어 재무상태표와 추가자료를 통해 분개를 추정하는 것이 더 편리하다.

예제 11-14 유상증자 관련 현금흐름

A회사의 20×1년 유상증자 관련 재무상태표항목은 다음과 같다. 이를 이용하여 유상증자를 통한 현금흐름을 계산하시오.

(단위 : 원)

구분	항목	기 초	기 말
재무상태표항목	자 본 금	500	900
	주식발행초과금	400	600
	이익잉여금	200	250
추가자료	당기중 이익잉여금을 통한 무상증자	200	
	당기순이익	250	

해답

• 유상증자 : ₩400 현금유입

	차변		대변	
무상증자 :	(차) 이익잉여금	200	(대) 자 본 금	200
당기순이익 :	(차) 당기순이익	250	(대) 이익잉여금	250
유상증자 :	(차) 현 금	400	(대) 자 본 금	200
			주식발행초과금	200

* 자본의 경우 증감분석보다 분개를 추정하는 것이 더 편리함.

(3) 배당금지급 관련 현금흐름

배당금지급은 그 원천을 따라 분류하면 재무활동 현금흐름이나 한국채택국제회계기준에서 영업활동으로 분류할 수 있도록 허용하였다. 그러나 기업들은 일반적으로 배당금지급을 재무활동으로 분류하고 있다. 배당금과 관련된 계정과목은 이익잉여금이 있으며 매년 당기순이익이 이익잉여금에 누적된다는 것을 주의해야 한다.

예제 11-15 배당금지급 관련 현금흐름

A회사의 20×1년 배당금지급 관련 재무상태표항목은 다음과 같다. 이를 이용하여 배당금지급 관련 현금흐름을 계산하시오.

(단위 : 원)

		기 초	기 말
재무상태표항목	자 본 금	500	700
	주식발행초과금	400	400
	이익잉여금	200	300
추가자료	당기중 주식배당	200	
	당기순이익	800	

해답

• 현금배당 : ₩500 현금유출

주식배당 :	(차) 이익잉여금	200	(대) 자 본 금	200
당기순이익 :	(차) 당기순이익	800	(대) 이익잉여금	800
현금배당 :	(차) 이익잉여금	500	(대) 현 금	500

* 자본의 경우 증감분석보다 분개를 추정하는 것이 더 편리함.

제7절 간접법에 의한 현금흐름표 작성

간접법은 영업에서 창출된 현금흐름을 당기순이익을 통하여 총금액을 보여주는 방식이다. 직접법에서는 영업에서 창출된 현금흐름을 고객으로부터의 현금유입, 공급자에 대한 현금유출, 종업원에 대한 현금유출, 기타 판관비 지출, 단기매매금융자산 현금흐름 등으로 세분하여 보여주는 반면, 간접법에서는 영업에서 창출된 현금흐름의 총계를 당기순이익을 통해 간접적으로 보여준다. 그 작성원리를 〈예 4〉를 통해 설명하도록 하겠다.

〈예 4〉 현금흐름표 작성(간접법)

정기업의 20×1년 손익계산서와 부분재무상태표는 다음과 같다.

손익계산서

매 출 액	1,000
매출원가	600
매출총이익	400
감가상각비	200
기타영업비용	100
영업이익	100
이자수익	50
법인세비용	30
당기순이익	120

재무상태표 자료 :	매출채권	100 감소
	재고자산	200 증가
	매입채무	50 증가

위 자료를 이용해 영업에서 창출된 현금흐름을 증감분석을 통해 구하면 다음과 같다.

차변항목		대변항목	
현 금	X(=+250, 역산)	매 출 액	+1,000
매 출 원 가	+600	매 입 채 무	+50
기타영업비용	+100		
매 출 채 권	−100		
재 고 자 산	+200		

그러나 간접법에서는 위 증감분석의 손익계산서항목을 당기순이익을 통해 간접적으로 구한다. 즉 활동별 손익항목을 아래와 같이 분류할 때 (1) 영업에서 창출된 손익항목을 직접적으로 구하지 않고 (5) 당기순이익에서 (2), (3), (4)의 손익을 차감하여 간접적으로 구한다.

(1) 영업에서 창출된 현금흐름 관련 손익	(2) 그 외 영업활동 관련 손익	(3) 투자활동 관련 손익	(4) 재무활동 관련 손익	(5)* 당기순이익
+1,000(매출액) −600(매출원가) −100(기타영업비용)	+50(이자수익) −30(법인세비용)	−200(감가상각비)	0	+120
+300	+20	−200	0	+120

* (1)=(5)−(2)−(3)−(4)

이러한 방식으로 계산하므로 간접법이라는 명칭이 붙여졌다. 단, 한국채택국제회계기준에서는 당기순이익을 출발점으로 하지 않고 법인세비용차감전순이익을 출발점으로 하도록 규정하고 있다. 따라서 〈예 4〉의 정기업의 영업에서 창출된 현금흐름을 간접법에 의해서 표현하면 다음과 같다.

현금흐름표(간접법*)

법인세비용차감전순이익 (당기순이익+법인세비용)	150
가감	
감가상각비	+200
이 자 수 익	−50
소계	+300
매출채권 감소	+100
재고자산 증가	−200
매입채무 증가	+50
영업에서 창출된 현금	250

* 영업에서 창출된 현금 외 나머지는 직접법과 동일

예제 11-16 현금흐름표 종합

다음은 (주)경북의 20×1년 비교재무상태표와 포괄손익계산서 및 현금흐름표 작성을 위한 추가자료이다. 이를 사용하여 (주)경북의 20×1년도 현금흐름표를 작성해 보자. 편의상 기업의 법인세는 없으며, 이자지급은 영업활동 현금흐름, 배당금지급은 재무활동 현금흐름으로 분류하기로 가정한다.

비교재무상태표

자 산	20×1년	20×0년
현금및현금성자산	₩65,000	₩10,000
매 출 채 권	55,000	80,000
손실충당금	(9,000)	(15,000)
재 고 자 산	130,000	80,000
기타포괄손익-공정가치측정금융자산	80,000	35,000
기 계 장 치	276,000	130,000
감가상각누계액	(75,000)	(46,000)
자산총계	₩522,000	₩274,000

부채 및 자본	20×1년	20×0년
매 입 채 무	₩45,000	₩10,000
미지급급여	13,000	8,000
미지급영업비용	8,000	3,000
미지급이자	13,000	2,000
단기차입금	74,000	80,000
자 본 금	250,000	100,000
금융자산평가이익 (기타포괄손익-공정가치측정금융자산)	15,000	5,000
이익잉여금	104,000	66,000
부채 및 자본총계	₩522,000	₩274,000

포괄손익계산서

항목	금액
매 출 액	₩300,000
매 출 원 가	(185,000)
매출총이익	115,000
급 여	(8,000)
영업관련비용	(5,000)
감가상각비	(54,000)
손 상 차 손	(8,000)
이 자 비 용	(12,000)
유형자산처분이익	15,000
당기순이익	43,000
금융자산평가이익(기타포괄손익-공정가치측정금융자산)	10,000
총포괄이익	₩53,000

〈추가자료〉

- 당기중 기타포괄손익-공정가치측정금융자산 ₩35,000의 취득거래가 있었으며, 처분거래는 없다.
- 기계장치(취득원가 ₩75,000, 감가상각누계액 ₩25,000)를 ₩65,000에 처분하였다.
- 단기차입금 ₩6,000을 상환하였다.
- 배당은 모두 현금배당이며, 주식배당은 없다.

해답

(1) 1단계 : 영업활동 현금흐름의 계산

• 직접법에 의한 영업활동 현금흐름=①+②+③+④+⑤= ₩107,000

① 고객으로부터 현금유입 : X= ₩311,000

X(현금)−매출채권 ₩19,000+손상차손 ₩8,000=매출액 ₩300,000

매출채권

기초잔액	65,000	현금유입액	311,000
매 출 액	300,000	손상차손	8,000
		기말잔액	46,000

② 공급자에 대한 현금유출 : X=− ₩200,000

X(현금)+재고자산 ₩50,000+매출원가 ₩185,000=매입채무 ₩35,000

재고자산

기초잔액	80,000	매출원가	185,000
당기매입	235,000	기말잔액	130,000

매입채무

현금유출액	200,000	기초잔액	10,000
기말잔액	45,000	당기매입	235,000

③ 종업원에 대한 현금유출 : X=− ₩3,000

X(현금)+종업원급여 ₩8,000=미지급급여 ₩5,000

미지급급여

현금유출액	3,000	기초잔액	8,000
기말잔액	13,000	종업원급여	8,000

④ 기타영업관련비용 현금유출 : X= ₩0

X(현금)+기타영업관련비용 ₩5,000=미지급비용 ₩5,000

미지급비용

현금유출액	0	기초잔액	3,000
기말잔액	8,000	기타영업관련비용	5,000

⑤ 이자지급 : X=− ₩1,000

X(현금)+이자비용 ₩12,000=미지급이자 ₩11,000

미지급이자

현금유출액	1,000	기초잔액	2,000
기말잔액	13,000	이자비용	12,000

• 직접법에 의한 영업활동 현금흐름

현금흐름표(직접법)

1. 영업활동 현금흐름		
(1) 고객으로부터 현금유입	+₩311,000	
(2) 공급자에 대한 현금유출	−200,000	
(3) 종업원에 대한 현금유출	−3,000	
(4) 기타영업관련비용 현금유출	0	
영업에서 창출된 현금흐름		₩108,000
(1) 이자지급	−₩1,000	
계		₩107,000

• 간접법에 의한 영업활동 현금흐름

현금흐름표(간접법)

1. 영업활동 현금흐름		
법인세비용차감전순이익 (당기순이익+법인세비용)		₩43,000
가감		
(1) 감가상각비	+₩54,000	
(2) 이자비용	+12,000	
(3) 유형자산처분이익	−15,000	
소계		
(1) 매출채권의 감소	+₩19,000	
(2) 재고자산의 증가	−50,000	
(3) 매입채무의 증가	+35,000	
(4) 미지급급여의 증가	+5,000	
(5) 미지급영업비용의 증가	+5,000	
영업에서 창출된 현금흐름		₩108,000
(1) 이자지급	−₩1,000	
계		₩107,000

(2) 2단계 : 투자활동 현금흐름의 계산

=①+②=−₩35,000+(−₩221,000+₩65,000)=−₩191,000

본 사례에서 투자활동 관련 항목은 기타포괄손익-공정가치측정금융자산과 기계장치이다.

① 기타포괄손익-공정가치측정금융자산 : X=−₩35,000(유입 ₩0, 유출 ₩35,000)
X(현금)+FVOCI금융자산 ₩45,000=FVOCI금융자산평가이익 ₩10,000

② 기계장치 : X=−₩156,000(유입 ₩65,000, 유출 ₩221,000)
X(현금)+기계장치 ₩146,000+감가상각비 ₩54,000
=감가상각누계액 ₩29,000 유형자산처분이익 ₩15,000

(3) 3단계 : 재무활동 현금흐름의 계산=①+②+③=₩139,000

본 사례에서 재무활동 관련 항목은 단기차입금, 자본금, 이익잉여금 세 가지이다.

① 단기차입금

－단기차입금 상환=₩6,000(재무활동 현금유출)

② 자본금

－자본금의 증가=₩150,000(재무활동 현금유입)

③ 이익잉여금

－배당금지급=₩66,000(기초)+₩43,000(당기순이익)－₩104,000(기말)
=₩5,000(재무활동 현금유출)

(4) 4단계 : 현금흐름표의 작성

현금흐름표

1. 영업활동 현금흐름		₩107,000
2. 투자활동 현금흐름		－₩191,000
기타포괄손익-공정가치측정금융자산의 취득	－₩35,000	
기계장치의 취득	－221,000	
기계장치의 처분	65,000	
3. 재무활동 현금흐름		₩139,000
단기차입금의 상환	－₩6,000	
자본금의 증가	150,000	
배당금의 지급	－5,000	
현금및현금성자산의 순증가		₩55,000
기초현금및현금성자산		₩10,000
기말현금및현금성자산		₩65,000

용어정리 문제

1. (   )란 일정기간 동안의 기업의 현금유입과 현금유출에 대한 정보를 제공해 주는 것을 그 목적으로 한다.

2. (   )은 주로 기업의 주요 수익창출활동, 그리고 투자활동이나 재무활동이 아닌 기타의 활동을 말하는 것으로 주로 제품의 생산과 판매 활동, 상품과 용역의 구매와 판매 활동 및 관리활동을 포함한다. 즉, 이것은 일반적으로 포괄손익계산서상 당기순손익에 결정에 영향을 미치는 거래나 그 밖의 사건의 결과로 발생하는 것이다.

3. (   ) 현금흐름은 미래수익과 미래 현금흐름을 창출한 자원의 확보를 위하여 지출된 정도를 나타내기 때문에 현금흐름을 별도로 구분공시하는 것이 중요하다.

4. (   ) 현금흐름은 미래 현금흐름에 대한 자본제공자의 청구권을 예측하는 데 유용하기 때문에 현금흐름을 별도로 구분공시하는 것이 중요하다.

5. (   )은 총현금유입과 총현금유출을 주요 항목별로 구분하여 표시하는 방법으로서 한국채택국제회계기준에서는 영업활동 현금흐름을 보고하는 경우에 이 방법을 사용할 것을 권장하고 있다. 왜냐하면 이 방법을 적용하여 표시한 영업활동 현금흐름은 간접법에 의한 현금흐름에서 파악할 수 없는 정보를 제공해 주며, 미래 현금흐름을 추정하는 데 보다 더 유용한 정보를 제공해 주기 때문이다.

6. (   )이란 당기순손익에 현금을 수반하지 않는 거래, 과거 또는 미래의 영업활동 현금유입이나 현금유출의 이연 또는 발생, 투자활동 현금흐름이나 재무활동 현금흐름과 관련된 손익항목의 영향을 조정하여 표시하는 방법이다.

해답

1. 현금흐름표 2. 영업활동 3. 투자활동 4. 재무활동 5. 직접법 6. 간접법

객관식 문제

1. 「한국채택국제회계기준」에서 현금흐름표의 작성과 표시에 대한 설명으로 옳지 않은 것은? (9급공무원, 2011)

① 영업활동 현금흐름은 직접법과 간접법 중 하나의 방법으로 보고한다.
② 금융회사가 아닌 다른 업종의 경우 배당금의 지급은 영업활동 또는 재무활동으로 분류할 수 있다.
③ 금융회사가 아닌 다른 업종의 경우 이자수입 및 배당금수입은 투자활동 또는 영업활동으로 분류할 수 있다.
④ 법인세로 인한 현금흐름은 별도로 공시하지 않고 영업활동 현금흐름으로 분류한다.

2. 현금흐름표의 재무활동 현금흐름에 포함되는 항목은? (주택관리사보, 2010)

① 이자수익으로 인한 현금유입
② 건물의 취득, 처분
③ 현금의 대여, 회수
④ 유가증권의 취득, 처분
⑤ 차입금의 차입, 상환

3. (주)한국은 모든 매출이 외상으로 발생하는 회사이다. 당기 총매출액은 ₩800,000이며, 매출채권으로부터 회수한 현금유입액은 ₩600,000이다. 다음의 당기매출채권 관련 자료를 사용하여 (주)한국이 인식할 당기손상차손(대손상각비)은? (9급공무원, 2021)

	기초잔액	기말잔액
매출채권	₩500,000	₩450,000
손실충당금(대손충당금)	50,000	50,000

① ₩250,000
② ₩350,000
③ ₩450,000
④ ₩550,000

4. 다음은 20×1년 (주)한국의 재무제표와 거래자료 중 일부이다. 20×1년 손익계산서상 당기매출액은? (9급공무원, 2021)

• 기초매입채무	₩4,000	• 기말매입채무	₩6,000
• 기초상품재고	6,000	• 기말상품채무	5,500
• 매출총이익	6,000	• 현금지급에 의한 매입채무감소액	5,500

① ₩24,000
② ₩25,000
③ ₩26,000
④ ₩27,000

5. (주)한국은 20×1년 직원들에게 ₩1,000의 급여를 현금지급하였다. 20×1년초 미지급급여가 ₩200, 20×1년말 미지급급여가 ₩700이면 당기에 발생한 급여는? (9급공무원, 2021)

① ₩1,000
② ₩1,200
③ ₩1,500
④ ₩1,700

6. 20×1년말 재무상태표의 선수이자는 ₩1,000, 미수이자의 잔액은 없다. 20×2년말 재무제표항목이 다음과 같을 때, 20×2년도 이자의 현금수령액은? (주택관리사보, 2014)

• 선 수 이 자	₩0	• 미 수 이 자	₩2,000
• 이 자 수 익	8,000		

① ₩0
② ₩1,000
③ ₩3,000
④ ₩5,000
⑤ ₩8,000

7. (주)한국은 사무실 일부를 임대하고 있으며, 20×1년말과 20×2년말 선수임대료 잔액은 각각 ₩10,000과 ₩7,000이다. 20×2년 포괄손익계산서상의 임대료가 ₩5,000일 때, 20×2년 현금으로 수취한 임대료는? (주택관리사보, 2013)

① ₩2,000
② ₩5,000
③ ₩7,000
④ ₩10,000
⑤ ₩12,000

8. (주)한국은 보험료 지급시 전액을 자산으로 회계처리하며 20×1년 재무상태표상 기초와 기말 선급보험료는 각각 ₩200,000과 ₩310,000이다. 20×1년중 보험료를 지급하면서 자산으로 회계처리한 금액이 ₩1,030,000이라면, 20×1년 포괄손익계산서상 보험료비용은? (9급공무원, 2022)

① ₩520,000
② ₩920,000
③ ₩1,030,000
④ ₩1,140,000

9. 간접법을 이용하여 영업활동 현금흐름을 계산하고자 한다. 다음 설명 중 옳은 것은?
(주택관리사보 수정, 2009)

① 매출채권 감소액은 당기순이익에 가산한다.
② 금융자산평가이익(당기손익-공정가치측정금융자산)은 당기순이익에 가산한다.
③ 유형자산처분이익은 당기순이익에 가산한다.
④ 매입채무 증가액은 당기순이익에서 차감한다.
⑤ 미지급비용 감소액은 당기순이익에 가산한다.

10. 다음 자료를 이용하여 영업활동 현금흐름을 간접법으로 계산하면? (9급공무원, 2009)

• 당기순이익	₩5,000	• 재고자산감모손실	₩700
• 유형자산처분이익	1,000	• 감가상각비	400
• 재고자산의 증가	500		

① ₩3,500 ② ₩3,900
③ ₩4,100 ④ ₩4,600

11. (주)한국의 20×1년 영업활동 순현금유입액은 ₩12,000이다. 다음 자료를 이용할 때, 20×1년 법인세비용차감전순이익과 재무활동 순현금흐름으로 옳은 것은? (주택관리사보, 2022)

• 재무상태표 관련 자료

계정과목	20×1년 1월 1일	20×1년 12월 31일
매 출 채 권	₩2,800	₩1,300
선 급 비 용	1,000	1,800
미지급이자	80	40
단기차입금	1,500	1,250
자 본 금	500	1,200

• 20×1년 감가상각비 : ₩900
• 20×1년 유형자산처분손실 : ₩2,100
• 이자비용(미지급이자)은 영업활동으로 분류한다.
• 자본금 변동은 유상증자로 인한 것이며 모든 자산, 부채, 자본 변동은 현금거래로 인한 것이다.

	법인비용차감전순이익	재무활동 순현금흐름
①	₩7,800	순유입액 ₩410
②	₩8,300	순유입액 ₩450
③	₩8,340	순유입액 ₩450
④	₩8,640	순유입액 ₩410
⑤	₩8,800	순유출액 ₩210

12. 다음은 (주)한국의 20×8년도 회계자료이다. 이 자료에 근거하여 영업활동 현금흐름을 계산하면?

(세무직 공무원, 2009)

• 당기순이익	₩10,000	• 감가상각비	₩1,000
• 사채상환손실	500	• 유형자산처분손실	300
• 토지처분액	700	• 사채발행액	400
• 차량구입액	100		

① ₩11,300　② ₩11,500
③ ₩11,800　④ ₩11,900

13. (주)관세의 20×2년도 포괄손익계산서에는 당기순이익 ₩600, 유형자산처분이익 ₩300, 감가상각비 ₩200이 계상되어 있으며, 비교재무상태표의 주요 자산 및 부채 계정은 다음과 같다. (주)관세의 20×2년 영업활동 현금흐름은? (관세사, 2020)

	20×2년말	20×1년말
매출채권(순액)	₩900	₩500
선급비용	200	400
매입채무	300	200
단기차입금	500	200

① ₩200 현금유입　② ₩400 현금유입　③ ₩600 현금유입
④ ₩200 현금유출　⑤ ₩400 현금유출

14. (주)한국은 휴대전화 판매를 영위하는 회사이며, 다음의 거래를 누락한 상태에서 당기순이익을 ₩40,000으로 산정하였다. 다음 거래를 추가로 반영할 경우 포괄손익계산서상 당기순이익은? (9급공무원, 2022)

• 미수이자수익 발생	₩10,000	• 선수수익의 수익실현	₩40,000
• 매출채권의 현금회수	20,000	• 매입채무의 현금상환	7,000
• 미지급이자비용 발생	3,000		

① ₩50,000
② ₩87,000
③ ₩100,000
④ ₩110,000

15. 다음은 (주)한국의 현금흐름표 작성을 위한 자료 중 일부이다. 당기중 취득원가 ₩50,000, 감가상각누계액이 ₩20,000인 기계장치를 처분하면서 유형자산처분손실 ₩5,000이 발생하였다. 기계장치와 관련하여 (주)한국의 당기 현금흐름표에 표시될 투자활동 현금(순액)은? (7급서울시, 2019)

	기 초	기 말
기계장치	₩200,000	₩250,000
감가상각누계액	(50,000)	(80,000)

① 순유입 ₩55,000
② 순유입 ₩75,000
③ 순유출 ₩55,000
④ 순유출 ₩75,000

16. (주)한국의 20×1년도 현금흐름표 자료가 다음과 같을 때, 투자활동 현금흐름은? (공인회계사 수정, 2002)

• 기초현금및현금성자산	₩9,000	• 재무활동 현금흐름	(−)₩17,000
• 기말현금및현금성자산	5,000	• 영업활동 현금흐름	25,000

① (−)₩12,000
② (−)₩8,000
③ (−)₩4,000
④ ₩4,000
⑤ ₩8,000

해답 및 해설

1. ④

법인세는 일반적으로 영업활동 현금흐름으로 분류하지만, 투자활동 또는 재무활동에 명백하게 관련되는 경우에는 투자활동 또는 재무활동으로 분류하며, 주요 항목으로 별도로 표시하도록 요구하고 있다.

2. ⑤

① 이자수익으로 인한 현금유입－이자수익은 일반적으로 영업활동 현금흐름으로 분류되나 투자활동 현금흐름으로도 분류가 가능하다.
② 건물의 취득, 처분－투자활동 현금흐름
③ 현금의 대여, 회수－투자활동 현금흐름
④ 유가증권의 취득, 처분－투자활동 현금흐름

3. ①

손상차손 X＝₩250,000
현금 ₩600,000＋손상차손 X－매출채권 감소 ₩50,000＝매출액 ₩800,000

4. ②

당기매입액＝기말매입채무 ₩6,000＋현금지급에 의한 매입채무 감소액 ₩17,500－기초매입채무 ₩4,000
＝₩19,500
매출원가＝기초상품재고 ₩6,000＋당기매입액 ₩19,500－기말상품재고 ₩5,500＝₩20,000
매출액＝매출원가 ₩20,000＋매출총이익 ₩5,000＝₩25,000

5. ③

X＝₩1,500
현금 (－)₩1,000－미지급급여 증가 ₩500＋당기발생 급여 X＝₩0

6. ④

현금 X＝₩5,000
현금 X＋미수이자 ₩2,000＝－선수이자 ₩1,000＋이자수익 ₩8,000

7. ①

현금 X= ₩2,000
현금 X= －선수임대료 ₩3,000＋임대료수익 ₩5,000

8. ②

보험료 X= ₩920,000
현금 (－)₩1,030,000＋선급보험료 ₩110,000＋보험료 X= ₩0

9. ①

간접법은 당기순이익에 각 항목들의 영향을 조정하여 '영업활동 현금흐름'을 결정하는 방법으로 당기순이익에서 현금흐름을 수반하지 않은 비용은 가산하고 수익은 차감하며, 당기순손익에 반영했지만 영업활동 현금흐름에 영향을 미치지 않은 항목인 단기매매금융자산평가이익과 유형자산처분이익은 각각 당기순이익에서 차감한다. 그리고 영업활동 관련 자산과 부채의 변동은 현금흐름에는 영향을 미치지만 당기순이익에는 영향을 미치지 않기 때문에 자산의 증가액(감소액)만큼 당기순이익에서 차감(가산)하며, 부채의 증가액(감소액)만큼 당기순이익에 가산(차감)한다. 따라서 매입채무 증가액은 당기순이익에 가산하며, 미지급비용 감소액은 당기순이익에서 차감한다.

10. ②

영업활동 현금흐름= ₩5,000－ ₩1,000＋ ₩400－ ₩500＝ ₩3,900

현금흐름표

1. 영업활동 현금흐름			₩3,900
A. 당기순이익		5,000	
B. 현금유입이 없는 비용 등의 가산		400	
ㄱ. 감가상각비	400		
C. 현금유출이 없는 수익 등의 차감		(1,000)	
ㄱ. 유형자산처분이익	(1,000)		
D. 영업활동으로 인한 자산과 부채의 변동		(500)	
ㄱ. 재고자산의 증가	(500)		

11. ③

(1) 법인세비용차감전순이익 X= ₩8,340
법인세비용차감전순이익 X+감가상각비 ₩900＋유형자산처분손실 ₩2,100＋매출채권 감소 ₩1,500 －선급비용 증가 ₩800－미지급이자 감소 ₩40＝영업활동 순현금유입 ₩12,000

(2) 재무활동 순현금흐름＝단기차입금 감소 (－)₩250＋자본금 증가 ₩700＝순유입 ₩450

12. ③

토지처분액 및 차량구입액은 투자활동 현금흐름으로 분류되며, 사채발행액은 재무활동 현금흐름으로 분류된다. 따라서 영업활동 현금흐름 = ₩10,000 + ₩1,000 + ₩500 + ₩300 = ₩11,800

현금흐름표

(주)한국 20×8년

1. 영업활동 현금흐름			₩11,800
A. 당기순이익		10,000	
B. 현금유입이 없는 비용 등의 가산		1,800	
ㄱ. 감가상각비	1,000		
ㄴ. 사채상환손실	500		
ㄷ. 유형자산처분손실	300		
C. 현금유출이 없는 수익 등의 차감		0	
D. 영업활동으로 인한 자산과 부채의 변동		0	

13. ②

현금 X(= ₩400, 역산) + 매출채권 ₩400 − 선급비용 ₩200

= [당기순이익 ₩600 + 감가상각비 ₩200 − 유형자산처분이익 ₩300] + 매입채무 ₩100

* 감가상각비와 유형자산처분이익은 영업활동과 무관하기 때문에 당기순이익에서 그 효과를 제거하는 것이다.

현금흐름표

1. 영업활동 현금흐름			₩400
A. 당기순이익		600	
B. 현금유입이 없는 비용 등의 가산		200	
ㄱ. 감가상각비	200		
C. 현금유출이 없는 수익 등의 차감		(300)	
ㄱ. 유형자산처분이익	(300)		
D. 영업활동으로 인한 자산과 부채의 변동		(100)	
ㄱ. 매출채권(순액) 증가	(400)		
ㄴ. 선급비용 감소	200		
ㄷ. 매입채무 증가	100		

14. ②

포괄손익계산서상 당기순이익

= 반영전 순이익 ₩40,000 + 미수이자수익 발생 ₩10,000 + 선수수익의 수익실현 ₩40,000

− 미지급이자비용 발생 ₩3,000 = ₩87,000

* 매출채권의 현금회수와 매입채무의 현금상환은 당기순이익에 영향을 미치지 않는다.

15. ④

기계장치 관련 당기 감가상각비 자료가 없다. 이를 감가상각누계액 변동자료를 이용하여 구하면 다음과 같다.

감가상각누계액 기초 ₩50,000 + 증가 Y(= ₩50,000, 역산) − 감소 ₩20,000 = 기말 ₩80,000

증감분석을 활용하여 현금의 변동을 계산하면 다음과 같다.

현금 X(= − ₩75,000, 역산) + 기계장치 ₩50,000 + 감가상각비 ₩50,000 + 유형자산처분손실 ₩5,000 = 감가상각누계액 ₩30,000

16. ①

투자활동 현금흐름 X = (−)₩12,000

영업활동 현금흐름 ₩25,000 + 투자활동 현금흐름 X + 재무활동 현금흐름 (−)₩17,000 + 기초현금및현금성자산 ₩9,000 = 기말현금및현금성자산 ₩5,000

주관식 문제

1. 다음의 자료를 이용하여 현금흐름표를 작성하시오.

(1) 당기 매출은 ₩1,000이었으며, 모두 현금매출이었다. 또한 선수금으로 ₩100을 수령하였으나 아직 재고자산의 인도는 이루어지지 않았다.
(2) 원재료를 ₩500에 구입하였으나 이 중 30%는 미지급상태이다.
(3) 당기에 보험료 ₩120을 지급하였으며 동 금액 중 50%는 기말 현재 선급보험료로 남아 있다.
(4) 당기 이자비용이 ₩100 발생하였으나 아직 미지급상태이며, 전기 미지급이자 ₩120을 당기에 모두 지급하였다.
(5) 유형자산 ₩500을 매각하고 그 대금 중 계약금으로 10%만 수령하였다.
(6) 당기 유상증자 ₩200과 무상증자 ₩200을 실시하였다.

해답

현금흐름표

영업활동 현금흐름	
고객으로부터의 유입된 현금	₩1,100
공급자에 대한 현금유출	−350
기타영업비용 현금유출	−120
영업에서 창출된 현금	630
이자지급	−120
영업활동 순현금흐름	510
투자활동 현금흐름	
유형자산의 처분	50
투자활동 순현금흐름	50
재무활동 현금흐름	
유상증자	200
재무활동 순현금흐름	200
현금의 순증가	760

2. 다음의 자료를 이용하여 현금흐름표를 작성하시오.

(1) 당기 매출은 ₩1,000이었으며 모두 현금매출이었다. 또한 전기 매출채권 잔액 중 ₩200을 회수하였다.
(2) 원재료 ₩500을 모두 현금으로 지급하고 전기 원재료 매입채무 ₩100을 당기 지급하였다.
(3) 광고회사에 광고를 의뢰하고 총금액 ₩100의 10%를 계약금으로 지급하였다.
(4) 당기 이자수익이 ₩100 발생하였으며 모두 현금으로 수령하였다.
(5) 전기말 대여금 ₩400을 당기에 모두 회수하였다.
(6) 당기 배당지급액은 ₩300이었으며 이 중 20%는 주식배당, 80%는 현금배당이었다.

해답

현금흐름표

영업활동 현금흐름	
고객으로부터의 유입된 현금	₩1,200
공급자에 대한 현금유출	−600
기타영업비용 현금유출	−10
영업에서 창출된 현금	590
이자수취	100
영업활동 순현금흐름	690
투자활동 현금흐름	
대여금의 회수	400
투자활동 순현금흐름	400
재무활동 현금흐름	
배당금지급	−240
재무활동 순현금흐름	−240
현금의 순증가	850

3. 다음은 (주)대한의 20×1년도 재무제표의 일부 자료이다. 직접법을 사용하여 20×1년도 현금흐름표의 영업활동 현금흐름을 구할 때, 고객으로부터 유입된 현금흐름과 공급자에 대해 유출된 현금흐름을 계산하시오. (공인회계사 1차 수정, 2010)

〈재무상태표 일부〉

계정과목	기초잔액	기말잔액
매출채권(총액)	₩200,000	₩140,000
손실충당금	10,000	14,000
재 고 자 산	60,000	50,000
매 입 채 무	50,000	100,000
선 수 금	10,000	8,000

〈손익계산서 일부〉

계정과목	기초잔액
매 출 액	₩1,500,000
매 출 원 가	1,000,000
손 상 차 손	7,000
기타비용(재고자산감모손실)	50,000

해답

(1) 고객으로부터 유입된 현금 : 유입 ₩1,555,000

차변항목		대변항목	
현 금	X(=1,555,000, 역산)	손실충당금	+4,000
매 출 채 권	−60,000	선 수 금	−2,000
손 상 차 손	+7,000	매 출 액	+1,500,000

(2) 공급자에 대해 유출된 현금 : 유출 ₩990,000

차변항목		대변항목	
현 금	X (=−990,000, 역산)	매 입 채 무	+50,000
재 고 자 산	−10,000		
매 출 원 가	+1,000,000		
재고자산감모손실	+50,000		

4. 제조기업인 (주)대한의 20×1년도 간접법에 의한 현금흐름표를 작성하기 위한 자료이다. 이자지급 및 법인세납부를 영업활동으로 분류한다고 할 때 20×1년 (주)대한의 영업활동 현금흐름을 간접법으로 작성하시오.
(공인회계사 1차 수정, 2014)

〈포괄손익계산서 일부〉	
법인세비용차감전순이익	₩500,000
매출채권 손상차손	30,000
재고자산평가손실	10,000
건물감가상각비	40,000
이자비용	50,000
법인세비용	140,000
FVPL금융자산(단기매매목적)처분이익	15,000
〈재무상태표 일부〉	
매출채권(순액)	₩100,000 증가
매입채무	50,000 감소
재고자산(순액)	20,000 증가
FVPL금융자산(단기매매목적)	50,000 감소
미지급이자	70,000 감소

해답

현금흐름표

영업활동 현금흐름	
법인세비용차감전순이익	₩500,000
가감 :	
건물감가상각비	40,000
이자비용	50,000
매출채권(순액) 증가	−100,000
매입채무 감소	−50,000
재고자산(순액) 증가	−20,000
FVPL금융자산(단기매매목적) 감소	50,000
영업에서 창출된 현금	470,000
이자지급	−120,000
법인세 납부	−140,000
영업활동 순현금흐름	210,000

이자지급액 계산 : 유출 ₩120,000

차변항목		대변항목	
현 금	X(=−120,000, 역산)	미지급이자	−70,000
이 자 비 용	+50,000		

5. 다음은 (주)갑의 투자활동 관련 재무제표 자료이다. 이를 이용하여 투자활동 현금흐름을 구하시오.

(공인회계사 1차 수정, 2017)

〈포괄손익계산서 일부〉

감가상각비	₩500,000
유형자산처분이익	30,000
FVOCI금융자산평가이익	40,000

〈재무상태표 일부〉

기계장치	₩20,000 증가
감가상각누계액	5,000 증가
FVOCI금융자산	500,000 증가
FVOCI금융자산평가이익(기타포괄손익누계)	40,000 증가

〈추가자료〉

- 기중 기계장치를 현금 ₩1,000,000에 취득하였다.
- FVOCI금융자산은 타기업 주식이며, 기중 FVOCI금융자산의 처분은 없었다.

해답

(1) 유형자산으로 인한 현금흐름 : 유입 ₩515,000, 유출 ₩1,000,000

차변항목		대변항목	
현 금	X(=−485,000, 역산)	유형자산처분이익	+30,000
감가상각비	+500,000	감가상각누계액	+5,000
기 계 장 치	+20,000		

순현금 (−)₩485,000=(+)유형자산처분 Y+(−)유형자산취득 ₩1,000,000

Y= ₩515,000

(2) FVOCI금융자산으로 인한 현금흐름 : 유출 ₩460,000

차변항목		대변항목	
현 금	X(=−460,000, 역산)	금융자산평가이익	+40,000
FVOCI금융자산	+500,000		

6. 다음은 (주)갑의 재무활동 관련 재무제표 자료이다. 이를 이용하여 재무활동 현금흐름을 구하시오.

〈포괄손익계산서 일부〉

사채상환이익	₩1,000
당기순이익	50,000
총포괄이익	60,000

〈재무상태표 일부〉

사 채	₩20,000 증가
자 본 금	20,000 증가
자본잉여금	30,000 증가
이익잉여금	20,000 증가

〈추가자료〉

- 사채는 모두 액면발행 사채이며, 당기중 사채발행이 ₩30,000 있었다.
- (주)갑의 총배당액 중 주식배당 비중은 절반이며, 현금배당이 나머지 절반이었다.

해답

(1) 사채로 인한 현금흐름 : 유입 ₩30,000, 유출 ₩9,000

차변항목		대변항목	
현 금	X(=+21,000, 역산)	사채상환이익	+1,000
		사 채	+20,000

순현금 (+)₩21,000=(+)사채발행 ₩30,000+(−)사채상환 Y

Y= ₩9,000

(2) 배당금지급으로 인한 현금유출 : 현금배당 ₩15,000

기초이익잉여금+당기순이익−배당(주식배당, 현금배당)=기말이익잉여금

기말이익잉여금−기초이익잉여금=당기순이익−배당(주식배당, 현금배당)

₩20,000= ₩50,000−X(X= ₩30,000)

주식배당= ₩30,000×50%= ₩15,000

현금배당= ₩30,000×50%= ₩15,000

(3) 유상증자로 인한 현금유입 : ₩35,000

자본금 증가+자본잉여금 증가= ₩50,000

자본금 증가 중 일부는 주식배당으로 인한 증가 ₩15,000이다.

따라서 유상증자는 ₩50,000− ₩15,000= ₩35,000

Chapter

12 회계정보의 활용

본장에서는

1. 작성된 재무제표 중심의 회계정보 활용에 대해 알아본다.
2. 재무분석을 하기 위한 자료의 원천과 재무분석의 절차를 살펴본다. 그리고 가장 기본적인 재무분석을 위한 수익성 분석, 유동성 분석 및 자본구조 분석에 대해 알아본다.
3. 신용평가란 무엇인가를 알아보고 기업신용평가의 목적과 방법, 신용평가등급에 대해 알아본다. 기업신용평가와 관련하여 회사채 평가와 기업어음 평가에 대해 알아본다.
4. 주식가치평가의 개념과 방법을 살펴본다.

1. 회계정보의 활동분야

- 재무분석
- 신용평가
- 주식가치평가

2. 재무분석

- 수익성 분석
  - 매출순이익률, 매출총이익률, 매출영업이익률
  - 총자산순이익률, 자기자본순이익률
  - 주당순이익, 주가수익비율
- 유동성 및 재무탄력성 분석
  - 순운전자본, 매출액대비순운전자본비율, 순운전자본회전율
  - 유동비율, 당좌비율
  - 재고자산평균회전기간, 재고자산회전율, 매출채권평균회수기간, 매출채권회전율, 매입채무평균지급기간, 현금순환주기
- 자본구조 분석
  - 부채비율, 차입금의존도, 이자보상배율
  - 배당성향, 배당률, 배당수익률

3. 신용평가

- 신용평가요소 : 경영관리위험, 계열위험, 산업위험, 사업위험, 재무위험
- 신용등급

4. 주식가치평가

- 자산가치법
- 배당할인모형
- 현금할인모형
- 주가수익비율모형
- EV/EBITDA비율모형

제 1 절 회계정보의 활용

1. 의 의

지금까지는 회계가 무엇이며 재무제표는 어떻게 만들어지는지에 대하여 공부해 왔다. 이제부터는 회계라는 도구에 의해 만들어진 재무제표를 통한 회계정보를 어떻게 읽고 해석하여 활용하는지에 대해 설명하고자 한다. 회계는 일종의 약속이기에 그 속에 담긴 약속의 규칙을 알지 못하고는 회계의 산출물인 재무제표를 제대로 읽을 수 없으며 활용할 수 없을 것이다. 우리는 앞서 재무제표 작성방법과 이와 관련된 규칙과 약속에 대해 공부해 왔다. 이를 바탕으로 그 약속과 규칙을 통해 만들어진 재무제표를 어떻게 해석하고 분석할 것인지에 대해 알아보고자 한다.

재무제표를 통해 우리는 기업의 재무상태와 경영성과 그리고 현금흐름에 대한 다양한 정보를 얻을 수 있다. 회계정보는 사적 정보인 동시에 공적 정보이기도 하다. 공인회계사는 독립된 위치에서 외부감사대상 기업에 대해 회계정보의 적정성을 평가하여 정보의 신뢰성을 높임으로써 정보수집에 따른 사회적 비용을 낮추고 있다. 따라서 적어도 외부감사를 받는 기업들에 대한 회계정보는 비용부담 없이 쉽게 입수하여 이용할 수 있다.

이렇게 입수한 회계정보를 활용하여 증권회사, 재무분석기관, 신용평가기관 등은 내부·외부 정보이용자를 위하여 다양한 형태의 회계정보를 요약하여 제공한다.

2. 회계정보의 활용분야

(1) 재무분석

재무분석(financial analysis)은 다양한 회계정보이용자들이 의사결정에 필요한 정보를 재무제표를 통해 분석하는 것을 의미한다. 따라서 재무분석은 재무제표에 기초한다. 물론 재무제표 중심의 재무자료 이외에 다양한 비재무자료를 같이 활용하기도 하나, 기본적으로 재무제표 중심의 재무자료를 기초로 하는 것이 일반적이다. 분석을 하는 목적 또한 이용목적에 따라 매우 다양하다. 주식투자자들은 대상 주식의 가치평가를 통해 매도 혹은 매수의 투자의사결정을 수행하고, 채권자들은 채권의 상환능력을 재무분석을 통해 판단하게 된다.

가장 일반적인 형태인 주식투자자들은 투자대상기업의 기본적 분석의 일환으로 재무분석을 실시할 수 있다. 증권회사 등 주식투자와 관련된 회사들은 상장회사를 중심으로 다양한 재무분석자료를 작성하여 투자자들에게 제공한다. 여기에는 비재무적 자료도 포함되지만 재무제표를 중심으로 한 재무적 자료를 기초로 한다.

(2) 신용평가

기업신용평가는 대상기업의 회사채 혹은 기업어음의 상환능력을 평가하여 등급을 부여하는 것으로, 신용평가기관이 특정기업이 발행한 특정채권의 원리금과 적기상환능력을 판단하여 이를 이해관계자들이 이해하기 쉬운 등급으로 표시하여 공시한다. 무보증회사채와 같은 장기등급은 보통 AAA부터 D까지 10개의 등급으로 표시되고 있으며, 기업어음과 같은 단기신용등급은 A1에서 D까지 6개 등급으로 표시되고 있다.

(3) 주식가치평가

주식투자시 평가의 방법으로는 주식가격의 움직임만을 살펴 투자를 결정하는 기술적 투자와 함께 재무제표를 중심으로 기업이 지닌 내재가치(intrinsic value)에 기초한 기본적 투자를 들 수 있다. 기본적으로 주식가치평가는 재무상태표를 기준으로 하는 자산가치법과 기업이 장래에 벌어들일 것으로 생각되는 미래 현금흐름을 추정한 후 현재가치로 하는 수익가치법으로 대별된다. 수익가치법은 배당할인모형의 개념에서 출발하여 현금할인모형, 초과이익모형 등으로 구분된다.

그러나 실무적으로는 보다 간편한 방법으로 주가수익비율(PER)모형과 EV/EBITDA모형이 많이 사용된다.

제 2 절 재무분석

1. 자료의 원천

실제로 재무분석을 시작하기 전에 기업에 대한 다양한 정보를 수집해야 한다. 분석대상기업이 유가증권상장기업이거나 코스닥상장기업인 경우에는 다른 기업들에 비해 보다 많은 정보를 얻을 수 있는 반면, 일반기업들은 상대적으로 구할 수 있는 자료가 적다. 상장회사 및 외감법 대상기업들은 금융감독원의 전자공시시스템을 통해 많은 자료를 입수할 수 있다.

(1) 전자공시시스템

전자공시시스템(DART : Data Analysis, Retrieval and Transfer System)은 상장법인 등이 공시서류를 인터넷으로 제출하고, 투자자 등 이용자는 제출 즉시 인터넷을 통해 조회할 수 있도록 하는 종합적 기업공시시스템이다.

우리나라의 전자공시시스템은 1999년에 처음으로 인터넷 서비스를 실시하였는데, 당시에는 서면제출과 병행하였다. 전자공시시스템의 도입으로 공시의무자는 금융감독원의 방문 없이 모든 공시자료를 제출할 수 있어 부담이 경감되었으며, 이용자들은 누구든지 장소와 시간에 구애받지 않고 금융감독원에 제출된 모든 공시자료의 열람이 가능하게 되어 사회적 비용의 절감, 행정의 투명성과 효율성의 제고 등 자본시장의 건전한 발전을 도모하게 되었다.

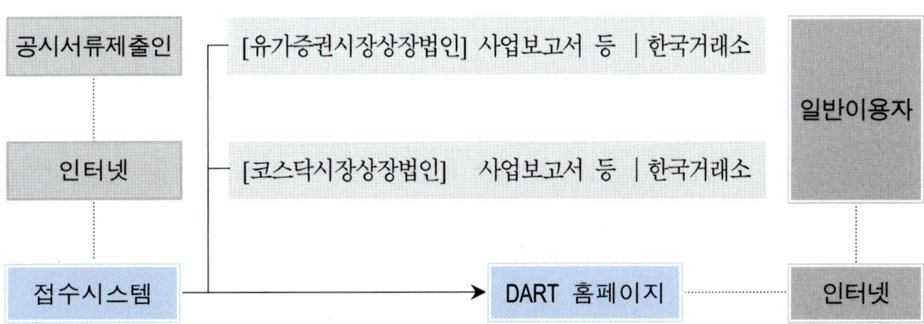

(2) 공시자료의 종류

전자공시시스템에서 공시되는 보고서는 크게 정기공시 자료와 발행공시 자료 및 외부감사관련 자료로 나눌 수 있다. 정기공시 자료는 일정기간 동안 기업의 사업내용, 재무상황 및 경영실적 등 기업내용 전반에 관한 사항을 정기적으로 공시하는 것으로, 결산 후 90일 이내에 제출하는 사업보고서가 가장 대표적이다. 이 외에 반기보고서와 분기보고서는 각각 반기결산 및 분기결산 후 45일 이내에 공시하도록 하고 있다.

발행공시 자료는 증권의 공모를 위한 서류로서 증권신고서부터 증권발행실적보고서에 이르기까지 단계별로 공시하는 자료이다. 여기에는 증권신고서, 투자설명서, 증권발생실적보고서 등이 포함된다.

외부감사관련 자료는 주주총회 종료 후 2주일 이내에 제출하는 감사보고서가 대표적인 공시자료이다. 이때 한국채택국제회계기준 적용회사는 감사보고서와 함께 연결감사보고서를 제출한다.

(3) 사업보고서

사업보고서는 회사에 관한 여러 가지 정보를 담고 있어 재무분석을 포함한 다양한 분석에 있어 정보의 보고이다. 사업보고서는 크게 회사의 개요, 사업의 내용, 재무에 관한 사항, 감사인의 감사의견 등, 이사 및 이사회에 관한 사항, 주주에 관한 사항, 임원 및 직원에 관한 사항, 기타로 구성된다. 사업보고서의 구체적인 목차는 〈표 12-1〉과 같다.

사업보고서는 재무분석을 위해 필요한 대부분의 정보가 담겨 있다. 처음 접하는 회사라면 'Ⅰ. 회사의 개요'부터 살펴봐야 한다. 회사의 개요에는 회사명칭, 설립일자, 주요 사업의 내용, 계열회사에 관한 사항, 연결범위 및 신용평가등급에 관한 사항 등이 포함된다. 그리고 회사의 연혁, 자본금 변동사항, 주식 및 의결권 현황, 배당에 관한 사항 등이 요약되어 있다.

'Ⅱ. 사업의 내용'에는 사업부문별 현황 및 제품에 대한 것으로 부문별 영업현황, 주력 제품, 시장점유율 등이 기술된다. 특히 사업의 내용 중에서 중요한 것은 사업부문별 매출액, 영업이익 및 총자산이 구분되어 표시된다는 것이다. 오늘날의 기업들은 한 가지 제품이나 사업을 수행하지 않고 다각화

〈표 12-1〉 사업보고서 목차

Ⅰ. 회사의 개요	Ⅳ. 이사의 경영진단 및 분석의견
1. 회사의 개요	Ⅴ. 회계감사인의 감사의견 등
2. 회사의 연혁	Ⅵ. 이사회 등 회사의 기관에 관한 사항
3. 자본금 변동사항	1. 이사회에 관한 사항
4. 주식의 총수 등	2. 감사제도에 관한 사항
5. 의결권 현황	3. 주주의 의결권 행사에 관한 사항
6. 배당에 관한 사항 등	Ⅶ. 주주에 관한 사항
Ⅱ. 사업의 내용	Ⅷ. 임원 및 직원 등에 관한 사항
Ⅲ. 재무에 관한 사항	1. 임원 및 직원 등의 현황
1. 요약재무정보	2. 임원의 보수 등
2. 연결재무제표	Ⅸ. 계열회사 등에 관한 사항
3. 연결재무제표 주석	Ⅹ. 대주주 등과의 거래내용
4. 재무제표	Ⅺ. 그 밖에 투자자 보호를 위하여 필요한 사항
5. 재무제표 주석	
6. 기타 재무에 관한 사항	

된 사업을 영위하는 것이 보통이다. 따라서 기업 전체의 총매출액이나 영업이익의 지표만으로는 제대로 된 분석이 어렵다. 한 부문이 높은 매출성장을 보이는 반면, 다른 부문은 매출정체 내지는 축소되기도 한다. 다각화된 사업을 가진 대부분의 기업에서 한 사업부문만을 가지고는 기업 전체를 설명하는 것이 무의미해질 수 있는 것이다. 특히 미래 예측시에는 더욱 그러하다.

'Ⅲ. 재무에 관한 사항'에는 요약재무제표가 포함된다. 한국채택국제회계기준을 도입한 경우 연결재무제표가 기본재무제표이므로 연결대상회사의 변동현황, 연결재무제표 작성기준 및 중요한 회계처리방침, 중요한 회계적 추정 및 가정 등 재무정보 이용상의 유의점 등이 포함된다. 이 외에 개별재무제표에 대한 작성기준과 중요한 회계처리방침 등이 포함된다.

'Ⅳ. 이사의 경영진단 및 분석의견'에는 사업부문별 실적증감에 대한 원인 분석뿐만 아니라 미래에 대한 예측정보를 포함하고 있다. 예측정보는 과거가 아닌 미래의 사건과 관련된 것으로 향후 예상되는 경영현황 및 재무실적에 대한 내용을 포함한다. 이러한 경영자 예측정보는 중요한 분석자료로 활용할 수 있다. 경영자의 예측정보는 외부의 제3자가 행한 것이 아니므로 객관성이 결여될 수 있으나 다른 한편으로는 사업의 주요 내용과 미래 불확실성에 대한 중요한 요인들을 보다 정확하게 알 수 있으므로 재무분석에 유용하게 활용할 수 있다.

〈표 12-2〉
사업부문별 요약재무현황 예시일부(H사(주), 20×9년 연결기준)

부 문	구 분	20×9년(제52기)		20×8년(제51기)		20×7년(제50기)	
		금액	비중	금액	비중	금액	비중
차량부문	총매출액	127,898,539	83.4%	114,448,752	83.1%	111,479,729	82.6%
	영업이익	2,618,009	72.6%	1,062,241	55.5%	2,585,413	71.0%
	총자산	107,555,519	51.2%	100,302,183	51.7%	99,724,673	52.1%
금융부문	총매출액	16,735,027	10.9%	15,284,427	11.1%	15,744,881	11.7%
	영업이익	887,983	24.6%	746,612	39.0%	718,137	19.7%
	총자산	93,803,198	44.7%	85,725,929	44.2%	84,016,995	43.9%
기타부문	총매출액	8,794,298	5.7%	7,954,215	5.8%	7,741,527	5.7%
	영업이익	99,471	2.8%	105,295	5.5%	338,792	9.3%
	총자산	8,541,669	4.1%	7,930,963	4.1%	7,604,015	4.0%

'V. 회계감사인의 감사의견 등'은 외부감사인에 대한 사항으로 수행한 외부감사기관과 감사의견 및 감사일정, 감사용역 체결현황(보수 및 총소요시간 등) 및 비감사용역에 대한 내용이 포함된다.

(4) 외부감사보고서

외부감사인이 작성한 감사보고서는 중요한 정보원 중 하나이다. 재무상태표를 비롯하여 포괄손익계산서, 현금흐름표 및 자본변동표 이외에 재무제표에 대한 주석내용을 통해 분석대상기업의 비재무적 정보를 파악할 수 있다. 재무제표 주석에는 각 계정과목별로 중요한 회계처리방침을 기술한 재무제표 작성기준이 포함되어 있다. 기본재무제표 작성시 처리한 회계처리방법에 대해 상세하게 기술함으로써 재무제표를 읽고 해석하는 데 도움을 주게 된다. 여기에는 금융자산평가, 외화자산평가, 재고자산평가, 유형자산평가, 수익인식 등 주요한 계정과목의 평가 등 회계처리방법이 포함된다.

이러한 회계처리방침에 대한 내용 이외에 회계에서는 다양한 추정을 인정하고 있어 수익인식시 진행기준 적용한 내용, 미래채무에 대한 추정 등 합리적으로 추정한 내용을 담고 있다. 이 외에 주요 자산의 변동내역과 리스, 금융자산의 상세내역 등이 포함되며 리스회계처리, 우발채무 등도 주석사항으로 표시된다.

(5) 증권회사 등

증권회사를 비롯한 투자회사 등은 외부공시된 재무제표 자료를 다양한 방법으로 가공하여 일반투자자들이 쉽게 분석이 가능하도록 책자는 물론 인터넷을 통해 제공하고 있다. 특히 다양한 증권관련 사이트는 기본적인 재무제표 분석뿐만 아니라 증권회사의 각종 분석자료를 제공함으로써 정보이용자들이 쉽게 이용할 수 있도록 하고 있다. 이들 사이트에서는 입수가능한 사업보고서와 감사보고서의 각종 자료를 토대로 그래프는 물론 다양한 방법으로 분석자료를 제공함으로써 비전문가들도 쉽게 이해할 수 있도록 하고 있다.

2. 재무분석절차

일반적으로 재무분석은 다음의 절차에 따른다.

(1) 누가 이용하는지를 우선 정한다

재무분석 결과를 누가 이용하느냐에 따라 분석방법 내지는 관점이 달라질 수 있다. 예를 들어 투자자들은 주식가격 상승과 배당 등 투자대비 얼마나 수익을 얻을지에 대한 것에만 관심을 가진다. 이에 반해 경영자들은 내부적인 경영관리목적을 위해 항상 재고수준, 생산, 매출액 등에 관심을 가지며 채권의 회수와 대금지급 등 자금관리에 많은 노력을 기울인다. 채권자인 은행은 기업이 약정기한 내에 대출금의 원금과 이자를 상환할 수 있을지에 관심을 가지고 있으므로 기업의 현금흐름과 부채가 얼마나 많은지 그리고 담보는 충분한지에 항상 주목하고 있다.

(2) 기업의 외부환경을 분석한다

앞서 언급한 바와 같이 사업보고서, 감사보고서 이외 다양한 정보원을 통해 기업이 속한 외부환경에 대한 다양한 정보를 수집한다. 사업보고서에는 사업부문별 영업현황과 시장점유율 및 추세 등 다양한 정보가 포함되어 있다. 따라서 이러한 공시되는 자료를 통해 비재무적 정보를 충분히 활용하고 다른 분석자료 혹은 매체자료를 이용하여 다양한 정보를 수집하도록 한다. 일반적인 분석내용은 다음과 같다.

- 분석대상기업이 속한 산업의 동향을 파악한다.
- 분석대상기업의 주된 경쟁자를 파악한다. 사업부문별로 경쟁자가 다를 수 있으며, 주로 시장점유율을 파악하는 것이 기본적인 절차이다.
- 분석대상기업의 수익모델과 핵심성공요인을 파악한다.
- 분석대상기업이 추구하는 전략을 파악한다.
- 분석대상기업의 주된 고객과 제공하는 제품(서비스)에 대한 고객들의 인식수준을 파악한다.
- 분석대상기업의 장래 성장동력이 될 수 있는 미래 사업계획을 파악한다.
- 분석대상기업의 지배구조나 경영진 구성 등 경영에서의 변화유무를 파악한다.

(3) 재무제표 분석을 통해 일반적 사항을 검토한다

지금까지 재무제표 작성부터 계정과목에 대한 지식을 활용하여 재무상태표와 포괄손익계산서 및 현금흐름표를 살펴봄으로써 전반적인 상황을 그려볼 수 있을 것이다. 재무제표 분석시 기본적으로 다음의 질문에 대한 답을 통해 전체적인 모습을 그려보도록 한다.

- 분석대상기업의 재무적 건전성
- 분석대상기업의 수익의 원천(영업활동 혹은 투자활동 비중)
- 분석대상기업의 수익성과 수익성의 지속성 여부
- 시설을 포함한 장기적 투자 동향
- 현금의 창출원천(영업활동인가 투자활동인가 혹은 재무활동인가)
- 분석대상기업이 이익실현만큼 현금이 창출되고 있는지 여부
- 운전자본의 증감여부 및 그 원인(재고자산, 매출채권 및 매입채무 증감분석)
- 분석대상기업의 매출성장성

• 분석대상기업의 마진율(매출총이익 및 영업이익 수준)

(4) 재무제표의 추세를 분석한다

백분율재무제표와 시계열분석을 통하여 재무제표의 추세를 분석한다. 이를 통해 주요 재무지표들이 어떻게 변화하고 있는지를 파악할 수 있다. 백분율재무제표는 재무제표의 구성비를 통해 분석하는 것으로 손익계산서의 경우 매출액을 100%로 보고 나머지 항목들의 구성비를 살펴보는 것이다. 〈표 12-3〉은 H사(주)의 20×9년 손익계산서의 구성비이다.

〈표 12-3〉
백분율손익계산서 (H사(주), 20×9년 연결기준)

계정과목	금액(백만원)	구성비
매 출 액	105,746,422	100.0%
매 출 원 가	88,091,409	83.3%
매출총이익	17,655,013	16.7%
판매비와관리비	14,049,508	13.3%
영 업 이 익	3,605,505	3.4%
공동기업및관계기업투자손익	542,826	0.5%
금 융 수 익	827,120	0.8%
금 융 비 용	475,218	0.4%
기 타 수 익	1,120,958	1.1%
기 타 비 용	1,457,425	1.4%
법인세비용	978,120	0.9%
당기순이익	3,185,646	3.0%

H사(주)의 20×9년도 매출액 대비 매출원가는 83.3%이고 판매비와관리비는 13.3%로서 영업관련 비용이 매출액의 대부분을 차지하고 있음을 알 수 있다. 이러한 백분율손익계산서를 통한 구성비 분석은 기업의 규모에 관계없이 직접 비교가 가능하며, 산업 전체 혹은 동종업체와의 비교를 통해 많은 정보를 수집할 수 있다.

재무상태표의 경우에도 백분율로 작성할 수 있다. 차변의 자산총액을 100%로 하고 대변의 부채 및 자본 총액을 100% 기준으로 작성한다. 〈표 12-4〉는

〈표 12-4〉
백분율재무상태표
(H사(주), 20×9년
연결기준)

계정과목	금액 (십억원)	구성비	계정과목	금액 (십억원)	구성비
유동자산	76,083	39.1%	유동부채	53,314	27.4%
현금및현금성자산	8,682	4.5%	매 입 채 무	7,669	3.9%
단기금융상품	7,293	3.7%	미 지 급 금	6,060	3.1%
기타금융자산	9,450	4.9%	단기차입금	12,571	6.5%
매 출 채 권	3,513	1.8%	유동성장기부채	15,779	8.1%
재 고 자 산	11,664	6.0%	당기법인세부채	370	0.2%
금융업채권	30,178	15.5%	충 당 부 채	3,462	1.8%
기 타	5,303	2.7%	기타금융부채	10	0.0%
비유동자산	118,429	60.9%	기 타 부 채	7,261	3.7%
기타금융자산	3,060	1.6%	리 스 부 채	132	0.1%
유 형 자 산	32,832	16.9%	비유동부채	64,832	33.3%
투자부동산	171	0.1%	장기성미지급금	847	0.4%
무 형 자 산	5,266	2.7%	사 채	41,806	21.5%
공동기업및관계기업투자	18,375	9.4%	장기차입금	11,217	5.8%
금융업채권	32,080	16.5%	순확정급여부채	413	0.2%
운용리스자산	21,068	10.8%	충 당 부 채	3,683	1.9%
기 타	5,576	2.9%	기타금융부채	175	0.1%
			기 타 부 채	2,553	1.3%
			이연법인세부채	3,503	1.8%
			리 스 부 채	636	0.3%
			부채총계	118,146	60.7%
			지배기업소유주지분	70,066	36.0%
			자 본 금	1,489	0.8%
			자본잉여금	4,197	2.2%
			기타자본항목	−1,517	−0.8%
			기타포괄손익누계액	−2,353	−1.2%
			이익잉여금	68,250	35.1%
			비지배지분	6,300	3.2%
			자본총계	76,366	39.3%
자산총계	194,512	100.0%	부채와 자본 총계	194,512	100.0%

〈표 12-5〉
손익계산서 추세분석 (H사(주), 20×9년 연결기준)

계정과목	20×6년		20×7년		20×8년		20×9년	
	금액 (십억원)	백분율	금액 (십억원)	백분율	금액 (십억원)	백분율	금액 (십억원)	백분율
매 출 액	93,649	100%	96,376	103%	96,813	103%	105,746	113%
매 출 원 가	75,960	100%	78,798	104%	81,670	108%	88,091	116%
매출총이익	17,689	100%	17,578	99%	15,142	86%	17,655	100%
판매비와관리비	12,496	100%	13,003	104%	12,720	102%	14,050	112%
영 업 이 익	5,194	100%	4,575	88%	2,422	47%	3,606	69%
공동기업및관계기업투자손익	1,729	100%	225	13%	405	23%	543	31%
금 융 수 익	1,111	100%	973	88%	823	74%	827	74%
금 융 비 용	678	100%	1,120	165%	601	89%	475	70%
기 타 수 익	1,178	100%	1,154	98%	967	82%	1,121	95%
기 타 비 용	1,227	100%	1,367	111%	1,487	121%	1,457	119%
법인세비용	1,587	100%	−108	−7%	885	56%	978	62%
당기순이익	5,720	100%	4,546	79%	1,645	29%	3,186	56%

H사(주)의 20×9년 12월말 현재 자산의 백분율 구성비를 나타낸 것이다. H사(주)의 20×9년 12월말 현재 자산구성은 1년 이내에 현금화 가능한 유동자산이 총자산 중 39.1%를 차지하고 있다. 비유동자산 중 유형자산 비중은 16.9%의 비중을 차지하고 있다. 자금조달 측면에서 부채와 자본을 살펴보면, 부채비중이 60.7%로 전체 조달자금 중 부채를 이용한 자금조달비중이 더 높음을 알 수 있다. 다음으로 높은 비중을 차지하는 것은 내부유보를 통해 적립한 이익잉여금으로, 전체의 35.1%를 차지하고 있다.

추세분석은 일정연도를 기준연도로 두고 매년 변동추세를 살펴보는 것이다. 일반적으로는 전년도 대비기준으로 작성하나 수년간의 추세를 살펴볼 수도 있다. 〈표 12-5〉의 H사(주) 손익계산서 추세분석은 20×6년을 기준연도로 두고 분석한 것이다.

(5) 분석에 적합한 재무비율을 선정한다

재무분석시 유동성, 수익성 및 자본구조에서 각각 적어도 5개 이상의 비율을 선정하여 최소한 지난 3년간 추세를 분석한다. 필요에 따라서는 그 이상의 기간이 필요할 수 있다. 이러한 재무비율은 재무제표에서 직접 계산하여 구할 수 있다. 그러나 어떤 비율들은 앞뒤가 잘 맞아서 분석의 논리적 스토리 구성이 제대로 될 수 있는 반면, 어떤 비율들은 해석에 모순이 발생할 수도 있다. 일반적으로 많이 분석되는 재무비율은 뒷부분에서 소개하기로 한다. 일반적으로 사용되는 범주로 유동성, 수익성 및 자본구조가 있다.

유동성(liquidity)은 기업이 얼마나 유연성을 가지고 대처할 수 있는가를 보는 것으로 즉시 현금화할 수 있는 자산을 충분히 보유해야 부채를 상환할 수 있는 것이다. 수익성(profitability)은 기업이 주주(소유주)에게 줄 수 있는 보상으로서 기업은 자금을 조달한 소유주에게 반대급부로 충분한 보상이 이루어져야 계속사업을 영위할 수 있게 된다. 자본구조(financial structure) 분석은 영업에 필요한 자본의 조달방법을 알려준다. 자기자본으로 조달한 것인지 혹은 외부로부터 차입을 통해 조달한 것인지 여부를 알려준다. 자본구조분석을 통해 우리는 기업의 성장이 이익을 통해서 이루어지는지 아니면 외부차입을 통해서 이루어지는지를 알 수 있다.

(6) 경쟁기업 혹은 산업평균과의 비교

재무비율이나 재무적 숫자는 그 자체로는 의미가 없다. 무언가 비교대상이 필요하다. 경쟁기업이 될 수도 있으며 산업평균이나 자신의 과거실적과 비교할 수도 있다. 자신의 과거와 비교하는 것은 시계열분석으로 추세를 알 수 있다. 경쟁기업과의 비교는 횡단면분석으로 특정연도에서 동종기업들과 비교를 통해 자신의 장점과 단점을 파악할 수 있다.

동종기업 평균 내지 산업평균은 한국은행에서 매년 발간하는 『기업경영분석』을 많이 이용한다. 기업경영분석은 한국은행에서 매년 우리나라 법인기업의 경영실태를 조사한 것으로 여기에는 우리나라 법인기업의 산업별, 업종별 재무상태표, 손익계산서 등 주요 재무제표와 재무구조, 수익성 및 성장성 등에 관련된 각종 경영분석지표를 수록하고 있다. 특히 업종별, 대기업 및 중소기업별로 자료를 제공하고 있어 비교분석지표로 많이 활용되고 있다.

(7) 결론 및 요약

다양한 재무자료와 재무비율을 이용하여 재무분석의 결론을 도출한다. 가장 중요한 것은 재무제표 자료 이외의 비재무 자료를 충분히 활용하여 분석자가 의도한 스토리 전개에 무리가 없으며 논리적으로 타당한 증거를 제시해야 한다. 전체적인 분석의 초점과 전개가 일관성을 지녀야 미래에 대한 예측 또한 의미가 있을 것이다. 단순히 부분적인 분석결과를 나열하는 형태의 분석은 분석의 의미를 가지지 못하게 된다.

이러한 분석의 결과는 다양한 도표나 그림을 통해 보다 설득력 있게 전달할 수 있으므로 다양한 양식으로 표현하는 방법에 대한 고려도 필요하다.

(8) 한계점

재무분석은 다음과 같은 한계점을 지니고 있다.

첫째, 분석대상기업들은 재고자산평가, 감가상각방법 등에서 다양한 회계처리방법을 사용하고 있으며 회계처리방법의 변경 또한 이루어지고 있어 상대적인 비교에 장애가 될 수 있다. 이를 감안한 분석이 요구된다.

둘째, 재무비율 산정방법이 기관마다 다를 수 있다. 증권회사 혹은 투자자문회사들은 책자나 인터넷을 통해 다양한 재무비율 자료를 미리 산정하여 제공하고 있다. 그러나 이들 회사마다 약간씩 다른 방법으로 비율을 산정할 수 있으므로 이를 사전에 숙지하고 이용해야 한다.

셋째, 재무제표에 분식된 자료가 포함될 수 있다. 기업들은 일반적으로 보다 좋은 실적을 공시하려는 경향이 있어 실적자료 등이 분식될 수 있다. 반대로 실적을 오히려 낮추려는 경우도 있어 이에 대하여는 면밀한 검토가 필요하다.

3. 재무비율 분석

재무분석을 위해 사용되는 재무비율은 매우 다양하며 이에 대한 설명을 위해 다음의 〈공통예제〉를 사용한다.

〈공통예제〉

12월말 결산법인인 S기업의 20XY년도 재무상태표와 손익계산서는 아래와 같으며, 기초 총자산은 86,024억원, 기초 총자본은 66,825억원이다.

S기업 재무상태표

(20XY년 12월 31일 기준)

계정과목	금액(십억원)	계정과목	금액(십억원)
현 금	1,826	매 입 채 무	6,023
단기금융상품	10,931	단기차입금	4,415
단기투자증권	1,159	유동성장기부채	6
매 출 채 권	13,378	기타유동부채	14,548
기타당좌자산	4,198	유동부채계	24,992
당좌자산계	31,492	사 채	87
재고자산계	4,751	장기차입금	–
유동자산계	36,243	기타비유동부채	2,133
투자자산계	25,322	비유동부채계	2,220
유형자산계	38,709	부채총계	27,212
무형자산계	2,440	자 본 금	898
기타비유동자산계	4,465	자본잉여금	4,404
비유동자산계	70,936	이익잉여금	79,463
		기타자본항목	(4,798)
		자본총계	79,967
자산총계	107,179	부채와 자본 총계	107,179

S기업 손익계산서

(20XY년 1월 1일~20XY년 12월 31일)

계정과목	금액(십억원)
매 출 액	112,250
매 출 원 가(=매입액)	77,981
매출총이익	34,269
판매비와관리비	21,950
영 업 이 익	12,319
영업외손익(순액)	2,711*
법인세비용	1,794
당기순이익	13,236

* 이자비용 307

(1) 수익성 분석

수익성이 높다는 것은 적은 투입으로 많은 것을 얻는 것을 의미한다. 수익성을 나타내는 재무제표는 포괄손익계산서이다. 따라서 포괄손익계산서를 통해 많은 수익성 비율을 구할 수 있다.

1) 매출순이익률

$$\text{매출순이익률} = \frac{\text{당기순이익}}{\text{매출액}}$$

매출순이익률은 매출을 통해 모든 비용을 지불하고 순수하게 남은 순이익률을 의미한다. 매출순이익률은 업종에 따라 매우 다양하게 나타난다. 매출순이익률이 높은 업종은 매출 크기가 낮은 것이 일반적이다. 그러나 매출 규모가 큰 업체의 마진율은 낮은 것이 일반적이다. 예를 들어 ₩100억을 매출하면 15%의 매출순이익은 ₩15억에 불과하지만 ₩1,000억의 매출에 5%의 매출순이익은 ₩50억에 해당하므로 절대금액이 크게 나타난다. 〈공통예제〉의 매출순이익률은 다음과 같이 계산된다.

$$\text{매출순이익률} = \frac{13,236}{112,250} = 11.79\%$$

2) 매출총이익률

$$\text{매출총이익률} = \frac{\text{매출총이익}}{\text{매출액}}$$

매출총이익은 매출액에서 매출원가를 차감한 금액이다. 우리는 흔히 이것을 '마진(margin)'이라고 부른다. 매출총이익은 매출시점에서 남는 이익을 의미한다. 〈공통예제〉의 매출총이익률은 다음과 같다.

$$\text{매출총이익률} = \frac{34,269}{112,250} = 30.53\%$$

3) 매출영업이익률

$$\text{매출영업이익률} = \frac{\text{영업이익}}{\text{매출액}}$$

영업이익은 매출액에서 매출원가 및 영업과 관련하여 지출한 판매비와관리비를 차감한 금액이다. 매출영업이익률이 실제 그 기업의 고유목적사업의 영업을 통해 창출한 이익을 의미하므로 수익성을 나타내는 중요한 지표로 많이 사용된다. 〈공통예제〉의 매출영업이익률은 다음과 같다.

$$\text{매출영업이익률} = \frac{12{,}319}{112{,}250} = 10.97\%$$

4) 총자산순이익률

$$\text{총자산순이익률} = \frac{\text{당기순이익}}{\text{총자산}}$$

총자산순이익률은 영업활동을 위해 보유한 자산을 통해 창출한 수익을 산정하기 위한 것으로, 투자이익률(ROI : return on investment)과 유사한 지표이다. 조선업이나 제철업은 유형자산에 대한 투자가 매우 크다. 따라서 총자산순이익률은 이러한 자산을 통해 얻은 이익률을 나타낸다. 분모의 총자산은 재무상태표에서 부채와 자본 총계와 동일한 금액이다. 따라서 총자산 대신 총자본으로 표기하기도 한다. 총자산순이익률에서 당기순이익은 포괄손익계산서항목으로 유량(flow)을 의미하는 반면, 분모는 재무상태표항목으로 저량(stock)을 나타낸다. 따라서 분자와 분모의 불일치를 해소하기 위해 분모의 총자산 혹은 총자본으로 기초금액과 기말금액의 평균을 사용하기도 한다. 〈공통예제〉의 총자산순이익률은 다음과 같다.

$$\text{총자산순이익률} = \frac{13{,}236}{(86{,}024 + 107{,}179) / 2} = 13.70\%$$

5) 자기자본순이익률

$$\text{자기자본순이익률} = \frac{\text{당기순이익}}{\text{자기자본}}$$

자기자본은 주주들이 납입한 자본금과 영업을 통해 내부에 적립한 이익잉여금을 합한 것이다. 자기자본순이익률은 순수한 주주들이 투자한 금액 대비 이익률을 나타내며, 주주 이외의 모든 자금조달자로부터 투자한 금액 대비 이익률을 나타내는 총자산이익률(혹은 총자본이익률)과는 구별된다. 총자산순이익률과 같은 이유로 자기자본은 기초와 기말의 평균을 사용할 수 있다.

$$\text{자기자본순이익률} = \frac{13{,}236}{(66{,}825 + 79{,}967)\ /\ 2} = 18.03\%$$

6) 주당순이익

$$\text{주당순이익} = \frac{\text{당기순이익} - \text{우선주배당금}}{\text{평균발행주식수}}$$

주당순이익(EPS : earnings per share)은 주주들의 관점에서 회사의 수익성을 나타내는 것으로 보통주의 1주당 회계이익이 얼마인가를 알려준다. 증권가에서는 많이 사용되는 지표로 분모의 평균발행주식수는 주식시장에서 유통되고 있는 주식의 가중평균으로 계산한다. 증권회사를 포함한 투자정보 제공사들은 주당순이익의 예측치를 발표하고 투자자들은 이를 기준으로 매도와 매수를 결정하기도 한다. 실제 기업들이 주당순이익을 산출하는 방법은 이보다 훨씬 복잡하다. 주당순이익 이외에도 주당매출액(SPS), 주당순자산(BPS) 및 주당현금흐름(CPS)과 함께 가치지표로 산정되기도 한다. 〈표 12-6〉은 H사(주)의 최근 4년간 주당순이익 등의 자료이다.

〈표 12-6〉 주당가치지표 (H사(주))

(단위 : 원)

구 분	20×6년 12월	20×7년 12월	20×8년 12월	20×9년 12월
주당순이익(EPS)	18,938	14,127	5,352	10,761
주당매출액(SPS)	328,042	337,595	343,573	381,840
주당순자산(BPS)	241,103	247,807	249,619	258,478
주당현금흐름(CPS)	30,704	26,490	18,701	24,597

7) 주가수익비율

$$\text{주가수익비율} = \frac{\text{주가(보통주)}}{\text{주당순이익}}$$

주가수익비율(PER : price earnings ratio)은 1주당 주식가격을 1주당 순이익으로 나눈 값을 의미한다. 따라서 기업이 벌어들이고 있는 ₩1의 이익에 대하여 주식시장에서 투자자들이 얼마의 대가를 지불하고 있는가를 측정한 것이다. 즉, 기업의 단위당 이익창출능력에 대한 주식시장의 평가수준을 나타낸 것으로, 주주들이 회계이익에 대하여 얼마만큼의 가치를 인정하는지를 알려준다. 주주들이 회계이익에 대해 지불하고자 하는 주식의 가격배수를 나타내므로 주가수익비율을 이익승수(earning multiplier)라고도 부른다.

만일 주가수익비율이 10배라면 주주들이 현재의 이익수준에 대해 10배를 지불하여 주식을 산다는 것이다. 주가수익비율은 회계이익(주당순이익)에 비해 주가가 상대적으로 고평가되어 있는지 아니면 저평가되어 있는지를 알려주는 척도역할을 하기도 한다.

과거 금융시장 개방초기에 선진국 투자자들이 우리나라 증권시장에 저PER주를 매입하여 많은 차익을 올려 과학적 투자의 신호탄이 되기도 하였다. 국가적으로 우리나라가 선진국에 비해 주가수익비율이 낮아 저평가되었다는 의견도 있다. 주식의 가격결정은 단순히 개별기업의 재무제표뿐만 아니라 국가의 위험도, 개방정도, 투명성 등 다양한 요인들이 반영되기 때문에 쉽게 판단할 수 있는 문제는 아니다. 그 외 주가장부금액비율(PBR : price book value ratio)은 1주당 주식가격을 1주당 순자산 장부금액으로 나눈 값을 의미한다. 〈표 12-7〉은 H사(주)의 주가수익비율을 포함한 다양한 내재가치지표이다.

〈표 12-7〉 내재가치지표 (H사(주))

(단위 : 배)

구 분	20×6년 12월	20×7년 12월	20×8년 12월	20×9년 12월
PER(최고/최저)	8.40/6.81	12.03/9.49	30.64/17.34	13.34/10.59
PSR(최고/최저)	0.48/0.39	0.50/0.40	0.48/0.27	0.38/0.30
PBR(최고/최저)	0.66/0.54	0.69/0.54	0.66/0.37	0.56/0.44
PCR(최고/최저)	5.18/4.20	6.42/5.06	8.77/4.96	5.83/4.63

(2) 유동성 및 재무탄력성 분석

기업이 현금을 사용하는 방법은 세 가지이다. 첫째는 유형자산에 투자하는 것이며, 둘째는 운전자본에 투자하는 것, 즉 외상판매를 통해 매출채권의 형태로 보유하든지 아니면 재고자산의 형태로 보유하는 재고투자이다. 마지막으로는 현금이나 투자자산으로 보유하는 것이다.

기업이 갑자기 현금이 필요할 때가 있다. 유동성은 현금화할 수 있는 정도를 의미한다. 유동성이 높다는 것은 그만큼 현금화할 수 있는 속도가 빠르다는 것이다. 유형자산은 유동성이 낮으며 가장 유동성이 높은 자산은 현금 그 자체이다. 건물이나 토지는 현금화를 위해서는 매각을 해야 하므로 수개월이 걸릴 수도 있다. 운전자본은 곧 매각하려는 자산에 현금이 묶여 있는 것으로 비유동자산보다는 유동성이 높지만 유동성 측면에서 가장 선호하는 현금보다는 유동성이 낮다.

1) 순운전자본

순운전자본 = 유동자산 − 유동부채

유동자산은 현금, 매출채권 및 재고자산이 포함되며 유동부채는 매입채무가 포함된다. 따라서 순운전자본은 다음과 같이 산출한다.

순운전자본 = 현금 + 매출채권 + 재고자산 − 매입채무

운전자본은 재고자산과 같이 곧 매각하는 자산에 현금이 투자된 것이다. 따라서 유사시 현금을 충분히 확보하기 위해서는 운전자본을 최소화해야 한다. 이를 위해서는 매출채권과 재고자산을 최소화하고 매입채무는 최대화해야 한다. 즉 받을 것은 빨리 회수해야 하며, 지불할 것은 가능한 한 늦추는 것이다.

현금보유수준을 적절하게 유지하는 것은 매우 중요하다. 그러나 현금을 많이 보유하면 그만큼 유동성은 증가하나 수익을 얻을 수 있는 기회비용을 잃게 되므로 현금을 무조건 많이 보유하는 것만이 능사가 아니다. 따라서 현금보유수준을 적절하게 유지하는 현금관리가 기업에는 매우 중요하다. 〈공통예제〉의 12월말 현재 운전자본은 다음과 같다.

$$\text{순운전자본} = \text{유동자산} - \text{유동부채} = 36{,}243 - 24{,}992 = 11{,}251(\text{십억원})$$

2) 매출액대비순운전자본비율

$$\text{매출액대비순운전자본비율} = \frac{\text{순운전자본}}{\text{매출액}}$$

매출액대비순운전자본비율은 매출을 달성하는 데 운전자본이 얼마나 사용되었는가를 알려준다. 매출을 달성하는 데 운전자본을 가능한 한 적게 투자하는 것이 가장 이상적이다.

$$\text{매출액대비순운전자본비율} = \frac{11{,}251}{112{,}250} = 10.02\%$$

3) 순운전자본회전율

$$\text{순운전자본회전율} = \frac{\text{매출액}}{\text{순운전자본}}$$

순운전자본회전율은 매출액대비순운전자본비율의 다른 표현으로 매출을 달성하는 데 운전자본을 얼마나 효과적으로 사용했는지를 알려준다. 기업이 몸집을 가볍게 할수록 순운전자본회전율은 높게 나타난다. 결과적으로 적게 투입하여 많은 것을 산출하는 정도를 의미한다.

$$\text{순운전자본회전율} = \frac{112{,}250}{11{,}251} = 9.97\text{회}$$

4) 유동비율

$$\text{유동비율} = \frac{\text{유동자산}}{\text{유동부채}}$$

유동자산은 1년 이내에 현금화할 수 있는 자산이고, 유동부채는 1년 이내에 상환해야 할 부채이다. 유동비율(current ratio)은 1년 이내에 상환해야 할 부채보다 1년 이내에 현금화할 수 있는 자산을 몇 배 보유하고 있는가를 의미하므로 유동비율이 높을수록 유동부채를 상환할 수 있을 만큼 충분한 유동자산을 보유하고 있다는 뜻이 된다. 일단 유동비율이 100% 이상이면 유동성은 확보되어 있다고 본다. 그러나 여기에는 유동자산이 현금화된다는 전제가 필요하다. 유동자산에 포함된 매출채권이나 재고자산이 제때에 회수되지 못하거나 팔리지 않는 것이라면 유동비율이 아무리 높아도 실제 유동성을 확보하지 못하는 것이 된다. 회수가 어려운 매출채권이나 부실 재고자산이 포함되어 유동비율이 높은 것은 오히려 좋지 못한 것이다. 〈공통예제〉의 유동비율은 다음과 같다.

$$\text{유동비율} = \frac{36{,}243}{24{,}992} = 145.02\%$$

5) 당좌비율

$$\text{당좌비율} = \frac{\text{유동자산} - \text{재고자산}}{\text{유동부채}}$$

당좌비율(quick ratio)은 재고자산을 제외한 후의 유동자산을 유동부채 대비 얼마나 보유하고 있는가를 보는 것이다. 재고자산은 유동자산 중 유동성이 가장 낮은 것이므로 이를 제외하고 산정하면 유동비율보다 유동성을 더 잘 측정할 수 있다. 당좌비율은 유동비율과 함께 사용하는 것이 좋다. 유동비율이 높은데 당좌비율이 낮다는 것은 재고자산의 비중이 높다는 것이다. 〈공통예제〉의 당좌비율은 다음과 같다.

$$\text{당좌비율} = \frac{36{,}243 - 4{,}751}{24{,}992} = 126.01\%$$

6) 재고자산평균회전기간

$$\text{재고자산평균회전기간} = \frac{\text{재고자산(평균)}}{\text{매출원가} / 365}$$

재고자산평균회전기간은 재고자산이 1회전하는 일수를 의미한다. 분모는 일매출의 원가를 의미하므로 현재 보유하고 있는 재고자산은 며칠분 매출액의 원가인가를 나타낸다. 분모에 매출액이 아닌 매출원가를 사용하는 것은 재고자산이 원가로 기록되므로 서로 대응을 이루기 위한 것이다.

재고자산을 가지고 있다는 것은 아직 현금으로 전환된 것은 아니다. 재고자산평균회전기간이 짧을수록 현금사정은 좋은 것이다. 〈공통예제〉의 재고자산평균회전기간은 다음과 같다.

$$\text{재고자산평균회전기간} = \frac{4{,}751}{77{,}981 / 365} = 22.24\text{일}$$

7) 재고자산회전율

$$\text{재고자산회전율} = \frac{\text{매출원가}}{\text{재고자산(평균)}}$$

재고자산회전율은 연간매출원가를 재고자산으로 나눈 것이다. 따라서 재고자산평균회전기간을 다른 각도에서 보는 것으로 재고자산 투자를 몇 회전하면 매출원가가 회수되는가를 보는 것이다. 이는 365일을 재고자산평균회전기간으로 나눈 것과 동일하다.

$$\text{재고자산회전율} = \frac{\text{매출원가}}{\text{재고자산}} = \frac{365}{\text{재고자산평균회전기간}} = \frac{365}{\dfrac{\text{재고자산}}{\text{매출원가} / 365}} = \frac{\text{매출원가}}{\text{재고자산}}$$

〈공통예제〉의 재고자산회전율은 다음과 같이 계산된다.

$$\text{재고자산회전율} = \frac{77{,}981}{4{,}751} = 16.41\text{회} = \frac{365\text{일}}{22.24\text{일}}$$

8) 매출채권평균회수기간

$$\text{매출채권평균회수기간} = \frac{\text{매출채권(평균)}}{\text{매출액} / 365}$$

매출채권평균회수기간은 매출채권을 회수하는 데 소요되는 기간을 의미한다. 분모는 일매출을 의미하므로 현재 보유하고 있는 매출채권이 며칠분 매출액인지를 나타낸다. 매출채권평균회수기간 또한 재고자산평균회전기간과 마찬가지로 짧을수록 좋은 것이다. 〈공통예제〉의 매출채권평균회수기간은 다음과 같다.

$$\text{매출채권평균회수기간} = \frac{13{,}378}{112{,}250 / 365} = 43.50\text{일}$$

9) 매출채권회전율

$$\text{매출채권회전율} = \frac{\text{매출액}}{\text{매출채권(평균)}}$$

매출채권회전율은 연간 매출액을 매출채권으로 나눈 것이다. 따라서 매출채권 회수기일을 다른 각도에서 보는 것으로 매출채권이 연간 몇 회전 되는가를 보는 것이다. 이는 365일을 매출채권평균회수기간으로 나눈 것과 동일하다.

$$\text{매출채권회전율} = \frac{\text{매출액}}{\text{매출채권}} = \frac{365}{\text{매출채권평균회수기간}} = \frac{365}{\dfrac{\text{매출채권}}{\text{매출액} / 365}} = \frac{\text{매출액}}{\text{매출채권}}$$

〈공통예제〉의 매출채권회전율은 다음과 같이 계산된다.

$$\text{매출채권회전율} = \frac{112{,}250}{13{,}378} = 8.39\text{회} = \frac{365\text{일}}{43.5\text{일}}$$

10) 매입채무평균지급기간

$$\text{매입채무평균지급기간} = \frac{\text{매입채무(평균)}}{\text{매입액}^{1)} / 365}$$

매입채무평균지급기간은 거래처에 구매대금인 매입채무를 결제하는 데 소요되는 평균일수를 의미한다. 현금흐름 측면에서 본다면 가능한 한 지급을 늦추는 것이 유리하다. 지급기일을 결정하는 것은 공급자와의 협상능력에 달려 있다. 공급자우위의 시장에서는 지급기일은 늦출 수 없을 뿐 아니라 오히려

1) 매입액 자료를 이용할 수 없는 경우에는 매입액 대신 매출원가를 사용할 수 있다.

현금구매를 요구할 수 있는 반면, 수요자우위인 경우 반대로 거래처와의 신뢰관계를 해치지 않는 수준에서 결제기일을 늦추는 것이 가능할 것이다.

$$\text{매입채무평균지급기간} = \frac{6{,}023}{77{,}981 / 365} = 28.19\text{일}$$

11) 영업주기

영업주기＝재고자산평균회전기간＋매출채권평균회수기간

영업주기란 영업활동을 위한 자산의 취득시점부터 그 자산이 현금이나 현금성자산으로 실현되는 시점까지 소요되는 기간을 의미한다. 즉 재고자산의 취득시점부터 매출이 발생하여 현금으로 회수되는 기간을 말하며 재고자산평균회전기간과 매출채권평균회수기간을 더하여 계산한다. 〈공통예제〉의 영업주기는 다음과 같다.

$$\text{영업주기} = 22.24\text{일} + 43.50\text{일} = 65.74\text{일}$$

12) 현금순환주기

현금순환주기＝재고자산평균회전기간＋매출채권평균회수기간－매입채무평균지급기간

현금순환주기(cash conversion cycle)는 기업의 운전자본항목인 매출채권, 재고자산 및 매입채무를 얼마나 잘 관리하고 있는가를 보여준다. 현금순환주기 일수는 기업이 제품이나 서비스에 투자한 자금이 현금으로 전환되는 데 얼마나 소요되는지를 알려준다. 현금순환주기일수가 짧을수록 운전자본에 투자한 현금이 조기에 회수되는 것을 나타낸다. 극단적으로 매입채무결제를 충분히 늦출 수 있다면 현금전환주기는 (−)로 나타날 수 있다. 이 경우에는 다른 공급자의 자금으로 운전자금을 운용한다는 의미가 되므로 운전자금부담이 전혀 없다는 것이다. 〈공통예제〉의 현금순환주기는 다음과 같다.

$$\text{현금순환주기} = 22.24\text{일} + 43.50\text{일} - 28.19\text{일} = 37.55\text{일}$$

(3) 자본구조 분석

기업이 자금을 조달하는 방법은 세 가지이다. 첫째는 금융기관 등으로부터 차입하는 것이고, 둘째는 주식을 매각하거나 주주로부터 조달하는 것이며, 셋째는 기업의 고유목적사업을 통해 제품이나 서비스를 팔아서 이익을 창출하는 것이다. 이러한 자금조달방법은 나름대로의 장점과 단점을 가지고 있다.

부채는 공급처, 은행 등 타인으로부터 자원이나 자금을 빌린 후 일정기일 후에 이자와 함께 상환하는 것이다. 만일 자금을 빌린 경우 은행과 같은 금융기관은 기업으로 하여금 여러 가지 요구조건을 제시할 수 있는데, 이를 '부채약정서(debt covenant)'라고 한다.

부채는 반드시 나쁜 것만은 아니다. 부채 또한 유익하게 사용할 경우 이익을 얻을 기회를 가질 수 있다. 즉 부채를 활용하여 더 좋은 이익창출기회를 얻은 후 이자를 상환하고서도 이익을 얻는다면, 부채 또한 기업에 좋은 자금조달방안이다. 일반적으로 부채로 자금을 조달하는 경우, 주주 등으로부터 조달하는 경우보다 조달비용이 낮다. 왜냐하면 지급이자는 세금에서 공제되며, 주주들은 미래 청산가능성에 대한 불확실성으로 보다 높은 수익률을 요구하기 때문이다.

그러나 이자는 정해진 약정에 따라 지급되므로 부채를 활용한 사업이 이익을 낼 수 없을 경우 이자부담이 크게 늘어나 곤란한 상황에 빠질 수 있다.

자기자본으로 조달하는 경우 가장 어려운 점은 사업내용으로 자금공급자인 투자자들을 설득하는 것이다. 투자자, 즉 주주들은 자신의 주식가치 극대화 및 많은 배당을 요구하게 된다. 이를 위해서 기업은 많은 이익을 창출하여 훌륭한 재무적 성과를 달성해야 하는 부담을 가지게 된다. 심지어는 단기적 이익을 위해 장기적 이익을 포기하는 경우도 있을 수 있다. 특히 배당을 위해서는 많은 현금을 보유해야 하는 부담을 가지게 된다.

1) 부채비율

$$\text{부채비율} = \frac{\text{부채}}{\text{자기자본}}$$

부채비율은 비교적 단순한 지표로 재무상태표 대변항목의 상대적 구성비를 나타낸다. 앞서 언급한 바와 같이 기업이 자금을 부채, 자기자본 혹은 내부이익 중 어느 부분을 통해 조달하였는지 알려준다. 자기자본이 클수록 재무구조가 안정적이며 분자인 부채가 클수록 부담이 커지게 된다. 다음은 〈공통예제〉의 부채비율을 나타낸다.

$$부채비율 = \frac{27,212}{79,967} = 34.03\%$$

2) 차입금의존도

$$차입금의존도 = \frac{차입금}{총자산(총자본)}$$

부채는 이자부담이 있는 부채와 이자부담이 없는 부채로 구성된다. 실제로 기업이 자금부담을 느끼는 것은 정기적으로 이자가 지급되는 부채, 즉 차입금이다. 따라서 부채비율보다는 실제로 이자가 지급되는 차입금만을 고려한 차입금의존도를 사용하는 것이 나을 수 있다. 다음은 〈공통예제〉의 차입금의존도를 산정한 것이다.

$$차입금의존도 = \frac{4,508}{107,179} = 4.21\%$$

3) 이자보상배율

$$이자보상배율 = \frac{이자비용\ 및\ 법인세비용\ 차감전이익(흔히\ 영업이익)}{이자비용}$$

이자보상배율은 차입금의존도를 포괄손익계산서 측면에서 본 것으로 실제 영업활동을 통해 얻은 이익규모가 차입금에 대한 이자비용을 갚을 수 있는 정도인지 보는 것이다. 이자보상배율이 1배를 넘는다면 영업활동을 통해 이자비용을 감당할 수 있다고 본다. 다음은 〈공통예제〉의 이자보상배율을 산정한 것이다.

$$이자보상배율 = \frac{12,319}{307} = 40.13배$$

4) 배당 관련 비율

기업의 배당과 관련하여 사용되는 비율로 배당성향, 배당률, 배당수익률이 있다. 배당성향은 기업의 배당정책을 판단할 수 있는 지표로 총배당금을 당기순이익으로 나누어 계산된다. 배당률은 주당배당금을 주당액면금액으로 나눈 값을 의미하며 액면가 대비 어느 정도의 배당금이 지급되는지 파악하는 데 주로 사용된다. 배당수익률은 주당배당금을 주당시가로 나눈 값을 의미하며 주주들이 배당수익으로 얻는 수익률이 얼마인지 파악하는 데 사용된다.

$$배당성향 = \frac{총배당금}{당기순이익}$$

$$배당률 = \frac{주당배당금}{주당액면가}$$

$$배당수익률 = \frac{주당배당금}{주당시가}$$

제 3 절 신용평가

1. 신용평가의 의의

일상적인 기업활동이나 가계활동에서 어떠한 자산의 구매가 필요할 때 현금이 부족하게 되면 타인으로부터 현금을 빌려서 지불하거나, 자산의 구매시점 이후에 현금을 지불하는 외상거래로 자산을 구매하게 된다. 현금을 빌리거나 외상으로 거래하는 일은 우리의 일상생활에서 늘 일어나는 현상이고 이러한 현상이 없으면 사회생활이 어려울 정도로 우리 생활과 밀접하다. 하지만 빌린 돈을 갚지 못하거나 외상구매대금을 지불하지 못할 경우가 발생할 수 있다. 그렇다면 돈을 빌려줄지 여부와 외상으로 물건을 넘겨줄 것인가 말 것인가에 대한 판단의 기준은 무엇일까?

그것은 바로 신용이다. 오늘날 소위 '신용사회'에서는 사람이나 기업의 신용이 매우 중요하다. 기업활동에서 자기자본비율이 100%인 기업은 존재하기 어렵기 때문에 필요한 자금을 타인자본으로 조달한다. 이 경우 신용이 낮은 기업은 상환에 불확실성이 높아지므로 그 대가로 조달비용, 즉 지급이자가 높아지며, 그마저도 어려워 신용이 너무 낮으면 이제는 타인자본조차 빌릴 수가 없어 부도로 이어질 수 있다. 한편 돈을 빌려주는 채권자의 입장에서 보면 신용이 낮은 기업에 돈을 빌려주면 회수하지 못할 가능성이 높기 때문에 돈을 빌려줄 때 신용을 반드시 고려해야 한다. 이렇듯 기업의 신용도는 기업활동을 위해 매우 중요하기 때문에 신용도는 전문성이 있고 객관성을 갖춘 기관이 판단해야 하며, 이러한 기관이 신용평가기관이다.

신용(credit)은 채무자의 채무상환능력과 채무상환의지에 대한 채권자의 신뢰도라 할 수 있으며, 신용평가(credit evaluation)는 채무자의 채무상환능력과 상환의지를 평가하는 것을 의미한다. 그리고 채무자의 신용평가를 위해 채무자의 채무상환능력과 상환의지를 분석하는 것을 신용분석(credit analysis)이라 한다.

신용평가의 대상은 이윤을 추구하는 기업뿐만 아니라 공공기관, 단체, 국가 등이 될 수 있는데 여기서는 기업신용평가를 중심으로 기술한다.

2. 기업신용평가의 목적

기업활동을 위해서는 자금이 필요하고 기업활동을 통해 이익이 발생하여 자금이 축적될 때에는 수익성 증대를 위해 다른 곳에 투자가 이루어진다. 이러한 자본시장은 기업·은행·정부기관·증권사·기관투자자·개인투자자 등 다양한 이해관계자들이 존재하게 되며, 이들 이해관계자들의 자금에 대한 수요와 공급 측면에 따라 자금수요가 발생하고 투자가 이루어진다. 자금이 필요한 기업은 자본조달비용, 즉 금리를 낮게 하고 자본조달을 용이하게 하기 위해서 자신의 위험요인에 대해서 투자자들에게 정보를 제공하지 않으려 하며, 투자자 역시 자금이 필요한 기업이 제공하는 각종 재무자료를 신뢰하지 못해 올바른 기업정보를 얻기 위해 정보분석에 더 많은 시간과 비용을 소비하고 있다. 자금수요기업과 투자자들 간의 정보비대칭으로 인해 자금시장의 효율성이 떨어지고 있는 것이다.

이에 자본시장의 정보비대칭성을 완화시키고 자금시장의 효율성을 높일 수 있는 것이 신용평가이다. 신용평가는 자금수요기업과 투자자의 이해관계 없는 객관적인 제3자가 전문적인 기업 분석능력과 일관된 판단능력을 기초로 기업의 신용위험에 대한 적절한 정보를 투자자 및 이해관계자에게 제공함으로써 자본시장의 정보효율성을 증대시키는 것이 목적이다.

3. 신용평가방법과 신용등급

(1) 신용평가방법의 개요

기업의 신용도를 평가하기 위해서는 해당기업에 대한 신용도 분석이 이루어지기에 앞서 일반경제 및 금융상황 분석, 관련 사업의 특성 및 동향 분석 등 경제 및 산업에 대한 일반사항 분석이 이루어진 후 해당기업의 재무상태, 경영성과, 경영관리실태 등에 대한 기본적인 평가가 진행된다. 이를 기초로 사업의 본질에 대한 철저한 검토, 기업경쟁력 위상에 대한 판단, 경영진 및 경영전략에 대한 평가 등 기업의 재무정보에 대한 분석이 이루어진 후, 대상기업의 신용도 또는 특정부채의 원리금 상환능력을 평가하게 된다. 경영관리위험, 계열위험, 산업위험, 사업위험, 재무위험 등과 같이 크게 다섯 가지 범주별로 세부분석을 실시한 후 각 범주별 위험요소 분석결과를 종합하여 신용등급을 결정한다.

〈표 12–8〉 신용평가요소

구 분	평가요소
경영관리위험	지분 및 지배구조, 경영진의 경영능력, 기업관 및 기업문화, 경영정책 및 경영전략, 기타 특기사항 등
계열위험	계열그룹 사업위험 및 재무위험, 계열기업에 대한 의존성, 자금지원, 지급보증 또는 담보제공능력 등
산업위험	산업의 특성 및 수명주기상의 위치, 업종의 주기적 특성, 수급변화요인, 산업의 재무적 특성, 규제 및 입법, 경쟁조건 및 진입장벽, 기타 산업 내 현존 또는 잠재적 특성 및 위험요소 등
사업위험	사업구성, 사업경쟁력 및 지위, 영업효율성, 사업전략 등
재무위험	회계정책, 재무안전성, 재무탄력성 및 유동성 위험 등

첫째, 경영관리위험에 대한 분석은 지분 및 지배구조, 경영진의 경영능력, 기업관 및 기업문화, 경영정책 및 경영전략, 기타 특기사항 등에 대한 것으로 경영진의 지배구조 · 내부통제 · 경영진의 투명성 등이 신용평가에 반영된다.

둘째, 계열위험에 대한 분석은 평가대상기업이 속한 계열그룹의 사업위험 및 재무위험, 계열기업에 대한 의존성, 자금지원, 지급보증 또는 담보제공능력 등에 대하여 파악하는 것이다. 이는 평가대상기업의 신용평가시 계열기업에 대한 신용도가 분석대상기업에 영향을 미치기 때문이며 특히 투자나 자금의 이동 혹은 지급보증시에는 특히 중요한 요소가 된다.

셋째, 산업위험에 대한 분석은 산업의 특성 및 수명주기상의 위치, 업종의 주기적 특성, 수급변화 요인, 산업의 재무적 특성, 규제 및 입법, 경쟁조건 및 진입장벽, 기타 산업 내 현존 또는 잠재적 특성 및 위험요소 등 기업의 영업활동과 직결되는 산업특성 및 시장구조에 대해 파악하는 것으로, 해당산업 내 기업들에게 동질적인 영향을 미치는 외부요인들에 대해 분석이 이루어진다.

넷째, 사업위험에 대한 분석은 기업의 주요 제품 또는 사업부문의 구성, 사업의 경쟁력 및 지위, 투하된 자본의 효율성, 영업정책 등을 통해 표출되는 각종 위험요소를 신용평가시 고려한다는 것을 의미한다.

마지막으로 재무위험에 대한 분석은 기업의 과거와 현재를 잘 나타내고 있는 회계정책, 재무안전성, 재무탄력성 및 유동성 위험 등의 재무제표와 재무구조에 영향을 미치는 각종 위험요소들에 대해 살펴보고 다른 신용평가요소들과 연계하여 각 신용평가요소가 기업의 재무상태에 어떤 영향을 미쳐 왔고 향후 재무구조에 어떤 영향을 미치게 될 것인가 하는 관점에서 이루어진다. 신용평가의 목적이 원리금 상환능력에 대한 판단을 통해 투자자들에게 채권의 상환불능 위험정보를 제공하여 자원배분의 효율성을 제고한다는 점을 고려해 볼 때 재무위험분석은 신용평가의 과정에서 궁극적이고 가장 중요한 분석과정이라 볼 수 있다.

(2) 재무위험 분석

재무위험 분석은 기업이 경영활동의 결과물로 작성된 재무상태표, 손익계산서, 현금흐름표 등의 재무제표를 바탕으로 기업의 원리금 상환능력에 영향을 미치는 수익성, 안정성, 성장성 등을 평가하는 신용평가의 중요 기준이 된다.

(3) 신용등급

신용평가기관은 특정기업이 발행한 특정채권의 원리금과 적기상환능력을 판단하여 이를 이해관계자들이 이해하기 쉬운 등급으로 표시하게 되는데, 이는 장기신용등급과 단기신용등급으로 구분될 수 있다. 단기신용등급과 장기신용등급의 차이는 이론적으로 기업이 상환해야 하는 금융상 채무의 만기와 특성에 따라 구분되는데, 일반적으로 장기채권(회사채)에 대한 평가가 발행회차별

〈표 12-9〉
장기신용등급과 평가내용

등 급	평가내용
AAA	원리금 상환능력이 최상급임
AA	원리금 상환능력이 매우 우수하지만 AAA의 채권보다는 다소 열위임
A	원리금 상환능력은 우수하지만 상위등급보다 경제여건 및 환경악화에 따른 영향을 받기 쉬운 면이 있음
BBB	원리금 상환능력이 양호하지만 상위등급에 비해서 경제여건 및 환경악화에 따라 장래 원리금의 상환능력이 저하될 가능성을 내포하고 있음
BB	원리금 상환능력이 당장은 문제가 되지 않으나 장래 안전에 대해서는 단언할 수 없는 투기적인 요소를 내포하고 있음
B	원리금 상환능력이 결핍되어 투기적이며 불황시에 이자지급이 확실하지 않음
CCC	원리금 상환에 관하여 현재에도 불안요소가 있으며 채무불이행의 위험이 커 매우 투기적임
CC	상위등급에 비하여 불안요소가 더욱 큼
C	채무불이행의 위험성이 높고 원리금 상환능력이 없음
D	상환불능상태임

〈표 12-10〉
단기신용등급과 평가내용

등 급	평가내용
A1	적기상환능력이 최고수준이며, 그 안정성은 현 단계에서 합리적으로 예측가능한 장래의 환경에 영향을 받지 않을 만큼 높음
A2	적기상환능력이 우수하지만, 안정성은 A1에 비하여 다소 열등한 요소가 있음
A3	적기상환능력은 양호하지만, 그 안정성은 급격한 환경변화에 따라 다소 영향을 받을 가능성이 있음
B	최소한의 적기상환능력은 인정되나, 그 안정성이 환경변화로 저하될 가능성이 있어 투기적인 요소를 내포하고 있음
C	적기상환능력 및 그 안정성이 매우 가변적이어서 투기적인 요소가 강함
D	현재 채무불이행 상태에 있음

로 이루어지는 반면, 기업어음 등 단기채권은 건별 평가가 이루어지는 것이 아니라 일정기간 동안의 프로그램 평가가 이루어진다.

결국 기업의 장기간의 경제기초여건(fundamental)을 중시하는 장기등급이 근본적인 신용위험을 나타내고 장기신용등급 판단하에 단기신용등급 수준이 결정된다. 장기신용등급은 보통 AAA부터 D까지 10개의 등급으로 표시되고 있으며, 단기신용등급은 A1에서 D까지 6개 등급으로 표시되고 있다.

4. 회사채평가

기업이 회사채를 발행하여 1년 이상의 장기자금을 직접금융시장에서 조달하려 하는 경우, 발행기업에 대한 전문적인 지식이 부족한 소액투자자를 보호하고 채권시장에서의 합리적인 가격 형성을 유도하기 위하여 무보증회사채에 한하여 발행시 신용평가전문기관의 신용등급을 첨부하도록 의무화하고 있어 국채 및 정부가 원리금의 지급을 보증한 채권, 지방채, 한국은행의 통화안정증권을 제외한 모든 무보증회사채는 신용평가등급을 받아야 은행과 투신의 신탁재산에 들어갈 수 있다. 따라서 일반기업, 여신전문금융기관, 증권회사, 시중은행, 산업은행, 정부출연기관 등이 무보증으로 채권을 발행하는 경우에는 신용평가전문기관의 신용평가를 받아야 하고, 회사채 신용등급은 무보증회사채 발행 및 거래 시 투자판단 및 발행조건 결정의 기준으로 활용되고 있으며 시가평가펀드의 시가산정시 기준으로 활용되고 있다.

회사채 평가등급은 앞에서 언급한 장기신용평가등급과 평가기준이 적용되는데, 은행 · 여신전문금융기관 등 금융기관의 여신심사 참고자료로 활용되고, 또한 투신 · 펀드 등 국내외 기관투자가의 투자심사기준으로 활용되며, 조달청 · 한전 등의 공사발주시 수주기관의 적격심사 자료와 거래기업의 신용판단을 위한 기준이자율(또는 수익률) 산정의 참고자료 등으로 활용된다.

장기신용평가등급과 마찬가지로 회사채의 등급은 원리금 상환능력의 정도에 따라 AAA부터 D까지 10개 등급으로 분류된다. 등급 중 AAA부터 BBB까지는 원리금 상환능력이 인정되는 투자등급이며, BB에서 C까지는 환경변화에 따라 크게 영향을 받는 투기등급으로 분류된다.

5. 기업어음평가

단기운영자금 조달을 위해 기업이 발행하는 기업어음은 발행기업의 신용도에 따라 투자여부 및 발행조건이 결정되며 이에 정부에서는 기업어음 시장을 우량기업의 단기자금 조달시장으로 발전시키기 위해 객관적인 전문평가기관이 기업의 신용도를 평가하여 그 결과를 공시함으로써 투자자를 보호하고 금융기관의 자금중개 및 운용의 건전성을 확보하도록 하고 있다. 따라서 신용평가기관은 기업이 발행하는 기업어음에 대해 단기적인 신용도에 초점을 맞추어 그 적기상환의 확실성 정도를 분석, 평가하고 이를 신용등급화하여 공시하고 있다.

무담보어음이나 중개어음을 발행하여 종합금융회사, 증권사, 은행을 통해 단기자금을 조달하고자 하는 기업은 신용평가전문기관으로부터 기업어음 신용평가를 받아야 한다. 이때 신용평가전문기관으로부터 받은 기업어음 신용등급은 기업어음(무담보 매출어음 또는 중개어음) 발행의 적격여부 판단 및 발행조건 결정의 기준으로 활용되고, 은행, 여신전문금융기관 등 금융기관의 여신심사 참고자료로 혹은 투신, 펀드 등 국내외 기관투자가의 투자심사기준으로 활용되며, 조달청 · 한전 등의 공공기관에서 공사발주시 수주기관의 적격심사 자료와 거래기업의 신용판단을 위한 기준이자율(또는 수익률) 산정시 자료로 활용된다.

기업어음의 신용평가등급은 앞에서 기술한 단기신용평가등급과 평가내용이 적용된다. 6단계 중 A1~A3의 3단계는 적기상환능력이 인정되는 투자등급이며, B~C는 환경변화에 따라 적기상환능력이 크게 영향받을 수 있는 투기등급으로 분류된다.

단기원리금의 적기상환능력을 평가하는 기업어음평가의 경우에도 기업을 둘러싼 각종 환경변수 및 위험요인을 종합적으로 검토하며, 기업어음은 단기지불능력을 평가하는 만큼 현금흐름 분석, 특히 단기유동성 분석에 초점을 맞추어 평가를 진행하게 된다. 신용평가기관의 현금흐름 분석의 목적은 자금의 총소요액과 현금창출능력을 비교함으로써 원리금 상환능력을 판단하는 데 있으며, 영업활동, 투자활동, 재무활동으로 구분하여 분석이 이루어지고 있다. 현금흐름의 안정성, 규모, 예측가능성 등이 현금흐름 분석의 주요 분석요소이다.

제4절 주식가치평가

1. 주식평가의 개념

우리가 주식이나 채권 등 증권에 투자를 하는 이유는 증권에 대한 투자로부터 미래의 현금수익을 기대하기 때문이다. 주식투자의 한 방법으로 내재가치에 기초한 투자를 들 수 있다. 주식의 내재가치(intrinsic value)는 본질적 가치로 미래의 현금흐름(cash flows)을 현재가치로 산정한 것이다. 주식평가는 주식의 내재가치를 추정하여 현재의 시장가격과 비교하고 개별주식의 과대평가 혹은 과소평가를 판단하여 매매를 함으로써 이득을 취하려는 것이다.

기본적으로 주식가치평가는 재무상태표를 기준으로 하는 자산가치법과 기업이 장래에 벌어들일 것으로 생각되는 미래 현금흐름을 추정한 후 현재가치로 평가하는 수익가치법으로 대별된다. 이를 기초로 두 가지 방법을 가중평균하여 산출하기도 한다. 수익가치법은 미래 유입될 현금흐름을 배당으로 보는 배당할인모형과 현금흐름 그 자체를 대상으로 하는 현금할인모형으로 나눌 수 있다.

2. 주식평가의 방법

(1) 자산가치법

자산가치법은 주식평가 기준일 현재의 기업의 자산과 부채를 기준으로 순자산을 산출하고 그 순자산을 발행주식 총수로 나누어 산출하는 방법을 말한다. 자산은 미래 현금을 창출하는 근원이므로 이를 통해 주식가치를 평가하는 방법이다. 이때 순자산은 해석방법에 따라 장부금액으로 할 수 있으며, 시가로 평가하여 재산정할 수도 있다.

(2) 배당할인모형

주식이 본질적으로 지니는 내재가치는 주식투자로부터 기대되는 미래의 현금흐름을 현재가치로 환산하여 추정한다. 주주가 주식보유에 의해 받게 될 미래 현금은 기업이 지급하는 배당이므로 결국 주주지분가치는 미래 배당(expected future dividends)의 현재가치로 평가할 수 있다. 계속기업(going concern)을 가정하여 그러한 관계를 정식의 가치평가모형으로 나타내면 다음과 같다.

$$\text{주주지분가치} = \text{미래 배당의 현재가치} = \sum_{t=1}^{\infty} \frac{DIV_t}{(1+r_e)^t}$$

DIV_t : 미래 t년의 배당
r_e : 필요수익률(자기자본비용)

위의 가치평가모형을 배당할인모형이라고 부른다. 미래 배당의 현재가치를 산정할 때 적용될 할인율은 투자위험에 대응하는 필요수익률인 자기자본비용(cost of equity)이다.

(3) 현금할인모형

우리나라의 경우 배당이 액면금액을 기준으로 산정되므로 미래 배당금액보다는 오히려 기업이 보유한 모든 인력과 자원 및 기술 등 모든 경영자원을 사용하여 획득할 장래의 이익을 현재가치로 할인하여 평가하는 것이 오히려 타당할 수 있다. 따라서 배당할인모형에서 분자의 배당금액 대신 기업이 영업활동을 통해 창출하는 순현금흐름(FCF : free cash flow)을 이용하여 주주지분가치를 평가하는 경우 현금할인모형이라고 한다.

$$\text{기업가치} = \text{미래 FCF의 현재가치} = \sum_{t=1}^{\infty} \frac{C_t - I_t}{(1+r_w)^t}$$

C_t : 미래 t년의 영업활동 현금흐름
I_t : 미래 t년의 영업투자액
r_w : 필요수익률(가중평균자본비용)

기업가치에서 부채가치를 차감하면 주주지분가치, 즉 주식가치가 평가된다. 그러나 장래의 현금흐름을 추정하는 것은 간단하지 않은 일이며, 할인율을 주주들의 기대수익률로 산정하는 것 또한 용이하지 않다. 따라서 실무에서는 보다 간편한 방법으로 주가수익비율모형 등이 사용된다.

(4) 주가수익비율(PER)모형

주가수익비율모형은 기업의 주가수익비율을 적용하여 주가를 역산하는 방법이다. 주가수익비율(PER)은 1주당 주식가격을 1주당 순이익으로 나눈 값이다. 주가수익비율모형에서 주식의 내재가치는 주당순이익에 주가수익비율을 곱한 값으로 결정한다.

$$\text{주식가격(P)} = \text{주당순이익(EPS)} \times \text{주가수익비율(PER)}$$

주가수익비율은 주가의 변동과 함께 항상 변동한다. 따라서 주식의 내재가치를 예측하기 위해서는 주가수익비율이 기업의 정상적인 영업상황과 미래의 장기적인 전망을 반영할 수 있는 것이어야 한다. 따라서 주가수익비율모형을 이용하여 주식가격을 추정하기 위해서는 예상주당순이익에 예상주가수익비율을 추정해야 한다.

$$\text{예상주식가격}(P_e) = \text{예상주당순이익}(EPS_e) \times \text{예상주가수익비율}(PER_e)$$

이를 바탕으로 예상주식가격이 실제주가보다 높다면 주식을 매입하고 반대이면 매도하는 투자전략을 구사할 수 있다.

(5) EV/EBITDA비율모형

EV/EBITDA비율은 기업가치(주식시가총액+부채총액)가 영업활동으로부터 창출한 이익의 몇 배인가를 보는 지표이다. 현금흐름모형에 따르면 EBITDA는 영업활동 현금흐름을 적용하는 것이 보다 타당하나, 계산방식이 복잡하므로 영업활동 현금흐름의 유사치로 사용된다. 이는 감가상각비가 현금지출이 수반되지 않는 비용이므로 이를 영업이익에 가산하여 간편하게 사용하기 위한 것이다.

EBITDA＝이자비용 및 세금차감전 이익＋감가상각비
＝영업이익＋감가상각비

주가수익비율(PER)은 당기순이익에 기초하므로 비경상적인 요인으로 인한 변동성이 크다. 따라서 이를 해소하기 위해 영업이익을 기초로 하고 현금흐름과 유사한 결과를 얻기 위해 감가상각비를 더한 EBITDA를 사용한 것이 EV/EBITDA비율이다. EV/EBITDA비율은 기업의 인수합병에 많이 이용되는데, 만일 기업가치(EV)가 ₩100억이며 EBITDA가 ₩20억이라면 EV/EBITDA비율이 5배로서 ₩100억에 인수한 투자자금이 영업활동을 통해 5년 정도에 회수된다는 의미가 된다.

이러한 EV/EBITDA비율은 상대기업과의 비교를 통해 주가의 수준을 판단하는 데 이용된다. 특히 이 비율은 수익성지표인 주가수익비율(PER)과 현금흐름을 나타내는 지표인 주가현금흐름비율(PCR)의 단점을 보완하면서 간편하게 산정할 수 있는 지표로 적정주가 평가모형으로 많이 이용된다. 〈표 12-11〉은 H사(주)의 EV/EBITDA 지표 사례이다.

〈표 12-11〉 EV/EBITDA 지표 사례 (H사(주))

(단위 : 백만원, %, 배)

구 분	20×6년 12월	20×7년 12월	20×8년 12월	20×9년 12월
기업가치(EV)	89,150,610	88,966,205	82,412,437	93,577,384
EBITDA	8,552,326	8,104,061	6,183,634	7,437,377
EBITDA/매출액(%)	9.13	8.41	6.39	7.03
EBITDA/금융비용(배)	31.43	24.33	20.14	23.46
EV/EBITDA(배)	10.42	10.98	13.33	12.58

용어정리 문제

1. (   )이란 이익을 창출할 수 있는 능력을 나타낸다. 이익창출은 기업의 기본 목적이므로, 이것은 기업의 경영성과를 평가할 때 사용되는 중요하고 기본적인 지표이다.

2. (   )이란 회사가 보유하고 있는 자산을 얼마나 효율적으로 사용하고 있는지를 분석한다.

3. (   )이란 일반적으로 자산을 현금으로 손쉽게 전환할 수 있는 정도를 의미한다.

4. 매출액 ₩1당 얼마만큼의 매출총이익을 달성했는지를 나타내는 비율을 (   )이라고 한다.

5. 회사가 보유하고 있는 자산이 얼마만큼 당기성과에 기여했는지를 파악하기 위하여 (   )이 사용된다.

6. (   )은 자기자본이 투입되어 얼마만큼의 순이익을 창출했는지를 측정한다. 이것이 높다면, 주주가 투입한 자본이 잘 활용되어 높은 수익성을 달성한 것으로 해석할 수 있다.

7. (   )이란 보통주 1주당 당기순이익을 나타낸다. 이것은 보통주를 보유하고 있는 주주 입장에서 회사의 수익성을 평가하기 위해 널리 사용되고 있는 지표이다.

8. (   )이란 매출채권이 현금화되는 속도를 측정하여 매출채권이 얼마나 효율적으로 관리되는지를 나타낸다. 이것은 매출액을 평균매출채권 잔액으로 나눈 값으로 계산되며, 회사가 회계기간 동안 매출채권을 평균적으로 몇 번이나 회수하였는지를 나타낸다.

9. 1년(365일)을 매출채권회전율로 나누면 매출채권이 회수되는 평균적인 기간을 계산할 수 있는데, 이를 (   )이라고 한다.

10. (   )은 매출원가를 평균재고자산으로 나눈 값이다. 이것은 회사가 해당기간 동안 재고자산을 평균적으로 몇 번 판매하고 있는지 나타낸다.

11. (   )은 회사가 수익을 창출하는 데 자산을 얼마나 효율적으로 사용하는지 측정한다. 이것은 매출액을 평균총자산으로 나누어 계산하며, 이것이 높을수록 총자산 ₩1을 이용하여 높은 매출액을 창출했다는 것을 의미한다.

12. (   )이 높다는 것은 회사가 유동부채에 비하여 유동자산을 많이 보유하고 있다는 것을 의미한다. 따라서 회사의 (   )이 높다면 단기채무상환능력이 양호한 것으로 평가할 수 있다.

13. 당좌자산과 유동부채의 비율을 표시한 것이 (   )이다. 유동비율이 높은 경우라도 재고자산의 비율이 높은 경우에는 이것이 상대적으로 낮아질 수 있다.

14. (   )은 총부채를 자기자본으로 나누어서 계산하는데, 회사의 레버리지 정도를 나타낸다. 이것이 높으면 회사가 만기에 부채를 상환하지 못할 가능성이 높아진다고 할 수 있다.

15. (   )은 회사가 부채의 이자비용을 지급할 수 있는 능력을 측정한다. 이것은 이자 및 법인세비용을 차감하기 전의 이익(흔히 영업이익)이 이자비용의 몇 배가 되는지를 측정한다.

해답

1. 수익성	2. 활동성	3. 유동성
4. 매출총이익률	5. 총자산이익률	6. 자기자본이익률
7. 주당순이익	8. 매출채권평균회수기간	9. 매출채권평균회전기간
10. 재고자산회전율	11. 총자산회전율	12. 유동비율
13. 당좌비율	14. 부채비율	15. 이자보상배율

객관식 문제

1. 재무분석시 분석대상기업의 재무지표를 산정한 후 이를 비교하는 절차가 필요하다. 일반적으로 비교지표로 사용하지 않는 것은?

① 분석대상기업이 속한 산업평균지표 ② 분석대상기업의 과거지표
③ 경쟁기업의 지표 ④ 이상적인 표준지표
⑤ 정답 없음

2. 다음 중 유동비율에 영향을 미치지 않는 거래는? (9급공무원, 2007)

① 사채의 만기가 되어 현금으로 상환하였다.
② 건물을 매각하고 대금은 1개월 후에 받기로 하였다.
③ 장기성 지급어음을 발행하고 기계장치를 취득하였다.
④ 상품을 실사한 결과 감모손실이 발생하였다.

3. 다음 중 유동비율이 낮아지는 경우는? (단, 각 상황은 독립적이며 다른 조건은 동일하다고 가정한다) (주택관리사보, 2008)

① 토지와 건물을 교환하였다.
② 영업용 차량을 현금을 받고 매각하였다.
③ 현금을 주고 기계장치를 구입하였다.
④ 일부 상품을 시송품으로 발송하였다.
⑤ 자본잉여금으로 무상증자를 실시하였다.

4. (주)한국의 20×1년 12월 31일 현재 유동비율, 당좌비율, 그리고 부채비율은 각각 200%, 100%, 150%였다. 20×2년 1월초에 재고자산 ₩100,000을 외상매입한 경우에 유동비율, 당좌비율 그리고 부채비율에 나타나는 변화는? (7급공무원, 2009)

① 유동비율 감소, 당좌비율 감소, 부채비율 불변
② 유동비율 불변, 당좌비율 증가, 부채비율 증가
③ 유동비율 감소, 당좌비율 감소, 부채비율 증가
④ 유동비율 증가, 당좌비율 불변, 부채비율 불변

5. (주)한국은 결산일 현재 총자산이 ₩100,000이고 총부채가 ₩60,000이다. 총자산 중 유동자산은 ₩30,000이고 총부채 중 유동부채는 ₩50,000이다. 회사는 유동비율과 부채비율을 100%로 유지하는 것을 목표로 하고 있다. 이러한 목표를 달성하기 위한 조치로 적절한 것은? (7급공무원, 2010)

① 유동부채 ₩20,000을 현금으로 상환한다.
② 유상증자를 실시하여 현금 ₩20,000을 조달한다.
③ 유동부채 ₩20,000을 출자전환한다.
④ 유동자산을 처분하여 유동부채 ₩20,000을 상환한다.

6. 재무상태표에 표시되는 기말재고자산 금액이 오류로 인하여 과소계상되었다. 이러한 오류가 존재하지 않는 경우(A)와 오류가 존재하는 경우(B)에 유동비율 및 매출총이익률 각각에 대한 비교로 옳은 것은? (주택관리사보, 2010)

	유동비율	매출총이익률		유동비율	매출총이익률
①	A < B	A > B	②	A < B	A < B
③	A > B	A > B	④	A > B	A = B
⑤	A = B	A = B			

7. 기업의 안전성을 나타내는 비율이 아닌 것은? (9급공무원, 2011)

① 부채비율　　② 자기자본비율
③ 이자보상배율　　④ 배당성향

8. 실지재고조사법을 사용하는 (주)한국은 기말 현재 선적지인도기준으로 운송중에 있는 매입상품이 있다. 이 거래가 당기의 재무제표에 반영될 경우 당기의 총자산회전율과 이자보상배율에 미치는 영향으로 옳은 것은? (7급공무원, 2012)

① 총자산회전율은 감소하고, 이자보상배율은 증가한다.
② 총자산회전율은 증가하고, 이자보상배율은 감소한다.
③ 총자산회전율은 감소하고, 이자보상배율은 변함없다.
④ 총자산회전율은 증가하고, 이자보상배율은 변함없다.

9. (주)한국은 연말에 A은행으로부터 ₩2,000,000(3년 만기)을 차입하여 만기가 도래한 B은행 차입금 ₩1,000,000을 즉시 상환하고 잔액은 현금으로 보유하고 있다. 동 차입 및 상환 거래가 유동비율 및 부채비율에 미치는 영향은? (단, 자본은 ₩0보다 크다) (주택관리사보, 2018)

① 유동비율 증가, 부채비율 증가
② 유동비율 증가, 부채비율 감소
③ 유동비율 감소, 부채비율 증가
④ 유동비율 감소, 부채비율 감소
⑤ 유동비율 증가, 부채비율 불변

10. (주)한국은 20×1년 1월 1일 토지를 ₩100,000에 구입하였고, 이 토지에 재평가모형을 적용한다. 20×1년 12월 31일 이 토지를 재평가한 결과 공정가치는 ₩90,000이다. 이 재평가회계처리에 영향을 받지 않는 재무비율은? (7급공무원 수정, 2017)

① 부채대자본비율
② 매출액순이익률
③ 총자산회전율
④ 당좌비율
⑤ 차입금의존도

11. 다음은 금호(주)의 20×1년 12월 31일로 종료되는 회계연도의 재무자료 중 일부이다. 이를 이용하여 이자보상배율을 구하시오. (세무사, 2005)

항목	금액
영 업 이 익	₩11,000,000
이 자 비 용	(2,000,000)
법인세비용차감전순이익	₩9,000,000
법인세비용	(2,500,000)
당기순이익	₩6,500,000
우선주배당금	(1,000,000)
보통주지분순이익	₩5,500,000

① 4.25배
② 4.50배
③ 5.00배
④ 5.25배
⑤ 5.50배

12. (주)한국은 보통주만 발행하였고 기중에는 자본거래가 없었다. 다음 정보를 기초로 한 설명으로 옳은 것은? (단, 총자산순이익률은 평균총자산으로 계산한다) (7급공무원, 2008)

항목	금액	항목	금액
• 당기매출액	₩2,000,000	• 당기순이익	₩100,000
• 총자산순이익률	10%	• 1주의 기말주가	₩2,000
• 발행주식수	10,000주	• 자기주식수	1,000주

① 평균총자산은 ₩500,000이다.
② 주가수익비율(PER)은 25이다.
③ 총자산회전율은 2이다.
④ 주당순이익은 ₩10이다.

13. 다음 재무비율간의 관계를 이용하여 계산한 자기자본이익률(ROE : return on equity)은?

(주택관리사보, 2009)

• 부채비율 : 120%	• 매출순이익률 : 10%
• 총자산회전율 : 1.2회	

① 10.0% ② 12.0% ③ 14.4%
④ 24.0% ⑤ 26.4%

14. 다음 자료를 이용할 경우 재고자산회전율은? (단, 재고자산회전율과 매입채무회전율의 분모 계산시 기초와 기말의 평균값을 이용한다)

(9급공무원 수정, 2017)

• 기초재고자산	₩700,000	• 기말재고자산	₩500,000
• 기초매입채무	340,000	• 기말매입채무	160,000
• 매입채무회전율	4회		

① 1회 ② 2회 ③ 3회
④ 4회 ⑤ 5회

15. 아래 표는 (가)~(라) 기업들의 20×1회계연도 자산총액(평균)과 재무비율의 일부이다. 20×1회계연도의 당기순이익이 가장 큰 기업은?

(9급공무원, 2010)

기 업	자산총액(평균)	매출순이익률	총자산회전율
(가)	₩100,000	40%	1회
(나)	200,000	30%	2회
(다)	300,000	20%	3회
(라)	400,000	10%	4회

① (가) ② (나)
③ (다) ④ (라)

16. 다음의 20×1년 재무정보를 이용한 매출총이익은? (단, 회전율 계산시 기초와 기말의 평균값을 이용한다) (9급공무원, 2021)

• 매출채권회전율	10회	• 재고자산회전율(매출원가기준)	6회
• 기초매출채권	₩600	• 기초재고자산	₩500
• 기말매출채권	400	• 기말재고자산	700

① ₩1,000 ② ₩1,400
③ ₩1,900 ④ ₩2,200

17. (주)한국의 20×1년 매출액은 ₩3,000,000이고, 기초재고자산은 ₩100,000이었다. 20×1년말 유동부채는 ₩100,000, 유동비율은 400%, 당좌비율은 100%이다. 또한, 재고자산평균처리기간이 36일이라면 매출총이익은? (단, 재고자산은 상품으로만 구성되어 있고, 1년은 360일로 계산한다) (9급공무원, 2021)

① ₩0 ② ₩5,000
③ ₩1,000,000 ④ ₩2,000,000

18. 다음은 상품매매기업인 (주)한국의 재무비율을 산정하기 위한 자료이다.

• 매출액	₩4,500,000	• 매출원가	₩4,000,000
• 기초매출채권	150,000	• 기말매출채권	450,000
• 기초재고자산	240,000	• 기말재고자산	160,000

(주)한국은 매출이 전액 외상으로 이루어지며, 재고자산회전율 계산시 매출원가를 사용할 경우, 매출채권회전율과 재고자산평균처리기간은? (단, 1년은 360일, 회전율 계산시 기초와 기말의 평균값을 이용한다) (7급공무원, 2022)

	매출채권회전율(회)	재고자산평균처리기간(일)
①	15	18
②	15	36
③	30	18
④	30	36

19. 총자산회전율과 매출채권회전율은 각각 1.5회와 2회이며 매출액순이익률이 3%일 경우 총자산순이익률은? (주택관리사보, 2012)

① 1.5%　② 2.0%　③ 4.5%
④ 6.0%　⑤ 9.0%

20. 다음 자료를 이용하여 두 개의 기업 중 당기총자산이익률이 높은 기업과 기말부채비율이 높은 기업을 선택한 것은? (단, 당기중 자본거래와 부채의 증감은 없다) (주택관리사보, 2010)

A기업		B기업	
기초자산	4,000억원	기초자산	6,000억원
기초부채	3,000억원	기초부채	5,000억원
당기순이익	1,000억원	당기순이익	2,000억원

	총자산순이익률	부채비율		총자산순이익률	부채비율
①	A기업	A기업	②	A기업	B기업
③	B기업	A기업	④	B기업	B기업
⑤	B기업	A, B 기업 동일			

21. (주)대한의 기초재고자산과 기말재고자산은 각각 ₩400, 유동부채는 ₩500, 매출총이익은 ₩6,000, 유동비율은 200%, 매출총이익률은 60%인 경우 재고자산회전율과 당좌비율은? (단, 재고자산회전율은 매출원가를 기준으로 한다) (7급공무원 수정, 2018)

	재고자산회전율(회)	당좌비율(%)		재고자산회전율(회)	당좌비율(%)
①	10	60	②	10	120
③	25	60	④	25	120
⑤	60	120			

22. 20×1년 12월 30일 현재 (주)한국의 유동자산과 유동부채의 잔액이 각각 ₩1,000이었다. 12월 31일 상품 ₩500을 구입하면서 현금 ₩100을 지급하고 나머지는 3개월 후에 지급하기로 한 경우, 동 거래를 반영한 후의 유동비율은? (단, 상품 기록은 계속기록법을 적용한다) (주택관리사보, 2016)

① 70%　② 80%　③ 100%
④ 140%　⑤ 150%

해답 및 해설

1. ⑤

①~④ 모두 일반적으로 사용되는 지표들이다.

2. ③

$$유동비율=\frac{유동자산}{유동부채}$$

장기성 지급어음은 비유동부채를 증가시키는 거래이며, 기계장치 또한 비유동자산 중 유형자산에 해당한다. 따라서 유동비율에는 영향을 미치지 않는다.

3. ③

$$유동비율=\frac{유동자산}{유동부채}$$

유동비율은 1년 이내에 상환해야 할 부채보다 1년 이내에 현금화할 수 있는 자산을 몇 배 보유하고 있는가를 의미하므로 유동비율이 높을수록 유동부채를 상환할 수 있을 만큼 충분한 유동자산을 보유하고 있는 것을 의미한다. 따라서 현금을 주고 기계장치를 구입하게 되면 현금지출로 인하여 유동자산이 감소하므로 유동비율이 낮아지게 된다.

4. ③

$$조정전\ 유동비율=\frac{유동자산}{유동부채}=200\%$$

$$조정전\ 당좌비율=\frac{유동자산-재고자산}{유동부채}=100\%$$

$$조정전\ 부채비율=\frac{부채}{자기자본}=150\%$$

유동비율, 당좌비율 감소, 부채비율 증가

5. ②

조정전 유동비율 $= \frac{\text{유동자산}}{\text{유동부채}} = \frac{₩30,000}{₩50,000} = 60\%$

조정전 부채비율 $= \frac{\text{총부채}}{\text{자기자본}} = \frac{₩60,000}{₩40,000} = 150\%$

유동자산과 자기자본에 영향을 미치는 조치가 필요하다.

→ 유상증자 ₩20,000(유동자산 증가), 자본금 증가 ₩20,000(자기자본 증가)

조정후 유동비율 $= \frac{\text{유동자산}}{\text{유동부채}} = \frac{₩50,000}{₩50,000} = 100\%$

조정전 부채비율 $= \frac{\text{총부채}}{\text{자기자본}} = \frac{₩60,000}{₩60,000} = 100\%$

6. ③

유동비율 $= \frac{\text{유동자산}}{\text{유동부채}}$

매출총이익률 $= \frac{\text{매출총이익}}{\text{매출액}}$

오류로 인한 재고자산의 과소계상은 동시에 매출원가의 과대계상을 수반한다. 따라서 유동비율과 매출총이익률 모두 감소한다. 즉, 오류가 존재하지 않는 경우(A)에는 오류가 존재하는 경우(B)에 비하여 유동비율과 매출총이익률 모두 높게 나타난다.

7. ④

기업의 재무구조의 건전성, 즉 안전성을 나타내는 비율로는 유동비율, 당좌비율, 부채비율, 자기자본비율, 고정비율, 이자보상배율, 차입금의존도 등이 있다.

8. ①

총자산회전율 = 매출액/평균총자산

이자보상배율 = 이자비용차감전순이익/이자비용

선적지인도기준 매입상품을 재고자산으로 인식할 경우 총자산은 증가하고, 매출원가가 감소함에 따라 이자비용차감전순이익은 증가한다. 따라서 총자산회전율은 감소하고, 이자보상배율은 증가한다.

9. ②

유동비율＝유동자산/유동부채, 부채비율＝부채/자기자본

A은행 차입거래 회계처리 : (차) 현　　금　2,000,000　(대) 차 입 금　2,000,000

B은행 상환거래 회계처리 : (차) 차 입 금　1,000,000　(대) 현　　금　1,000,000

현금(유동자산)이 ₩1,000,000 증가하고, 비유동부채(3년 만기 차입금)가 증가한다. 따라서 유동비율의 분자는 증가하고, 분모는 증가(B은행 차입금이 단기차입금인 경우) 혹은 변화가 없으므로(B은행 차입금이 장기차입금인 경우) 유동비율은 증가한다. 부채비율의 분자인 부채는 ₩1,000,000 증가(＝₩2,000,000－₩1,000,000)하고, 자기자본인 분모는 변화가 없어 부채비율 또한 증가한다.

10. ④

20×1년말 회계처리

(차) 재평가손실(당기손실)　10,000　(대) 토　　지　10,000

위 회계처리로 인해 당기순이익, 이익잉여금, 자본, 비유동자산 및 총자산에 영향(감소)을 미치게 된다. 따라서 재무비율을 산출할 때 당기순이익, 이익잉여금, 자본, 비유동자산 및 총자산을 고려하지 않는 재무비율을 고르면 된다. ④ 당좌비율은 재고자산을 제외한 후의 유동자산을 유동부채 대비 얼마나 보유하고 있는가를 나타내는 지표로 '(유동자산－재고자산)/유동부채'로 산출된다. 따라서 20×1년말 재평가회계처리에 영향을 받지 않는다.

11. ⑤

이자보상배율＝영업이익÷이자비용＝₩11,000,000÷₩2,000,000＝5.5배

12. ③

$$\text{총자산순이익률 } 10\% = \frac{\text{당기순이익}}{\text{총자산}} = \frac{₩100{,}000}{?}, \text{ 평균총자산 } ₩1{,}000{,}000$$

$$\text{주가이익비율(PER)} = \frac{\text{주가(보통주)}}{\text{주당순이익}} = \frac{₩2{,}000}{₩11.1}$$

$$\text{주당순이익(EPS)} = \frac{\text{당기순이익}}{\text{가중평균유통주식수}} = \frac{₩100{,}000}{10{,}000-1{,}000} = ₩11.1$$

→ 유통주식수 : 발행주식총수－자기주식수

$$\text{총자산회전율} = \frac{\text{매출액}}{\text{총자산}} = \frac{₩2{,}000{,}000}{₩1{,}000{,}000} = 2$$

13. ⑤

$$부채비율=\frac{부채}{자기자본}=120\%$$

$$매출액순이익률=\frac{당기순이익}{매출액}=10\%$$

$$총자산회전율=\frac{매출액}{총자산}=1.2회$$

$$자기자본순이익률=\frac{당기순이익}{자기자본}$$

$$매출액순이익률\times 총자산회전율=\frac{당기순이익}{총자산}=12\%$$

총자산=1.2 자기자본+자기자본=2.2 자기자본

따라서 자기자본순이익률=12%×2.2=26.4%

14. ②

$$매입채무회전율=\frac{매입액}{평균매입채무}=\frac{?}{(₩340,000+₩160,000)/2}=4회$$

→ 매입액(?)=₩1,000,000

→ 매출원가= 기초재고자산 + 매입액 − 기말재고자산

= ₩700,000 + ₩1,000,000 − ₩500,000

= ₩1,200,000

$$재고자산회전율=\frac{매출원가}{평균재고자산}=\frac{₩1,200,000}{(₩700,000+₩500,000)/2}=2회$$

15. ③

$$총자산회전율=\frac{매출액}{총자산}$$

(가) 매출액×매출액순이익률=₩100,000×40%=₩40,000

(나) 매출액×매출액순이익률=₩400,000×30%=₩120,000

(다) 매출액×매출액순이익률=₩900,000×20%=₩180,000

(라) 매출액×매출액순이익률=₩1,600,000×10%=₩160,000

16. ②

매출채권회전율 = 매출액/평균매출채권

∴ 매출액 = 평균매출채권 ₩500 × 매출채권회전율 10회 = ₩5,000

재고자산회전율 = 매출원가/평균재고자산

∴ 매출원가 = 평균재고자산 ₩600 × 재고자산회전율 6회 = ₩3,600

매출총이익 = 매출액 ₩5,000 − 매출원가 ₩3,600 = ₩1,400

17. ③

유동비율 = 유동자산 X/유동부채 ₩100,000 = 4

∴ 유동자산 X = ₩400,000

당좌비율 = (유동자산 ₩400,000 − 재고자산 Y)/유동부채 ₩100,000 = 1

∴ 재고자산 Y = ₩300,000

재고자산평균회전기간 36일 = 평균재고자산 ₩200,000/(매출원가 Z/360)

∴ 매출원가 Z = ₩2,000,000

매출총이익 = 매출액 ₩3,000,000 − 매출원가 ₩2,000,000 = ₩1,000,000

18. ①

매출채권회전율 = 매출액 ₩4,500,000/평균매출채권 ₩300,000 = 15회

재고자산평균처리기간 = 평균재고자산 ₩200,000/(매출원가 ₩4,000,000/360) = 18일

19. ③

총자산순이익률 = 순이익/평균총자산

총자산회전율 = 매출액/평균총자산

매출채권회전율 = 매출액/평균총자산

매출액순이익률 = 순이익/매출액

총자산순이익률 = 총자산회전율 × 매출액순이익률 = 1.5 × 3% = 4.5%

20. ④

$$\text{총자산이익률} = \frac{\text{당기순이익}}{\text{총자산}}$$

$$\text{A기업 총자산이익률} = \frac{\text{1,000억원}}{\text{5,000억원}} = 20\%$$

$$\text{B기업 총자산이익률} = \frac{\text{2,000억원}}{\text{8,000억원}} = 25\%$$

$$\text{부채비율} = \frac{\text{부채}}{\text{자기자본}}$$

$$\text{A기업 부채비율} = \frac{\text{3,000억원}}{\text{2,000억원}} = 150\%$$

$$\text{B기업 부채비율} = \frac{\text{5,000억원}}{\text{3,000억원}} = 167\%$$

21. ②

$$\text{매출총이익률} = \frac{\text{매출총이익}}{\text{매출액}} = \frac{₩6,000}{?} = 0.6$$

→ 매출액 = ₩10,000

→ 매출원가 = ₩10,000 − ₩6,000 = ₩4,000

$$\text{재고자산회전율} = \frac{\text{매출원가}}{\text{평균재고자산}} = \frac{₩4,000}{(₩400 + ₩400)/2} = \text{10회}$$

$$\text{유동비율} = \frac{\text{유동자산}}{\text{유동부채}} = \frac{?}{₩500} = 200\%$$

→ 유동자산 = ₩1,000

$$\text{당좌비율} = \frac{\text{유동자산} - \text{재고자산}}{\text{유동부채}} = \frac{₩1,000 - ₩400}{₩500} = 120\%$$

22. ③

유동자산 : ₩1,000 + ₩500(재고자산) − ₩100(현금) = ₩1,400

유동부채 : ₩1,000 + ₩400(매입채무) = ₩1,400

유동비율 : ₩1,400/₩1,400 = 1

주관식 문제

1. 다음은 (주)관세의 20×1년과 20×2년의 요약재무상태표 정보이다.

	20×1년말	20×2년말
유동자산	₩100,000	₩300,000
비유동자산	400,000	500,000
자산총계	₩500,000	₩800,000
유동부채	₩80,000	₩120,000
비유동부채	45,000	305,000
부채총계	₩125,000	₩425,000
자본총계	₩375,000	₩375,000
부채와 자본총계	₩500,000	₩800,000

(주)관세의 20×2년도 당기순이익이 ₩168,750이라면, 20×2년도 자기자본이익률과 20×2년말의 유동비율은?

해답

$$\text{자기자본순이익률} = \frac{\text{당기순이익}}{\text{(평균)자기자본}} = \frac{₩168{,}750}{(₩375{,}000 + ₩375{,}000)/2} = 45\%$$

$$\text{유동비율} = \frac{\text{유동자산}}{\text{유동부채}} = \frac{₩300{,}000}{₩120{,}000} = 250\%$$

2. (주)갑의 당기매출액은 ₩50,000,000이다. 그리고 (주)갑의 기말 현재 유동부채는 ₩3,000,000, 유동비율은 300%, 당좌비율은 200%이다. 재고자산회전율이 12회일 경우 매출총이익은? (단, 재고자산회전율은 기말재고자산과 매출원가를 기준으로 산정된 것이다) (9급공무원, 2010)

해답

$$유동비율=\frac{유동자산}{유동부채}=\frac{?}{₩3,000,000}=300\% \rightarrow 유동자산 : ₩9,000,000$$

$$당좌비율=\frac{유동자산-재고자산}{유동부채}=\frac{₩9,000,000-?}{₩3,000,000}=200\% \rightarrow 재고자산 : ₩3,000,000$$

$$재고자산회전율=\frac{매출원가}{재고자산}=\frac{?}{₩3,000,000}=12 \rightarrow 매출원가 : ₩36,000,000$$

∴ 당기총매출액 − 매출원가 = 매출총이익
₩50,000,000 − ₩36,000,000 = ₩14,000,000

3. (주)코난은 20×1년말 화재로 인해 창고에 보관중이던 재고자산이 모두 소실되었다. 다음 자료를 이용하여 (주)코난의 화재로 인한 재고자산 손실금액을 추정하면 얼마인가? (단, (주)코난은 현금매출이 없으며, 재고자산과 관련하여 화재로 인한 손실 외의 손실은 없다. 그리고 1년은 360일로 가정한다) (공인회계사, 2010)

- 20×1년초 장부상 재고자산의 금액은 ₩4,500이고, 재고실사를 통해 확인한 금액이다.
- 20×1년 (주)코난의 평균매출채권은 ₩12,500이며 매출채권평균회수기간은 90일이다.
- 20×1년 (주)코난의 매출총이익률은 20%이다.
- (주)코난은 시장수요에 대비하여 재고자산평균회전기간을 36일로 하는 재고보유정책을 유지해 왔으며, 20×1년말 화재가 발생하지 않았다면 해당정책에 따른 재고를 보유하고 있을 것이다.

해답

매출채권회전율 = 360일 ÷ 90일 = 4회
매출액 ÷ 4회 = ₩12,500
∴ 매출액 = ₩50,000
매출원가 = ₩50,000 × (1 − 20%) = ₩40,000
재고자산회전율 = ₩40,000 ÷ 평균재고금액 = 10회(∵ 360일 ÷ 36일)
∴ 평균재고금액 = ₩4,000 = (기초 + 기말) ÷ 2
∴ ₩4,500(기초) + 기말 = ₩4,000 × 2 = ₩8,000
기말재고금액 = ₩8,000 − ₩4,500 = ₩3,500(전액 화재손실)

4. (주)대한은 모든 상품을 전액 외상으로 매입하여 외상으로 판매한 다음 차후에 현금으로 결제한다. 다음 자료를 이용할 때 (주)대한의 매출총이익은? (주택관리사보, 2010)

항 목	기초잔액	기말잔액	현금회수/지급액
매출채권	₩120,000	₩80,000	₩890,000(회수)
매입채무	60,000	130,000	570,000(지급)
상품(재고액)	70,000	90,000	

해답

당기매출액 = ₩890,000 + ₩80,000 − ₩120,000 = ₩850,000

당기매입액 = ₩570,000 + ₩130,000 − ₩60,000 = ₩640,000

매출원가 = ₩70,000 + ₩640,000 − ₩90,000 = ₩620,000

매출총이익 = ₩850,000 − ₩620,000 = ₩230,000

5. 12월 결산법인인 (주)한강의 20×1년도 기초 및 기말의 유동비율은 각각 200%, 150%이다. 20×1년도에 유동항목의 변화가 다음과 같을 때, 20×1년도말 유동자산은? (9급공무원, 2010)

• 매출채권의 증가	₩5,000	• 매입채무의 감소	₩10,000
• 미지급비용의 증가	8,000	• 재고자산의 감소	15,000

해답

$$\text{기초유동비율} = \frac{\text{유동자산}}{\text{유동부채}} = 200\%$$

$$\text{기말유동비율} = \frac{\text{유동자산}}{\text{유동부채}} = 150\%$$

⇒ 유동자산 변화 : 매출채권 ₩5,000 (증가), 재고자산 ₩15,000 (감소) → 변동 ₩10,000 (감소)

⇒ 유동부채 변화 : 매입채무 ₩10,000 (감소), 미지급비용 ₩8,000 (증가) → 변동 ₩2,000 (증가)

기초유동자산을 X, 기초유동부채를 Y라 하면,

기초유동비율 = X/Y = 2

기말유동비율 = (X − ₩10,000)/(Y − ₩2,000) = 1.5

X = ₩28,000, Y = ₩14,000

∴ 기말유동자산 : ₩28,000 − ₩10,000 = ₩18,000

6. 다음 자료를 이용하여 계산된 매출순이익률은? (단, 총자산과 총부채는 기초금액과 기말금액이 동일한 것으로 가정한다) (주택관리사보, 2011)

• 총자산 : ₩1,000,000	• 자기자본이익률(=당기순이익/자본) : 20%
• 총자산회전율 : 0.5	• 부채비율(=부채/자본) : 300%

해답

$$매출액순이익률 = \frac{당기순이익}{매출액} = \frac{₩50,000}{₩500,000} = 10\%$$

총자산 ₩1,000,000=부채(=3×자본)+자본

(∵ 부채비율=부채/자본=300% ∴ 부채=₩750,000, 자본=₩250,000)

$$자기자본이익률 = \frac{당기순이익}{자기자본} = \frac{?}{₩250,000} = 20\% \quad ∴ 당기순이익 : ₩50,000$$

$$총자산회전율 = \frac{매출액}{총자산} = \frac{?}{₩1,000,000} = 0.5 \quad ∴ 매출액 : ₩500,000$$

7. 다음 자료를 이용하여 계산된 추정기말상품재고액은? (주택관리사보, 2011)

• 기초상품재고액	₩550,000	• 당기상품매입액	₩2,250,000
• 당기상품매출액	3,000,000	• 매출총이익률	30%

해답

$$매출액이익률 = \frac{매출총이익}{매출액} = \frac{?}{₩3,000,000} = 30\%$$

∴ 매출총이익 : ₩900,000

매출액 −매출원가=매출총이익

₩3,000,000 − ? = ₩900,000

∴ 매출원가 : ₩2,100,000

매출원가 =기초상품재고액 +당기상품매입액−기말상품재고액

₩2,100,000= ₩550,000 + ₩2,250,000 − ?

∴ 추정기말상품재고액 : ₩700,000

부록 가치계산표

〈표 A-1〉 단일금액 1원의 미래가치 $F_n = (1+r)^n$ 기간이자율(r)

기간수 (n)	1%	2%	3%	4%	5%	6%	7%	8%	9%	10%
1	1.0100	1.0200	1.0300	1.0400	1.0500	1.0600	1.0700	1.0800	1.0900	1.1000
2	1.0201	1.0404	1.0609	1.0816	1.1025	1.1236	1.1449	1.1664	1.1881	1.2100
3	1.0303	1.0612	1.0927	1.1249	1.1576	1.1910	1.2250	1.2597	1.2950	1.3310
4	1.0406	1.0824	1.1255	1.1699	1.2155	1.2625	1.3108	1.3605	1.4116	1.4641
5	1.0510	1.1041	1.1593	1.2167	1.2763	1.3382	1.4026	1.4693	1.5386	1.6105
6	1.0615	1.1262	1.1941	1.2653	1.3401	1.4185	1.5007	1.5869	1.6771	1.7716
7	1.0721	1.1487	1.2299	1.3159	1.4071	1.5036	1.6058	1.7138	1.8280	1.9487
8	1.0829	1.1717	1.2668	1.3686	1.4775	1.5938	1.7182	1.8509	1.9926	2.1436
9	1.0937	1.1951	1.3048	1.4233	1.5513	1.6895	1.8385	1.9990	2.1719	2.3579
10	1.1046	1.2190	1.3439	1.4802	1.6289	1.7908	1.9672	2.1589	2.3674	2.5937
11	1.1157	1.2434	1.3842	1.5395	1.7103	1.8983	2.1049	2.3316	2.5804	2.8531
12	1.1268	1.2682	1.4258	1.6010	1.7959	2.0122	2.2522	2.5182	2.8127	3.1384
13	1.1381	1.2936	1.4685	1.6651	1.8856	2.1329	2.4098	2.7196	3.0658	3.4523
14	1.1495	1.3195	1.5126	1.7317	1.9799	2.2609	2.5785	2.9372	3.3417	3.7975
15	1.1610	1.3459	1.5580	1.8009	2.0789	2.3966	2.7590	3.1722	3.6425	4.1772
16	1.1726	1.3728	1.6047	1.8730	2.1829	2.5404	2.9522	3.4259	3.9703	4.5950
17	1.1843	1.4002	1.6528	1.9479	2.2920	2.6928	3.1588	3.7000	4.3276	5.0545
18	1.1961	1.4282	1.7024	2.0258	2.4066	2.8543	3.3799	3.9960	4.7171	5.5599
19	1.2081	1.4568	1.7535	2.1068	2.5270	3.0256	3.6165	4.3157	5.1417	6.1159
20	1.2202	1.4859	1.8061	2.1911	2.6533	3.2071	3.8697	4.6610	5.6044	6.7275
21	1.2324	1.5157	1.8603	2.2788	2.7860	3.3996	4.1406	5.0338	6.1088	7.4002
22	1.2447	1.5460	1.9161	2.3699	2.9253	3.6035	4.4304	5.4365	6.6586	8.1403
23	1.2572	1.5769	1.9736	2.4647	3.0715	3.8197	4.7405	5.8715	7.2579	8.9543
24	1.2697	1.6084	2.0328	2.5633	3.2251	4.0489	5.0724	6.3412	7.9111	9.8497
25	1.2824	1.6406	2.0938	2.6658	3.3864	4.2919	5.4274	6.8485	8.6231	10.8347
26	1.2953	1.6734	2.1566	2.7725	3.5557	4.5494	5.8074	7.3964	9.3992	11.9182
27	1.3082	1.7069	2.2213	2.8834	3.7335	4.8223	6.2139	7.9881	10.2451	13.1100
28	1.3213	1.7410	2.2879	2.9987	3.9201	5.1117	6.6488	8.6271	11.1671	14.4210
29	1.3345	1.7758	2.3566	3.1187	4.1161	5.4184	7.1143	9.3173	12.1722	15.8631
30	1.3478	1.8114	2.4273	3.2434	4.3219	5.7435	7.6123	10.0627	13.2677	17.4494
35	1.4166	1.9999	2.8139	3.9461	5.5160	7.6861	10.6766	14.7853	20.4140	28.1024
40	1.4889	2.2080	3.2620	4.8010	7.0400	10.2857	14.9745	21.7245	31.4094	45.2593
45	1.5648	2.4379	3.7816	5.8412	8.9850	13.7646	21.0025	31.9204	48.3273	72.8905
50	1.6446	2.6916	4.3839	7.1067	11.4674	18.4202	29.4570	46.9016	74.3575	117.3909
60	1.8167	3.2810	5.8916	10.5196	18.6792	32.9877	57.9464	101.2571	176.0313	304.4816
70	2.0068	3.9996	7.9178	15.5716	30.4264	59.0759	113.9894	218.6064	416.7301	789.7470
80	2.2167	4.8754	10.6409	23.0498	49.5614	105.7960	224.2344	471.9548	986.5517	2048.4002

기간이자율(r)

기간수 (n)	11%	12%	13%	14%	15%	16%	17%	18%	19%	20%
1	1.1100	1.1200	1.1300	1.1400	1.1500	1.1600	1.1700	1.1800	1.1900	1.2000
2	1.2321	1.2544	1.2769	1.2996	1.3225	1.3456	1.3689	1.3924	1.4161	1.4400
3	1.3676	1.4049	1.4429	1.4815	1.5209	1.5609	1.6016	1.6430	1.6852	1.7280
4	1.5181	1.5735	1.6305	1.6890	1.7490	1.8106	1.8739	1.9388	2.0053	2.0736
5	1.6851	1.7623	1.8424	1.9254	2.0114	2.1003	2.1924	2.2878	2.3864	2.4883
6	1.8704	1.9738	2.0820	2.1950	2.3131	2.4364	2.5652	2.6996	2.8398	2.9860
7	2.0762	2.2107	2.3526	2.5023	2.6600	2.8262	3.0012	3.1855	3.3793	3.5832
8	2.3045	2.4760	2.6584	2.8526	3.0590	3.2784	3.5115	3.7589	4.0214	4.2998
9	2.5580	2.7731	3.0040	3.2519	3.5179	3.8030	4.1084	4.4355	4.7854	5.1598
10	2.8394	3.1058	3.3946	3.7072	4.0456	4.4114	4.8068	5.2338	5.6947	6.1917
11	3.1518	3.4785	3.8359	4.2262	4.6524	5.1173	5.6240	6.1759	6.7767	7.4301
12	3.4985	3.8960	4.3345	4.8179	5.3503	5.9360	6.5801	7.2876	8.0642	8.9161
13	3.8833	4.3635	4.8980	5.4924	6.1528	6.8858	7.6987	8.5994	9.5964	10.6993
14	4.3104	4.8871	5.5348	6.2613	7.0757	7.9875	9.0075	10.1472	11.4198	12.8392
15	4.7846	5.4736	6.2543	7.1379	8.1371	9.2655	10.5387	11.9737	13.5895	15.4070
16	5.3109	6.1304	7.0673	8.1372	9.3576	10.7480	12.3303	14.1290	16.1715	18.4884
17	5.8951	6.8660	7.9861	9.2765	10.7613	12.4677	14.4265	16.6722	19.2441	22.1861
18	6.5436	7.6900	9.0243	10.5752	12.3755	14.4625	16.8790	19.6733	22.9005	26.6233
19	7.2633	8.6128	10.1974	12.0557	14.2318	16.7765	19.7484	23.2144	27.2516	31.9480
20	8.0623	9.6463	11.5231	13.7435	16.3665	19.4608	23.1056	27.3930	32.4294	38.3376
21	8.9492	10.8038	13.0211	15.6676	18.8215	22.5745	27.0336	32.3238	38.5910	46.0051
22	9.9336	12.1003	14.7138	17.8610	21.6447	26.1864	31.6293	38.1421	45.9233	55.2061
23	11.0263	13.5523	16.6266	20.3616	24.8915	30.3762	37.0062	45.0076	54.6487	66.2474
24	12.2392	15.1786	18.7881	23.2122	28.6252	35.2364	43.2973	53.1090	65.0320	79.4968
25	13.5855	17.0001	21.2305	26.4619	32.9190	40.8742	50.6578	62.6686	77.3881	95.3962
26	15.0799	19.0401	23.9905	30.1666	37.8568	47.4141	59.2697	73.9490	92.0918	114.4755
27	16.7386	21.3249	27.1093	34.3899	43.5353	55.0004	69.3455	87.2598	109.5893	137.3706
28	18.5799	23.8839	30.6335	39.2045	50.0656	63.8004	81.1342	102.9666	130.4112	164.8447
29	20.6237	26.7499	34.6158	44.6931	57.5755	74.0085	94.9271	121.5005	155.1893	197.8136
30	22.8923	29.9599	39.1159	50.9502	66.2118	85.8499	111.0647	143.3706	184.6753	237.3763
35	38.5749	52.7996	72.0685	98.1002	133.1755	180.3141	243.5035	327.9973	440.7006	590.6682
40	65.0009	93.0510	132.7816	188.8835	267.8635	378.7212	533.8687	750.3783	1051.6675	1469.7716
45	109.5302	163.9876	244.6414	363.6791	538.7693	795.4438	1170.4794	1716.6839	2509.6506	3657.2620
50	184.5648	289.0022	450.7359	700.2330	1083.6574	1670.7038	2566.2153	3927.3569	5988.9139	9100.4382
60	524.0572	897.5969	1530.0535	2595.9187	4383.9987	7370.2014	12335.3565	20555.1400	34104.9709	56347.5144
70	1488.0191	2787.7998	5193.8696	9623.6450	17735.720	32513.165	59293.942	107582.22	194217.03	348888.96
80	4225.1128	8658.4831	17630.941	35676.982	71750.879	143429.72	285015.80	563067.66	1106004.5	2160228.5

〈표 A-2〉 단일금액 1원의 현재가치 $P_n = \frac{1}{(1+r)^n}$ 기간이자율(r)

기간수 (n)	1%	2%	3%	4%	5%	6%	7%	8%	9%	10%
1	0.9901	0.9804	0.9709	0.9615	0.9524	0.9434	0.9346	0.9259	0.9174	0.9091
2	0.9803	0.9612	0.9426	0.9246	0.9070	0.8900	0.8734	0.8573	0.8417	0.8264
3	0.9706	0.9423	0.9151	0.8890	0.8638	0.8396	0.8163	0.7938	0.7722	0.7513
4	0.9610	0.9238	0.8885	0.8548	0.8227	0.7921	0.7629	0.7350	0.7084	0.6830
5	0.9515	0.9057	0.8626	0.8219	0.7835	0.7473	0.7130	0.6806	0.6499	0.6209
6	0.9420	0.8880	0.8375	0.7903	0.7462	0.7050	0.6663	0.6302	0.5963	0.5645
7	0.9327	0.8706	0.8131	0.7599	0.7107	0.6651	0.6227	0.5835	0.5470	0.5132
8	0.9235	0.8535	0.7894	0.7307	0.6768	0.6274	0.5820	0.5403	0.5019	0.4665
9	0.9143	0.8368	0.7664	0.7026	0.6446	0.5919	0.5439	0.5002	0.4604	0.4241
10	0.9053	0.8203	0.7441	0.6756	0.6139	0.5584	0.5083	0.4632	0.4224	0.3855
11	0.8963	0.8043	0.7224	0.6496	0.5847	0.5268	0.4751	0.4289	0.3875	0.3505
12	0.8874	0.7885	0.7014	0.6246	0.5568	0.4970	0.4440	0.3971	0.3555	0.3186
13	0.8787	0.7730	0.6810	0.6006	0.5303	0.4688	0.4150	0.3677	0.3262	0.2897
14	0.8700	0.7579	0.6611	0.5775	0.5051	0.4423	0.3878	0.3405	0.2992	0.2633
15	0.8613	0.7430	0.6419	0.5553	0.4810	0.4173	0.3624	0.3152	0.2745	0.2394
16	0.8528	0.7284	0.6232	0.5339	0.4581	0.3936	0.3387	0.2919	0.2519	0.2176
17	0.8444	0.7142	0.6050	0.5134	0.4363	0.3714	0.3166	0.2703	0.2311	0.1978
18	0.8360	0.7002	0.5874	0.4936	0.4155	0.3503	0.2959	0.2502	0.2120	0.1799
19	0.8277	0.6864	0.5703	0.4746	0.3957	0.3305	0.2765	0.2317	0.1945	0.1635
20	0.8195	0.6730	0.5537	0.4564	0.3769	0.3118	0.2584	0.2145	0.1784	0.1486
21	0.8114	0.6598	0.5375	0.4388	0.3589	0.2942	0.2415	0.1987	0.1637	0.1351
22	0.8034	0.6468	0.5219	0.4220	0.3418	0.2775	0.2257	0.1839	0.1502	0.1228
23	0.7954	0.6342	0.5067	0.4057	0.3256	0.2618	0.2109	0.1703	0.1378	0.1117
24	0.7876	0.6217	0.4919	0.3901	0.3101	0.2470	0.1971	0.1577	0.1264	0.1015
25	0.7798	0.6095	0.4776	0.3751	0.2953	0.2330	0.1842	0.1460	0.1160	0.0923
26	0.7720	0.5976	0.4637	0.3607	0.2812	0.2198	0.1722	0.1352	0.1064	0.0839
27	0.7644	0.5859	0.4502	0.3468	0.2678	0.2074	0.1609	0.1252	0.0976	0.0763
28	0.7568	0.5744	0.4371	0.3335	0.2551	0.1956	0.1504	0.1159	0.0895	0.0693
29	0.7493	0.5631	0.4243	0.3207	0.2429	0.1846	0.1406	0.1073	0.0822	0.0630
30	0.7419	0.5521	0.4120	0.3083	0.2314	0.1741	0.1314	0.0994	0.0754	0.0573
35	0.7059	0.5000	0.3554	0.2534	0.1813	0.1301	0.0937	0.0676	0.0490	0.0356
40	0.6717	0.4529	0.3066	0.2083	0.1420	0.0972	0.0668	0.0460	0.0318	0.0221
45	0.6391	0.4102	0.2644	0.1712	0.1113	0.0727	0.0476	0.0313	0.0207	0.0137
50	0.6080	0.3715	0.2281	0.1407	0.0872	0.0543	0.0339	0.0213	0.0134	0.0085
60	0.5504	0.3048	0.1697	0.0951	0.0535	0.0303	0.0173	0.0099	0.0057	0.0033
70	0.4983	0.2500	0.1263	0.0642	0.0329	0.0169	0.0088	0.0046	0.0024	0.0013
80	0.4511	0.2051	0.0940	0.0434	0.0202	0.0095	0.0045	0.0021	0.0010	0.0005

기간이자율(r)

기간수 (n)	11%	12%	13%	14%	15%	16%	17%	18%	19%	20%
1	0.9009	0.8929	0.8850	0.8772	0.8696	0.8621	0.8547	0.8475	0.8403	0.8333
2	0.8116	0.7972	0.7831	0.7695	0.7561	0.7432	0.7305	0.7182	0.7062	0.6944
3	0.7312	0.7118	0.6931	0.6750	0.6575	0.6407	0.6244	0.6086	0.5934	0.5787
4	0.6587	0.6355	0.6133	0.5921	0.5718	0.5523	0.5337	0.5158	0.4987	0.4823
5	0.5935	0.5674	0.5428	0.5194	0.4972	0.4761	0.4561	0.4371	0.4190	0.4019
6	0.5346	0.5066	0.4803	0.4556	0.4323	0.4104	0.3898	0.3704	0.3521	0.3349
7	0.4817	0.4523	0.4251	0.3996	0.3759	0.3538	0.3332	0.3139	0.2959	0.2791
8	0.4339	0.4039	0.3762	0.3506	0.3269	0.3050	0.2848	0.2660	0.2487	0.2326
9	0.3909	0.3606	0.3329	0.3075	0.2843	0.2630	0.2434	0.2255	0.2090	0.1938
10	0.3522	0.3220	0.2946	0.2697	0.2472	0.2267	0.2080	0.1911	0.1756	0.1615
11	0.3173	0.2875	0.2607	0.2366	0.2149	0.1954	0.1778	0.1619	0.1476	0.1346
12	0.2858	0.2567	0.2307	0.2076	0.1869	0.1685	0.1520	0.1372	0.1240	0.1122
13	0.2575	0.2292	0.2042	0.1821	0.1625	0.1452	0.1299	0.1163	0.1042	0.0935
14	0.2320	0.2046	0.1807	0.1597	0.1413	0.1252	0.1110	0.0985	0.0876	0.0779
15	0.2090	0.1827	0.1599	0.1401	0.1229	0.1079	0.0949	0.0835	0.0736	0.0649
16	0.1883	0.1631	0.1415	0.1229	0.1069	0.0930	0.0811	0.0708	0.0618	0.0541
17	0.1696	0.1456	0.1252	0.1078	0.0929	0.0802	0.0693	0.0600	0.0520	0.0451
18	0.1528	0.1300	0.1108	0.0946	0.0808	0.0691	0.0592	0.0508	0.0437	0.0376
19	0.1377	0.1161	0.0981	0.0829	0.0703	0.0596	0.0506	0.0431	0.0367	0.0313
20	0.1240	0.1037	0.0868	0.0728	0.0611	0.0514	0.0433	0.0365	0.0308	0.0261
21	0.1117	0.0926	0.0768	0.0638	0.0531	0.0443	0.0370	0.0309	0.0259	0.0217
22	0.1007	0.0826	0.0680	0.0560	0.0462	0.0382	0.0316	0.0262	0.0218	0.0181
23	0.0907	0.0738	0.0601	0.0491	0.0402	0.0329	0.0270	0.0222	0.0183	0.0151
24	0.0817	0.0659	0.0532	0.0431	0.0349	0.0284	0.0231	0.0188	0.0154	0.0126
25	0.0736	0.0588	0.0471	0.0378	0.0304	0.0245	0.0197	0.0160	0.0129	0.0105
26	0.0663	0.0525	0.0417	0.0331	0.0264	0.0211	0.0169	0.0135	0.0109	0.0087
27	0.0597	0.0469	0.0369	0.0291	0.0230	0.0182	0.0144	0.0115	0.0091	0.0073
28	0.0538	0.0419	0.0326	0.0255	0.0200	0.0157	0.0123	0.0097	0.0077	0.0061
29	0.0485	0.0374	0.0289	0.0224	0.0174	0.0135	0.0105	0.0082	0.0064	0.0051
30	0.0437	0.0334	0.0256	0.0196	0.0151	0.0116	0.0090	0.0070	0.0054	0.0042
35	0.0259	0.0189	0.0139	0.0102	0.0075	0.0055	0.0041	0.0030	0.0023	0.0017
40	0.0154	0.0107	0.0075	0.0053	0.0037	0.0026	0.0019	0.0013	0.0010	0.0007
45	0.0091	0.0061	0.0041	0.0027	0.0019	0.0013	0.0009	0.0006	0.0004	0.0003
50	0.0054	0.0035	0.0022	0.0014	0.0009	0.0006	0.0004	0.0003	0.0002	0.0001
60	0.0019	0.0011	0.0007	0.0004	0.0002	0.0001	0.0001	0.0000	0.0000	0.0000
70	0.0007	0.0004	0.0002	0.0001	0.0001	0.0000	0.0000	0.0000	0.0000	0.0000
80	0.0002	0.0001	0.0001	0.0000	0.0000	0.0000	0.0000	0.0000	0.0000	0.0000

〈표 A-3〉 정상연금 1원의 미래가치 $FA_n = \sum_{t=1}^{n}(1+r)^{n-t} = \frac{(1+r)^n - 1}{r}$ 기간이자율(r)

기간수 (n)	1%	2%	3%	4%	5%	6%	7%	8%	9%	10%
1	1.0000	1.0000	1.0000	1.0000	1.0000	1.0000	1.0000	1.0000	1.0000	1.0000
2	2.0100	2.0200	2.0300	2.0400	2.0500	2.0600	2.0700	2.0800	2.0900	2.1000
3	3.0301	3.0604	3.0909	3.1216	3.1525	3.1836	3.2149	3.2464	3.2781	3.3100
4	4.0604	4.1216	4.1836	4.2465	4.3101	4.3746	4.4399	4.5061	4.5731	4.6410
5	5.1010	5.2040	5.3091	5.4163	5.5256	5.6371	5.7507	5.8666	5.9847	6.1051
6	6.1520	6.3081	6.4684	6.6330	6.8019	6.9753	7.1533	7.3359	7.5233	7.7156
7	7.2135	7.4343	7.6625	7.8983	8.1420	8.3938	8.6540	8.9228	9.2004	9.4872
8	8.2857	8.5830	8.8923	9.2142	9.5491	9.8975	10.2598	10.6366	11.0285	11.4359
9	9.3685	9.7546	10.1591	10.5828	11.0266	11.4913	11.9780	12.4876	13.0210	13.5795
10	10.4622	10.9497	11.4639	12.0061	12.5779	13.1808	13.8164	14.4866	15.1929	15.9374
11	11.5668	12.1687	12.8078	13.4864	14.2068	14.9716	15.7836	16.6455	17.5603	18.5312
12	12.6825	13.4121	14.1920	15.0258	15.9171	16.8699	17.8885	18.9771	20.1407	21.3843
13	13.8093	14.6803	15.6178	16.6268	17.7130	18.8821	20.1406	21.4953	22.9534	24.5227
14	14.9474	15.9739	17.0863	18.2919	19.5986	21.0151	22.5505	24.2149	26.0192	27.9750
15	16.0969	17.2934	18.5989	20.0236	21.5786	23.2760	25.1290	27.1521	29.3609	31.7725
16	17.2579	18.6393	20.1569	21.8245	23.6575	25.6725	27.8881	30.3243	33.0034	35.9497
17	18.4304	20.0121	21.7616	23.6975	25.8404	28.2129	30.8402	33.7502	36.9737	40.5447
18	19.6147	21.4123	23.4144	25.6454	28.1324	30.9057	33.9990	37.4502	41.3013	45.5992
19	20.8109	22.8406	25.1169	27.6712	30.5390	33.7600	37.3790	41.4463	46.0185	51.1591
20	22.0190	24.2974	26.8704	29.7781	33.0660	36.7856	40.9955	45.7620	51.1601	57.2750
21	23.2392	25.7833	28.6765	31.9692	35.7193	39.9927	44.8652	50.4229	56.7645	64.0025
22	24.4716	27.2990	30.5368	34.2480	38.5052	43.3923	49.0057	55.4568	62.8733	71.4027
23	25.7163	28.8450	32.4529	36.6179	41.4305	46.9958	53.4361	60.8933	69.5319	79.5430
24	26.9735	30.4219	34.4265	39.0826	44.5020	50.8156	58.1767	66.7648	76.7898	88.4973
25	28.2432	32.0303	36.4593	41.6459	47.7271	54.8645	63.2490	73.1059	84.7009	98.3471
26	29.5256	33.6709	38.5530	44.3117	51.1135	59.1564	68.6765	79.9544	93.3240	109.1818
27	30.8209	35.3443	40.7096	47.0842	54.6691	63.7058	74.4838	87.3508	102.7231	121.0999
28	32.1291	37.0512	42.9309	49.9676	58.4026	68.5281	80.6977	95.3388	112.9682	134.2099
29	33.4504	38.7922	45.2189	52.9663	62.3227	73.6398	87.3465	103.9659	124.1354	148.6309
30	34.7849	40.5681	47.5754	56.0849	66.4388	79.0582	94.4608	113.2832	136.3075	164.4940
35	41.6603	49.9945	60.4621	73.6522	90.3203	111.4348	138.2369	172.3168	215.7108	271.0244
40	48.8864	60.4020	75.4013	95.0255	120.7998	154.7620	199.6351	259.0565	337.8824	442.5926
45	56.4811	71.8927	92.7199	121.0294	159.7002	212.7435	285.7493	386.5056	525.8587	718.9048
50	64.4632	84.5794	112.7969	152.6671	209.3480	290.3359	406.5289	573.7702	815.0836	1163.9085
60	81.6697	114.0515	163.0534	237.9907	353.5837	533.1282	813.5204	1253.2133	1944.7921	3034.8164
70	100.6763	149.9779	230.5941	364.2905	588.5285	967.9322	1614.1342	2720.0801	4619.2232	7887.4696
80	121.6715	193.7720	321.3630	551.2450	971.2288	1746.5999	3189.0627	5886.9354	10950.574	20474.002

기간이자율(r)

기간수 (n)	11%	12%	13%	14%	15%	16%	17%	18%	19%	20%
1	1.0000	1.0000	1.0000	1.0000	1.0000	1.0000	1.0000	1.0000	1.0000	1.0000
2	2.1100	2.1200	2.1300	2.1400	2.1500	2.1600	2.1700	2.1800	2.1900	2.2000
3	3.3421	3.3744	3.4069	3.4396	3.4725	3.5056	3.5389	3.5724	3.6061	3.6400
4	4.7097	4.7793	4.8498	4.9211	4.9934	5.0665	5.1405	5.2154	5.2913	5.3680
5	6.2278	6.3528	6.4803	6.6101	6.7424	6.8771	7.0144	7.1542	7.2966	7.4416
6	7.9129	8.1152	8.3227	8.5355	8.7537	8.9775	9.2068	9.4420	9.6830	9.9299
7	9.7833	10.0890	10.4047	10.7305	11.0668	11.4139	11.7720	12.1415	12.5227	12.9159
8	11.8594	12.2997	12.7573	13.2328	13.7268	14.2401	14.7733	15.3270	15.9020	16.4991
9	14.1640	14.7757	15.4157	16.0853	16.7858	17.5185	18.2847	19.0859	19.9234	20.7989
10	16.7220	17.5487	18.4197	19.3373	20.3037	21.3215	22.3931	23.5213	24.7089	25.9587
11	19.5614	20.6546	21.8143	23.0445	24.3493	25.7329	27.1999	28.7551	30.4035	32.1504
12	22.7132	24.1331	25.6502	27.2707	29.0017	30.8502	32.8239	34.9311	37.1802	39.5805
13	26.2116	28.0291	29.9847	32.0887	34.3519	36.7862	39.4040	42.2187	45.2445	48.4966
14	30.0949	32.3926	34.8827	37.5811	40.5047	43.6720	47.1027	50.8180	54.8409	59.1959
15	34.4054	37.2797	40.4175	43.8424	47.5804	51.6595	56.1101	60.9653	66.2607	72.0351
16	39.1899	42.7533	46.6717	50.9804	55.7175	60.9250	66.6488	72.9390	79.8502	87.4421
17	44.5008	48.8837	53.7391	59.1176	65.0751	71.6730	78.9792	87.0680	96.0218	105.9306
18	50.3959	55.7497	61.7251	68.3941	75.8364	84.1407	93.4056	103.7403	115.2659	128.1167
19	56.9395	63.4397	70.7494	78.9692	88.2118	98.6032	110.2846	123.4135	138.1664	154.7400
20	64.2028	72.0524	80.9468	91.0249	102.4436	115.3797	130.0329	146.6280	165.4180	186.6880
21	72.2651	81.6987	92.4699	104.7684	118.8101	134.8405	153.1385	174.0210	197.8474	225.0256
22	81.2143	92.5026	105.4910	120.4360	137.6316	157.4150	180.1721	206.3448	236.4385	271.0307
23	91.1479	104.6029	120.2048	138.2970	159.2764	183.6014	211.8013	244.4868	282.3618	326.2369
24	102.1742	118.1552	136.8315	158.6586	184.1678	213.9776	248.8076	289.4945	337.0105	392.4842
25	114.4133	133.3339	155.6196	181.8708	212.7930	249.2140	292.1049	342.6035	402.0425	471.9811
26	127.9988	150.3339	176.8501	208.3327	245.7120	290.0883	342.7627	405.2721	479.4306	567.3773
27	143.0786	169.3740	200.8406	238.4993	283.5688	337.5024	402.0323	479.2211	571.5224	681.8528
28	159.8173	190.6989	227.9499	272.8892	327.1041	392.5028	471.3778	566.4809	681.1116	819.2233
29	178.3972	214.5828	258.5834	312.0937	377.1697	456.3032	552.5121	669.4475	811.5228	984.0680
30	199.0209	241.3327	293.1992	356.7868	434.7451	530.3117	647.4391	790.9480	966.7122	1181.8816
35	341.5896	431.6635	546.6808	693.5727	881.1702	1120.7130	1426.4910	1816.6516	2314.2137	2948.3411
40	581.8261	767.0914	1013.7042	1342.0251	1779.0903	2360.7572	3134.5218	4163.2130	5529.8290	7343.8578
45	986.6386	1358.2300	1874.1646	2590.5648	3585.1285	4965.2739	6879.2907	9531.5771	13203.424	18281.310
50	1668.7712	2400.0182	3459.5071	4994.5213	7217.7163	10435.649	15089.502	21813.094	31515.336	45497.191
60	4755.0658	7471.6411	11761.950	18535.133	29219.992	46057.509	72555.039	114189.67	179494.58	281732.57
70	13518.356	23223.332	39945.151	68733.179	118231.47	203201.03	348782.01	597673.46	1022189.6	1744439.8
80	38401.025	72145.696	135614.93	254828.44	478332.53	896429.47	1676557.7	3128148.1	5821071.3	10801137.

〈표 A-4〉 정상연금 1원의 현재가치

$$PA_n = \sum_{t=1}^{n} \frac{1}{(1+r)^t} = \frac{1-(1+r)^{-n}}{r}$$

기간이자율(r)

기간수 (n)	1%	2%	3%	4%	5%	6%	7%	8%	9%	10%
1	0.9901	0.9804	0.9709	0.9615	0.9524	0.9434	0.9346	0.9259	0.9174	0.9091
2	1.9704	1.9416	1.9135	1.8861	1.8594	1.8334	1.8080	1.7833	1.7591	1.7355
3	2.9410	2.8839	2.8286	2.7751	2.7232	2.6730	2.6243	2.5771	2.5313	2.4868
4	3.9020	3.8077	3.7171	3.6299	3.5460	3.4651	3.3872	3.3121	3.2397	3.1699
5	4.8534	4.7135	4.5797	4.4518	4.3295	4.2124	4.1002	3.9927	3.8897	3.7908
6	5.7955	5.6014	5.4172	5.2421	5.0757	4.9173	4.7665	4.6229	4.4859	4.3553
7	6.7282	6.4720	6.2303	6.0021	5.7864	5.5824	5.3893	5.2064	5.0330	4.8684
8	7.6517	7.3255	7.0197	6.7327	6.4632	6.2098	5.9713	5.7466	5.5348	5.3349
9	8.5660	8.1622	7.7861	7.4353	7.1078	6.8017	6.5152	6.2469	5.9952	5.7590
10	9.4713	8.9826	8.5302	8.1109	7.7217	7.3601	7.0236	6.7101	6.4177	6.1446
11	10.3676	9.7868	9.2526	8.7605	8.3064	7.8869	7.4987	7.1390	6.8052	6.4951
12	11.2551	10.5753	9.9540	9.3851	8.8633	8.3838	7.9427	7.5361	7.1607	6.8137
13	12.1337	11.3484	10.6350	9.9856	9.3936	8.8527	8.3577	7.9038	7.4869	7.1034
14	13.0037	12.1062	11.2961	10.5631	9.8986	9.2950	8.7455	8.2442	7.7862	7.3667
15	13.8651	12.8493	11.9379	11.1184	10.3797	9.7122	9.1079	8.5595	8.0607	7.6061
16	14.7179	13.5777	12.5611	11.6523	10.8378	10.1059	9.4466	8.8514	8.3126	7.8237
17	15.5623	14.2919	13.1661	12.1657	11.2741	10.4773	9.7632	9.1216	8.5436	8.0216
18	16.3983	14.9920	13.7535	12.6593	11.6896	10.8276	10.0591	9.3719	8.7556	8.2014
19	17.2260	15.6785	14.3238	13.1339	12.0853	11.1581	10.3356	9.6036	8.9501	8.3649
20	18.0456	16.3514	14.8775	13.5903	12.4622	11.4699	10.5940	9.8181	9.1285	8.5136
21	18.8570	17.0112	15.4150	14.0292	12.8212	11.7641	10.8355	10.0168	9.2922	8.6487
22	19.6604	17.6580	15.9369	14.4511	13.1630	12.0416	11.0612	10.2007	9.4424	8.7715
23	20.4558	18.2922	16.4436	14.8568	13.4886	12.3034	11.2722	10.3711	9.5802	8.8832
24	21.2434	18.9139	16.9355	15.2470	13.7986	12.5504	11.4693	10.5288	9.7066	8.9847
25	22.0232	19.5235	17.4131	15.6221	14.0939	12.7834	11.6536	10.6748	9.8226	9.0770
26	22.7952	20.1210	17.8768	15.9828	14.3752	13.0032	11.8258	10.8100	9.9290	9.1609
27	23.5596	20.7069	18.3270	16.3296	14.6430	13.2105	11.9867	10.9352	10.0266	9.2372
28	24.3164	21.2813	18.7641	16.6631	14.8981	13.4062	12.1371	11.0511	10.1161	9.3066
29	25.0658	21.8444	19.1885	16.9837	15.1411	13.5907	12.2777	11.1584	10.1983	9.3696
30	25.8077	22.3965	19.6004	17.2920	15.3725	13.7648	12.4090	11.2578	10.2737	9.4269
35	29.4086	24.9986	21.4872	18.6646	16.3742	14.4982	12.9477	11.6546	10.5668	9.6442
40	32.8347	27.3555	23.1148	19.7928	17.1591	15.0463	13.3317	11.9246	10.7574	9.7791
45	36.0945	29.4902	24.5187	20.7200	17.7741	15.4558	13.6055	12.1084	10.8812	9.8628
50	39.1961	31.4236	25.7298	21.4822	18.2559	15.7619	13.8007	12.2335	10.9617	9.9148
60	44.9550	34.7609	27.6756	22.6235	18.9293	16.1614	14.0392	12.3766	11.0480	9.9672
70	50.1685	37.4986	29.1234	23.3945	19.3427	16.3845	14.1604	12.4428	11.0844	9.9873
80	54.8882	39.7445	30.2008	23.9154	19.5965	16.5091	14.2220	12.4735	11.0998	9.9951

기간이자율(r)

기간수 (n)	11%	12%	13%	14%	15%	16%	17%	18%	19%	20%
1	0.9009	0.8929	0.8850	0.8772	0.8696	0.8621	0.8547	0.8475	0.8403	0.8333
2	1.7125	1.6901	1.6681	1.6467	1.6257	1.6052	1.5852	1.5656	1.5465	1.5278
3	2.4437	2.4018	2.3612	2.3216	2.2832	2.2459	2.2096	2.1743	2.1399	2.1065
4	3.1024	3.0373	2.9745	2.9137	2.8550	2.7982	2.7432	2.6901	2.6386	2.5887
5	3.6959	3.6048	3.5172	3.4331	3.3522	3.2743	3.1993	3.1272	3.0576	2.9906
6	4.2305	4.1114	3.9975	3.8887	3.7845	3.6847	3.5892	3.4976	3.4098	3.3255
7	4.7122	4.5638	4.4226	4.2883	4.1604	4.0386	3.9224	3.8115	3.7057	3.6046
8	5.1461	4.9676	4.7988	4.6389	4.4873	4.3436	4.2072	4.0776	3.9544	3.8372
9	5.5370	5.3282	5.1317	4.9464	4.7716	4.6065	4.4506	4.3030	4.1633	4.0310
10	5.8892	5.6502	5.4262	5.2161	5.0188	4.8332	4.6586	4.4941	4.3389	4.1925
11	6.2065	5.9377	5.6869	5.4527	5.2337	5.0286	4.8364	4.6560	4.4865	4.3271
12	6.4924	6.1944	5.9176	5.6603	5.4206	5.1971	4.9884	4.7932	4.6105	4.4392
13	6.7499	6.4235	6.1218	5.8424	5.5831	5.3423	5.1183	4.9095	4.7147	4.5327
14	6.9819	6.6282	6.3025	6.0021	5.7245	5.4675	5.2293	5.0081	4.8023	4.6106
15	7.1909	6.8109	6.4624	6.1422	5.8474	5.5755	5.3242	5.0916	4.8759	4.6755
16	7.3792	6.9740	6.6039	6.2651	5.9542	5.6685	5.4053	5.1624	4.9377	4.7296
17	7.5488	7.1196	6.7291	6.3729	6.0472	5.7487	5.4746	5.2223	4.9897	4.7746
18	7.7016	7.2497	6.8399	6.4674	6.1280	5.8178	5.5339	5.2732	5.0333	4.8122
19	7.8393	7.3658	6.9380	6.5504	6.1982	5.8775	5.5845	5.3162	5.0700	4.8435
20	7.9633	7.4694	7.0248	6.6231	6.2593	5.9288	5.6278	5.3527	5.1009	4.8696
21	8.0751	7.5620	7.1016	6.6870	6.3125	5.9731	5.6648	5.3837	5.1268	4.8913
22	8.1757	7.6446	7.1695	6.7429	6.3587	6.0113	5.6964	5.4099	5.1486	4.9094
23	8.2664	7.7184	7.2297	6.7921	6.3988	6.0442	5.7234	5.4321	5.1668	4.9245
24	8.3481	7.7843	7.2829	6.8351	6.4338	6.0726	5.7465	5.4509	5.1822	4.9371
25	8.4217	7.8431	7.3300	6.8729	6.4641	6.0971	5.7662	5.4669	5.1951	4.9476
26	8.4881	7.8957	7.3717	6.9061	6.4906	6.1182	5.7831	5.4804	5.2060	4.9563
27	8.5478	7.9426	7.4086	6.9352	6.5135	6.1364	5.7975	5.4919	5.2151	4.9636
28	8.6016	7.9844	7.4412	6.9607	6.5335	6.1520	5.8099	5.5016	5.2228	4.9697
29	8.6501	8.0218	7.4701	6.9830	6.5509	6.1656	5.8204	5.5098	5.2292	4.9747
30	8.6938	8.0552	7.4957	7.0027	6.5660	6.1772	5.8294	5.5168	5.2347	4.9789
35	8.8552	8.1755	7.5856	7.0700	6.6166	6.2153	5.8582	5.5386	5.2512	4.9915
40	8.9511	8.2438	7.6344	7.1050	6.6418	6.2335	5.8713	5.5482	5.2582	4.9966
45	9.0079	8.2825	7.6609	7.1232	6.6543	6.2421	5.8773	5.5523	5.2611	4.9986
50	9.0417	8.3045	7.6752	7.1327	6.6605	6.2463	5.8801	5.5541	5.2623	4.9995
60	9.0736	8.3240	7.6873	7.1401	6.6651	6.2492	5.8819	5.5553	5.2630	4.9999
70	9.0848	8.3303	7.6908	7.1421	6.6663	6.2498	5.8823	5.5555	5.2631	5.0000
80	9.0888	8.3324	7.6919	7.1427	6.6666	6.2500	5.8823	5.5555	5.2632	5.0000

〈표 A-5〉 선불연금 1원의 미래가치

기간이자율(r)

기간수 (n)	1%	2%	3%	4%	5%	6%	7%	8%	9%	10%
1	1.0100	1.0200	1.0300	1.0400	1.0500	1.0600	1.0700	1.0800	1.0900	1.1000
2	2.0301	2.0604	2.0909	2.1216	2.1525	2.1836	2.2149	2.2464	2.2781	2.3100
3	3.0604	3.1216	3.1836	3.2465	3.3101	3.3746	3.4399	3.5061	3.5731	3.6410
4	4.1010	4.2040	4.3091	4.4163	4.5256	4.6371	4.7507	4.8666	4.9847	5.1051
5	5.1520	5.3081	5.4684	5.6330	5.8019	5.9753	6.1533	6.3359	6.5233	6.7156
6	6.2135	6.4343	6.6625	6.8983	7.1420	7.3938	7.6540	7.9228	8.2004	8.4872
7	7.2857	7.5830	7.8923	8.2142	8.5491	8.8975	9.2598	9.6366	10.0285	10.4359
8	8.3685	8.7546	9.1591	9.5828	10.0266	10.4913	10.9780	11.4876	12.0210	12.5795
9	9.4622	9.9497	10.4639	11.0061	11.5779	12.1808	12.8164	13.4866	14.1929	14.9374
10	10.5668	11.1687	11.8078	12.4864	13.2068	13.9716	14.7836	15.6455	16.5603	17.5312
11	11.6825	12.4121	13.1920	14.0258	14.9171	15.8699	16.8885	17.9771	19.1407	20.3843
12	12.8093	13.6803	14.6178	15.6268	16.7130	17.8821	19.1406	20.4953	21.9534	23.5227
13	13.9474	14.9739	16.0863	17.2919	18.5986	20.0151	21.5505	23.2149	25.0192	26.9750
14	15.0969	16.2934	17.5989	19.0236	20.5786	22.2760	24.1290	26.1521	28.3609	30.7725
15	16.2579	17.6393	19.1569	20.8245	22.6575	24.6725	26.8881	29.3243	32.0034	34.9497
16	17.4304	19.0121	20.7616	22.6975	24.8404	27.2129	29.8402	32.7502	35.9737	39.5447
17	18.6147	20.4123	22.4144	24.6454	27.1324	29.9057	32.9990	36.4502	40.3013	44.5992
18	19.8109	21.8406	24.1169	26.6712	29.5390	32.7600	36.3790	40.4463	45.0185	50.1591
19	21.0190	23.2974	25.8704	28.7781	32.0660	35.7856	39.9955	44.7620	50.1601	56.2750
20	22.2392	24.7833	27.6765	30.9692	34.7193	38.9927	43.8652	49.4229	55.7645	63.0025
21	23.4716	26.2990	29.5368	33.2480	37.5052	42.3923	48.0057	54.4568	61.8733	70.4027
22	24.7163	27.8450	31.4529	35.6179	40.4305	45.9958	52.4361	59.8933	68.5319	78.5430
23	25.9735	29.4219	33.4265	38.0826	43.5020	49.8156	57.1767	65.7648	75.7898	87.4973
24	27.2432	31.0303	35.4593	40.6459	46.7271	53.8645	62.2490	72.1059	83.7009	97.3471
25	28.5256	32.6709	37.5530	43.3117	50.1135	58.1564	67.6765	78.9544	92.3240	108.1818
26	29.8209	34.3443	39.7096	46.0842	53.6691	62.7058	73.4838	86.3508	101.7231	120.0999
27	31.1291	36.0512	41.9309	48.9676	57.4026	67.5281	79.6977	94.3388	111.9682	133.2099
28	32.4504	37.7922	44.2189	51.9663	61.3227	72.6398	86.3465	102.9659	123.1354	147.6309
29	33.7849	39.5681	46.5754	55.0849	65.4388	78.0582	93.4608	112.2832	135.3075	163.4940
30	35.1327	41.3794	49.0027	58.3283	69.7608	83.8017	101.0730	122.3459	148.5752	180.9434
35	42.0769	50.9944	62.2759	76.5983	94.8363	118.1209	147.9135	186.1021	235.1247	298.1268
40	49.3752	61.6100	77.6633	98.8265	126.8398	164.0477	213.6096	279.7810	368.2919	486.8518
45	57.0459	73.3306	95.5015	125.8706	167.6852	225.5081	305.7518	417.4261	573.1860	790.7953
50	65.1078	86.2710	116.1808	158.7738	219.8154	307.7561	434.9860	619.6718	888.4411	1280.2994
60	82.4864	116.3326	167.9450	247.5103	371.2629	565.1159	870.4668	1353.4704	2119.8234	3338.2980
70	101.6831	152.9775	237.5119	378.8621	617.9549	1026.0081	1727.1236	2937.6865	5034.9533	8676.2165
80	122.8882	197.6474	331.0039	573.2948	1019.7903	1851.3959	3412.2971	6357.8903	11936.126	22521.402

기간이자율(r)

기간수 (n)	11%	12%	13%	14%	15%	16%	17%	18%	19%	20%
1	1.1100	1.1200	1.1300	1.1400	1.1500	1.1600	1.1700	1.1800	1.1900	1.2000
2	2.3421	2.3744	2.4069	2.4396	2.4725	2.5056	2.5389	2.5724	2.6061	2.6400
3	3.7097	3.7793	3.8498	3.9211	3.9934	4.0665	4.1405	4.2154	4.2913	4.3680
4	5.2278	5.3528	5.4803	5.6101	5.7424	5.8771	6.0144	6.1542	6.2966	6.4416
5	6.9129	7.1152	7.3227	7.5355	7.7537	7.9775	8.2068	8.4420	8.6830	8.9299
6	8.7833	9.0890	9.4047	9.7305	10.0668	10.4139	10.7720	11.1415	11.5227	11.9159
7	10.8594	11.2997	11.7573	12.2328	12.7268	13.2401	13.7733	14.3270	14.9020	15.4991
8	13.1640	13.7757	14.4157	15.0853	15.7858	16.5185	17.2847	18.0859	18.9234	19.7989
9	15.7220	16.5487	17.4197	18.3373	19.3037	20.3215	21.3931	22.5213	23.7089	24.9587
10	18.5614	19.6546	20.8143	22.0445	23.3493	24.7329	26.1999	27.7551	29.4035	31.1504
11	21.7132	23.1331	24.6502	26.2707	28.0017	29.8502	31.8239	33.9311	36.1802	38.5805
12	25.2116	27.0291	28.9847	31.0887	33.3519	35.7862	38.4040	41.2187	44.2445	47.4966
13	29.0949	31.3926	33.8827	36.5811	39.5047	42.6720	46.1027	49.8180	53.8409	58.1959
14	33.4054	36.2797	39.4175	42.8424	46.5804	50.6595	55.1101	59.9653	65.2607	71.0351
15	38.1899	41.7533	45.6717	49.9804	54.7175	59.9250	65.6488	71.9390	78.8502	86.4421
16	43.5008	47.8837	52.7391	58.1176	64.0751	70.6730	77.9792	86.0680	95.0218	104.9306
17	49.3959	54.7497	60.7251	67.3941	74.8364	83.1407	92.4056	102.7403	114.2659	127.1167
18	55.9395	62.4397	69.7494	77.9692	87.2118	97.6032	109.2846	122.4135	137.1664	153.7400
19	63.2028	71.0524	79.9468	90.0249	101.4436	114.3797	129.0329	145.6280	164.4180	185.6880
20	71.2651	80.6987	91.4699	103.7684	117.8101	133.8405	152.1385	173.0210	196.8474	224.0256
21	80.2143	91.5026	104.4910	119.4360	136.6316	156.4150	179.1721	205.3448	235.4385	270.0307
22	90.1479	103.6029	119.2048	137.2970	158.2764	182.6014	210.8013	243.4868	281.3618	325.2369
23	101.1742	117.1552	135.8315	157.6586	183.1678	212.9776	247.8076	288.4945	336.0105	391.4842
24	113.4133	132.3339	154.6196	180.8708	211.7930	248.2140	291.1049	341.6035	401.0425	470.9811
25	126.9988	149.3339	175.8501	207.3327	244.7120	289.0883	341.7627	404.2721	478.4306	566.3773
26	142.0786	168.3740	199.8406	237.4993	282.5688	336.5024	401.0323	478.2211	570.5224	680.8528
27	158.8173	189.6989	226.9499	271.8892	326.1041	391.5028	470.3778	565.4809	680.1116	818.2233
28	177.3972	213.5828	257.5834	311.0937	376.1697	455.3032	551.5121	668.4475	810.5228	983.0680
29	198.0209	240.3327	292.1992	355.7868	433.7451	529.3117	646.4391	789.9480	965.7122	1180.8816
30	220.9132	270.2926	331.3151	406.7370	499.9569	615.1616	757.5038	933.3186	1150.3875	1418.2579
35	379.1644	483.4631	617.7493	790.6729	1013.3457	1300.0270	1668.9945	2143.6489	2753.9143	3538.0094
40	645.8269	859.1424	1145.4858	1529.9086	2045.9539	2738.4784	3667.3906	4912.5914	6580.4965	8812.6294
45	1095.1688	1521.2176	2117.8060	2953.2439	4122.8977	5759.7177	8048.7701	11247.261	15712.075	21937.572
50	1852.3360	2688.0204	3909.2430	5693.7543	8300.3737	12105.353	17654.717	25739.450	37503.250	54596.629
60	5278.1231	8368.2380	13291.0033	21130.052	33602.990	53426.710	84889.395	134743.82	213598.55	338079.09
70	15005.375	26010.138	45138.021	78355.823	135966.19	235713.20	408074.95	705254.68	1216405.6	2093327.7
80	42625.138	80803.176	153244.87	290504.42	550082.42	1039858.2	1961572.5	3691214.8	6927074.8	12961365.

〈표 A-6〉 선불연금 1원의 현재가치

기간이자율(r)

기간수 (n)	1%	2%	3%	4%	5%	6%	7%	8%	9%	10%
1	1.0000	1.0000	1.0000	1.0000	1.0000	1.0000	1.0000	1.0000	1.0000	1.0000
2	1.9901	1.9804	1.9709	1.9615	1.9524	1.9434	1.9346	1.9259	1.9174	1.9091
3	2.9704	2.9416	2.9135	2.8861	2.8594	2.8334	2.8080	2.7833	2.7591	2.7355
4	3.9410	3.8839	3.8286	3.7751	3.7232	3.6730	3.6243	3.5771	3.5313	3.4869
5	4.9020	4.8077	4.7171	4.6299	4.5460	4.4651	4.3872	4.3121	4.2397	4.1699
6	5.8534	5.7135	5.5797	5.4518	5.3295	5.2124	5.1002	4.9927	4.8897	4.7908
7	6.7955	6.6014	6.4172	6.2421	6.0757	5.9173	5.7665	5.6229	5.4859	5.3553
8	7.7282	7.4720	7.2303	7.0021	6.7864	6.5824	6.3893	6.2064	6.0330	5.8684
9	8.6517	8.3255	8.0197	7.7327	7.4632	7.2098	6.9713	6.7466	6.5348	6.3349
10	9.5660	9.1622	8.7861	8.4353	8.1078	7.8017	7.5152	7.2469	6.9952	6.7590
11	10.4713	9.9826	9.5302	9.1109	8.7217	8.3601	8.0236	7.7101	7.4177	7.1446
12	11.3676	10.7868	10.2526	9.7605	9.3064	8.8869	8.4987	8.1390	7.8052	7.4951
13	12.2551	11.5753	10.9540	10.3851	9.8633	9.3838	8.9427	8.5361	8.1607	7.8137
14	13.1337	12.3484	11.6350	10.9856	10.3936	9.8527	9.3577	8.9038	8.4869	8.1034
15	14.0037	13.1062	12.2961	11.5631	10.8986	10.2950	9.7455	9.2442	8.7862	8.3667
16	14.8651	13.8493	12.9379	12.1184	11.3797	10.7122	10.1079	9.5595	9.0607	8.6061
17	15.7179	14.5777	13.5611	12.6523	11.8378	11.1059	10.4466	9.8514	9.3126	8.8237
18	16.5623	15.2919	14.1661	13.1657	12.2741	11.4773	10.7632	10.1216	9.5436	9.0216
19	17.3983	15.9920	14.7535	13.6593	12.6896	11.8276	11.0591	10.3719	9.7556	9.2014
20	18.2260	16.6785	15.3238	14.1339	13.0853	12.1581	11.3356	10.6036	9.9501	9.3649
21	19.0456	17.3514	15.8775	14.5903	13.4622	12.4699	11.5940	10.8181	10.1285	9.5136
22	19.8570	18.0112	16.4150	15.0292	13.8212	12.7641	11.8355	11.0168	10.2922	9.6487
23	20.6604	18.6580	16.9369	15.4511	14.1630	13.0416	12.0612	11.2007	10.4424	9.7715
24	21.4558	19.2922	17.4436	15.8568	14.4886	13.3034	12.2722	11.3711	10.5802	9.8832
25	22.2434	19.9139	17.9355	16.2470	14.7986	13.5504	12.4693	11.5288	10.7066	9.9847
26	23.0232	20.5235	18.4131	16.6221	15.0939	13.7834	12.6536	11.6748	10.8226	10.0770
27	23.7952	21.1210	18.8768	16.9828	15.3752	14.0032	12.8258	11.8100	10.9290	10.1609
28	24.5596	21.7069	19.3270	17.3296	15.6430	14.2105	12.9867	11.9352	11.0266	10.2372
29	25.3164	22.2813	19.7641	17.6631	15.8981	14.4062	13.1371	12.0511	11.1161	10.3066
30	26.0658	22.8444	20.1885	17.9837	16.1411	14.5907	13.2777	12.1584	11.1983	10.3696
35	29.7027	25.4986	22.1318	19.4112	17.1929	15.3681	13.8540	12.5869	11.5178	10.6086
40	33.1630	27.9026	23.8082	20.5845	18.0170	15.9491	14.2649	12.8786	11.7255	10.7570
45	36.4555	30.0800	25.2543	21.5488	18.6628	16.3832	14.5579	13.0771	11.8605	10.8491
50	39.5881	32.0521	26.5017	22.3415	19.1687	16.7076	14.7668	13.2122	11.9482	10.9063
60	45.4046	35.4561	28.5058	23.5284	19.8758	17.1311	15.0219	13.3667	12.0423	10.9639
70	50.6702	38.2486	29.9971	24.3303	20.3098	17.3676	15.1516	13.4382	12.0820	10.9861
80	55.4371	40.5394	31.1068	24.8720	20.5763	17.4997	15.2175	13.4714	12.0988	10.9946

기간이자율(r)

기간수 (n)	11%	12%	13%	14%	15%	16%	17%	18%	19%	20%
1	1.0000	1.0000	1.0000	1.0000	1.0000	1.0000	1.0000	1.0000	1.0000	1.0000
2	1.9009	1.8929	1.8850	1.8772	1.8696	1.8621	1.8547	1.8475	1.8403	1.8333
3	2.7125	2.6901	2.6681	2.6467	2.6257	2.6052	2.5852	2.5656	2.5465	2.5278
4	3.4437	3.4018	3.3612	3.3216	3.2832	3.2459	3.2096	3.1743	3.1399	3.1065
5	4.1024	4.0373	3.9745	3.9137	3.8550	3.7982	3.7432	3.6901	3.6386	3.5887
6	4.6959	4.6048	4.5172	4.4331	4.3522	4.2743	4.1993	4.1272	4.0576	3.9906
7	5.2305	5.1114	4.9975	4.8887	4.7845	4.6847	4.5892	4.4976	4.4098	4.3255
8	5.7122	5.5638	5.4226	5.2883	5.1604	5.0386	4.9224	4.8115	4.7057	4.6046
9	6.1461	5.9676	5.7988	5.6389	5.4873	5.3436	5.2072	5.0776	4.9544	4.8372
10	6.5370	6.3282	6.1317	5.9464	5.7716	5.6065	5.4506	5.3030	5.1633	5.0310
11	6.8892	6.6502	6.4262	6.2161	6.0188	5.8332	5.6586	5.4941	5.3389	5.1925
12	7.2065	6.9377	6.6869	6.4527	6.2337	6.0286	5.8364	5.6560	5.4865	5.3271
13	7.4924	7.1944	6.9176	6.6603	6.4206	6.1971	5.9884	5.7932	5.6105	5.4392
14	7.7499	7.4235	7.1218	6.8424	6.5831	6.3423	6.1183	5.9095	5.7147	5.5327
15	7.9819	7.6282	7.3025	7.0021	6.7245	6.4675	6.2293	6.0081	5.8023	5.6106
16	8.1909	7.8109	7.4624	7.1422	6.8474	6.5755	6.3242	6.0916	5.8759	5.6755
17	8.3792	7.9740	7.6039	7.2651	6.9542	6.6685	6.4053	6.1624	5.9377	5.7296
18	8.5488	8.1196	7.7291	7.3729	7.0472	6.7487	6.4746	6.2223	5.9897	5.7746
19	8.7016	8.2497	7.8399	7.4674	7.1280	6.8178	6.5339	6.2732	6.0333	5.8122
20	8.8393	8.3658	7.9380	7.5504	7.1982	6.8775	6.5845	6.3162	6.0700	5.8435
21	8.9633	8.4694	8.0248	7.6231	7.2593	6.9288	6.6278	6.3527	6.1009	5.8696
22	9.0751	8.5620	8.1016	7.6870	7.3125	6.9731	6.6648	6.3837	6.1268	5.8913
23	9.1757	8.6446	8.1695	7.7429	7.3587	7.0113	6.6964	6.4099	6.1486	5.9094
24	9.2664	8.7184	8.2297	7.7921	7.3988	7.0442	6.7234	6.4321	6.1668	5.9245
25	9.3481	8.7843	8.2829	7.8351	7.4338	7.0726	6.7465	6.4509	6.1822	5.9371
26	9.4217	8.8431	8.3300	7.8729	7.4641	7.0971	6.7662	6.4669	6.1951	5.9476
27	9.4881	8.8957	8.3717	7.9061	7.4906	7.1182	6.7831	6.4804	6.2060	5.9563
28	9.5478	8.9426	8.4086	7.9352	7.5135	7.1364	6.7975	6.4919	6.2151	5.9636
29	9.6016	8.9844	8.4412	7.9607	7.5335	7.1520	6.8099	6.5016	6.2228	5.9697
30	9.6501	9.0218	8.4701	7.9830	7.5509	7.1656	6.8204	6.5098	6.2292	5.9747
35	9.8293	9.1566	8.5717	8.0599	7.6091	7.2098	6.8541	6.5356	6.2489	5.9898
40	9.9357	9.2330	8.6268	8.0997	7.6380	7.2309	6.8695	6.5468	6.2572	5.9959
45	9.9988	9.2764	8.6568	8.1205	7.6524	7.2409	6.8765	6.5517	6.2607	5.9984
50	10.0362	9.3010	8.6730	8.1312	7.6596	7.2457	6.8797	6.5539	6.2621	5.9993
60	10.0717	9.3229	8.6866	8.1397	7.6649	7.2490	6.8818	6.5552	6.2630	5.9999
70	10.0841	9.3300	8.6906	8.1420	7.6662	7.2498	6.8822	6.5555	6.2631	6.0000
80	10.0885	9.3323	8.6918	8.1426	7.6666	7.2499	6.8823	6.5555	6.2632	6.0000

[ㅇ]

[ㅈ]

저자약력

박 종 국 성균관대학교 경영학박사(회계학 전공) | 공인회계사, 세무사, 국세공무원, 교원임용고시 등 출제위원
(현) 영남대학교 회계세무학과 교수

[주요 논문] 회계이익과 과세소득의 차이가 주가배수에 미치는 영향 | 조세회피와 외국인지분율 외 다수

문 상 혁 성균관대학교 경영학박사(회계학 전공) | 공인회계사, 세무사, 감정평가사, 국세공무원 등 출제위원
(현) 영남대학교 회계세무학과 교수

[주요 논문] 정보비대칭성에 따른 보수주의의 차별적 인식 | 감사품질이 금융기관차입금비율과 이익조정의 관련성에 미치는 영향 외 다수

김 정 옥 고려대학교 경영학박사(회계학 전공) | Pacific University Visiting scholar | 미국공인회계사(USCPA)
(현) 영남대학교 회계세무학과 교수

[주요 논문] 외국투자기업이 피투자기업에 미치는 영향 | 주당이익정보와 주당현금흐름의 가치관련성 : 주당이익, 희석주당이익, EBITDA 및 주당현금흐름의 비교 외 다수

정 기 위 연세대학교 경영학박사(회계학 전공) | 미국공인회계사(USCPA)
(현) 영남대학교 회계세무학과 교수

[주요 논문] 내부자거래의 장단기 유형에 따른 이익조정수단의 차별적 선택 | 이사회의 독립성, 공시의 적정성, 그리고 시장반응 외 다수

이 명 건 연세대학교 경영학박사(회계학 전공) | 한국공인회계사(KICPA)
(현) 영남대학교 회계세무학과 교수

[주요 논문] Related-Party Transactions and Financial Statement Comparability | 회계정보의 비교가능성이 재무분석가 이익예측 및 회계정보 가치관련성에 미치는 영향에 대한 연구 외 다수

홍 영 은 영남대학교 경영학박사(회계학 전공)
(현) 영남대학교 회계세무학과 부교수

[주요 논문] 감사품질의 수요 · 공급유인의 결합관계가 계속감사기간과 감사품질간의 관련성에 미치는 영향 | 조세회피와 외국인지분율 외 다수

서 영 미 연세대학교 경영학박사(회계학 전공) | 미국공인회계사(USCPA) | 국제공인가치평가사(CVA)
(현) 영남대학교 회계세무학과 부교수

[주요 논문] 적자보고 회피와 영업권 손상 의사결정에 관한 연구 | 영업권 및 영업권 손상차손의 정보유용성-주석공시를 중심으로 외 다수

제7판 IFRS 회계원리

2013년 2월 28일 제1판 1쇄 발행
2025년 2월 10일 제7판 1쇄 인쇄
2025년 2월 20일 제7판 1쇄 발행

저 자 박종국 · 문상혁 · 김정옥 · 정기위
이명건 · 홍영은 · 서영미

발 행 인 권 영 섭
발 행 처 (주) 신 영 사
경기도 파주시 심학산로 12(출판문화단지)
등 록 : 1988. 5. 2 / 제406-1988-000020호
전 화 : 031-946-2894(代)
F A X : 031-946-0799
e-mail : sys28945@naver.com
홈페이지 : http://www.shinyoungsa.co.kr

정가 36,000원 ISBN 978-89-5501-881-3